U0945712

证券法通识

何海锋 著

中国法制出版社
CHINA LEGAL PUBLISHING HOUSE

序
PREFACE

行者常至，为者常成

我的学生何海锋的新书《证券法通识》就要出版了。他撰写本书，致力于让专业的证券法知识成为通识，立意可嘉。他在书中提出了基于自己认识和总结的“四梁八柱”逻辑体系，并且充分吸收了证券领域最新的司法案例和监管法规，给读者展现了一本活生生的证券法解读，这是证券法研究的一个大胆而有意义的探索。

证券法是1998年制定的，那个时候的资本市场幼小而且稚嫩，正如海锋当年是个小孩子一样。20多年来，作为蓬勃发展的中国资本市场的主要法律，证券法规定的相关制度不断发展完善，对这部法律认识和了解的社会需求也越来越大。

海锋是我的博士生。他此前有国家机关和金融机构的工作经验，现在是一位诉讼律师。目前深耕金融领域的争议解决业务，担任中国法学会证券法学研究会理事，也持续开展证券法的研究，并在部分高校指导金融法方向的研究生。他看证券法的视角，是一个更加务实和综合的视角。本书是他的思考和实践结晶。

海锋知识广博，跨界发展，干一行爱一行，精力过人。我曾经用八个字鼓励他：“行者常至，为者常成，”希望他在自己选定的道路上坚定地走下去，不断取得新的成就。

是为序。

信春鹰

2021年11月

目录
CONTENTS

导读
让证券法成为通识

一、已过而立之年的中国证券市场

起步于 1990 年的中国证券市场，已经走过了而立之年。30 多年来，中国证券市场帮助许多人实现了财富梦想，也给一些人带去了无尽的梦魇。有人打趣说中国证券市场是虚构一个不劳而获的人，去忽悠一群想不劳而获的人，最终养活一批真正不劳而获的人。是非功过，任人评说。但无论如何，证券市场反映和影响着中国经济的起伏跌宕，记录着中国企业和企业家的兴衰荣辱，成为当下每一个人生活的一部分，已经是不争的事实。据万得数据显示，截至 2021 年 12 月底，我国境内股票市场上市公司有 4697 家，总市值突破 90 万亿。这些上市公司涵盖国民经济 90 个行业大类，囊括了七成以上国内 500 强企业，成为我国经济中最活跃、最富创造力的部分。投资者数量达到 1.97 亿，全年累计成交 257.18 万亿元。可以说，十个人里就有超过一个人在“炒股”。

二、看不见的指挥棒

证券行情的起伏难以准确预测，但证券市场并非没有规则。无论是活跃在证券市场舞台中央的发行人、上市公司、投资者、证券公司、各类证券咨询公司，还是居于幕后的监管机构、交易场所、登记结算机构，实际上都在按照一定的规则行动。无论是证券的发行上市，还是每天的交易结算，都遵循着看不见的指挥棒的指引。审时度势对这些规则进行更新和调整是立法者和监管者的重要职责，一丝不苟执行规则并对违规者进行制裁和处罚也是证券市场的核心使命。三十年来，这一套规则从筚路蓝缕走到了蔚为大观，形成了以证券法为核心的一整套法律制度体系。

2020 年 3 月 1 日，修订后的《证券法》① 正式实施。这一轮修订历经四轮审议，耗时六年，历时之漫长，过程之曲折，在中国立法史上实属罕见。在审议期间，中国资本市场经历了 2015 年的股市异常波动，立法者对中国资本市场诸多问题有了更为深刻的认识，也促成新法更大幅度的改革。由于此次证券法从证券发行注册制改革、强化投资者保护、强化信息披露、健全多层次资本市场等方面做出了全面修改，因此被称为“新证券法”。

三十年河东，三十年河西。三十而立的中国证券市场开始了新时代。新证券法实施以来，对中国证券市场的影响已经深刻显现——创业板率先实施注册制，首日诞生 A 股单日涨幅最大的股票 N 康泰，所有 3 开头代码的股票涨跌幅限制都改为 20%；而“一代妖股”暴风影音终于走向退市，成为 A 股跌幅最大的股票；科创板新晋上市企业寒武纪申报 68 天即过会，刷新科创板纪录；法院开始接受投资者集体诉讼，五洋债、飞乐音响、辉丰股份、康美药业等都将在诉讼中面对“股民的汪洋大海”；董责险成为香饽饽，有望成为 A 股上市公司标配；新三板华丽转身成为北京证券交易所；全国首例证券特别代表人诉讼案作出一审判决，52037 名投资者获赔 24.59 亿元……

三、证券法的价值

事实证明，新证券法正在重塑中国证券市场。而证券市场既关系到我们的财富自由，也关系到我们的财富安全。中国投资者和企业家对于证券市场的规则，理应了熟于心、运用自如，中国法律人尤其应该如此。但是，由于证券法并不是一个热门的部门法，有一定的专业性，在法学院只是选修课，在法考中也只有 2-3 分的分值，因此即使是法律科班出身的人，了解的证券法的也不多。不同于民法和刑法，证券法上的规则总结自商事实践，由法律进行创设性的规定，

① 文中《证券法》均指 2020 年 3 月 1 日起实施的新法，特殊指明的除外。

很多还借鉴域外的经验做法，而且跟随市场经济发展而不断创新，所以似乎并不那么“通俗易懂”。因此，在法律人的心目中，证券法和保险法、海商法、票据法等法律一样，属于敬而远之的法律行列，广大的投资者和企业家更是少有人问津。

但是，这些都不应该成为我们远离证券法的原因。无论你是投资者、企业家，还是法务、律师，证券法都应该成为你的亲密朋友，并给你带去价值，因为证券法是证券市场的最大公约数，是最重要、最根本的证券市场的游戏规则。

——保卫投资者的财富安全。投资者可以通过证券投资实现财富被动增长，走向财务自由。但在这个过程中同样需要规避风险，理性投资，远离非法金融活动，避免“踩雷”和被“割韭菜”，用法律武器保卫财富安全。同时，还要注意不能触碰账户实名制、内幕交易、操纵市场等红线，避免“身败名裂”。

——守护企业家的经营成果。创业者和经营者可以通过资本市场聚沙成塔，上市敲钟，成就创业梦想；但金融工具常常是一把“双刃剑”，股权分散的上市公司也可能遇到“野蛮人”的入侵；随着证券法对信息披露义务的强调，上市公司的运营成本将会增加；控股股东、实控人和董监高成为追责的新目标，必须约束自己的行为；新证券法的“严刑峻法”叠加代表人诉讼也可能成为上市公司不能承受之重……证券法给企业所有者和经营者完善公司治理、防范经营风险提供指引。

——彰显企业法务的价值。现代企业的法务人员，无论是来自萌芽期的创业企业，还是成长期的成熟企业，抑或是已经上市的优秀企业，所面临的法律环境和商业交易都越发复杂。对于许多法律问题的处理，不但要有传统民商法的视角，还要有前沿的金融法的视角，否则可能将给企业带来意想不到的巨大风险。证券法体系就是一个典型的金融法视角，拥有这一视角的法务，对于企业依法合规经营和防范风险将会提供巨大的价值。

——拓展律师的执业路径。律师行业是充分竞争的行业，律师的法律服务深深根植于市场经济。金融是现代经济的命脉，资本市场又是现代金融的命脉。无论是个人理财、家庭析产，还是创业投资、贸易往来，都随时可能发生与资本市场的碰撞，这也创造了无数的法律服务机会。新证券法之下，IPO、再融资和投并购将更加活跃，而上市公司合规和争议解决的需求也会更加突出，证券法为律师抓住这些新型业务机会，为客户带来更高的价值提供了新的工具。

四、让证券法成为通识

那么，怎样学习证券法呢？美国的霍姆斯大法官曾说："法律的生命不在于逻辑，而在于经验。"而证券法的生命恰恰既在于逻辑，也在于经验。所谓逻辑，就是要在法条之上梳理出抽象的逻辑关系。因为证券法具有一定的建构性，很多规定难以单纯用朴素的常识去理解，要通过逻辑关系去理解法条背后的机理。因此，要建立证券法整体的逻辑框架。证券法到底规定了什么，条文之间的关系是什么，必须在整体的框架和逻辑下去把握。所谓经验，就是要结合案例学。跟其他部门法一样，学习证券法最好的方法是结合实际案例来学。证券法的案例就在我们身边。证券法和证券知识虽然有一定的专业门槛，但进入证券市场却几乎没有门槛。证券市场上每天都有无数的交易发生，无数的信息在公布，财经媒体和专业机构的各种研究解读更是汗牛充栋。这跟我们学其他很多法律是不一样的，学刑法我们很难去亲自体验犯罪过程，学公司法很多人一辈子也没有经营过公司，但学习证券法，你随时可以行动。

逻辑加经验，这就是我们的日常生活。本书将以逻辑框架和案例分析相结合的方式对新证券法的全部法条进行讲解，帮助你掌握证券法的全貌和重点，走近本该熟悉的陌生人。通过学习，你将在鲜活的案例中熟悉掌握和运用证券法的分析方法，在头脑中形成以证券法为核心的中国证券法制逻辑地图，并且养成用证券法的思维看待证券市场上每天发生的事件的习惯和能力，在潜移默化中让证券法成为通识。

本书的特点有四。一是严格根据我国现行证券法阐释证券法，覆盖了证券法的每一个法条，涉及法条原文时都用下划线标示出来；二是吸收了相关的行政法规、部门规章、司法解释等规定，是法律适用和法教义学视角的展开，而不是以立法者视角的叙事；三是重构了证券法的逻辑，搭建起了证券法的"四梁八柱"，理顺了法条与法条之间的关系，循序渐进阐释证券法的要义；四是运用了大量的真实司法案例和证券市场上鲜活的事件，真实地触摸证券法的脉搏。

五、本书的逻辑框架："四梁八柱"和五力模型

我国证券法的主要目的在于在证券的公开发行和交易中保护投资者。公开和

保护投资者，这是证券法的两个中心点。围绕这两个中心点，证券法构建了包括证券主体法和证券行为法两大部分的规则体系。证券法就是关于各类证券市场主体在证券发行和交易行为过程中的规则。其中行为法部分对证券市场上发行和交易行为做出了规定，具体包括证券的公开发行和证券交易（包含上市公司的收购和重大资产重组），以及专章规定的投资者保护和信息披露；后两者实际上是对证券发行和交易行为做了一个纵向的切入，以此强调投资者保护和信息披露的重要性。主体法部分对证券市场的主要参与主体的组织和行为规则作出了规定，这些主体包括投资者（包括收购人）、发行人（包括上市公司）、证券交易场所、证券公司、证券登记结算机构、证券服务机构（包含传播媒介）、证券监管机构（包括证券业协会）、证券投资者保护机构。行为法部分规定的四类行为和主体法部分规定的八类机构，就构成了证券法的“四梁八柱”。“四梁八柱”是证券法的主体部分，此外，证券法还有总则和法律责任一头一尾。

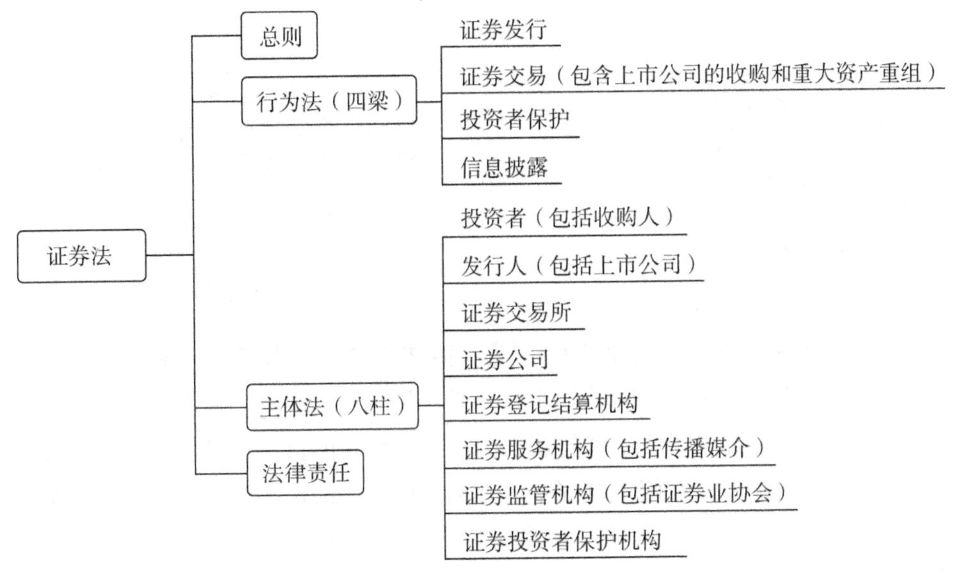

图：证券法的四梁八柱

“四梁”和“八柱”之间的关系是，八大类主体的博弈贯穿于证券发行和交易之中，体现在信息披露和投资者保护的方方面面，从而决定了证券市场的宏观架构，决定了证券市场的具体制度，比如公开发行是实施核准制还是注册制，也决定了每一个法律条文的表达，成为观察和理解证券法的一个视角。这八大类参与博弈的主体，可以分为五大类。第一类是监管者，包括证券监管机构和自律机构（主要是证券业协会和证券交易场所，广义上也包括投资者保护机构）；第二类是投资者（包括收购人）；第三类是发行人和上市公司；第四类是证券中介机构（包括证券公司、证券服务机构、传播媒介）；第五类是证券市场基础设施（证券交易场所和证券登记结算机构）。这五类主体的博弈关系，塑造着不同的证券市场。

以公开发行的核准制与注册制为例，二者的实质区别即是博弈关系的区别。在核准制下，监管者是证券市场的绝对核心，一家独大，冲在最前端；中介机构、发行人和上市公司的主要精力是博取监管的认可，避免监管的处罚，对投资者权益比较漠视。而在注册制下，监管的力量相对谦抑和后撤，让市场发挥更大的作用，给予中介机构和发行人更大的空间，赋予投资者更大的权利。而从核准制到注册制，对底层的基础设施而言，也会在监管后撤的地带发挥更大的作用。两相对比，注册制下，证券市场获得了更大的张力和更宽阔的空间。

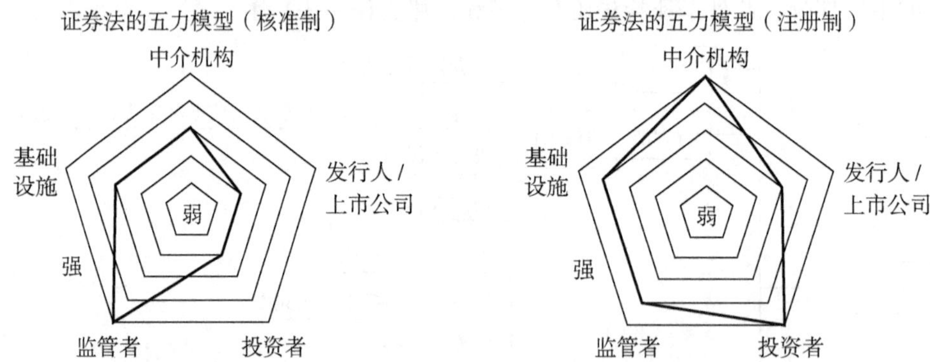

本书就是对证券法“四梁八柱”的主体结构进行的庖丁解“象”——让房间里的大象被看见。证券法和其他法律一样，是一部构思精巧的艺术品，每一个条文、每一个字都经过了立法者的斟酌，都有其特定的价值，牵扯着证券市场的一举一动。因此，本书在解析过程中，会覆盖证券法的每一个条文，并试图将每一个条文安放到在“四梁八柱”体系中最合适的位置。本书对证券法法条的安排主要服从于证券法的根本逻辑，而不会完全服从于条文顺序。在证券法的逻辑框架之下理解证券法，从而让讳莫如深的证券法成为通识，也是本书最大的初衷。在具体的结构上，本书以证券法的“四梁八柱”为基础，兼顾篇幅平衡和证券法的章节对应性，将全书分为十五讲。其中，第一讲为总则；第二讲到第六讲对应证券行为法的“四梁”（将上市公司的收购独立为一讲）；第七讲到第十四讲对应证券主体法的“八柱”（将投资者与发行人合并为一讲，将证券监督管理机构和证券业协会拆分为两讲）；第十五讲为法律责任。

第一讲
房间里的大象——证券法总则

一、四则案例叩开证券法的大门

（一）主宰康美命运的无形之手

2021年11月12日，广州中院作出（2020）粤01民初2171号民事判决书，判决上市公司康美药业股份有限公司（以下简称“康美药业”）向52037名投资者赔偿投资损失2,458,928,544元；判决马某田等6人承担连带清偿责任；时任公司董监高的13名个人按过错程度分别承担20%、10%、5%的连带清偿责任；时任审计机构广东正中珠江会计师事务所（特殊普通合伙）及年报审计项目的签字会计师承担连带清偿责任。① 这是我国首例适用特别代表人诉讼程序审理的证券虚假陈述案件。该案也是我国证券市场历史上赔偿金额最高、获赔投资者数量最多的诉讼案件，并且在责任主体的范围等方面都有了重大突破，成为了一座里程碑。而“成就”该案历史地位的是一部法律——正是这部法律在2019年修订时在第九十五条确立了威力巨大的特别代表人诉讼制度。

而直接引发康美药业此次诉讼的，则是一场触目惊心的财务造假事件。根据

① 《康美药业股份有限公司关于投资者民事诉讼索赔进展的公告》。

中国证监会查明的事实，作为上市公司的康美药业通过虚增营业收入、利息收入、营业利润，虚增货币资金、固定资产、在建工程、投资性房地产，在所披露的《2016 年年度报告》《2017 年年度报告》《2018 年半年度报告》和《2018 年年度报告》存在虚假记载，未按规定披露控股股东及其关联方非经营性占用资金的关联交易情况，所披露的《2016 年年度报告》《2017 年年度报告》和《2018 年年度报告》存在重大遗漏。据此，证监会于 2020 年 5 月作出《行政处罚决定书》，依法对康美药业违法违规案作出行政处罚及市场禁入决定，决定对康美药业责令改正，给予警告，并处以 60 万元罚款，对 21 名责任人员处以 10 万元至 90 万元不等罚款，对 6 名主要责任人采取 10 年至终身证券市场禁入措施。① 投资者正是主要根据这一行政处罚决定书提起了民事诉讼并最终获赔。而作出该行政处罚决定书的依据也是这部法律——康美药业及相关责任人的行为违反了 2005 年修订的这部法律的第六十三条、第六十五条、第六十六条的规定，并构成第一百九十三条第一款所述的证券虚假陈述行为。

因为民事诉讼和行政处罚，康美药业如今已经成为资本市场上的负面典型，但其在市场上的形象并非一贯如此。回到 2001 年，康美药业在上海证券交易所敲钟上市，一时也曾风光无两，是层层选拔出来的“好学生”。而背后的选拔规则还是这部法律。根据 1998 年制定的这部法律，中国证监会证监以发行字［2001］17 号文核准康美药业公开发行。最终康美药业通过上海证券交易所系统，以上网定价方式成功地向社会公众公开发行了普通股 1800 万股，成为一家凤毛麟角的上市公司。②

总之，康美药业跌宕起伏的命运背后，其实一直都有一只无形之手，主宰着康美的荣辱成败。正是这只证券市场上的无形之手，最终掌握着证券市场的生杀予夺和悲欢离合。这只无形之手就是一部法律——证券法。

（二）“原始股”买卖触碰的大象

2006 年 10 月，东方某琪公司与某唐产权经纪公司和李某甲、黄某等人签订协议，约定由某唐公司作为独家代理机构按每股不低于人民币 0.6 元的价格，以公开方式向社会公众推销东方某琪公司自然人股东李某甲、黄某等人的股份。某

① 参见（2020）粤 01 民初 2171 号判决书。

② 参见《广东康美药业股份有限公司股票上市公告书》。

唐产权经纪公司对外宣传东方某琪公司即将上市，需要融资并能获取高额回报，同时开设银行账户，以每股人民币2元至4元的价格，向社会不特定公众转让东方某琪公司自然人股东李某甲、黄某的股权。期间东方某琪公司共计向郭某、从某某等30余人转让该公司股票127.2万余股，共计人民币390万余元，扣除某唐公司等公司的中介代理费用后，东方某琪公司非法募集资金人民币230万余元。其中，自然人褚某玲于2007年8月30日、2007年9月10日分两次汇入25000元至湖北某琪生物公司指定的黄某琦的银行账户中。尔后湖北某琪生物公司向褚某玲出具了确认函及股权证，载明褚某玲已成为湖北某琪生物公司股东，并持有5000股。

之后东方某琪公司因经营不善而停业。2016年，法院判决东方某琪公司违反国家法律规定，未经证券监管部门的批准，擅自发行股票，数额巨大，犯擅自发行股票罪，判处罚金人民币10万元，判处黄某有期徒刑一年六个月。2017年，褚某玲向一审法院起诉请求湖北某琪生物公司返还不当得利25000元并支付逾期返还不当得利的利息15529.53元。法院支持了褚某玲的诉讼请求，认定东方某琪公司违反《证券法》等法律规定，未经证券监管部门的批准，与褚某玲私自转让股票的行为无效，东方某琪公司占有褚某玲25000元股金及孳息的行为没有合法根据，属不当得利，湖北某琪生物公司为恶意的受益人。[①]

在本案中，对于东方某琪公司公开出售股票的违法行为，法院不仅从民事上认定行为无效，而且对其进行了刑事上的处罚，进行了强势介入，而根本依据是《证券法》。实务中，“原始股”的买卖并不罕见，但你情我愿的买卖，证券法为什么要管？在这些一本万利的交易中，证券法就像那房间里的大象。明明是庞然大物，但很多人偏偏视而不见——有的是出于侥幸，也有的是出于无知。然而，不管你是否承认，它就在那里。一旦它被触碰，后果会很严重。

（三）私募债交易中模糊的共识

2014年3月21日，吉某收储公司经上海证券交易所备案，非公开发行金额为3亿元的中小企业私募债券“14吉某债”。2015年至2017年每年的7月31日

---

① 注：本书案例均来源于裁判文书网。参见《湖北东方某琪生物工程股份有限公司、黄某某擅自发行股票、公司、企业债券一审刑事判决书》，（2016）鄂0106刑初590号和《湖北东方某琪生物工程股份有限公司、褚某玲不当得利纠纷二审民事判决书》，（2017）鄂96民终787号。

为上一个计息年度的付息日。本期债券到期一次还本，本金兑付日为2017年7月31日。若投资者行使回售选择权，则回售部分的兑付日为2016年7月31日；若发行人行使赎回选择权，则本期债券的兑付日为2016年7月31日。[①] 本期债券由吉某集团提供全额、无条件、不可撤销的连带责任保证担保。本期债券承销商为某州证券，采取代销的方式承销，受托管理人为某州证券。募集资金拟用于偿还银行贷款及补充粮食收储的流动资金。

安某证券为"14吉某债"的投资人，于2014年7月31日"14吉某债"初始发行时买入8000万元"14吉某债"。该债券从2015年7月31日第一次付息日开始连续七次宣布延期支付利息。2016年7月，安某证券将其持有的8000万债券向吉某收储公司进行了回售，本期债券实际上提前到期。随后，吉某收储公司再次宣布延期支付利息及回售债券本金并宣布债券构成违约。2018年5月，吉某集团及吉某收储公司启动破产清算程序。于是，安某证券向法院起诉请求吉某收储公司向安某证券赔偿投资"14吉某债"所导致的债券投资本金和利息等损失，并由吉某集团和某州证券承担连带赔偿责任。

法院查明，"14吉某债"在《募集说明书》中关于对内对外担保情况、母公司股权情况、未决诉讼或仲裁事项、偿债能力分析等存在虚假陈述情形。2017年10月10日，中国证券监督管理委员会广东监管局因某州证券在担任"14吉某债"承销商和受托管理人过程中存在的违规行为，对其采取了出具警示函的监管措施。同年10月19日，中国证券业协会对某州证券采取自律惩戒措施。

法院在审理过程中面对的一个核心问题是，本案是否适用证券法？对于这一问题的认定直接关系到法院对以下问题的判断：案件应该由哪个法院管辖？投资者是否应当倾斜保护？因果关系的构成要件由谁证明？发行人是否承担无过错责任？承销商是否适用过错推定，是否承担连带责任？

而要回答本案是否适用证券法，核心在于界定"14吉某债"作为私募公司债券，是否属于《证券法》所规定的债券？一审法院认为，证券按发行方式分为公开发行证券和非公开发行证券，而证券按性质又分为股票、公司债券和国务院依法认定的其他证券等，故非公开发行的公司债券属于证券法调整的对象。一审法院进而认定，《证券法》关于虚假陈述的规定适用于案涉私募债券项目，并判决安某证券对吉某收储公司、吉某集团分别享有破产债权本金8000万元及利

---

① 投资者回售和发行人赎回即意味着债券提前到期。

息；广某证券承担全部连带赔偿责任。广某证券不服提起上诉。在二审中，经法院主持调解，安某证券与广某证券（后更名为中某证券华南）就一审判决中的连带赔偿责任问题达成调解意见。二审法院未就“14 吉某债”是否属于证券法上的债券的问题进行阐释。①

从这个案例可以看出，私募债券归不归证券法管的问题，对案件结果的影响十分重大，但在法院那里似乎尚未形成共识。这个案例提出的另一个更宏大更重要的问题是，证券法该不该管私募债券？证券法到底该管什么？甚至，证券法到底是什么？答案似乎并不清晰。

（四）挺身而出的靠山

股市的投资者主要依靠上市公司的各种信息披露做出投资判断，信息披露的真实、准确、完整是上市公司应当坚守的底线。但这条底线屡屡被触碰，成为严重损害投资者利益的主要违法行为。2017 年 7 月 25 日，上市公司大连某福控股公告称，收到中国证监会大连监管局下发的《行政处罚决定书》，违法事实包括隐瞒某连控股对某显集团提供 1.4 亿元担保并开具 3 亿元转账支票作为履约保证的事实；未按规定披露募集资金 4.59 亿元质押担保事项；未披露一则涉案标的达 8000 万元的重大诉讼等。基于上述事实，大连监管局对某连控股处以 60 万元的罚款，对实际控制人代某处以 30 万元罚款。②

对于某福控股的违法行为，证券监管机构首先根据证券法作出了调查和惩罚，调查和惩罚不仅是对上市公司的经济制裁，也是对上市公司声誉和投资价值的负面评价，更是对违法行为的震慑。这是证券法对投资者的第一层救济。但是，对受到违法行为侵害的投资者来说，区区数十万元的罚款显得震慑不足，自身的损失如何得到弥补才是更关心的问题。行政处罚公布后，先后有几百名投资者根据证券法的规定，向法院提起了证券虚假陈述民事诉讼，请求某福控股及相

① 参见《中信证券华某股份有限公司与安某证券股份有限公司、某集团收储经销有限公司、某粮食集团有限公司证券虚假陈述责任纠纷二审民事判决书》，（2019）吉民终 458 号。

② 参见《大连某福控股股份有限公司关于收到中国证券监督管理委员会大连监管局行政处罚决定书的公告》。本书所有行政处罚决定书来自中国证券监督管理委员会官网，http：//www.csrc.gov.cn。参见《中国证券监督管理委员会大连监管局行政处罚决定书（大连控股、代某、周某林）》。http：//www.csrc.gov.cn/dalian/c104244/c1352247/content.shtml）

关主体赔偿损失。[①] 这是证券法对投资者的第二层救济。2017 年 8 月 21 日，中证中小投资者服务中心发出征集公告，对某福控股的投资者提起了证券支持诉讼，追究某连控股及其主要信披违法责任人的民事赔偿责任。投资者保护机构的支持诉讼，这是证券法为投资者提供的第三层救济。

在相关的证券虚假陈述责任纠纷审理中，法院认为，某福控股未按规定披露重大事件，实施了证券虚假陈述行为，该行为与损害赔偿请求之间具有直接因果关系，因此判决认定某福控股应对由此受损的投资者予以赔偿。根据证券法，在投资者作为原告提起的证券虚假陈述责任纠纷中，对于侵权责任的四个构成要件中的因果关系实行举证责任倒置，主观过错实行无过错责任或者过错推定，大大减轻了原告的举证负担；在此基础上，证券法还为相关责任主体设置了连带责任，提高了责任财产的范围。这是证券法为为投资者提供的又一层救济。除了这些，新证券法还有很多对于投资者的倾斜性保护，最典型的是新《证券法》第九十五条第三款，正式在法律上确立了“中国式集体诉讼制度”，通过“明示退出，默示加入”的制度设计，将个案判决的效力及于明确表示退出以外的所有投资者。

法律面前应该人人平等，但证券法为何要挺身而出，保护投资者一方；又何只有房间里这头默默无闻的大象能够挺身而出？证券法到底又是怎样发挥作用的？

二、证券法有什么用？

（一）证券法的立法目的

我国证券法开宗明义，在第一条规定了证券法的立法目的——为了规范证券发行和交易行为，保护投资者的合法权益，维护社会经济秩序和社会公共利益，促进社会主义市场经济的发展，制定本法。

证券法的立法目的与中国证券市场的目的有关。1990 年 12 月和 1991 年 7 月，上海、深圳两个证券交易所分别开业，标志着我国证券市场正式起步。就在

① 参见《大连某福控股股份有限公司关于中小投资者诉讼进展公告》。本书所有上市公司公告来自巨潮资讯网，http：//www.cninfo.com.cn。

两个交易所准备开业的时候，一封群众来信掀起了轩然大波，来信中说："股票市场是资本主义的东西，关得越早越好，早关早主动。还认为深圳是资本主义泛滥，党政干部通通烂掉了，再发展下去要造成严重的社会问题，不知道要有多少人跳楼。"这封信由中央有关领导批转后，引起了很大的反响。[①] 好在，那时候的中国，改革开放已是主流。

但是，在这个背景下顶着压力上马的中国股市，在制度设计上还是体现了时代的烙印：第一，当时股市的主要目的是为国企融资，为国有经济服务和纾困，这就造成了在发行市场上的不平等。第二，为了保持公有制经济的主导地位，当时在股票上做出了股权分置的设计，导致在交易市场上的不平等。第三，股票发行实行严格的审批把关，行政主导的色彩明显。可以说这些就是中国证券市场的基因。

由于我国最早的中国证券市场是为国企融资的，证券法的重心也在于融资端，也就是发行人和上市公司，对投资端，也就是投资者的保护并不是很看重。长期以来关于证券法的讨论都集中在证券发行环节。新证券法把投资者保护提到了更高的位置，设立了投资者保护专章。相比原证券法，虽然第一条在条文上没有修改，但内涵已经完全不同。从条文本身来看，中国证券法有四个层面的立法目的。

1. 规范证券发行和交易行为。证券的发行，是证券从无到有，从内部到外部，从发行人到投资者的过程，通常发行与上市连在一起称为"公开发行并上市"。比如，"金山办公首次公开发行股票并在科创板上市"。证券的交易，是证券发行之后投资者和投资者之间的证券买卖行为，股民每天通过各种交易软件"炒股"就属于证券交易。证券的发行和交易，在法律关系上应属于民商法的范畴，但由于证券的特殊属性，证券法以金融公法的方式进行调整。当今世界上拥有证券法的国家，除了美国在立法上由1933年的《证券法》和1934年的《证券交易法》共同组成证券法以外，其他国家和地区主要都是证券交易法的立法例。其原因在于不同种类的证券在发行上往往不容易找到共性（比如国债与股票在发行条件和程序上就有天壤之别），而在交易上则存在较多共性。交易行为与发行人相对分离，主要是因为证券持有人与交易相对方之间具有相对独立的买卖关

① 陆一：《证券市场20年，一封人民来信差点关闭了股市》，载《第一财经日报》2010年6月21日。

系，而且证券交易具有相当的共性。但是，我国的证券法是同时规定了发行和交易。证券法体量最大的部分就是第二章“证券发行”和第三章、第四章“证券交易（包括上市公司收购）”的内容。证券的发行和交易一起规定，固然有利于立法体系上的统一，但实务中也容易出现不少证券法适用的问题，比如银行间市场的非金融企业债务融资工具和发改委主管的企业债在发行核准、注册程序上与公司债券迥异，是否应该适用证券法？

2. 保护投资者的合法权益。无论是证券的发行还是交易，都需要投资者的参与。一方面，发行人与投资者是水与鱼的关系。证券不同于普通商品，本质上是一种权利凭证，背后的权利看不见摸不着，对于其价值和价格的判断，发行人有着绝对的信息优势。基于其信息优势，发行人就可能损害投资者权益，由此就产生了如何保护投资者的命题。另一方面，投资者之间千差万别，从中小投资者到实际控制人，都是发行人的“出资方”，但在掌控的信息上却有着天壤之别，如何避免一些投资者伤害另一些投资者，也是证券法上的命题。《民法典》第一百二十五条规定：“民事主体依法享有股权和其他投资性权利。”公民作为投资者的合法权益受到法律保护。强化投资者保护也是新证券法的亮点。证券法上的投资者保护，是一种倾斜保护，通过赋予投资者更多的权利或者减轻投资者的义务的方式，实现实质的平等。比如，投资者保护专章确立的投资者适当性制度和代表人诉讼制度，对部分造成投资者损失的行为在民事责任上实行过错推定和连带责任，等等。前述的“14 吉某债”一旦被认为适用证券法，那投资者就获得了各种倾斜保护。但是，证券法上倾斜保护的投资者主要是投资公开发行证券的中小投资者，对于一对一发行的私募债而言，对于同样作为专业机构的投资者而言，其与发行人之间权利义务的主要依据是双方的合同约定。

3. 维护社会经济秩序和社会公共利益。证券发行人来自各行各业，背后是各色的创业者和企业家。证券投资者更是来自千家万户，人人都有权利在证券市场上追寻财富梦想。证券市场既关系到具体每个人的利益，也涉及整体的经济秩序和社会公共利益。因此，新证券法突出强调防范金融风险，专门在国务院证券监督管理机构的职责中增加了“依法监测并防范、处置证券市场风险”的规定。2019 年 11 月最高法院出台的《全国法院民商事审判工作会议纪要》（以下简称《九民纪要》）也明确认为，涉及金融安全、市场秩序、国家宏观政策等公序良俗的强制性规定，应当认定为“效力性强制性规定”，违反这些规定的合同会被认定为无效合同。证券法上的不少规定就属于强制性规定的范畴，比如第五十八条规定："任何单位和个人不得违反规定，出借自己的证券账户或者借用他人的证券账户从事证券交易。"此外，新证券法还用3章60个条文明确规定了证券行业的自律管理、行政监管和法律责任；证券法所明确禁止的行为，如果构成犯罪的，还可能受到刑罚的制裁。这些都体现了证券法对社会经济秩序和公共利益的维护。

4. 促进社会主义市场经济的发展。证券市场关系企业的资本形成和投资者的财富效应，被比喻为经济的晴雨表。有什么样的证券法，就会有什么样的证券市场，也就会有什么样的发行人和上市公司。证券法最新一轮漫长的修订，很重要的一个考虑就是"让好企业在国内上市"。资本市场孕育着经济的未来，而交易所之间的竞争早已是国际间经济竞争的重要战场。中芯国际等企业在科创板上市就曾经被视为新证券法给中国经济的礼物。证券法需要对经济发展和竞争形势变化及时作出反应。因此，相比民法、刑法等法律，证券法也是立法更新频率比较大的法律，目前已经有两次大修和三次小修。证券同样要及时回应社会生活的变化和金融领域的创新。宏观方面如此，微观方面也是如此。比如，证券法通过强化股东权利，实际上对于改善公司治理有直接的作用[①]。

（二）如果只有一个目的

《证券法》虽然明确规定了四项立法目的，但其中最能彰显证券法特质的，是保护投资者的合法权益。一方面，证券法上的投资者保护，是对涉众的、具有风险传染性的公开发行上市的证券的投资者的保护；因此，证券法面临的首当其冲的问题就是界定什么是证券法上的证券，什么是公开发行上市。如果不属于证券法上的证券，或者不属于公开发行上市行为，证券法就不进行调整。另一方面，证券法上的投资者保护，是通过强制信息披露来实现的，让公开发行上市的证券更加公开透明。朱锦清先生说，证券法的基本原理就是通过公开的手段去达到保护投资者的目的。[②] 证券法上发行阶段的注册制度和上市后的信息披露制度，都是为了信息公开，而公开的目的是保护投资者，特别是保护投资者获取信息的权利和知情的权利，最大限度地缓解信息不对称。可以说，整部证券法，从证券发行制改革、信息披露制度完善、设立投资者保护专章到全面提高违法成本，

① 参见赵万一、赵舒窈：《中国需要一部什么样的证券法》，载《暨南学报（哲学社会科学版）》2018年第1期。

② 朱锦清：《证券法学（第四版）》北京大学出版社2019年出版，第106页。

都体现了投资者保护的理念。注册制是对投资者自主选择权的保护，信息披露是对投资者知情权的保护，提高违法成本是对损害投资者利益的违法行为的威慑。当然，最能集中体现新证券法强化投资者保护的是第六章，也被称为投资者保护专章。因此，如果说证券法只能保留一个目的的话，那就是保护投资者的合法权益。对于购买东方某琪原始股和某福控股的投资者而言，证券法是最强大的武器。

（三）证券法的初心和使命

1. 证券法的立法过程。从历史上看，我国是先有证券市场，后有证券法。我国现行证券法颁布于 1998 年，但起草工作从 1992 年就开始了。1993 年 8 月，全国人大常委会对证券法草案进行了一审。直到 1998 年 12 月，全国人大常委会第五次会议审议通过了证券法，历时 5 年多。在证券法正式颁布之前，我国证券发行和交易的主要依据还是 1993 年国务院制定的《股票发行与交易管理暂行条例》。1998 年证券法颁布后，先后经历了两次修订（大修）和三次修正（小修）。两次修订分别是在 2005 年和 2019 年，三次修正分别是在 2004 年、2013 年和 2014 年。最近一次的修订由第十三届全国人大常委会第十五次会议于 2019 年 12 月 28 日通过并公布，自 2020 年 3 月 1 日起施行①。之所以将施行的时间定在 2020 年 3 月 1 日，主要是为了与全国人大授权国务院在注册制改革中调整适用《证券法》的时间期限相衔接。2018 年，十二届全国人大常委会第三十三次会议决定：2015 年 12 月 27 日十二届全国人大常委会第十八次会议授权国务院在实施股票发行注册制改革中调整适用《证券法》有关规定的决定施行期限届满后，期限延长二年至 2020 年 2 月 29 日。2019 年的证券法修订有很多值得关注之处：一是审议间隔时间最长，进行了四次审议，跨了两届人大，中间更换了三任证监会主席；二是审议期间全国人大两次作出授权决定；三是修订幅度大，从修订前的 240 条到修订后的 226 条，修改变动的条文超过 100 条。因此，现行的证券法常被称作“新证券法”。

2. 新证券法的修订重点。按照“实现有限目标、坚持问题导向、力争简洁务实”的立法思路，新证券法的修订重点主要有以下十个方面：②

---

① 该法第 226 条予以规定。

② 参见《证监会详解新证券法十大亮点》，载《中国证券报》2019 年第 290 期，2019 年 12 月 30 日。

（1）全面推行证券发行注册制度。新证券法按照全面推行注册制的基本定位，对证券发行制度作了系统的修改完善，充分体现了注册制改革的决心与方向。新证券法也授权国务院对证券发行注册制的具体范围、实施步骤进行规定，为有关板块和证券品种分步实施注册制留出了必要的法律空间。

（2）显著提高证券违法违规成本。比如，在原证券法下，除了少数例外（比如内幕交易和操纵市场），对相关责任人员的违法行为，明确以金额计算的行政罚款最高限是30万元，这显然不足以威慑潜在的违法者；而新证券法下，这一金额上限提高到了1000万元（欺诈发行）；以违法所得倍数计算的罚款也从"没一罚五"提高到了"没一罚十"。同时，新证券法对证券违法民事赔偿责任也做了完善。如规定了发行人等不履行公开承诺的民事赔偿责任，明确了发行人的控股股东、实际控制人在欺诈发行、信息披露违法中的过错推定、连带赔偿责任等。

（3）完善投资者保护制度。新证券法设专章规定投资者保护制度，作出了许多颇有亮点的安排。包括区分普通投资者和专业投资者，有针对性地作出投资者权益保护安排；建立上市公司股东权利代为行使征集制度；规定债券持有人会议和债券受托管理人制度；建立普通投资者与证券公司纠纷的强制调解制度；完善上市公司现金分红制度。为适应证券发行注册制改革的需要，新证券法探索了适应我国国情的证券民事诉讼制度，规定投资者保护机构可以作为诉讼代表人，按照"明示退出、默示加入"的诉讼原则，依法为受到损害的投资者提起民事损害赔偿诉讼。

（4）进一步强化信息披露要求。新证券法设专章规定信息披露制度，系统完善了信息披露制度，包括扩大信息披露义务人的范围；完善信息披露的内容；强调应当充分披露投资者作出价值判断和投资决策所必需的信息；规范信息披露义务人的自愿披露行为；明确上市公司收购人应当披露增持股份的资金来源；确立发行人及其控股股东、实际控制人、董事、监事、高级管理人员公开承诺的信息披露制度等。

（5）完善证券交易制度。优化有关上市条件和退市情形的规定；完善有关内幕交易、操纵市场、利用未公开信息的法律禁止性规定；强化证券交易实名制要求，任何单位和个人不得违反规定出借证券账户或者借用他人证券账户从事证券交易；完善上市公司股东减持制度；规定证券交易停复牌制度和程序化交易制度；完善证券交易所防控市场风险、维护交易秩序的手段措施等。

（6）落实“放管服”要求取消相关行政许可。包括取消证券公司董事、监事、高级管理人员任职资格核准；调整会计师事务所等证券服务机构从事证券业务的监管方式，将资格审批改为备案；将协议收购下的要约收购义务豁免由经证监会免除，调整为按照证监会的规定免除发出要约等。

（7）压实中介机构市场“看门人”法律职责。规定证券公司不得允许他人以其名义直接参与证券的集中交易；明确保荐人、承销的证券公司及其直接责任人员未履行职责时对受害投资者所应承担的过错推定、连带赔偿责任；提高证券服务机构未履行勤勉尽责义务的违法处罚幅度，由原来最高可处以业务收入5倍的罚款，提高到10倍，情节严重的，并处暂停或者禁止从事证券服务业务等。

（8）建立健全多层次资本市场体系。将证券交易场所划分为证券交易所、国务院批准的其他全国性证券交易场所、按照国务院规定设立的区域性股权市场等三个层次；规定证券交易所、国务院批准的其他全国性证券交易场所可以依法设立不同的市场层次；明确非公开发行的证券，可以在上述证券交易场所转让；授权国务院制定有关全国性证券交易场所、区域性股权市场的管理办法等。

（9）强化监管执法和风险防控。明确了证监会依法监测并防范、处置证券市场风险的职责；延长了证监会在执法中对违法资金、证券的冻结、查封期限；规定了证监会为防范市场风险、维护市场秩序采取监管措施的制度；增加了行政和解制度和证券市场诚信档案制度；完善了证券市场禁入制度，规定被市场禁入的主体在一定期限内不得从事证券交易等。

（10）扩大证券法的适用范围。将存托凭证明确规定为法定证券；将资产支持证券和资产管理产品写入证券法，授权国务院按照证券法的原则规定资产支持证券、资产管理产品发行、交易的管理办法。同时，考虑到证券领域跨境监管的现实需要，明确在我国境外的证券发行和交易活动，扰乱我国境内市场秩序，损害境内投资者合法权益的，依照证券法追究法律责任等。

此外，此次证券法修订还对上市公司收购制度、证券公司业务管理制度、证券登记结算制度、跨境监管协作制度等作了完善。

3. 证券法的基本定位。从法律位阶来看，证券法属于法律，但不是基本法律；根据立法法的规定，是由全国人民代表大会常务委员会制定和修改的普通法律。从法律性质来看，证券法属于实体法，但也在个别条款规定了程序事项，比如第九十五条的证券纠纷代表人诉讼。从法律分类来看，证券法通常和公司法、保险法、票据法一样，归属于商法的范畴，但其明显具有公法的属性，也属于金融法的一个门类。

4. 证券法和其他相关金融法的区别。前央行副行长吴晓灵在阐释中国金融立法的框架时认为，银行法、信托法、证券法、保险法四个主要的金融法分支拥有不同的制度逻辑。在信贷市场上，因为银行是存款人的债务人，存款人要承担银行倒闭的风险，因而信贷市场的立法重点，应该是控制资产运用风险和机构倒闭风险，对银行审慎经营提出要求。在资产管理市场，委托人和受托人之间是一种信托关系。受托人的行为是否勤勉忠诚，能否优先考虑客户的利益，决定了委托人的利益能不能得到保证。因此，资产管理市场的立法原则是，要非常关注受托财产的独立性和受托经营者勤勉忠诚、客户利益优先的义务。保险市场则是基于大数法则的互助关系并实现经济补偿功能。在这种情况下，我们更应该注重诚实信用交易。在保险业的发展中，由于保险产品日趋复杂，保险逐渐从相互保险演变成由专门的金融机构来经营，因而有机构偿付的风险，所以在制定法律的时候也要注意机构的偿付能力。而在证券市场上，因为投资人要承担融资人的直接风险，因而立法时要重在信息披露和保证公平交易。①

三、证券法管什么?

(一) 并非所有证券都归证券法管

什么是证券？朱锦清先生认为，证券是因投资于一项共同的风险事业而取得的主要通过他人的努力而盈利的权益（凭证）。② 证券的构成要件有四：出钱投资，共同的风险事业，他人的努力，盈利期望。应当说，符合这四个条件的都是证券，其本身并没有那么神秘。但并非符合这四个条件的都归证券法调整。证券法不是为了给证券下定义，而是要划清证券法的“势力范围”。

证券法要管的证券，主要是份额化、标准化的投融资工具，比如股票和债券。相比普通的股权和债权，股票和债券最大的特点就是高度的份额化，极端的

① 吴晓灵：《中国金融业的法律框架及立法进程》，载《银行家》杂志微信公众号 2019 年 7 月 2 日，最后访问时间 2022 年 4 月。

② 朱锦清：《证券法学（第四版）》，北京大学出版社 2019 年版，第 56 页。

标准化和超强的流动性，从而让融资更为高效和便利，让更多的投资者能够参与其中。也正是因为如此，证券法才需要对这些证券进行严格规范。

因此，所谓的将某类证券“纳入证券法”，具有双重的意义。一方面，一旦成为证券法上的“证券”，就有了合法的身份，就可以获得融资的便利和超强的流动性，投资者就可以参与投资。否则，发行和投资这类证券就会面临合法性的问题。比如，立法讨论是否将资产支持证券和资产管理产品纳入证券法，主要是从“合法化”的层面进行考虑。另一方面，一旦成为证券法上的“证券”，就需要在信息披露、投资者保护、发行程序以及风险管控等方面面对更加严格的要求，成为证券监管部门的监管范围。在此轮修订中讨论比较热烈的众筹是否纳入证券法，就同时考虑了“合法化”和加强监管。对此，邢会强教授认为：“证券的定义与证券法的特殊机制有关。一旦某种金融产品被界定为证券，这就意味着它的发行者要承担注册和信息披露义务（除非获得豁免），它的投资者有权获得证券法的民事、行政和刑事等保护。”①

总之，并不是所有证券都归证券法管。证券法主要是从“要不要将其合法化”和“要不要对其强监管”两个角度考虑将什么样的证券纳入证券法。因此，虽然在其他国家的立法上也有通过给证券下定义的方式进行立法的，但绝大多数的国家都采取列举式的方式划定证券法上的“证券”的范围。

（二）我国证券法上的证券

我国证券法采取列举的方式，规定了证券的种类，并且根据证券发行和交易的特点，结合实务中金融业态和金融态监管的实际情况，对不同证券的调整程度做出了区分。《证券法》第二条规定，在中华人民共和国境内，股票、公司债券、存托凭证和国务院依法认定的其他证券的发行和交易，适用本法；本法未规定的，适用《中华人民共和国公司法》和其他法律、行政法规的规定。政府债券、证券投资基金份额的上市交易，适用本法；其他法律、行政法规另有规定的，适用其规定。资产支持证券、资产管理产品发行、交易的管理办法，由国务院依照本法的原则规定。在中华人民共和国境外的证券发行和交易活动，扰乱中华人民共和国境内市场秩序，损害境内投资者合法权益的，依照本法有关规定处理并追究法律责任。

① 邢会强：《我国〈证券法〉上证券概念的扩大及其边界》，载《中国法学》2019年第1期。

1. 发行和上市交易都由证券法调整的证券。《证券法》第二条第一款规定，在中华人民共和国境内，股票、公司债券、存托凭证和国务院依法认定的其他证券的发行和交易，适用本法；本法未规定的，适用《中华人民共和国公司法》和其他法律、行政法规的规定。股票和公司债券是证券法上最根正苗红的证券品种，也是各国证券法都列入调整的对象。新法增加了一类“存托凭证”。所谓存托凭证，是指由存托人签发，以境外证券为基础，在中国境内发行的代表境外基础证券权益的证券。其基本模式是基础证券发行人在境外发行的基础证券由存托人持有，并由存托人在境内签发存托凭证。基础证券发行人应符合证券法关于股票等证券发行的基本条件，参与存托凭证发行，依法履行信息披露等义务，并按规定接受证监会及证券交易所监督管理。存托人按照存托协议约定，根据存托凭证持有人意愿行使境外基础证券相应权利，办理存托凭证分红、派息等业务。存托人资质应符合证监会有关规定。①

存托凭证寄托了中国证券市场“让好企业在境内上市”的梦想。早在 2018 年，国务院办公厅就转发了证监会《关于开展创新企业境内发行股票或存托凭证试点若干意见》的通知，要求开展存托凭证试点。新证券法对此进行了响应。2020 年 9 月，证监会正式同意九号有限公司在科创板公开发行存托凭证（CDR），该公司成为科创板第一个存托凭证上市公司。2020 年 9 月 30 日，证监会也核准农业银行、工商银行、建设银行、招商银行、交通银行等五家商业银行开展存托凭证试点存托业务。存托凭证将成为未来中国证券市场上一类重要的证券。

对于这三类证券的发行与交易，在法律适用上证券法具有优先性，证券法未规定的，才适用《公司法》和其他法律、行政法规的规定。

2. 只有上市交易才适用证券法的证券。《证券法》第二条第二款规定，政府债券、证券投资基金份额的上市交易，适用本法；其他法律、行政法规另有规定的，适用其规定。其中政府债券由财政部决定发行，证券投资基金的发行由《证券投资基金法》直接调整。这两者在发行条件和发行程序上与股票和公司债券迥异，但都在证券交易所上市交易。因此，证券法只管交易一端，不管发行。

3. 授权国务院立法规定的证券。《证券法》第二条第三款规定，资产支持证

① 参见《关于开展创新企业境内发行股票或存托凭证试点的若干意见》。

券、资产管理产品发行、交易的管理办法，由国务院依照本法的原则规定。资产支持证券和资产管理产品，是两个规模十分庞大的业务门类，但一直在法律上没有明确的依据，新证券法给了它们合法地位。但是，因为资产支持证券和资产管理类业务涉及几乎所有金融子行业，在分业经营和分业监管的格局下，不是证券法一部法律所能容纳的，需要结合实际由国务院进行协调。以资产管理业务为例，2018 年 4 月，央行、银保监会、证监会、外汇局联合发布《关于规范金融机构资产管理业务的指导意见》（以下简称《资管新规》），成为资管领域的“无冕之王”，是规范这一依据最重要的依据。

4. 实行“长臂管辖”的证券。《证券法》第二条第四款规定，在中华人民共和国境外的证券发行和交易活动，扰乱中华人民共和国境内市场秩序，损害境内投资者合法权益的，依照本法有关规定处理并追究法律责任。最典型的是瑞幸咖啡财务造假案。2020 年 4 月 3 日，证监会发布声明称，高度关注瑞幸咖啡财务造假事件，对此行为表示强烈的谴责。不管在何地上市，上市公司都应当严格遵守相关市场的法律和规则，真实、准确、完整地履行信息披露义务。7 月 31 日，证监会发布关于瑞幸咖啡财务造假调查处置工作情况的通报。相关部门调查显示，瑞幸咖啡境内运营主体及相关管理人员、相关第三方公司大规模虚构交易，虚增收入、成本、费用，虚假宣传等行为，违反了我国《会计法》《反不正当竞争法》的相关规定。瑞幸咖啡境内关联的新三板挂牌公司，即神州优车股份有限公司和北京某动益维科技股份有限公司信息披露违法行为，违反了我国《证券法》相关规定。财政部、市场监管总局、证监会将依法对瑞幸咖啡境内运营主体及相关责任人、协助造假及帮助虚假宣传的多家第三方公司、两家新三板关联公司及相关责任人予以行政处罚。近日，证监会已向涉案当事人送达行政处罚事先告知书。相关责任主体如涉嫌犯罪的，将依法移送公安司法机关进一步追责。①

值得注意的是，新证券法删除了证券衍生品种的条款。证券衍生品种具体分为证券型衍生品种和契约型衍生品种。其中的证券型衍生品种（最典型的是权证），根据原《证券法》第二条第三款的规定，属于证券法的调整范围。② 但考

① 《证监会：瑞幸咖啡财务造假调查取得重要进展》，http：//www. xinhuanet. com/fortune/2020-07/31/c_1126311505. htm，最后访问时间为 2021 年 8 月 9 日。

② 参见邢某强诉上海证券交易所权证交易侵权纠纷一审案，（2007）沪高受监字第 3 号。

虑到《期货法》将统一对证券衍生品种进行规范，因此证券法删除了证券衍生品种的相关规定。

（三）当我们说“证券”的时候到底在说什么

总之，在证券法的语境之下，从最广泛的意义上讲，“证券”的范围包括股票、债券、存托凭证、政府债券、证券投资基金份额、资产支持证券和资产管理产品。但是从实务运用的角度来说，当提到“证券”时，通常指的是股票和债券，有时候也包括存托凭证；在有特殊条件限定的情况下，则可能是指三者之一，比如在“上市公司的收购”一章，主要指的是股票。而如果是在证券交易环节，“证券”就还包括政府债券和证券投资基金份额，比如内幕交易、操纵市场等禁止的交易行为同样适用于这两类证券。在适用证券法的时候，明确法条中“证券”的所指，是适用法律的基本前提。

四、证券法怎么管?

《证券法》规定了证券法的三条原则，表明了证券法这部重要法律的基本立场。这些原则应该贯穿于证券发行和交易的全过程。

（一）坚持“三公”原则

《证券法》第三条规定，证券的发行、交易活动，必须遵循公开、公平、公正的原则。

1. 公开原则。公开原则是证券法的核心原则。证券法的基本逻辑，始于公开。证券发行、交易过程中充分的信息披露是对发行人、上市公司的基本要求，也是投资者投资决策的主要依据。保障信息披露的质量，落实法律对于信息披露的要求，是证券公司、其他证券服务机构和监管机构的主要职责所在。打击信息披露的违法违规行为，更是证券法的基本立场。注册制之下，公开原则提到了更高的地位。关于公开原则，有两点需要十分注意。一是最大公开原则，对于公开发行的证券，要最大限度公开信息，尽量做到对全市场的透明，不能选择性公开，也不能歧视性公开。二是审慎公开原则。证券法重视公开，但并非无原则的公开，而是审慎公开。比如，未经法律程序注册，不得公开发行；发行人的信息披露必须满足真实、准确、完整、及时、公平、简明清晰、通俗易懂等要求。

实务中有争议的一点是，证券监管机关在履行监管职责过程中制作或者获取的与上市公司相关的信息，是否应该公开？主流裁判观点认为，证券法设立信息披露制度的目的，正是为证券投资者平等获取信息提供法律保障，确保投资者的机会公平。因此，证券法上信息公开的核心在于公开的平等性，即或者不公开，或者应同时向不特定投资者平等公开，而不得仅向个别投资者公开。由于《政府信息公开条例》（以下简称《信息公开条例》）第十三条所规定的依申请公开制度并不考虑社会公众是否平等获取信息的问题，因此与证券法上的信息公开在制度旨趣上存在实质性差别。如果个人可以通过政府信息依申请公开的途径独立于其他投资者获取与上市公司有关的信息，就会破坏证券市场的信息公平，进而可能扰乱证券市场的正常秩序。由此，个人依据《信息公开条例》申请获取相关信息的请求权基础已不存在，无论相关信息是否已经通过信息披露或者其他法律途径向社会公开，均不涉及个人再行依申请公开的问题。

虽然证券法中信息披露的直接义务主体是发行人，但证券监管机关在对上市公司履行监管职责过程中制作、获取的证券监管信息，不可避免地包含与上市公司相关的内容，证券监管机关仅应当将上述信息用于履行监管职责，其无权向个别公民、法人或者其他组织予以公开，否则同样会破坏证券法所维护的公开、公平、公正的证券市场秩序。因此，基于证券法的立法目的，证券监管机关在履行监管职责过程中制作或者获取的与上市公司相关的信息的公开范围、方式、途径和程序等，均应当符合证券法关于证券信息公开的基本原则和要求，不应属于《信息公开条例》依申请公开制度的调整范畴。①

2. 公平原则。公平包括形式公平和实质公平。形式上的公平指的是在发行、交易、收购各个环节，同等情况同等对待，获得同等的机会，不因为所有制、地域等因素而受到歧视。比如，证券法关于公开发行的条件对于国企和民企，初创企业和成熟企业都是一视同仁的。新证券法在“信息披露”一章中专门增加了信息披露公平性的要求，包括第七十八条第二款规定了境内同时披露、第八十三条第一款规定了同时向所有投资者披露。

实质上的公平即《民法典》第六条规定的“合理确定各方的权利和义务”，不让一方吃亏。前面提到的对中小投资者的倾斜保护即是实质公平的体现。交易结果上公平更是证券法关注的重点，因此，对证券交易所而言，公平原则更加重

① 参见刘某清与中国证券监督管理委员会信息公开二审行政裁定书，（2017）京行终3927号。

要。证券交易所履行自律管理职能，应当遵守社会公共利益优先原则，维护市场的公平、有序、透明。证券交易所应当为组织公平的集中交易提供保障，实时公布证券交易即时行情，并按交易日制作证券市场行情表，予以公布。因不可抗力、意外事件、重大技术故障、重大人为差错等突发性事件而影响证券交易正常进行时，为维护证券交易正常秩序和市场公平，证券交易所可以按照业务规则采取技术性停牌、临时停市等处置措施。《证券法》禁止证券从业人员炒股也是出于公平性的考虑，因为证券从业人员相比普通投资者有机会获得更多的信息，特别是未公开信息。如果允许其进入证券市场，将导致实质上的不公平发生。

3. 公正原则。证券法上的公正不是对结果而言，而主要指的是防范利益冲突。比如，对居中审核和执法的证券监管机构而言，其工作人员必须忠于职守、依法办事、公正廉洁，不得利用职务便利牟取不正当利益，不得泄露所知悉的有关单位和个人的商业秘密。对证券市场相关中介机构而言，在面对委托人的利益、投资者的利益和自身利益的时候，也应当避免利益冲突。比如，债券受托管理人应当勤勉尽责，公正履行受托管理职责，不得损害债券持有人利益。证券公司应当建立健全内部控制制度，采取有效隔离措施，防范公司与客户之间、不同客户之间的利益冲突。证券公司必须将其证券经纪业务、证券承销业务、证券自营业务、证券做市业务和证券资产管理业务分开办理，不得混合操作。

（二）坚持自愿、有偿、诚实信用原则

《证券法》第四条规定，证券发行、交易活动的当事人具有平等的法律地位，应当遵守自愿、有偿、诚实信用的原则。这一条的立法背景在于，脱胎于计划经济时代的中国证券市场，各个主体间因为所有制等原因有着实质上的差异，为了抹平这种差异而规定了这一项原则。但在当下实务中，关于当事人平等地位的争议主要在于信息和专业知识上的不平等，进而导致在认定是否遵守诚信原则的问题上，需要对弱势一方进行倾斜保护。

比如，上海市浦东新区人民法院在一份判决中认为，关于原告在交易过程中是否已经知悉佣金收费标准，被告称在营业部张贴公告，并提交了现场照片，被告虽对此不予认可，但根据双方约定，被告修改或变更证券代理协议内容的，有关内容将由被告在其营业场所或网站以公告形式通知原告，若原告在七个交易日内不提出异议，则公告内容生效，并成为协议的组成部分，对双方均具有法律效力；同时，原告作为有多年炒股经历的老股民，其在争议期间内多次进行现场交

易，并至被告营业场所办理业务，且并未在合同约定的期限内提出异议，应视为原告已经清楚并认可包括佣金扣收在内的交易结果。故原告主张被告侵犯其知情权，并要求被告返还2015年6月1日至2015年10月21日佣金费率1.6‰与0.3‰之间的差额，无事实与法律依据，本院不予支持。依照《中华人民共和国证券法》第四条的规定，判决如下：驳回原告侯某弟的诉讼请求。案件受理费50元，减半收取计25元（原告已预交），由原告负担。①

（三）坚持法治原则

《证券法》第五条规定，证券的发行、交易活动，必须遵守法律、行政法规；禁止欺诈、内幕交易和操纵证券市场的行为。本条也是关于证券法基本原则的规定。这一条更多的是宣示的意义，是证券法执法和司法实践中适用比较多的条款，涉及主要的证券违法行为的处理都会引用这一条。

值得注意的是，本条在证券发行、交易活动的法律渊源上只写了法律和行政法规，不包括部门规章，但本次修订部分条款对法律渊源进行了扩展，比如第三十六条关于“减持新规”入法的规定，“上市公司持有百分之五以上股份的股东、实际控制人、董事、监事、高级管理人员，以及其他持有发行人首次公开发行前发行的股份或者上市公司向特定对象发行的股份的股东，转让其持有的本公司股份的，不得违反法律、行政法规和国务院证券监督管理机构关于持有期限、卖出时间、卖出数量、卖出方式、信息披露等规定，并应当遵守证券交易所的业务规则”。再比如第七十八条关于“信息披露义务人”的规定，“发行人及法律、行政法规和国务院证券监督管理机构规定的其他信息披露义务人，应当及时依法履行信息披露义务”。第八十九条关于普通投资者的倾斜保护的规定，“普通投资者与证券公司发生纠纷的，证券公司应当证明其行为符合法律、行政法规以及国务院证券监督管理机构的规定，不存在误导、欺诈等情形。证券公司不能证明的，应当承担相应的赔偿责任”。第九十条关于“表决权征集”的规定，“公开征集股东权利违反法律、行政法规或者国务院证券监督管理机构有关规定，导致上市公司或者其股东遭受损失的，应当依法承担赔偿责任”。法律向规章的授权也是这次修法很重要的一个趋势。

---

① 侯某弟与某方证券股份有限公司上海浦东新区耀华路证券营业部委托合同纠纷一审民事判决书，（2016）沪0115民初4723号。

本条列举了三类禁止的证券违法行为。应该说，欺诈（包括欺诈发行和虚假陈述等）、内幕交易和操纵证券是最主要的证券违法行为，但证券法禁止的证券违法行为远不止三大类，也有些行为是三大类所不能涵盖的，比如违规出借和借用证券账户。此外，值得注意的是，2020 年最新版的《民事案件案由规定》将证券欺诈责任纠纷作为证券纠纷下的三级案由，而将证券内幕交易责任纠纷、操纵证券交易市场责任纠纷、证券虚假陈述责任纠纷、欺诈客户责任纠纷作为证券欺诈责任纠纷下的四级案由。从证券法的规定看，是值得商榷的，欺诈、内幕交易和操纵证券市场属于证券法上并列的禁止行为。

（四）如果只有一个原则

“一部证券法，洋洋数万言，归根结底就是两个字：公开。”① 投资者判断证券的质量和价值的唯一依据是其获知的证券发行人的信息，这是证券和普通商品最大的区别。发行人披露信息和投资者获取信息都是有成本的。因此，对于具有绝对信用的发行人，法律允许免予披露信息，投资者也无需费心费力去获取信息，比如中央政府发行的国债。对于私募发行的证券，投资者有能力依靠自己的力量获取发行人的信息，因此法律不对发行人的信息披露做出强制要求，从而节约成本，提高效率。但是，对于公开发行的证券而言，投资者，特别是中小投资者没有能力自行获取发行人的信息，法律因此强制要求发行人进行信息公开。无论是认购一级市场上证券的发行和认购，还是二级市场上证券的买卖，都要以充分的信息公开为前提。

相比其他原则，公开原则是证券市场的根基之所在，也是证券市场最为独特的原则。证券法上的公平、公正、自愿、有偿、诚实信用都是建立在信息公开基础之上的，证券法治的主要目的就是保障信息公开。通过公开的手段，达到保护投资者的目的，这是证券法的基本原理。

（五）原则的适用

从实务来看，相比保险法上的最大诚信原则、保险利益原则，证券法的原则适用性不是很强。但是在规则不明确的情况下，证券法的原则性规定仍然能起到填补作用。比如，在“光大乌龙指”行政诉讼案件中，北京市第一中级人民法

① 朱锦清：《证券法学（第四版）》，北京大学出版社 2019 年版，第 108 页。

院就运用证券法的目的和原则作为裁判的依据。法院认为，正如被诉处罚决定所注意到的，本案是我国资本市场上首次发生的新型案件。《证券法》第一条规定其宗旨是为了规范证券发行和交易行为，保护投资者的合法权益，维护社会经济秩序和社会公共利益，促进社会主义市场经济的发展。《证券法》第三条和《期货交易管理条例》第三条均规定了从事证券和期货交易，应当遵循公开、公平、公正的原则。因此，维护证券期货市场秩序，保护投资者利益，保障证券期货交易的公开、公平、公正是《证券法》和《期货交易管理条例》的重要立法精神。本案中，光大证券在2013年8月16日上午进行ETF套利交易时，因程序错误导致的错单交易对整个证券市场及期货市场产生极为重大的影响。错单交易发生之后，上证综指迅速上涨5.96%，属重大错单交易，严重影响了资本市场秩序。光大证券在知悉内幕信息且未予公开的情况下，与其他处于信息不对称地位的投资者进行交易，不符合资本市场“公开、公平、公正”的基本原则。被告为维护资本市场秩序，保护投资者合法权益，结合本案具体案情，将光大证券于当日下午实施的对冲交易认定为内幕交易并对原告作出行政处罚，不违反《证券法》及《期货交易管理条例》关于维护资本市场秩序以及保护投资者合法权益的基本精神。[①]

① 杨某波与中国证券监督管理委员会其他一审行政判决书，（2014）一中行初字第2438号。

第二讲
从供销社到超市——证券公开发行与上市规则

一、李局长与“好公司”

（一）李局长的生意

2016 年 11 月 10 日，江苏省扬州市中级人民法院公开审理了证监会投资者保护局原局长李某受贿案。检方指控李某在 2000—2012 年，利用担任中国证监会发行监管部发行审核一处处长、创业板发行监管部副主任等职务上的便利，为广东康美药业股份有限公司、乐视网信息技术（北京）股份有限公司等 9 家公司申请公开发行股票或上市提供帮助，并于 2000—2013 年收受上述公司投资人所送财物，共计折合人民币 693.622654 万元。按照当时新股发行审核制的框架，企业上市的一个关键节点，是通过发行审核委员会的审核。在整个审核流程中，企业寻租的方式有多种多样。比如，不符合上市条件的企业通过“打通关系”硬上，符合上市条件的企业提前“插队”早上。[①] 有寻租就有生意，李局长就是这门生意的参与者。

① 参见《证监会前高官受贿案揭开 IPO 发审“遮羞布”》，https：//www.yicai.com/news/5155656.html，最后访问时间 2021 年 1 月 15 日。

（二）两家曾经的“好公司”

李某受贿案中提及的两家上市公司，康美药业和乐视网，都是中国证券市场的著名企业。乐视网 2010 年在创业板上市，是最早在 A 股上市的视频企业，在上市之初的几年，乐视网和其实际控制人贾某亭都以“为梦想窒息”而风光无限。2015 年，乐视网的股价达到历史最高的 179.03 元，成为创业板市值最大的上市公司。2016 年，乐视网爆发债务危机，贾某亭出走海外，公司股价一路下跌。2019 年，因 2018 年度经审计的归属于上市公司股东的期末净资产为负值，乐视网股票被暂停上市。2020 年 4 月，因经审计的归属于上市公司股东的净利润、扣除非经常性损益后的净利润、期末净资产均为负值，且财务会计报告被出具了保留意见的审计报告，乐视网被终止上市。退市整理期的最后一日，股价定格在 0.18 元每股，市值仅为 7.18 亿元。2020 年 9 月 7 日，已经退市的乐视网发布公告称，收到中国证监会出具的《行政处罚及市场禁入事先告知书》，公司涉嫌信息披露违法、欺诈发行案已由中国证监会调查完毕。依据《证券法》第一百九十三条、第一百八十九条的规定，中国证监会拟决定：1. 对乐视网责令改正，给予警告，并处以 60 万元罚款；2. 对乐视网责处以募集资金 5%即 2.4 亿元罚款。①

另一家上市公司康美药业是 2019 年中国证券市场上名声昭著的“两康”之一（另一家是康得新）。2020 年 5 月 14 日，证监会决定对康美药业作出行政处罚。处罚决定书认定，康美药业实际控制人、董事长马某田等人涉嫌组织相关人员虚开和篡改增值税发票、伪造银行回款凭证、伪造定期存单，累计虚增收入 300 亿元，虚增利润 40 亿元，成为截至当时 A 股历史上最大造假案。证监会认为，康美药业有预谋、有组织，长期、系统实施财务欺诈行为，践踏法治，对市场和投资者毫无敬畏之心，严重破坏资本市场健康生态。证监会发现案涉违法行为后，立即集中力量查办，持续公布执法进展，疫情期间通过多地远程视频会议方式召开听证会，听取当事人陈述申辩，并在坚持法治原则下从严、从重、从快惩处。②

---

① 参见乐视网：《关于公司收到中国证券监督管理委员会行政处罚及市场禁入事先告知书的公告》。

② 《证监会对康美药业作出处罚及禁入决定》，http：//www.csrc.gov.cn/tianjin/tjfzyd/tjaljs/202006/t20200601_377308.htm，最后访问时间 2021 年 12 月 5 日。

(三) 公开发行上市的诱惑

乐视网和康美药业这样的企业，为什么对公开发行上市趋之若鹜，甚至不惜冒着违法犯罪的风险通过财务造假和行贿官员去争取上市？这是因为上市不仅意味着高溢价的融资和再融资，意味着股权可以更轻易地变现，而且意味着市场对公司的认可——在普通人的心目中，上市公司一定是好公司。一个公司公开发行上市，承载着创业者的梦想和野心，但同时也牵动着无数投资者的利益和证券市场的公信力。如果上市的都是乐视网和康美药业这样的公司，投资者会离场，证券市场也不可持续。因此，证券法的第一要务就是对证券公开发行进行规范。

(四) 从供销社到超市

让好公司上市，通过证券市场的融资便利让好公司变得更好，这是所有国家证券法的使命，在中国也是如此。在选出好公司的方式上，主要有两种：一种是把选择权交给市场，法律只强制做好信息披露，“是骡子是马拉出来遛遛”；这种方式像是市场经济之下的超市，选择权在顾客手里；一种是把选择权交给政府，法律要求政府像父亲般为投资者做好审核把关，这种方式更像是计划经济时代的供销社，好赖都由政府说了算。

中国证券市场早期的股票发行，跟信贷一样，都实行“额度管理”和“指标管理”，国务院多个部门审批。政府决定股票发行的额度或指标，层层下发到各部委和各省，再由各部委和各省在主管范围内推荐上市的企业，完全是行政主导，企业缺乏自主性和能动性，最终得以上市的也以国有企业为主。1999 年 7 月 1 日正式实施的《证券法》正式确立了股票发行的核准制，逐渐建立了保荐制度、上市辅导制度和发审委制度等。核准制的初衷在于注重发挥中介机构的作用，降低行政干预。按照字面意思理解，“核准”应该是形式审查，只要经核对符合公开发行上市的形式要求，就应当准许发行上市。但是在实践中，以发审委制度为核心的核准制却逐渐演变为另外一种事实上的审批制。证监会通过审核人员行使核准权对证券发行进行实质审查，“确保”上市公司的质量。在核准制标准下，一家企业如果想上市要有一定的企业规模，并且在上市前具有连续盈利的能力。但是，考虑到市场情况瞬息万变，企业过去连续盈利不代表将来盈利，因此也会将具有高增长潜力的企业排除在外。

事实也证明，无论多么强大的政府，其掌握的知识和信息都是有限的，能够用于审核的资源也是有限的。由此导致的是，一方面企业上市需要排长队，发行上市成本高；另一方面却面临着上市公司欺诈发行的案例仍然屡见不鲜，而“好公司到国外上市”的窘境。与此同时，证券发行核准部门也成为腐败较为高发的部门，李局长们消耗着政府的信用。在这一背景下，党的十八届三中全会明确提出要推进股票发行注册制改革。几经波折，在吸收科创板注册制先行先试的经验基础上，新《证券法》第九条正式确立了全面的注册制，但采取了更加审慎的分步实施方式逐渐推开。2020 年证监会系统工作会议指出，新证券法落地和创业板注册制改革是今年资本市场的两大核心任务。自 3 月 1 日起，公司债券、企业债券公开发行都已经实行注册制，接下来，创业板等其他板块也将逐步实行注册制。注册制的实行，必将深刻改变中国证券市场的逻辑和面貌。6 月 12 日晚，以注册制为核心的创业板改革在证监会发布的《创业板首次公开发行股票注册管理办法（试行）》（以下简称《创业板首发办法》）等文件中一锤定音，意味着注册制从试点走向全面实施迈出了重要的一步。创业板注册制的推出是对新证券法证券发行全面实施注册制的落地，也是科创板试行注册制的延续。与新证券法的规定和科创板的探索相比，创业板注册制又有所发展和突破，代表了中国证券市场全面实施注册制的趋势和方向。

二、证券的公开发行

证券法如果只有一个目的，就是保护公开发行上市证券的投资者，证券法的重要任务就是界定什么是“公开”。一旦属于“公开”的范畴，对发行人来说就具备了面向大量的投资者进行大规模融资的可能，对市场来说就增加了金融秩序和金融安全的顾虑，因此必须进行清晰界定。而对于不属于“公开”的范畴，法律则不应该过多干预，从而实现投资者保护和融资效率之间的平衡。

（一）“公开发行”的法定情形

《证券法》第九条第二款规定，有下列情形之一的，为公开发行：（1）向不特定对象发行证券；（2）向特定对象发行证券累计超过 200 人，但依法实施员工持股计划的员工人数不计算在内；（3）法律、行政法规规定的其他发行行为。

因此，公开发行有两种法定的情形。一是向不特定对象发行证券，无论发行人数多少，只要是面向不特定的公众，具有受众数量的不可控制性和不可预见性，就属于公开发行。二是向特定对象发行证券累计超过 200 人。“特定对象”是指可以控制、可以预见的发行对象；“累计”是指虽然单次发行的特定对象不超法定人数，但多次发行的特定对象加起来超过法定人数的，也算是公开发行；法定的人数门槛是 200 人；正因为发行对象超过 200 人都叫公开发行，所以本次修法将原先的“上市公司非公开发行新股”改为“上市公司发行新股”，因为上市公司股东人数都超过了 200 人，实质上不存在非公开发行的可能。

（二）“200 人”的问题

法律明确公开发行的情形，是为了对属于公开发行的行为进行严格规范，从而保护投资者的利益。对于面向不特定对象的发行属于公开发行范畴，实务中不存在争议，存在较多争议的问题是对于面向特定对象的发行：为什么要划定一个人数的门槛。人少就不受证券法保护吗？人多就一定要受到证券法保护吗？超过法定人数门槛的专业投资者是否可以豁免证券法的严格规范？为什么是 200 人？对这些问题的回答，都关系到立法政策的考量。在公共资源有限的情况下，法律必须要划定一条线。对于这条线之内的特定对象，法律推定他们和发行人有更紧密的联系，能够获取较多的信息，对发行人更加了解，因此把他们之间的关系交给市场去解决，公权力不过多干预。对于这些特定对象，法律并非不保护，而是不通过证券法的方式去保护，更多通过民商法的方式去保护。至于是否一定要是 200 人，则的确未必。证券法修订过程中，就有将门槛提到 2000 人的建议。但考虑到跟其他法律相一致等因素，暂时未做调整。

“200 人”的规定，根源在《公司法》第七十八条。该条规定，设立股份有限公司，应当有二人以上二百人以下为发起人，其中须有半数以上的发起人在中国境内有住所。但需要注意的是，这里的“200 人”限制的是发起人，而不是股东人数。关于股东人数的限制，主要还是来自于证券法。实务中，形式上不会有股东人数超过 200 人的公司，公司登记机关对此会严格把关。“200 人”问题的本质上是“穿透”或“还原”的问题。2013 年，证监会发布《非上市公众公司监管指引第 4 号——股东人数超过 200 人的未上市股份有限公司申请行政许可有关问题的审核指引》（证监会公告〔2013〕54 号），专门对股东还原问题作出了规定。2020 年，证监会对该指引进行了修订。根据该指引，股份公司股权结构中存在工会代持、职工持股会代持、委托持股或信托持股等股份代持关系，或者存在通过“持股平台”间接持股的安排以致实际股东超过 200 人的，在依据本指引申请行政许可时，应当已经将代持股份还原至实际股东、将间接持股转为直接持股，并依法履行了相应的法律程序。本指引所称“持股平台”是指单纯以持股为目的的合伙企业、公司等持股主体。以依法设立的员工持股计划以及已经接受证券监督管理机构监管的私募股权基金、资产管理计划和其他金融计划进行持股，并规范运作的，可不进行股份还原或转为直接持股。

（三）“200 人”的例外

“200 人”的问题在实务中广受关注，重要的原因是，这涉及契约基金、资管计划及信托计划等“三类股东”，以及委托持股、职工持股会及股权代持的人数穿透计算问题。一旦穿透，很可能出现最终实际出资人突破 200 人的情况，从而被认定为是违法公开发行。按照原证券法和相关的规定，除经备案的私募基金、上市公司、国有出资人可以不穿透计算股东人数外，对于其他类型的股东，特别是员工持股平台，均应穿透计算股东人数。由此导致的后果是，很多企业，特别是拟 IPO 的企业，都选择削足适履，压缩参与持股计划的员工人数，缩小激励范围，或者干脆取消员工持股计划。这对于企业提高员工的积极性，激励高管、关键技术人员、业务骨干构成了障碍。华为公司就是一个典型的由员工通过工会作为员工持股平台持有公司 100%股份的公司，穿透的股东人数早就超过了 200 人的限制，而在法律依据上仅有 2001 年深圳市政府颁布的公司内部员工持股的相关规定。实际上，员工持股作为公司内部管理事项，其规模可控、影响有限，法律也不宜对此进行过多干预。

为此，新证券法专门对 200 人的限制规定了一个例外情况——依法实施员工持股计划的员工人数不计算在内。2020 年 6 月 10 日，中国证监会在官网发布《关于发行审核业务问答部分条款调整事项的通知》。其中问题 24 解答了新证券法实施后，发行人在首发申报前实施员工持股计划的，信息披露有哪些要求和中介机构应当如何进行核查？

1. 首发申报前实施员工持股计划应当符合的要求。发行人首发申报前实施员工持股计划的，原则上应当全部由公司员工构成，体现增强公司凝聚力、维护公司长期稳定发展的导向，建立健全激励约束长效机制，有利于兼顾员工与公司长远利益，为公司持续发展夯实基础。员工持股计划应当符合下列要求：（1）发行人实施员工持股计划，应当严格按照法律、法规、规章及规范性文件要求履行决策程序，并遵循公司自主决定、员工自愿参加的原则，不得以摊派、强行分配等方式强制实施员工持股计划。（2）参与持股计划的员工，与其他投资者权益平等，盈亏自负，风险自担，不得利用知悉公司相关信息的优势，侵害其他投资者合法权益。员工入股应主要以货币出资，并按约定及时足额缴纳。按照国家有关法律法规，员工以科技成果出资入股的，应提供所有权属证明并依法评估作价，及时办理财产权转移手续。（3）发行人实施员工持股计划，可以通过公司制企业、合伙制企业、资产管理计划等持股平台间接持股，并建立健全持股在平台内部的流转、退出机制，以及所持发行人股权的管理机制。参与持股计划的员工因离职、退休、死亡等原因离开公司的，其间接所持股份权益应当按照员工持股计划章程或协议约定的方式处置。

2. 员工持股计划计算股东人数的原则。（1）依法以公司制企业、合伙制企业、资产管理计划等持股平台实施的员工持股计划，在计算公司股东人数时，按一名股东计算。（2）参与员工持股计划时为公司员工，离职后按照员工持股计划章程或协议约定等仍持有员工持股计划权益的人员，可不视为外部人员。（3）新证券法施行之前（即 2020 年 3 月 1 日之前）设立的员工持股计划，参与人包括少量外部人员的，可不做清理，在计算公司股东人数时，公司员工部分按照一名股东计算，外部人员按实际人数穿透计算。

实务中，很多以股权转让、投资理财等名义进行的融资行为实质上都属于公开发行证券，不仅可能导致相关交易行为无效，还可能承担相应的法律责任。比如，在文某与四川省资阳市某海发展实业有限公司民间借贷纠纷案中，原告文某向法庭提供了被告四川省资阳某海发展实业有限公司交由其持有的两张内部筹资券。法院认为，从该筹资券的书面形式来看，由于原告文某不是被告的内部职工，被告属于向社会公众公开发行公司债券的行为。公开发行公司债券，必须符合法律、行政法规规定的条件，并依法报经证监会或者国务院授权的部门核准，未经依法核准，任何单位和个人不得公开发行证券。虽以内部筹资的名义，但不能掩盖非法公开募集资金的目的。①

三、公开发行的注册制

证券法之所以明确规定“公开发行”的法定情形，是为了对属于公开发行

① 文某与四川省资阳市某海发展实业有限公司民间借贷纠纷一审民事判决书，（2016）川 2002 民初 341 号。

的行为在事前、事中、事后进行全面的规制，其中最重要的是事前的许可。原证券法的许可方式是核准，新证券法的许可方式是注册。《证券法》第九条第一款规定，公开发行证券，必须符合法律、行政法规规定的条件，并依法报经国务院证券监督管理机构或者国务院授权的部门注册。未经依法注册，任何单位和个人不得公开发行证券。从这一条文来看，公开发行证券应当满足两方面的条件，即实体上必须符合法律、行政法规规定的条件（《证券法》第十一、十二、十五条）；程序上必须经过注册。从核准制转到注册制，是新证券法最大的变化。

（一）什么是注册制？

1. 注册制意味着从依赖政府向相信市场的转变。注册制的核心在于通过充分的信息公开，让投资者自主选择、自负盈亏，真正发挥市场的作用，让政府监管的重心由事前实质审查转为事后严格执法。与核准制标准不同的是，注册制不对上市企业的经营业绩和资质提出明确要求，只要企业符合基本要求，提供信息真实，便可注册上市，定价也由市场自主决定。肖刚任证监会主席时称："企业拥有发行股票筹集资本的天然权利，只要不违背国家利益和公众利益，企业能不能发行、何时发行、以什么价格发行，均应由企业和市场自主决定。"① 这或许真是注册制的精髓。

2. 注册制意味着从奖励强者到激励创新的转变。原证券法中对于证券公开发行设置了刚性的"盈利能力"指标，对发行企业的经营利润作出了量化规定，这是与核准制相适应的，便于中心化和标准化的审核，是让强者更强的游戏。新证券法将证券公开发行的条件改为"具有持续经营能力"，这不是文字游戏，而是一种监管思路的转变，是与注册制相适应的。经营能力比盈利能力更加包容和多元，也更有理由交给去中心化的市场去自主判断。此前在科创板的发行条件中，就取消了关于盈利业绩、不存在未弥补亏损、无形资产占比等方面的要求，增强了发行条件的包容性。之所以科创板会率先设置包容性的发行条件，是因为这更有利于创新型企业的上市融资。创新型企业在特定发展阶段具有高成长、高投入、实现盈利的周期较长等特点。部分创新型企业虽然具有持续经营的能力，但可能存在尚未盈利或未弥补亏损的问题。根据原证券法，这些企业上市就存在

① 第一财经：《谈注册制、退市力度、公司分红……肖钢在这个会上都说了些啥》，https：//baijiahao. baidu. com/s？ id＝1671567082364149607&wfr＝spider&for＝pc，最后访问时间：2022 年 4 月 16 日。

障碍。这一小小的改变，对中国资本市场的影响可能十分深远。资本市场的主要功能在于价值发现和资源配置，帮助真正有潜力、有前景而又缺乏金融支持的优秀公司，更重要的是“雪中送炭”，而不是“锦上添花”。只有鼓励更多的暂时没有盈利的，真正“缺钱”的创新型企业上市，才能用更多精彩的创业故事去激励创新精神。

3. 注册制意味着从获取批文向信息公开的转变。在审批制和核准制下，因为有复杂漫长的审核程序和政府的信用背书，上市公司的身份含金量很高，是极其稀缺的资源，获得上市批文成为重中之重。无论是发行人、中介机构，还是监管部门，都把工作重心和资源配置到发行审核环节。一些发行人和中介机构甚至不惜以造假、行贿等违法犯罪行为谋求上市的机会；而一旦上市，即大功告成、高枕无忧。上市公司不注重公司治理和信息公开，违法违规问题频出。据统计，2019 年证监会共下发 136 份行政处罚书和 13 份市场禁入决定书，其中涉及内幕交易的案件多达 55 宗，涉及信披违规案件有 29 宗，中国证券市场的信息公开程度可见一斑。更加离奇的是，由于上市公司身份的奇货可居，甚至一些有着重大违法行为或者已经不符合条件，依法应该退市的上市公司，却因为“壳资源”的炒作而苟延残喘，甚至身价倍增。在注册制下，这些情况都会得到根本性的改变。上市流程大为精简，上市公司也不再是稀缺资源，退市会成为常态，证券市场的核心转向信息公开。新证券法专门设置了信息披露一章，强调应当真实、准确、完整地披露投资者作出价值判断和投资决策所必需的信息，并且保证信息披露的及时性和公平性。正如有学者所言，注册制的要义是从“审出一家好公司”转向“审出一家真公司”。① 同时，对于信息披露违法行为，新证券法大幅度提高了违法成本。对于上市公司信息披露违法行为，从原来最高可罚款 60 万元，提高到 1000 万元；对于发行人的控股股东、实际控制人组织、指使从事虚假陈述行为，或者隐瞒相关事项导致虚假陈述的，最高可罚 1000 万元。

（二）中国式的注册制

新证券法规定的注册制有几大特点，这些特点体现了从核准制向注册制转变的痕迹。（1）仍然设置明确的发行条件。证券的公开发行，必须符合法律、行

① 参见李有星、潘政：《科创板发行上市审核制度变革的法律逻辑》，载《财经法学》2019 年第 4 期。

政法规规定的条件，这些条件分别规定在首次发行、再融资和发行债券的条款中。（2）多部门注册。股票和公司债券的发行由证监会注册；银行间债券市场非金融企业债务融资工具的注册由银行间市场交易商协会负责；国家发展和改革委员会为企业债券的法定注册机关，发行企业债券应当依法经国家发展和改革委员会注册。（3）分步实施注册制。《证券法》第九条第一款明确规定，证券发行注册制的具体范围、实施步骤，由国务院规定。因此，过渡期的注册制实际上是与核准制双轨并行的注册制。

2020 年 2 月 29 日，国务院办公厅发布《关于贯彻实施修订后的证券法有关工作的通知》，其中明确了注册制的实施步骤："证监会要会同有关方面依据修订后的证券法和《关于在上海证券交易所设立科创板并试点注册制的实施意见》的规定，进一步完善科创板相关制度规则，提高注册审核透明度，优化工作程序。研究制定在深圳证券交易所创业板试点股票公开发行注册制的总体方案，并及时总结科创板、创业板注册制改革经验，积极创造条件，适时提出在证券交易所其他板块和国务院批准的其他全国性证券交易场所实行股票公开发行注册制的方案。相关方案经国务院批准后实施。在证券交易所有关板块和国务院批准的其他全国性证券交易场所的股票公开发行实行注册制前，继续实行核准制，适用本次证券法修订前股票发行核准制度的规定。"2022 年 1 月，证监会印发 2022 年度立法工作计划，表示要落实中央经济工作会议关于全面实行股票发行注册制的决策部署，制定《首次公开发行股票注册管理办法》《上市公司证券发行注册管理办法》等规章，全面注册制稳步推进。

按照分步实施注册制的安排，新证券法实施后第一个落地的是创业板的注册制。《创业板首次公开发行股票注册管理办法（试行）》（以下简称《创业板首发办法》）立法说明中明确指出，创业板注册制相关制度充分借鉴了科创板注册制的试点经验，在发行条件、注册程序以及监督管理等主要方面均与科创板规则基本保持一致。根据《创业板首发办法》发行条件一章，创业板和科创板对于发行人财务状况、内控制度、资产完整度、同业竞争、关联交易、诉讼仲裁、违法风险等要求一致。略有不同的是，科创板要求发行人核心技术人员稳定，而创业板没有此要求。在注册程序上，科创板和创业板均经历交易所审核和证监会注册两个过程，发行人、保荐人或者证券服务机构回复交易所的审核问询均有时间限制。在科创板和创业板的监督管理方面，证监会均建立起监督机制，对交易所审核情况和发行承销过程进行持续关注监管；对违法违规行为的处罚力度显著加大，配置了较长时间不受理证券发行相关文件、认定为不适当人选等严厉措施；并且要求交易所和证券业协会遵守自律规则，否则将采取自律监管措施或者纪律处分。

但究其根本，创业板和科创板有不同的定位。创业板深入贯彻创新驱动发展战略，适应发展更多依靠创新、创造、创意的大趋势，主要服务成长型创新创业企业，支持传统产业与新技术、新产业、新业态、新模式深度融合。而科创板面向世界科技前沿、面向经济主战场、面向国家重大需求。优先支持符合国家战略，拥有关键核心技术，科技创新能力突出，主要依靠核心技术开展生产经营，具有稳定的商业模式，市场认可度高，社会形象良好，具有较强成长性的企业。根据《深圳证券交易所创业板企业发行上市申报及推荐暂行规定》第四条，创业板的行业定位采用“负面清单”，原则上不允许《上市公司行业分类指引（2012 年修订）》中的农林牧渔业、采矿业等 12 个行业在创业板发行上市，但如果是与互联网、大数据等融合的创新创业企业除外。可见，创业板的板块定位更注重创新创业的实质，比科创板的覆盖面大。虽然一直以来，证监会旨在使创业板和科创板错位发展，相互促进。但是，未来一段时间内，创业板势必会对科创板的发展构成挑战，二者健康的竞争态势依赖于正确的政策导向。

除不同的定位以外，创业板和科创板还具有以下几方面的不同。首先，科创板共有五类上市条件，而《创业板股票发行上市审核规则》第二十二条规定了三类上市条件，且其中一类未将利润为正作为硬性要求。其次，在交易规则上，创业板和科创板最明显的区别是券商跟投和投资者门槛两方面。创业板取消了全面券商跟投制度，仅规定未盈利企业、存在表决权差异安排企业、红筹企业以及发行价格（或者发行价格区间上限）超过《创业板首次公开发行证券发行与承销特别规定》第八条第三项、第四项规定的中位数、加权平均数孰低值的企业适用券商跟投。在投资者门槛上，创业板要求个人投资者须满足前 20 个交易日日均资产不低于 10 万元，而科创板的要求相对较高，即开通交易权限之前 20 个交易日日均资产不得低于 50 万元。最后，此次创业板改革并行试点注册制在退市制度上相较科创板更为严格。根据《深圳证券交易所创业板股票上市规则》退市一章的规定，创业板的交易类强制退市条件新增加了“连续二十个交易日每日股票收盘市值均低于 3 亿元”。并且，创业板还新增加了 * ST 和 ST 制度，有助于投资者识别风险。未来的创业板市场将呈现宽进严出的局面，公司保壳更加困难。

（三）公开发行的豁免注册

1. 从“四个豁免”到“半个豁免”。为了平衡企业融资便利和投资者保护之间的关系，从各国证券市场的实践来看，对证券公开发行都有免予正式许可程序的例外。这些例外主要包括小额公开发行的豁免，面向专业投资者公开发行的豁免，等等。2013 年以来，中国互联网金融迅猛发展，网络股权众筹作为一种新型的融资业态盛极一时，互联网股权众筹合法化的呼声也一直存在。从支持小微企业融资，创新企业融资方式的角度来看，《证券法》修订草案一读稿的一个重要亮点就是建立公开发行豁免注册制度，规定向合格投资者发行、众筹发行、小额发行、实施股权激励计划或员工持股计划等豁免注册的情形（统称“四个豁免”）。三读稿仍然规定，在满足特定的募资金额和发行人条件的前提下，通过互联网平台和证券公司公开发行证券可以豁免注册或核准。但由于三读稿征求意见期间，我国出现大量的 P2P 爆雷事件，为了稳妥起见，新证券法只保留了对员工持股计划的豁免注册。因为新证券法不仅没有规定一读稿的其他三个豁免，也没有规定股权激励计划的豁免，因此也被称作“半个豁免”。

2. 非公开发行的豁免注册。对于非公开发行证券，也就是所谓的“私募”，证券法上是绝对豁免注册的。私募属于当事人意思自治的范畴，国家不介入干预，其原理在于信息对称的推定。但是，《证券法》第九条第三款规定，非公开发行证券，不得采用广告、公开劝诱和变相公开方式。否则就属于公开发行，需要进行注册。非公开发行由交易场所或证券业协会等进行自律管理，在发行阶段多实行备案制，在发行文件、持续信息披露等方面的要求都较为宽松，交由相关主体充分的意思自治。以非公开发行公司债券为例，根据《公司债券发行与交易管理办法》的规定，非公开发行的公司债券应当向合格投资者发行，不得采用广告、公开劝诱和变相公开方式，每次发行对象不得超过二百人。非公开发行的公司债券仅限于在合格投资者范围内转让。转让后，持有同次发行债券的合格投资者合计不得超过二百人。非公开发行公司债券，承销机构或自行销售的发行人应当在每次发行完成后五个工作日内向中国证券业协会备案。非公开发行公司债券的募集资金使用，发行人信息披露的时点、内容等，都按照募集说明书的约定履行。①需要说明的是，非公开发行证券同样存在损害投资者利益的问题，但证券

① 参见《公司债券发行与交易管理办法（2015）》。

法仅能确立规制公开发行的有限目标，难以面面俱到。

(四) 擅自或变相公开发行证券的法律责任

1. 民事责任。证券法没有明确规定违法公开发行证券的民事责任。但司法机关通常会认为，违法公开发行证券的行为属于违反了法律的效力性强制性规定，所涉合同应属无效合同。比如，在黄某航与广西某美生态农业有限公司、许某光合同纠纷案中，《入股协议书》《入股协议书（A 轮）》均约定，壮某公司将公司 30%股份拆分为 150 股进行新股东发展筹划，向黄某航出售其股份。法院认为，某美公司未经相关职能部门批准，违反法律关于股份发行的规定，属于非法证券行为，根据《中华人民共和国合同法》第五十二条之规定，涉案合同违反了法律的强制性规定，应属无效合同。[①]

2. 行政责任。《证券法》第一百八十条规定，违反本法第九条的规定，擅自公开或者变相公开发行证券的，责令停止发行，退还所募资金并加算银行同期存款利息，处以非法所募资金金额百分之五以上百分之五十以下的罚款；对擅自公开或者变相公开发行证券设立的公司，由依法履行监督管理职责的机构或者部门会同县级以上地方人民政府予以取缔。对直接负责的主管人员和其他直接责任人员给予警告，并处以五十万元以上五百万元以下的罚款。

从实务来看，擅自公开或者变相公开发行证券的行政处罚案例不多，原因在于按照机构监管的理念，此类行为未经证券监督管理机构核准或注册，不属于监管对象范围。但是有一些刑事判决会涉及监管部门对发行行为性质的认定。比如，在闫某某等非法经营罪案件中，中国证券监督管理委员会关于某通集团有关行为认定意见的复函证实，中国证券监督管理委员会从未核准过“美国（沈阳）某通国际集团公司”及“沈阳某杰经贸投资发展有限公司”公开发行股票，上述两公司及于某某直接向客户销售股票、销售产品赠送股票等行为属于《证券法》第一百八十八条规定的擅自公开发行股票，且涉嫌构成犯罪。[②]

3. 刑事责任。《刑法》第一百七十九条规定了擅自发行股票、公司、企业债券罪。未经国家有关主管部门批准，擅自发行股票或者公司、企业债券，数额巨

① 黄某航与广西某美生态农业有限公司、许某光合同纠纷一审民事判决书，(2019) 桂 0103 民初 2074 号。

② 闫某某等非法经营罪一审刑事判决书，(2014) 昌刑初字第 00288 号。

大、后果严重或者有其他严重情节的，处五年以下有期徒刑或者拘役，并处或者单处非法募集资金金额百分之一以上百分之五以下罚金。单位犯前款罪的，对单位判处罚金，并对其直接负责的主管人员和其他直接责任人员，处五年以下有期徒刑或者拘役。擅自或变相公开发行证券极易演变为严重的犯罪行为。比如，2010 年 1 月至 2011 年 12 月，未经证监会批准，以公司计划在美国纳斯达克 PK 板块升至 OTCBB 板块上市，购买公司原始股票上市后可以获得高额回报为名，由张某洲召集、组成的以迟某艳、熊某红、胡某娥、崔某仙等人为骨干的销售团队，采用通过电话联系、“口口相传”等方式联系投资者，吸引投资者购买该公司发行的股票。同时在长春市紫某花、某天、某祥酒店及沈阳、延吉等地，举办多场股票推介会，介绍、洽谈增发股票业务，并采取播放宣传片夸大收益及发放宣传手册等公开、变相公开方式向社会不特定对象以每股 3.6 元的股价出售公司股票。投资者通过银行转账、缴纳现金等方式支付购买股票款项后，与中国人参控股有限公司签订《购买股票协议书》《股权确认书》，作为投资者认购、持有公司股票的证明。其间，共向查某、牟某曼等 224 名投资者发行股票 990 万股，收取投资者股本金人民币 2935.26 万元。其中，查某、陈某等 130 名投资者为不特定对象，共购买股票 628 万股，总金额 2267.47 万元。法院认为，张某洲伙同他人，未经中国证监会批准，擅自公开发行股票，发行数额巨大，其行为已构成擅自发行股票罪，应依法惩处。①

四、公开发行的类型与条件

《证券法》第九条第一款规定，公开发行证券，必须符合法律、行政法规规定的条件。我国证券法将公开发行分为募集设立股份公司并公开发行股票、公司首次公开发行新股、上市公司发行新股、公开发行存托凭证、公开发行公司债券等五种类型，并分别规定了不同的条件。

（一）募集设立股份公司并发行股票的条件

《公司法》第七十七条规定，股份有限公司的设立，可以采取发起设立或者募集设立的方式。募集设立，是指由发起人认购公司应发行股份的一部分，其余

① 张某洲擅自发行股票、公司、企业债券罪一审刑事判决书，（2019）吉 0102 刑初 464 号。

股份向社会公开募集或者向特定对象募集而设立公司。通过募集设立并公开发行股票的公司，在募集设立阶段尚未成立，因此其公开发行股份的条件有别于已经设立并运营的股份公司公开发行股份。《证券法》第十一条规定，设立股份有限公司公开发行股票，应当符合《中华人民共和国公司法》规定的条件和经国务院批准的国务院证券监督管理机构规定的其他条件。其中《公司法》规定的条件包括：发起人认购的股份不得少于公司股份总数的百分之三十五；公告招股说明书，并制作认股书。在程序上，发起人应当向国务院证券监督管理机构报送募股申请和招股说明书等文件；依照证券法规定聘请保荐人的，还应当报送保荐人出具的发行保荐书；法律、行政法规规定设立公司必须报经批准的，还应当提交相应的批准文件。获得公开发行注册许可后，发行人再向公司登记机关报送国务院证券监督管理机构的核准文件，完成设立登记。

在实务中，公开募集设立公司的方式较为罕见，但也并非没有。历史上有通过公开募集设立的股份公司，比如东风汽车 1999 年 6 月 IPO，1999 年 7 月注册成立股份公司；邯郸钢铁 1997 年 11 月 IPO，1998 年 1 月注册成立股份公司。实务中占主导地位的设立方式还是发起设立，或有限责任公司“整体变更”为股份公司。因此，在实践中这一条基本成为具文，因为只有股份有限公司和有限责任公司才能发行股票。但是也不得不说，无论是公司法还是证券法还是留了口子。关于本条的真正指向，实务中有时候会与公司首次公开发行新股混淆，并存在错误适用的案例。在股权代持引发的纠纷中，如果目标公司已经公开发行并上市，则主张代持无效的一方会引用本条作为依据。认为申报和披露的募集文件未如实披露代持信息，进而主张代持无效。[①] 这就是典型的法律引用错误的情形，不过并不影响判决结果的正确性。

（二）公司首次公开发行新股的条件

1. 证券法规定的条件。《证券法》第十二条第一款规定，公司首次公开发行新股，应当符合下列条件：（1）具备健全且运行良好的组织机构；（2）具有持续经营能力；（3）最近三年财务会计报告被出具无保留意见审计报告；（4）发行人及其控股股东、实际控制人最近三年不存在贪污、贿赂、侵占财产、挪用财产或者破坏社会主义市场经济秩序的刑事犯罪；（5）经国务院批准的国务院证

① 如罗某春、颜某股票权利确认纠纷二审民事判决书，2019 鄂 03 民终 1274 号。

券监督管理机构规定的其他条件。

公司首次公开发行新股，即IPO，是最主要的证券公开发行类型。本条是本次证券法修订备受关注的一条，修订后首次公开发行新股的条件概括起来包括四个方面：一是公司治理健全；二是具有持续经营能力；三是最近三年财务会计报告被出具无保留意见审计报告；四是发行人及其控股股东、实际控制人最近三年不存在贪污、贿赂、侵占财产、挪用财产或者破坏社会主义市场经济秩序的刑事犯罪。

相比旧法而言，普遍认为最受关注的是第二项修改，将原证券法上的“具有持续盈利能力，财务状况良好”修改为“具有持续经营能力”，从而放松了对拟上市企业的盈利状况的要求。如前所述，原证券法中可量化的“盈利能力”的指标是与核准制相适应的，便于中心化和标准化的审核；改为“具有持续经营能力”不是文字游戏，而是一种监管思路的转变，是与注册制相适应的，经营能力比盈利能力更加包容和多元，也更有理由交给去中心化的市场去自主判断。

除了盈利能力采用了包容的标准，在公司治理结构上，新证券法也同样采用了更具包容性的标准。科创板已经允许差异化表决权（俗称“同股不同权”）公司上市。这一转变更重要的逻辑在于，发行条件的核心从原先更关注利润指标，改为更关注信息披露的质量。其中就第三项而言，“最近三年财务会计报告被出具无保留意见审计报告”更具有可操作性，IPO企业无需再论证公司财务会计文件无虚假记载。

2. 核准制下的IPO具体条件。根据原证券法的规定，证监会制定《首次公开发行股票并上市管理办法》（以下简称《管理办法》），细化了核准制下首次公开发行股票并上市的具体条件，其仍然是目前实施核准制的板块IPO实务中的主要遵循。《管理办法》将首次公开发行股票并上市的条件分为三大类。

第一大类是主体资格条件。（1）发行人应当是依法设立且合法存续的股份有限公司。经国务院批准，有限责任公司在依法变更为股份有限公司时，可以采取募集设立方式公开发行股票。（2）发行人自股份有限公司成立后，持续经营时间应当在3年以上，但经国务院批准的除外。有限责任公司按原账面净资产值折股整体变更为股份有限公司的，持续经营时间可以从有限责任公司成立之日起计算。（3）发行人的注册资本已足额缴纳，发起人或者股东用作出资的资产的财产权转移手续已办理完毕，发行人的主要资产不存在重大权属纠纷。（4）发行人的生产经营符合法律、行政法规和公司章程的规定，符合国家产业政策。

(5) 发行人最近3年内主营业务和董事、高级管理人员没有发生重大变化，实际控制人没有发生变更。(6) 发行人的股权清晰，控股股东和受控股股东、实际控制人支配的股东持有的发行人股份不存在重大权属纠纷。

第二大类是规范运行条件。(1) 发行人已经依法建立健全股东大会、董事会、监事会、独立董事、董事会秘书制度，相关机构和人员能够依法履行职责。(2) 发行人的董事、监事和高级管理人员已经了解与股票发行上市有关的法律法规，知悉上市公司及其董事、监事和高级管理人员的法定义务和责任。(3) 发行人的董事、监事和高级管理人员符合法律、行政法规和规章规定的任职资格，且不得有下列情形：被中国证监会采取证券市场禁入措施尚在禁入期的；最近36个月内受到中国证监会行政处罚，或者最近12个月内受到证券交易所公开谴责；因涉嫌犯罪被司法机关立案侦查或者涉嫌违法违规被中国证监会立案调查，尚未有明确结论意见。(4) 发行人的内部控制制度健全且被有效执行，能够合理保证财务报告的可靠性、生产经营的合法性、营运的效率与效果。(5) 发行人不得有下列情形：最近36个月内未经法定机关核准，擅自公开或者变相公开发行过证券；或者有关违法行为虽然发生在36个月前，但目前仍处于持续状态；最近36个月内违反工商、税收、土地、环保、海关以及其他法律、行政法规，受到行政处罚，且情节严重；最近36个月内曾向中国证监会提出发行申请，但报送的发行申请文件有虚假记载、误导性陈述或重大遗漏；或者不符合发行条件以欺骗手段骗取发行核准；或者以不正当手段干扰中国证监会及其发行审核委员会审核工作；或者伪造、变造发行人或其董事、监事、高级管理人员的签字、盖章；本次报送的发行申请文件有虚假记载、误导性陈述或者重大遗漏；涉嫌犯罪被司法机关立案侦查，尚未有明确结论意见；严重损害投资者合法权益和社会公共利益的其他情形。(6) 发行人的公司章程中已明确对外担保的审批权限和审议程序，不存在为控股股东、实际控制人及其控制的其他企业进行违规担保的情形。(7) 发行人有严格的资金管理制度，不得有资金被控股股东、实际控制人及其控制的其他企业以借款、代偿债务、代垫款项或者其他方式占用的情形。

第三大类是财务与会计条件。(1) 发行人资产质量良好，资产负债结构合理，盈利能力较强，现金流量正常。(2) 发行人的内部控制在所有重大方面是有效的，并由注册会计师出具了无保留结论的内部控制鉴证报告。(3) 发行人会计基础工作规范，财务报表的编制符合企业会计准则和相关会计制度的规定，在所有重大方面公允地反映了发行人的财务状况、经营成果和现金流量，并由注册会计师出具了无保留意见的审计报告。(4) 发行人编制财务报表应以实际发生的交易或者事项为依据；在进行会计确认、计量和报告时应当保持应有的谨慎；对相同或者相似的经济业务，应选用一致的会计政策，不得随意变更。(5) 发行人应完整披露关联方关系并按重要性原则恰当披露关联交易。关联交易价格公允，不存在通过关联交易操纵利润的情形。(6) 发行人应当符合下列条件：最近3个会计年度净利润均为正数且累计超过人民币3000万元，净利润以扣除非经常性损益前后较低者为计算依据；最近3个会计年度经营活动产生的现金流量净额累计超过人民币5000万元；或者最近3个会计年度营业收入累计超过人民币3亿元；发行前股本总额不少于人民币3000万元；最近一期末无形资产（扣除土地使用权、水面养殖权和采矿权等后）占净资产的比例不高于20%；最近一期末不存在未弥补亏损。(7) 发行人依法纳税，各项税收优惠符合相关法律法规的规定。发行人的经营成果对税收优惠不存在严重依赖。(8) 发行人不存在重大偿债风险，不存在影响持续经营的担保、诉讼以及仲裁等重大或有事项。(9) 发行人申报文件中不得有下列情形：故意遗漏或虚构交易、事项或者其他重要信息；滥用会计政策或者会计估计；操纵、伪造或篡改编制财务报表所依据的会计记录或者相关凭证。(10) 发行人不得有下列影响持续盈利能力的情形：发行人的经营模式、产品或服务的品种结构已经或者将发生重大变化，并对发行人的持续盈利能力构成重大不利影响；发行人的行业地位或发行人所处行业的经营环境已经或者将发生重大变化，并对发行人的持续盈利能力构成重大不利影响；发行人最近1个会计年度的营业收入或净利润对关联方或者存在重大不确定性的客户存在重大依赖；发行人最近1个会计年度的净利润主要来自合并财务报表范围以外的投资收益；发行人在用的商标、专利、专有技术以及特许经营权等重要资产或技术的取得或者使用存在重大不利变化的风险；其他可能对发行人持续盈利能力构成重大不利影响的情形。①

3. 注册制下的IPO具体条件。根据新证券法，证监会制定了《创业板首次公开发行股票注册管理办法（试行）》，作为实施注册制的创业板IPO的主要遵循。(1) 发行人是依法设立且持续经营三年以上的股份有限公司，具备健全且运行良好的组织机构，相关机构和人员能够依法履行职责。有限责任公司按原账

① 参见《首次公开发行股票并上市管理办法》第八至三十条。

面净资产值折股整体变更为股份有限公司的，持续经营时间可以从有限责任公司成立之日起计算。（2）发行人会计基础工作规范，财务报表的编制和披露符合企业会计准则和相关信息披露规则的规定，在所有重大方面公允地反映了发行人的财务状况、经营成果和现金流量，最近三年财务会计报告由注册会计师出具无保留意见的审计报告。发行人内部控制制度健全且被有效执行，能够合理保证公司运行效率、合法合规和财务报告的可靠性，并由注册会计师出具无保留结论的内部控制鉴证报告。（3）发行人业务完整，具有直接面向市场独立持续经营的能力：资产完整，业务及人员、财务、机构独立，与控股股东、实际控制人及其控制的其他企业间不存在对发行人构成重大不利影响的同业竞争，不存在严重影响独立性或者显失公平的关联交易；主营业务、控制权和管理团队稳定，最近二年内主营业务和董事、高级管理人员均没有发生重大不利变化；控股股东和受控股股东、实际控制人支配的股东所持发行人的股份权属清晰，最近二年实际控制人没有发生变更，不存在导致控制权可能变更的重大权属纠纷；不存在涉及主要资产、核心技术、商标等的重大权属纠纷，重大偿债风险，重大担保、诉讼、仲裁等或有事项，经营环境已经或者将要发生重大变化等对持续经营有重大不利影响的事项。（4）发行人生产经营符合法律、行政法规的规定，符合国家产业政策。最近三年内，发行人及其控股股东、实际控制人不存在贪污、贿赂、侵占财产、挪用财产或者破坏社会主义市场经济秩序的刑事犯罪，不存在欺诈发行、重大信息披露违法或者其他涉及国家安全、公共安全、生态安全、生产安全、公众健康安全等领域的重大违法行为。董事、监事和高级管理人员不存在最近三年内受到中国证监会行政处罚，或者因涉嫌犯罪正在被司法机关立案侦查或者涉嫌违法违规正在被中国证监会立案调查且尚未有明确结论意见等情形。①

4. 上市条件。需要注意的是，证券首次公开发行都是与上市连在一起的，并且通常与交易所的具体板块连在一起，通常都称为“首次公开发行股票并在某某板块上市”。因此，除了发行条件外，发行人也要同时考虑上市条件。比如，根据《上海证券交易所科创板股票上市规则》，发行人申请在本所科创板上市，应当符合下列条件：（1）符合中国证监会规定的发行条件；（2）发行后股本总额不低于人民币 3000 万元；（3）公开发行的股份达到公司股份总数的 25%以上；公司股本总额超过人民币 4 亿元的，公开发行股份的比例为 10%以上；（4）市

① 参见《创业板首次公开发行股票注册管理办法（试行）》第 10-13 条。

值及财务指标符合本规则规定的标准；(5) 本所规定的其他上市条件。

其中的市值及财务指标，发行人应当至少符合下列五套标准中的一套：(1) 预计市值不低于人民币 10 亿元，最近两年净利润均为正且累计净利润不低于人民币 5000 万元，或者预计市值不低于人民币 10 亿元，最近一年净利润为正且营业收入不低于人民币 1 亿元；(2) 预计市值不低于人民币 15 亿元，最近一年营业收入不低于人民币 2 亿元，且最近三年累计研发投入占最近三年累计营业收入的比例不低于 15%；(3) 预计市值不低于人民币 20 亿元，最近一年营业收入不低于人民币 3 亿元，且最近三年经营活动产生的现金流量净额累计不低于人民币 1 亿元；(4) 预计市值不低于人民币 30 亿元，且最近一年营业收入不低于人民币 3 亿元；(5) 预计市值不低于人民币 40 亿元，主要业务或产品需经国家有关部门批准，市场空间大，目前已取得阶段性成果。医药行业企业需至少有一项核心产品获准开展二期临床试验，其他符合科创板定位的企业需具备明显的技术优势并满足相应条件。

2019 年北京金山办公软件股份有限公司（以下简称金山办公）科创板 IPO 选择的上市标准为前述第一套标准，即预计市值不低于人民币 10 亿元，最近两年净利润均为正且累计净利润不低于人民币 5000 万元，或者预计市值不低于人民币 10 亿元，最近一年净利润为正且营业收入不低于人民币 1 亿元。[①]

（三）上市公司发行新股的条件

上市公司发行新股，也就是再融资，分为股票融资、债券融资和股债结合融资（主要是可转债）。其中股票融资又包括向原股东配售股份（以下简称配股）、向不特定对象公开募集股份（以下简称公开增发）和向特定对象发行股票（以下简称定向增发）。相比 IPO，上市公司再融资时已经是公众公司，在监管上有所放松。《证券法》第十二条第二款规定，上市公司发行新股，应当符合经国务院批准的国务院证券监督管理机构规定的条件，具体管理办法由国务院证券监督管理机构规定。这些规定包括《上市公司证券发行管理办法》《创业板上市公司证券发行管理暂行办法》《上市公司非公开发行股票实施细则》等。

根据《上市公司证券发行管理办法》，上市公司公开发行证券的条件包括如下几个方面。

① 参见《金山办公首次公开发行股票并在科创板上市招股说明书》。

1. 上市公司的组织机构健全、运行良好。（1）公司章程合法有效，股东大会、董事会、监事会和独立董事制度健全，能够依法有效履行职责；（2）公司内部控制制度健全，能够有效保证公司运行的效率、合法合规性和财务报告的可靠性；（3）内部控制制度的完整性、合理性、有效性不存在重大缺陷；（4）现任董事、监事和高级管理人员具备任职资格，能够忠实和勤勉地履行职务，不存在违反公司法第一百四十七条、第一百四十八条规定的行为，且最近三十六个月内未受到过中国证监会的行政处罚、最近十二个月内未受到过证券交易所的公开谴责；（5）上市公司与控股股东或实际控制人的人员、资产、财务分开，机构、业务独立，能够自主经营管理；（6）最近十二个月内不存在违规对外提供担保的行为。

2. 上市公司的盈利能力具有可持续性。（1）最近三个会计年度连续盈利。扣除非经常性损益后的净利润与扣除前的净利润相比，以低者作为计算依据；（2）业务和盈利来源相对稳定，不存在严重依赖于控股股东、实际控制人的情形；（3）现有主营业务或投资方向能够可持续发展，经营模式和投资计划稳健，主要产品或服务的市场前景良好，行业经营环境和市场需求不存在现实或可预见的重大不利变化；（4）高级管理人员和核心技术人员稳定，最近十二个月内未发生重大不利变化；（5）公司重要资产、核心技术或其他重大权益的取得合法，能够持续使用，不存在现实或可预见的重大不利变化；（6）不存在可能严重影响公司持续经营的担保、诉讼、仲裁或其他重大事项；（7）最近二十四个月内曾公开发行证券的，不存在发行当年营业利润比上年下降百分之五十以上的情形。

3. 上市公司的财务状况良好。（1）会计基础工作规范，严格遵循国家统一会计制度的规定；（2）最近三年及一期财务报表未被注册会计师出具保留意见、否定意见或无法表示意见的审计报告；被注册会计师出具带强调事项段的无保留意见审计报告的，所涉及的事项对发行人无重大不利影响或者在发行前重大不利影响已经消除；（3）资产质量良好。不良资产不足以对公司财务状况造成重大不利影响；（4）经营成果真实，现金流量正常。营业收入和成本费用的确认严格遵循国家有关企业会计准则的规定，最近三年资产减值准备计提充分合理，不存在操纵经营业绩的情形；（5）最近三年以现金方式累计分配的利润不少于最近三年实现的年均可分配利润的百分之三十。

4. 上市公司最近三十六个月内财务会计文件无虚假记载，且不存在下列重大违法行为：（1）违反证券法律、行政法规或规章，受到中国证监会的行政处罚，或者受到刑事处罚；（2）违反工商、税收、土地、环保、海关法律、行政法规或规章，受到行政处罚且情节严重，或者受到刑事处罚；（3）违反国家其他法律、行政法规且情节严重的行为。

5. 上市公司募集资金的数额和使用应当符合下列规定：（1）募集资金数额不超过项目需要量；（2）募集资金用途符合国家产业政策和有关环境保护、土地管理等法律和行政法规的规定；（3）除金融类企业外，本次募集资金使用项目不得为持有交易性金融资产和可供出售的金融资产、借予他人、委托理财等财务性投资，不得直接或间接投资于以买卖有价证券为主要业务的公司；（4）投资项目实施后，不会与控股股东或实际控制人产生同业竞争或影响公司生产经营的独立性；（5）建立募集资金专项存储制度，募集资金必须存放于公司董事会决定的专项账户。

6. 上市公司存在下列情形之一的，不得公开发行证券：（1）本次发行申请文件有虚假记载、误导性陈述或重大遗漏；（2）擅自改变前次公开发行证券募集资金的用途而未作纠正；（3）上市公司最近十二个月内受到过证券交易所的公开谴责；（4）上市公司及其控股股东或实际控制人最近十二个月内存在未履行向投资者作出的公开承诺的行为；（5）上市公司或其现任董事、高级管理人员因涉嫌犯罪被司法机关立案侦查或涉嫌违法违规被中国证监会立案调查；（6）严重损害投资者的合法权益和社会公共利益的其他情形。

值得注意的是，新证券法颁布后，证监会对上市公司再融资整体上进行了松绑。2020 年 2 月，证监会对上市公司再融资制度部分条款统一进行了调整。比如，精简发行条件，取消创业板非公开发行股票连续 2 年盈利的条件；调整非公开发行股票定价和锁定机制，将发行价格由不得低于定价基准日前 20 个交易日公司股票均价的 9 折改为 8 折；将锁定期由 36 个月和 12 个月分别缩短至 18 个月和 6 个月，且不适用减持规则的相关限制；将主板（中小板）、创业板非公开发行股票发行对象数量由分别不超过 10 名和 5 名，统一调整为不超过 35 名。[①] 2020 年 9 月，证监会又下发了《上市公司再融资分类审核实施方案（试行）》，支持优质上市公司利用资本市场发展壮大，对符合标准的上市公司非公开发行股

① 《证监会发布上市公司再融资制度部分条款调整涉及的相关规则》，http：//www.csrc.gov.cn/pub/newsite/zjhxwfb/xwdd/202002/t20200214_370777.html，最后访问时间 2021 年 12 月 1 日。

票申请，有条件地减少审核环节，试行差异化的分类审核制度安排。[①]

（四）公开发行存托凭证的条件

《证券法》第十二条第三款规定，公开发行存托凭证的，应当符合首次公开发行新股的条件以及国务院证券监督管理机构规定的其他条件。根据《关于开展创新企业境内发行股票或存托凭证试点的若干意见》，试点红筹企业在境内发行以股票为基础证券的存托凭证应符合证券法关于股票发行的基本条件，同时符合下列要求：一是股权结构、公司治理、运行规范等事项可适用境外注册地公司法等法律法规规定，但关于投资者权益保护的安排总体上应不低于境内法律要求；二是存在投票权差异、协议控制架构或类似特殊安排的，应于首次公开发行时，在招股说明书等公开发行文件显要位置充分、详细披露相关情况，特别是风险、公司治理等信息，以及依法落实保护投资者合法权益规定的各项措施。

五、股票公开发行注册的程序

证券法原则性地规定了证券公开发行注册的程序性要求。不同的公开发行类型，在程序上有所差异。其中公司公开发行新股的注册程序是最完整的，也最具有代表性。本书主要以目前创业板和科创板公司首次发行注册程序为例，介绍证券法上的注册程序如何落实到具体公司的证券公开发行中。

（一）报送申请文件

报送申请文件是公司公开发行注册程序的第一步。在此之前，发行人董事会应当依法就本次发行股票的具体方案、本次募集资金使用的可行性及其他必须明确的事项作出决议，并提请股东大会批准。2019 年 4 月 21 日，金山办公召开 2019 年第二次临时股东大会审议通过了《关于公司申请首次公开发行人民币普通股股票并在上海证券交易所科创板上市的议案》等与公开发行有关的议案。公司拟发行的数量如下：本次拟发行不超过 10100 万股，不超过发行后总股本的 21.91%。发行后总股本不超过 46100 万股。本次发行仅限公司公开发行新股，

① 《上市公司再融资分类审核实施方案（试行）》，http：//www.csrc.gov.cn/newsite/fxjgb/gzdt/rcjgxx/202009/t20200925_383641.html，最后访问时间 2021 年 11 月 16 日。

不包括公司股东转让股份。①

股东大会批准后，发行人应当按照中国证监会有关规定制作注册申请文件，由保荐人保荐并向交易所申报。

1. 申请文件的范围。《证券法》第十三条规定，公司公开发行新股，应当报送募股申请和下列文件：（1）公司营业执照；（2）公司章程；（3）股东大会决议；（4）招股说明书或者其他公开发行募集文件；（5）财务会计报告；（6）代收股款银行的名称及地址。依照本法规定聘请保荐人的，还应当报送保荐人出具的发行保荐书。依照本法规定实行承销的，还应当报送承销机构名称及有关的协议。值得注意的是，新证券法将原先的“招股说明书”改为“招股说明书或者其他公开发行募集文件”，这是考虑到在上市公司发行新股的情况下，为减少上市公司不必要的负担，可以简化发行文件的要求，无需制作招股说明书，以发行预案等文件代替。基于同样的考虑，上市公司以定向增发、“小额快速”等发行新股的，无需聘请承销商，因此，《证券法》规定只有依法实行承销的才需要报送承销机构名称及有关的协议。

《证券法》第十八条规定，发行人依法申请公开发行证券所报送的申请文件的格式、报送方式，由依法负责注册的机构或者部门规定。2019 年 3 月，证监会下发了《公开发行证券的公司信息披露内容与格式准则第 42 号——首次公开发行股票并在科创板上市申请文件》。申请在中华人民共和国境内首次公开发行股票并在科创板上市的公司应按本准则的要求制作申请文件，并通过上海证券交易所发行上市审核业务系统报送电子文件。该准则详细列出了申请文件的目录。2020 年 6 月，证监会下发了《公开发行证券的公司信息披露内容与格式准则第 29 号——首次公开发行股票并在创业板上市申请文件》，也详细列出了文件的目录。为避免重复，以最新的创业板的申报文件目录为例，我们能直观地看出申请阶段需要报送的文件范围。

1. 招股文件

1-1　招股说明书（申报稿）

2. 发行人关于本次发行上市的申请与授权文件

2-1　关于本次公开发行股票并在创业板上市的申请报告

2-2　董事会有关本次发行并上市的决议

① 参见《北京金山办公软件股份有限公司科创板首次公开发行股票招股说明书》。

2-3 股东大会有关本次发行并上市的决议

2-4 关于符合创业板定位要求的专项说明

3. 保荐人和证券服务机构关于本次发行上市文件

3-1 保荐人关于本次发行上市的文件

3-2 会计师关于本次发行上市的文件

3-3 发行人律师关于本次发行上市的文件

4. 发行人的设立文件

4-1 发行人的企业法人营业执照

4-2 发行人公司章程（草案）

4-3 发行人关于公司设立以来股本演变情况的说明及其董事、监事、高级管理人员的确认意见

4-4 商务主管部门出具的外资确认文件（如有）

5. 与财务会计资料相关的其他文件

5-1 发行人关于最近三年及一期的纳税情况及政府补助情况

5-2 发行人需报送的其他财务资料

5-3 发行人设立时和最近三年及一期的资产评估报告（如有）

5-4 发行人的历次验资报告或出资证明

5-5 发行人大股东或控股股东最近一年的原始财务报表及审计报告（如有）

6. 关于本次发行上市募集资金运用的文件

6-1 发行人关于募集资金运用方向的总体安排及其合理性、必要性的说明

6-2 募集资金投资项目的审批、核准或备案文件（如有）

6-3 发行人拟收购资产（或股权）的财务报表、资产评估报告及审计报告、盈利预测报告（如有）

6-4 发行人拟收购资产（或股权）的合同或合同草案（如有）

7. 其他文件

7-1 产权和特许经营权证书

7-2 重要合同

7-3 特定行业（或企业）的管理部门出具的相关意见（如有）

7-4 承诺事项

7-5　说明事项

7-6　保荐协议

7-7　其他文件

2. 申请文件的要求。发行人报送的证券发行申请文件，应当坚持“以投资者需求为导向”。《证券法》第十九条第一款规定，充分披露投资者作出价值判断和投资决策所必需的信息，内容应当真实、准确、完整。发行人报送的文件主要用于证明发行人符合公开发行证券的条件，所披露的信息是投资者投资决策的依据，因此应当“既报喜又报忧”。比如，在创业板，发行人应当以投资者需求为导向，结合所属行业的特点和发展趋势，充分披露自身的创新、创造、创意特征，针对性披露科技创新、模式创新或者业态创新情况，以及对新旧产业融合的促进作用，充分披露业务模式、公司治理、发展战略、经营政策、会计政策、财务状况分析等信息。发行人应当以投资者需求为导向，精准清晰充分地披露可能对公司经营业绩、核心竞争力、业务稳定性以及未来发展产生重大不利影响的各种风险因素。发行人尚未盈利的，应当充分披露尚未盈利的成因，以及对公司现金流、业务拓展、人才吸引、团队稳定性、研发投入、战略性投入、生产经营可持续性等方面的影响。符合相关规定、存在特别表决权股份的企业申请首次公开发行股票并在创业板上市的，发行人应当在招股说明书等公开发行文件中，披露并特别提示差异化表决安排的主要内容、相关风险和对公司治理的影响，以及依法落实保护投资者合法权益的各项措施。①

《证券法》第十九条第二款特别强调，为证券发行出具有关文件的证券服务机构和人员，必须严格履行法定职责，保证所出具文件的真实性、准确性和完整性。因此，证券法既强调发行人的信息披露第一责任，也强调中介机构的“看门人”责任，按照其专业能力，对发行文件进行核查。

3. 招股说明书。招股说明书是首次公开发行股票申请文件的核心，应当在最初报送时就提交。最初向交易所提交的版本为申报稿，不包含价格内容，并且会在交易所网站预先披露；随着发行注册流程的推进，还会披露上会稿和注册稿，同样不带价格信息。在获得注册后询价前，发行人会发布招股意向书，内容与招股说明书相似，但同样不包含发行价格。在完成询价之后正式申购前，发行人要披露包括价格的完整的招股说明书。

---

① 参见《创业板首次公开发行股票注册管理办法（试行）》第四章“信息披露”。

4. 注册申请文件的受理。交易所收到注册申请文件后，五个工作日内作出是否受理的决定。自注册申请文件受理之日起，发行人及其控股股东、实际控制人、董事、监事、高级管理人员，以及与本次股票公开发行并上市相关的保荐人、证券服务机构及相关责任人员，即承担相应法律责任。注册申请文件受理后，未经中国证监会或者交易所同意，不得改动。注册申请文件的受理，是证券公司发行的第一步，因此也备受瞩目。2019 年 5 月 8 日，上交所受理了金山办公科创板首次公开发行股票的申请。从上交所公示的信息来看，金山办公提交的申请文件主要包括招股说明书、发行保荐书、上市保荐书、审计报告和法律意见书等。

值得注意的是，在中国证券市场上，有一种“暂停新股发行”的行政调控措施，根据市场环境或者监管需要调节新股发行的节奏。在暂停新股发行期间，证监会对发行文件的受理也会进行控制。但是，在注册制下，是否还需要保留暂停新股发行的手段，则存在较大争议。有观点认为，新股发行暂停具有中性、短暂性特征，是极具中国特色的救市工具；在注册制之下，应当补足包含暂停新股发行等危机应对工具规范使用的证券市场危机应对法律机制，而不是完全抛弃。[①]

项目基本信息

公司全称	北京金山办公软件股份有限公司	受理日期	2019-05-08
公司简称	金山办公	融资金额(亿元)	20.50
审核状态	注册生效	更新日期	2019-10-25
保荐机构	中国国际金融股份有限公司	保荐代表人	徐石晏,石一杰
会计师事务所	大华会计师事务所（特殊普通合伙）	签字会计师	张瑞,李政德
律师事务所	北京市君合律师事务所	签字律师	石铁军,易宜松,李若晨
评估机构	中联资产评估集团有限公司	签字评估师	鲁杰钢,郝俊虎

图：上海证券交易所科创板股票审核项目动态中金山办公的基本信息

（二）申请文件中募集资金用途的特别规定及法律责任

1. 募集资金的用途。《证券法》第十四条规定，公司对公开发行股票所募集资金，必须按照招股说明书或者其他公开发行募集文件所列资金用途使用；改变资金用途，必须经股东大会作出决议。擅自改变用途，未作纠正的，或者未经股东大会认可的，不得公开发行新股。所以，在申报文件中，应当包含关于公开发

① 参见汪沂：《全面注册制下新股发行暂停的存续价值与生存逻辑》，载《河北法学》2021 年第 5 期。

行股票募集资金的使用的相关内容。一旦在申报文件中明确了募集资金用途，则除非经过股东大会进行改变，否则必须严格按照申报文件所列的用途使用。对于擅自改变公开发行证券所募集资金的用途的，证券法规定了严厉的法律后果。因此，证券法将本条放在证券发行章节，主要目的在于着重提醒在发行文件中应当审慎对待募集资金的用途。

投资者对募集资金的使用具有知情权，也是公开发行时发行人需要披露的重要内容。但在实践中，由于市场环境的多变，应该赋予发行人经营管理层更大的资金使用决定权，而不是由股东决定。由于A股市场并不成熟，上市公司募集资金的使用不规范，侵犯股东利益的情形时有发生。短期内，完全取消募集资金用途限制不现实，但长期来看，改变资金用途应该由现行的事前股东大会审批改为充分的信息披露。

《科创板首次公开发行股票注册管理办法（试行）》规定，发行人应当披露其募集资金使用管理制度，以及募集资金重点投向科技创新领域的具体安排。在金山办公的招股说明书（申报稿）中，专章说明了募集资金运用与未来发展规划，其中提到“募集资金将全部用于公司主营业务相关的项目。本次发行完成后，公司募集资金将存放于董事会指定的专项账户集中管理，做到专款专用。”

2. 法律责任。对于发行人违反规定擅自改变公开发行证券所募集资金的用途的，《证券法》第十四条首先规定擅自改变用途，未作纠正的，或者未经股东大会认可的，不得公开发行新股。同时，《证券法》第一百八十五条还规定了行政法律责任——责令改正，处以50万元以上500万元以下的罚款；对直接负责的主管人员和其他直接责任人员给予警告，并处以10万元以上100万元以下的罚款。发行人的控股股东、实际控制人从事或者组织、指使从事前款违法行为的，给予警告，并处以50万元以上500万元以下的罚款。对直接负责的主管人员和其他直接责任人员，处以10万元以上100万元以下的罚款。

3. 相关案例。2007年1月26日，ST某润发行人民币普通股（A股）2,200万股，扣除发行费用后实际募集资金净额为人民币15,696.60万元。按照ST某润《招股说明书》，其募集资金承诺投资项目为20万吨尿基复合肥项目和热电联产综合利用项目。截至2010年9月27日，ST某润募集资金专户账户余额91,727,599.37元。ST某润于2010年10月9日将募集资金专户账户中的8,850万元募集资金转入其他账户，最终用于归还某润农资公司欠某阳市农发行到期借款。ST某润未经董事会、股东大会审议通过，未履行规定的审批程序，使用募集资金归还银行贷款，属于擅自改变募集资金用途。证监会据此作出了处罚决定。①

（三）预先披露

《证券法》第二十条规定，发行人申请首次公开发行股票的，在提交申请文件后，应当按照国务院证券监督管理机构的规定预先披露有关申请文件。预先披露的好处在于，通过公开的方式调动市场的力量（包括投资者、媒体和竞争对手等），“帮助”审核机构进行监督和把关，也帮助市场和投资者提前熟悉发行人。在实行核准制的情况下，根据《首次公开发行股票并上市管理办法》的规定，申请文件受理后、发行审核委员会审核前，发行人应当将招股说明书（申报稿）在中国证监会网站（www. csrc. gov. cn）预先披露。发行人可以将招股说明书（申报稿）刊登于其企业网站，但披露内容应当完全一致，且不得早于在中国证监会网站的披露时间。

实行注册制后，预先披露的渠道发生了改变。根据2020年6月出台的《创业板首次公开发行股票注册管理办法（试行）》，交易所受理注册申请文件后，发行人应当按规定，将招股说明书、发行保荐书、上市保荐书、审计报告和法律意见书等文件在交易所网站预先披露。预先披露的招股说明书及其他注册申请文件不能含有价格信息，发行人不得据此发行股票。发行人应当在预先披露的招股说明书显要位置作如下声明：“本公司的发行申请尚需经交易所和中国证监会履行相应程序。本招股说明书不具有据以发行股票的法律效力，仅供预先披露之用。投资者应当以正式公告的招股说明书作为投资决定的依据。”

科创板也是如此，上交所受理发行上市申请文件当日，发行人在上交所网站预先披露招股说明书（不能含有股票发行价格信息）等文件。2019年5月8日，上交所受理了金山办公科创板首次公开发行股票的申请，同日，金山办公在上交所网站上披露了招股说明书（申报稿）、中国国际金融股份有限公司关于北京金山办公软件股份有限公司首次公开发行股票并在科创板上市的发行保荐书和上市保荐书、北京市君合律师事务所关于北京金山办公软件股份有限公司首次公开发行股票并在科创板上市的法律意见书、大华会计师事务所（特殊普通合伙）关于北京金山办公软件股份有限公司首次公开发行股票并在科创板上市的财务报表及审计报告。

① 《中国证监会行政处罚决定书（湖南某润、赖某锋、彭某晖、戴某涛、罗某雄）》，〔2012〕18号。

信息披露

披露文件	申报稿	上会稿	注册稿
招股说明书	2019-05-08	2019-09-19	2019-10-25 2019-10-06
发行保荐书	2019-05-08	2019-09-18	2019-10-06
上市保荐书	2019-05-08	2019-09-18	2019-10-06
审计报告	2019-05-08	2019-09-18	2019-10-06
法律意见书	2019-05-08	2019-09-18	2019-10-06
其他	-	-	-

图：上海证券交易所科创板股票审核项目动态中金山办公的信息披露

（四）证券交易所审核

1. 审核机构。《证券法》第二十一条第二款规定，按照国务院的规定，证券交易所等可以审核公开发行证券申请，判断发行人是否符合发行条件、信息披露要求，督促发行人完善信息披露内容。新证券法规定由证券交易所等负责审核公开发行证券申请，取消了原证券法下的审核机构——发审委。除了证券交易所外，还有其他经授权的审核机构。比如，国家发展改革委指定相关机构负责企业债券的受理、审核。其中，中央国债登记结算有限责任公司为受理机构，中央国债登记结算有限责任公司、中国银行间市场交易商协会为审核机构。证券交易所等通过审核公开发行证券申请，一是判断发行人是否符合发行条件、信息披露要求，二是督促发行人完善信息披露内容。

2. 审核方式。交易所等主要通过向发行人提出审核问询、发行人回答问题方式开展审核工作，判断发行人是否符合发行条件、上市条件和信息披露要求。在创业板，交易所设立独立的审核部门，负责审核发行人公开发行并上市申请；设立行业咨询专家库，负责为创业板建设和发行上市审核提供专业咨询和政策建议；设立创业板上市委员会，负责对审核部门出具的审核报告和发行人的申请文件提出审议意见。在上交所对金山办公的公开发行申请审核过程中，发行人和保荐人、律师事务所、会计师事务所等中介机构共回答了26次问询并作出了详尽的回复，回复文件均在上交所发行审核系统进行了披露。

3. 全流程电子化审核。值得注意的是，无论是科创板还是创业板，其申报和审核的流程都是电子化的，也代表了未来发行审核的大方向。中国证监会与交易所建立全流程电子化审核注册系统，实现电子化受理、审核，以及发行注册各环节实时信息共享，并满足依法向社会公开相关信息的需要；上交所发行上市审核实行电子化审核，申请、受理、问询、回复等事项通过发行上市审核业务系统办理。

对于科创板的全流程电子化审核注册，上交所认为可以强化审核结果的确定性，便利社会监督，稳定市场预期。这是因为，目前股票发行审核工作由证监会负责，分为受理、反馈会、初审会、发审会、封卷、核准发行等主要环节，分别由不同处室负责。由于整个审核过程通过纸质化方式运转，所以媒体上经常看到发审部门文件堆积如山的报道。而在纸质化运转的情况下，审核进度、会议情况、审核反馈及相关方的回复等信息难以做到准确、及时、全面公开，审核效率难以确保，审核结果难以预期，社会监督难以开展，而且还会给发行企业带来巨大的成本负担。而通过全流程电子化改造，所有申报信息都将数字化，信息的流转和公开都是在线进行的，信息的提取和公开将更加及时（甚至可以做到实时）便利。但是，无论是科创板还是创业板，全流程电子化审核注册的意义不止于此。

首先，全流程电子化审核注册符合科创板的定位。在上交所新设科创板，主要服务于科技创新企业；重点支持新一代信息技术、高端装备、新材料、新能源、节能环保以及生物医药等高新技术产业和战略性新兴产业，推动互联网、大数据、云计算、人工智能和制造业深度融合。科创板的企业，科技含量高，特别是数据化、数字化程度高，对这类企业经营状况和盈利能力的识别，往往要通过更加数字化、动态化、立体化的方式去实现，这不是平面的纸质材料所能胜任的。科创板需要以更加科技化的方式去迎接和服务科创企业。

其次，全流程电子化审核注册代表了未来中国资本市场的发展方向。科创板从来就不是作为孤立的一个板块存在，从其设立之初就扮演了“试验田”的角色，代表了未来中国资本市场的方向，理应具有前瞻性和创造性。全流程电子化审核注册的意义不仅在于优化流程本身，更重要的是通过这个流程所沉淀的数据和在数据基础上的可能性。未来的资本市场，数据本身就是最重要的资源，因为基于大数据，资本市场可以更智能，更能准确地反映价值和生成价格。

最后，全流程电子化审核注册开启了智能监管科技之门。除了便利融资，科创板和注册制还必须兼顾市场监管的有效性和投资者合法权益的保护。面对更加负责的风险形势和科创板的新特点，依靠人的监管必然面临瓶颈，诉诸科技的智能监管必然是大势所趋。近两年来，证监会和交易所在监管科技方面已经有了许多卓有成效的探索，而从发行注册阶段就开始的电子化将为智能监管提供良好的基础条件。金融危机爆发后，美国证券交易委员会（SEC）就尝试将机器学习运用于审查企业发行人的申报文件，并使用自然语言处理，将注册过程中发现的问题进行算法“训练”，以了解注册过程中能够反映出的欺诈或不当行为的数据模式、趋势及语言，取得了较好的效果。①

4. 利益冲突的防范。《证券法》第二十一条第三款规定，参与证券发行申请注册的人员，不得与发行申请人有利害关系，不得直接或者间接接受发行申请人的馈赠，不得持有所注册的发行申请的证券，不得私下与发行申请人进行接触。

5. 审核结果。2019 年 9 月 27 日，上海证券交易所科创板股票上市委员会召开 2019 年第二十七次审议会议，对金山办公等公司的发行申请进行审议。审议的结果是：同意北京金山办公软件股份有限公司发行上市（首发）。与此同时，上市委员会也提出了审核意见：（1）请发行人代表补充披露本次募集资金项目以下事项：募集资金规模、投资方向和业务发展的匹配性；对发行人募集资金投入期间毛利率、研发费用、净利润等财务指标可能带来的不利影响；具体实施中需主要考虑的风险因素和应对安排，如技术开发、产品销售、行业竞争等。请发行人针对以上事项充分披露相关风险。请保荐机构发表明确核查意见。（2）请发行人补充披露：其互联网推广业务和与第三方合作开展业务的具体情况；该等业务在发行人未获得《互联网信息服务业务经营许可证》的情况下可能面临的法律风险；上述情况对发行人未来业务发展是否构成限制。请保荐机构发表明确核查意见。

根据审核结果，2019 年 10 月 6 日，上海证券交易所向证监会报送金山办公首次公开发行股票并在科创板上市的审核意见和注册申请文件。《科创板首次公开发行股票注册管理办法（试行）》还规定，交易所审核同意后，将发行人注册申请文件报送中国证监会时，招股说明书、发行保荐书、上市保荐书、审计报告和法律意见书等文件应在交易所网站和中国证监会网站公开。

（五）监管机构注册

《证券法》第二十一条第一款规定，国务院证券监督管理机构或者国务院授权的部门依照法定条件负责证券发行申请的注册。之所以还规定了“国务院授权的部门”，主要考虑到目前不同的债券品种由不同的机构负责发行注册。发行注

① 参见何海锋：《不要小看科创板的“全流程电子化审核注册”》，载财新网 2019 年 3 月 27 日。

册主要关注交易所发行上市审核内容有无遗漏，审核程序是否符合规定，以及发行人在发行条件和信息披露要求的重大方面是否符合相关规定。在股票发行的注册程序中，中国证监会认为存在需要进一步说明或者落实事项的，可以要求交易所进一步问询；中国证监会认为交易所对影响发行条件的重大事项未予关注或者交易所的审核意见依据明显不充分的，可以退回交易所补充审核；交易所补充审核后，认为发行人符合发行条件和信息披露要求的，重新向中国证监会报送审核意见及相关资料，注册期限重新计算。

《证券法》第二十二条规定，国务院证券监督管理机构或者国务院授权的部门应当自受理证券发行申请文件之日起三个月内，依照法定条件和法定程序作出予以注册或者不予注册的决定，发行人根据要求补充、修改发行申请文件的时间不计算在内。不予注册的，应当说明理由。需要注意的是，这里三个月的时限是从受理申请文件之日起算，到作出是否予以注册的决定之日止，扣除补充修改等必要的时间。科创板的实务中审核注册周期是3–6个月，远快于核准制下的审核周期。

2019年5月8日，上交所受理了金山办公科创板首次公开发行股票的申请。2019年10月24日，中国证监会发布证监许可〔2019〕1973号文，同意北京金山办公软件股份有限公司首次公开发行股票的注册申请。以下是证监会的批复文件。

北京金山办公软件股份有限公司：

中国证券监督管理委员会收到上海证券交易所报送的关于你公司首次公开发行股票并在科创板上市的审核意见及你公司注册申请文件。根据《全国人民代表大会常务委员会关于授权国务院在实施股票发行注册制改革中调整适用〈中华人民共和国证券法〉有关规定的决定》《全国人民代表大会常务委员会关于延长授权国务院在实施股票发行注册制改革中调整适用〈中华人民共和国证券法〉有关规定期限的决定》《关于在上海证券交易所设立科创板并试点注册制的实施意见》和《科创板首次公开发行股票注册管理办法（试行）》（证监会令第153号）等有关规定，经审阅上海证券交易所审核意见及你公司注册申请文件，现批复如下：

一、同意你公司首次公开发行股票的注册申请。

二、你公司本次发行股票应严格按照报送上海证券交易所的招股说明书和发行承销方案实施。

三、本批复自同意注册之日起12个月内有效。

四、自同意注册之日起至本次股票发行结束前，你公司如发生重大事项，应及时报告上海证券交易所并按有关规定处理。

2019年10月23日

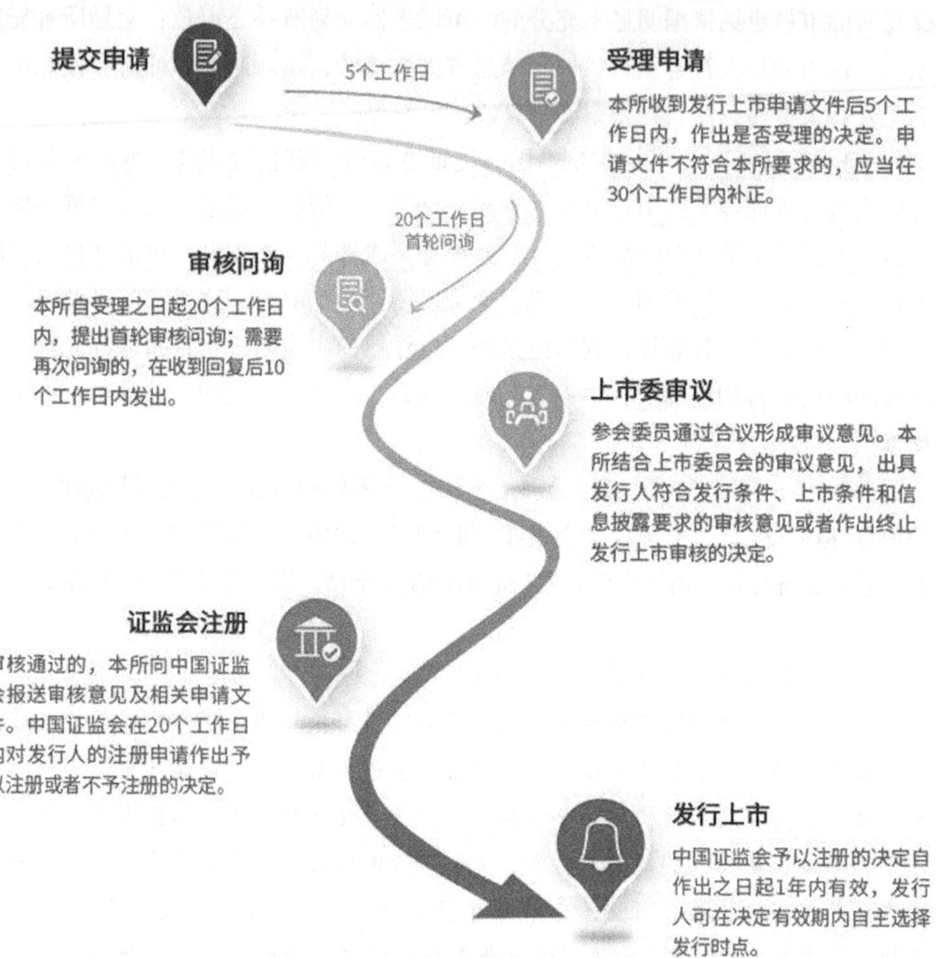

图：深交所公布的创业板注册制流程图

（六）公告募集文件并置备查阅

《证券法》第二十三条规定，证券发行申请经注册后，发行人应当依照法律、行政法规的规定，在证券公开发行前公告公开发行募集文件，并将该文件置备于指定场所供公众查阅。发行证券的信息依法公开前，任何知情人不得公开或者泄露该信息。发行人不得在公告公开发行募集文件前发行证券。这有别于发行申请受理后的预先披露，此时公告募集文件的目的主要在于便利投资者了解发行人，从而做出投资决策。发行人不得在公告公开发行募集文件前发行证券。按照这一规定，2019 年 10 月 25 日，金山办公公开披露了北京金山办公软件股份有限公司科创板首次公开发行股票招股说明书（注册稿）。

发行证券的信息依法公开前，任何知情人不得公开或者泄露该信息。此外，虽然《证券法》没有明确规定，但发行人应当按照规定保存有关文件和资料，否则就可能面临第二百一十四条未按照规定保存有关文件和资料的法律责任。

（七）科创板上市全景路线图

以上是证券法下公开发行注册的全部程序性规定。但证券公开发行实务性和操作性很强，证券法只是作了框架性的规定，更多的细节规定由证监会和交易所制定。以科创板为例，证监会通过《关于在上海证券交易所设立科创板并试点注册制的实施意见》确立了设立科创板并试点注册制的整体部署、重点环节和关键制度，明确了基本原则与总体要求，《科创板首次公开发行股票注册管理办法（试行）》与《科创板上市公司持续监管办法（试行）》进一步为试点注册制搭建起整体制度框架体系；此外，上交所还公布一系列配套规则贯彻了证监会上位制度的基本要求，分别在上市审核、机构设置、发行承销、信息披露、公司治理、交易机制等方面做出了有针对性的制度设计，并为配套指引的制定提供了依据。面对煌煌几万言的规则体系，触手可及的科创板又有点让人望而生畏。

为此，笔者下了点苦功夫，从上述规定的征求意见稿开始，如燕儿垒巢一般，条分缕析，抽丝剥茧，对所有文件进行梳理，努力勾勒出一条清晰的科创板上市路线图。具体而言，以发行人在科创板发行上市的历程为主线，从每一阶段的主体要件出发，分别对申报阶段、受理审核阶段、注册阶段、发行承销阶段、市场交易阶段、退市及相对应的特点进行梳理和概括，将散见于不同规范性文件的规则进行整合梳理，辅之以图表对复杂的流程和制度以可视化的方式予以呈现，并分析了征求意见稿和正式文件的不同之处，帮助读者全景式地理解注册制下证券公开发行的全流程。[①]

---

① 参见何海锋、李凌霜：《科创板上市全景路线图》，首次发表于“天同诉讼圈”公众号，最后访问时间 2021 年 10 月 5 日。

（八）注册的结果与法律责任

1. 予以注册决定的效力。中国证监会对创业板股票的予以注册决定，自作出之日起一年内有效，发行人应当在注册决定有效期内发行股票，发行时点由发行人自主选择。2019 年 10 月 30 日，获得中国证监会予以公开发行注册决定的金山办公发布了《首次公开发行股票并在科创板上市招股意向书》和《首次公开发行股票并在科创板上市发行安排及初步询价公告》。招股意向书的内容与招股说明书总体一致，同样不含发行价格。询价公告提出，采用向战略投资者定向配售、网下向符合条件的网下投资者询价配售（“网下发行”）与网上向持有上海市场非限售 A 股股份和非限售存托凭证市值的社会公众投资者定价发行（“网上发行”）相结合的方式进行。初步询价及网下申购均通过上海证券交易所网下申购电子平台进行，网上发行通过上交所交易系统进行。本次发行的初步询价期间为 2019 年 11 月 4 日（T-3 日）9：30-15：00。发行人和保荐机构（主承销商）将通过网下初步询价直接确定发行价格。网下发行对象为经中国证券业协会注册的证券公司、基金管理公司、信托公司、财务公司、保险公司、合格境外机构投资者以及符合一定条件的私募基金管理人等专业机构投资者。

根据初步询价结果，在剔除拟申购总量中报价最高的部分后，发行人与保荐机构（主承销商）综合发行人所处行业、市场情况、可比公司估值水平、募集资金需求、承销风险等因素，协商确定本次发行价格为 45.86 元/股。2019 年 11 月 6 日，金山办公发布《首次公开发行股票并在科创板上市发行公告》，投资者可以按照 45.86 元/股价格在 2019 年 11 月 7 日（T 日）进行网上和网下申购，申购时无需缴付申购资金。其中，网下申购时间为 9：30-15：00，网上申购时间为 9：30-11：30，13：00-15：00。2019 年 11 月 13 日，金山办公发布《首次公开发行股票并在科创板上市发行结果公告》，宣布发行完成。2019 年 11 月 15 日，金山办公发布《首次公开发行股票并在科创板上市公告书》，宣布将于 2019 年 11 月 18 日在上海证券交易所上市。

2. 风险自负。对发行人首次公开发行股票申请予以注册，不表明中国证监会和交易所对该股票的投资价值或者投资者的收益作出实质性判断或者保证，也不表明中国证监会和交易所对注册申请文件的真实性、准确性、完整性作出保证。《证券法》第二十五条规定，股票依法发行后，发行人经营与收益的变化，由发行人自行负责；由此变化引致的投资风险，由投资者自行负责。在原来的审批制和核准制下，这一条逻辑上是不成立的，政府负责把关和审核，为何倒头来却不负责？但在注册制下，这个逻辑是成立的。因此，这一条是考验注册制的试金石，是对核准和注册机构的免责。但在司法实务中，这条往往被误用，当作“股市有风险，入市需谨慎”的替代。比如，有当事人认为，《证券法》规定，股票依法发行后，发行人经营与收益的变化，由发行人自行负责；由此变化引起的投资风险，由投资者自行负责。依据该条规定，股票买受人需自行判断收益及风险状况，有独立获得收益的权利，也要自行承担股票交易存在的风险。本案中，当事人自愿认购涉案股票，就应当承担相应的市场风险，而当事人欲将该风险转嫁给另一方明显违反了法律规定。[①]

3. 更正与补充信息披露文件。中国证监会作出予以注册决定后、发行人股票上市交易前，发行人应当及时更新信息披露文件内容，财务报表已过有效期的，发行人应当补充财务会计报告等文件；保荐人以及证券服务机构应当持续履行尽职调查职责；发生重大事项的，发行人、保荐人应当及时向交易所报告。交易所应当对上述事项及时处理，发现发行人存在重大事项影响发行条件、上市条件的，应当出具明确意见并及时向中国证监会报告。

4. 注册错误的处理。《证券法》第二十四条第一款规定，国务院证券监督管理机构或者国务院授权的部门对已作出的证券发行注册的决定，发现不符合法定条件或者法定程序，尚未发行证券的，应当予以撤销，停止发行。已经发行尚未上市的，撤销发行注册决定，发行人应当按照发行价并加算银行同期存款利息返还证券持有人；发行人的控股股东、实际控制人以及保荐人，应当与发行人承担连带责任，但是能够证明自己没有过错的除外。根据这一规定，成立注册错误的条件是：第一，已经作出注册的决定；第二，发现不符合法定条件或者法定程序，包括《证券法》第十一、第十二条和第十五条规定的发行条件，以及前述的发行注册程序规定。需要注意的是，注册错误不以发行人的过错为构成要件，也不应发行人是否有过错而有所不同。注册错误的结果根据是否已经发行证券而不同。尚未发行的，撤销注册决定并停止发行。已经发行但没有上市的，撤销发行注册决定，发行人应当按照发行价并加算银行同期存款利息返还证券持有人，发行人的控股股东、实际控制人以及保荐人，应当与发行人对本金和利息的返还承担过错推定的连带责任。

---

① 宋某健与李某股票回购合同纠纷二审民事判决书，(2015) 鲁商终字第 380 号。

5. 欺诈发行的法律责任。《证券法》第二十四条第二款规定，股票的发行人在招股说明书等证券发行文件中隐瞒重要事实或者编造重大虚假内容，已经发行并上市的，国务院证券监督管理机构可以责令发行人回购证券，或者责令负有责任的控股股东、实际控制人买回证券。成立欺诈发行的条件是：第一，发行人在股票招股说明书等证券发行文件中隐瞒重要事实或者编造重大虚假内容，具体来说，就是指不符合《证券法》第十一、第十二和第十五条规定的发行条件，以及违反了第十九条对发行文件的要求。第二，已经发行并上市。新证券法为欺诈发行设置了回购证券或买回证券，民事责任、行政责任和刑事责任等一系列法律责任。

（1）回购或买回。在欺诈发行的情况下，《证券法》赋予证券监管机构发出行政命令，要求发行人和相关主体履行回购或买回的义务。这是新证券法增加的规定，丰富了欺诈发行的法律责任体系。我国A股证券市场尚缺乏责令回购证券的案例，港股较为有名的则是某良国际造假案。福建运动鞋布料公司某良国际于2009年12月在香港上市，上市后，其被指夸大财务业绩。2012年6月，香港证监会成功地促使香港高等法院颁发命令：责令因财务造假而上市的某良国际（00946. HK），以2.06港元/股的价格，回购其IPO之时发行在外的5亿股股票。为此，某良国际总共须耗资10.3亿港元，这个金额甚至大于其在IPO时所募集的资金净额，为其停牌时的收盘价。

（2）民事责任。根据《证券法》第八十五条的规定，作为信息披露义务人的发行人等未按照规定披露信息，或者公告的证券发行文件及其他信息披露资料存在虚假记载、误导性陈述或者重大遗漏，致使投资者在证券交易中遭受损失的，应当承担赔偿责任。发行人的控股股东、实际控制人、董事、监事、高级管理人员和其他直接责任人员以及保荐人、承销的证券公司及其直接责任人员，应当与发行人承担连带赔偿责任，但是能够证明自己没有过错的除外。

（3）行政责任。《证券法》第一百八十一条规定，发行人在其公告的证券发行文件中隐瞒重要事实或者编造重大虚假内容，尚未发行证券的，处以二百万元以上二千万元以下的罚款；已经发行证券的，处以非法所募资金金额百分之十以上一倍以下的罚款。对直接负责的主管人员和其他直接责任人员，处以一百万元以上一千万元以下的罚款。发行人的控股股东、实际控制人组织、指使从事前款违法行为的，没收违法所得，并处以违法所得百分之十以上一倍以下的罚款；没有违法所得或者违法所得不足二千万元的，处以二百万元以上二千万元以下的罚款。对直接负责的主管人员和其他直接责任人员，处以一百万元以上一千万元以下的罚款。需要注意的是，控股股东和实际控制人承担责任的基础是违法所得，而不是非法所募资金金额。违法所得通常是所持股份公开发行后的市值与公开发行前的市值之差。

（4）刑事责任。根据《刑法》第一百六十条规定，在招股说明书、认股书、公司、企业债券募集办法等发行文件中隐瞒重要事实或者编造重大虚假内容，发行股票或者公司、企业债券、存托凭证或者国务院依法认定的其他证券，数额巨大、后果严重或者有其他严重情节的，处五年以下有期徒刑或者拘役，并处或者单处罚金；数额特别巨大、后果特别严重或者有其他特别严重情节的，处五年以上有期徒刑，并处罚金。控股股东、实际控制人组织、指使实施前款行为的，处五年以下有期徒刑或者拘役，并处或者单处非法募集资金金额百分之二十以上一倍以下罚金；数额特别巨大、后果特别严重或者有其他特别严重情节的，处五年以上有期徒刑，并处非法募集资金金额百分之二十以上一倍以下罚金。单位犯前两款罪的，对单位判处非法募集资金金额百分之二十以上一倍以下罚金，并对其直接负责的主管人员和其他直接责任人员，依照第一款的规定处罚。这是2020年底刑法修正案（十一）专门作出修正的条文，扩大证券范围，将存托凭证和国务院依法认定的其他证券纳入欺诈发行犯罪的规制范围；大幅提高刑罚力度，将对个人的刑期上限由5年有期徒刑提高至15年有期徒刑，并将控股股东、实际控制人组织、指使实施欺诈发行的行为纳入规制范围。

值得注意的是，新证券法将欺诈发行界定为“在其公告的证券发行文件中隐瞒重要事实或者编造重大虚假内容”，修改了原证券法“不符合发行条件，以欺骗手段骗取发行核准”的表述，更加强化了发行过程中信息披露文件的质量。这也反映出，在注册制下，欺诈的对象从负责核准的部门转变为投资者。备受关注的是，欺诈发行的法律责任条款提高了证券法处罚的上限，对单位的罚款从上限60万元提高到2000万元，对个人的罚款从上限30万元提高到1000万元；以非法募集资金金额计算罚款数额的比例的幅度也由1%—5%提到至10%到1倍。这一条的处罚严厉程度构成了证券法行政处罚的天花板。此外，还要注意欺诈发行与信息披露违法责任的竞合关系，在公开发行证券过程中的信息披露违法行为应当优先适用欺诈发行的规定。

6. 相关案例。在欣泰电气欺诈发行案中①，欣泰电气将包含虚假财务数据的IPO申请文件报送中国证监会并获得中国证监会核准，根据欣泰电气违法行为的事实、性质、情节与社会危害程度，证监会决定对欣泰电气处以非法所募资金的3%，即772万元罚款；依据《证券法》第一百九十三条第一款、第三款的规定，决定对欣泰电气责令改正，给予警告，并处以60万元罚款。此外，欣泰电气因犯欺诈发行罪，被处罚832万元，原董事长及实际控制人温某乙、总会计师刘某胜分别被判处三年、两年有期徒刑并被处相应罚金。投资者也提起了针对欣泰电气的民事赔偿诉讼。

六、债券公开发行注册的特殊规定

（一）证券法上的债券：应然与实然

股票和债券是证券法上主要的两个证券类型。但我国《证券法》是从1993年的《股票发行与交易管理暂行条例》发展而来的，以股票市场为对象制定，适用于债券的条文数量少且比较分散。而债券在公开发行的条件和注册程序上与股票有所不同，因此证券法上有一些特殊的规定。

市场上的债券，根据是否存在信用风险——发生债券违约，可以分为利率债和信用债两大种类。前者如国债、地方政府债、政策性银行债等；这些债券发行主体的信用基本等同于国家信用，通常认为不存在违约风险。后者则主要是由企业发行的债券，主要包括公司债、企业债、非金融企业债务融资工具等品种；出现违约的债券都是这类债券。在我国债券市场发展的早期，信用债“刚性兑付”的特征较为突出，债券出现兑付风险后，政府往往会强势干预债券实现兑付。但是，这种情况正在发生改变。随着2014年公募公司债券超日债正式宣告违约，此后债券违约的频率越来越高。根据申万宏源的统计，2020年信用债违约率为2.15%，低于2019年的2.18%，2018年是信用债违约率最高的一年。2014-2017年违约率水平较低，于2018年大幅攀升，2020年虽然受到新冠肺炎疫情影响，

① 参见《中国证监会行政处罚决定书（丹东欣泰电气股份有限公司、温某德、刘某明等18名责任人员）》，[2016] 84号。

但信用债违约率并未上升。[①] 总体来看，违约发行人在分布上呈现出行业分散、地域分散的特点，发行人所有制结构以民营企业为主。

市场上的债券，根据债券的发行方式，又可以分为公募债券和私募债券。采取公募发行方式的债券又可以进一步分为面向所有投资者公开发行的债券（如国债、公募公司债）和面向合格投资者公开发行的债券（如“小公募”公司债券、中期票据等）。采取私募方式发行的债券主要有私募公司债和非公开定向债务融资工具（PPN）等。根据前述统计，从违约债券类型看，违约债券以中期票据、私募债和小公募为主。

按照证券法的立法目的和有限目标原则，纳入证券法规制的债券应当是公募发行的信用债。但是在我国，由于历史的原因，信用债市场在管理上是割裂的，由此产生了三大类信用债的品种——由发改委主管的企业债、由证监会主管的公司债和由中国人民银行主管的非金融企业债务融资工具（在银行间债券市场发行和交易）。在现行的法律框架和主管机构的共识之下，明确属于证券法上的“公司债券”的只有企业债和公司债两种，非金融企业债务融资工具并不属于证券法的调整范围。2020 年 3 月 11 日，中国人民银行、中国证监会有关负责同志就债券市场支持实体经济发展有关问题答记者问。关于“证券法发布后，银行间债券市场相关制度安排有何变化”的问题，相关方面明确表态：“银行间债券市场金融债券、非金融企业债务融资工具等品种的发行、交易、登记、托管、结算等，由人民银行及其指定机构依照《中国人民银行法》等制定的现行有关规定管理。”此番表态引发了不少争议，也留下了债券市场未能统一的遗憾，但却是中国债券市场割裂现状的真实写照[②]。

（二）公司债券公开发行的条件

1. 普通公司债券发行的条件。《证券法》第十五条第一款规定，公开发行公司债券，应当符合下列条件：（1）具备健全且运行良好的组织机构；（2）最近三年平均可分配利润足以支付公司债券一年的利息；（3）国务院规定的其他条件。本条规定了债券发行的条件，与原证券法相比，取消原证券法下企业发债的

---

① 数据来源于申万宏源研究报告《2020 年信用债券违约率有多高?》，https://baijiahao.baidu.com/s?id=1688552761378759775&wfr=spider&for=pc，最后访问时间 2021 年 2 月 10 日。

② 参见《中国人民银行、中国证监会有关负责同志就债券市场支持实体经济发展有关问题答记者问》，https://m.thepaper.cn/baijiahao_6458462，最后访问时间 2022 年 3 月 25 日。

净资产等资格要求，便利中小企业发债融资；取消累计债券余额与公司净资产的比例限制、投向限制和利率限制，给企业更大的融资自主性和灵活性；增加了与公开发行股票相同的公司治理的要求；在第十七条还取消了前一次公开发行的公司债券尚未募足不得再次公开发行的要求；仅保留了最近三年平均可分配利润足以支付公司债券一年的利息的要求。但是证券法授权国务院规定其他条件。在《国务院办公厅关于贯彻实施修订后的证券法有关工作的通知》中就作出了规定："申请公开发行公司债券的发行人，除符合证券法规定的条件外，还应当具有合理的资产负债结构和正常的现金流量。鼓励公开发行公司债券的募集资金投向符合国家宏观调控政策和产业政策的项目建设。"

因此，目前公开发行普通公司债和企业债的硬性条件有三条——具备健全且运行良好的组织机构；最近三年平均可分配利润足以支付公司债券一年的利息；具有合理的资产负债结构和正常的现金流量。鼓励性条件有一条，募集资金投向符合国家宏观调控政策和产业政策的项目建设。《公司债券发行与交易管理办法》第十四条已经明确作出规定，公开发行公司债券，应当符合下列条件：（1）具备健全且运行良好的组织机构；（2）最近三年平均可分配利润足以支付公司债券一年的利息；（3）具有合理的资产负债结构和正常的现金流量；（4）国务院规定的其他条件。[①]

2. 可转债的发行条件。证券法对可转换公司债的发行条件作出了特殊规定。《证券法》第十五条第三款规定，上市公司发行可转换为股票的公司债券，除应当符合第一款规定的条件外，还应当遵守本法第十二条第二款的规定。但是，按照公司债券募集办法，上市公司通过收购本公司股份的方式进行公司债券转换的除外。可转债指的是一定时间内可以按照约定的转股价格转换成公司股票的债券，是债券和股票期权的结合。通过设定转股、回售、赎回、下修等特殊条款实现发行人与债券持有人间的博弈。可见，可转债既有股性又有债性。因此，发行可转债，通常情况下既要满足发行普通债券的条件，还要满足上市公司再融资的条件。例外的情形是，上市公司通过收购本公司股份的方式进行公司债券转换，此时因为所涉及的股份为"库存股"，不属于新发行股份，所以不需要满足再融资的条件。这一例外规定来自公司法，在 2018 年修改的《公司法》第四十二条，专门允许股份公司收购本公司股份，可以"将股份用于转换上市公司发行的可转

① 《公司债券发行与交易管理办法（2021）》第十四条。

换为股票的公司债券”。

(三) 募集资金用途

《证券法》第十五条第二款规定，公开发行公司债券筹集的资金，必须按照公司债券募集办法所列资金用途使用；改变资金用途，必须经债券持有人会议作出决议。公开发行公司债券筹集的资金，不得用于弥补亏损和非生产性支出。相比之下，根据《公司债券发行与交易管理办法》，非公开发行公司债券，募集资金应当用于约定的用途；改变资金用途，应当履行募集说明书约定的程序。

与前述公开发行股票募集资金的用途限制相同的问题在于，是否应当赋予经营管理层更大的自主权。另外，根据现行法律规定，发行债券募集资金只能用于本企业的生产经营，不得用于弥补亏损和非生产性支出，更不得用于房地产买卖、股票买卖和期货交易等与企业生产经营无关的风险性投资，与公司法上对资本公积金的限制类似。问题在于，当企业陷于资金流动性困顿，进而影响生产经营时，可否通过发行债券缓解局面，而这恰恰是当前企业发行债券最大的动力之一。

需要注意的是，根据《证券法》第一百八十五条的规定，擅自改变公开发行债券的募集资金用途，与擅自改变公开发行股票的募集资金用途承担同样的行政责任。

(四) 公开发行债券的申请文件

早在 2007 年，银行间债券市场的新产品发行就确立了注册制。2015 年，《公司债券发行与交易管理办法》修订后，公司债的发行已实行简易审核制，确立了实质上的注册制。新证券法实施后，公司债券和企业债券发行已经全面施行注册制。

根据 3 月 1 日国家发展改革委关于企业债券发行实施注册制有关事项的通知，企业债券发行由核准制改为注册制。国家发展改革委为企业债券的法定注册机关，发行企业债券应当依法经国家发展改革委注册。国家发展改革委指定相关机构负责企业债券的受理、审核。其中，中央国债登记结算有限责任公司为受理机构，中央国债登记结算有限责任公司、中国银行间市场交易商协会为审核机构。两家机构应尽快制定相关业务流程、受理审核标准等配套制度，并在规定的时限内完成受理、审核工作。

根据2020年3月1日证监会发布的关于公开发行公司债券实施注册制有关事项的通知，公开发行公司债券，由证券交易所负责受理、审核，并报证监会履行发行注册程序。上海、深圳证券交易所明确审核标准、审核程序、上市条件、交易方式等相关事宜，明确材料报送及操作流程，做好衔接安排，有序实施受理、审核工作。

《证券法》第十六条规定，申请公开发行公司债券，应当向国务院授权的部门或者国务院证券监督管理机构报送下列文件：（1）公司营业执照；（2）公司章程；（3）公司债券募集办法；（4）国务院授权的部门或者国务院证券监督管理机构规定的其他文件。上市公司发行可转换为股票的公司债券的，还应当报送保荐人出具的发行保荐书。由于新证券法在债券发行条件中删除了净资产相关的要求，因此发行人也无需报送资产评估报告和验资报告。公司债券募集办法是其中最核心的文件，实务中通常的名称是公司债券募集说明书。根据《公司法》第一百五十四条的规定，公司债券募集办法中应当载明下列主要事项：（1）公司名称；（2）债券募集资金的用途；（3）债券总额和债券的票面金额；（4）债券利率的确定方式；（5）还本付息的期限和方式；（6）债券担保情况；（7）债券的发行价格、发行的起止日期；（8）公司净资产额；（9）已发行的尚未到期的公司债券总额；（10）公司债券的承销机构。关于公司债券募集说明书的法律性质，一直存在争议。根据《民法典》第四百七十三条的规定，招股说明书和债券募集办法为要约邀请。实务中通常将募集说明书作为债券交易合同的一部分。

（五）不得再次发行公司债券的情形

《证券法》第十七条规定，有下列情形之一的，不得再次公开发行公司债券：（1）对已公开发行的公司债券或者其他债务有违约或者延迟支付本息的事实，仍处于继续状态；（2）违反本法规定，改变公开发行公司债券所募资金的用途。本条规定了两种情形下不得再次公开发行债券——债券违约和违法改变募集资金用途。

值得注意的是，其中第一种情形需要处于财务困境的持续状态，如果已获得清偿的违约和豁免延迟支付本息的不适用。对于第二种情形，仅仅针对的是已公开发行的公司债券，包括发改委注册的企业债券，但不包括银行间市场的非金融企业融资工具；已经对改变用途的行为作出纠正的可以豁免。实务中存在问题的是，这两条的主体范围，只包括公司本级，还是包括其他关联公司。为此，2018年，中国证券业协会发布《非公开发行公司债券负面清单》，其中明确“最近一年经审计的总资产、净资产或营业收入任一指标占合并报表相关指标比例超过30%的子公司”存在这两类情形的，视同发行人属于负面清单范畴。至于公开发行是否采同样的认定口径，则似乎没有定论。

新证券法删除了“前一次公开发行的公司债券尚未募足”的情形，允许发行人根据市场利率变化和融资需求等更灵活地安排债券发行，也为实践中的储架发行等做法提供了法律依据。

（六）公司债券发行的特殊规则

1. 储架发行规则。公开发行公司债券，可以申请一次注册，分期发行。中国证监会同意注册的决定自作出之日起两年内有效，发行人应当在注册决定有效期内发行公司债券，并自主选择发行时点。公开发行公司债券的募集说明书自最后签署之日起六个月内有效。发行人应当及时更新债券募集说明书等公司债券发行文件，并在每期发行前报证券交易所备案。①

2. 非公开发行公司债券实行事后备案制。承销机构或自行销售的发行人应当在每次发行完成后五个工作日内向中国证券业协会报备。②

3. 禁止自融、结构化发行等违规行为。发行人和承销机构不得操纵发行定价、暗箱操作；不得以代持、信托等方式谋取不正当利益或向其他相关利益主体输送利益；不得直接或通过其利益相关方向参与认购的投资者提供财务资助；不得有其他违反公平竞争、破坏市场秩序等行为。发行人不得在发行环节直接或间接认购其发行的公司债券。发行人的董事、监事、高级管理人员、持股比例超过百分之五的股东及其他关联方认购或交易、转让其发行的公司债券的，应当披露相关情况。③ 其中尤其值得注意的是“直接或通过其利益相关方向参与认购的投资者提供财务资助”“在发行环节直接或间接认购其发行的公司债券”等自融和结构化发行行为。该类行为在一些民企、地方融资平台等低评级信用债发行中较为普遍存在。2021 年 1 月，中国银行间市场交易商协会发布公告称，因协助相关

---

① 参见《公司债券发行与交易管理办法》第二十五条。

② 参见《公司债券发行与交易管理办法》第三十六条。

③ 参见《公司债券发行与交易管理办法》第四十五条。

发行人在发行环节购买自己的债券、同时协助相关发行人交易自己发行的债券，破坏了市场发行秩序，对海通证券、海通期货、海通资管、东海基金予以警告，责令其针对本次事件中暴露出的问题进行全面深入的整改。①

4. 建立投资者保护机制。公开发行公司债券的，发行人应当为债券持有人聘请债券受托管理人，并订立债券受托管理协议；非公开发行公司债券的，发行人应当在募集说明书中约定债券受托管理事项。在债券存续期限内，由债券受托管理人按照规定或协议的约定维护债券持有人的利益。发行人应当在债券募集说明书中约定，投资者认购或持有本期公司债券视作同意债券受托管理协议、债券持有人会议规则及债券募集说明书中其他有关发行人、债券持有人权利义务的相关约定。②

七、证券公开发行的保荐与承销

（一）“保荐+承销”的范围

保荐指的是保荐机构推荐发行人证券发行上市，并在上市后持续督导发行人履行规范运作、信守承诺、信息披露等义务的过程。③ 保荐制度是我国证券发行制度中特别有特色的制度，于2004年开始探索施行，2005年修订《证券法》时将其正式上升到法律规定。

《证券法》第十条第一款规定，发行人申请公开发行股票、可转换为股票的公司债券，依法采取承销方式的，或者公开发行法律、行政法规规定实行保荐制度的其他证券的，应当聘请证券公司担任保荐人。根据我国《公司法》的规定，公开发行股份，发起人向社会公开募集股份，应当采取承销方式，④ 因此应当聘请证券公司担任保荐人。根据《上市公司证券发行管理办法》，上市公司发行证券，应当由证券公司承销；非公开发行股票，发行对象均属于原前十名股东的，可以由上市公司自行销售。因此，上市公司再融资，也应当聘请证券公司担任保荐人。《证券发行上市保荐业务管理办法》第二条更是明确规定，发行人申请从

① 参见《中国银行间市场交易商协会自律处分信息（2020年第17次自律处分会议审议决定）》。

② 参见《公司债券发行与交易管理办法》第五十七条。

③ 参见《证券发行上市保荐业务管理办法（2020）》第十六条。

④ 参见《公司法》第一百三十四条、第八十七条规定。

事下列发行事项，依法采取承销方式的，应当聘请具有保荐业务资格的证券公司履行保荐职责：（1）首次公开发行股票；（2）上市公司发行新股、可转换公司债券；（3）公开发行存托凭证；（4）中国证券监督管理委员会认定的其他情形。由此，除了债券公开发行以外，包括设立股份有限公司公开发行股票、公司首次发行新股、上市公司发行新股和可转债、公开发行存托凭证等公开发行的类型都要采取“承销+保荐”的方式。“承销+保荐”，就构成了证券公司投资银行业务的核心，也建立了我国股票公开发行的间接发行制度。

需要注意的是：（1）2015 年，《公司债发行与交易管理办法》取消公司债券公开发行的保荐制度。（2）我国的保荐制度是发行保荐与上市保荐合一的保荐制度。根据《证券发行上市保荐业务管理办法》，在实施证券发行核准制的板块，发行人应当就已发行证券的上市事项聘请具有保荐业务资格的证券公司履行保荐职责。目前科创板上市也实施保荐制，金山办公的发行保荐人和上市保荐人都是由中金公司担任的。

（二）保荐人的职责和法律责任

1. 保荐人的职责。《证券法》第十条规定，保荐人应当遵守业务规则和行业规范，诚实守信，勤勉尽责，对发行人的申请文件和信息披露资料进行审慎核查，督导发行人规范运作。保荐人的管理办法由国务院证券监督管理机构规定。保荐人由证券公司担任，需要符合《证券发行上市保荐业务管理办法》规定的条件。保荐机构的主要职责是推荐发行人证券发行上市，发行人证券上市后，保荐机构应当持续督导发行人履行规范运作、信守承诺、信息披露等义务。保荐机构推荐发行人证券发行上市，应当遵循诚实守信、勤勉尽责的原则，按照中国证监会对保荐机构尽职调查工作的要求，对发行人进行全面调查，充分了解发行人的经营状况及其面临的风险和问题。保荐机构在推荐发行人首次公开发行股票并上市前，应当对发行人进行辅导。根据证监会《首次公开发行股票并上市辅导监管规定》，辅导的目的主要是促进辅导对象具备成为上市公司应有的公司治理结构、会计基础工作、内部控制制度，充分了解多层次资本市场各板块的特点和属性，树立进入证券市场的诚信意识、自律意识和法治意识。同时明确，辅导验收应当对辅导机构辅导工作的开展情况及成效作出评价，但不对辅导对象是否符合发行上市条件作实质性判断。保荐机构应当确信发行人符合法律、行政法规和中国证监会、证券交易所的有关规定，方可推荐其证券发行上市。保荐机构推荐发行人发行证券，应当向中国证监会提交发行保荐书、保荐代表人专项授权书以及中国证监会要求的其他与保荐业务有关的文件。保荐机构推荐发行人证券上市，应当向证券交易所提交上市保荐书以及证券交易所要求的其他与保荐业务有关的文件，并报中国证监会备案。保荐机构应当针对发行人的具体情况，确定证券发行上市后持续督导的内容，督导发行人履行有关上市公司规范运作、信守承诺和信息披露等义务，审阅信息披露文件及向中国证监会、证券交易所提交的其他文件。

2. 保荐人的法律责任。（1）行政责任。《证券法》第一百八十二条规定，保荐人出具有虚假记载、误导性陈述或者重大遗漏的保荐书，或者不履行其他法定职责的，责令改正，给予警告，没收业务收入，并处以业务收入一倍以上十倍以下的罚款；没有业务收入或者业务收入不足一百万元的，处以一百万元以上一千万元以下的罚款；情节严重的，并处暂停或者撤销保荐业务许可。对直接负责的主管人员和其他直接责任人员给予警告，并处以五十万元以上五百万元以下的罚款。比如，由于在万福生科 IPO 申请文件和股票发行募集文件中无证券服务机构出具专业意见的内容，平安证券没有获得充分的尽职调查证据，没有在综合分析各种证据的基础上对万福生科提供的资料及披露的内容进行审慎核查和独立判断，从而对万福生科欺诈发行股票和信息披露违法行为负有责任，证监会责令平安证券改正违法行为，给予警告，没收业务收入 2555 万元，并处以 5110 万元罚款，暂停保荐业务许可 3 个月；对相关责任人员分别给予警告，并分别处以罚款，撤销证券从业资格等处罚。[①]（2）民事责任。根据《证券法》第八十五条，发行人的虚假陈述致使投资者在证券交易中遭受损失的，保荐人应当与发行人承担连带赔偿责任，但是能够证明自己没有过错的除外。在前述万福生科案例中，保荐人平安证券与投资者达成和解，以先行赔付的方式补偿金额约 1.79 亿元。[②]（3）返还责任。根据《证券法》第二十四条的规定，在注册错误的情形下，发行人应当按照发行价并加算银行同期存款利息返还证券持有人，保荐人应当与发行人承担连带责任，但是能够证明自己没有过错的除外。

---

① 《中国证监会行政处罚决定书（平安证券有限责任公司、吴某浩、何某等 7 名责任人）》，〔2013〕48 号。

② 《某福生科造假事件收官　某安证券赔偿投资者 1.79 亿》，http：//finance.sina.com.cn/stock/s/20130710/192616081161.shtml，最后访问时间 2021 年 12 月 1 日。

（三）承销的范围与方式

1. 承销的范围和职责。证券采取承销方式的范围与需要聘请保荐人的范围是一致的。《证券法》第二十六条规定，发行人向不特定对象发行的证券，法律、行政法规规定应当由证券公司承销的，发行人应当同证券公司签订承销协议。这一条的含义是，发行人向特定对象发行证券的（包括超过200人的情形），可以不采取承销方式，自然也可以不需要聘请保荐人。这种特殊情形就是前述《上市公司证券发行管理办法》规定的，上市公司非公开发行股票，发行对象均属于原前十名股东的，可以由上市公司自行销售的情形。相比上市公司自行销售的直接发行，由承销商承销发行的间接发行会提高发行的成本，但同时由于承销商具备发达的销售网络，也能够提高发行的成功率。提高发行成功率，这是承销的职责之一。承销的另一个重要职责是对公开发行的证券进行核查，《证券法》第二十九条规定“证券公司承销证券，应当对公开发行募集文件的真实性、准确性、完整性进行核查”，从而确保发行文件符合法律的规定，保护投资者的合法权益。

2. 承销与保荐不分家。需要注意的是，保荐制度是2005年修法加入的，此前只有承销人，而没有保荐人，实务中一般保荐人都是主承销人，所以并没有增加法律责任的主体。通常情况下，保荐人和承销人是完全重合的。比如，金山办公在科创板上市的保荐机构和主承销商都是中金公司。但实务中也有承销人多于保荐人的情形，比如，中国邮储银行A股上市的联席保荐机构为中金公司和中邮证券，联席主承销商还包括瑞银证券和中信证券。

证券发行的保荐人通常都会担任主承销人，因此在角色和责任上是有所混同的。结合第二十九条“证券公司承销证券，应当对公开发行募集文件的真实性、准确性、完整性进行核查”的规定，保荐人和承销人的义务和责任更是难以完全分割。《最高人民法院关于审理证券市场因虚假陈述引发的民事赔偿案件的若干规定》（以下简称《虚假陈述若干规定》）第二十七条规定，证券承销人、证券上市推荐人或者专业中介服务机构，知道或者应当知道发行人或者上市公司虚假陈述，而不予纠正或者不出具保留意见的，构成共同侵权，对投资人的损失承担连带责任。

3. 证券承销方式的分类。《证券法》第二十六条规定，证券承销业务采取代销或者包销方式。证券代销是指证券公司代发行人发售证券，在承销期结束时，将未售出的证券全部退还给发行人的承销方式。证券包销是指证券公司将发行人的证券按照协议全部购入或者在承销期结束时将售后剩余证券全部自行购入的承销方式。由于承销机构在发行市场上属于乙方，因此在实务中，代销方式因为不对发行结果和风险负责，因此一般是信誉更好的大证券公司才能够采取的方式；包销方式由承销商承担发行不利的风险，对发行人来说吸引力更大，因此是更为常见的承销方式。在法律关系上，代销一般被认为是代理，而包销又进一步分为全部购入证券再向投资者销售的全额包销和先行销售再兜底剩余债券的余额包销两种情形，在全额包销之下，承销人与投资人有直接的买卖合同关系。

自2016年A股实行新股信用申购后，中签的申购者弃购的情况比较常见。对于证券公司来说，却多了一项收入来源，除了正常的承销与保荐收入之外，余额包销成为额外的业务收入来源。金山办公公开发行的保荐人和主承销商是中金公司，采取的是余额包销的方式，网下、网上投资者未足额缴纳申购款而放弃认购的股票由保荐机构（主承销商）包销。从发行结果来看，金山办公网上、网下投资者放弃认购股数全部由中金公司包销，总计包销股份的数量为59,736股，包销金额为2,739,492.96元，包销股份的数量占扣除最终战略配售后的发行数量的比例为0.084492%，包销股份的数量占总的发行数量的比例为0.059145%。[①]

4. 自主选择承销商。《证券法》第二十七条规定，公开发行证券的发行人有权依法自主选择承销的证券公司。新证券法在本条删去了“证券公司不得以不正当竞争手段招揽证券承销业务”的规定，将其调整到了第二十九条第二款。在第二十七条仅保留了“发行人有权依法自主选择承销的证券公司”的规定。在对本条的理解上，“自主”对应的应该是来自证券公司的“搭售”“强制交易”“商业贿赂”等不正当影响。与第二十九条不同的是，本条所针对的干扰自主性行为影响的是发行人的决策，而后者影响的是与其他证券公司之间的正当竞争。

5. 承销协议的内容。《证券法》第二十八条规定，证券公司承销证券，应当同发行人签订代销或者包销协议，载明下列事项：（1）当事人的名称、住所及法定代表人姓名；（2）代销、包销证券的种类、数量、金额及发行价格；（3）代销、包销的期限及起止日期；（4）代销、包销的付款方式及日期；（5）代销、包销的费用和结算办法；（6）违约责任；（7）国务院证券监督管理机构规定的其他

① 《金山办公首次公开发行股票并在科创板上市发行结果公告》。

事项。证券法上规定的承销协议的内容是对承销协议的主要条款和最低要求。实务中承销协议内容更加完备。《民事案件案由规定》第二百八十九项专门规定了证券承销合同纠纷为三级案由，其下又分为证券代销合同纠纷和证券包销合同纠纷。但此类纠纷在实务中数量并不多。在此类纠纷中，证券承销协议是纠纷裁判的基本依据。典型案例可以参阅某风证券股份有限公司、某航证券有限公司证券承销合同纠纷案。在这个案件中，某风证券公司、某航证券公司共同推荐、承销某福医药公司非公开发行股票并签订了《承销协议》。此后，某航证券公司与某风证券公司又单独签订了《承销相关事宜协议》。该协议第6.1条约定：本协议构成甲方（某风证券公司）和乙方（某航证券公司）之间达成的正式协议，并取代双方先前有关本协议主体所进行的一切口头或书面的洽谈、陈述、承诺和约定。法院认为，该双方协议内容修改了某福医药公司、某航证券公司、某风证券公司《承销协议》的主要条款，违反了《承销协议》第18.1条约定，即对本协议的解释与修改必须由三方协商后以书面形式作出，并由三方签署后方为有效，某航证券公司、某风证券公司签订的《承销相关事宜协议》变更了三方《承销协议》主要条款，该协议上某福医药公司并未签字同意，《承销相关事宜协议》因未满足三方《承销协议》约定的生效要件而未生效。①

实务中，除了承销协议外，发行人和承销人还会签订其他的协议，进而导致纠纷。比如，在芜湖市某江建设投资有限公司与某林证券有限责任公司证券承销合同纠纷案中，某江建投公司为发行公司债券，聘请某林证券公司担任本次债券的主承销人，双方共同签署了债券承销协议，对债券名称、发行总额、承销报酬等进行了约定，并约定某江建投公司或某林证券公司因违反本协议约定而致对方权利或利益（包括但不限于为避免、挽回和弥补该等损失而支出的律师费和其他合理费用）受到损害时，应如数赔偿。此后，某林证券公司又向某江建投公司出具《承诺函》，承诺本期债券票面利率不高于发行时点7年期银行贷款利率（目前5年期以上银行贷款基准利率为6.55%），若本期债券票面利率高于发行时点7年期银行贷款利率，某林证券公司承诺不收取本期债券发行的承销佣金，并承诺本期债券承销佣金为0.7%。后某江建投公司债券完成发行，最终发行票面年利率为8.49%，而当时中国人民银行发布的5年以上金融机构人民币贷款基准年

① 某风证券股份有限公司、某航证券有限公司证券承销合同纠纷二审民事判决书，（2017）鄂民终188号。

利率为6.80%，同年7月6日调整为6.55%。某林证券公司按《承诺函》约定的债券承销佣金0.7%标准扣除了债券承销佣金910万元后，将余款汇入了某江建投公司账户。某江建投公司向某林证券公司发出《关于返还债券承销佣金的函》，要求全额返还某江建投公司已支付的本期债券承销佣金，未果后诉至法院。某林证券公司认为，案涉《承诺函》内容显失公平，应予撤销，某江建投公司利用发行人主体地位优势，一味要求某林证券公司承诺以较低票面利率发行，迫使华林证券公司签署《承诺书》，承诺内容非某林证券公司真实意思表示。华林证券公司签署《承诺函》，致使双方权利义务明显不对等。某林证券公司为本次债券发行做了大量工作，投入大量人力物力，且债券发行利率是经某江建投公司同意的，某江建投公司请求返还全部佣金，导致某林证券公司仅承担义务而不享有必要的权利，显失公平。对于某林证券公司的主张，法院没有支持。①

6. 承销团。原证券法规定，向不特定对象发行的证券票面总值超过人民币五千万元的，应当由承销团承销。新证券法取消了这一规定，承销的方式更加灵活，不受承销证券发行规模约束，由发行人自主决定。《证券法》第三十条规定，向不特定对象发行证券聘请承销团承销的，承销团应当由主承销和参与承销的证券公司组成。承销团可以分散承销的风险；但是对保荐人来说，同时担任承销人是更经济的选择，边际成本更低，也不需要把承销费用向其他证券公司分一杯羹。

实务中关注的问题是，在债券业务中，不需要保荐人，承销人同时履行推荐和承销的双重职责。中国证券业协会制定的《公司债券承销业务规范》规定，承销机构除了做好尽职调查，协助发行人开展发行申请，做好备案等工作以外，还要协助发行人协调资信评级机构、会计师事务所、律师事务所等中介机构的相关工作。承销人要负责起草募集说明书等法律文件，协调其他中介机构，确定发行价格，对接投资人等，所获得的收益最大，责任也最重。在承销团的情形下，履行双重职责的是主承销人。在五洋债案件中，德邦证券作为主承销人，为五洋建设发行债券出具了《德邦证券关于五洋建设公开发行公司债券之核查意见》，也因此承担了虚假陈述的法律责任。②

---

① 芜湖市某江建设投资有限公司与某林证券有限责任公司证券承销合同纠纷二审民事判决书，(2015)皖民二终字第00280号。

② 《中国证监会行政处罚决定书（德邦证券、周某玮、曹某等6名责任人员）》，〔2019〕121号。

7. 承销期限。《证券法》第三十一条第一款规定，证券的代销、包销期限最长不得超过九十日。证券发行承销一般分为询价、确定发行价格、发布发行公告、网上和网下申购、认购缴款、公告发行结果等步骤。2019 年 10 月 30 日，金山办公发布《首次公开发行股票并在科创板上市发行安排及初步询价公告》，到 11 月 11 网上网下认购缴款工结束，这期间就是承销期。

8. 认购人优先原则。《证券法》第三十一条第二款规定，证券公司在代销、包销期内，对所代销、包销的证券应当保证先行出售给认购人，证券公司不得为本公司预留所代销的证券和预先购入并留存所包销的证券。这里需要注意的是在“绿鞋机制”下，承销商采用超额配售选择权做出延期交易股份的安排，不属于留存包销的证券。① 此外，在科创板的跟投制度下，保荐机构相关的子公司参与证券发行的战略配售，也有别于留存包销的证券。② 金山办公科创板发行的战略配售由保荐机构相关子公司跟投、发行人的高级管理人员与核心员工参与本次战略配售设立的专项资管计划和其他战略投资者组成，跟投机构为中国中金财富证券有限公司。③

（四）承销的结果

1. 确定发行价格。《证券法》第三十二条规定，股票发行采取溢价发行的，其发行价格由发行人与承销的证券公司协商确定。虽然证券法上只有简单的一个条款，但确定发行价格是证券承销的核心环节。目前主板定价采取直接定价和询价（有市盈率的限制）两种方式。科创板取消了直接定价方式，全面采用市场化的询价定价方式，发挥机构投资者的投研定价能力，询价对象限定在证券公司、基金管理公司、信托公司、财务公司、保险公司、合格境外投资者和私募基金管理人等七类专业机构投资者，并允许这些机构为其管理的不同配售对象填报不超过 3 档的拟申购价格。2019 年 6 月 25 日，科创板第一股华兴源创确定了发行价格，24.26 元/股。根据发行人的公告，这一价格是经过有效报价的 213 家机

---

① 根据《超额配售选择权试点意见》，超额配售选择权，是指发行人授予主承销商的一项选择权，获此授权的主承销商按同一发行价格超额发售不超过包销数额 15%的股份，即主承销商按不超过包销数额 115%的股份向投资者发售。在本次增发包销部分的股票上市之日起 30 日内，主承销商有权根据市场情况选择从集中竞价交易市场购买发行人股票，或者要求发行人增发股票，分配给对此超额发售部分提出认购申请的投资者。

② 参见程合红主编：《〈证券法〉修订要义》，人民出版社 2020 年版，第 65 页。

③ 参见《金山办公首次公开发行股票并在科创板上市发行结果公告》。

构 1746 个配售对象报价，然后剔除高价和低价未入围，由发行人和保荐机构协商确定的。

2019 年 10 月 30 日，金山办公发布《首次公开发行股票并在科创板上市发行安排及初步询价公告》，决定采用向战略投资者定向配售、网下向符合条件的网下投资者询价配售与网上向持有上海市场非限售 A 股股份和非限售存托凭证市值的社会公众投资者定价发行相结合的方式进行。本次发行的初步询价期间为 2019 年 11 月 4 日（T-3 日）9：30-15：00。根据初步询价结果，在剔除拟申购总量中报价最高的部分后，发行人与保荐机构（主承销商）综合发行人所处行业、市场情况、可比公司估值水平、募集资金需求、承销风险等因素，协商确定本次发行价格为 45.86 元/股。

2. 股票销售与发行结果。股票公开发行从结果看，有发行成功和发行失败两种可能。在金山办公的发行文件中，就提示了发行失败的风险——若本次发行时有效报价投资者或网下申购的投资者数量不足法律规定要求，或者发行时总市值未能达到预计市值上市条件的，本次发行应当中止，若发行人中止发行上市审核程序超过上交所规定的时限或者中止发行注册程序超过 3 个月仍未恢复，或者存在其他影响发行的不利情形，或将会出现发行失败的风险。[①] 发行失败的案例在 A 股较为罕见，但也并非没有。2011 年 6 月，南宁某菱科技股份有限公司因在路演推介过程中提供有效报价的询价对象不足，发行宣告发行失败。[②] 《证券法》第三十三条规定，股票发行采用代销方式，代销期限届满，向投资者出售的股票数量未达到拟公开发行股票数量百分之七十的，为发行失败。发行人应当按照发行价并加算银行同期存款利息返还股票认购人。采用包销方式的，承销人负责购买所有发行的股票，不存在发行失败的情形。

3. 发行情况报告。《证券法》第三十四条规定，公开发行股票，代销、包销期限届满，发行人应当在规定的期限内将股票发行情况报国务院证券监督管理机构备案。法律并没有规定备案的内容，但应当包含发行人公开的发行结果公告的情况。2019 年 11 月 13 日，金山办公发布《金山办公首次公开发行股票并在科创板上市发行结果公告》。公告的内容包括新股认购情况统计、网下配售摇号抽签

① 《金山办公首次公开发行股票并在科创板上市招股说明书》。

② 《A 股迎来首个发行失败案例》，http：//www.china.com.cn/ipo/2011-06/13/content_22774314.htm，最后访问时间 2021 年 5 月 8 日。

和中签结果、保荐机构（主承销商）包销情况、主承销商联系方式等。[①] 值得注意的是，金山办公共发行 1.01 亿股新股，其中初始战略配售预计发行数量为 3030 万股，占本次发行总数量的 30%，最终战略配售发行数量为 3030 万股，与初始战略配售股数相同。网上、网下回拨机制启动前，网下初始发行数量为 5656 万股，占扣除最终战略配售数量后发行数量的 80%；网上初始发行数量为 1414 万股，占扣除最终战略配售数量后发行数量的 20%。由于网上初步有效申购倍数为 2807.25 倍，高于 100 倍，金山办公和保荐机构（主承销商）决定启动回拨机制，将 707 万股股票由网下回拨至网上。网上、网下回拨机制启动后，网下最终发行数量为 4949 万股，占扣除最终战略配售数量后发行数量的 70%，占本次发行总量的 49%；网上最终发行数量为 2121 万股，占扣除最终战略配售数量后发行数量的 30%，占本次发行总量的 21%。回拨机制启动后，网上发行最终中签率为 0.05343317%，网上投资者放弃认购数量为 59736 股，放弃认购金额为 2739492.96 元；网上投资者放弃认购股数全部由保荐机构（主承销商）包销。

（五）承销人的义务与法律责任

1. “看门人”的义务及民事、行政责任。《证券法》第二十九条第一款规定，证券公司承销证券，应当对公开发行募集文件的真实性、准确性、完整性进行核查。发现有虚假记载、误导性陈述或者重大遗漏的，不得进行销售活动；已经销售的，必须立即停止销售活动，并采取纠正措施。如前所述，承销人与保荐人在身份、义务和法律责任上有重合之处。证券法上的保荐人和承销人义务主要是中介机构作为证券市场“看门人”的义务。保荐人应当遵守业务规则和行业规范，诚实守信，勤勉尽责，对发行人的申请文件和信息披露资料进行审慎核查，督导发行人规范运作；承销人则应当对公开发行募集文件的真实性、准确性、完整性进行核查。对于保荐人和承销人不履行法定职责的行为，都有严厉的法律责任，但有可能造成法律责任上的竞合。二者在法律责任上的区别在于，在证券已经公开发行但未上市的情况下，发现发行人不符合法定的公开发行条件，作为保荐人要对发行人向持有人返还本金和利益承担过错推定的连带责任，而承销人只需停止销售活动并采取纠正措施。另外，如前所述，并非所有承销人都担任保荐人，因此在责任承担上也可能区分对待。需要注意的是，除了证券法上的

① 《金山办公首次公开发行股票并在科创板上市发行结果公告》。

这些义务，保荐人和承销人还要承担商法意义上作为中介机构对发行人的信义义务。

证券公司作为承销人违反“看门人”义务的，首先要承担行政责任。《证券法》第一百八十四条规定，证券公司承销证券违反本法第二十九条规定的，责令改正，给予警告，没收违法所得，可以并处五十万元以上五百万元以下的罚款；情节严重的，暂停或者撤销相关业务许可。对直接负责的主管人员和其他直接责任人员给予警告，可以并处二十万元以上二百万元以下的罚款；情节严重的，并处以五十万元以上五百万元以下的罚款。其次还要承担民事责任，根据《证券法》第八十五条的规定，信息披露义务人未按照规定披露信息，或者公告的证券发行文件、定期报告、临时报告及其他信息披露资料存在虚假记载、误导性陈述或者重大遗漏，致使投资者在证券交易中遭受损失的，承销的证券公司及其直接责任人员应当与发行人承担连带赔偿责任，但是能够证明自己没有过错的除外。

2. 禁止承销或者销售违法发行的证券的义务及民事、行政责任。这是证券公司作为承销机构，最不能触碰的红线。这一义务规定在《证券法》第一百八十三条，同时规定了行政责任和民事责任。《证券法》第一百八十三条规定，证券公司承销或者销售擅自公开发行或者变相公开发行的证券的，责令停止承销或者销售，没收违法所得，并处以违法所得一倍以上十倍以下的罚款；没有违法所得或者违法所得不足一百万元的，处以一百万元以上一千万元以下的罚款；情节严重的，并处暂停或者撤销相关业务许可。给投资者造成损失的，应当与发行人承担连带赔偿责任。对直接负责的主管人员和其他直接责任人员给予警告，并处以五十万元以上五百万元以下的罚款。

3. 禁止违反承销业务规定的义务及相应的民事、行政责任。对于证券承销业务的具体规范，监管机构会通过部门规章等作出规定。对于常见的承销业务中的不当行为，证券法明确进行禁止，给其他证券承销机构或者投资者造成损失的，应当依法承担民事上的赔偿责任，同时同违反“看门人”义务一样要根据《证券法》第一百八十四条承担行政责任。《证券法》第二十九条第二款规定，证券公司承销证券，不得有下列行为：（1）进行虚假的或者误导投资者的广告宣传或者其他宣传推介活动；（2）以不正当竞争手段招揽承销业务；（3）其他违反证券承销业务规定的行为。证券公司有前款所列行为，给其他证券承销机构或者投资者造成损失的，应当依法承担赔偿责任。

八、证券上市

在我国，公开发行的证券，应当在依法设立的证券交易所上市交易或者在国务院批准的其他全国性证券交易场所交易。但是，证券在证券交易所挂牌交易才叫上市，在其他全国性证券交易场所则被称作“挂牌”。

（一）上市申请与上市协议

1. 发行与上市密不可分。证券发行和证券上市是独立的两个阶段、两种行为。证券发行的目的在于公司通过股票公开融资。股票经过发行、承销，发行人募得资金，投资人获得股票，保荐人、承销人和其他中介机构获得相应的服务费用，这一阶段就结束了。这一阶段的市场叫作一级市场。证券上市，是已公开发行的证券在证券交易所再次流通和交易的过程。这一阶段的市场叫作二级市场。2019 年 10 月 23 日，金山办公获得证监会同意注册的批复。2019 年 11 月 13 日，金山办公发布《金山办公首次公开发行股票并在科创板上市发行结果公告》，宣布发行完成。2019 年 11 月 15 日，金山办公发布《金山办公首次公开发行股票并在科创板上市公告书》，宣布 2019 年 11 月 18 日正式在上交所科创板上市。

2019 年 11 月 18 日，金山办公在上交所举办首次公开发行 A 股上市仪式，正式鸣锣上市，上市当天股价暴涨超 200%。

在实务中，通常情况下，证券公开发行总是和上市连在一起，一般称作“公开发行股票并在某某板块上市”，上市是公开发行的一种自然结果。原先核准制下，证券公开发行的流程是先由证监会核准发行，再到交易所申请上市。但实施注册制以后，由证券交易所先对公开发行申请进行审核，再到证监会进行注册，实质上交易所的审核前置了，所以发行和上市的关系更加紧密。在金山软件科创板上市的披露文件中，也都是用“首次公开发行股票并在科创板上市”的表述。

2. 上市申请和保荐。《证券法》第四十六条第一款规定，申请证券上市交易，应当向证券交易所提出申请，由证券交易所依法审核同意，并由双方签订上市协议。但需要注意的是，这里的审核，有别于发行注册阶段的“审核”，后者是准行政行为，审核的结果是一种准行政许可；前者则是民事行为，审核的结果是签订上市协议。经上海证券交易所《关于北京金山办公软件股份有限公司人民币普通股股票科创板上市交易的通知》〔2019〕251 号批准，金山办公发行的股票在上海证券交易所科创板上市，证券简称“金山办公”，证券代码“688111”。[①] 在实施证券发行核准制的板块，发行人应当就已发行证券的上市事项聘请具有保荐业务资格的证券公司履行保荐职责。同次发行的证券，其发行保荐和上市保荐应当由同一保荐机构承担。[②] 可见，在注册制下，上市保荐已不是强制性的要求，而是由交易所自行规定。

3. 上市协议。证券交易所审核同意上市申请的，双方签订上市协议，明确双方的权利、义务和有关事项。

4. 政府债券的上市交易。《证券法》第四十六条第二款规定，证券交易所根据国务院授权的部门的决定安排政府债券上市交易。

（二）上市条件

新证券法删除了原证券法关于上市条件的具体规定，只作出原则性的要求，具体的上市条件交由证券交易所进行规定。《证券法》第四十七条规定，申请证券上市交易，应当符合证券交易所上市规则规定的上市条件。证券交易所上市规则规定的上市条件，应当对发行人的经营年限、财务状况、最低公开发行比例和公司治理、诚信记录等提出要求。交易所可以根据板块制定上市规则，比如上交所专门制定了科创板股票上市规则。根据《上海证券交易所科创板股票上市规则》，发行人申请在本所科创板上市，应当符合下列条件：（1）符合中国证监会规定的发行条件；（2）发行后股本总额不低于人民币3000万元；（3）公开发行的股份达到公司股份总数的25%以上；公司股本总额超过人民币4亿元的，公开发行股份的比例为10%以上；（4）市值及财务指标符合本规则规定的标准；（5）本所规定的其他上市条件。其中市值及财务指标应当至少符合下列标准中的一项：（1）预计市值不低于人民币10亿元，最近两年净利润均为正且累计净利润不低于人民币5000万元，或者预计市值不低于人民币10亿元，最近一年净利润为正且营业收入不低于人民币1亿元；（2）预计市值不低于人民币15亿元，最近一年营业收入不低于人民币2亿元，且最近三年累计研发投入占最近三年累计营业收入的比例不低于15%；（3）预计市值不低于人民币20亿元，最近一年营业收入不低于人民币3亿元，且最近三年经营活动产生的现金流量净额累计不低于人

① 《金山办公首次公开发行股票科创板上市公告书》。

② 参见《证券发行上市保荐业务管理办法（2020）》第二条、第七条。

民币1亿元；（4）预计市值不低于人民币30亿元，且最近一年营业收入不低于人民币3亿元；（5）预计市值不低于人民币40亿元，主要业务或产品需经国家有关部门批准，市场空间大，目前已取得阶段性成果。医药行业企业需至少有一项核心产品获准开展二期临床试验，其他符合科创板定位的企业需具备明显的技术优势并满足相应条件。①

金山办公在科创板上市选择的上市标准为《上海证券交易所科创板股票上市规则》第2.1.2条第一款："预计市值不低于人民币10亿元，最近两年净利润均为正且累计净利润不低于人民币5,000万元，或者预计市值不低于人民币10亿元，最近一年净利润为正且营业收入不低于人民币1亿元。"金山办公发行价格为45.86元/股，本公司上市时市值约为211.41亿元，2017年度及2018年度，公司分别实现净利润19,219.19万元、26,975.19万元（均为扣除非经常性损益前后的孰低值），最近两年净利润为正且累计为46,194.38万元，市值及财务指标符合上市规则规定的标准。②

（三）终止上市

1. 我国上市公司的退市机制。上市交易的证券，不再符合上市条件的，或者有上市规则规定的其他情形的，由证券交易所按照业务规则终止其上市交易，也即上市公司退市。《证券法》第四十八条规定，上市交易的证券，有证券交易所规定的终止上市情形的，由证券交易所按照业务规则终止其上市交易。证券交易所决定终止证券上市交易的，应当及时公告，并报国务院证券监督管理机构备案。上市公司退市机制是资本市场有效发挥资源配置作用的基础制度，对于健全资本市场功能，降低市场经营成本，增强市场主体活力，提高市场竞争能力，实现优胜劣汰，惩戒重大违法行为，引导理性投资，保护投资者特别是中小投资者合法权益，具有十分重大的意义。以纽约证券交易所、纳斯达克交易所、东京证券交易所、伦敦证券交易所等为代表的成熟资本市场都建立了较为完善的退市机制。我国在1993出台的《公司法》和1998年出台的《证券法》中也规定了退市机制的基本框架并在此后逐步完善。我国目前已形成主要由《公司法》《证券法》相关的条文，2014年证监会《关于改革完善并严格实施上市公司退市制度

① 《上海证券交易所科创板股票上市规则》第2.1.1条、第2.1.2条。

② 《金山办公首次公开发行股票科创板上市公告书》。

的若干意见》，沪深交易所相关的上市规则，以及其他有关规范性文件组成的上市公司退市机制。

2. 退市的类型。根据这些规定，目前我国上市公司退市总体可分为两大类型，第一类是主动退市，即上市公司基于发展战略转变、维持控制权、维护合理估值等考虑，决定不再上市，从而主动向证券交易所申请其股票终止交易；第二类是强制退市，其中又分为不达标强制退市和重大违法强制退市两类。不达标退市指的是证券交易所为维护股票的总体质量和市场信心，根据股票交投活跃程度、股权分布、市值、净利润、净资产、营业收入、审计意见等指标，要求股票终止交易；重大违法退市指的是对于存在严重违法违规行为的公司，证券交易所依法强制其股票退出市场交易。

3. 退市的问题。退市机制实施以来，特别是近年来，上市公司退市数量增加，退市类型也有所丰富，投资者合法权益保护得到加强。2015 年，＊ST 二重申请终止上市，成为首家主动退市公司；2016 年，＊ST 博元成为 A 股市场首家因重大违法行为被强制退市公司；2017 年欣泰电气成为首家因欺诈发行被强制退市公司，＊ST 新都因财务指标不合格未能通过交易所的恢复上市审核，从而被终止上市。但跟成熟资本市场相比，我国上市公司退市机制在实施中还存在一些不足。首先，退市数量和比例偏低。在 2001—2017 年近 16 年时间里，合计仅有 91 家 A 股公司完成退市，退市率不超过 1%；相比之下，美国纳斯达克交易所平均退市率约为 9%，日本东京交易所则约为 10%。其次，退市类型以强制退市为主，鲜有真正意义上的主动退市；而强制退市以不达标强制退市为主，鲜有重大违法强制退市。A 股上市公司退市的原因主要集中在连续亏损，触发上市公司退市标准从而被强制退市。虽然 1993 年的《公司法》就明确对重大违法退市作出了规定，但直到 2016 年和 2017 年，中国资本市场才出现 ST 博元和欣泰电气两家因涉嫌虚假披露、违法违规等行为被强制退市的公司。最后，退市过程漫长，规避退市的空间大。大多数的公司退市耗费了两到三年时间，部分公司还出现反复戴、摘帽的情况，为“保壳”“恶炒”提供了温床。

典型的案例是“重大违法强制退市第一股”＊ST 长生的退市。2019 年 10 月 15 日，＊ST 长生公告，公司股票于 2019 年 10 月 16 日进入退市整理期，在退市整理期 30 个交易日后公司股票将被摘牌，成为“重大违法强制退市第一股”。但这个千夫所指的“第一股”的退市过程却并不顺畅。2018 年长生假疫苗事件爆发后，在外界看来，＊ST 长生退市来得理所应当，也并不突然。早在 2018 年 7

月 24 日，长生生物就公告其股票被实施其他风险警示，简称由“长生生物”变更为“ST 长生”。2018 年 7 月 27 日，证监会还连夜发布《关于修改〈关于改革完善并严格实施上市公司退市制度的若干意见〉的决定》，在原有 2 项强制退市的情形下，新增加了一项“其他涉及国家安全、公共安全、生态安全、生产安全和公众健康安全等领域的重大违法行为”——此举被外界解读为对 ST 长生退市的“量身定制”。从 2018 年 11 月 5 日起长生生物又被实行退市风险警示处理，股票简称由“ST 长生”变更为“＊ST 长生”。2018 年 11 月 16 日，上交所和深交所又分别发布实施办法，细化了对上市公司重大违法行为的退市标准和程序——＊ST 长生退市至此已是板上钉钉。2018 年 12 月，＊ST 长生收到深交所重大违法强制退市事先告知书，拟对该股票实施重大违法强制退市。2019 年 3 月 13 日晚间，＊ST 长生发布公告称，深交所已下达股票暂停上市的决定，公司股票将自 3 月 15 日起暂停上市。

然而，就在被实施退市警示的三天后，＊ST 长生还上演“地天板”，连续 7 个交易日涨停，累计成交金额达 17.06 亿元，直到 11 月 19 日再次停牌。根据深交所的统计数据，＊ST 长生连续上涨期间的交易以个人投资者为主，买入占比均超过 97%，卖出占比也在 90%以上。现在看来，这些游资和散户的举动简直是飞蛾扑火。从重大违法到监管修规，再到游资炒作，最后才实现退市，这看起来颇具有戏剧性，甚至有点荒诞的过程在 A 股却并非第一次上演。之所以屡屡出现，跟我国上市公司的退市机制不健全有很大关系，如果不加以改进完善，类似的闹剧还会上演，损害的不光是部分投资者的利益，也将影响到资本市场的长期健康稳定发展。

之所以出现这些问题，主要是由于资本市场大环境让退市缺乏动力。上市被赋予过多的额外价值，偏离了资源配置的本质属性，让“上市”“退市”都干系万千，慎之又慎。核准制下上市公司“供给侧”不足带来资源稀缺，IPO 的堰塞湖效应使得壳资源市场溢价居高不下。与此同时，缺乏刚性约束让重大违法退市成为软肋。目前的具体退市规则以部门规章和交易所自律规定为主，位阶较低，面临正当性的挑战。此外，还有退市程序和配套措施不健全的原因。目前的退市程序，给了机构投资者退出的渠道，却容易吸收更多散户作为炮灰，＊ST 长生的退市过程是最鲜活的例证。而由于缺乏代表诉讼，投资者对于退市所引发的维权，道路也很艰难。

4. 退市机制的完善。我国上市公司退市机制实施效果不理想，既有资本市场大环境的原因，也有退市机制本身的原因。大环境方面的改变是一项系统工程，需要在改革发行制度、规范信息披露、加强投资者保护、完善证券交易规则、健全多层次资本市场等方面多管齐下，这些正是新证券法的重要任务。新证券法新增第四十八条，不再规定具体的终止上市情形，改为由证券交易所上市规则作出规定。同时，取消了证券暂停上市制度，对于出现上市规则规定的终止上市情形的，由证券交易所按照业务规则终止其上市交易。

2020 年 4 月 27 日，中央全面深化改革委员会第十三次会议审议通过了《创业板改革并试点注册制总体实施方案》。简化了退市程序，取消暂停上市和恢复上市；完善了退市标准，取消单一连续亏损退市指标，引入“扣非净利润为负且营业收入低于一个亿”的组合类财务退市指标，新增市值退市指标；设置了退市风险警示暨＊ST 制度，强化风险揭示。（1）重大违法强制退市，包括披露重大违法以及公共安全重大违法行为。（2）交易类强制退市，包括收盘价、市值、股东数量等。比如连续 20 个交易日股票市值低于 5 亿元。（3）财务类强制退市，即明显丧失持续经营能力的，包括主营业务大部分停滞或者规模极低，经营资产大幅减少导致无法维持日常经营等。最近一年的扣非净利润为负值，且营业收入低于 1 亿元的公司就会被 ST，次年财务仍不达标则可能退市。

然而，要解决退市难问题，需要新股发行制度改革的进一步推进，增加市场的有效供给，持续压缩已上市公司的“壳资源”价值，最终减小退市实施的阻力。还应当结合支持诉讼、共同诉讼、先行赔付等机制，给予退市公司投资者有效的司法救济手段，保障和实现投资者合法权益。此外，还要加强三板、四板市场间的衔接，提供多元化的退出方式。

5. 退市的救济。《证券法》第四十九条规定，对证券交易所作出的不予上市交易、终止上市交易决定不服的，可以向证券交易所设立的复核机构申请复核。不予上市交易、终止上市交易是证券交易所作出对发行人影响最大的决定，对这两个决定不服，可以向证券交易所设立的复核机构申请复核。值得注意的是，新证券法删除了对“暂停上市决定”的救济，因为已经取消了暂停上市。证券交易所设立的复核机构一般称为复核委员会。2019 年 7 月 15 日，上交所发布消息称，根据《上海证券交易所章程》《上海证券交易所复核实施办法》等相关规定，经上海证券交易所理事会审议通过，决定聘任 37 名人员为上海证券交易所复核委员会委员。其中，上海证券交易所首席律师卢某道担任复核委员会主任。

九、境外发行上市的特殊规定

出于公开发行门槛、市场的包容度、发行上市的费用等各种考虑，中国企业会考虑在境外发行证券或上市。从 1992 年华晨中国汽车在纽约股票交易所上市，到 2000 年新浪在纳斯达克证券交易所挂牌上市，再到 2014 年京东和阿里巴巴分别在纳斯达克和纽交所上市，2018 年美团点评和小米分别在香港交易所上市，中国企业境外发行上市的步伐一直没有停息。从上市地来看，美国和中国香港是中国企业境外发行上市最多的两个地方。从模式上看，中国企业境外上市主要有直接上市和间接上市两大类。直接上市是指注册在境内的中国企业直接以公司的名义在境外发行上市；美团点评和小米在香港就是直接上市。间接上市是指注册在境内的中国企业在境外注册成立新公司，以新公司的名义在境外发行上市，新公司通过协议等方式控制境内的中国企业；间接上市这种模式有较为复杂的架构设计，最典型是新浪在纳斯达克上市时率先采取的 VIE 架构。

中国企业境外上市，一方面有利于中国企业拓展融资渠道，让中国企业通过资本市场走出国门；另一方面也关系到中国的外汇政策、产业政策和外交政策等复杂的政策考虑。因此，我国对于中国企业境外上市，一直采取既鼓励支持又严格把关的态度。《证券法》第二百二十四条规定，境内企业直接或者间接到境外发行证券或者将其证券在境外上市交易，应当符合国务院的有关规定。新证券法认可中国企业在境外上市的两种模式，将原证券法下证监会的审批改为“应当符合国务院的有关规定”，总体来说是一种放松管制的趋势。

第三讲 底线与红线——证券交易规则

一、证券交易的底线与红线

（一）谁在“割韭菜”？

证券交易市场是一个零和博弈的市场，有买的就有卖的，有亏的就有赚的。投资有风险，入市需谨慎，这是证券市场最基本的道理，也是投资者必须接受的逻辑，但前提一定是市场的公开、公平、公正。市场上违反“三公”原则的交易，对投资者来说无异于掠夺。被“割韭菜”是投资者最悲凉的自嘲。那么，到底谁在“割韭菜”？2020 年 9 月，最高人民法院发布 7 件人民法院依法惩处证券、期货犯罪典型案例，其中涉及证券交易的有 5 件。在这些案例中，我们能看到在证券市场每天起起伏伏的价格变化后面“手举镰刀的人们”。

1. 唐某博等操纵证券市场案——不以成交为目的，频繁申报、撤单或者大额申报、撤单操纵证券市场，情节特别严重。2012 年 5 月至 2013 年 1 月，唐某博伙同唐某子、唐某琦，利用实际控制的账户组，不以成交为目的，频繁申报、撤单或大额申报、撤单，影响股票交易价格与交易量，并进行与申报相反的交易。其间，先后利用控制账户组大额撤回申报买入“华资实业”“京投银泰”股票，撤回买入量分别占各股票当日总申报买入量的 50%以上，撤回申报额为 0.9

亿余元至3.5亿余元；撤回申报卖出“银基发展”股票，撤回卖出量占该股票当日总申报卖出量的50%以上，撤回申报额1.1亿余元，并通过实施与虚假申报相反的交易行为，违法所得共计2581.21万余元。

2. 周某伟内幕交易案——证券交易所人员从事内幕交易，情节特别严重。周某伟，原系上海证券交易所上市公司监管一部副总监。2012年12月至2013年7月，周某伟利用其担任上海证券交易所上市公司监管一部总监助理的职务便利，使用自己的工作账号和密码进入上海证券交易所《上市公司信息披露电子化系统》，浏览并获取上市公司提交审核的有关业绩增长、分红、重大合同等利好信息后，用办公室外网电脑，登录其实际控制的证券账户并买入相关股票15只，买入总金额共计852万余元，卖出总金额871万余元，非法获利17万余元。

3. 顾某安内幕交易案——非法获取证券交易内幕信息的知情人员从事内幕交易，情节特别严重。2015年12月28日至29日，北京某聪国际资讯有限公司（以下简称某聪网）的法定代表人郭某与上海某联电子商务股份有限公司（以下简称上海某联）董事长朱某红就上海某联收购北京某行锐景科技有限公司（以下简称某行锐景）有关“中关村在线”网站优质资产进行商议并达成初步意向，后又进行了多次磋商。2016年2月25日，上海某联发布重大事项停牌公告。同年4月27日，上海某联发布公告，拟通过发行股份及支付现金方式购买知某锐景100%股权。郭某作为上述内幕信息的知情人员，于2015年底至2016年1月初，将“上海某联拟收购慧聪网优质资产”等内幕信息泄露给顾某安。2016年1月至2月，顾某安通过潘某梅证券账户买入上海某联股票18余万股，成交金额766万余元，股票卖出后非法获利126万余元。

4. 陈某啸内幕交易、泄露内幕信息案——内幕交易、泄露内幕信息，情节特别严重。2013年11月至2014年9月，江苏某源电器集团股份有限公司（以下简称某源电器）进行重组事宜。2014年4月1日某源电器股票停牌，同年9月10日东源电器公告重大资产重组信息并复牌。薛某年（时任某通智汇投资管理有限责任公司负责人）系某源电器重组内幕信息的知情人员。2013年11月中旬至2014年3月31日，陈某啸多次联络、接触薛某年，并使用本人证券账户共买入某源电器股票1022万余股，成交金额6919万余元。2014年9月19日和24日，陈某啸将某源电器股票全部抛售，非法获利1.03亿余元。在前述某源电器重组内幕信息敏感期内，陈某啸还将该信息泄露给同事明某、石某，明某买入某源电器股票2900股，在股票停牌之前卖出，亏损2983.26元；某勇买入某源电器 247100 股，成交金额 167 万余元，在股票复牌后卖出，非法获利 276 万余元。

2014 年 7 月至 2015 年 2 月，安徽某东水泥股份有限公司（以下简称某东股份）进行重组事宜。薛某年为某东股份重组内幕信息的知情人员。2014 年 9 月 20 日，陈某啸在合肥徐同泰酒店宴请薛荣年等人时，获知某东股份和浙江某家家居合作的内幕信息，并于 2014 年 9 月 22 日、25 日、26 日买入某东股份 239 万余股，成交金额 2673 万余元。2014 年 9 月 29 日，某东股份股票停牌。2015 年 2 月 6 日某东股份复牌，陈某啸于复牌当日通过大宗交易方式将某东股份股票全部卖出，亏损 4 万余元。在某东股份重组的内幕信息敏感期内，陈某啸将该信息泄露给明某、石某，明某买入某东股份 8 万余股，成交金额 99 万余元，在股票复牌后卖出，非法获利 208 万余元；石某买入某东股份 11 万股，成交金额 121 万余元，在股票复牌后卖出，非法获利 214 万余元。

5. 齐某、乔某平利用未公开信息交易案——证券公司从业人员利用未公开信息交易，情节特别严重。齐某，原系某方证券股份有限公司首席投资官兼证券投资业务总部总经理。乔某平（齐某的丈夫），原系某万宏源证券有限公司上海瞿溪路证券营业部督导。2009 年 2 月至 2015 年 4 月，某蕾在东方证券股份有限公司（以下简称某方证券）利用其负责某方证券自营的 11001 和 11002 资金账户管理和股票投资决策的职务便利，掌握了上述账户股票投资决策、股票名称、交易时点、交易价格、交易数量等未公开信息，伙同乔某平利用控制的证券账户，先于、同期于或稍晚于齐某管理的某方证券上述自营资金账户买卖“永新股份”“三爱富”“金地集团”等相同股票 197 只，成交金额累计达 6. 35 亿余元，非法获利累计 1657 万余元。

从上面 5 个案例可以看出，在证券市场上“割韭菜”的，可能是其他的投资者，也可能是证券交易所和证券公司的工作人员，还可能是发行人和上市公司的内部人和离得近的其他人，几乎是“人人得而割之”。而“割韭菜”的方式更是变化多端、潜踪匿影，作为零和博弈的另一方，投资者对于被收割基本是无感的。然而，“割韭菜”的存在，损害的不光是投资者的利益，更会伤害市场本身的公信力。因此，证券法必须对此作出回应。

（二）证券交易市场的两条线

证券交易市场本质上是一个要素市场。现代经济的要素市场主要包括土地、劳动力、资本、数据、技术等市场。对于任何市场而言，流动性和活跃度都是第一位的，成交量都是首要的评价指标。对于证券市场而言，流动性更加重要，因为证券最大的吸引力和独特性就在于，除了可以通过公开发行的“一级市场”，面向不特定或多数的投资者进行公开发行，大规模募集资金外，公开发行的证券还可以在公开交易的“二级市场”上再次进行自主、有序、高效地流通买卖。证券法不仅要管好一级市场，把好公司选出来，把股票成功发行出去，还要管好二级市场的秩序，让股票高质量地流动起来，防止投资者被“割韭菜”。

证券法对二级市场的规范分为两大方面，一是从正面建立证券市场的基本交易规则，规定证券交易的场所、交易方式、收费方式等；二是从反面明确证券市场禁止交易的行为。对于交易规则，证券法更多提的是原则性的要求，划出的是证券交易的“底线”，具体规则授权证券监管机构和交易所进行规定。明确禁止的交易行为及法律责任是证券法的重点，证券法从交易对象、交易时间、交易方式等角度划出了证券交易的“红线”，对于触及红线的行为，证券法还规定了法律责任。可以说，证券法市场上的底线与红线，就是投资者的“平安符”。

需要注意的是，在证券交易环节的证券法规范，既适用于股票、公司债券、存托凭证和国务院依法认定的其他证券，也适用于上市交易的政府债券和证券投资基金份额。

二、证券交易的底线：基本规则

（一）证券交易的场所

《证券法》第三十七条规定，公开发行的证券，应当在依法设立的证券交易所上市交易或者在国务院批准的其他全国性证券交易场所交易。非公开发行的证券，可以在证券交易所、国务院批准的其他全国性证券交易场所、按照国务院规定设立的区域性股权市场转让。

1. 证券法反对“地摊经济”

证券交易，因为其具有信息不对称、无形、涉众、高频、标准化等特点，为了提高效率、促进价格形成、规范交易、防范风险，因此必须在固定的交易场所进行，保障交易的效率、安全和规范，而不允许私下买卖。这是因为，证券交易场所不仅提供规范、安全、全面的交易基础设施，而且对交易行为进行自律管理。比如，上海证券交易所的主要职能就包括：提供证券集中交易的场所、设施和服务；制定和修改本所的业务规则；按照国务院及中国证监会规定，审核证券公开发行上市申请；审核、安排证券上市交易，决定证券终止上市和重新上市等；提供非公开发行证券转让服务；组织和监督证券交易；组织实施交易品种和交易方式创新；对会员进行监管；对证券上市交易公司及相关信息披露义务人进行监管，提供网站供信息披露义务人发布依法披露的信息；对证券服务机构为证券发行上市、交易等提供服务的行为进行监管；设立或者参与设立证券登记结算机构；管理和公布市场信息；开展投资者教育和保护；法律、行政法规规定的及中国证监会许可、授权或者委托的其他职能。①

2. 区分对待公开发行证券的交易和非公开发行证券的转让

对于公开发行的证券，应当在依法设立的证券交易所上市交易，或者在国务院批准的其他全国性证券交易场所交易。2021 年 9 月以前，在我国只有上海证券交易所和深圳证券交易所两个依法设立的证券交易所，只有全国中小企业股份转让系统（新三板）一个国务院批准的其他全国性证券交易场所。2021 年 9 月，证监会深化新三板改革，以现有新三板的精选层为基础组建了北京证券交易所。2021 年 9 月 3 日，北京证券交易所有限责任公司即注册成立，成为第三家证券交易所。

根据第三十七条第一款的字面表述，只有在这三个交易所的证券交易才能叫"上市交易"，包括"新三板"在内的其他交易场所一般叫挂牌交易。对于非公开发行的证券，则除了可以在证券交易所、国务院批准的其他全国性证券交易场所交易外，还可以在按照国务院规定设立的区域性股权市场转让。根据这一规定，区域性股权市场是私募发行转让证券的市场。

我国公司法和证券法上一直注意区分"交易"与"转让"。原证券法第三十九条规定："依法公开发行的股票、公司债券及其他证券，应当在依法设立的证券交易所上市交易或者在国务院批准的其他证券交易场所转让。"因此，原先只有公开发行且在证券交易所上市的证券才能"交易"，而在新三板和其他区域性股权市场的证券只能"转让"。新三板的正式名称就是"全国中小企业股份转让系统"。新证券法明确了公开发行的证券，应当在依法设立的证券交易所上市交易或者在国务院批准的其他全国性证券交易场所交易。2020 年 9 月 29 日，全国

---

① 参见上海证券交易所官网"本所简介"。

股转公司修改部分业务规则，将其中“股票转让”的表述都改为“股票交易”，以符合《证券法》对新三板“国务院批准的全国性证券交易场所”的定位和新三板挂牌公司为“股票在国务院批准的其他全国性证券交易场所交易的公司”的界定。[①]

3. 区分市场层次

所谓多层次资本市场，指的是适应不同行业、不同企业、不同发展阶段的多元化的融资需求，也适应不同风险偏好、不同资金实力的投资者的多元化投资需求，而建立的不同层次的金融产品交易市场。2003 年，十六届三中全会首次提出“建立多层次资本市场体系，完善资本市场结构”，多层次资本市场建设正式提上日程。我国证券市场起步于 20 世纪 90 年代初，相当长一段时间以来都只有沪深两个交易所的主板市场。2004 年 5 月，深交所设立了中小企业板；2009 年 10 月深交所推出创业板；2012 年 7 月，国务院批准设立全国中小企业股份转让系统（新三板）；2021 年 9 月，证监会在新三板精选层的基础上组建了北京证券交易所；加上主要服务于所在省级行政区域内中小微企业的私募股权市场，构建起了多层次资本市场的基本雏形。新证券法的第三十七条，加上第九十七条“证券交易所、国务院批准的其他全国性证券交易场所可以根据证券品种、行业特点、公司规模等因素设立不同的市场层次”的规定，首次在法律上确立了多层次资本市场的体系。

4. 区分场内市场与场外市场

场内和场外之分，是区分金融交易的一个重要分类。在我国，通常来说，场内市场指的就是证券交易所市场，包括沪深京交易所的主板、中小板和创业板市场。场外市场也叫 OTC 市场，场外交易，也被称为柜台交易或询价交易。场外市场又分为机构间市场和柜台市场，前者如我国的银行间市场，后者如银行柜台市场。在场外交易中，交易双方自主协商定价。最典型的场外市场是公募证券投资基金的申购和赎回（余额宝的申购赎回本质上就是一种场外交易），而在交易所像买股票一样买基金就是场内交易（本质上是从其他基金持有人手里购买）。场外衍生品交易是全球金融市场的重要组成部分。

---

① 《全国股转公司修改部分业务规则表述“股票转让”改为“股票交易”》，载《中国证券报》2020 年 9 月 29 日。

（二）证券交易的方式

1. 公开的集中交易方式的界定

《证券法》第三十八条规定，证券交易所上市交易应当采用公开的集中交易方式或者国务院证券监督管理机构批准的其他方式。《公司法》第一百四十二条也规定，上市公司因将股份用于员工持股计划或者股权激励、将股份用于转换上市公司发行的可转换为股票的公司债券、为维护公司价值及股东权益所必需的情形收购本公司股份的，应当通过公开的集中交易方式进行。

对于什么是“公开的集中交易方式”，法律并没有作出明确规定。上海证券交易所2020年修订的交易规则里重申了“证券交易采用无纸化的集中交易或经中国证券监督管理委员会批准的其他方式”。从上交所的交易规则来看，所谓的公开的集中交易方式主要是指在证券交易所内，集中利用证券交易所的系统，在集中的交易时间，通过证券交易所的会员集中进行，相关交易数据和行情充分公开的交易，主要包括两大类：竞价交易和大宗交易。

2. 公开的集中交易的具体方式

（1）竞价交易。竞价交易是股东通过证券交易所集中竞价交易系统进行的股票转让。竞价交易采用集合竞价和连续竞价两种方式。集合竞价是指在规定时间内接受的买卖申报一次性集中撮合的竞价方式；连续竞价是指对买卖申报逐笔连续撮合的竞价方式；当前竞价交易阶段未成交的买卖申报，自动进入当日后续竞价交易阶段。证券竞价交易按价格优先、时间优先的原则撮合成交。成交时价格优先的原则为：较高价格买入申报优先于较低价格买入申报，较低价格卖出申报优先于较高价格卖出申报。成交时时间优先的原则为：买卖方向、价格相同的，先申报者优先于后申报者。先后顺序按交易主机接受申报的时间确定。

（2）大宗交易。大宗交易是指符合A股单笔买卖申报数量不低于30万股，或者交易金额不低于200万元人民币等几种大宗买卖的情形下，为了不影响股价波动，可以采用的交易方式。大宗交易的申报方式较为灵活，包括意向申报、成交申报、固定价格申报等。大宗交易的价格确定上，有价格涨跌幅证券的成交申报价格，由买方和卖方在当日价格涨跌幅限制范围内确定。无价格涨跌幅限制证券的成交申报价格，由买卖双方在前收盘价格的上下30%或当日已成交的最高、最低价格之间自行协商确定。大宗交易不纳入交易所即时行情和指数的计算，成交量在大宗交易结束后计入该证券成交总量。[1] 大宗交易和竞价交易之间的关系可以理解为批发和零售的关系。各有利弊。在2015年宝能系举牌万科的过程中，主要都是通过集合竞价进行的。而在后续恒大集团从一致行动人手中受让股票的时候，则是通过大宗交易完成的。[2]

3. 其他交易方式

上市公司大股东转让股份，一般采用大宗交易或者协议转让的方式，否则通过集合竞价交易，势必引起股价波动。而且通过集合竞价方式转让的，对大股东一定期限内的转股数量也有限制。根据《上市公司股东、董监高减持股份的若干规定》（以下简称《减持新规》），大股东、特定股东在任意连续90日内，集中竞价交易减持不得超过公司总股本的1%，大宗交易减持不得超过2%。同时，大宗交易的受让方在受让后6个月内不得转让。除此之外，上市证券的交易方式主要还有协议转让、要约收购、协议收购、做市交易、固定价格交易等。这些方式中，要约收购是通过公开的集中交易方式进行的，协议转让和协议收购是交易双方私下达成交易约定，出让方和受让方依据依法订立的协议，再向交易所申请转让上市公司流通股股份。[3]

（1）协议转让与协议收购。协议转让在证券交易所内进行，在中国登记结算机构办理过户交割，但无需通过证券交易所交易系统。根据《上海证券交易所上市公司股份协议转让业务办理指引》的规定，股份转让价格不低于转让协议签署日（当日为非交易日的顺延至次一交易日）公司股份大宗交易价格范围的下限。协议转让的问题，与大股东减持、上市公司收购等往往连在一起。根据《减持新规》，通过协议转让方式减持股份并导致股份出让方不再具有上市公司大股东身份的，股份出让方、受让方应当在减持后6个月内继续遵守有关规定——在3个月内通过证券交易所集中竞价交易减持股份的总数，不得超过公司股份总数的1%。2017年，作为宝万之争的一个标志性事件，华润股份以“央企不与地方争利”为理由，通过协议转让的方式将所持有的股份全部转让给了深圳地铁集团。[4]

（2）做市交易。全国中小企业股份转让系统公司于2019年12月27日下发

---

① 以上参见《上海证券交易所交易规则（2020年第二次修订）》。

② 参见华生：《万科模式：万科之争大事记》，东方出版社2017年版。

③ 参见《上海证券交易所上市公司股份协议转让业务办理指引》。

④ 参见华生：《万科模式：万科之争大事记》，东方出版社2017年版，第158页。

了《全国中小企业股份转让系统股票交易规则》，明确了新三板股票交易规则。新三板可以采取做市交易方式、集合竞价交易方式、连续竞价交易方式以及中国证监会批准的其他交易方式。做市商应在全国股转系统持续发布买卖双向报价，并在其报价数量范围内按其报价履行与投资者的成交义务。做市交易方式下，投资者之间不能成交。

（3）固定价格交易。2019 年 3 月 1 日，上交所发布了《上海证券交易所科创板股票盘后固定价格交易指引》，科创板引入了盘后固定价格交易方式。盘后固定价格交易指在竞价交易结束后，投资者通过收盘定价委托，按照收盘价买卖股票的交易方式。盘后固定价格交易是盘中连续交易的有效补充，可以满足投资者在竞价撮合时段之外以确定性价格成交的交易需求，也有利于减少被动跟踪收盘价的大额交易对盘中交易价格的冲击。盘后固定价格交易时间是每个交易日的 15：05 至 15：30，当日 15：00 仍处于停牌状态的股票不进行盘后固定价格交易。

（三）证券交易的形式

《证券法》第三十九规定，证券交易当事人买卖的证券可以采用纸面形式或者国务院证券监督管理机构规定的其他形式。关于交易形式这个法条是有一条比较古老的法条，1998 年的证券法在第三十四条就规定“证券交易当事人买卖的证券可以采用纸面形式或者国务院证券监督管理机构规定的其他形式”。20 多年过去了，这条规定沿用至今，但实践中，已经难寻纸面形式的证券。对于交易形式，两大证券交易所和新三板都已经明确规定了“无纸化”的形式。《上海证券交易所交易规则（2020 年第二次修订）》和《深圳证券交易所交易规则（2020 年修订）》第 1.5 条都规定：“证券交易采用无纸化的集中交易或经中国证券监督管理委员会（以下简称证监会）批准的其他方式。”《全国中小企业股份转让系统股票交易规则》第六条规定：“股票交易采用无纸化的公开交易形式，或经中国证券监督管理委员会（以下简称中国证监会）批准的其他交易形式。”

（四）证券交易的收费

由于我国证券在证券交易所上市交易采用的是公开的集中交易方式，在证券交易所，通过证券交易所的会员集中进行交易，并接受证券监督管理部门的严格监管。因此，证券交易除了涉及证券本身的对价外，还要支付一些费用。以在交易所买卖股票为例，这些费用通常包括：印花税（国家收取）、证券交易监管费（证监会收取）、证券交易经手费（证券交易所收取）、过户费（中国登记结算公司收取）、券商交易佣金（券商收取），这些费用统一由证券公司代收。

关于券商交易佣金的收取标准，2002 年证监会与原国家计委、国家税务总局发布了《关于调整证券交易佣金收取标准的通知》，规定 A 股、B 股、证券投资基金的交易佣金实行最高上限向下浮动制度，证券公司向客户收取的佣金（包括代收的证券交易监管费和证券交易所手续费等）不得高于证券交易金额的 3‰ 也不得低于代收的证券交易监管费和证券交易所手续费等。

《证券法》第四十三条规定，证券交易的收费必须合理，并公开收费项目、收费标准和管理办法。新证券法删除了“证券交易的收费项目、收费标准和管理办法由国务院有关主管部门统一规定”的表述。但是，证监会对于证券交易收费还是会有所规范。《证券公司监督管理条例》第四十条规定，证券公司向客户收取证券交易费用，应当符合国家有关规定，并将收费项目、收费标准在营业场所的显著位置予以公示。2019 年 7 月，证监会就《证券经纪业务管理办法（征求意见稿）》向社会征求意见，其中就规定，证券公司收取的交易佣金应当与代收的印花税、证券监管费、证券交易经手费、过户费等其他费用分开列示，并按照规定与约定提供给投资者。证券公司向投资者收取证券交易佣金，不得有下列行为：（1）收取的佣金明显低于证券经纪业务服务成本；（2）使用“零佣”“免费”等用语进行虚假宣传；（3）违反反不正当竞争和反垄断规定的其他行为。

目前券商之间的竞争也越发激烈，一段时间以来，券商交易佣金的上限是千分之三，但并没有下限的规定。这导致经纪业务交易佣金的价格战一直是行业内关注的热点问题，诸多券商都在各种渠道推行低佣，低佣金并不鲜见。

券商的收费问题也是实务中发生较多争议的问题，特别是在一些券商的新业务中，收费是否合理，是否明确告知成为必争之地。比如，有原告投资者认为，证券公司在签署《融资融券业务风险面谈记录》时将交易手续费标准隐藏其中，之后签订的《融资融券业务合同》未再约定交易手续费收取标准对原告构成欺诈。法院认为，原告是一个成年人，且文化水平较高，如果认为自己缺乏证券知识，就更应该仔细阅读《融资融券业务风险面谈记录》的内容后再签字，但是，原告在第 4 条下面签署了“理解并同意”，证明其阅读并知晓交易收费标准，并不是随便或者被骗签字。其次，原告诉称其当时没有通读原文，未注意被告在文中隐藏了手续费的收费标准。这说明不是被告偷偷隐藏交易手续收费标准，人为设置收费陷阱，故意对其实施欺诈行为，而是原告自己不阅读条文内容所致。同时，法院还认为，原告既不能以其他证券公司的交易手续费收费标准低来判断被告的收费是否存在欺诈，又不能以证券协会等公布的平均收费标准判断被告是否存在欺诈，更不能以其他股民与被告达成的收费协议判断被告存在欺诈行为。①

（五）证券交易的监督与报告

《证券法》第六十一条规定，证券交易场所、证券公司、证券登记结算机构、证券服务机构及其从业人员对证券交易中发现的禁止的交易行为，应当及时向证券监督管理机构报告。在我国，证券市场的监督管理由专门的证券监管机构负责，但证券监管机构毕竟离一线市场较远，而证券交易场所、证券公司、证券登记结算机构、证券服务机构及其从业人员处于证券市场一线，把握证券市场的实时动向。法律规定这些机构和人员向证券监督管理机构及时报告证券交易中发现的禁止的交易行为的义务，对于守住证券市场依法合规运行第一道关口，拓宽证券执法重要的线索来源十分有必要。

根据上海证券交易所的《交易规则》，上交所对下列可能影响证券交易价格或者证券交易量的异常交易行为予以重点监控：可能对证券交易价格产生重大影响的信息披露前，大量买入或者卖出相关证券；以同一身份证明文件、营业执照或其他有效证明文件开立的证券账户之间，大量或者频繁进行互为对手方的交易；委托、授权给同一机构或者同一个人代为从事交易的证券账户之间，大量或者频繁进行互为对手方的交易；两个或两个以上固定的或涉嫌关联的证券账户之间，大量或者频繁进行互为对手方的交易；大笔申报、连续申报或者密集申报，以影响证券交易价格；频繁申报或频繁撤销申报，以影响证券交易价格或其他投资者的投资决定；巨额申报，且申报价格明显偏离申报时的证券市场成交价格；一段时期内进行大量且连续的交易；在同一价位或者相近价位大量或者频繁进行回转交易；大量或者频繁进行高买低卖交易；进行与自身公开发布的投资分析、预测或建议相背离的证券交易；在大宗交易中进行虚假或其他扰乱市场秩序的申报；本所认为需要重点监控的其他异常交易。《交易规则》同时规定，会员及其营业部发现投资者的证券交易出现所列异常交易行为之一，且可能严重影响证券

① 李某清与某信证券股份有限公司深圳深南中路证券营业部、某信证券股份有限公司证券纠纷一审民事判决书，（2015）深罗法民二初字第4864号。

交易秩序的，应当予以提醒，并及时向本所报告。①

此外，值得注意的是，在新兴科技的背景下，对于证券市场异常交易和违法行为的监测和报告方式也在不断升级——一张大网正在织成，“天网恢恢，疏而不漏”。比如，2012 年，证监会专门成立中证资本市场运行统计监测中心有限责任公司，2020 年 5 月正式更名为中证数据有限责任公司。更名后的公司职责是，承担证券期货业监管大数据中心的建设、运行和维护，负责数据采集、加工、汇总、存储、管理和治理；协助统筹中国证监会监管大数据分析需求，包括统计查询、风险监测、数据挖掘及其他监管应用；根据大数据分析需求，提出大数据监管应用系统和分析软件需求，按相关规定提交开发机构开发，并参与上线测试，负责验收；按照相关规定提供数据及分析等服务；中国证监会交办的其他工作。②

（六）以外币交易的特殊规定

《证券法》第二百二十五条规定，境内公司股票以外币认购和交易的，具体办法由国务院另行规定。境内公司以外币认购和交易的股票，也就是人民币特种股票或 B 股，与人民币普通股票（A 股）相对应。B 股公司的注册地和上市地都在境内，以人民币标明面值，以外币认购和买卖。1992 年我国出于吸引外资等政策考虑设计了 B 股，专供境外人士和机构以外币认购。

目前，B 股已对境内的投资者开放，但 B 股市场已经相当冷清。一方面是没有新的 B 股股票发行，另一方面现存不到 100 家股票交投也不是很活跃。因此，B 股未来走向如何是监管层的一个重要政策考量。对此，证券法授权国务院对 B 股交易作出另行规定。

三、证券交易的红线：禁止的行为

证券法上 15 种禁止的交易行为可以分为三大类，包括从对象上禁止的行为、从主体上禁止的行为和从行为上禁止的行为。

① 参见《上海证券交易所交易规则（2020 年第二次修订）》。

② 参见中证数据有限责任公司官网的公司介绍。

（一）从对象上禁止的行为：非法发行证券

对于非法发行的证券，《证券法》进行了绝对的禁止，任何主体，任何时间，以任何方式都不得交易此类证券。《证券法》第三十五条规定，证券交易当事人依法买卖的证券，必须是依法发行并交付的证券。非依法发行的证券，不得买卖。换句话说，一级市场证券的公开发行注册（或者豁免注册）是二级市场证券交易的前提。

就法律责任而言，在司法实务中，对于买卖非法发行的证券的行为，可以被认为是违反效力性强制性规定而无效。在罗某静、梁某合同纠纷中，法院认为，根据《证券法》“公开发行证券，必须符合法律、行政法规规定的条件，并依法报经国务院证券监督管理机构或者国务院授权的部门核准；未经依法核准，任何单位和个人不得公开发行证券”和“证券交易当事人依法买卖的证券，必须是依法发行并交付的证券。非依法发行的证券，不得买卖”之规定，“韩流馆”股票的发行未报经国务院证券监督管理机构或者国务院授权的部门核准，该股票属于非依法发行的股票，其转让合同违反法律的规定，根据《中华人民共和国合同法》第五十二条第五项以及第五十八条之规定，应认定该转让合同无效，罗某静因该转让合同取得的价款 10800 元，应当返还给梁某。对于梁某要求的利息，系因该转让合同无效造成的损失。“非依法发行的证券，不得买卖”，系法律明文规定。原罗某静双方从事投资活动，均有义务对该法律规定进行了解。因此，原罗某静双方对于合同的无效均有过错，应各自承担相应的损失。对梁某要求罗某静支付利息 2500 元的诉讼请求，法院不予支持。①

（二）从主体上禁止的行为

对于从主体上禁止的交易行为，禁止的理由是主体的特殊性。这些主体因为职务、对发行人的控制力等原因，占据天然的或后天的、一时的或持续的信息优势，允许他们交易，或者在特定时段，或者以特定方式交易，将导致或者可能导致证券市场的不公平公正。这些主体可以分为三类，第一类是金融市场上的专门机构及其工作人员，这些专门机构包括证券交易场所、证券公司和证券登记结算机构的从业人员、证券监督管理机构、证券服务机构等；第二类是上市公司持有

① 罗某静、梁某合同纠纷二审民事判决书，（2020）云 29 民终 87 号。

百分之五以上股份的股东、实际控制人、董事、监事、高级管理人员，持有发行人首次公开发行前发行的股份或者上市公司向特定对象发行的股份的股东等；第三类是国资公司等特殊主体。

1. 禁止证券从业人员炒股

关于特定人员禁止参与股票交易，也就是“证券从业人员禁止炒股”的讨论，在证券法修订过程中是一个讨论比较热烈的问题。原证券法严厉禁止证券从业人员炒股，主要是为了避免证券从业人员利用信息优势操纵市场和内幕交易。但关于修改这一条的呼声一直存在。在境外市场上，从业人员可以合法持有股票。只要经过适当的程序，完全可以避免从业人员的违法行为，特别是那些不是内幕信息知情人员的证券从业人员，应当具有参与证券市场交易的资格。证券从业人员具有更丰富的专业知识，也有严格的执业纪律要求，参与交易能给市场带来健康的力量；同时，参与真实的市场交易，也是自身积累投资经验，更好服务客户的前提条件。2015 年 4 月的《证券法》修订草案“一读”稿试图做出改变，规定证券从业人员应事先申报本人及配偶证券账户，并在买卖证券完成后三日内申报买卖情况。

但是，对于证券从业人员参与股票交易的担忧，特别是对证券从业人员利用信息优势进行内幕交易的担忧一直都存在。2015 年证券市场发生异常波动后，就有来自监管部门和证券公司的人员涉嫌内幕交易被追究法律责任，甚至是刑事责任。[①] 此后，2015 年酝酿的修改动向就被搁置了。在内幕交易的法律责任，特别是民事责任还不够健全的情况下，放开证券从业人员炒股，确实可能带来不可控的后果。因此，新证券法禁止特定人员参与股票交易的规定反而更加严格了。《证券法》第四十条规定，证券交易场所、证券公司和证券登记结算机构的从业人员，证券监督管理机构的工作人员以及法律、行政法规规定禁止参与股票交易的其他人员，在任期或者法定限期内，不得直接或者以化名、借他人名义持有、买卖股票或者其他具有股权性质的证券，也不得收受他人赠送的股票或者其他具有股权性质的证券。任何人在成为前款所列人员时，其原已持有的股票或者其他具有股权性质的证券，必须依法转让。实施股权激励计划或者员工持股计划的证

① 比如，2015 年 6 月 20 日，据证监会网站消息，证监会发行监管部处长李某玲配偶违规买卖股票，证监会决定对李某玲作出行政开除处分。因涉嫌职务犯罪，李某玲已被移送司法机关。参见《中国证监会严肃查处发行部处长李某玲违纪违法问题》，http：//www. csrc. gov. cn/csrc/c100028/c1001924/content. shtml，最后访问时间 2022 年 3 月 25 日。

券公司的从业人员，可以按照国务院证券监督管理机构的规定持有、卖出本公司股票或者其他具有股权性质的证券。

（1）禁止的主体包括证券交易场所、证券公司和证券登记结算机构的从业人员、证券监督管理机构的工作人员以及法律、行政法规规定禁止参与股票交易的其他人员。值得注意的是：①其中证券交易场所的范围比原证券法“证券交易所”要有所扩大，包括了新三板和区域性股权市场的工作人员。②这些人员既不得以直接以自己的名义，也不得以化名、借他人名义等间接方式参与股票交易。③就特定人员的范围而言并非法律法规中最严的，相比之下，根据《期货公司管理办法》，期货从业人员的配偶也被明确禁止从事期货交易。④实务中，党纪和党政机关的内部规定会对此做出拓展。比如，根据中央纪委相关负责人对《中国共产党廉洁自律准则》和《中国共产党纪律处分条例》这两项党内法规的解释，以下几类人员不得买卖股票：一是上市公司的主管部门以及上市公司的国有控股单位的主管部门中掌握内幕信息的人员及其父母、配偶、子女及其配偶，不准买卖上述主管部门所管理的上市公司的股票。二是国务院证券监督管理机构及其派出机构、证券交易所和期货交易所的工作人员及其父母、配偶、子女及其配偶，不准买卖股票。三是本人的父母、配偶、子女及其配偶在证券公司、基金管理公司任职的，或者在由国务院证券监督管理机构授予证券期货从业资格的会计（审计）师事务所、律师事务所、投资咨询机构、资产评估机构、资信评估机构任职的，这些党政机关工作人员不得买卖与上述机构有业务关系的上市公司的股票。四是掌握内幕信息的党政机关工作人员，在离开岗位三个月以内，继续受该规定的约束。由于新任职务而掌握内幕信息的党政机关工作人员，在任职前已持有的股票和证券投资基金必须在任职后一个月内作出处理，不得继续持有。[①]

（2）禁止的期限包括任期或者法定限期内。在成为禁止范围内的人员时，其原已持有的股票或者其他具有股权性质的证券，必须依法转让。以证券公司为例，通常在入职前会要求注销股票账户。

（3）禁止的行为包括直接或者以化名、借他人名义持有、买卖股票或者其他具有股权性质的证券，也不得收受他人赠送的股票或者其他具有股权性质的证券。也就是说，具体行为上既不得持有、买卖，也不得无偿受赠；对象上既不得

① 《中纪委法规室负责人解答党员炒股问题　四类人不得买卖股票》，http：//fanfu.people.com.cn/n/2015/1102/c64371-27764715.html，最后访问时间2022年4月10日。

是股票，也不得是其他具有股权性质的证券，比如 CDR，但不包括证券投资基金、债券、资管产品等非股权性质的证券。在例外情形上，规定实施股权激励计划或者员工持股计划的证券公司的从业人员，可以按照国务院证券监督管理机构的规定持有、卖出本公司股票或者其他具有股权性质的证券。

（4）法律责任。《证券法》第一百八十七条规定，法律、行政法规规定禁止参与股票交易的人员，违反本法第四十条的规定，直接或者以化名、借他人名义持有、买卖股票或者其他具有股权性质的证券的，责令依法处理非法持有的股票、其他具有股权性质的证券，没收违法所得，并处以买卖证券等值以下的罚款；属于国家工作人员的，还应当依法给予处分。证券从业人员买卖股票是一条红线，但却屡禁不止。比如，2020 年元旦刚过，证监会官网放出一份行政处罚决定书，对东北证券前合规管理部总经理、职工监事綦某作出罚没 140 余万元的行政处罚，原因是违法买卖股票。据财联社不完全统计，2019 年全年，仅证监会就对于证券从业人员违规炒股开出 8 份行政处罚决定书，罚没金额最低 6 万，最高达 2000 万元。[①] 近年来影响力最大的案件是前深交所工作人员、股票发审委兼职委员冯某树案。据查，冯某树先后以其岳母、配偶之妹的名义入股拟上市公司，在公司上市后抛售股票获利 2.48 亿元。证监会根据原证券法“没收违法所得，并处以买卖股票等值以下的罚款”的规定，没收其 2.48 亿元违法所得，并顶格处以 2.51 亿元罚款。[②]

2. 禁止证券服务机构和人员特定时期交易

《证券法》第四十二条规定，为证券发行出具审计报告或者法律意见书等文件的证券服务机构和人员，在该证券承销期内和期满后六个月内，不得买卖该证券。除前款规定外，为发行人及其控股股东、实际控制人，或者收购人、重大资产交易方出具审计报告、资产评估报告或者法律意见书等文件的证券服务机构和人员，自接受委托之日起至上述文件公开后五日内，不得买卖该证券。实际开展上述有关工作之日早于接受委托之日的，自实际开展上述有关工作之日起至上述文件公开后五日内，不得买卖该证券。

---

① 《券商前合规部总经理违规炒股遭罚！从业人员炒股是红线，证监会 2019 最高开出 2000 万大罚单》，https：//tech.sina.com.cn/roll/2020-01-07/doc-iihnzhha0987613.shtml，最后访问时间 2021 年 1 月 5 日。

② 《中国证监会行政处罚决定书（冯某树）》，〔2017〕31 号，http：//www.csrc.gov.cn/csrc/c101928/c1042714/content.shtml，最后访问时间 2022 年 3 月 15 日。

相比证券从业人员，证券服务机构及人员离证券市场要远一些，他们只会通过特定的事项在特定时间段有可能取得信息优势，在特定的时间过后，信息优势就会消失。在这个时间段内，基于这些机构和人员的特殊身份，要对证券交易行为进行禁止。

（1）参与证券发行的证券服务机构和人员。证券发行是证券市场最为重大的活动，涉及复杂的法律关系和较长的时间，也会产生许多敏感信息。因此，参与证券发行的服务机构及人员在证券承销期内和期满后六个月内，不得买卖该证券。

（2）其他证券服务机构和人员。这些机构和人员虽然不参与证券的发行，比如只是发行人及其控股股东、实际控制人日常聘请出具审计报告或者法律意见书，或者为收购人、重大资产交易方出具提供专业服务，但都有可能获得特殊的信息优势。为了这些机构和人员避免滥用信息优势，证券法规定了一个相对短期的禁止交易时间——自接受委托之日起至上述文件公开后五日内，不得买卖该证券。实际开展上述有关工作之日早于接受委托之日的，自实际开展上述有关工作之日起至上述文件公开后五日内，不得买卖该证券。

（3）适用对象。在适用对象上，对证券服务机构和人员的限制既适用于股票、公司债券、存托凭证和国务院依法认定的其他证券，也适用于上市交易的政府债券和证券投资基金份额。

（4）法律责任。《证券法》第一百八十八条规定，证券服务机构及其从业人员，违反本法第四十二条的规定买卖证券的，责令依法处理非法持有的证券，没收违法所得，并处以买卖证券等值以下的罚款。

3. 禁止传播媒介及其相关工作人员从事利冲交易

对于传播媒介及其从事证券市场信息报道的工作人员，新证券法还增加了不得从事与其工作职责发生利益冲突的证券买卖的规定。《证券法》第五十六条第三款规定，传播媒介及其从事证券市场信息报道的工作人员不得从事与其工作职责发生利益冲突的证券买卖。这一条可以结合第四十二条对证券服务机构禁止在特定期限内买卖证券的规定来理解，同样区别于第四十条证券从业人员的绝对禁止，对传播媒介及其从事证券市场信息报道的工作人员的禁止应当是在特定期限和特定证券的禁止。比如，对于《证券法》第八十六条规定符合国务院证券监督管理机构规定条件的媒体或者其他媒体，在披露或者报道对发行人证券的市场价格有重大影响的信息时，应当避免利益冲突。

法律责任方面，《证券法》第一百九十三条第三款规定，传播媒介及其从事证券市场信息报道的工作人员违反本法第五十六条第三款的规定，从事与其工作职责发生利益冲突的证券买卖的，没收违法所得，并处以买卖证券等值以下的罚款。如果涉及内幕交易或者操纵市场的，则要以内幕交易或操纵市场行为来处理。

4. 禁止证券市场特定机构和人员泄密

《证券法》第四十一条规定，证券交易场所、证券公司、证券登记结算机构、证券服务机构及其工作人员应当依法为投资者的信息保密，不得非法买卖、提供或者公开投资者的信息。证券交易场所、证券公司、证券登记结算机构、证券服务机构及其工作人员不得泄露所知悉的商业秘密。

证券市场就是一个信息市场，充斥着各种各样的信息，信息的充分公开是证券市场的核心。但证券市场的信息公开也不是绝对的，因为某些垄断地位或中介地位而形成的证券市场上占有信息优势的主体——证券交易场所、证券公司、证券登记结算机构、证券服务机构及其工作人员，对于处于相对弱势地位的投资者的相关信息，要尽到保密义务。从法律的目的解释来看，此处的“保密”，更倾向于理解为“保护”，不仅是消极的不提供、不买卖和不公开，而且包括采取积极的措施确保信息安全。对此，证券法规定了两条红线。

（1）不得非法买卖、提供或者公开投资者的信息。信息时代的信息保护问题是近年来立法关注的焦点之一。随着各种侵犯个人信息权利的事件的频发，这一问题更加紧迫。《中华人民共和国个人信息保护法》已于2021年11月1日正式实施。2020年新颁布的《民法典》第一百一十一条也明确规定，自然人的个人信息受法律保护。任何组织或者个人需要获取他人个人信息的，应当依法取得并确保信息安全，不得非法收集、使用、加工、传输他人个人信息，不得非法买卖、提供或者公开他人个人信息。此处的投资者，既包括个人投资者，也包括机构投资者。从字面意思看，证券法上的投资者信息，既包括个人投资者的信息，也包括机构投资者的信息，一旦涉及个人投资者的信息，就要受到个人投资者保护相关立法的更严密的保护。

至于投资者信息的范围，法律没有作出明确的规定。参考《最高人民法院、最高人民检察院、公安部、中国证券监督管理委员会关于查询、冻结、扣划证券和证券交易结算资金有关问题的通知》，投资者信息的范围至少应当包括投资者的身份信息、账号信息、交易信息等，而且这个范围也会随着证券市场的变化而变化。前述通知对人民法院、人民检察院、公安机关等有权查询的机关通过证券公司、证券登记结算机构、证券交易所等查询投资者信息作出了程序上的明确要求。

（2）不得泄露商业秘密。根据《反不正当竞争法》，商业秘密是指不为公众所知悉、具有商业价值并经权利人采取相应保密措施的技术信息和经营信息。[①] 证券交易场所、证券公司、证券登记结算机构以及证券服务机构在履职过程中，难免会知悉企业的商业秘密。知悉或者拥有商业秘密本身对于这些机构来说是合法的，也是必要的，但不得泄露。同样，对此处“不得泄露”理解为应当包括消极的不作为和积极的作为，要采取必要的措施防止泄露商业秘密。

5. 禁止特定职务人员利用未公开信息交易

《证券法》第五十四条规定，禁止证券交易场所、证券公司、证券登记结算机构、证券服务机构和其他金融机构的从业人员、有关监管部门或者行业协会的工作人员，利用因职务便利获取的内幕信息以外的其他未公开的信息，违反规定，从事与该信息相关的证券交易活动，或者明示、暗示他人从事相关交易活动。利用未公开信息进行交易给投资者造成损失的，应当依法承担赔偿责任。

利用未公开信息交易也被称为“老鼠仓”，指的是特定人员利用因职务便利获取的内幕信息以外的其他未公开的信息，违反规定，从事与该信息相关的证券交易活动，或者明示、暗示他人从事相关交易活动。这是新证券法增加的规定。但在《证券投资基金法》等法律中早有明确的规定。《证券投资基金法》第二十条规定，公开募集基金的基金管理人及其董事、监事、高级管理人员和其他从业人员不得有下列行为：……（六）泄露因职务便利获取的未公开信息、利用该信息从事或者明示、暗示他人从事相关的交易活动……由于此类行为危害较大，2009年《刑法修正案（七）》在刑法第一百八十条中增加一款作为第四款，规定了利用未公开信息交易罪，明确该罪的犯罪构成要件。“马某利用未公开信息交易案”、王某零口供“老鼠仓”案等案件更进一步暴露出“老鼠仓”行为的严重危害。2019年6月，最高法、最高检公布《关于办理利用未公开信息交易刑事案件适用法律若干问题的解释》，对“老鼠仓”犯罪行为的定罪量刑作出了进一步解释。此次证券法的新增规定实际上是对刑事立法的回应，填补了利用内幕信息以外的未公开信息交易的法律责任的漏洞。

① 《反不正当竞争法》第九条。

“老鼠仓”交易与内幕交易有较大相似性，事实上也是内幕交易的补充。如果行为人所利用的信息是内幕信息，就构成内幕交易；如果不是内幕信息，但属于因职务便利获取的其他未公开的信息，就可以构成“老鼠仓”。内幕交易中“内幕信息”的其中一个构成要件是对发行人证券的市场价格有重大影响。但实务中有一类信息，虽然跟发行人证券的市场价格没有直接影响，但却仍然可以用于牟利，比如政策信息、持仓信息、行情信息、宏观经济信息等。在具体行为上，包括从事与该信息相关的证券交易活动，或者明示、暗示他人从事相关交易活动。在法律后果上，与内幕交易承担相同的民事、行政和刑事责任。内幕交易和利用未公开信息交易，两者最大的不同在于主体的不同，后者必须是特殊的主体，而前者基本上是一般主体。

最典型的“老鼠仓”是基金经理的“老鼠仓”。比如，证监会调查发现，2006年9月18日涂某担任某顺长城景系列开放式基金的基金经理（2009年3月11日任某顺长城鼎益股票型证券投资基金的基金经理）起至涂某违法行为的发现时间2009年8月20日，涂某等人通过网络下单的方式，共同操作涂某亲属赵某、王某开立的两个同名证券账户从事股票交易，先于或与涂某管理的动力平衡基金等基金同步买入相关个股，先于或与动力平衡基金等基金同步卖出相关个股，涉及浦发银行等23支股票，为赵某、王某账户非法获利379,464.40元。证监会认为，涂某利用担任某顺长城旗下基金的基金经理的职务便利以及所获取的相关基金投资股票的未公开信息，操控涉案个人账户先于或与有关基金同步买卖与基金相同股票牟利，从事利益冲突行为，且持续时间较长。证监会进一步认为，利用职务便利抢先交易，使涉案个人账户同有关基金相比在交易价格、交易时机上占优，并意图利用基金的投资行为替涉案个人账户谋取利益，是一种典型的利益冲突行为。这种行为不仅客观上会对相关股票的市场价格产生不利于有关基金的影响，损害基金财产及基金份额持有人的利益，而且妨碍了正常的交易秩序，破坏了公平、公正的市场交易环境。①

能够利用未公开信息交易必须是诸如公募基金的从业人员等有特殊身份的人员。最高检察院相关负责人表示：“检察机关办理的未公开信息交易犯罪案件涉及基金、银行、证券、保险、资产管理等多个领域，逐渐从证券发行、交易环节

① 《中国证监会行政处罚决定书（涂某）》，（2010）27号。

蔓延至基金托管、资产评估等环节，呈现传统风险与新型风险相互交织的特点。”① 证券法规定，证券交易场所、证券公司、证券登记结算机构、证券服务机构和其他金融机构的从业人员、有关监管部门或者行业协会的工作人员都可以构成。这里需要注意的是“金融机构”的定义。2020 年 9 月，中国人民银行颁布《金融控股公司监督管理试行办法》，其中第二条明确，本办法所称金融机构包括以下类型：（1）商业银行（不含村镇银行）、金融租赁公司；（2）信托公司；（3）金融资产管理公司；（4）证券公司、公募基金管理公司、期货公司；（5）人身保险公司、财产保险公司、再保险公司、保险资产管理公司；（6）国务院金融管理部门认定的其他机构。根据上述规定，私募基金公司并不属于“金融机构”的范围，但考虑到私募基金公司“管理资产较多，涉及投资者利益重大，实质上具有金融机构属性”，应当将其纳入金融机构范畴，对其进行牌照化管理。因此，将来可以根据情况需要在执法和司法实践中，适用本条的规定追究“老鼠仓”行为的法律责任。②

值得注意的是“有关监管部门或者行业协会的工作人员”，其利用职务之便获取的信息直接或间接进行交易的行为也属于“老鼠仓”；此时，这类人员还可能同时违反国家保密法。比如，孙某在担任国家统计局办公室秘书室副主任及局领导秘书期间，违反国家保密法规定，先后多次将国家统计局尚未对外公布的涉密统计数据共计 27 项，泄露给证券行业从业人员付某、张某等人。经鉴定，这 27 项被泄露的统计数据中有 14 项为机密级国家秘密，13 项为秘密级国家秘密。孙某的行为，既违反了保密法，又可能构成“老鼠仓”。③

特定职务人员利用未公开信息交易在法律责任方面参照内幕交易，可能同时承担民事、行政和刑事责任。

6. 禁止证券公司及其从业人员违背客户真实意愿交易

《证券法》第五十七条规定，禁止证券公司及其从业人员从事下列损害客户利益的行为：（1）违背客户的委托为其买卖证券；（2）不在规定时间内向客户提供交易的确认文件；（3）未经客户的委托，擅自为客户买卖证券，或者假借

① 参见《“两高”司法解释惩治操纵市场及“老鼠仓”》，http：//www. xinhuanet. com/2019-06/29/c_1124686743. htm，最后访问时间 2021 年 2 月 9 日。

② 程合红主编：《〈证券法〉修订要义》，人民出版社 2020 年版，第 110 页。

③ 《两副处级官员因泄露国家秘密获刑均未提出上诉》，https：//www. chinanews. com. cn/fz/2011/10-24/3410234. shtml ，最后访问时间：2022 年 4 月 16 日。

客户的名义买卖证券；（4）为牟取佣金收入，诱使客户进行不必要的证券买卖；（5）其他违背客户真实意思表示，损害客户利益的行为。违反前款规定给客户造成损失的，应当依法承担赔偿责任。

这是证券法第一次出现“客户”的概念，因为本条是专门针对证券公司及其从业人员而言的。严格从体系解释的角度，本条不属于“禁止的交易”行为范畴。之所以规定在“禁止的证券交易”这一节内，是因为证券公司作为证券交易的通道，特别是场内交易都要通过作为会员的证券公司进行，因此证券公司及其从业人员对于证券交易的进行具有十分重要的作用，属于“与证券交易密切相关的行为”。从目的解释看，结合本条第 5 项的兜底规定，本条的立法目的在于禁止违背客户真实意思表示，损害客户利益的行为，具体表现则包括违背客户的委托为其买卖证券；不在规定时间内向客户提供交易的确认文件；未经客户的委托，擅自为客户买卖证券；假借客户的名义买卖证券；或者为牟取佣金收入，诱使客户进行不必要的证券买卖等。

其实，之所以要强调证券交易要符合客户的真实意思，除了维护客户利益这一民商事角度的考虑外，还有更高层面的防范风险甚至是系统性风险的考量。无论是诱使客户进行不必要的证券买卖，还是假借客户的名义买卖证券等，都可能会造成证券市场的虚假繁荣，扭曲真实的供求关系和交易数据，一旦出现流动性困难或者证券市场的异常波动，就容易引发纠纷和危机。这是本条立法更高层面的意图所在。

对于违背客户真实意愿交易的行为，证券法同时规定了民事责任与行政责任。在民事责任方面，证券公司及其从业人员违背客户真实意愿交易，给客户造成损失的，应当依法承担赔偿责任。行政责任方面，《证券法》第一百九十四条规定，证券公司及其从业人员违反本法第五十七条的规定，有损害客户利益的行为的，给予警告，没收违法所得，并处以违法所得一倍以上十倍以下的罚款；没有违法所得或者违法所得不足十万元的，处以十万元以上一百万元以下的罚款；情节严重的，暂停或者撤销相关业务许可。

7. 禁止特定人违法违规减持

《证券法》第三十六条规定，依法发行的证券，《中华人民共和国公司法》和其他法律对其转让期限有限制性规定的，在限定的期限内不得转让。上市公司持有百分之五以上股份的股东、实际控制人、董事、监事、高级管理人员，以及其他持有发行人首次公开发行前发行的股份或者上市公司向特定对象发行的股份的股东，转让其持有的本公司股份的，不得违反法律、行政法规和国务院证券监督管理机构关于持有期限、卖出时间、卖出数量、卖出方式、信息披露等规定，并应当遵守证券交易所的业务规则。

证券的发行上市，是一家公司的融资行为从内部走向外部的过程，成为开放的公众公司。在这个过程中，虽然经过审核、注册，有各种中介结构的独立介入，但信息不对称的问题仍然存在。相比外部投资者，作为“内部人”的大股东、控股股东、实际控制人，以及公司的董事、监事、高级管理人员掌握更多的公司信息，更了解公司的实际经营状况和实际的价值。而这些“内部人”，通过公司的发行上市，常常得以获得账面上的财务自由。正因如此，容易导致两种结果——一种是为了上市不择手段，包装上市，从而提高自己手中的证券价值；另一种是一旦上市就认为梦想实现，失去了继续经营管理好公司的动力。这两种结果都会促使这些“内部人”尽快卖出手中的证券，而“内部人”的减持也被视为市场上的一种利空信号，引起证券价格的波动。2015 年证券市场异常波动后，中国证监会曾发布关于上市公司大股东及董事、监事、高级管理人员增持本公司股票相关事项的通知，鼓励上市公司大股东及董监高增持股票，6 个月内大股东及董监高不得通过二级市场减持。[①] 此外，这些“内部人”往往可以利用获取信息、持股数量和持股成本上的优势，通过各种“过桥减持”“精准减持”的把戏套利。为了防止“内部人”在公司发行上市后抛售套现，继续保持对公司勤勉尽责的投入，也为了打击各种扰乱证券市场的减持乱象，公司法和证券法都对减持做出了限制。

证券法对减持的限制包括两个方面，一是禁止特定人在法定的限制转让期内转让证券；二是禁止特定人违法违规转让股票。

（1）减持的时间限制（锁定期）。

法律禁止在限制转让期内转让证券，这个限制转让期就是锁定期。这里的证券既包括股票，也包括债券和其他证券。法律对其锁定期的规定来自公司法和其他法律。比如，《公司法》第一百四十一条规定的限制减持情形：①发起人持有的本公司股份，自公司成立之日起一年内不得转让。②公司公开发行股份前已发行的股份，自公司股票在证券交易所上市交易之日起一年内不得转让。不过根据相关法规，持股满 36 个月的老股东可以在公开发行新股时按照平等协商原则向

① 参见《中国证券监督管理委员会公告》，［2015］18 号。

公众发售老股。③公司董事、监事、高级管理人员应当向公司申报所持有的本公司的股份及其变动情况，在任职期间每年转让的股份不得超过其所持有本公司股份总数的百分之二十五；所持本公司股份自公司股票上市交易之日起一年内不得转让。上述人员离职后半年内，不得转让其所持有的本公司股份。④公司章程可以对公司董事、监事、高级管理人员转让其所持有的本公司股份作出其他限制性规定。《证券法》第六十三条规定的权益披露的静默期也构成《证券法》第三十六条的限制转让期。[①]

法律之外的规范性文件也可能规定锁定期。根据《上市公司证券发行管理办法》和《上市公司非公开发行股票实施细则》，上市公司非公开发行股票，应该满足锁定期的要求——本次发行的股份自发行结束之日起，六个月内不得转让；控股股东、实际控制人及其控制的企业认购的股份，十八个月内不得转让。根据《上市公司重大资产重组管理办法》，特定对象以资产认购而取得的上市公司股份，自股份发行结束之日起12个月内不得转让；符合特定对象为上市公司控股股东、实际控制人或者其控制的关联人等情形的，36个月内不得转让。此外，根据沪深交易所《股票上市规则》，控股股东、实际控制人应当承诺自公司股票在证券交易所上市之日起36个月内不得转让。科创板、创业板公司上市时未盈利的，在实现盈利前，控股股东、实际控制人及其一致行动人、董监高、核心技术人员（科创板）自公司股票上市之日起3个完整会计年度内，不得减持首发前股份。

（2）减持的方式方法限制。

新证券法增加规定了第二款，对于可以转让的或者锁定期解禁后的股份，在减持的时候也要受限制。上市公司持有百分之五以上股份的股东、实际控制人、董事、监事、高级管理人员，以及其他持有发行人首次公开发行前发行的股份或者上市公司向特定对象发行的股份的股东，转让其持有的本公司股份的，不得违反法律、行政法规和国务院证券监督管理机构关于持有期限、卖出时间、卖出数量、卖出方式、信息披露等规定，并应当遵守证券交易所的业务规则。

这一款通常被解读为“减持新规”上升为法律。所谓“减持新规”，指的是2017年证监会修改发布的《上市公司股东、董监高减持股份的若干规定》和沪深交易所分别发布的《上市公司股东及董事、监事、高级管理人员减持股份实施

---

① 参见《中国证监会行政处罚决定书（某点资产、秦某）》，〔2020〕98号。

细则》。针对此前较为普遍存在的通过大宗交易方式转让股份后受让方通过集中竞价交易方式卖出的“过桥减持”，非公开发行股份解禁后的减持数量没有限制，特定股东在锁定期届满后大幅减持，利用信息优势“精准减持”等问题，本次《减持新规》主要修改内容如下：一是规范三类主体。将大股东（即控股股东和持股5%以上股东）、特定股东（即持有公司首次公开发行前发行的股份和持有上市公司非公开发行股份的股东）及董监高三类主体纳入规范范畴。二是规范三种减持方式。除了继续规范集中竞价减持行为外，还首次将大宗交易及协议转让方式纳入规范。大股东在3个月内通过证券交易所大宗交易减持股份的总数，不得超过公司股份总数的1%。在3个月内通过证券交易所大宗交易减持股份的总数，不得超过公司股份总数的2%。按照这一限制，大股东全年减持股份将不超过12%。三是完善减持信息披露制度，细化了股份减持事前、事中及事后分阶段信息披露义务。四是对禁止减持情形进行了明确，规定大股东或董监高如涉嫌违法犯罪被立案调查或上市公司因欺诈发行或重大信息披露违法受行政处罚的，在一定期限内禁止减持，让违法者付出代价。五是加大了违规查处力度，根据违规情节、性质及影响，监管部门将从严查处，全力维护市场秩序。此外，《减持新规》还对非公开发行股份解禁后的减持规范等问题进行了明确。[1] 具体如下表所示。

① 参见证监会：《监管层出台新规　从严规范股东减持行为》，http：//www.csrc.gov.cn/jilin/gzdt/201706/t20170607_317977.htm，最后访问时间2021年5月7日。

减持主体	不得减持股份	集中竞价交易减持	大宗交易	协议转让
大股东	1. 上市公司或者大股东因涉嫌证券期货违法犯罪，在被中国证监会立案调查或者被司法机关立案侦查期间，以及在行政处罚决定、刑事判决作出之后未满6个月的。 2. 大股东因违反证券交易所规则，被证券交易所公开谴责未满3个月的。 3. 中国证监会规定的其他情形。	1. 首次卖出的15个交易日前预先披露。 2. 在3个月内通过证券交易所集中竞价交易减持股份的总数，不得超过公司股份总数的1%。减持通过集中竞价交易取得的股份除外。 3. 在减持时间区间内，大股东、董监高在减持数量过半或减持时间过半时，应当披露减持进展情况。公司控股股东、实际控制人及其一致行动人减持达到公司股份总数1%的，还应当在该事实发生之日起二个交易日内就该事项作出公告。 4. 上市公司大股东、董监高减持股份，应当在股份减持计划实施完毕后的二个交易日内予以公告。上述主体在预先披露的股份减持时间区间内，未实施股份减持或者股份减持计划未实施完毕的，应当在股份减持时间区间届满后的二个交易日内予以公告。	通过大宗交易方式减持股份，在连续90个自然日内不得超过公司股份总数的2%，且受让方在受让后6个月内不得转让。	1. 单个受让方受让股份的比例不得低于总股本的5%。 2. 通过协议转让方式减持股份并导致股份出让方不再具有上市公司大股东身份的，股份出让方、受让方应当在减持后6个月内继续遵守本规定第八条、第九条第一款的规定——在3个月内通过证券交易所集中竞价交易减持股份的总数，不得超过公司股份总数的1%。

续表

减持主体	不得减持股份	集中竞价交易减持	大宗交易	协议转让
董监高	1. 董监高因涉嫌证券期货违法犯罪，在被中国证监会立案调查或者被司法机关立案侦查期间，以及在行政处罚决定、刑事判决作出之后未满6个月的。 2. 董监高因违反证券交易所规则，被证券交易所公开谴责未满3个月的。 3. 中国证监会规定的其他情形。	同上。		
特定股份		在3个月内通过证券交易所集中竞价交易减持股份的总数，不得超过公司股份总数的1%。	通过大宗交易方式减持股份，在连续90个自然日内不得超过公司股份总数的2%，且受让方在受让后6个月内不得转让。	股东通过协议转让方式减持其持有的公司首次公开发行前发行的股份、上市公司非公开发行的股份，股份出让方、受让方应当在减持后6个月内继续遵守本规定第九条第二款的规定——在3个月内通过证券交易所集中竞价交易减持股份的总数，不得超过公司股份总数的1%。

不过，根据证券监管形势的需要，《减持新规》也有放松的趋势。2020年2月14日，证监会修改了《上市公司证券发行管理办法》，其第七十五条规定："依据本办法通过非公开发行股票取得的上市公司股份，其减持不适用《上市公司股东、董监高减持股份的若干规定》的有关规定。"也就是说，《减持新规》

限制的三类股东已经不包括持有上市公司非公开发行股份的股东。同年 3 月 6 日，证监会修订了《上市公司创业投资基金股东减持股份的特别规定》，在中国证券投资基金业协会备案的创业投资基金，其所投资符合条件的企业上市后减持首发股份节奏快慢与创业投资基金在公司上市前投资期限长短反向挂钩。截至发行人首次公开发行上市日，投资期限不满 36 个月的，在 3 个月内通过集中竞价交易减持股份的总数不得超过公司股份总数的 1%；投资期限从 36 个月到 48 个月的，在 2 个月内通过集中竞价交易减持股份的总数不得超过公司股份总数的 1%；投资期限从 48 个月到 60 个月的，可在 1 个月内通过集中竞价交易减持股份的总数不得超过公司股份总数的 1%；投资期限在 60 个月以上的，减持股份总数不再受比例限制。

需要注意的是，因司法强制执行、执行股权质押协议、赠与、可交换债换股、股票权益互换等减持股份的，应当按照《减持新规》办理。但是，大股东减持其通过证券交易所集中竞价交易买入的上市公司股份，不适用《减持新规》。比如，2019 年 2 月 19 日，万科 A 公告，收到钜盛华及其一致行动人前海人寿的《简式权益变动报告书》。11 月 27 日至 12 月 19 日，钜盛华、前海人寿通过集中竞价交易方式合计减持万科 A 股 5.65 亿股，占总股本的 5%。此次减持后，钜盛华和前海人寿对万科的持股比例降至 4.9999998%。钜盛华及其一致行动人前海人寿（宝能系）能够一次性减持 5%，是因为其股份是通过证券交易所集中竞价交易买入的。

此外，上市公司大股东的股权被质押的，该股东应当在该事实发生之日起 2 日内通知上市公司，并予公告。中国证券登记结算公司应当统一制定上市公司大股东场内场外股权质押登记要素标准，并负责采集相关信息。证券交易所应当明确上市公司大股东办理股权质押登记、发生平仓风险、解除股权质押等信息披露内容。因执行股权质押协议导致上市公司大股东股份被出售的，应当执行《减持新规》。2020 年 12 月 16 日，仁某控股发布公告称，公司当日收到控股股东仁某信息发来的《被动减持计划告知函》，鉴于当前股价波动、两融业务到期以及潜在质押违约处置风险的影响，仁某信息及一致行动人仁某天津所持有的公司部分股份可能发生被强制平仓的风险，预计 15 个交易日后的 6 个月内以大宗交易、集中竞价等方式减持公司股份数量不超过公司股份总数的 6%。这一减持就适用

《减持新规》的规定。①

在减持的方式限制上，上市公司大股东还要满足后文所述增减权益变动披露的要求。

（3）限制减持的法律渊源

新证券的这一条还扩展了限制减持的法律渊源，从第一款规定的“《中华人民共和国公司法》和其他法律”扩展到“法律、行政法规和国务院证券监督管理机构，证券交易所的业务规则”，范围更加广泛。同时，违法违规行为的类型也就更加多样，只要不符合持有期限、卖出时间、卖出数量、卖出方式、信息披露等方面，都可能引发违法违规问题。比如《上市公司董事、监事和高级管理人员所持本公司股份及其变动管理规则》规定，上市公司董事、监事和高级管理人员在下列期间不得买卖本公司股票：上市公司定期报告公告前30日内；上市公司业绩预告、业绩快报公告前10日内；自可能对本公司股票交易价格产生重大影响的重大事项发生之日或在决策过程中，至依法披露后2个交易日内；证券交易所规定的其他期间。

（4）违法违规减持的法律责任

违法违规减持主要面临行政责任。《证券法》第一百八十六条规定，违反本法第三十六条的规定，在限制转让期内转让证券，或者转让股票不符合法律、行政法规和国务院证券监督管理机构规定的，责令改正，给予警告，没收违法所得，并处以买卖证券等值以下的罚款。在《减持新规》出台前，因违法减持收到行政处罚的案例较为多见②，但在《减持新规》发布后，相关处罚减少，但吃警示函的案例并不少见。比如，2019年福建证监局发布关于对黄某采取出具警示函措施的决定，认定事实如下：2019年4月30日，傲农生物发布《部分董监高减持股份计划公告》，披露自公告日起十五个交易日后六个月内，黄某将通过上海证券交易所证券交易系统以集中竞价方式减持公司股份（其中窗口期不得减持股份），计划减持数量不超过1,620,000股。截至2019年8月16日，黄某通过集中竞价交易的方式共减持公司股份1,822,096股。其中202,096股未在首次

---

① 参见《关于控股股东及一致行动人被动减持股份的预披露公告》。

② 比如在2015年12月25日当天证监会的新闻发布会上，就披露了5宗违法减持案。在2015年7月8日证监会〔2015〕18号公告公布前，5宗违法减持案当事人作为持有上市公司5%以上股份的股东，在减持上市公司股份的过程中，违反了《证券法》第三十八条、第八十六条规定，存在减持上市公司已发行股份达5%时未及时披露及在限制转让期限内减持上市公司股份的违法行为。

卖出的15个交易日前预先披露减持计划，不符合中国证监会《上市公司股东、董监高减持股份的若干规定》第八条的规定。福建证监局决定对黄某采取出具警示函的监管措施，并记入证券期货市场诚信档案数据库。[①]

根据《上市公司股东、董监高减持股份的若干规定》的规定，上市公司股东、董监高未按照本规定和证券交易所规则减持股份的，证券交易所应当视情节采取书面警示等监管措施和通报批评、公开谴责等纪律处分措施；情节严重的，证券交易所应当通过限制交易的处置措施禁止相关证券账户6个月内或12个月内减持股份。证券交易所为防止市场发生重大波动，影响市场交易秩序或者损害投资者利益，防范市场风险，有序引导减持，可以根据市场情况，依照法律和交易规则，对构成异常交易的行为采取限制交易等措施。

8. 禁止内部人短线交易

《证券法》第四十四条规定，上市公司、股票在国务院批准的其他全国性证券交易场所交易的公司持有5%以上股份的股东、董事、监事、高级管理人员，将其持有的该公司的股票或者其他具有股权性质的证券在买入后六个月内卖出，或者在卖出后六个月内又买入，由此所得收益归该公司所有，公司董事会应当收回其所得收益。但是，证券公司因购入包销售后剩余股票而持有百分之五以上股份，以及有国务院证券监督管理机构规定的其他情形的除外。前款所称董事、监事、高级管理人员、自然人股东持有的股票或者其他具有股权性质的证券，包括其配偶、父母、子女持有的及利用他人账户持有的股票或者其他具有股权性质的证券。公司董事会不按照第一款规定执行的，股东有权要求董事会在三十日内执行。公司董事会未在上述期限内执行的，股东有权为了公司的利益以自己的名义直接向人民法院提起诉讼。公司董事会不按照第一款的规定执行的，负有责任的董事依法承担连带责任。

（1）短线交易的概念。短线交易，在理财的概念上是与“长期投资”或者“价值投资”相对的概念，追求的是资金的高效率运用，快进快出，博取收益。在证券法上对特定主体的这类行为进行了界定——在买入后六个月内卖出，或者在卖出后六个月内又买入。

（2）主体范围。禁止短线交易的主体是上市公司、股票在国务院批准的其他全国性证券交易场所交易的公司持有5%以上股份的股东、董事、监事、高级

① 《关于对黄某尧采取出具警示函措施的决定》。

管理人员。直接的人员范围比《证券法》第三十六条禁止违法违规减持证券的范围要小，后者包括大股东、实际控制人、特定股东（即持有公司首次公开发行股份和持有上市公司非公开发行股份的股东）及董监高。但是，对于禁止短线交易的人员范围，证券法有一个拓展性的规定，包括配偶、父母、子女持有的及利用他人账户持有的股票或者其他具有股权性质的证券，采取“实际持有”的态度，而不是“名义持有”。禁止短线交易的对象也比第三十六条规定的范围要大，不仅包括股票，也包括存托凭证等其他具有股权性质的证券。

值得注意的是，对于短线交易的主体认定标准问题，曾有“一端说”和“两端说”的分歧。所谓的“两端说”标准，是指在买入和卖出两个时间点上均需符合持股5%以上股东身份。例如，美国相关法律专门规定股东在买进或卖出两个点均需持有10%股份。2009年，上海市卢湾区法院关于华某建通诉5%以上股东严某短线交易案例中，法院也采取了两端说的观点，法院认为：行为人首先应获得持有5%以上股份股东的身份，然后在6个月内有一组以上买卖反向交易行为。①

但是，随着实践发展，我国对股东主体身份认定标准有了新的理解。全国人大法工委曾作出《关于证券法第四十七条第一款理解问题的答复意见》（法工办复〔2016〕1号），明确采纳了一端说的标准：证券法第四十七条第一款并没有作出只有在当事人具备上市公司董事、监事、高级管理人员、持有上市公司股份百分之五以上的股东身份后，在六个月内买卖本公司股票的行为才适用本条规定的限制。当事人在买入上市公司股票时不是“上市公司董事、监事、高级管理人员”，在买入后六个月内卖出时具备上述身份的，或者当事人因买入上市公司股票才成为“持有上市公司股份百分之五以上的股东”，其后又在六个月内卖出该上市公司股票的，均应当适用证券法第四十七条第一款的规定②。由此可见，我国对短线交易主体身份的认定采取了更为严格的标准，有利于打击内幕交易、操纵市场和虚假陈述的行为。

（3）法律责任。从法律责任来看，短线交易的所得收益归该公司所有，这被称为短线交易的归入权。短线交易归入权的行使有赖于公司董事会，如果董事

---

① 某夏建通科技开发股份有限公司诉严某证券短线交易收益归入权案，（2009）卢民二（商）初字第984号。

② 浙江JLS国际旅游开发有限公司诉中国证券监督管理委员会行政处罚决定案，最高人民法院（2015）行提字第24号。

会没有执行归入权的，证券法明确规定两个法律后果。第一个法律后果，股东有权要求董事会在三十日内执行。公司董事会未在上述期限内执行的，股东有权为了公司的利益以自己的名义直接向人民法院提起诉讼。这是公司法第一百五十一条规定的股东代位诉讼在证券法上的特殊规定。第二个法律后果，负有责任的董事依法承担连带责任。除了民事上的归入后果以外，短线交易还会带来行政上的责任——《证券法》第一百八十九条规定，上市公司、股票在国务院批准的其他全国性证券交易场所交易的公司的董事、监事、高级管理人员、持有该公司百分之五以上股份的股东，违反本法第四十四条的规定，买卖该公司股票或者其他具有股权性质的证券的，给予警告，并处以十万元以上一百万元以下的罚款。

短线交易是实务中较为常见的案例，行政处罚也较为多发。比如，证监会上海监管局调查发现，2016 年 3 月 25 日至 2016 年 4 月 14 日，张某均为某欣资源持股 5%以上股东。在上述期间，张某证券账户通过上海证券交易所交易系统多次交易，累计买入某欣资源股票 102,000 股，累计卖出 77,000 股。上海监管局决定：对张某给予警告，并处以四万元罚款。[①] 实务中，行为人对此类处罚常提出的抗辩理由是操作失误，没有从事短线交易进行牟利的主观恶意。对此，监管机关认为，根据证券法的规定，当事人是否存在利用内幕信息交易并牟利的主观恶意并非短线交易行为的法定构成要件，格某兰提出的事实上不存在任何利用内幕信息的情形以及没有利用短线交易进行牟利的主观恶意，并不影响短线交易行为的认定。[②]

9. 禁止国资公司违规买卖股票

《证券法》第六十条规定，国有独资企业、国有独资公司、国有资本控股公司买卖上市交易的股票，必须遵守国家有关规定。这一条实际上是对国有资本倾斜保护的条款，为了国有资产的保值增值，降低国有资产流失的风险。国家为国资进入股市设置了一些实体上和程序上的要求。1997 年，国务院批转国务院证券委、中国人民银行、国家经贸委《关于严禁国有企业和上市公司炒作股票的规定》的通知，其中明确规定“国有企业不得炒作股票，不得提供资金给其他机构炒作股票，也不得动用国家银行信贷资金买卖股票”。1998 年《证券法》第七十六条规定：“国有企业和国有资产控股的企业，不得炒作上市交易的股票。”

① 《中国证券监督管理委员会上海监管局行政处罚决定书》，沪〔2018〕2 号。

② 《中国证券监督管理委员会上海监管局行政处罚决定书》，沪〔2016〕4 号。

2005年证券法取消了这一限制，但规定必须符合国家有关规定。2007年，国务院国资委出台《国有单位受让上市公司股份管理暂行规定》，其中第四条规定，国有单位受让上市公司股份应当符合国家有关法律、行政法规和政策规定及本单位的发展规划和年度投资计划，坚持公开、公平、公正原则，有利于国有经济布局和结构战略性调整，有利于加强主业，提升核心竞争力，并做好投资风险的评估、控制和管理工作；第五条规定，国有单位受让上市公司股份应当严格按照《中华人民共和国证券法》等有关法律、行政法规及规章制度的规定，及时履行信息披露等法定义务。国有单位受让上市公司股份应当做好可行性研究，按照内部决策程序进行审议，并形成书面决议；第九条规定，国有单位在一个会计年度内通过证券交易所的证券交易系统累计净受让上市公司的股份（所受让的股份扣除所出让的股份的余额）未达到上市公司总股本5%的，由国有单位按内部管理程序决策，并在每年1月31日前将其上年度通过证券交易系统受让上市公司股份的情况报省级或省级以上国有资产监督管理机构备案的规定；第十二条规定，国有单位受让上市公司股份的方案经国有资产监督管理机构备案后方可组织实施。

在司法实务中，有当事人引用这一条来论证作为100%国有控股的企业通过信托计划的形式违法炒作股票，属于以合法形式掩盖非法目的，且损害社会公共利益，并因此认为合同无效。具体而言，一方当事人认为，对方当事人作为国有企业，在通过信托计划受让股票时应当符合其年度投资计划，应当做好可行性研究，完成内部决策程序，及时履行信息披露义务，并应当完成向国有资产监督管理机构备案，且受让股票的方案应当经备案后方可实施。但在本案中，对方当事人的注册资本为人民币4.61亿元，而投入信托计划的资金为人民币1.66亿元，占其注册资本的三分之一以上。对方当事人并没有提供证据证明该笔资金的来源，也没有证据证明该笔资金是其自有资金。在投资信托计划时并没有依法做好可行性研究及报经有关部门批准或备案而炒作股票产生了大额亏损，其行为已经侵害了国有资产，损害了国家利益。①

（三）从行为上禁止的行为

证券法对这一类行为的禁止，是针对行为本身，属于任何人都可能触及的红

① 华某天泽投资有限公司与深圳市某海创富基金管理有限公司等合同纠纷一审民事判决书，（2019）京02民初110号。

线。只是行为人有特殊的身份，可能对违法的严重程度评价上有所影响。

1. 禁止内幕交易

（1）内幕交易的定义。《证券法》第五十条规定，禁止证券交易内幕信息的知情人和非法获取内幕信息的人利用内幕信息从事证券交易活动。内幕交易，指的是证券交易内幕信息的知情人和非法获取内幕信息的人利用内幕信息从事证券交易活动。这是证券法总则第五十条明确禁止的行为，也是证券法“禁止的交易行为”一节中第一个明确禁止的行为，可见内幕交易行为在证券法上的地位。2007年，证监会专门出台《证券市场内幕交易行为认定指引（试行）》（该指引已于2020年被废止，但仍有参考价值），对证券交易所市场发行、上市的证券发生内幕交易行为的认定作出了明确规定。2012年，最高人民法院、最高人民检察院出台《关于办理内幕交易、泄露内幕信息刑事案件具体应用法律若干问题的解释》，细化了内幕交易和泄露内幕信息的具体认定标准。

（2）内幕人。《证券法》第五十一条规定，证券交易内幕信息的知情人包括：发行人及其董事、监事、高级管理人员；持有公司百分之五以上股份的股东及其董事、监事、高级管理人员，公司的实际控制人及其董事、监事、高级管理人员；发行人控股或者实际控制的公司及其董事、监事、高级管理人员；由于所任公司职务或者因与公司业务往来可以获取公司有关内幕信息的人员；上市公司收购人或者重大资产交易方及其控股股东、实际控制人、董事、监事和高级管理人员；因职务、工作可以获取内幕信息的证券交易场所、证券公司、证券登记结算机构、证券服务机构的有关人员；因职责、工作可以获取内幕信息的证券监督管理机构工作人员；因法定职责对证券的发行、交易或者对上市公司及其收购、重大资产交易进行管理可以获取内幕信息的有关主管部门、监管机构的工作人员；国务院证券监督管理机构规定的可以获取内幕信息的其他人员。

内幕交易的主体是内幕人，包括两类，一是内幕信息的知情人；二是非法获取内幕信息的人。需要注意的是，对内幕信息知情本身不违法，甚至更多时候是合法合理的；非法获取内幕信息虽然是不合法的，但单纯的非法获取行为也不构成内幕交易；二者都需要利用内幕信息从事证券交易活动才构成内幕交易。有学者认为，非依职务偶然、非主动、未采取非法手段获取内幕信息的人对信息所有者并无义务，要求其保密或戒绝交易无法理基础，否则法律遵循或执行成本过高。[①]

证券法采用列举的方式规定了证券交易内幕信息的知情人的范围，概括起来主要是以下几类：①发行人、上市公司层面：公司、董监高、可以获取内幕信息的员工；②股东层面：大股东（持股5%以上）及其董监高；③实际控制人层面：实控人及其董监高；④下属公司层面：控股或控制的公司及董监高；⑤公司外部：收购方或重大资产交易方及其实控人、董监高，因职务、职责、工作或业务往来获取内幕信息的人员。兜底条款是可以获取内幕信息的其他人员。

这里需要注意的是，第一，新证券法将发行人本身纳入了内幕信息知情人的范围，使得规定更加周延，上市公司回购公司股票也受到这一条的规制。第二，怎么理解新增加的第八项——“因法定职责对证券的发行、交易或者对上市公司及其收购、重大资产交易进行管理可以获取内幕信息的有关主管部门、监管机构的工作人员”的指向？前文引用了《公开发行证券的公司信息披露内容与格式准则第29号——首次公开发行股票并在创业板上市申请文件》，其中就包含商务主管部门出具的外资确认文件（如有）、特定行业（或企业）的管理部门出具的相关意见（如有）等，此处的“商务主管部门”和“特定行业（或企业）的管理部门”就属于这一项规定的主体范围。在实务中，证券的发行、交易、并购重组等常常要牵涉到很多部门的审批，获取内幕信息的链条是很长的，敞口也很大。本条虽然打了个补丁，但也很难穷尽。第三，本条的兜底条款，可以获取内幕信息的其他人员。实际上，一项发行交易活动在空间上和时间上都是开放性的，可能获取内幕信息的人员范围难以列举和穷尽，所以这个兜底条款很有必要，也是实务中兵家必争之地。

2022年，证监会在原《关于上市公司内幕信息知情人登记管理制度的规定》基础上制定了《上市公司监管指引第5号——上市公司内幕信息知情人登记管理制度》。根据这一指引，在内幕信息依法公开披露前，上市公司应当按照规定填写上市公司内幕信息知情人档案，及时记录商议筹划、论证咨询、合同订立等阶段及报告、传递、编制、决议、披露等环节的内幕信息知情人名单，及其知悉内幕信息的时间、地点、依据、方式、内容等信息。内幕信息知情人应当进行确认。

---

① 参见缪因知：《反欺诈论下的内幕交易类型重构：原理反思与实证检验》，载《法学家》2021年第1期。

《证券法》第五十一条规定，上市公司收购人或者重大资产交易方及其控股股东、实际控制人、董事、监事和高级管理人员属于内幕信息知情人。上市公司收购和重大资产重组正是内幕交易的高发地带。证券法“上市公司的收购”一章对于持有或者通过协议、其他安排与他人共同持有公司百分之五以上股份的自然人、法人、非法人组织收购上市公司的股份专门规定了报告、通知和披露的义务，在报告、通知和披露前买卖该上市公司的股票，不属于内幕交易行为。需要注意的是，这一竞合的适用只针对收购人，而不包括收购人的控股股东、实控人、董监高，以及其他内幕信息知情人。对于这些主体，仍然要按内幕交易处理。

非法获取内幕信息，通常指的是通过如下手段获取内幕信息：①利用窃取、骗取、套取、窃听、利诱、刺探或者私下交易等手段获取内幕信息；②内幕信息知情人员的近亲属或者其他与内幕信息知情人员关系密切的人员，在内幕信息敏感期内，从事或者明示、暗示他人从事，或者泄露内幕信息导致他人从事与该内幕信息有关的证券、期货交易，相关交易行为明显异常，且无正当理由或者正当信息来源的；③在内幕信息敏感期内，与内幕信息知情人员联络、接触，从事或者明示、暗示他人从事，或者泄露内幕信息导致他人从事与该内幕信息有关的证券、期货交易，相关交易行为明显异常，且无正当理由或者正当信息来源的。[①] 非法获取内幕信息进行的内幕交易，被称作传递型内幕交易。当然，对于普通投资者来说，本来就没有那么多的内幕信息。有一则段子说的是：炒股怎么包赚不赔？首先加入各种炒股交流群，学习炒股知识，获取各种“内幕信息”，然后当别人股票涨的时候起哄，让人家发红包，你只管抢红包，别买股票。

（3）内幕信息。《证券法》第五十二条规定，证券交易活动中，涉及发行人的经营、财务或者对该发行人证券的市场价格有重大影响的尚未公开的信息，为内幕信息。本法第八十条第二款、第八十一条第二款所列重大事件属于内幕信息。证券法对内幕信息的界定采取概括式和列举式相结合的方式。就概括式的定义而言，内幕信息指的是证券交易活动中，涉及发行人的经营、财务或者对该发行人证券的市场价格有重大影响的尚未公开的信息。根据这一定义，内幕信息有两大构成要件。内幕信息最重要的构成要件是“尚未公开”。而公开，指的是能

① 参见《最高人民法院、最高人民检察院关于办理内幕交易、泄露内幕信息刑事案件具体应用法律若干问题的解释》第二条。

够为不特定的人所知悉，通常指的是信息在媒体上披露或被揭露，或者被一般投资者广泛知悉和理解。内幕信息的第二个构成要件是对发行人证券的市场价格有重大影响，也就是具有价格敏感性，既可能是利好的，也可能是利空的。涉及发行人经营、财务的信息属于当然的范畴，其他信息则要结合个案进行判断。所谓“重大影响”，指的是有关信息一旦公开，公司证券的交易价格在一段时期内与市场指数或相关分类指数发生显著偏离，或者致使大盘指数发生显著波动。

证券法同时对内幕信息进行了列举规定。新证券法做出的一项重要修改是明确证券法第八十条第二款所列的影响股票交易价格的重大事件和第八十一条第二款影响债券交易价格的重大事件属于内幕信息。对于这些重大事件，上市公司和新三板公司应当在投资者尚未得知时，立即将有关该重大事件的情况向国务院证券监督管理机构和证券交易场所报送临时报告，并予公告，说明事件的起因、目前的状态和可能产生的法律后果。在正式公告前，这些信息就属于内幕信息。需要注意的是，新证券法把债券相关的重大事件纳入内幕信息范围，加大了债券市场内幕交易的打击力度。

（4）内幕交易行为。《证券法》第五十三条第一款规定，证券交易内幕信息的知情人和非法获取内幕信息的人，在内幕信息公开前，不得买卖该公司的证券，或者泄露该信息，或者建议他人买卖该证券。所谓“利用内幕信息从事证券交易活动”，主要是指在内幕信息公开前，有以下三种情形：①买卖该公司的证券，包括以本人名义，直接或委托他人买卖证券和以他人名义买卖证券；②以明示或者暗示的方式泄露该信息；③为他人买卖或建议他人买卖该证券。其中“以他人名义买卖证券”包括两种情形，一是直接或间接提供证券或资金给他人购买证券，且该他人所持有证券之利益或损失，全部或部分归属于本人；二是对他人所持有的证券具有管理、使用和处分的权益。[①]

内幕交易行为的构成要件是：①行为主体为内幕人；②相关信息为内幕信息；③行为人在内幕信息的价格敏感期内买卖相关证券，或者建议他人买卖相关证券，或者泄露该信息。从内幕信息开始形成之日起，至内幕信息公开或者该信息对证券的交易价格不再有显著影响时止，为内幕信息的价格敏感期。[②]

内幕交易行为的特征是“交易行为明显异常”，在具体认定上，通常综合以

① 参见《中国证券监督管理委员会证券市场内幕交易行为认定指引（试行）》第十三条。

② 参见《中国证券监督管理委员会证券市场内幕交易行为认定指引（试行）》第十二条。

下情形，从时间吻合程度、交易背离程度和利益关联程度等方面予以认定：①开户、销户、激活资金账户或者指定交易（托管）、撤销指定交易（转托管）的时间与该内幕信息形成、变化、公开时间基本一致的；②资金变化与该内幕信息形成、变化、公开时间基本一致的；③买入或者卖出与内幕信息有关的证券时间与内幕信息的形成、变化和公开时间基本一致的；④买入或者卖出与内幕信息有关的证券时间与获悉内幕信息的时间基本一致的；⑤买入或者卖出证券行为明显与平时交易习惯不同的；⑥买入或者卖出证券行为，或者集中持有证券行为与该证券公开信息反映的基本面明显背离的；⑦账户交易资金进出与该内幕信息知情人员或者非法获取人员有关联或者利害关系的。

在具体行为人的认定上，以单位名义实施内幕交易行为，且违法所得归单位所有的，应认定为单位的内幕交易行为；盗用单位名义实施内幕交易行为，违法所得由实施内幕交易行为的个人私分的，应认定为个人的内幕交易行为。个人利用其设立的公司、企业、事业单位实施内幕交易的，或者个人设立的公司、企业、事业单位设立后以实施内幕交易为主要活动的，应认定为个人的内幕交易行为。管理人或受托人等以投资基金、社保基金、保险品种、企业年金、信托计划、投资理财计划等实施内幕交易的，应当认定为管理人或受托人等的内幕交易行为。①

（5）不构成内幕交易的行为。《证券法》第五十三条第二款规定，持有或者通过协议、其他安排与他人共同持有公司百分之五以上股份的自然人、法人、非法人组织收购上市公司的股份，本法另有规定的，适用其规定。上市公司、上市公司控股股东或其他市场参与人，依据法律、行政法规和规章的规定，进行如下市场操作的，一般不构成内幕交易行为：①上市公司回购股份；②上市公司控股股东及相关股东行为履行法定或约定的义务而交易上市公司股份；③经中国证监会许可的其他市场操作。有下列情形之一的，行为人在内幕信息公开前的证券交易活动一般不构成内幕交易行为：①证券买卖行为与内幕信息无关，比如按照事先订立的书面合同、指令、计划从事相关证券、期货交易的，交易具有其他正当理由或者正当信息来源的；②行为人有正当理由相信内幕信息已公开；③为收购

① 参见《中国证券监督管理委员会证券市场内幕交易行为认定指引（试行）》第十五-十八条，《最高人民法院、最高人民检察院关于办理内幕交易、泄露内幕信息刑事案件具体应用法律若干问题的解释》第四条。

公司股份而依法进行的正当交易行为；④事先不知道泄露内幕信息的人是内幕人或泄露的信息为内幕信息；⑤依据已被他人披露的信息而交易的；⑥中国证监会认定的其他正当交易行为；[①] 证券法上只规定了上市公司收购一种情形。

（6）法律责任。内幕交易是证券领域为数不多的同时涉及民事、行政和刑事责任的违法行为。

证券法为内幕交易行为明确规定了民事责任。《证券法》第五十三条第三款规定，内幕交易行为给投资者造成损失的，应当依法承担赔偿责任。实务中此类纠纷的司法判例较为少见。这是因为，比起虚假陈述等证券欺诈纠纷类型，内幕交易纠纷在责任构成、损失认定、因果关系等方面更为复杂，特别是对于因果关系的证明更加富有争议，在少数的几个内幕交易纠纷案件中，因果关系的证成失败都成为原告败诉的理由。更重要的原因是，我国目前关于证券欺诈民事赔偿案件审理的司法解释仅有 2003 年制定，2022 年修定的关于虚假陈述的司法解释，对内幕交易民事赔偿案件的审理在司法解释上是一个空白。2007 年召开的全国民商事审判工作会议明确，对于内幕交易案件审理工作，人民法院应当参照虚假陈述司法解释前置程序的规定来确定案件的受理，并根据关于管辖的规定来确定案件的管辖。但是，法院在受理上也处于比较谨慎的态度。关于内幕交易的民事赔偿案件，光大乌龙指案确立了许多重要的规则，值得关注和研究。未来真正能够对内幕交易形成威慑的是通过民事诉讼，特别是代表人诉讼给行为人带来的巨额赔偿。

内幕交易作为严重的违法行为，证券法也规定了严厉的行政处罚。《证券法》第一百九十一条规定，证券交易内幕信息的知情人或者非法获取内幕信息的人违反本法第五十三条的规定从事内幕交易的，责令依法处理非法持有的证券，没收违法所得，并处以违法所得一倍以上十倍以下的罚款；没有违法所得或者违法所得不足五十万元的，处以五十万元以上五百万元以下的罚款。单位从事内幕交易的，还应当对直接负责的主管人员和其他直接责任人员给予警告，并处以二十万元以上二百万元以下的罚款。国务院证券监督管理机构工作人员从事内幕交易的，从重处罚。第一，对于内幕交易行为，责令依法处理非法持有的证券；第二，要没收违法所得，并处以违法所得一倍以上十倍以下的罚款；没有违法所得或者违法所得不足五十万元的，处以五十万元以上五百万元以下的罚款。第三，

① 参见《中国证券监督管理委员会证券市场内幕交易行为认定指引（试行）》第十九、二十条。

单位从事内幕交易的，还应当对直接负责的主管人员和其他直接责任人员给予警告，并处以二十万元以上二百万元以下的罚款。第四，国务院证券监督管理机构工作人员从事内幕交易的，从重处罚。相比原证券法，新证券法在对内幕交易行为的处罚力度上有了大幅度提高，但处罚的落实还需要行政执法力度的加大，做到“伸手必被捉”。

内幕交易行为还可能构成刑事犯罪，情节严重的，处五年以下有期徒刑或者拘役，并处或者单处违法所得一倍以上五倍以下罚金；情节特别严重的，处五年以上十年以下有期徒刑，并处违法所得一倍以上五倍以下罚金。未来刑法配合证券法进行的联动修改，修改的重点应当包括提高罚金的上限，甚至不设置罚金上限。

综上，在我国目前的法律体系下，内幕交易是一类非常严重的违法甚至犯罪行为，受到民事、行政和刑事三种法律责任的威慑，但当前的法网编织得并不是十分紧密。随着民事责任规则的健全、行政执法力度的加大和刑法的完善，相信未来内幕交易行为将会得到严厉的制裁。

2. 禁止操纵证券市场

市场是价格形成的机制。有市场就会有反市场的行为，就有各种力量试图扭曲价格形成机制并从中获利，这就是操纵市场。证券法作为应对 20 世纪 30 年代全球经济危机而诞生的法律，其主要目的之一就是通过国家的力量干预市场，纠正自由市场中的操纵市场行为。因此，禁止操纵证券是证券法非常重要功能。在我国，早在证券法出台以前的 1996 年，中国证监会曾专门下发《关于严禁操纵证券市场行为的通知》（已失效），对操纵证券市场行为进行界定：“单位和个人以获取利益或者减少损失为目的，利用其资金、信息等优势操纵市场，影响证券市场价格，诱导投资者在不了解事实真相的情况下作出证券投资决定，扰乱证券市场秩序。”1997 年《刑法》第一百八十二条规定了操纵证券市场罪。1998 年制定的现行证券法就对禁止操纵证券市场作出了规定，“禁止任何人以下列手段获取不正当利益或者转嫁风险：……”并具体规定了 4 种情形。1999 年 12 月 25 日《刑法修正案》修改为操纵证券、期货市场罪。2005 年证券法修订，将这段文字修改为：“禁止任何人以下列手段操纵证券市场：……”，删除了“获取不正当利益或者转嫁风险”的规定，只进行列举式的规定。2006 年 6 月 29 日《刑法修正案（六）》又对操纵证券、期货市场罪作了进一步修改完善。2007 年，证监会专门出台《证券市场操纵行为认定指引（试行）》，对证券交易所市场发行、上市的证券发生操纵行为的认定作出明确规定。2019年6月，最高法院和最高检察院又专门出台《关于办理操纵证券、期货市场刑事案件适用法律若干问题的解释》，对操纵证券、期货市场罪的定罪量刑作出进一步解释。新证券法对操纵证券市场行为的界定上重新增加了“影响或者意图影响证券交易价格或者证券交易量”的条件，在操纵市场的情形上也在总结实务经验的基础上有所增加。2020年刑法修正案（十一）对操纵证券、期货市场罪的构成要件和具体情形进一步作出了修正。

对于操纵证券市场行为，通常在学理上分为市场力量型操纵、技术优势型操纵、交易型操纵、信息型操纵和跨市场操纵等类型。但无论哪一种操纵类型，最终的表现都是通过制造量价变动的行情信息，从而扭曲价格形成机制，本质上都是信息型操纵。新证券法采取总分加兜底的方式进行规定。新证券明确规定操纵证券市场的构成要件包括“影响或者意图影响证券交易价格或者证券交易量”。这一点是区分内幕交易和操纵市场（特别是其中的信息型操纵）的关键点，内幕交易的目的是直接通过交易本身牟利，而操纵市场不是通过交易本身牟利，而是通过交易影响量价来牟利。

《证券法》第五十五条第一款规定，禁止任何人以下列手段操纵证券市场，影响或者意图影响证券交易价格或者证券交易量：单独或者通过合谋，集中资金优势、持股优势或者利用信息优势联合或者连续买卖；与他人串通，以事先约定的时间、价格和方式相互进行证券交易；在自己实际控制的账户之间进行证券交易；不以成交为目的，频繁或者大量申报并撤销申报；利用虚假或者不确定的重大信息，诱导投资者进行证券交易；对证券、发行人公开作出评价、预测或者投资建议，并进行反向证券交易；利用在其他相关市场的活动操纵证券市场；操纵证券市场的其他手段。

新证券法强调“影响或者意图影响”，也就是说，操纵市场不一定要以实际的结果为构成要件，只要有主观的意图就可以构成。就具体的类型而言，新证券法列举了7种操纵证券市场行为。在实务中，同时采用几种操纵手段的案件也非常多见。

（1）优势交易。单独或者通过合谋，集中资金优势、持股优势或者利用信息优势联合或者连续买卖。比较典型的是徐某案，在这个案件中，徐某通过资金优势和信息优势相互配合，达到了操纵市场的目的。根据报道，在徐某操纵市场案中，徐某单独或与王某、竺某共同与十三家上市公司董事长、实际控制人合谋，按照徐某等人要求，由上市公司董事长或实际控制人，控制上市公司发布“高送转”方案、释放公司业绩、引入热点题材等利好信息的披露时机和内容，由徐某、王某、竺某利用合谋形成的信息优势，通过实际控制的泽熙产品证券账户、个人证券账户择机进行相关股票的连续买卖，双方共同操纵上市公司股票交易价格和交易量，在股价高位时，徐某等人将通过大宗交易接盘的公司高管减持的股票、提前建仓的股票或定向增发解禁股票抛售，从中获利。①

（2）对敲交易。与他人串通，以事先约定的时间、价格和方式相互进行证券交易。对敲交易的主要目的在于制造交易活跃度，制造虚假行情，从而影响投资者的判断。王某宏、陈某操纵市场案是比较典型的案例。王某宏时任某证券公司做市业务部（场外市场部下设的二级部门）负责人。陈某时任深圳某乘登陆新三板投资中心（有限合伙）总裁。某证券公司场外市场部做市业务在 2015 年底前超额完成业绩考核任务，为减少 2015 年做市业务浮盈，降低 2016 年业绩考核起点，2015 年 12 月 31 日，王某宏在未向公司领导和部门领导请示并得到批准的情况下，同意做市交易总监李某凯对某证券公司重仓的 30 只股票执行“不低于前一日收盘价 20%就可以卖”的交易策略，并将拟低价卖出股票清单告知陈某。当天，王某宏利用某证券公司做市商地位，通过日内连续买卖，并在交易日尾盘以大幅低于投资者买入申报的价格卖出。陈某控制的账户在特殊时点对某证券公司做市户低价卖出的股票进行买入，买入股票情况与某证券公司做市账户重点减仓股票清单高度重合，买入顺序与重点减仓清单的排序完全一致。上述行为影响了“福昕软件”等 14 只股票的交易价格，其中，12 只股票当日跌幅达到 10%以上，导致 12 只股票当天收盘跌幅与新三板做市指数的偏离度均在 10%以上，上述行为构成市场操纵。② 本案的独特之处在于，操纵市场的目的单纯在于影响价格，控制股票的浮盈。

（3）对倒交易。在自己实际控制的账户之间进行证券交易，也叫“洗售”。与对敲交易不同，对倒交易的账户都是由行为人自己控制的。比如在刘某闽操纵市场案中，在 2017 年 2 月 14 日至 3 月 10 日期间，当事人控制账户组采用集中资金优势、持股优势连续买卖，在自己实际控制的账户间交易等手段操纵“日月股份”。其中对倒交易数量占当日账户组成交易总量的比例超过 5%的有 4 个交易

① 新京报：《徐某案一审结束　被控与 13 家上市公司高管合谋获利》，2016 年 12 月 7 日。
② 《中国证监会行政处罚决定书（王某宏、陈某）》，〔2018〕51 号。

日，超过10%的有3个交易日，超过20%的有2个交易日，于2017年3月3日达到最高，为34.04%。2017年2月14日至3月10日期间，日月股份股价由2月14日前一日收盘价39.36元最高上涨至3月2日收盘价65.07元，累计上涨65.32%，同期上证指数由3216.84下跌至3212.76，累计下跌0.13%，偏离度高达65.2%。其后账户组清仓卖出，日月股份股价由3月2日收盘价65.07元最低下跌至3月9日收盘价49.36元，累计下跌24.14%，同期上证指数由3230.03下跌至3216.75，累计下跌0.41%，偏离度高达23.73%。通过以上操纵行为，获利57,255,924.06元。①

对敲和对倒在实务中容易混淆，区别在于对倒是不同行为人（主力）账户之间的交易，而对倒是行为人自己账户间的交易。其区分的核心在于行为人对于账户是否具有“实际的控制力”和决策权，如果有则属于对倒。对敲一般是通过打压股价的方式进行，而对倒通常是通过拉升股价的方式进行。

（4）恍骗交易。不以成交为目的，频繁或者大量申报并撤销申报。这在实操中一般被用作庄家“托单”或“压单”的手段，频繁在买二、买三或者卖二、卖三的档位挂单，一旦买一或卖一成交，则立即撤单，如此循环反复。在一些炒股工具书中，当一只股票出现这类现象的，往往被认为是反向操作的信号。但新证券法将这类行为定性为操纵市场，将面临严重的法律后果。构成该行为的要件要求主观上“不以成交为目的”，行为表现上则是频繁申报撤销，或者大量申报撤销。目前在实务中，许多恍骗交易都是通过计算机程序进行的。

（5）诱导交易。利用虚假或者不确定的重大信息，诱导投资者进行证券交易。这类行为在自媒体时代各种社交平台和股票社区平台上较为常见。行为人通过故意发布一些虚假的信息，或者一些捕风捉影的不确定信息，引诱投资者买入或卖出某只股票。不过这里信息要符合“重大信息”的范畴。至于什么是“重大信息”，可以参照证券法第八十条第二款、第八十一条第二款所列重大事件。这类信息的发布者和发布渠道呈现出及其多元化的态势，而且真假难辨，特别是一些“民间股神”“大V”和消息灵通人士，往往追随者众多，带来的亏损也很惨重。新证券法也将这类行为定性为操纵市场。这类交易常常也跟所谓的“市值管理”相关，相关人员通过释放信息烟雾弹，来达到拉升股票价格的目的。

（6）“抢帽子”交易。对证券、发行人公开作出评价、预测或者投资建议，

① 《中国证监会行政处罚决定书（刘某闽）》，〔2019〕113号。

并进行反向证券交易，这类交易行为被称作是“抢帽子”交易。最高检在第十批指导案例中，发布了朱某明操纵证券市场案，就是一个典型案例。朱某明原系某开证券营业部证券经纪人，是上海电视台第一财经频道《谈股论金》节目（以下简称《谈股论金》节目）特邀嘉宾。2013年2月1日至2014年8月26日，朱某明在任某开证券营业部证券经纪人期间，先后多次在其担任特邀嘉宾的《谈股论金》电视节目播出前，使用实际控制的三个证券账户买入多支股票，于当日或次日在《谈股论金》节目播出中，以特邀嘉宾身份对其先期买入的股票进行公开评价、预测及推介，并于节目首播后一至二个交易日内抛售相关股票，人为地影响前述股票的交易量和交易价格，获取利益。经查，其买入股票交易金额共计人民币2094.22万余元，卖出股票交易金额共计人民币2169.70万余元，非法获利75.48万余元。最高检认为，发布投资咨询意见的机构或者证券从业人员往往具有一定的社会知名度，他们借助影响力较大的传播平台发布诱导性信息，容易对普通投资者交易决策产生影响。其在发布信息后，又利用证券价格波动实施与投资者反向交易的行为获利，破坏了证券市场管理秩序，违反了证券市场公开、公平、公正原则，具有较大的社会危害性，情节严重的，构成操纵证券市场罪。①

“抢帽子”交易无需由证券从业人员等特殊身份主体实施。廖某强系上海广播电视台第一财经频道某知名节目和某周播节目嘉宾主持人，上述两档节目在上海地区的收视率均高于同时段其他频道财经类节目在上海地区的平均收视率。2015年3月至11月，廖某强利用其知名证券节目主持人的影响力，在其微博、博客上公开评价、推荐股票，在推荐前控制使用包括其本人账户在内的13个证券账户先行买入相关股票，并在荐股后的当日或次日集中卖出，牟取短期价差。涉案期间，廖某强实施上述操纵行为46次，涉及39只股票，违法所得共计43,104,773.84元。本案是证监会处罚的非特殊身份主体从事“抢帽子”操纵市场第一案。“抢帽子”操纵行为的实质是当事人具有市场影响力，且其利用自己的影响力推荐、评价、预测股票，后进行反向交易获利。虽然当事人不是证券公司、证券咨询机构等专业机构及其工作人员，但证监会综合考量当事人节目收视率、出版书籍销售量、博客点击率、讲座听众人数及收入等因素，认定当事人在

---

① 《最高人民检察院公布第十批指导性案例》，https：//www.spp.gov.cn/spp/zdgz/201807/t20180712_384674.shtml，最后访问时间2021年5月9日。

证券投资者等特定人群中具有较大的知名度和影响力，能够对众多投资者的投资决策产生影响。根据2005年《证券法》第七十七条的规定，操纵市场的主体为一般主体，故其行为构成“抢帽子”操纵市场。①

（7）跨市场操纵。利用在其他相关市场的活动操纵证券市场，也就是通过跨市场和跨期现的恶意做空或做多进行市场操纵。本类行为的入法，与2015年的股市异常波动有关。当时市场上普遍认为期指恶意做空是近期市场下跌的主要原因，后来也查处了伊士顿公司等利用股指期货操纵市场的违法行为。早在1998年的东南亚金融危机中，索罗斯的对冲基金就是利用股票期货交易影响股票和外汇市场。有专家认为，跨市场操纵市场最典型的案例应属索罗斯对阵香港的金融大战。首先，索罗斯将资金秘密进入香港，将美元换成港元，并拉高港元汇率；其次，趁资产出现泡沫的机会逢高做空港元、香港股指期货和利用融券做空股票市场；再次，大肆抛空港元，导致股指期货、证券价格大幅下挫；最后逢低平仓获利。索罗斯对香港金融入侵一共有三次，前两次利用上述策略均获得成功，但最后一次香港政府出手，逢低大量买进香港股指期货，稳定股指期货市场，“香港金融保卫战”才得以胜利。② 在具体的行为类型上，既可以是操纵现货影响期货市场价格，也可以是操纵期货影响现货市场价格。③

（8）法律责任。操纵市场跟内幕交易一样，同时涉及民事、行政和刑事责任的违法行为。

首先，《证券法》第五十五条第二款规定，操纵市场给投资者造成损失的，行为人应当依法承担赔偿责任。操纵证券交易市场责任纠纷同样是证券欺诈纠纷的子案由之一。也是由于对操纵市场民事赔偿案件的审理在司法解释上没有支撑，这类民事案件和民事赔偿在实务中较为少见，投资者索赔存在较大障碍。2007年召开的全国民商事审判工作会议认为，对于内幕交易和操纵市场民事赔偿案件审理工作，人民法院应当参照虚假陈述司法解释前置程序的规定来确定案件的受理，并根据关于管辖的规定来确定案件的管辖。与内幕交易案同样的逻辑，操纵市场案件中，由于法院通常适用传统侵权法的逻辑来审理，投资者要证

① 2020年11月6日，最高人民检察院联合中国证券监督管理委员会召开以“依法从严打击证券违法犯罪　维护金融市场秩序”为主题的新闻发布会，发布12起证券违法犯罪典型案例，包括6起证券犯罪典型案例、6起证券违法典型案例，这是其中一起证券违法典型案例。

② 《撕开跨期现市场操纵的“面纱”》，载《中国证券报》2015年7月20日。

③ 参见程红星、王超：《跨市场操纵立法与监管研究》，载《证券法苑》第22卷。

明操纵行为，以及操纵行为与损失之间的因果关系难度很大。比如，在史某华、安徽省某形耐磨材料股份有限公司操纵证券交易市场责任纠纷案中，关于某形公司是否实施了操纵证券交易市场的侵权行为，也即某形公司是否是本案的侵权行为人，法院认为：①根据谁主张谁举证的原则，史某华应举证证明某形公司实施了证券市场操纵行为，某形公司是实际侵权人。根据史某华于本案审理期间提供的证据，仅说明案外人与陈某新个人的资金往来，出庭的证人亦未认可陈某新以某形公司名义与相关主体有资金往来，史某华并无证据证明陈某新是以某形公司名义对外进行资金往来。②关于史某华认为陈某新的行为构成职务行为的理由，职务行为是工作人员行使职务的行为，是履行职责的活动，判断职务行为的要素包括行为人是以谁的名义从事民事行为。职务行为一般是以单位的名义对外从事民事活动，行为人以个人名义对外从事民事活动的，不能认定为职务行为。史某华提供的证据不能证明陈某新是以公司名义进行资金往来，某形公司也未追认，故史某华的该理由不能成立。③中国证监会并未对操纵行为人操纵某形股份股票进行认定并作出行政处罚决定。结合以上几点分析，本案尚不足以认定某形公司实施了操纵证券交易市场的侵权行为，不能认定某形公司是操纵行为人。此外，本案系侵权案件，史某华对其损失由操纵证券交易市场的行为造成的因果关系应承担举证责任。史某华对此亦无证据证明，应承担举证不能的法律后果。[①] 2021年3月，四川省高级人民法院对投服中心提起的全国首例操纵市场民事赔偿支持诉讼——恒康医疗案作出二审判决，投资者胜诉，实现了操纵市场民事赔偿实务领域“零的突破”。该案属典型信息型操纵，投服中心支持诉讼认为，操纵市场的违法行为造成了股价偏离真实的市场价，应采用真实价格与实际买入价之间的差额计算投资者损失，参考申万中药三级指数涨跌幅计算出拟制“真实价格”作为市场价格，以损益相抵原则计算原告损失金额。成都中院一审判决认定，被告在2013年5月9日至7月4日期间实施了操纵恒康医疗公司股价的行为；原告投资被操纵的证券虽存在损失，但主张的损失计算方法缺乏法律依据，应参考虚假陈述司法解释计算出原告损失；原告在被告操纵行为市场行为期间买入并在操纵市场结束后卖出恒康医疗股票产生亏损，参考虚假陈述司法解释显然具有因果关系。二审法院驳回一审被告上诉请求，维持原判。

---

① 史某华、安徽省某形耐磨材料股份有限公司操纵证券交易市场责任纠纷二审民事判决书，(2019)皖民终111号。

其次，在行政责任上，新证券法大幅提高了操纵市场的处罚幅度。《证券法》第一百九十二条规定，违反本法第五十五条的规定，操纵证券市场的，责令依法处理其非法持有的证券，没收违法所得，并处以违法所得一倍以上十倍以下的罚款；没有违法所得或者违法所得不足一百万元的，处以一百万元以上一千万元以下的罚款。单位操纵证券市场的，还应当对直接负责的主管人员和其他直接责任人员给予警告，并处以五十万元以上五百万元以下的罚款。需要说明的是，在原证券法中，操纵证券市场就属于处罚最为严厉的违法情形。除了“没一罚五”的宽幅处罚本身就很有弹性外，个人的罚款数额的上限定在了300万元，远高于内幕交易的60万元，更高于通常情况下的30万元。新证券法将“没一罚五”提高到了“没一罚十”，并将罚款上限进一步提高到一千万元。

2020年5月，证监会公布了2019年证监稽查20起典型违法案例，其中6起是操纵市场案（2例构成犯罪，4例受到了行政处罚）。证监会借此也对操纵市场违法行为进行了警示。比如，赵某操纵市场案（行政处罚决定书［2019］128号）。本案系一起实际控制人滥用信息优势操纵上市公司股价的典型案件。2015至2018年，浙江某利华电气股份有限公司（以下简称某利华电）董事长、实际控制人赵某与公司原财务总监楼某萍、配资中介朱某峰合谋，在筹划实施重大资产重组和股权转让过程中人为控制股票停牌时点，操纵股价。证监会认为，本案的查处表明，以“市值管理”之名行操纵股价之实严重违反证券法规，大股东、实际控制人及市场机构相关各方应远离“伪市值管理”。①

最后，《刑法》也将操纵证券市场作为犯罪行为。《刑法》第一百八十二条明确规定操纵证券市场，情节严重的，处五年以下有期徒刑或者拘役，并处或者单处罚金；情节特别严重的，处五年以上十年以下有期徒刑，并处罚金；单位犯前款罪的，对单位判处罚金，并对其直接负责的主管人员和其他直接责任人员，依照前款的规定处罚。值得注意的是，《刑法修正案（十一）》专门对该条进行了修正，将“影响证券、期货交易价格或者证券、期货交易量”作为明确的犯罪构成要件，并根据新证券法明确了“幌骗交易操纵”“蛊惑交易操纵”“抢帽子操纵”等操纵市场的类型。

① 《证监会公布2019年证监稽查20起典型违法案例》，http：//www.xinhuanet.com/2020-05/10/c_1125964335.htm，最后访问时间2021年5月15日。

3. 禁止编造、传播虚假信息或者误导性信息

《证券法》第五十六条规定，禁止任何单位和个人编造、传播虚假信息或者误导性信息，扰乱证券市场。禁止证券交易场所、证券公司、证券登记结算机构、证券服务机构及其从业人员，证券业协会、证券监督管理机构及其工作人员，在证券交易活动中作出虚假陈述或者信息误导。各种传播媒介传播证券市场信息必须真实、客观，禁止误导。传播媒介及其从事证券市场信息报道的工作人员不得从事与其工作职责发生利益冲突的证券买卖。编造、传播虚假信息或者误导性信息，扰乱证券市场，给投资者造成损失的，应当依法承担赔偿责任。

证券市场是信息市场，证券市场监管和打击证券市场犯罪主要就是围绕信息的产生、披露、传播、使用等各个环节中的违法行为展开的。比如，虚假陈述行为主要针对的是发行人、上市公司等信息披露义务人产生和披露信息，对于这类信息，证券法要求必须真实、准确、完整、及时地披露；内幕交易行为针对的是利用尚未公开的对证券价格有重大影响的信息；利用未公开信息交易行为针对的是利用内幕信息以外的其他未公开信息；操纵市场行为主要是通过制造量价变动的行情信息，扭曲价格形成机制的行为。

编造、传播虚假信息或者误导性信息的行为同样是针对证券市场信息的违法行为，而且针对的是一般主体，因此在界定上既要明确与这些行为的区分，也要注意可能的竞合。编造、传播虚假信息或者误导性信息的行为与前述几类行为重在追求某种特定的后果（粉饰业绩、牟利、影响量价）相比，最大的区别在于，行为人对于行为的后果更多是一种放任的不负责任的态度，这有点像刑法上的“寻衅滋事”——寻求刺激、发泄情绪、逞强耍横、无事生非、信口开河。比如，2020 年 3 月，证监会作出处罚决定，对牟某华编造、传播“据外媒报道，新任证监会主席紧急上书，建议暂缓科创板实施”等信息作出处罚。[①] 再比如，2016 年 10 月，证监会对时任五矿证券首席策略师王某春作出处罚，其违法事实为：2016 年 2 月 24 日 12 点 23 分，王某春手机微信中一个名为“牛群”的微信群中的好友“阿青”在 12 点 23 分发布了一条微信，内容是“知情人士透露，自 3 月 1 日起创业板将全面停止审核，后续按注册制实施；主板和中小板暂时未定，择期再做安排”。王某春在 13 点 21 分通过其手机 QQ 中的“策略”群转给了杨某子，随即杨某子把该信息转发到微博上。王某春的该条微博先后被 1356

① 参见《中国证监会行政处罚决定书（牟某华）》，〔2020〕5 号。

人阅读，1 人转发。被调查人员询问后，王某春删除了该条微博记录。[①] 这两例就是属于典型的编造、传播虚假信息或者误导性信息的行为。

具体来看，与内幕交易行为和利用未公开信息交易行为的区分是比较明显的，主要看涉及的信息是否属于内幕信息或内幕信息以外的未公开信息；通常情况下，内幕信息和其他未公开信息都是真实的信息，而非虚假或误导性的信息。与虚假陈述行为就可能构成竞合关系。虚假陈述行为就包括信息披露义务人对重大事件作出违背事实真相的虚假记载和误导性陈述，在这种情况下就可能构成法条上的竞合，如果属于信息披露义务人的虚假陈述，就不适用编造、传播虚假信息或者误导性信息的范畴。与操纵市场行为，特别是其中的信息优势交易和诱导交易相比，主要的区别在于是否有影响量价的意图，如果有，则可能会产生竞合关系，优先适用操纵市场的规定。比如各种“股市黑嘴”和“财经大 V”的言论，如果属于有提前建“老鼠仓”配合荐股出货等行为，则可能构成操纵市场，而如果纯粹是满嘴跑火车，则也可能属于此条规范之列。2020 年 3 月，某著名网络大 V 因通过微博、微信公众号发表言论提供证券市场投资分析意见被监管谈话，如果情形严重，就可能落入证券法第五十六条的范围。

禁止编造、传播虚假信息或者误导性信息，意在使证券市场上的主体审慎地对待制造和传播信息行为，并对自己的言论负起责任。第五十六条的规定针对的是一般主体，但在第二款和第三款专门对两类尤其应当负责任说话的主体作出规定。第一类是证券交易场所、证券公司、证券登记结算机构、证券服务机构及其从业人员，证券业协会、证券监督管理机构及其工作人员，可以概括为证券从业和监管人员。这类人员在市场上一言一行都要十分谨慎，不得信口开河，也不得故弄玄虚，否则都可能产生对市场的误导，尤其是在证券交易活动时。第二类是传播媒介，既包括报刊、广播电视、网站等传统媒体，也包括微博、微信、雪球等新媒体平台或大 V 在各大平台上的自媒体。这里的“媒介”的范围比第八十六条“证券交易场所的网站和符合国务院证券监督管理机构规定条件的媒体”的范围要广。需要注意的是，本条规定中“传播媒介及其从事证券市场信息报道的工作人员不得从事与其工作职责发生利益冲突的证券买卖”属于特殊主体才可能违反的禁止行为。

在法律责任上，编造、传播虚假信息或者误导性信息同时面临民事责任、行

① 参见《中国证监会行政处罚决定书（王某春）》，〔2016〕115 号。

政责任和刑事责任。在民事责任方面，《证券法》第五十六条第四款规定，编造、传播虚假信息或者误导性信息，扰乱证券市场，给投资者造成损失的，应当依法承担赔偿责任。但投资者依据这一条索赔，同样面临前述内幕交易、操纵市场等行为的障碍，亟须相关规范或司法解释的进一步支撑。

在行政责任方面，《证券法》第一百九十三条第一款、第二款规定，违反本法第五十六条第一款、第三款的规定，编造、传播虚假信息或者误导性信息，扰乱证券市场的，没收违法所得，并处以违法所得一倍以上十倍以下的罚款；没有违法所得或者违法所得不足二十万元的，处以二十万元以上二百万元以下的罚款。违反本法第五十六条第二款的规定，在证券交易活动中作出虚假陈述或者信息误导的，责令改正，处以二十万元以上二百万元以下的罚款；属于国家工作人员的，还应当依法给予处分。因此，对于一般主体和传播媒介而言，编造、传播虚假信息或者误导性信息，要达到扰乱证券市场的后果，才会有行政处罚；而对于证券从业人员和监管人员，只要在证券交易活动中作出虚假陈述或者信息误导的，无论是否扰乱证券市场，都会导致处罚或处分。

具体案例来看，2020 年 7 月 7 日，江苏证监局下发处罚决定书，认定东吴证券发布马某博、汤某亮作为证券投资咨询分析师署名的《福成深度报告二：3 个 100 亿支撑市值翻倍》（以下简称《福成研报》或研报）。2016 年 10 月 25 日，河北福成五丰食品股份有限公司（以下简称福成股份或公司）发布《河北福成五丰食品股份有限公司澄清公告》，对研报有关内容予以澄清。《福成研报》内容存在虚假陈述和信息误导。马某博作为证券从业人员，发布的专业研究报告存在虚假陈述和信息误导，证监局适用原证券法第七十八条第二款对其违法行为予以处罚。①

在刑事责任方面，《刑法》第一百八十一条规定，编造并且传播影响证券交易的虚假信息，扰乱证券交易市场，造成严重后果的，处五年以下有期徒刑或者拘役，并处或者单处一万元以上十万元以下罚金。证券交易所、证券公司的从业人员，证券业协会或者证券监督管理部门的工作人员，故意提供虚假信息或者伪造、变造、销毁交易记录，诱骗投资者买卖证券，造成严重后果的，处五年以下有期徒刑或者拘役，并处或者单处一万元以上十万元以下罚金；情节特别恶劣的，处五年以上十年以下有期徒刑，并处二万元以上二十万元以下罚金。单位犯

① 《中国证券监督管理委员会江苏监管局行政处罚决定书（马某博、汤某亮）》，〔2020〕3 号。

前两项罪的，对单位判处罚金，并对其直接负责的主管人员和其他直接责任人员，处五年以下有期徒刑或者拘役。

4. 禁止违规出借证券账户

证券账户是证券投资者进行交易的基本单位，证券账户的真实、独立、安全也是证券交易的基本前提，而其中账户真实更是前提的前提。关于证券账户，《证券法》第一百零六条规定，投资者应当与证券公司签订证券交易委托协议，并在证券公司实名开立账户，以书面、电话、自助终端、网络等方式，委托该证券公司代其买卖证券。投资者应当使用实名开立的账户进行交易。原证券法规定："禁止法人非法利用他人账户从事证券交易；禁止法人出借自己或者他人的证券账户。"新证券法对此作出修改，将禁止出借证券账户的范围从法人扩展到任何单位和个人。这是因为，实践中各种违法证券交易行为都是通过借用或者控制证券账户进行的。比如，前述徐某操纵证券市场案中，徐某实际控制了139个账户进行交易。民间的各种"场外配资"、非法增加杠杆也多是通过出借证券账户进行的。因此，从打击违法交易行为的角度，严格禁止出借证券账户势在必行。

《证券法》第五十八条规定，任何单位和个人不得违反规定，出借自己的证券账户或者借用他人的证券账户从事证券交易。需要注意的是，实务中普遍存在家庭成员间互相代管证券账户或者混同操作的情形，如果也将其纳入"违规出借证券账户"的范围，不仅有违立法本意，也不具有法理上的可归责性和执法的可操作性。因此，证券法将"违反规定"作为前提条件，实际上是授权证券监管机构对出借证券账户的具体情形进行区分规定。

同第五十七条的规定相同，禁止违规出借证券账户更高层面的考虑是维护金融安全和防范风险。因此，对于出借证券账户而进行的交易，很有可能在司法上面临无效的后果，最典型的是"场外配资"合同。所谓场外配资，是"借钱投资"的一种，主要是"借钱炒股"。场外配资的典型模式是，融资方借助配资方的证券账户和资金账户进行证券交易，取得该账户的密码和操作路径（如开通网上操作），并转入自有资金以及作为担保品的证券；配资方对自身的账户有监督以及最终操作的权限，从而能够观察担保品的充分性并行使强制平仓权。近年来，场外配资带来的风险和纠纷屡屡爆发，引起了监管和司法的关注，但却屡禁不止。《九民纪要》一锤定音，"除依法取得融资融券资格的证券公司与客户开展的融资融券业务外，对其他任何单位或者个人与用资人的场外配资合同，人民法院应当根据《证券法》第142条、《合同法司法解释（一）》第10条的规定，认定为无效”。

《九民纪要》在认定合同无效的依据上没有引用《证券法》关于禁止出借账户的规定，主要是因为原证券法禁止的主体仅限于法人。新证券法的规定为司法上认定场外配资的合同无效提供了一个新的依据。但是，证券法关于账户实名制的规定是否属于效力性强制性规定进而导致合同无效仍然在司法上存在争议。

在法律责任上，证券法对出借方和借用方都设置了行政处罚。《证券法》第一百九十五条规定，违反本法第五十八条的规定，出借自己的证券账户或者借用他人的证券账户从事证券交易的，责令改正，给予警告，可以处五十万元以下的罚款。

5. 禁止违规程序化交易

中国的证券市场在信息科技应用方面一直都是十分突出的，“无科技不金融”在证券领域早已经是共识。近年来的金融科技发展浪潮之下，证券行业更是最大的获益者之一。2019年上市券商的年报中，“金融科技”都是高频词，更有券商设立了首席科学家职位。据《证券日报》记者根据上市券商2020年上半年报告不完全统计，目前多家头部上市券商90%以上的股票及基金经纪交易额通过移动端完成、通过互联网新开账户约占总开户数的90%、互联网平台进行的理财产品销售额也有大幅增长。其中，某代表性券商移动终端客户开户数占全部开户数比例超99%，超88%的交易客户通过APP进行交易。①

在证券领域金融科技运用的场景中，程序化交易一直是最具有想象力的一个，因为程序化交易以程序和软件完成交易，可以一丝不苟执行交易策略和纪律，克服人性的弱点，节约交易成本。但也正是因为如此，由于交易策略的趋同，在市场单边呈现行情的时候，程序化交易会大规模助长单边态势。2015年我国证券市场的短期大幅下跌就与程序化交易的广泛应用不无关系。程序化交易由系统或软件自动下单，一旦达到风控设定的预警线和平仓线等，系统和软件会以最快的速度进行抛售，大规模程序化交易由此会加剧市场波动。为此，2015年10月，证监会专门制定《证券期货市场程序化交易管理办法》（以下简称《办法》）并公开征求意见。根据这一《办法》，程序化交易是指通过既定程序或特定软件，自动生成或执行交易指令的交易行为。由于市场的波动，该办法最

① 《券商上半年布局透视：金融科技赋能 数字化转型加速》载《证券日报》2020年8月23日。

终未正式出台。

但是随着近年来人工智能在金融领域的广泛应用，程序化交易再次受到关注。关于程序化交易的规范，也是本次修法过程中一个热点讨论的问题。在2018年4月央行等多部委出台的《资管新规》中，就对此作出了回应——金融机构应当根据不同产品投资策略研发对应的人工智能算法或者程序化交易，避免算法同质化加剧投资行为的顺周期性，并针对由此可能引发的市场波动风险制定应对预案。因算法同质化、编程设计错误、对数据利用深度不够等人工智能算法模型缺陷或者系统异常，导致羊群效应、影响金融市场稳定运行的，金融机构应当及时采取人工干预措施，强制调整或者终止人工智能业务。①

《证券法》第四十五条规定，通过计算机程序自动生成或者下达交易指令进行程序化交易的，应当符合国务院证券监督管理机构的规定，并向证券交易所报告，不得影响证券交易所系统安全或者正常交易秩序。考虑到程序化交易在我国证券市场上还属于新鲜事物，且不断推陈出新，不具备在法律上详细规定的条件，新证券法授权国务院证券监督管理机构对程序化交易进行立法。参考2015年的《办法》，程序化交易规范的核心制度有建立申报核查管理制度、明确接入管理要求、建立指令审核机制、对程序化交易进行差异化收费、严格规范境外服务器的使用、严格监督管理，加强证券期货交易所的实时监控等。② 其中值得关注的是，明确列举了7类禁止的程序化交易行为，包括证券自买自卖、期货自成交、频繁报撤且成交较低、影响收盘价、误导他人交易、制造趋势以影响价格及其他等。诸如此类的行为，如果影响证券交易所系统安全或者正常交易秩序的，可以依据证券法进行处理——责令改正，并处以五十万元以上五百万元以下的罚款；对直接负责的主管人员和其他直接责任人员给予警告，并处以十万元以上一百万元以下的罚款。此外，根据《办法》的规定，证券、期货业协会将建立违规程序化交易者的“黑名单制度”。

目前关于程序化交易的案件目前不多见，最著名的是证监会2019年作出处罚的伊世顿案。经调查了解的案件事实包括，2014年7月至2015年7月，华某期货原技术总监金某组织、安排信息技术部员工下载、测试、安装、运行、维护由伊世顿公司开发的交易系统（以下简称RM系统），使用华某期货IP、席位号

① 参见《关于规范金融机构资产管理业务的指导意见》第二十三条。

② 参见《证券期货市场程序化交易管理办法（征求意见稿）》。

连接中金所、上海期货交易所和大连商品交易所交易系统，后又将伊世顿公司客户端策略机安装在华某期货机房内，以便伊世顿公司通过客户端策略机和RM系统进行程序化交易。证监会依据《期货交易管理条例》（2013年修订）对相关单位和人员作出了处罚决定。①

6. 禁止资金违规流入股市

《证券法》第五十九条第一款规定，依法拓宽资金入市渠道，禁止资金违规流入股市。禁止投资者违规利用财政资金、银行信贷资金买卖证券。

货币资金是股市的真正源头活水。每逢降准降息，股市总是要涨。股市上资金的来源也决定了市场的总体风格。如果资金主要来自散户，那市场投机性就比较强；而如果资金主要来自机构，则市场一般较为稳健。社会上也一直在呼吁社保基金、企业年金、职业年金等长期资金进入股市。根据《保险法》的规定，保险公司的资金运用限于特定的形式，其中就包括买卖债券、股票、证券投资基金份额等有价证券。因此，每当股市低迷，保险资金就会被当作为“救市”的白骑士。

但是，股市对于资金也并非来者不拒。“禁止资金违规流入股市”有两层含义，一是法律法规有明确规定不能用于投资股票的资金，不能流入股市；二是法律对于允许投资股票的资金有限制性规定的，不能违反这些规定。至于什么样的资金不应当流入股市，什么才是合规的入市，证券法没有作出明确规定，“违规”的意思是交给政策来确定。比如，根据2014年原保监会下发的《关于加强和改进保险资金运用比例监管的通知》，保险资金投资权益类资产的账面余额占保险公司上季末总资产的监管比例分别不高于30%，投资单一蓝筹股票的余额占上季度末总资产的比例不高于5%。2015年市场异常波动之后，7月8日，为了让险资救市，原保监会下发文件，对于满足特定条件的公司，经报监管备案后，可以将投资单一蓝筹股票的余额占上季度末总资产的监管比例上限由5%调整为10%；投资权益类资产的余额占上季度末总资产比例达到30%的，可进一步增持蓝筹股票，增持后权益类资产余额不高于上季度末总资产的40%。② 这实际上埋下了2015年著名的“宝万之争”的导火索。

证券法特别禁止两类资金违规买卖证券——财政资金和银行信贷资金。其中

---

① 《中国证券监督管理委员会上海监管局行政处罚决定书》，沪〔2019〕16号。

② 《险资买股票再松绑，这次与2015年有何不同?》，载“中新经纬”2020年3月23日。

关于信贷资金不得入市的规定较多，原因也是显而易见的。证券市场的风险和不确定性要远大于信贷市场。信贷资金进入信贷市场，无形中放大了信贷业务的风险，也增加了整体的金融风险。2006 年，原银监会就曾下发《关于进一步防范银行业金融机构与证券公司业务往来相关风险的通知》，严格禁止任何企业和个人挪用银行信贷资金直接或间接进入股市，银行业金融机构不得贷款给企业和个人买卖股票。2007 年，原银监会又发布《关于有效防范企业债担保风险的意见》，要求防范发债所筹资金违规流入股市。事实上，银行业监管部门一直严禁信贷资金违规流入股市。2020 年 4 月 28 日，农业银行金华分行就因信贷资金违规流入股市等五项违法违规事实遭罚 145 万元。①

至于财政资金，更应当专款专用，不能挪用，更不能流入股市放大风险。2015 年 6 月，在 A 股大跌之前，南充市财政局通过集合竞价的方式卖出持有的金宇车城 403.7 万股，加上 5 月下旬卖出的约 226 万股，南充市财政局收入 2 亿多元。至此，南充市财政局持有金宇车城的流通股几乎售卖殆尽，还剩下 700 多万限售股，一时间被称为“炒股高手”。不过南充市财政局也因此饱受质疑②。单就此事件而言，南充市财政局称为“炒股高手”或许有历史的原因；也因为在大跌前夕成功逃顶，并没有造成财政资金的亏损，否则很难想象如何去弥补。新证券法作出明确规定后，类似的情形应当做出纠正。也是在 2015 年，财政部制定了《政府投资基金暂行管理办法》，明确规定政府投资基金不得投资股票。③

---

① 《信贷资金违规流入股市、被挪用买地……农行遭罚 145 万》，载“中新经纬”2020 年 4 月 28 日。

② 《四川南充财政局股市减持套现两亿遭质疑》，http：//www.xinhuanet.com/politics/2015-07/08/c_127996121.htm，最后访问时间：2022 年 4 月 16 日。

③ 参见《政府投资基金暂行管理办法》第十二条。

第四讲
"白骑士"与"野蛮人"——上市公司的收购规则

一、"宝万之争"

(一)"野蛮人"敲门

2015年的中国证券市场，除了那一场刻骨铭心的"股市异常波动"，还有一场同样惊心动魄的"宝万之争"。2019年12月19日，万科发布公告，宝能系持股已经减到5%以下，此时距离2015年7月11日宝能系的前海人寿持股万科A达到5%的首次举牌已经四年多了。在2015年7月11日以前，万科的股权高度分散，没有一家股东持股比例超过20%，第一大股东华润集团持股比例也不到15%且不干涉经营管理，实际经营管理由王石为首的管理层负责。2008年，万科公开宣布公司无实际控制人。

2015年7月25日，宝能系第二次举牌万科，持股已达10%。此时，万科管理层开始寻求第一大股东华润增持但未得到明确回应，但华润明确反对定向增发H股的提案。2015年8月26日，宝能系再次增持万科股份到15.04%，超过华润，但表示仍是财务投资。2015年9月7日，华润少量增持股份，暂时夺回第一大股东身份。与此同时，华润与万科管理层仍在商议各种“抵御”方案，但一直无果。2015 年 12 月 6 日，万科公告，宝能系持股达 20%，再次成为第一大股东。

2015 年 12 月 10 日，深交所向宝能系发出关注函，要求重点说明借道杠杆资金举牌的问题，并要求说明其成为万科第一大股东的具体日期和持股比例（由于通过资管计划实际获得第一大股东的时间早于披露日）。

2015 年 12 月 16 日，宝能系继续增持万科股权比例至 22.45%。次日，王石在内部讲话中表示，不欢迎宝能系成为第一大股东。“你想增持万科股票，是万科的荣幸，但是想成为第一大股东，我是不欢迎的。”不欢迎的原因有二：一是宝能系“信用不够”。万科多年来股权分散，靠着制度和团队受到了中小股东多年的跟随，如果宝能系通过大举借债、强买成为第一大股东，甚至私有化，很可能毁掉万科最为值钱的东西——品牌信用。二是资金有风险。“万科的股票当然可以随买随卖，但是一旦超过 5%，就不是短期投资。短债长投，这个风险是非常大的。尤其到了 20%之后，拉了几个涨停板后还在买。宝能系层层借钱，循环杠杆，没有退路。”① 宝能对此做出回应，称集团恪守法律，相信市场力量。

（二）寻找“白骑士”

2015 年 12 月 18 日，由于停牌前一段时间万科股票快速上涨和筹划重大资产重组，万科 A 股和 H 股双双停牌。2016 年 1 月 6 日万科 H 股复牌，累计停牌日为 10 个交易日；2016 年 7 月 4 日，万科 A 股复牌，累计停牌日超过 130 个交易日。停牌前的几个交易日，惠理和安邦都分别增持万科股份到 5%以上。截至停牌，万科的持股情况为，宝能系 24.26%，华润 15.29%，安邦 7%，万科管理层 4.14%。

2015 年 12 月 23 日，万科发布公开信，其中提到“我们欢迎所有投资者购买万科的股票。但为什么又说不欢迎宝能系？不是不欢迎它买万科股票，而是不欢迎它收购公司、控制公司。不欢迎，不是因为不喜欢它，或者看不上它，而是它的文化、经营风格与万科不相容。我们不是说万科的文化、经营风格比它优越，而是因为，万科文化、经营风格是万科品牌、信用的基础，如果万科的文化被改

① 《王石在万科内部讲话：不欢迎宝能系成第一大股东》，http：//news.youth.cn/gn/201512/t20151218_7433851.htm，最后访问时间：2022 年 4 月 16 日。

变，那么万科将不再是万科，万科可能失去它最宝贵的东西”。与此同时，万科管理层一直在推进重大资产重组事宜，寻找“白骑士”，中粮集团、华润置地、深圳地铁等国企都成为潜在的重大资产重组对象。

2016年3月12日，万科与深圳地铁举行战略合作备忘录签约仪式，但华润方面事前并不知情。3月14日，万科公告与深圳地铁的合作备忘录的内容——主要包含“地铁集团将出售，并且本公司将购买，地铁集团下属公司（以下简称目标公司）的全部或部分股权。目标公司在双方签署正式的交易文件时，地铁集团将注入部分优质地铁上盖物业项目的资产。初步预计交易对价介于人民币400-600亿元之间，具体交易对价以独立第三方的评估结果为依据，由双方遵循各自适用的程序规定协商确定。本公司拟采取以向地铁集团新发行股份为主，如有差额以现金补足的方式收购地铁集团持有的目标公司全部或部分股权。”虽然万科表示备忘录“没有法律拘束力”，但华润反映较为强烈，向监管机构和万科董事会成员发出信函，认为万科与深圳地铁的备忘录没有经过董事会讨论，在程序上存在问题。万科解释称，签署无法律拘束力的备忘录，并不需要通过董事会、股东大会审议，而且由于该事项与股价密切相关，应当在第一时间进行公告，保护投资者知情权。此后，深圳市政府、市国资委、国务院国资委等都先后介入此事件进行协调，但未取得结果。

2016年6月17日，万科董事会讨论通过了发行股份购买深圳地铁资产的预案。华润集团3名董事投了反对票。6月18日，华润集团先后通过媒体和官微提出包括独立董事回避表决理由不成立等质疑，认为董事会决议不合法。随后宝能也发表声明反对董事会通过的预案，并表示将在股东大会上行使股东权利。6月26日，宝能系公告要求万科罢免包括王石、郁亮在内的10位董事和2位监事，并提请公司召开临时股东大会，并质疑万科成为内部人控制的上市公司，同时质疑王石个人在领取万科高薪的同时长期脱离工作岗位在国外留学。6月27日，万科召开2015年度股东大会，当年度董事会报告、监事会报告被否决，华润和宝能系均投了反对票。在此期间，一直有声音质疑宝能系和华润为一致行动人，深交所就此发出了质询，此事也引起了高层的关注。

2016年6月30日，华润发表声明，对宝能系的罢免案提出异议。7月3日，万科召开董事会，全票否决了宝能系的罢免案。7月4日，华润委托13位权威法学家就万科6月17日的董事会的合法性发表的专家意见公布，专家认定该决议可撤销。7月4日，万科复牌，宝能继续增持万科股份至25%。

（三）峰回路转

2016 年 7 月 20 日，万科管理层发布公告宣称已通过各种渠道向证监会等部门举报宝能系相关资管计划违法违规，包括违反上市公司信息披露的有关规定，违反资管业务监管的规定，不符合上市公司收购人的条件，损害中小股东利益等。7 月 21 日，深交所向万科和钜盛华分别下发监管函，深圳证监局也对双方主要负责人进行了诫勉谈话。

2016 年 8 月 4 日，市场上传闻已久的恒大集团终于发布公告承认买入万科股份已占 4.68%，新的买家正式入场。受此消息影响，即将跌至宝能平仓线的万科股票大涨。此后，恒大继续增持到 6.82%、8.285%、9.452%、10%、14.07%，成为第三大股东。

（四）监管风暴

12 月 5 日，保监会宣布停止宝能系前海人寿的万能险新业务并对前海人寿、恒大人寿派驻工作组，检查保险产品和资金运用的合规性。保监会副主席陈文辉表示，针对部分公司激进投资和举牌问题，将出台以下措施：一是明确禁止保险机构与非保险一致行动人共同收购上市公司；二是明确保险公司重大股票投资新增部分资金应使用自有资金，不得使用保险资金；三是对于重大股票投资行为，须向保监会备案，对于上市公司收购行为，须报保监会事前核准；四是将权益类资产占保险公司总资产比例从 40%下调至 30%，将单一股票投资占保险公司总资产比例从 10%下调至 5%。

“把去年‘救市’时放宽的投资比例再收回来。这个比例，稳健型公司用不了，反倒让激进型公司钻了空子。”他表示，目前恒大、前海两家公司投资股市资金共有 574 亿元，仅占保险资金股市投资总额的 3%，监管整顿是对投资风险定向“挤脓包”，不会影响股市稳定。①

（五）尘埃落地

2016 年 12 月 9 日，万科公告，与深圳地铁集团的发行股份购买资产计划终

① 参见《人民日报专访陈文辉：不让激进投资挑战“保险姓保”底线》，https：//www.cls.cn/detail/128637，最后访问时间为 2021 年 3 月 15 日。

止。2017 年 1 月 13 日，万科公告，华润向深圳地铁转让全部 15.31%股权，后者成为第二大股东。至此，万科的前五大股东为宝能系 25.40%、深圳地铁 15.31%、恒大集团 14.07%、安邦 6.18%和万科管理层 4.14%。同日，宝能发表声明，欢迎深圳地铁投资万科，并表示自身为财务投资者。恒大也发表声明，表示不再增持万科，并计划将所持股份转让给深圳地铁集团。2 月 24 日，保监会对前海人寿及相关人员进行处罚，对姚某华给予撤销任职资格并禁入保险业 10 年的处罚。

2017 年 3 月 16 日，万科发布公告，恒大集团将所持万科股份的全部表决权不可撤销地委托给深圳地铁集团，同时，将全部万科股份质押给中信证券，期限都为一年。6 月 9 日，恒大将持有的 14.07%股权转让给深圳地铁，后者合计持有万科 29.38%股权，成为万科第一大股东。6 月 30 日，万科股东大会结束，王石正式退休，郁亮接棒成为万科第十八届董事会主席。万科正式成为“国企”。

2019 年 12 月 19 日，万科 A 公告称，收到钜某华及其一致行动人前海人寿的《简式权益变动报告书》。11 月 27 日至 12 月 19 日，钜某华、前海人寿通过集中竞价交易方式合计减持万科 A 股 5.65 亿股，占总股本的 5%。此次减持后，钜盛华和前海人寿对万科的持股比例降至 4.9999998%。“宝万之争”宣布落下帷幕。

（六）余音绕梁

“宝万之争”虽然落幕了，但对于中国上市公司收购规则的影响却一直存在着。新证券法对上市公司收购制度的修改与“宝万之争”密不可分。在 2017 年两会期间，全国人大代表，清华大学法学院教授高西庆就“宝万之争”发表观点。“目前中国资本市场股权分散型上市公司逐渐增多，比如万科就属于股权分散型。数据统计，截至 2016 年三季度，约有 230 家上市公司属于股权分散型。上市公司股权越分散，越需要更严格的股权披露规则，这样有利于防止一些利益集团利用短期资金优势，突袭优质上市公司，损害中小投资者利益。”“外界质疑，宝能买入万科股票是不是没有履行报告义务。我认为，仅从证券法规定的信息披露规则来说，当时宝能买入万科股票时并没有违法。所以，我的建议是，收紧信息披露规则，能更好保护中小投资者利益，也有利于更好地做好兼并收购工作。”高西庆建议把现行“持有上市公司股份达到 5%以及每增减 5%股份，需履行报告、公告义务”，修改为持有上市公司股份达到 5%及以后每增减 1%股份，就必须履行报告、公告义务。也就是说，提高股权披露门槛，由原来每增减5%要披露，改为每增减1%就要披露。但如果再延续目前“三日内履行报告、公告义务，并在报告、公告期内及报告、公告后两日内禁止买卖该股票”的规则，又会“矫枉过正”。因此建议修改为：应当在三日内履行报告、公告义务，并在公告中载明其未来两日至三十日内的增持或减持计划，否则在报告、公告后两日内禁止买卖该股票。①

二、上市公司的收购

（一）收购与控制权

所谓上市公司的收购，指的是收购人通过取得股份的方式成为一个上市公司的控股股东，或者通过投资关系、协议、其他安排的途径成为一个上市公司的实际控制人，或者同时采取上述方式和途径取得上市公司控制权的行为。拥有上市公司控制权，主要指的是如下情形：（1）投资者为上市公司持股50%以上的控股股东；（2）投资者可以实际支配上市公司股份表决权超过30%；（3）投资者通过实际支配上市公司股份表决权能够决定公司董事会半数以上成员选任；（4）投资者依其可实际支配的上市公司股份表决权足以对公司股东大会的决议产生重大影响。②

股权分置改革完成后，我国证券市场上市公司股权结构分散，股份流动性提高，公司股价的市场表现推动了并购重组的多发高发。收购是证券交易的一种特殊情形，是为了巩固或者取得上市公司控制权，实现上下游业态的整合，开展多元化经营的证券交易。“上市公司的收购”，单从字面上理解，既包括上市公司的主动收购，也包括对上市公司的收购；既包括收购股权，也包括收购资产。证券法上的上市公司收购，指的是对上市公司的股权收购。至于收购上市公司的资产（或上市公司出售资产），上市公司收购股权或资产，如果达到重大资产重组的标准，则受重大资产重组相关的规定所调整。

需要注意的是，收购只是上市公司控制权变动的一种方式。根据《证券法》

① 《高西庆：应收紧信披规则　提高股权披露门槛》，载《证券时报》2017年3月14日。
② 参见《上市公司收购管理办法（2020修正）》第八十四条。

的规定，上市公司分立或者被其他公司合并的，也会发生控制权的变动（第七十七条）。具体的案例如美的集团吸并美的电器、宝钢股份吸并武钢股份、中国南车吸并中国北车等。除了要根据公司法履行相关的手续外，新证券法增加一条规定，上市公司分立或者被其他公司合并，应当向国务院证券监督管理机构报告，并予公告。

此外，投资者还可以通过定向增发、购买上市公司资产（重大资产重组、借壳上市）、表决权的委托、股东权利的征集等方式获得上市公司控制权。比如，2017年3月16日，中国恒大公告，公司将公司下属企业所持有的万科1,553,210,974股A股（约占万科总股本14.07%）的表决权不可撤销地委托给深圳地铁集团行使，期限一年，从而帮助深圳地铁集团获得对万科的控制权。

（二）收购的方式

《证券法》第六十二条规定，投资者可以采取要约收购、协议收购及其他合法方式收购上市公司。这是证券法对收购的法定分类，但实务中的分类更加丰富。

1. 要约收购与协议收购

狭义的收购指的是要约收购，是指投资者向上市公司股东以公开要约方式收购上市公司股份的行为。要约收购分为全面要约和部分要约。全面要约是向被收购公司所有股东发出收购其所持有的全部股份的要约，如果全面要约收购的结果是收购了所有上市公司的股份，那股票就私有化退市了。2016年，当当网达成私有化确定性协议，董事长俞某、CEO李某庆等管理层牵头的买方财团计划以每股美国存托股6.7美元的价格收购买方财团尚未持有的全部当当网股票，完成了私有化退市。[①] “私有化”实际上是大股东的收购行为。部分要约是向被收购公司所有股东发出收购其所持有的部分股份的要约。协议收购是针对上市公司特定大股东的不公开的场外股份收购，可以看作是以获取控制权为目的的协议转让。

2. 其他合法的收购方式

证券法还规定了其他合法方式收购上市公司，比如集中竞价收购、无偿划转、继承、认购上市公司定增股份等。“宝万之争”就是通过集合竞价进行的。

---

① 参见《人大代表高某庆：监管不是确保股市只涨不跌》，http：//finance.sina.com.cn/stock/y/2017-03-14/doc-ifychhus1179527.shtml，最后访问时间2020年12月8日。

2020年10月，北京金融控股集团有限公司通过无偿划转的方式受让北京国有资本经营管理中心持有的上市公司中信建投证券35.11%的A股股份，成为中信建投证券的第一大股东。2020年10月，桂林旅游发展总公司以现金方式认购甲方本次非公开发行的A股股票，非公开发行完成后，桂林旅游发展总公司直接持有上市公司股份比例将增加至37.20%，仍为上市公司控股股东。还有很多收购是多种收购方式的综合运用，比如2020年易通公司收购唐德影视，就是同时通过协议转让、表决权委托和认购上市公司定增股份的方式进行的。易通公司与吴宏亮签署了《股份转让协议》《表决权委托协议》和《非公开发行认购协议》，交易完成后，易通公司将持有唐德影视162,833,815股股份（占上市公司总股本的29.90%），持有唐德影视24,329,750股表决权（占上市公司总股本的41.19%）。

3. 间接收购和管理层收购

根据《上市公司收购管理办法（2020年修正）》，间接收购是不直接以股东名义收购，而是通过投资关系、协议、其他安排取得对上市公司股东的控制权；管理层收购指的是上市公司董事、监事、高级管理人员、员工或者其所控制或者委托的法人或者其他组织，拟对本公司进行收购或者通过本办法第五章规定的方式取得本公司控制权。在管理层收购的情形下，该上市公司应当具备健全且运行良好的组织机构以及有效的内部控制制度，公司董事会成员中独立董事的比例应当达到或者超过1/2。公司应当聘请符合《证券法》规定的资产评估机构提供公司资产评估报告，本次收购应当经董事会非关联董事作出决议，且取得2/3以上的独立董事同意后，提交公司股东大会审议，经出席股东大会的非关联股东所持表决权过半数通过。独立董事发表意见前，应当聘请独立财务顾问就本次收购出具专业意见，独立董事及独立财务顾问的意见应当一并予以公告。上市公司董事、监事、高级管理人员存在《公司法》第一百四十八条规定情形，或者最近3年有证券市场不良诚信记录的，不得收购本公司。

4. 友好收购与敌意收购

实务中需要明确的一组概念是友好收购与敌意收购。所谓敌意收购指的是投资者事先未与上市公司控制人和管理层沟通，以获得控制权为目的的增持和收购活动。通常这种增持和收购活动不会以协议收购的方式进行。股权结构比较分散的上市公司面临敌意收购的可能性比较大。敌意收购一般都会受到公司控制人和管理人的反抗，采取反收购措施，因此收购成本通常较高。为了防止“敌意收购”，保障中小投资者的知情权，我国证券法上规定了权益披露制度和要约收购制度。大体而言，对于取得上市公司股权的权益变动，将持股5%以上设定为一个预警点，触发信息披露义务，但只做简式的信息披露；将持股20%以上作为有较大可能的控制意图，要求进行详式信息披露；将持股30%以上作为取得控制权的象征，需要采取要约方式或者向中国证监会申请豁免。在我国证券市场上，最知名的、影响也最深远的“敌意收购”与反收购的案例就是2015年的“宝万之争”。这场以2015年股市异常波动和保险资金“救市”为背景，以宝能系、华润集团、万科管理层，以及后续加入的恒大集团、深圳地铁集团、安邦集团等围绕上市公司万科控制权（更准确地说是第一大股东的身份）的博弈展开的、持续2年多的事件，是对我国上市公司收购规则的一次系统性检验。

5. 现金收购与非现金收购

收购的对价多种多样，实务中有支付现金收购，也有交换股权收购，还有混合收购。但是，以私有化为目的的全面要约收购必须以现金方式进行。

（三）收购人

收购上市公司是投资者的权利。任何人都可以成为上市公司的股东，但考虑到上市公司的公共属性，并不是所有人都能通过收购控制上市公司。《上市公司收购管理办法》第六条规定，任何人不得利用上市公司的收购损害被收购公司及其股东的合法权益。有下列情形之一的，不得收购上市公司：（1）收购人负有数额较大债务，到期未清偿，且处于持续状态；（2）收购人最近3年有重大违法行为或者涉嫌有重大违法行为；（3）收购人最近3年有严重的证券市场失信行为；（4）收购人为自然人的，存在《公司法》第一百四十六条规定情形；[①]（5）法律、行政法规规定以及中国证监会认定的不得收购上市公司的其他情形。在宝万之争

① 《公司法》第一百四十六条有下列情形之一的，不得担任公司的董事、监事、高级管理人员：（一）无民事行为能力或者限制民事行为能力；（二）因贪污、贿赂、侵占财产、挪用财产或者破坏社会主义市场经济秩序，被判处刑罚，执行期满未逾五年，或者因犯罪被剥夺政治权利，执行期满未逾五年；（三）担任破产清算的公司、企业的董事或者厂长、经理，对该公司、企业的破产负有个人责任的，自该公司、企业破产清算完结之日起未逾三年；（四）担任因违法被吊销营业执照、责令关闭的公司、企业的法定代表人，并负有个人责任的，自该公司、企业被吊销营业执照之日起未逾三年；（五）个人所负数额较大的债务到期未清偿。公司违反前款规定选举、委派董事、监事或者聘任高级管理人员的，该选举、委派或者聘任无效。董事、监事、高级管理人员在任职期间出现本条第一款所列情形的，公司应当解除其职务。

中，万科向有关部门举报的“宝能系”资管计划存在的违法违规行为就包括“九个资管计划不符合上市公司收购人的条件”。[①] 如果拟收购的上市公司属于证券公司、银行、保险公司等特殊行业的，收购人还可能需要满足其他条件。

(四) 收购的法律依据

对于收购，我国立法在强调信息披露的基础上整体采取鼓励的态度。在法律依据上，《证券法》第四章“上市公司的收购”，是规范上市公司收购行为的立法基础，对上市公司收购行为作出原则性规定。该章第七十七条第一款规定，国务院证券监督管理机构依照本法制定上市公司收购的具体办法。考虑到证券法难以对上市公司收购的细节进行全面的规定，而且上市公司收购本身也涉及政策层面的考量，要根据宏观环境和经济形势进行调整，因此，证券法授权“国务院证券监督管理机构依照本法制定上市公司收购的具体办法”。《上市公司收购管理办法》对上市公司的收购及相关股份权益变动活动作出了具体规范，是实务中大额持股和收购的主要依据。但值得注意的是，《上市公司收购管理办法》对证券法的规定作出了一些变通和修改，而不完全是“依照”，比如将前述第七十二条规定中的“可以”改为“应当”，将第六十七条规定的要约收购期限增加了“出现竞争要约的除外”的但书。

除了《上市公司收购管理办法》，我国的《反垄断法》将经营者通过取得股权或者资产的方式取得对其他经营者的控制权作为经营者集中的一种情形，纳入反垄断的规制范围。因此，实务中，上市公司收购还要受到反垄断的审查。此外，上市公司的收购及相关股份权益变动活动不得危害国家安全和社会公共利益。上市公司的收购及相关股份权益变动活动涉及国家产业政策、行业准入、国有股份转让等事项，需要取得国家相关部门批准的，应当在取得批准后进行。外国投资者进行上市公司的收购及相关股份权益变动活动的，应当取得国家相关部门的批准，适用中国法律，服从中国的司法、仲裁管辖。任何人不得利用上市公司的收购损害被收购公司及其股东的合法权益。

① 参见《万科企业股份有限公司关于提请查处钜某华及其控制的相关资管计划违法违规行为的报告》。

（五）收购的后果

1. 一般后果

《证券法》第七十六条规定，收购行为完成后，收购人与被收购公司合并，并将该公司解散的，被解散公司的原有股票由收购人依法更换。收购行为完成后，收购人应当在15日内将收购情况报告国务院证券监督管理机构和证券交易所，并予公告。《证券法》第七十七条第二款还规定，上市公司分立或者被其他公司合并，应当向国务院证券监督管理机构报告，并予公告。

上市公司收购完成的标志是证券过户登记的完成。上市公司收购只产生股权机构上的变化，不会对上市公司的主营业务、资产结构等发生影响，但股权结构的变化，特别是由此导致的管理层的变化也会影响上市公司的经营。所以实务中，先收购再重组，或者先重组再收购的案例并不少见。收购行为完成后，收购人与被收购公司合并，并将该公司解散的，被解散公司的原有股票由收购人依法更换。收购行为完成后，收购人应当在十五日内将收购情况报告国务院证券监督管理机构和证券交易所，并予以公告。

2. 终止上市

《证券法》第七十四条第一款规定，收购期限届满，被收购公司股权分布不符合证券交易所规定的上市交易要求的，该上市公司的股票应当由证券交易所依法终止上市交易；其余仍持有被收购公司股票的股东，有权向收购人以收购要约的同等条件出售其股票，收购人应当收购。

收购期限届满，被收购公司股权分布不符合证券交易所规定的上市交易要求的，该上市公司的股票应当由证券交易所依法终止上市交易。根据《上海证券交易所上市规则》第12.13条、第12.14条、第12.15条、13.2.1（七）、14.1.1（八）、14.3.1（十）、14.3.1（十七）项有关上市公司股权分布的规定，上市公司因收购人履行要约收购义务，股权分布不具备上市条件，而收购人不以终止上市公司上市地位为目的的，在五个交易日内提交解决股权分布问题的方案，上交所同意实施股权分布问题解决方案的，公司股票被实施退市风险警示；未在规定期限内提交解决股权分布问题方案，或者提交方案未获同意，或者被实行退市风险警示后六个月内股权分布仍不具备上市条件，公司股票将暂停上市；上市公司因股权分布变化不再具备上市条件其股票被暂停上市后，在六个月内股权分布仍不具备上市条件，或在规定的期限内或者股权分布在6个月内重新具备上市条件，但未在其后的5个交易日内提出恢复上市申请的，上市公司股票将被强制终止上市。[①]

对于因收购而终止上市的股票，其余仍持有被收购公司股票的股东，有权向收购人以收购要约的同等条件出售其股票，收购人应当收购，小股东的这一权利被称为强制受让股份提起权。

3. 变更企业形式

《证券法》第七十四条第二款规定，收购行为完成后，被收购公司不再具备股份有限公司条件的，应当依法变更企业形式。收购行为完成后，被收购公司不再具备股份有限公司条件的，应当依法变更企业形式，比如变更为有限责任公司。

4. 股份的锁定期

《证券法》第七十五条规定，在上市公司收购中，收购人持有的被收购的上市公司的股票，在收购行为完成后的十八个月内不得转让。新证券法将上市公司收购完成后的锁定期从12个月延长到18个月。对于实务中收购人收购上市公司后，对上市公司的持股（包括直接和间接持股）比例不足30%的，是否需要锁定12个月的问题，监管部门的解答是：对于投资者收购上市公司股份成为第一大股东但持股比例低于30%的，也应当遵守《证券法》和《上市公司收购管理办法》有关股份锁定期的规定。[②]

在快某集团股份转让案例中，深交所认为，由于某祥投资原控股股东快某集团为上市公司收购人，其在锁定期内将某祥投资100%的股份转让给某隆资产的行为不符合法律的规定。[③]

（六）反收购措施

反收购措施，是指目标公司的控制人或管理层采取的阻止公司控制权转移的措施。畅销书作家布赖恩·伯勒的《门口的野蛮人》一书的出版，让公司控制权争夺战和反收购措施成为商业世界中的热门话题，“阻止野蛮人入侵”也成为

---

① 《重庆燃气集团股份有限公司要约收购报告书》。

② 参见 https://law.wkinfo.com.cn/faq/detail/UUEwMDAwMDY5Njg%3D?searchId=cdccc728995d485a9c7d02a24a81f29c&index=1&q=&module=#relevantInfo，最后访问时间2020年8月20日。

③ 《深圳证券交易所关于对上海神开石油化工装备股份有限公司相关当事人给予公开谴责处分的公告》（2016.12.30）。

反收购的代名词。从反收购的具体措施来看，常见的包括发起诉讼，“毒丸计划”和“降落伞计划”等反收购条款，停牌或寻找“白衣骑士”等。

发起诉讼，指的是通过诉讼的方式阻碍收购。在ST生化收购过程中，振兴集团向山西高院提起诉讼，认为收购人浙民投天弘不具备收购人的主体资格，要求法院判令浙民投天弘停止对ST生化实施要约收购行为。①

“毒丸计划”和“降落伞计划”，两者都是通过在章程中加入反收购条款的方式，抵御可能的恶意收购。“毒丸计划”指的是目标公司通过赋予特定的股份在特定条件下的优先权利，从而在面临收购的情况下改变公司的财务结构、股权结构或者弱化收购方的控制权，从而使收购方像吞下毒丸一样，以此来阻却收购。“降落伞计划”，指的是在目标公司的控制权发生变动后，给予目标公司被踢出的管理层和员工以巨额的补偿金的计划，从而事实上提高收购人的收购成本。

停牌或寻找“白衣骑士”，通常是指以筹划重大资产重组停牌的名义，引入其他认可的收购者成为目标公司的收购人，当然，这两者不一定是同时发生的。“宝万之争”中的深圳地铁就担任了这样一种角色，在最终尘埃落定前，万科的股票经历了相当长时间的停牌。

“宝万之争”后，A股许多上市公司都开始在章程中设置反收购条款。为此，证监会专门强调：上市公司不得利用反收购条款限制股东的合法权利。根据《证券法》《公司法》《上市公司收购管理办法》的规定，上市公司章程中涉及公司控制权条款的约定需遵循法律、行政法规的规定，不得利用反收购条款限制股东的合法权利。证监会依法监管上市公司收购及相关股份权益变动活动，发现违法违规的，将依法采取监管措施。②

反收购措施与股东合法权利之间的平衡也是实务中的热点问题。在李某、成都市某桥工程股份有限公司公司决议效力确认纠纷中，上市公司成都某桥召开董事会并审议通过《关于股东李某所持有公司股票不得行使表决权的议案》，其内容以李某增持股份的违规行为以及成为第一大股东之后详式权益变动报告书的瑕疵问题，决议：“违法持股股东李某所持有的本公司股份在股东大会上不得行使

① 《振兴生化股份有限公司董事会关于杭州浙民投天弘投资合伙企业（有限合伙）、浙江民营企业联合投资股份有限公司、杭州浙民投实业有限公司要约收购事宜致全体股东的报告书》。

② 参见《证监会：上市公司不得利用反收购条款限制股东权利》，http：//money.people.com.cn/GB/n1/2016/0827/c42877-28670119.html，最后访问时间2021年3月18日。

表决权”。同日，成都某桥召开临时股东大会，会议在排除李某投票权的情况下通过了“关于修改《公司章程》的议案”，修改章程第三十七条的内容，其中增加的第五项内容，将投资者增持公司股份过程中违反信息披露义务的行为视为永久性“放弃表决权”，并规定“公司董事会有权拒绝其行使除领取股利以外的其他股东权利”。就此限制的合法性和正当性，法院认为，根据《公司法》，股东参与重大决策权和选择管理者的权利属于公司法赋予股东的固有权利，而表决权是其中最重要内容；上述股东权利非依据法律规定或股东自行放弃，不得以章程或股东大会决议予以剥夺或限制；依照《上市公司收购管理办法》，信息披露义务人存在信息披露违法行为，由证券监管机构责令改正，在改正前，相关信息披露义务人不得对其持有或者实际支配的股份行使表决权；因此，在信息披露义务人的违法行为改正后，其表决权再受到限制的前提条件就不存在，其应享有完整的股东权利；成都某桥股东大会决议修改章程，将投资者增持公司股份过程中违反信息披露义务的行为视为永久性“放弃表决权”，并规定“公司董事会有权拒绝其行使除领取股利以外的其他股东权利”，该内容违反法律规定，依据《中华人民共和国公司法》第二十二条第一款关于“公司股东会或者股东大会、董事会的决议内容违反法律、行政法规的无效”的规定，应为无效。[①]

三、权益披露制度

《证券法》第六十三条第一、第二、第三款规定，通过证券交易所的证券交易，投资者持有或者通过协议、其他安排与他人共同持有一个上市公司已发行的有表决权股份达到百分之五时，应当在该事实发生之日起三日内，向国务院证券监督管理机构、证券交易所作出书面报告，通知该上市公司，并予公告，在上述期限内不得再行买卖该上市公司的股票，但国务院证券监督管理机构规定的情形除外。投资者持有或者通过协议、其他安排与他人共同持有一个上市公司已发行的有表决权股份达到百分之五后，其所持该上市公司已发行的有表决权股份比例每增加或者减少百分之五，应当依照前款规定进行报告和公告，在该事实发生之日起至公告后三日内，不得再行买卖该上市公司的股票，但国务院证券监督管理

① 参见《李某、成都市某桥工程股份有限公司公司决议效力确认纠纷；公司决议撤销纠纷二审民事判决书》，(2017) 川01民终14529号。

机构规定的情形除外。投资者持有或者通过协议、其他安排与他人共同持有一个上市公司已发行的有表决权股份达到百分之五后，其所持该上市公司已发行的有表决权股份比例每增加或者减少百分之一，应当在该事实发生的次日通知该上市公司，并予公告。这就是证券法上的权益披露制度。

（一）收购与权益披露

上市公司的收购，是谋求上市公司控制权的行为，既是过程，也是结果，既是手段，也是目的。证券法上对上市公司收购的规制，分为两大方面——一方面是从结果和目的角度的规制，主要表现为要约收购和协议收购的制度；另一方面是从过程和手段角度的规制，主要表现为股份权益变动的披露制度。收购制度的意义在于，对于以取得控制权为目的的股票交易行为，要有充分的信息披露和审慎的程序要求。股份权益变动披露制度的意义在于，不论是否以取得控制权为目的，是否达到收购的结果，都要进行适当的信息披露。很多情况下，权益披露是上市公司收购的前奏，这在“宝万之争”中也表现得淋漓尽致。

（二）权益与权益披露

投资者在一个上市公司中拥有的权益，包括登记在其名下的股份和虽未登记在其名下但该投资者可以实际支配表决权的股份。投资者及其一致行动人在一个上市公司中拥有的权益应当合并计算。权益披露制度是与上市公司收购密切相关的基础制度，也是证券法上信息披露制度的重要组成部分。新证券法在信息披露专章规定，发行人及法律、行政法规和国务院证券监督管理机构规定的其他信息披露义务人，应当及时依法履行信息披露义务。其中对通过证券交易所的证券交易，持有一个上市公司已发行的有表决权股份达到一定比例的投资者和一致行动人就是重要的信息披露义务人。证券法之所以将该等情形下作为投资者一方作为信息披露义务人，是因为他们与作为传统的信息披露义务人的发行人和上市公司一样，相比中小投资者而言，也是信息优势一方，或者说躲在暗处的一方，容易产生恶意收购，也极易引发利用信息优势的违法甚至犯罪行为，比如内幕交易、操纵市场等。证券法通过对投资者的信息披露义务作出规定，为埋伏收购等恶意收购设置障碍，矫正与中小投资者之间的信息不对称，同时也是对原上市公司股东的预警。这一制度被称为权益披露制度，也被称为举牌规则、慢走规则。

（三）权益披露的主体

权益披露的主体包括投资者和“通过协议、其他安排与他人共同持有”的一致行动人。对于一致行动和一致行动人，《上市公司收购管理办法》作出了定义——本办法所称一致行动，是指投资者通过协议、其他安排，与其他投资者共同扩大其所能够支配的一个上市公司股份表决权数量的行为或者事实。在上市公司的收购及相关股份权益变动活动中有一致行动情形的投资者，互为一致行动人。如无相反证据，投资者有下列情形之一的，为一致行动人：（1）投资者之间有股权控制关系；（2）投资者受同一主体控制；（3）投资者的董事、监事或者高级管理人员中的主要成员，同时在另一个投资者担任董事、监事或者高级管理人员；（4）投资者参股另一投资者，可以对参股公司的重大决策产生重大影响；（5）银行以外的其他法人、其他组织和自然人为投资者取得相关股份提供融资安排；（6）投资者之间存在合伙、合作、联营等其他经济利益关系；（7）持有投资者30%以上股份的自然人，与投资者持有同一上市公司股份；（8）在投资者任职的董事、监事及高级管理人员，与投资者持有同一上市公司股份；（9）持有投资者30%以上股份的自然人和在投资者任职的董事、监事及高级管理人员，其父母、配偶、子女及其配偶、配偶的父母、兄弟姐妹及其配偶、配偶的兄弟姐妹及其配偶等亲属，与投资者持有同一上市公司股份；（10）在上市公司任职的董事、监事、高级管理人员及其前项所述亲属同时持有本公司股份的，或者与其自己或者其前项所述亲属直接或者间接控制的企业同时持有本公司股份；（11）上市公司董事、监事、高级管理人员和员工与其所控制或者委托的法人或者其他组织持有本公司股份；（12）投资者之间具有其他关联关系。《上市公司收购管理办法》规定，一致行动人应当合并计算其所持有的股份。投资者计算其所持有的股份，应当包括登记在其名下的股份，也包括登记在其一致行动人名下的股份。投资者认为其与他人不应被视为一致行动人的，可以向中国证监会提供相反证据。①

（四）权益披露的交易方式

投资者取得股份的途径是通过证券交易所的证券交易（包括集合竞价交

① 《上市公司收购管理办法（2020年修正）》第八十三条。

易、大宗交易)，不包括协议转让和继承、赠与等方式。协议转让和其他交易方式的权益披露要求比通过交易所的证券交易要低。根据《上市公司收购管理办法》第十四条的规定，通过协议转让方式，投资者及其一致行动人在一个上市公司中拥有权益的股份拟达到或者超过一个上市公司已发行股份的5%时，应当在该事实发生之日起3日内编制权益变动报告书，向中国证监会、证券交易所提交书面报告，通知该上市公司，并予公告。前述投资者及其一致行动人拥有权益的股份达到一个上市公司已发行股份的5%后，其拥有权益的股份占该上市公司已发行股份的比例每增加或者减少达到或者超过5%的，应当依照前款规定履行报告、公告义务。投资者及其一致行动人在作出报告、公告前，不得再行买卖该上市公司的股票。根据《上市公司收购管理办法》第十五条的规定，投资者及其一致行动人通过行政划转或者变更、执行法院裁定、继承、赠与等方式拥有权益的股份变动达到前条规定比例的，应当按照权益披露的规定履行报告、公告义务。也就是说，对于协议转让和这些不是通过证券交易所的证券交易持有股份的超过5%的，也要履行披露和公告义务，但不需要遵守"慢走规则"。

2010年，证监会对上海某润和汤某军等5名责任人员作出处罚决定，认定上海某润通过大宗交易系统减持松辽汽车股份有限公司（以下简称ST松辽）股份达5%时，未履行信息披露义务，汤某军是上述未按规定报告、披露信息的直接负责主管人员；戴某明、李某卫、李某和傅某芬作为一致行动人，在共同持有ST松辽股份达5%时，未履行信息披露义务。上海某润、汤某军申辩称，公司通过大宗交易系统减持是一种协议交易模式，不适用原证券法第八十六条的规定，原证券法及《上市公司收购管理办法》中对5%披露要求是针对集中竞价交易模式即通过证券交易所的证券交易，且公司在大宗交易完成后的规定时间内及时公告了减持的信息。但证监会认为，投资者及其一致行动人通过大宗交易系统交易上市公司股份，属于《证券法》第八十六条和《上市公司收购管理办法》第十三条所述的"通过证券交易所的证券交易"。①

（五）权益披露的股份

上市公司的股份分为有表决权的股份（普通表决权股份和超级表决权股

① 《中国证监会行政处罚决定书（上海某润、汤某军等5名责任人员）》，（2010）24号。

份）、无表决权的股份（优先股）和可能享有表决权的股份（可转换为股票的公司债券）。权益披露主要是为了防止恶意收购的，因此针对的是“有表决权股份”的交易，优先股等无表决权的股份不计算在范围内，可转换为股票的公司债券的计算方法则复杂些。信息披露义务人涉及计算其拥有权益比例的，应当将其所持有的上市公司已发行的可转换为公司股票的证券中有权转换部分与其所持有的同一上市公司的股份合并计算，并将其持股比例与合并计算非股权类证券转为股份后的比例相比，以二者中的较高者为准；行权期限届满未行权的，或者行权条件不再具备的，无需合并计算。前款所述二者中的较高者，应当按下列公式计算：（1）投资者持有的股份数量/上市公司已发行股份总数；（2）（投资者持有的股份数量+投资者持有的可转换为公司股票的非股权类证券所对应的股份数量）/（上市公司已发行股份总数+上市公司发行的可转换为公司股票的非股权类证券所对应的股份总数）。“投资者持有的股份数量”包括投资者拥有的普通股数量和优先股恢复的表决权数量，“上市公司已发行股份总数”包括上市公司已发行的普通股总数和优先股恢复的表决权总数。①

（六）权益披露的时点、静默期和慢走规则

在权益披露的时点上，包括触发点和增减变动披露点。权益披露触发点是首次持股达到5%，也就是成为大股东的那个时间点。增减变动披露点是对大股东持股比例变化的时间点。法律规定，在持股比例达到百分之五日起三日内，向国务院证券监督管理机构、证券交易所作出书面报告，通知该上市公司，并予公告，在上述期限内不得再行买卖该上市公司的股票，也就是禁止买卖的期限是3日。禁止买卖的期限也被称为“静默期”。此处法律给了证监会作出例外规定的授权，比如对于公募基金等完全不以取得控制权为目的的投资者，就应该免于权益披露。

大股东权益增减变动披露点有两个，分别是5%和1%。对大股东而言，在持股比例已经达到百分之五后，其所持该上市公司已发行的有表决权股份比例每增加或者减少百分之五，应当依照前款规定进行报告和公告，在该事实发生之日起至公告后三日内，不得再行买卖该上市公司的股票，静默期是N+3。两个静默期的规定，让大宗持股的投资者必须“买买停停，停停再买”，而不能

① 参见《上市公司收购管理办法（2020修正）》第八十五条。

一步到位，这也被称为“慢走规则”。对于大股东权益增减变动披露，同样有例外规定的授权，考虑同上。新证券法还增加规定，大股东所持该上市公司已发行的有表决权股份比例每增加或者减少1%的，也应当在该事实发生的次日通知该上市公司，并予公告。这期间没有买卖的限制。如前所述，证券法新增1%的披露点，来自证监会前副主席，全国人大代表高西庆的建议。他认为，应收紧信息披露规则，提高股权披露门槛，把现行“持有上市公司股份达到5%及每增减5%股份，需履行报告、公告义务”，修改为持有上市公司股份达到5%以后每增减1%股份，就必须履行报告、公告义务。①

值得注意的是，在实务中，对于触发点和增减变动披露点的5%、1%，以及证券法及相关规范中设定的2%、20%、30%、50%等持股比例，在取值上都是具体比例数字的前后一手。

（七）权益披露的内容

《证券法》第六十四条规定，依照前条规定所作的公告，应当包括下列内容：持股人的名称、住所；持有的股票的名称、数额；持股达到法定比例或者持股增减变化达到法定比例的日期、增持股份的资金来源；在上市公司中拥有有表决权的股份变动的时间及方式。证券法对权益披露触发点和增减变动披露点应当披露的内容作了原则性的规定，作为最低限度的要求，包括四大类：1. 持股人的名称、住所；2. 持有的股票的名称、数额；3. 持股达到法定比例或者持股增减变化达到法定比例的日期、增持股份的资金来源；4. 在上市公司中拥有有表决权的股份变动的时间及方式。

值得关注的是，新证券法新增的两项要求。一项是增加披露“资金来源”的要求，这一点的修改跟“宝万之争”直接相关，彼时万科管理层对宝能系的一个重大质疑就是宝能系背后保险资金和通过资管计划募集的资金，是否可以作为收购上市公司的资金，是否违反资金运用的规定，是否可以作为收购上市公司的合格主体。2015年12月，深交所也向宝能系旗下的钜盛华（收购主体）发出《关注函》，其中，“宝能系”借道杠杆资金举牌背后的相关权利行使、资金来源以及信息披露问题成为关注焦点。② 另一项是增加披露“举牌股

① 《高西庆：应收紧信披规则 提高股权披露门槛》，载《证券时报》2017年3月14日。
② 《深交所发问宝能系：收购万科的钱从哪儿来？》，载《上海证券报》2015年12月1日。

份的具体购买时间与方式"，这点要求与第3点"持股达到法定比例或者持股增减变化达到法定比例的日期"相比，不仅要求披露达到持股比例要求的静态时点，而且要求有动态的股份变动的时间或方式，可以对"埋伏式举牌"进行披露。

《上市公司收购管理办法》进一步细化了披露的要求，将公告内容明确分为简式权益变动报告书和详式权益变动报告书。对于投资者及其一致行动人不是上市公司的第一大股东或者实际控制人，其拥有权益的股份达到或者超过该公司已发行股份的5%，但未达到20%的，应当编制包括下列内容的简式权益变动报告书：(1) 投资者及其一致行动人的姓名、住所；投资者及其一致行动人为法人的，其名称、注册地及法定代表人；(2) 持股目的，是否有意在未来12个月内继续增加其在上市公司中拥有的权益；(3) 上市公司的名称、股票的种类、数量、比例；(4) 在上市公司中拥有权益的股份达到或者超过上市公司已发行股份的5%或者拥有权益的股份增减变化达到5%的时间及方式、增持股份的资金来源；(5) 在上市公司中拥有权益的股份变动的时间及方式；(6) 权益变动事实发生之日前6个月内通过证券交易所的证券交易买卖该公司股票的简要情况；(7) 中国证监会、证券交易所要求披露的其他内容。前述投资者及其一致行动人为上市公司第一大股东或者实际控制人，其拥有权益的股份达到或者超过一个上市公司已发行股份的5%，但未达到20%的，还应当披露本办法第十七条第一款规定的内容，即投资者及其一致行动人的控股股东、实际控制人及其股权控制关系结构图。①

投资者及其一致行动人拥有权益的股份达到或者超过一个上市公司已发行股份的20%但未超过30%的，应当编制详式权益变动报告书，除须披露前条规定的信息外，还应当披露以下内容：(1) 投资者及其一致行动人的控股股东、实际控制人及其股权控制关系结构图；(2) 取得相关股份的价格、所需资金额，或者其他支付安排；(3) 投资者、一致行动人及其控股股东、实际控制人所从事的业务与上市公司的业务是否存在同业竞争或者潜在的同业竞争，是否存在持续关联交易；存在同业竞争或者持续关联交易的，是否已做出相应的安排，确保投资者、一致行动人及其关联方与上市公司之间避免同业竞争以及保持上市公司的独立性；(4) 未来12个月内对上市公司资产、业务、人员、组织结构、公司章

① 参见《上市公司收购管理办法（2020年修正）》第十六条。

程等进行调整的后续计划；（5）前24个月内投资者及其一致行动人与上市公司之间的重大交易；（6）不存在本办法第六条规定的情形；（7）能够按照本办法第五十条的规定提供相关文件。前述投资者及其一致行动人为上市公司第一大股东或者实际控制人的，还应当聘请财务顾问对上述权益变动报告书所披露的内容出具核查意见，但国有股行政划转或者变更、股份转让在同一实际控制人控制的不同主体之间进行、因继承取得股份的除外。投资者及其一致行动人承诺至少3年放弃行使相关股份表决权的，可免于聘请财务顾问和提供前款第（七）项规定的文件。①

（八）法律后果

1. 表决权限制。《证券法》第六十三条第四款规定，违反第一款、第二款规定买入上市公司有表决权的股份的，在买入后的三十六个月内，对该超过规定比例部分的股份不得行使表决权。违反“第一款、第二款规定”指的就是违反权益披露触发点、大股东权益增减变动5%的披露点规定的权益披露规定。此时大股东可以卖出受限制的股份，受让方的表决权并不受限制；也就是说，表决权限制的是股东，而不是股份本身。

2. 违法收购责任。违法收购同时面临民事责任和行政责任。《证券法》第一百九十六条规定，收购人未按照本法规定履行上市公司收购的公告、发出收购要约义务的，责令改正，给予警告，并处以五十万元以上五百万元以下的罚款。对直接负责的主管人员和其他直接责任人员给予警告，并处以二十万元以上二百万元以下的罚款。收购人及其控股股东、实际控制人利用上市公司收购，给被收购公司及其股东造成损失的，应当依法承担赔偿责任。值得注意的是，本条虽然主体为“收购人”，但适用于权益披露的情形。

3. 违法信息披露责任和在特定期限内减持证券的责任。权益披露属于信息披露的一部分，权益披露义务人也属于信息披露义务人。根据《证券法》第八十五条的规定，信息披露义务人未按照规定披露信息，或者公告的证券发行文件、定期报告、临时报告及其他信息披露资料存在虚假记载、误导性陈述或者重大遗漏，致使投资者在证券交易中遭受损失的，信息披露义务人应当承担赔偿责任。此外，根据《证券法》第一百九十七条的规定，信息披露义务人未按照本

---

① 参见《上市公司收购管理办法（2020年修正）》第十七条。

法规定报送有关报告或者履行信息披露义务，或者报送的报告或者披露的信息有虚假记载、误导性陈述或者重大遗漏的，还可能受到行政处罚。与此同时，权益披露的静默期也构成《证券法》第三十六条规定的限制转让期，在此期限内有转让证券行为的，也可能面临行政处罚。比如，2015 年 4 月至 2019 年 10 月，某点资产通过“某点资产”账户组在交易“用友网络”“益佰制药”“东软集团”中存在持股比例达到 5%时，没有按照规定报送有关报告、进行信息披露，且在限制转让期内持续买卖相关股票的情形。证监会认为，原点资产的上述行为违反 2005 年《证券法》第八十六条第一款（权益披露规则）和第三十八条（限制转让期限内不得买卖证券）的规定，构成 2005 年《证券法》第一百九十三条第一款（披露信息违法）和第二百零四条（违法在限制转让期限内买卖证券）所述违法行为并进行了处罚。①

四、要约收购制度

（一）要约收购的概念和类型

1. 要约收购的概念

要约收购是资本市场最重要的收购方式，是向市场不特定对象公开求购股份的行为。除要约方式外，投资者不得在证券交易所外公开求购上市公司的股份。

要约收购分为强制要约收购和自愿要约收购。自愿要约收购则是投资者自主决定是否要约，发出多少要约。强制要约收购是指投资者持有一个上市公司的股份达到一个较高的比例后，如果继续增持，法律就强制要求投资者向所有股东发出收购的要约。在我国证券市场，这个比例是 30%，分母是有表决权的股份。30%是我国要约收购的触发点，在这个点之后继续收购的，就要强制发出收购要约。之所以将比例定为 30%，是因为上市公司股权分散，而公司法上股东大会作出决议，以出席会议的股东所持表决权为分母计算比例，因此持股 30%的股东持有所享有的表决权已足以对股东大会的决议产生重大影响。

要约收购还可以分为全部股份的要约收购和部分股份的要约收购。全部股份的要约收购是指面向上市公司所有股东的全部股份的要约收购，部分股份的要约

① 参见《中国证监会行政处罚决定书（某点资产、秦某）》，〔2020〕98 号。

收购是指仅收购上市公司部分股份的要约收购，既可以面向所有股东，也可以面向部分股东。

2. 强制要约收购

强制要约收购的作用是在上市公司控制权发生转移时，赋予控股股东以外的股东“用脚投票”的退出权。相比在二级市场上抛售退出引起股价下跌，强制要约收购更能保护这些股东的利益。《证券法》第六十五条第一款规定，通过证券交易所的证券交易，投资者持有或者通过协议、其他安排与他人共同持有一个上市公司已发行的有表决权股份达到百分之三十时，继续进行收购的，应当依法向该上市公司所有股东发出收购上市公司全部或者部分股份的要约。收购上市公司部分股份的要约应当约定，被收购公司股东承诺出售的股份数额超过预定收购的股份数额的，收购人按比例进行收购。该条第一款规定的是强制要约收购，向该上市公司所有股东发出，既可以是全部股份的要约收购，也可以是部分股份的要约收购。根据《上市公司收购管理办法》，以强制要约方式收购一个上市公司股份的，其预定收购的股份比例均不得低于该上市公司已发行股份的5%。华润金控收购重庆燃气就是全部股份的要约收购。因进行混合所有制改革需要，重庆渝康引进华润金控作为战略投资者，由原股东向华润金控转让其持有的重庆渝康54%股权。上述交易完成后，华润金控通过重庆渝康间接持有重庆燃气股权比例为15.00%，联同一致行动人华润燃气投资已持有的重庆燃气22.49%股权，华润金控间接持股以及其一致行动人华润燃气投资持股合计超过30%，从而触发全面要约收购义务。华润金控指定其全资子公司华润资产作为实际执行本次要约收购的主体，并由华润资产持有接受要约的股份。本次要约收购股份为重庆燃气除重庆渝康及收购人的一致行动人华润燃气投资所持股份以外的全部无限售条件流通股。虽然本次要约收购系为履行法定要约收购义务而发出，不以终止重庆燃气上市地位为目的。但是若本次要约收购期届满时社会公众股东持有的重庆燃气股份比例低于重庆燃气股本总额的10%，重庆燃气将面临股权分布不具备上市条件的风险。①

珠海投资收购格力地产股份就是部分股份的要约收购。2020年5月22日，格力地产称，公司控股股东珠海投资拟通过全资孙公司珠海玖思投资有限公司对格力地产其他股东发出部分要约收购。本次要约收购股份数量为1.83亿股，占

① 《重庆燃气集团股份有限公司要约收购报告书》。

格力地产发行股份总数的8.89%，要约价格为6.50元/股。要约收购期间，最终有14个账户、共计4.38万股股份接受收购人发出的要约。①

《证券法》第六十五条第二款规定，收购上市公司部分股份的要约应当约定，被收购公司股东承诺出售的股份数额超过预定收购的股份数额的，收购人按比例进行收购。在格力地产的《要约收购报告书》中就明确约定，"要约收购期限届满后，若预受要约股份的数量不高于183,206,000股，则收购人按照收购要约约定的条件购买被股东预受的股份；若预受要约股份的数量超过183,206,000股，则收购人按照同等比例收购预受要约的股份。计算公式如下：收购人从每个预受要约股东处购买的股份数量=该股东预受要约的股份数×（183,206,000股÷要约期间所有股东预受要约的股份总数）。收购人从每个预受要约的股东处购买的股份不足一股的余股的处理将按照登记结算公司上海分公司权益分派中零碎股的处理办法处理。"② 最终预受要约股份的数量少于收购人预定收购数量，玖思投资将按照收购要约约定的条件购买被股东预受的股份。本次要约收购完成后，控股股东珠海投资控股有限公司及其一致行动人珠海玖思投资有限公司合计持有公司股份数量为847,383,580股，占格力地产全部已发行股份总数的41.11%。③

3. 自愿要约收购

要约收购最大的动机是大股东为进一步巩固控股权，提出部分要约收购，这时候因为大股东通常持股比例较高，容易触发强制要约的条件，所以成为"主动的强制要约"。另外一种动机就是大股东发起全面要约私有化。这种情况在中概股回归的过程中较为常见。当然，也有大股东以外的股东，甚至是没有持股的投资者直接提出要约收购。这种情形不多见，但并非没有，主要原因是，要约收购二级市场流通股，方便控制成本。虽然要约收购价相比市场价一般都有溢价，但要约价相当于收购期初就确定了持股成本。而如果通过二级市场不断举牌，往往会拉高股价，举牌的成本也会不断抬高。较为典型的自愿的部分要约收购案例是2017年的浙民投要约收购振兴生化。

在发出要约收购前，浙民投天弘的一致行动人浙民投、浙民投实业合计持有振兴生化无限售条件流通股6,852,820股，占公司股份总数的2.51%。因此，本

① 《格力地产股份有限公司要约收购报告书（修订稿）》。

② 《格力地产股份有限公司要约收购报告书（修订稿）》。

③ 《格力地产控股股东要约收购股份完成交割　持股比例为41.11%》，载"搜狐焦点"2020年7月4日。

次要约类型为主动要约，并非履行法定要约收购义务，同时也不是全面要约，不以终止ST生化上市地位为目的。要约收购范围为振兴生化除浙民投及浙民投实业外的其他股东所持有的无限售条件流通股共74,920,360股，占ST生化总股本的27.49%。要约收购期限共33个自然日。本次要约收购的生效条件为：在要约期届满前最后一个交易日15：00时，中登公司深圳分公司临时保管的预受要约的振兴生化股票申报数量不低于61,320,814股（占振兴生化股份总数的22.50%）。若要约期届满时，预受要约的股份数量未达到本次要约收购生效条件要求的数量，则本次要约收购自始不生效，中登公司深圳分公司自动解除对相应股份的临时保管，所有预受的股份将不被浙民投天弘接受。[①] 12月6日，深交所公告显示，浙民投发起的为期33天的要约收购，最终有3870个账户共计1.465亿股股份接受预受，占比ST生化总股份54%，净预受股份比例195.607%。为此，浙民投将按照同等比例收购预受要约的股份。计算公式如下：收购人从每个预受要约股东处购买的股份数量=该股东预受要约的股份数×（74,920,360股÷要约期间所有股东预受要约的股份总数）。浙民投方面表示，将对流通大户以及机构股东重点关注。收购成功后，浙民投及一致行动人合计持股比例最多将达29.99%，成为ST生化的第一大股东。[②]

自愿的全部股份的要约收购也就是私有化。私有化退市在成熟证券市场上比较多见，比如当当网和360都是私有化退市的。在A股市场上，自愿全面要约收购的案例并不多见。2015年2月，为避免二重重装被强制退市，作为实际控制人的中国机械工业集团有限公司以终止上市为目的，全面要约收购二重重装。[③] 但截至收购期满，在37个实施收购的自然日中，仅有1.13亿股社会公众股参与要约收购，距离1.72亿股的最低收购目标相差0.59亿股。二重社会公众持股数量依然高于总股本的10%，根据上市规则，二重重装无法主动退市，要约收购宣告失效。此后，二重重装以股东大会方式主动撤回股票在上交所的交易，并在取得上交所终止上市批准后转而申请在全国中小企业股份转让系统转让，从而实现了

① 《振兴生化股份有限公司董事会关于杭州浙民投天弘投资合伙企业（有限合伙）、浙江民营企业联合投资股份有限公司、杭州浙民投实业有限公司要约收购事宜致全体股东的报告书》。

② 《浙民投要约收购超标完成，ST生化股权争斗上半场落幕》，载《第一财经》2017年12月6日。

③ 《二重集团（德阳）重型装备股份有限公司要约收购报告书》，2015年2月17日。

主动退市。①

（二）要约收购的程序

实务中，要约收购的具体步骤是：（1）聘请财务顾问，制作要约收购报告书。（2）通知目标收购公司，公告收购要约报告书或摘要。（3）预受。（4）收购结束报告与公告。

1. 聘请财务顾问。收购人进行上市公司的收购，应当聘请符合《证券法》规定的专业机构担任财务顾问。收购人未按照本办法规定聘请财务顾问的，不得收购上市公司。收购人聘请的财务顾问应该就本次收购出具财务顾问报告，对相关事项进行说明和分析，并逐项发表明确意见。②

2. 通知与公告。以要约方式收购上市公司股份的，收购人应当编制要约收购报告书，聘请财务顾问，通知被收购公司，同时对要约收购报告书摘要作出提示性公告。本次收购依法应当取得相关部门批准的，收购人应当在要约收购报告书摘要中作出特别提示，并在取得批准后公告要约收购报告书。③

3. 预受。预受，指的是被收购公司股东同意接受要约的初步意思表示，在要约收购期限内不可撤回之前不构成承诺。在要约收购期限届满 3 个交易日前，预受股东可以委托证券公司办理撤回预受要约的手续，证券登记结算机构根据预受要约股东的撤回申请解除对预受要约股票的临时保管。在要约收购期限届满前 3 个交易日内，预受股东不得撤回其对要约的接受。在要约收购期限内，收购人应当每日在证券交易所网站上公告已预受收购要约的股份数量。出现竞争要约时，接受初始要约的预受股东撤回全部或者部分预受的股份，并将撤回的股份售予竞争要约人的，应当委托证券公司办理撤回预受初始要约的手续和预受竞争要约的相关手续。④

4. 收购结束与公告。《证券法》第七十六条第二款规定，收购行为完成后，收购人应当在十五日内将收购情况报告国务院证券监督管理机构和证券交易所，并予公告。

---

① 《二重集团（德阳）重型装备股份有限公司董事会关于拟以股东大会方式主动终止公司股票上市的公告》。

② 参见《上市公司收购管理办法》第九条、第六十六条。

③ 参见《上市公司收购管理办法》第二十八条。

④ 参见《上市公司收购管理办法》第四十二条、第四十三条。

（三）收购报告书

要约收购的核心是收购报告书。实务中，收购报告书分为要约收购报告书和上市公司收购报告书。要约收购之外的收购应当披露的是上市公司收购报告书，两者存在区别。《证券法》第六十六条规定，依照前条规定发出收购要约，收购人必须公告上市公司收购报告书，并载明下列事项：收购人的名称、住所；收购人关于收购的决定；被收购的上市公司名称；收购目的；收购股份的详细名称和预定收购的股份数额；收购期限、收购价格；收购所需资金额及资金保证；公告上市公司收购报告书时持有被收购公司股份数占该公司已发行的股份总数的比例。实务中，要约收购报告书的直接依据是《公开发行证券的公司信息披露内容与格式准则第17号——要约收购报告书》（证监会公告〔2020〕20号）。

根据《上市公司收购管理办法》，收购人应当编制要约收购报告书，聘请财务顾问，通知被收购公司，同时对要约收购报告书摘要作出提示性公告。该次收购依法应当取得相关部门批准的（比如反垄断审查），收购人应当在要约收购报告书摘要中作出特别提示，并在取得批准后公告要约收购报告书。收购人发出全面要约的，应当在要约收购报告书中充分披露终止上市的风险、终止上市后收购行为完成的时间及仍持有上市公司股份的剩余股东出售其股票的其他后续安排。

在收购报告书所涉及的事项中，实务中比较重要的有如下几处。

1. 收购人的主体资格。上市公司的控制人对上市公司影响巨大，关系千千万万投资者的利益，因此其股东身份必须进行严格限制。在浙民投收购振兴生化的收购报告书中，就专门对收购人的主体资格作出了报告：浙民投天弘、浙民投咨询及浙民投已出具《关于不存在〈上市公司收购管理办法〉第六条规定的情形及符合第五十条规定的说明》，确认“不存在《上市公司收购管理办法》第六条规定的情形并符合第五十条规定。”但是，由于2017年9月，振兴集团向山西省高级人民法院提起诉讼，认为浙民投天弘存在严重违反《上市公司收购管理办法》和《证券法》有关规定的行为不具备收购人的主体资格，要求法院判令浙民投天弘停止对ST生化实施要约收购行为，并要求浙民投天弘及上市公司赔偿振兴集团损失。因此，公司董事会认为，浙民投天弘是否具备收购人的主体资格，需依据人民法院作出的具有法律效力的判决或裁定判断。鉴于山西省高级人民法院尚未开庭审理此案，浙民投天弘是否具备收购人主体资格存在不确定性。①

2. 资金来源和资金保证的问题。根据《上市公司收购管理办法》，收购人聘请的财务顾问应当对收购人的收购资金来源及其合法性发表意见，说明是否存在利用本次收购的股份向银行等金融机构质押取得融资的情形。实务中一般会在收购报告书中对此进行说明。比如，在格力地产的要约收购中，收购人就本次要约收购资金来源声明如下："本次要约收购所需资金来源于自有资金或自筹资金，不直接或间接来源于被收购公司或其下属关联方，不存在利用本次收购的股份向银行等金融机构质押取得融资的情形，资金来源合法合规。收购人承诺具备履约能力，要约收购期限届满，收购人将根据登记结算公司上海分公司临时保管的预受要约的股份数量确认收购结果，并按照要约条件履行收购要约。"② 实务中，收购人都会将相当于收购资金总额的20%存入登记结算公司指定银行账户作为履约保证金。

3. 收购价格。《上市公司收购管理办法》第三十五条规定："收购人按照本办法规定进行要约收购的，对同一种类股票的要约价格，不得低于要约收购提示性公告日前6个月内收购人取得该种股票所支付的最高价格。" 在格力地产的要约收购中，收购人在本次要约收购提示性公告日前6个月内，收购人及其一致行动人不存在买卖格力地产上市交易股票的行为。因此，在定价上不受影响。同时，《上市公司收购管理办法》第三十五条还规定："要约价格低于提示性公告日前30个交易日该种股票的每日加权平均价格的算术平均值的，收购人聘请的财务顾问应当就该种股票前6个月的交易情况进行分析，说明是否存在股价被操纵、收购人是否有未披露的一致行动人、收购人前6个月取得公司股份是否存在其他支付安排、要约价格的合理性等。" 本次要约收购提示性公告日前30个交易日内，格力地产股票的每日加权平均价格的算数平均值为4.48元/股。而本次要约价格为6.50元/股，不存在低于要约收购提示性公告日前6个月内收购人取得该种股票所支付的最高价格的情形，且不低于要约收购提示性公告日前30个交易日该种股票每日加权平均价格的算术平均值，符合《上市公司收购管理办法》

---

① 《振兴生化股份有限公司董事会关于杭州浙民投天弘投资合伙企业（有限合伙）、浙江民营企业联合投资股份有限公司、杭州浙民投实业有限公司要约收购事宜致全体股东的报告书》。

② 《格力地产控股股东要约收购股份完成交割持股比例为41.11%》，载搜狐焦点2020年7月4日。

的规定。[1] 因为要约收购在价格上的限制，信息发布后，一般会吸引投资者进入，但也并非没有风险。2011 年熔盛重工向全柴动力发出收购要约，要约价 16.62 元/股，受当时熊市环境的影响，此后全柴动力股价下跌，长期低于要约价，产生的无风险套利机会吸引了大量投资者买入全柴动力。但 2012 年，熔盛重工宣布收购终止，导致全柴动力复牌后暴跌，大量投资者被套在高位。

特别值得注意的是，《上市公司收购管理办法》规定，被收购公司董事会应当对收购人的主体资格、资信情况及收购意图进行调查，对要约条件进行分析，对股东是否接受要约提出建议，并聘请独立财务顾问提出专业意见。在收购人公告要约收购报告书后 20 日内，被收购公司董事会应当公告被收购公司董事会报告书与独立财务顾问的专业意见。在振兴生化董事会关于浙民投天弘要约收购事宜致全体股东的报告书中，就指出浙民投天弘是否具备收购人的主体资格，需依据人民法院作出的具有法律效力的判决或裁定判断。鉴于山西省高级人民法院尚未开庭审理此案，浙民投天弘是否具备收购人主体资格存在不确定性。一位独立董事发表意见认为：不同意要约收购，收购方在本行业的经营能力存在极大不确定性，不利于上市公司发展。[2]

4. 收购比例。根据《上市公司收购管理办法》，以强制要约方式收购一个上市公司股份的，其预定收购的股份比例均不得低于该上市公司已发行股份的 5%。

（四）收购期限及限制

《证券法》第六十七条规定，收购要约约定的收购期限不得少于三十日，并不得超过六十日。收购期限既不能太短，否则不利于保护投资者的决策权；也不能太长，否则会使上市公司处于不稳定状态。在格力地产股份有限公司要约收购报告书（修订稿）中载明：本次要约收购期限共 34 个自然日，即 2020 年 5 月 27 日至 2020 年 6 月 29 日。本次要约期限内最后三个交易日，预受的要约不可撤回。在要约收购期限内，投资者可以在上交所网站（http：//www.sse.com.cn）上查询截至前一交易日的预受要约股份的数量以及撤回预受要约的股份数量。

对于收购期的天数，《上市公司收购管理办法》规定了一个例外条件，“出

① 《格力地产控股股东要约收购股份完成交割持股比例为 41.11%》，载搜狐焦点 2020 年 7 月 4 日。

② 《振兴生化股份有限公司董事会关于杭州浙民投天弘投资合伙企业（有限合伙）、浙江民营企业联合投资股份有限公司、杭州浙民投实业有限公司要约收购事宜致全体股东的报告书》。

现竞争要约的除外。”收购要约期限届满前15日内，收购人不得变更收购要约；但是出现竞争要约的除外。出现竞争要约时，发出初始要约的收购人变更收购要约距初始要约收购期限届满不足15日的，应当延长收购期限，延长后的要约期应当不少于15日，不得超过最后一个竞争要约的期满日，并按规定追加履约保证。发出竞争要约的收购人最迟不得晚于初始要约收购期限届满前15日发出要约收购的提示性公告，并应当根据履行公告义务。

收购期限对收购人的拘束力主要体现在：（1）《证券法》第六十八条规定，在收购要约约定的承诺期限内，收购人不得撤销其收购要约。（2）《证券法》第七十条规定，采取要约收购方式的，收购人作出公告后至收购期限届满前，不得卖出被收购公司的股票，也不得采取要约规定以外的形式和超出要约的条件买入被收购公司的股票；从而防止收购人操纵上市公司股价，保证股东受到公平对待。（3）收购人需要变更收购要约的，不得缩短收购期限。（4）在要约收购期间，被收购公司董事不得辞职。

在收购期内，同意接受收购要约的股东被称为预受股东。预受股东应当委托证券公司办理预受要约的相关手续。收购人应当委托证券公司向证券登记结算机构申请办理预受要约股票的临时保管。证券登记结算机构临时保管的预受要约的股票，在要约收购期间不得转让。在要约收购期限届满3个交易日前，预受股东可以委托证券公司办理撤回预受要约的手续，证券登记结算机构根据预受要约股东的撤回申请解除对预受要约股票的临时保管。在要约收购期限届满前3个交易日内，预受股东不得撤回其对要约的接受。在要约收购期限内，收购人应当每日在证券交易所网站上公告已预受收购要约的股份数量。出现竞争要约时，接受初始要约的预受股东撤回全部或者部分预受的股份，并将撤回的股份售予竞争要约人的，应当委托证券公司办理撤回预受初始要约的手续和预受竞争要约的相关手续。

（五）收购要约的变更

在收购要约确定的承诺期限内，收购人可以变更，但是不得撤销其收购要约。《证券法》第六十八条规定，在收购要约确定的承诺期限内，收购人不得撤销其收购要约。收购人需要变更收购要约的，应当及时公告，载明具体变更事项，且不得存在下列情形：降低收购价格；减少预定收购股份数额；缩短收购期限；国务院证券监督管理机构规定的其他情形。此外，《上市公司收购管理办法》进一步规定，收购要约期限届满前 15 日内，收购人不得变更收购要约；但是出现竞争要约的除外。在竞争要约的情况下，应当允许收购人变更价格（通常是提高价格）。收购人对收购要约条件做出重大变更的，被收购公司董事会应当在 3 个工作日内公告董事会及独立财务顾问就要约条件的变更情况所出具的补充意见。在 2010 年辽宁方大集团以要约收购方式收购方大特钢的过程中，就将原要约收购价格 7.80 元/股变更为 8.66 元/股。①

（六）要约收购的同等对待

要约收购的制度目的就在于保障所有股东的平等选择权。《证券法》第六十九条规定，收购要约提出的各项收购条件，适用于被收购公司的所有股东。上市公司发行不同种类股份的，收购人可以针对不同种类股份提出不同的收购条件。因此，收购要约提出的各项收购条件，适用于被收购公司的所有股东。但是，新证券法明确规定，上市公司发行不同种类股份的，收购人可以针对不同种类股份提出不同的收购条件。新证券法这一修改为要约收购的同等条件设定了例外情形。本条更重要的价值在于，在证券法上明确了上市公司可以发行不同种类的股份，也就是所谓的“差异化表决权”股份。

五、协议收购制度

（一）协议收购及信息披露

《证券法》第七十一条第一款规定，采取协议收购方式的，收购人可以依照法律、行政法规的规定同被收购公司的股东以协议方式进行股份转让。协议收购是针对上市公司特定大股东的不公开的场外股份收购，可以看作是以获取控制权为目的的场外的协议转让。和普通的协议转让的不同在于，协议收购的收购方和大股东能够事先就收购的数量和步骤等达成一致意见；同时，协议收购要向监管机构和证券交易所报告并公告。协议收购一般被认为是友好收购，目标公司一般都是股权相对集中的公司。与要约收购的价格受到较多限制不同，协议收购的价格由双方当事人协商确定，并且可以对不同的股东采取不同的收购价格，证监会

① 《方大特钢要约收购价上调》，载《证券时报》2010 年 2 月 2 日。

和交易所一般不会干预。但对于价格偏离市场价格较大的，交易所可能会发函问询。对于收购中的一些异常情形，交易所也会发函问询。

要约收购是证券法规制的重点，对于协议收购法律采取较为宽容的态度。相比要约收购，协议收购具有费用较低，程序简洁、效率更高、更灵活（可以与竞价交易配合使用），更友好、适用范围更广（在股权分置改革之前，协议收购可以针对非流通股）等特点。实务中比较常见的协议收购方式是直接的股份转让和认购上市公司发行的新股。因此，实务中许多的收购都是通过协议收购方式开展的。

《证券法》第七十一条第二款规定，以协议方式收购上市公司时，达成协议后，收购人必须在三日内将该收购协议向国务院证券监督管理机构及证券交易所作出书面报告，并予公告。在公告前不得履行收购协议。在实务中，由于协议收购往往对上市公司影响重大，属于需要披露的重大事项。因此，在收购人与上市公司股东签署正式收购协议前，上市公司通常会签署股份转让意向性协议并发布提示性公告。在过程中，还要及时披露补充协议和收购进展。比如，易通公司受让吴某亮所持上市公司唐德影视的股份，从而对唐德影视进行协议收购的具体过程是：

2020 年 5 月 6 日，唐德影视发布《关于控股股东、实际控制人签订〈股份转让意向性协议〉暨控制权变更的提示性公告》，称接到控股股东、实际控制人吴某亮先生函告，其与东阳市金融控股有限公司、东阳市金融控股有限公司的控股子公司东阳聚文影视文化投资有限公司于 2020 年 5 月 6 日签订了《股份转让意向性协议》。

2020 年 5 月 6 日，唐德影视发布《关于筹划控制权变更的停牌公告》。

2020 年 6 月 1 日，易通公司与吴某亮签署了《股份转让协议》《表决权委托协议》，吴某亮拟将其持有的上市公司 20,945,950 股股份（占上市公司总股本的 5%）以协议转让的方式转让给易通公司，同时将其持有的上市公司98,654,050 股股份（占上市公司总股本的 23.55%）的表决权、提名权、提案权均委托给易通公司行使，并约定尚处于限售状态的 37,158,115 股股份（占上市公司总股本的 8.87%）解除限售后转让给易通公司，上述表决权委托对应的上市公司股份包含远期转让股份。同时，易通公司与唐德影视签署《非公开发行认购协议》，拟以现金方式认购上市公司本次非公开发行 104,729,750 股股份，占发行前总股本的 25%。上述交易完成后，易通公司将持有唐德影视 162,833,815 股股份（占上市公司总股本的29.90%），持有唐德影视24,329,750股表决权（占上市公司总股本的41.19%）。

2020年6月2日，唐德影视公告了《关于控股股东、实际控制人拟发生变更的提示性公告》《收购报告书摘要》《简式权益变动报告书》，披露了相关收购协议的主要内容。

2020年6月3日，唐德影视公告了《中信建投证券股份有限公司关于公司收购报告书之财务顾问报告》《国浩律师（杭州）事务所关于浙江易通数字电视投资有限公司收购公司之法律意见书》和《收购报告书》。

2020年7月1日、7月15日、7月31日、8月14日、8月31日，唐德影视又就收购协议的部分条款变更分别发布了《关于控股股东、实际控制人拟变更事项签署补充协议的公告》，8月24日唐德影视就收购的进展发布《关于控股股东、实际控制人拟变更事项的进展公告》。

2020年9月25日，唐德影视发布《关于控股股东、实际控制人协议转让股份完成过户登记暨控股股东、实际控制人变更的公告》。公告显示，2020年9月24日，唐德影视收到中国证券登记结算有限责任公司出具的《证券过户登记确认书》，本次吴某亮先生与浙江易通的股份转让事项已完成过户登记手续，过户时间为2020年9月23日，过户数量为20,945,950股，股份性质为无限售流通股。本次股份转让完成后，浙江易通持有公司20,945,950股股份。同时，吴某亮先生将所持公司98,654,050股股份的表决权委托给浙江易通行使，浙江易通合计拥有公司119,600,000股股份的表决权，合计控制公司28.55%股份的表决权，成为公司拥有表决权最多的股东，取得了上市公司控制权，成为公司的控股股东，浙江广播电视集团为公司的实际控制人。

（二）协议收购的履约保障

为了保障收购协议的履行，《证券法》第七十二条规定，采取协议收购方式的，协议双方可以临时委托证券登记结算机构保管协议转让的股票，并将资金存放于指定的银行。需要注意的是，这是一个选择性的条款，并不是强制性的要求。但是，《上市公司收购管理办法》对此作出了修改：协议收购的相关当事人应当向证券登记结算机构申请办理拟转让股份的临时保管手续，并可以将用于支付的现金存放于证券登记结算机构指定的银行。

（三）过渡期

以协议方式进行上市公司收购的，自签订收购协议起至相关股份完成过户的期间为上市公司收购过渡期（以下简称过渡期）。根据《上市公司收购管理办法》，在过渡期内，收购人不得有下列行为：（1）通过控股股东提议改选上市公司董事会，确有充分理由改选董事会的，来自收购人的董事不得超过董事会成员的1/3；（2）被收购公司不得为收购人及其关联方提供担保；（3）被收购公司不得公开发行股份募集资金，不得进行重大购买、出售资产及重大投资行为或者与收购人及其关联方进行其他关联交易，但收购人为挽救陷入危机或者面临严重财务困难的上市公司的情形除外。

（四）协议收购转要约收购

《证券法》第七十三条规定，采取协议收购方式的，收购人收购或者通过协议、其他安排与他人共同收购一个上市公司已发行的有表决权股份达到百分之三十时，继续进行收购的，应当依法向该上市公司所有股东发出收购上市公司全部或者部分股份的要约。但是，按照国务院证券监督管理机构的规定免除发出要约的除外。收购人依照前款规定以要约方式收购上市公司股份，应当遵守本法第六十五条第二款、第六十六条至第七十条的规定。《上市公司收购管理办法》进一步明确，收购人通过协议方式在一个上市公司中拥有权益的股份达到或者超过该公司已发行股份的5%，但未超过30%的，应当按照权益披露制度的规定办理。收购人拥有权益的股份达到该公司已发行股份的有表决权的股份的30%时，继续进行收购的，应当依法向该上市公司的股东发出全面要约或者部分要约。收购人拟通过协议方式收购一个上市公司的股份超过30%的，超过30%的部分，应当改以要约方式进行。收购人依照前款规定以要约方式收购上市公司股份，应当公告上市公司收购报告书，遵守证券法关于要约收购的有关规定。比如，在前述唐德影视协议收购中，唐德影视就公告了收购报告书。

在满足强制要约前提条件之下，收购人必须发出要约收购，除非符合免除发出要约（要约豁免）的特定情形。2020年10月，桂林旅游发展某公司收购桂林旅游发行新股导致收购人持有上市公司的股权超过30%，从而触发收购人的要约收购义务。根据《上市公司收购管理办法》第六十三条第三项规定，收购人承诺36个月内不转让本次交易中上市公司向其发行的新股，在上市公司股东大会非关联股东批准本次交易并同意豁免收购人要约收购义务后，收购人可免于以要约方式增持上市公司股份。

六、要约收购的豁免

相比原证券法，新法取消了要约收购豁免的审批，将“经国务院证券监督管理机构免除发出要约的除外”改为“按照国务院证券监督管理机构的规定免除发出要约的除外”（第七十三条）。《上市公司收购管理办法》对此作出了相应调整。符合要约豁免的规定情形的，投资者及其一致行动人可以免于以要约收购方式增持股份，或者免于向被收购公司的所有股东发出收购要约。不符合要约豁免的规定情形的，投资者及其一致行动人应当在 30 日内将其或者其控制的股东所持有的被收购公司股份减持到 30%或者 30%以下；拟以要约以外的方式继续增持股份的，应当发出全面要约。收购人免于发出要约的，只需要聘请符合《证券法》规定的律师事务所等专业机构出具专业意见，不再需要审批。

《上市公司收购管理办法》第六十二条规定了收购人可以免于以要约方式增持股份的三种情形：同一控制下转让、拯救严重财务困难和兜底情形，这三种情形在原先属于需要证监会在 20 日内审批的情形。第六十三条规定了投资者可以免于发出要约的十种情形，将原先适用简易程序和自动豁免的情形合并。这十种情形分别是：

（1）经政府或者国有资产管理部门批准进行国有资产无偿划转、变更、合并，导致投资者在一个上市公司中拥有权益的股份占该公司已发行股份的比例超过 30%。

（2）因上市公司按照股东大会批准的确定价格向特定股东回购股份而减少股本，导致投资者在该公司中拥有权益的股份超过该公司已发行股份的 30%。

（3）经上市公司股东大会非关联股东批准，投资者取得上市公司向其发行的新股，导致其在该公司拥有权益的股份超过该公司已发行股份的 30%，投资者承诺 3 年内不转让本次向其发行的新股，且公司股东大会同意投资者免于发出要约。

（4）在一个上市公司中拥有权益的股份达到或者超过该公司已发行股份的 30%的，自上述事实发生之日起一年后，每 12 个月内增持不超过该公司已发行的 2%的股份；增持不超过 2%的股份锁定期为增持行为完成之日起 6 个月。本项规定是“爬行增持”的第一种情形，增持不超过2%的股份锁定期为增持行为完成之日起6个月。

（5）在一个上市公司中拥有权益的股份达到或者超过该公司已发行股份的50%的，继续增加其在该公司拥有的权益不影响该公司的上市地位；采用集中竞价方式增持股份的，每累计增持股份比例达到上市公司已发行股份的2%的，在事实发生当日和上市公司发布相关股东增持公司股份进展公告的当日不得再行增持股份。本项规定是“爬行增持”的第二种情形。

（6）证券公司、银行等金融机构在其经营范围内依法从事承销、贷款等业务导致其持有一个上市公司已发行股份超过30%，没有实际控制该公司的行为或者意图，并且提出在合理期限内向非关联方转让相关股份的解决方案。

（7）因继承导致在一个上市公司中拥有权益的股份超过该公司已发行股份的30%。

（8）因履行约定购回式证券交易协议购回上市公司股份导致投资者在一个上市公司中拥有权益的股份超过该公司已发行股份的30%，并且能够证明标的股份的表决权在协议期间未发生转移。

（9）因所持优先股表决权依法恢复导致投资者在一个上市公司中拥有权益的股份超过该公司已发行股份的30%。

（10）中国证监会为适应证券市场发展变化和保护投资者合法权益的需要而认定的其他情形。

符合这10种情形的，相关投资者应在权益变动行为完成后3日内就股份增持情况做出公告，律师应就相关投资者权益变动行为发表符合规定的专项核查意见并由上市公司予以披露。

2020年10月，北京市国资委决定将北京国管中心持有的占中信建投总股本35.11%的A股股份无偿划转至北京金控集团。本次收购是经北京市国资委批准进行的国有资产无偿划转，导致北京金控集团在划转完成后在中信建投中拥有权益的股份将超过其已发行股份的30%。本次无偿划转属于《上市公司收购管理办法》第六十三条第一项规定的免除发出要约的情形。

七、法律责任

（一）民事责任

收购的民事责任问题涉及两个方面：一是违反法律法规的收购行为的效力问题；二是收购人的侵权责任问题。

对于违反法律法规的收购行为的效力问题，证券法并没有明确规定。考虑到证券交易的公开性、涉众性和高流动性等特点，不宜轻易否定证券交易的效力。《证券法》第一百一十七条也明确规定，按照依法制定的交易规则进行的交易，不得改变其交易结果。因此，违反法律法规的收购行为，只要符合交易规则，不应当认定为无效。在刘某秋诉深圳某城汇理资产管理有限公司案件中，法院认为：“证券交易属于特殊买卖行为，不仅具有电子化交易的特征，而且是通过证券交易系统以集合竞价、自动撮合方式进行的交易，涉及众多不特定的证券投资者。正是基于这样的交易特征，为维护证券交易的稳定性，我国法律对证券交易行为的效力采取了更加严格的保护标准。根据《中华人民共和国证券法》第一百二十条第一款规定：‘按照依法制定的交易规则进行的交易，不得改变其交易结果。对交易中违规交易者应负的民事责任不得免除，在违规交易中所获利益，依照有关规定处理。’因此，只要是按照交易规则完成的证券交易，即便投资者在交易中存在违规行为，但其交易结果也并不因此改变，其持股行为的效力仍得以确认。本诉被告及其一致行动人通过集中竞价、协议转让、资本公积转增股本等方式持有第三人某都酒店股票，其持股行为效力依法应予维护。”①

对于收购人的侵权责任问题，《证券法》第一百九十六条第二款规定，收购人及其控股股东、实际控制人利用上市公司收购，给被收购公司及其股东造成损失的，应当依法承担赔偿责任。同时，根据《证券法》第八十五条的规定，收购人作为信息披露义务人未按照规定披露信息，或者信息披露资料存在虚假记载、误导性陈述或者重大遗漏，致使投资者在证券交易中遭受损失的，应当承担赔偿责任。但在这两种情形之下，受到损失的被收购公司及其股东享有的是要求

① 参见《刘某秋与深圳某城汇理资产管理有限公司与公司有关的纠纷一审民事判决书》，（2016）粤0304民初22334号。

该责任主体承担赔偿其自身财产性权益损失的民事救济权利，而非要求限制该责任主体行使股东权利的救济权利。后者应当根据证券监管机构的行政行为作出。在刘某秋诉深圳某城汇理资产管理有限公司案件中，法院认为："原告并未主张财产性权益损失，而是诉请人民法院判决限制本诉被告行使表决权等股东权利，不仅缺乏法律依据，而且是将应由行政监管机关作出的具体行政行为要求人民法院以民事判决的形式作出，也超出了人民法院审理民事案件的范围，本院对本诉原告上述主张不予支持。"①

（二）行政责任

1. 违法收购的责任。《证券法》第一百九十六条规定，收购人未按照本法规定履行上市公司收购的公告、发出收购要约义务的，责令改正，给予警告，并处以五十万元以上五百万元以下的罚款。对直接负责的主管人员和其他直接责任人员给予警告，并处以二十万元以上二百万元以下的罚款。收购人及其控股股东、实际控制人利用上市公司收购，给被收购公司及其股东造成损失的，应当依法承担赔偿责任。原证券法规定，收购人未按照本法规定履行上市公司收购的公告、发出收购要约义务的，在改正前，收购人对其收购或者通过协议、其他安排与他人共同收购的股份不得行使表决权。新《证券法》第一百九十六条删除了这一规定，36个月不能行使表决权的规定只适用于对权益披露义务和慢走规则的违反。

从实务案例来看，协议收购较为容易触发行政责任。比如，广某公司与北京非某在2014年5月28日签订了股份转让协议，协议标的为上市公司某馨科技9000万股股份，占某馨科技股本总额的41.36%。根据原证券法的规定，北京非某必须在三日内将收购协议向证监会及深圳证券交易所做出书面报告并予公告，但北京非某并未履行报告和公告义务。证监会认定，北京非某作为收购方，未及时向证监会和深交所做出书面报告并予公告的行为违反了原证券法的规定，构成违法收购并进行了行政处罚。②

2. 信息披露违法的责任。收购人属于信息披露义务人。根据《证券法》第

① 参见《刘某秋与深圳某城汇理资产管理有限公司与公司有关的纠纷一审民事判决书》，(2016) 粤0304民初22334号。

② 参见《中国证券监督管理委员会江苏监管局行政处罚决定书》，〔2018〕9号。

一百九十七条的规定，信息披露义务人未按照本法规定报送有关报告或者履行信息披露义务的，还可能受到行政处罚。值得注意的是，上市公司收购中的信息披露义务人不只是收购人，还包括被收购人、上市公司等其他主体。比如，在前述某馨科技协议收购案例中，根据原《上市公司信息披露管理办法》的规定，广某公司作为某馨科技的控股股东应及时、准确告知上市公司拟发生的股权转让事项并配合上市公司做好信息披露工作，但广某公司直到2014年9月23日才称拟筹划重大事项，通知某馨科技停牌。证监会认定，广讯公司作为某馨科技的控股股东，在与北京非某签订股份转让协议后未告知某馨科技拟发生的股权转让事项，违反《上市公司信息披露管理办法》的规定，构成信息披露违法行为。[①]

八、重大资产重组

(一) 缺席的重大资产重组

上市公司的收购与重大资产重组是上市公司控制权变动最主要的两种方式。在2015年证券法修订的一读稿中，专门规定了“上市公司的重大资产交易”一节，但最终的证券法定稿删除了这一部分的内容。因此，在我国现行证券法上，并没有把实务中的“重大资产重组”作为专章纳入调整范围，但证券法上并非没有重大资产重组的位置，在称谓上是“重大资产交易”。比如第四十二条规定，为发行人及其控股股东、实际控制人，或者收购人、重大资产交易方出具审计报告或者法律意见书等文件的证券服务机构和人员，自接受委托之日起至上述文件公开后五日内，不得买卖该证券。第五十一条规定，证券交易内幕信息的知情人包括：……（五）上市公司收购人或者重大资产交易方及其控股股东、实际控制人、董事、监事和高级管理人员；……（八）因法定职责对证券的发行、交易或者对上市公司及其收购、重大资产交易进行管理可以获取内幕信息的有关主管部门、监管机构的工作人员……“资产交易”的概念实际上更加准确，因为资产重组虽然可以是外部的，但从文义上理解更应该是内部的资源整合。但实务中的资产重组并不包括内部的资源整合。在实务中，常常是并购和重组并提，从控制权的角度来说，重大资产重组也是取得上市公司控制权的方式。

① 参见《中国证券监督管理委员会江苏监管局行政处罚决定书》，〔2018〕9号。

（二）重大资产重组的界定

重大资产重组作为上市公司盘活资产、引入源头活水的重要制度，其一举一动都牵动着中国资本市场的神经，更是深刻地影响着市场的生态。根据证监会制定的《上市公司重大资产重组管理办法》的界定，理解重大资产重组的三个关键概念为“日常经营活动以外”“资产交易”与“主营业务、资产、收入发生重大变化”。重大资产重组必须达到规定的比例：（1）购买、出售的资产总额占上市公司最近一个会计年度经审计的合并财务会计报告期末资产总额的比例达到50%以上；（2）购买、出售的资产在最近一个会计年度所产生的营业收入占上市公司同期经审计的合并财务会计报告营业收入的比例达到50%以上；（3）购买、出售的资产净额占上市公司最近一个会计年度经审计的合并财务会计报告期末净资产额的比例达到50%以上，且超过5000万元人民币。① 需要注意到是，上市公司按照公开发行证券文件披露的募集资金用途，使用募集资金购买资产、对外投资的行为，不属于重大资产重组。

（三）重大资产重组的步骤

从程序上来说，重大资产重组分为如下步骤：（1）上市公司与交易对方就重大资产重组事宜进行初步磋商；（2）聘请符合《证券法》规定的独立财务顾问、律师事务所以及会计师事务所等证券服务机构就重大资产重组出具意见；（3）由董事会依法作出决议，提交股东大会批准并披露决议、重组预案、相关中介机构出具的意见等；（4）上市公司重大资产重组属于“借壳上市”和发行股份购买资产的，应当提交并购重组委审核；（5）实施重组方案；（6）独立财务顾问对实施重大资产重组的上市公司履行持续督导职责。②

（四）重大敏感信息管理

重大资产重组由于其重大性，对上市公司的经营和股价往往会发生重大的影响。因此，在重组的各个阶段，必须做好重大敏感信息的管理，同时要做好必要的信息披露，相关具体要求如下：（1）任何单位和个人对所知悉的重大资产重

① 《上市公司重大资产重组管理办法（2020年修正））》第十二条。
② 参见《上市公司重大资产重组管理办法（2020年修正）》。

组信息在依法披露前负有保密义务。禁止任何单位和个人利用重大资产重组信息从事内幕交易、操纵证券市场等违法活动。（2）上市公司与交易对方就重大资产重组事宜进行初步磋商时，应当立即采取必要且充分的保密措施，制定严格有效的保密制度，限定相关敏感信息的知悉范围。上市公司及交易对方聘请证券服务机构的，应当立即与所聘请的证券服务机构签署保密协议。（3）上市公司关于重大资产重组的董事会决议公告前，相关信息已在媒体上传播或者公司股票交易出现异常波动的，上市公司应当立即将有关计划、方案或者相关事项的现状以及相关进展情况和风险因素等予以公告，并按照有关信息披露规则办理其他相关事宜。（4）上市公司筹划重大资产重组事项，应当详细记载筹划过程中每一具体环节的进展情况，包括商议相关方案、形成相关意向、签署相关协议或者意向书的具体时间、地点、参与机构和人员、商议和决议内容等，制作书面的交易进程备忘录并予以妥当保存。参与每一具体环节的所有人员应当即时在备忘录上签名确认。（5）上市公司预计筹划中的重大资产重组事项难以保密或者已经泄露的，应当及时向证券交易所申请停牌，直至真实、准确、完整地披露相关信息。停牌期间，上市公司应当至少每周发布一次事件进展情况公告。上市公司股票交易价格因重大资产重组的市场传闻发生异常波动时，上市公司应当及时向证券交易所申请停牌，核实有无影响上市公司股票交易价格的重组事项并予以澄清，不得以相关事项存在不确定性为由不履行信息披露义务。①

重大敏感信息的管理与内幕交易往往如影随行。比如，2020 年 9 月 18 日当天，两只券商股国联证券和国金证券均涨停，随后爆出并购传闻，并且网络开始流传一份国联证券的重大重组停牌公告，引起市场上的广泛质疑。9 月 25 日，证监会表示，已要求两家公司自查，并提交内幕知情人名单，启动核查程序。10 月 12 日，国联证券与国金证券分别发布公告，表示将终止筹划重大事项，两家公司 A 股股票均自 10 月 13 日开市起复牌。②

---

① 参见《上市公司重大资产重组管理办法（2020 年修正）》。

② 《国金证券、国联证券终止重组“券商 CP”凉了》，http：//finance. ce. cn/stock/gsgdbd/202011/03/t20201103_35969450. shtml? ivk_sa=1023197a，最后访问时间：2022 年 4 月 16 日。

▶ 第五讲 强者的“枷锁”——信息披露专章

一、王府井股价暴涨疑云

(一) 重大利好引发质疑

2020年6月9日，王府井集团股份有限公司（以下简称王府井）宣布获得的免税品经营资质，这是我国发放的第9张免税牌照，也让王府井成为首家进入免税行业的零售集团。这一消息对王府井来说无疑是重大利好。但诡异的是，在公告正式发布前的一个多月时间，王府井的股价就开始了异常暴涨，涨幅超过100%。6月9日正式发布公告以前，股吧、微博等平台上已经流传王府井获得免税牌照的消息，但被王府井方面否认。因此，6月9日的公告和此前的股价异常暴涨引发了市场对王府井的质疑：公司是否泄露了内幕信息，公司是否未及时披露重大事项？

上交所就此向王府井发出了《关于王府井集团股份有限公司获得免税品经营资质相关事项的监管工作函》，要求王府井说明如下问题：（1）请公司核实并说明获得免税品经营资质的具体时间和过程，包括筹划、申请、审批等各阶段，是否存在内幕信息提前泄露的情形。（2）上述期间，公司控股股东、董监高等相关知情人员买卖公司股票的情况。（3）2020年5月28日，有媒体报道称，公司曾回应控股股东申请免税牌照传闻，并表示暂未听说相关情况。请公司核实并说明回应上述传闻的具体人员及过程，公司是否知悉当时免税资质的申请进展，以及相关信息披露义务的履行情况。（4）请公司按照《证券法》第五十一条以及本所《上市公司内幕信息知情人报送指引》等规定的内幕信息知情人范围，及时向我部报送内幕信息知情人名单，供本所进行内幕交易核查。

（二）免税牌照的背后

6月12日，王府井回应上交所称：

（1）获得免税品经营资质的具体时间和过程，以及是否存在内幕信息提前泄露的情形。2019年初，公司开展了免税经营相关资料的收集、整理和研究工作，对全球以及国内免税行业的发展现状进行分析，深入了解免税业发展现状和方向。2019年4月，公司及控股股东北京首都旅游集团有限责任公司（以下简称首旅集团）开始申报免税品经营资质业务。此后，公司及控股股东没有收到任何政府部门的文件，也未开展实质推进工作，申请始终处于论证研究阶段，没有与任何客户或合作方进行商业洽谈，未签署任何合同或协议，因此不存在应披露未披露的信息，所以公司此前未进行相关信息披露。

2020年6月9日，公司收到首旅集团转来的《财政部关于王府井集团股份有限公司免税品经营资质问题的通知》，授予公司免税品经营资质，允许公司经营免税品零售业务。公司于当天晚间通过上海证券交易所网站及中国证券报发布了《关于公司获得免税品经营资质的公告》（临2020-030），公平、及时地向投资者披露了有关信息。

内幕知情人管理方面，经审慎核实，2019年4月末，公司已按照有关法律法规和公司内幕知情人管理制度就该事项建立了内幕知情人档案，并根据实际情况陆续调整内幕知情人档案。公司在建立和调整内幕知情人档案的同时，向相关人员宣读并强调内幕知情人管理制度，督促有关人员严格履行信息保密职责。公司在相关信息正式披露前严格遵守了相关法律法规要求，不存在提前泄露内幕信息的情形。

（2）上述期间，公司控股股东、董监高等相关知情人员买卖公司股票的情况。经核查，公司董监高在上述期间不存在买卖公司股票的情况。2020年2月11日，公司发布了《关于公司控股股东增持股份计划的公告》（临2020-001），控股股东首旅集团拟在未来6个月内通过上海证券交易所交易系统增持公司股份，增持数量不低于公司已发行股份的0.5%，不超过公司已发行股份的2%。本次增持不设置价格区间，首旅集团将根据公司股票价格波动情况，逐步实施增持计划。2020年5月13日，公司发布了《关于公司控股股东增持股份进展的公告》（临2020-020），首旅集团于2020年2月11日至2020年5月11日，通过上海证券交易所集中竞价交易系统，以自有资金累计增持王府井813,110股，占公司已发行总股份的0.1%。

首旅集团本次增持是基于对公司未来发展的信心和价值的认可，执行其已预先披露的增持计划，公司已履行相应的信息披露义务，且控股股东不存在短线突击大额买入的情况，不存在利用内幕信息从事内幕交易的情形。

（3）公司回应控股股东申请免税牌照传闻的具体人员及过程。2020年5月28日中午，有个别媒体记者突然在微信中询问公司工作人员关于大股东申请免税牌照事宜，公司工作人员表示未曾听说相关情况，考虑到对方公共媒体的特殊身份，相关人员也提示对方不要随意相信传闻并传播相关内容，以避免对市场进行误导。在未经公司同意，也未再与公司人员有任何沟通和核对的情形下，该记者直接在网站上报道：针对控股股东北京首旅公司申请免税牌照的市场传闻，王府井内部人士透露，暂时没听说过所述情况，请不要随意相信传闻并且传播。公司当时并不知晓申报免税品经营资质事项的进展。相关人员并未参与申报免税品经营资质工作。

在收到首旅集团转来的《财政部关于王府井集团股份有限公司免税品经营资质问题的通知》前，公司免税品经营资质申请始终处于论证研究阶段，公司及控股股东没有收到任何政府部门文件，也没有与任何客户或合作方进行商业洽谈，没有签署任何合同或协议，不存在应披露未披露的信息。

（4）报送内幕信息知情人名单。根据监管工作函要求，公司按照有关法律法规认真汇总核实了内幕知情人档案，并已于2020年6月10日将内幕信息知情人名单通过上海证券交易所公司业务管理系统报送。公司对王府井取得免税品经营资质事项所引起的来自各方面的评论高度重视，对社会各界给予王府井取得免税品经营资质的关注和关心表示衷心感谢。公司将继续依法合规及时履行信息披露义务。①

① 参见王府井：《关于免税品经营资质相关事项的监管工作函的回复公告》。

（三）内幕交易坐实

2020年9月18日，证监会官网发布《关于吴某某等人涉嫌内幕交易“王府井”股票案的通报》称，2020年6月9日晚，王府井公告获得免税品经营资质。交易监控发现部分账户在公告前大量买入股票，交易行为明显异常。证监会调查发现，吴某某等人在重大事件公告前获取内幕信息并大量买入“王府井”股票，获利数额巨大，涉嫌构成内幕交易。证监会将依法追究相关当事人的违法责任，涉嫌犯罪的，及时移送公安机关追究刑事责任。[①]

（四）未完的疑问

证监会的通报中，从事内幕交易的主体并不涉及王府井，但相关的质疑并没有就此终结。核心的问题是，王府井从2019年4月开始申请，直到2020年6月9日获得免税牌照，此间没有公开的信息披露，是否涉嫌披露不及时？根据证券法的规定，除了定期报告外，发生可能对上市公司股票交易价格产生较大影响的重大事件，而投资者尚未得知时，公司应当立即将有关该重大事件的情况向国务院证券监督管理机构和证券交易场所报送临时报告，并予公告，说明事件的起因、目前的状态和可能产生的法律后果。另外，在公开的信息披露前，相关的信息属于内幕信息的范畴，王府井是否进行了有效的内幕信息管理？证券法也明确规定，证券交易内幕信息的知情人和非法获取内幕信息的人，在内幕信息公开前，不得买卖该公司的证券，或者泄露该信息，或者建议他人买卖该证券。[②]

之所以引发持续质疑，是因为对于王府井这样的上市公司而言，信息的公开或者不公开都是应当十分谨慎对待的事情。信息是证券市场上各方进行博弈的基础，在注册制下更是如此。证券市场又是一个信息不对称的市场，那种认为证券价格能够充分而准确地反映全部相关信息的“有效市场理论”只能停留在理论层面。信息的早晚、信息的多少、对信息理解能力的大小、信息传播途径的差异以及信息的干扰等都会对证券市场上的信息产生影响。因此，证券法的本质就在于通过充分、公平的信息披露保障证券交易的公开、公平、公正。可以说，一部

---

① 《关于吴某某等人涉嫌内幕交易“王府井”股票案的通报》，http：//www.csrc.gov.cn/pub/newsite/zjhxwfb/xwdd/202009/t20200918_383297.html，最后访问时间2020年12月5日。

② 参见《消息为何提前泄露？“王府井”股票内幕交易案疑云》，载《南方周末》2020年9月24日。

证券法，就是一部证券市场的信息规制法。

（五）证券法如何规制信息?

证券市场是信息的市场。证券市场上的信息，可以分为公开信息和非公开信息。公开信息是证券市场上任何人都可以获取到的信息，又进一步分为法定披露的公开信息和非法定披露的公开信息。与公开信息相对的就是非公开信息，又进一步分为内幕信息和内幕信息以外的非公开信息。

法定披露的公开信息。证券法要求信息披露义务人通过特定的媒体进行真实、准确、完整、公平、及时、简明清晰、通俗易懂的披露，不得存在虚假记载、误导性陈述或者重大遗漏。这类信息应当是证券市场上最权威可信的信息，也是投资者决策最主要的依据，证券法上对这类信息的要求也最高。证券发行申请文件，应当充分披露投资者作出价值判断和投资决策所必需的信息；证券发行申请经注册后，发行人应当在证券公开发行前公告公开发行募集文件。上市公司大股东、董监高等内部人减持股份的，应当按照法律、行政法规和国务院证券监督管理机构的规定进行信息披露。上市公司的收购和重大资产重组，应当依法依规进行信息披露。上市公司、公司债券上市交易的公司、股票在国务院批准的其他全国性证券交易场所交易的公司，应当按照国务院证券监督管理机构和证券交易场所规定的内容和格式编制并披露定期报告和临时报告。国务院证券监督管理机构对信息披露义务人的信息披露行为进行监督管理。证券交易场所应当对其组织交易的证券的信息披露义务人的信息披露行为进行监督，督促其依法及时、准确地披露信息。对于信息披露的违法行为，法律同时设置了民事、行政和刑事责任。

非法定披露的公开信息。相比法定披露的公开信息，这类信息在市场上是海量的，只要是跟证券市场相关的处于公共领域的信息，都属于这一类，在产生主体、发布媒体等方面更为多元，可信度和相关度也参差不齐。对于这类信息，法律上主要禁止任何单位和个人编造、传播虚假信息或者误导性信息，扰乱证券市场。对于其中涉嫌利用信息优势操纵市场，或者利用虚假或者不确定的重大信息，诱导投资者进行证券交易的行为，证券法进行严厉打击，并设置了民事和行政责任。同时，法律也对自愿披露信息作出了规定，信息披露义务人可以自愿披露与投资者作出价值判断和投资决策有关的信息，但不得与依法披露的信息相冲突，不得误导投资者。

内幕信息。证券交易活动中涉及发行人的经营、财务或者对该发行人证券的市场价格有重大影响的尚未公开的信息，就是内幕信息。证券法禁止证券交易内幕信息的知情人和非法获取内幕信息的人利用内幕信息从事证券交易活动。法定披露的信息依法公开前就属于内幕信息，任何知情人不得公开或者泄露该信息。对于内幕信息，相关人员具有保密义务（不得公开或泄露）和禁止非法利用非公开信息的义务（买卖、提供、交易）。对于内幕交易违法行为，法律也设置了民事、行政和刑事责任。

内幕信息以外的非公开信息。这类信息不属于内幕信息，主要是相关主体履行职务过程中所形成的信息，比如证券公司向投资者销售证券、提供服务时，了解到的投资者的基本情况、财产状况、金融资产状况、投资知识和经验、专业能力等相关信息，在交易过程中保存投资者的账户信息、委托记录、交易记录以及其他与接受服务或者购买产品有关的重要信息；证券监管机构依法履行职责，查询当事人和与被调查事件有关的单位和个人的资金账户、证券账户、银行账户以及其他具有支付、托管、结算等功能的账户信息。法律规定，证券交易场所、证券公司、证券登记结算机构、证券服务机构及其工作人员应当依法为投资者的信息保密，不得非法买卖、提供或者公开投资者的信息。禁止证券交易场所、证券公司、证券登记结算机构、证券服务机构和其他金融机构的从业人员、有关监管部门或者行业协会的工作人员，利用因职务便利获取的内幕信息以外的其他未公开的信息，违反规定，从事与该信息相关的证券交易活动，或者明示、暗示他人从事相关交易活动。对于违法利用和处理内幕信息以外的非公开信息的行为，证券法也设置了相应的责任。

（六）信息披露专章

新证券法最大的亮点就是设置了两个专章——信息披露专章和投资者保护专章，凸显了在注册制下信息披露和投资者保护的重要性。就信息披露而言，原证券法的相关规定分散在证券发行、交易、上市公司收购等不同章节，新证券法进行了整合。专章的设立，不只是形式上的改变，更代表了新证券法整体的立法目的。信息披露专章所规定的信息披露，是针对法定披露的公开信息。

新证券法信息披露专章强调应当真实、准确、完整、简明清晰，通俗易懂地披露投资者作出价值判断和投资决策所必需的信息，并且保证信息披露的及时性和公平性。然而，信息披露虽然有专章规定，但信息披露是证券法公开、公平、公正原则的主要载体，贯穿于证券法的始终，在证券法的发行、交易和上市公司收购等环节中都有所体现。新《证券法》第十二条修订了公司首次公开发行新股的条件，决定公司能否上市的，核心不再是利润，在公司治理结构上也可以采取包容的态度（科创板已允许差异化表决权的企业上市），但必须保证真实、准确、完整的信息披露。这是因为，注册制的本质就在于通过信息披露，让投资者自主选择、自负盈亏，真正发挥市场的作用，让政府监管的重心由事前实质审查转为事后的严格执法。证券市场上的各类违法违规行为，如大股东减持、股票质押，上市公司资金运用和担保等，症结也都在于信息披露。

二、法定信息披露的基本要素

法定披露的公开信息的三大要素是信息披露义务人、特定的媒体和真实、准确、完整、公平、及时、简明清晰、通俗易懂的披露内容。

（一）信息披露义务人

《证券法》第七十八条第一款规定，发行人及法律、行政法规和国务院证券监督管理机构规定的其他信息披露义务人，应当及时依法履行信息披露义务。

信息披露义务人，指的是发行人及法律、行政法规和国务院证券监督管理机构规定的应当做出信息披露行为的主体，既可以是单位，也可以是个人。《上市公司信息披露管理办法》规定，信息披露义务人，是指上市公司及其董事、监事、高级管理人员、股东、实际控制人，收购人，重大资产重组、再融资、重大交易有关各方等自然人、单位及其相关人员，破产管理人及其成员，以及法律、行政法规和中国证监会规定的其他承担信息披露义务的主体。要界定信息披露义务人，核心就是信息披露行为。从行为方式来看，信息披露行为包括报送、报告（通常是向交易所或证监会）、通知（通常是向上市公司）、公告（通常是全社会）。从行为时间来看，信息披露行为分为初始披露行为（证券首次公开发行时，主要是募集说明书）和持续披露行为（上市交易中，主要是各种定期和临时报告）。信息披露行为的依据是法律、行政法规和国务院证券监督管理机构的规定（也就是部门规章）。换句话说，根据法律、行政法规和部门规章的规定需要做出信息披露行为的主体，就是信息披露义务人，就要承担信息披露义务，满足信息披露的原则、标准和具体规则，承担信息披露的法律责任。

具体而言，信息披露义务人主要有两类。一类是直接作出报送、报告、通知、公告等信息披露行为的主体。比如根据《证券法》第十三条的规定报送公开发行新股的募股申请和文件的公司，根据《证券法》第六十三条的规定进行权益披露的投资者，根据《证券法》第六十五条的规定发出要约收购的收购人，根据《证券法》第七十九条规定披露定期报告的上市公司、公司债券上市交易的公司、股票在国务院批准的其他全国性证券交易场所交易的公司，根据《证券法》第八十条的规定应当及时将其知悉的有关情况书面告知公司的控股股东或者实际控制人，根据《证券法》第九十条的规定征集股东权利的征集人，等等。另一类是虽然不直接作出信息披露行为，但对于信息披露行为的作出有重大影响的主体，比如根据《证券法》第八十二条的规定，对证券发行文件和定期报告签署书面确认意见发行人的董事、高级管理人员。

（二）信息披露的内容要求

《证券法》第七十八条第二款、第三款规定，信息披露义务人披露的信息，应当真实、准确、完整，简明清晰，通俗易懂，不得有虚假记载、误导性陈述或者重大遗漏；证券同时在境内境外公开发行、交易的，其信息披露义务人在境外披露的信息，应当在境内同时披露。第八十三条规定，信息披露义务人披露的信息应当同时向所有投资者披露，不得提前向任何单位和个人泄露。但是，法律、行政法规另有规定的除外。任何单位和个人不得非法要求信息披露义务人提供依法需要披露但尚未披露的信息。任何单位和个人提前获知的前述信息，在依法披露前应当保密。

综合这些规定来看，信息披露义务人披露的信息在内容上应当符合如下要求：真实、准确、完整、及时、公平、简明清晰、通俗易懂，做好披露前的保密，不得有虚假记载、误导性陈述或者重大遗漏。

2011年，证监会制定了《信息披露违法行为行政责任认定规则》，要求信息披露义务人应当按照有关信息披露法律、行政法规、规章和规范性文件，以及证券交易所业务规则等规定，真实、准确、完整、及时、公平披露信息。相比原证券法，新证券法增加了“简明清晰、通俗易懂”的要求，这被认为是信息披露要求的进一步提高，要让投资者“看得清楚、读得明白”，反对讳莫如深和虚头巴脑的表述，也反对辞藻堆砌和长篇大论。

至于如何认定信息披露是否符合要求，则是实务中一大难点。《证券法》从反面对“真实、准确、完整”进行了界定——不得有虚假记载、误导性陈述或者重大遗漏。《信息披露违法行为行政责任认定规则》进一步细化了认定标准：(1) 信息披露义务人在信息披露文件中对所披露内容进行不真实记载，包括发生业务不入账、虚构业务入账、不按照相关规定进行会计核算和编制财务会计报告，以及其他在信息披露中记载的事实与真实情况不符的，应当认定构成所披露的信息有虚假记载的信息披露违法行为。(2) 信息披露义务人在信息披露文件中或者通过其他信息发布渠道、载体，作出不完整、不准确陈述，致使或者可能致使投资者对其投资行为发生错误判断的，应当认定构成所披露的信息有误导性陈述的信息披露违法行为。(3) 信息披露义务人在信息披露文件中未按照法律、行政法规、规章和规范性文件以及证券交易所业务规则关于重大事件或者重要事项信息披露要求披露信息，遗漏重大事项的，应当认定构成所披露的信息有重大遗漏的信息披露违法行为。①

《信息披露违法行为行政责任认定规则》也划定了“及时、公平”的认定标准——信息披露义务人未按照法律、行政法规、规章和规范性文件，以及证券交易所业务规则规定的信息披露期限、方式等要求及时、公平披露信息，应当认定构成未按照规定披露信息的信息披露违法行为。《上市公司信息披露管理办法》规定：“及时，是指自起算日起或者触及披露时点的两个交易日内。”《证券法》上的“公平”还包括境内外投资者之间信息披露的公平和所有投资者之间信息披露的公平——第七十八条第二款规定了境内同时披露、第八十三条第一款规定了同时向所有投资者披露。

至于什么是“简明清晰、通俗易懂”，目前还没有界定的标准。《上市公司信息披露管理办法》未对“简明清晰、通俗易懂”作出明确界定，但在实务中已有所运用。2020 年 9 月 16 日，深圳证券交易所公布《关于对北京捷成世纪科技股份有限公司的关注函》，深交所创业板公司管理部要求捷成股份：“请用简明清晰、通俗易懂的语言说明‘全球化多屏影音场景化娱乐生态’的具体内容，及‘为全球用户带来内容娱乐方式的升级与创新’的依据……”②

除了上述要求外，对于法定的信息披露，还有一项当然的要求——披露前的保密。《证券法》第八十三条第二款规定了信息披露的两大保密要求。一是任何

① 《信息披露违法行为行政责任认定规则》第八条、第九条、第十条。

② 深交所：《关于对北京捷成世纪科技股份有限公司的关注函》。

单位和个人不得非法要求信息披露义务人提供依法需要披露但尚未披露的信息。二是任何单位和个人提前获知的前述信息，在依法披露前应当保密。

（三）信息披露媒体

信息披露应当通过可信赖的媒体进行，从而降低市场甄别的成本，提高效率。只有可信赖的媒体披露的信息，市场才会有合理的信赖和值得保护的信赖利益。因此，《证券法》第八十六条规定，依法披露的信息，应当在证券交易场所的网站和符合国务院证券监督管理机构规定条件的媒体发布，同时将其置备于公司住所、证券交易场所，供社会公众查阅。但是，对于什么样的媒体，相比原证券法，新证券法取消了“指定媒体”的限制。在“证监会指定媒体”的时代，形成了7报1刊1网的格局，分别是《中国证券报》《上海证券报》《证券时报》《金融时报》《经济日报》《中国改革报》《中国日报》《证券市场周刊》和巨潮资讯网。中国证券报2016年8月26日共出版904版，创下报纸版面历史纪录，其中信息披露部分内容占848版。[①] 在“宝万之争”中，深交所就以万科于7月19日向非指定媒体透露了《关于提请查处钜某华及其控制的相关资管计划违法违规行为的报告》这一未公开重大信息，对万科公司采取发出监管函、对主要负责人进行监管谈话等措施。[②]

除了指定媒体之外，信息披露义务人也可以在其他媒体披露信息，但是按照原《上市公司信息披露管理办法》的规定，信息披露义务人在公司网站及其他媒体发布信息的时间不得先于指定媒体。《上市公司信息披露管理办法》取消了“指定媒体”的规定，但证券交易场所的网站和符合国务院证券监督管理机构规定条件的媒体应当具有优先性。此外，信息披露义务人不得以新闻发布或者答记者问等任何形式代替应当履行的报告、公告义务，不得以定期报告形式代替应当履行的临时报告义务。[③] 在宝万之争中，深圳证监局向万科和钜某华分别下发监管关注函，其中对万科的关注函中就提到：“7月19日深圳证监局已收到万科现

---

① 参见赵士勇：《信披媒体：信息披露指定媒体的前世今生》，https：//www.sohu.com/a/112353484_407695，最后访问时间2022年3月25日。

② 参见《深交所一日发两份监管函 万科宝能各吃一张黄牌》，http：//finance.sina.com.cn/stock/s/2016-07-22/doc-ifxuhukv7194394.shtml？cre=financepagepc&mod=f&loc=3&r=9&doct=0&rfunc=7，最后访问时间2020年8月27日。

③ 《上市公司信息披露管理办法（2021）》第八条。

场提交的《关于提请查处钜某华及其控制的相关资管计划违法违规行为的报告》”，但是该举报“未按规定健全对外发布信息的申请、审核机制，导致相关信息被部分非指定信息披露媒体提前公布”①。

2020年9月13日，证监会公布具备证券市场信息披露条件的媒体名单，规定提出从事证券市场信息披露业务的媒体应当符合以下条件：（1）由中央新闻单位主管、经国家新闻出版署批准从事经济类新闻采访报道的日报以及其依法开办的互联网站；或者是在本规定发布之前，已经具有依法依规从事证券市场信息披露业务经验的日报以及其依法开办的互联网站。（2）上一年度经国家新闻出版署核验合格。（3）近三年内未因业务行为受过中国证监会或国家新闻出版署行政处罚。

信息披露义务人是否在符合条件的媒体上披露信息，影响到信息披露行为的性质。比如，同样是发布虚假的或不确定性的消息的行为，如果是在符合条件的媒体上披露的，则可能构成信息披露违法行为，否则就可能构成诱导交易的操纵市场行为或者扰乱证券市场的行为。

除了通过可信赖的媒体进行信息披露外，相关信息还要同时置备于公司住所、证券交易场所，供社会公众查阅。这一点对于发行人、上市公司以外的信息披露义务人来说尤为重要。在“宝万之争”中，万科就举报钜某华及其一致行动人尚未将《详式权益变动报告书》中提及的九个资产管理计划的资产管理合同、补充协议及其他相关文件作为备查文件提交万科备查，违反了信息披露义务。九个资管计划与钜某华的关系全部依据钜某华的单方面披露，无从核实。

（四）信息披露的监督管理

《证券法》第八十七条规定，国务院证券监督管理机构对信息披露义务人的信息披露行为进行监督管理。证券交易场所应当对其组织交易的证券的信息披露义务人的信息披露行为进行监督，督促其依法及时、准确地披露信息。根据这一规定，中国证监会依法对信息披露文件及公告的情况、信息披露事务管理活动进行监督，对信息披露义务人的信息披露行为进行监督。证券交易所应当对上市公司及其他信息披露义务人披露信息进行监督，督促其依法及时、准确地披露信

① 《深圳证监局指万科和钜某华违规并发监管关注函》，http：//stock. xinhua08. com/a/20160722/1651112. shtml，最后访问时间2022年3月16日。

息，对证券交易实行实时监控。证券交易所制订的上市规则和其他信息披露规则应当报中国证监会批准。

值得注意的是，近年来证监会和交易所运用信息科技手段对信息披露行为进行监督管理。其中最为重要的是，证监会运用可扩展商业报告语言（XBRL）强化信息披露的标准化，在上交所、深交所、新三板相继实现在线的XBRL报告的报送，为高效解决海量信息的分析和识别难题，开展诸如财务舞弊等行为的分析工作提供了基础。比如，上交所成功实现了全部上市公司定期公告的全文XBRL信息披露，并探索部分临时公告的信息披露应用。上交所认为，XBRL技术在资本市场信息披露中的应用，使上市公司、监管机构、交易所、会计师事务所、投资者、研究机构、证券信息服务商等信息加工者与使用者能够以更低的成本、更高的效率实现信息交换和共享，有效提高了信息披露透明度和监管水平，促进了资本市场的健康有序发展。① 2020年9月，证监会宣布开发建设了资本市场电子化信息披露平台并正式上线运行，网址为：eid. csrc. gov. cn。投资者可通过该平台免费查询首次公开发行企业、上市公司、非上市公众公司、证券公司、债券发行人、公募基金管理公司等依法公开披露的信息。②

三、具体的信息披露行为

（一）定期披露

证券法要求信息披露义务人通过特定的媒体进行真实、准确、完整、公平、及时、简明清晰、通俗易懂的披露，包括定期的信息披露和临时的信息披露，二者不可或缺，不能替代。《上市公司信息披露管理办法》规定，信息披露义务人不得以新闻发布或者答记者问等任何形式代替应当履行的报告、公告义务，不得以定期报告形式代替应当履行的临时报告义务。③

《证券法》第七十九条规定，上市公司、公司债券上市交易的公司、股票在国务院批准的其他全国性证券交易场所交易的公司，应当按照国务院证券监督管

① 上交所：《上证所与XBRL》，http：//www. sse. com. cn/services/information/xbrl/ssexbrl/，最后访问时间2021年8月15日。

② 证监会：《资本市场电子化信息披露平台正式上线运行》，载“证监会发布”2020年9月18日。

③ 《上市公司信息披露管理办法（2021）》第八条。

理机构和证券交易场所规定的内容和格式编制定期报告，并按照以下规定报送和公告：在每一会计年度结束之日起四个月内，报送并公告年度报告，其中的年度财务会计报告应当经符合本法规定的会计师事务所审计；在每一会计年度的上半年结束之日起二个月内，报送并公告中期报告。这是证券法关于定期报告的规定。定期报告属于上市公司和公司债券上市交易的公司的持续信息披露行为，新三板挂牌的非上市公众公司也披露定期报告。与原证券法相比，新证券法对报告应当记载的内容未做列举，只规定按照国务院证券监督管理机构和证券交易场所规定的内容和格式编制，凡是对投资者作出投资决策有重大影响的信息都应当披露。披露的具体方式包括报送（向证监会和证券交易所）和公告。

证券法上的定期报告分为年度报告和中期报告，但实务中还有季度报告。证券法从减轻上市公司信息披露负担的角度，并未规定季报。[①] 年度报告应当在每个会计年度结束之日起四个月内（实务中通常称截止日为“430”），中期报告应当在每个会计年度的上半年结束之日起两个月内（截止日为“830”），季度报告应当在每个会计年度第三个月、第九个月结束后的一个月内编制完成并披露。并且，第一季度季度报告的披露时间不得早于上一年度年度报告的披露时间。上市公司未在规定期限内披露年度报告和中期报告的，中国证监会应当立即立案稽查，证券交易所应当按照股票上市规则予以处理。

在这三个报告中，年度报告最为重要，记载的内容最为完整，因此年度报告中的财务会计报告应当经符合《证券法》规定的会计师事务所审计。年度报告记载的内容如下：（1）公司基本情况；（2）主要会计数据和财务指标；（3）公司股票、债券发行及变动情况，报告期末股票、债券总额、股东总数，公司前十大股东持股情况；（4）持股百分之五以上股东、控股股东及实际控制人情况；（5）董事、监事、高级管理人员的任职情况、持股变动情况、年度报酬情况；（6）董事会报告；（7）管理层讨论与分析；（8）报告期内重大事件及对公司的影响；（9）财务会计报告和审计报告全文；（10）中国证监会规定的其他事项。相比之下，中期报告和季度报告所记载的内容要相对简略，且不需要经过会计师事务所审计。

---

① 由于证券法未规定季报，因此，如果上市公司未按照证监会或交易所规定披露季报，不能按照证券法第一百九十七条第一款处罚；但如果在季报中披露的信息有虚假陈述，则可按其违反第七十八条的规定，依照证券法第一百九十七条第二款进行处罚。参见程合红主编：《〈证券法〉修订要义》，人民出版社2020年版，第164页。

（二）股票的临时信息披露

与定期报告相对的是临时报告。《证券法》第八十条第一款规定，发生可能对上市公司、股票在国务院批准的其他全国性证券交易场所交易的公司的股票交易价格产生较大影响的重大事件，投资者尚未得知时，公司应当立即将有关该重大事件的情况向国务院证券监督管理机构和证券交易场所报送临时报告，并予公告，说明事件的起因、目前的状态和可能产生的法律后果。值得注意的是，证券法上临时报告的主体包含新三板挂牌的非上市公众公司。

临时报告的核心在于对“重大事件”进行界定，尚未公开的重大事件属于内幕信息的范畴。《证券法》第五十二条规定，证券交易活动中，涉及发行人的经营、财务或者对该发行人证券的市场价格有重大影响的尚未公开的信息，为内幕信息。本法第八十条第二款、第八十一条第二款所列重大事件属于内幕信息。从这一规定来看，内幕信息的范围比“重大事件”的范围要广，出现规定的“重大事件”时应当立即进行临时报告，但并非所有内幕信息都应当立即进行临时报告。

《证券法》第八十条第二款规定，前款所称重大事件包括：公司的经营方针和经营范围的重大变化；公司的重大投资行为，公司在一年内购买、出售重大资产超过公司资产总额百分之三十，或者公司营业用主要资产的抵押、质押、出售或者报废一次超过该资产的百分之三十；公司订立重要合同、提供重大担保或者从事关联交易，可能对公司的资产、负债、权益和经营成果产生重要影响；公司发生重大债务和未能清偿到期重大债务的违约情况；公司发生重大亏损或者重大损失；公司生产经营的外部条件发生的重大变化；公司的董事、三分之一以上监事或者经理发生变动，董事长或者经理无法履行职责；持有公司百分之五以上股份的股东或者实际控制人持有股份或者控制公司的情况发生较大变化，公司的实际控制人及其控制的其他企业从事与公司相同或者相似业务的情况发生较大变化；公司分配股利、增资的计划，公司股权结构的重要变化，公司减资、合并、分立、解散及申请破产的决定，或者依法进入破产程序、被责令关闭；涉及公司的重大诉讼、仲裁，股东大会、董事会决议被依法撤销或者宣告无效；公司涉嫌犯罪被依法立案调查，公司的控股股东、实际控制人、董事、监事、高级管理人员涉嫌犯罪被依法采取强制措施；国务院证券监督管理机构规定的其他事项。概括来说，证券法上的重大事件包括三大类：一是与公司业务和经营相关的重大事件（第一到第六项）。比如公司的经营方针和经营范围的重大变化，公司的重大投资行为，公司订立重要合同、提供重大担保或者从事关联交易等。二是与公司治理和管理相关的重大事件（第七到第九项）。比如公司的董事、三分之一以上监事或者经理发生变动，董事长或者经理无法履行职责等。三是公司的涉法涉诉相关的重大事件（第十、十一项），比如涉及公司的重大诉讼、仲裁，股东大会、董事会决议被依法撤销或者宣告无效等。

新证券法增加了对股票交易价格产生较大影响的重大事件的情形。其中第8点和第11点涉及大股东。第8点规定，持有公司百分之五以上股份的股东或者实际控制人持有股份或者控制公司的情况发生较大变化，公司的实际控制人及其控制的其他企业从事与公司相同或者相似业务的情况发生较大变化。第11点规定，公司涉嫌犯罪被依法立案调查，公司的控股股东、实际控制人、董事、监事、高级管理人员涉嫌犯罪被依法采取强制措施。新增第8点规定的背景在于注册制的理念下，《证券法》并未禁止同业竞争。《公开发行证券的公司信息披露内容与格式准则第41号——科创板公司招股说明书》第六十三条规定，发行人应披露是否存在与控股股东、实际控制人及其控制的其他企业从事相同、相似业务的情况。如存在，应对不存在对发行人构成重大不利影响的同业竞争作出合理解释，并披露发行人防范利益输送、利益冲突及保持独立性的具体安排等。因此，在同业竞争无法被禁止的情况下，大股东控制的公司之间的同业业务情况需要及时披露。新增第11点规定的背景在于大股东被采取强制措施会让公司股价产生巨大波动。

上市公司披露重大事件后，已披露的重大事件出现可能对上市公司证券交易价格产生较大影响的进展或者变化的，应当及时披露进展或者变化情况、可能产生的影响。上市公司还应当关注本公司证券的异常交易情况及媒体关于本公司的报道。证券发生异常交易或者在媒体中出现的消息可能对公司证券的交易产生重大影响时，上市公司应当及时向相关各方了解真实情况，必要时应当以书面方式问询。[①]

新证券法增加了一条重要的规定，明确了公司的控股股东或者实际控制人的信息披露义务。《证券法》第八十条第三款规定，公司的控股股东或者实际控制人对重大事件的发生、进展产生较大影响的，应当及时将其知悉的有关情况书面

① 《上市公司信息披露管理办法（2021）》第二十八条。

告知公司，并配合公司履行信息披露义务。通过这一条规定，公司的控股股东或者实际控制人也成了法定的信息披露义务人。《上市公司信息披露管理办法》还规定，上市公司控股股东、实际控制人及其一致行动人应当及时、准确地告知上市公司是否存在拟发生的股权转让、资产重组或者其他重大事件，并配合上市公司做好信息披露工作。① 具体来说，上市公司的股东、实际控制人发生以下事件时，应当主动告知上市公司董事会，并配合上市公司履行信息披露义务：(1) 持有公司百分之五以上股份的股东或者实际控制人，其持有股份或者控制公司的情况发生较大变化；(2) 法院裁决禁止控股股东转让其所持股份，任一股东所持公司百分之五以上股份被质押、冻结、司法拍卖、托管、设定信托或者被依法限制表决权；(3) 拟对上市公司进行重大资产或者业务重组；(4) 中国证监会规定的其他情形。应当披露的信息依法披露前，相关信息已在媒体上传播或者公司证券及其衍生品种出现交易异常情况的，股东或者实际控制人应当及时、准确地向上市公司作出书面报告，并配合上市公司及时、准确地公告。②

(三) 债券的临时信息披露

基于债券与股票的不同属性，相比股票投资者更关注公司的成长性和盈利能力，债券投资者更关注公司的偿债能力，特别是短期偿债能力，因此在触发临时报告的事项上有所不同。《证券法》第八十一条规定，发生可能对上市交易公司债券的交易价格产生较大影响的重大事件，投资者尚未得知时，公司应当立即将有关该重大事件的情况向国务院证券监督管理机构和证券交易场所报送临时报告，并予公告，说明事件的起因、目前的状态和可能产生的法律后果。前款所称重大事件包括：公司股权结构或者生产经营状况发生重大变化；公司债券信用评级发生变化；公司重大资产抵押、质押、出售、转让、报废；公司发生未能清偿到期债务的情况；公司新增借款或者对外提供担保超过上年末净资产的百分之二十；公司放弃债权或者财产超过上年末净资产的百分之十；公司发生超过上年末净资产百分之十的重大损失；公司分配股利，作出减资、合并、分立、解散及申请破产的决定，或者依法进入破产程序、被责令关闭；涉及公司的重大诉讼、仲裁；公司涉嫌犯罪被依法立案调查，公司的控股股东、实际控制人、董事、监

① 《上市公司信息披露管理办法（2021）》第二十八条。

② 《上市公司信息披露管理办法（2021）》第三十九条。

事、高级管理人员涉嫌犯罪被依法采取强制措施；国务院证券监督管理机构规定的其他事项。

2020 年 7 月 15 日，最高法院下发《全国法院审理债券纠纷案件座谈会纪要》（以下简称《债券纠纷会议纪要》），其中对于认定是否存在重大的虚假陈述行为，用的都是“发行人财务业务信息等与其偿付能力相关的重要内容”的表述。虽然证券法上界定重大事件还是从“对上市交易公司债券的交易价格产生较大影响”的角度出发的，但在列举具体事件的时候考虑了对偿付能力的影响。除兜底条款外，列举的 10 个重大事件中，大多数与股票临时报告的重大事件是重合的，债券临时报告所特有的事项包括：公司债券信用评级发生变化，公司新增借款和放弃债权或者财产等事项。也就是说，对于这些事项，只有公司债券上市交易的公司需要发布临时报告。而对于公司的经营方针和经营范围的重大变化，股东大会、董事会决议被依法撤销或者宣告无效等与偿债能力关系不是特别重大的事项，公司债券上市交易的公司不需要发布临时报告。对于同时公开发行公司债券的上市公司，则两类重大事项都适用。

（四）董监高的信息披露义务

董监高虽然不直接作出信息披露行为，但对于信息披露行为的作出有重大影响，理应承担信息披露义务。《证券法》第八十二条规定，发行人的董事、高级管理人员应当对证券发行文件和定期报告签署书面确认意见。发行人的监事会应当对董事会编制的证券发行文件和定期报告进行审核并提出书面审核意见。监事应当签署书面确认意见。发行人的董事、监事和高级管理人员应当保证发行人及时、公平地披露信息，所披露的信息真实、准确、完整。董事、监事和高级管理人员无法保证证券发行文件和定期报告内容的真实性、准确性、完整性或者有异议的，应当在书面确认意见中发表意见并陈述理由，发行人应当披露。发行人不予披露的，董事、监事和高级管理人员可以直接申请披露。根据证券法规定，其义务体现在三方面。一是确认和审核的义务，董监高应当对证券发行文件和定期报告签署书面确认意见，监事会进行审核并提出书面审核意见。二是保证的义务，董监高应当保证发行人及时、公平地披露信息，所披露的信息真实、准确、完整。三是异议的权利（同时也是义务），对发行人的信息披露无法保证质量的，董监高应当在书面确认意见中提出异议并陈述理由，发行人应当披露；发行人不予披露的，董监高可以直接申请披露。

1. 董监高的内部分工。董监高内部也有区分，由于职责不同，对于公司的经营的参与程度不一，理论上应该承担不同的义务，但证券法上并未对此做出区分，只是在最终认定责任大小时有所差异。《上市公司信息披露管理办法》进一步细化了董监高的义务——上市公司应当制定定期报告的编制、审议、披露程序；经理、财务负责人、董事会秘书等高级管理人员应当及时编制定期报告草案，提请董事会审议；董事会秘书负责送达董事审阅；董事长负责召集和主持董事会会议审议定期报告；监事会负责审核董事会编制的定期报告；董事会秘书负责组织定期报告的披露工作。①

2. 董监高的异议权。新证券法规定了董监高的异议权。但我们同时也要注意到，这样的异议权是建立在一定的限制基础上的，是权利也是义务。2020 年 4 月，某新股份披露了 2019 年年报成绩单，然而公司全部董监高均对自家年报表示“无法保证”“无法发表意见”，且声称不同意承担任何个人或连带责任。某新股份公告显示：“（董事会）会议以 5 票同意、0 票反对、0 票弃权审议通过了《关于审议〈2019 年年度报告及其摘要〉的议案》。”在审议年报时，某新公司的董监高持同意票，表明其认可年报公布的信息；而年报公布后，又发表声明不对年报的真实性、准确性负责，是变相否定了年报的存在。董监高对定期报告的审核是定期报告从公司内部走向外部资本市场的一道关卡。董监高否认年报全部内容，却在审议年报时投了同意票，这是自相矛盾的。目前，虽然没有直接的法律依据认定年报等同于没有披露，但是这一情况，甚至是比没披露的结果更加糟糕，因为其给了投资者错误的信息，扰乱了资本市场。首先，《证券法》第八十二条前三款规定了董监高需要对定期报告进行审核，保证发行人披露的信息及时、公平、真实、准确、完整。其次，在第四款赋予了董监高自我保护的权利，即异议权。因此，异议权存在的基础是董监高切实履行了其监督审核作用，是其监督审核作用的延续。而某新公司董监高对整个年报的内容先通过后反对，很难体现出其审议年报过程中的勤勉尽责。其实，对于第八十二条第四款中的“异议权”还是应当对其作限缩解释——董监高只能对特定的事项提出异议，这一点在以后的执法司法过程中还是有讨论的必要。再次，在第八十二条第四款中，董监高在行使异议权时，应当在书面确认意见中说明理由。某新股份的董监高在审议年报时既然持同意票，必然是没有在书面确认意见提出异议，甚至说明理由的。

① 《上市公司信息披露管理办法（2021）》第三十二条。

至于董监高声称不同意承担任何个人或者连带责任是否有效？董监高的这次集体否认不符合证券法的规定，因此其声称不承担任何个人责任是不合理的。即使退一步讲，其集体否认符合证券法的规定，仅仅是发表公告声称不承担任何个人或者连带责任也是行不通的。根据《证券法》第八十五条，董监高对发行人的信息披露负有连带责任，适用过错推定原则。也就是说，董监高要想免责，必须“自证清白”，证明自己对于年报中存在的虚假陈述等问题不存在过错。从这件事情中，我们也可以看到新证券法对各市场主体起到了初步威慑。新法下董监高的违法违规成本增加后，董监高对于自身出具意见更加谨慎，这是一个良好的态势，有利于董监高对年报等定期报告把关；但同时也会出现一些投机取巧，钻法律漏洞的行为，比如此次的某新股份董监高集体反水事件，也是给执法部门敲了一个警钟。①

（五）自愿信息披露

法律、行政法规和国务院证券监督管理机构规定的信息披露义务是对上市公司和公司债券上市交易的公司最低限度的信息披露要求。除此之外，新证券法规定，信息披露义务人可以自愿披露与投资者作出价值判断和投资决策有关的信息。《证券法》第八十四条第一款规定，除依法需要披露的信息之外，信息披露义务人可以自愿披露与投资者作出价值判断和投资决策有关的信息，但不得与依法披露的信息相冲突，不得误导投资者。最常见的，在交易所的“互动易”等平台上回答投资者的提问，就是上市公司除了各种定期和非定期报告之外，最常采用的信息披露方式。但相比规范化的报告，在这类信息平台做出的回答往往良莠不齐，明目张胆违规或抖机灵打擦边球的情况常常出现。为此，证券法规定自愿的信息披露不得与依法披露的信息相冲突，不得误导投资者。

（六）公开承诺

证券的发行人，以及发行人的控股股东、实际控制人、董监高等是公司的实际控制或经营管理者，是内部人。相比其他投资者和外部人，他们占有信息优势地位，往往与公司发展前景和股价深度绑定。因此，出于种种目的，这些主体常

① 本文系何海锋接受《北京商报》采访时所作的简评，采访刊发于2020年4月27日《北京商报》第6版。

常正式或非正式地做出各种承诺，最常见的是增持公司股份或者不减持公司股份。但上市公司重要股东增持计划变更或延期的事情也屡见不鲜，严重损害投资者的利益，扰乱证券市场的秩序，干扰市场价格形成机制。

在证券市场上，控股股东和实际控制人公开承诺的情形较为常见。比如，在金山办公科创板上市时，公司实际控制人雷某承诺：（1）自发行人上市之日起36个月内，不转让或者委托他人管理本人已直接或间接持有的发行人首次公开发行股票前已发行的股份，也不提议由发行人回购本人直接或间接持有的该部分股份。（2）公司上市后六个月内如公司股票连续20个交易日的收盘价均低于发行价，或者上市后六个月期末（如该日不是交易日，则为该日后第一个交易日）收盘价低于发行价，本人持有的公司首次公开发行股票前已发行的股份的锁定期自动延长六个月。（3）前述两项锁定期均届满后，本人在公司任职期间每年转让的股份不超过本人所持公司股份总数的百分之二十五；离职后半年内，不转让所持有的公司股份。（4）本人在锁定期满后两年内减持的，减持价格不低于发行价的100%（若公司股票有派息、送股、资本公积金转增股本等除权、除息事项的，发行价将进行除权、除息调整）。若未履行该承诺，减持公司股份所得收益归公司所有。（5）本人在被认定为发行人实际控制人及任职期间，将向公司申报本人所持有的公司的股份及其变动情况。本人不会因职务变更、离职等原因而拒绝履行上述承诺。本人同意承担并赔偿因违反上述承诺而给公司及其控制的企业造成的一切损失、损害和开支。①

但是，对于做出承诺的控股股东和实际控制人，即使其不履行承诺，也缺乏相应的规章制度对其法律责任进行明确，这严重影响了证券市场的交易秩序和投资者的投资决策。例如，2015年5月，贾某亭曾承诺，将其减持所得全部借给乐视网作为营运资金使用，乐视网可在规定期限内根据流动资金需要提取使用，借款期限将不低于60个月，免收利息。此后，乐视网公司董事会多次向贾某亭发函要求其履行承诺，但是贾某亭拒绝履行承诺。2017年12月，深交所给予贾某亭公开谴责的处分，并记入公司诚信档案②。贾某亭拒绝履行承诺的行为极大侵害了投资者的权益，而在旧证券法背景下，其只需要承担交易所无关痛痒的处

① 参见《金山办公首次公开发行股票并在科创板上市招股说明书》。

② 参见深圳证券交易所：《关于对乐视网信息技术（北京）股份有限公司股东贾某亭、贾某芳给予公开谴责处分的公告》，载深圳证券交易所官网2017年12月29日。

分，其不诚信的行为没有受到任何威慑，投资者的损失也无法弥补。新证券法的这一规定让受到损失的投资者向失信人追究民事责任有了法律依据。

为此，《证券法》第八十四条第二款规定，发行人及其控股股东、实际控制人、董事、监事、高级管理人员等作出公开承诺的，应当披露。不履行承诺给投资者造成损失的，应当依法承担赔偿责任。[①] 2020 年 9 月 17 日晚，大连圣亚发布公告称，公司董事会于 9 月 17 日收到股东磐京基金的《承诺函》，该基金表示，自 2020 年 9 月 17 日起未来的 120 个月内，磐京基金及其一致行动人将不以任何方式主动减持其所持有的 2410 万股公司股份，占公司总股本的 18.71%，包括承诺期间因送股、公积金转增股本等权益分派产生的新增股份。此举称为 A 股最长情的告白。

就磐京基金的承诺而言，如果未能履行，除了其承诺“在上述承诺期间，如磐京基金或其一致行动人违反上述承诺减持公司股份，则磐京基金或其一致行动人减持公司股份所得收益全部归公司所有”之外，给投资者造成损失的，还要依法承担赔偿责任。

四、法律后果

（一）信息披露违法行为的民事责任

《证券法》第八十五条规定，信息披露义务人未按照规定披露信息，或者公告的证券发行文件、定期报告、临时报告及其他信息披露资料存在虚假记载、误导性陈述或者重大遗漏，致使投资者在证券交易中遭受损失的，信息披露义务人应当承担赔偿责任；发行人的控股股东、实际控制人、董事、监事、高级管理人员和其他直接责任人员以及保荐人、承销的证券公司及其直接责任人员，应当与发行人承担连带赔偿责任，但是能够证明自己没有过错的除外。这一条是信息披露违法行为的民事责任条款，一直是证券法最重要的条款之一，也是行政执法和司法实务中运用最为广泛的条款。在注册制之下，信息披露的地位更加凸显，这一条款的重要性也愈加突出。

---

① 参见《大连圣亚：磐京股权投资基金管理（上海）有限公司承诺函》。巨潮网的地址是 http://static.cninfo.com.cn/finalpage/2020-09-18/1208454444.PDF，最后访问时间 2022 年 3 月 25 日。

自 1990 年 12 月上交所成立，中国证券市场已经走过 30 年。30 年来，中国证券市场给投资者带去了财富和梦想，也给投资者带来了一些伤痛，其中最痛的记忆要算是一次又一次的财务造假了。绿大地、银广厦、蓝田股份、万福生科、天润化工，这些都成了股民的噩梦。除了明目张胆的财务造假，在 A 股市场上，伤害股民的还有各种花样翻新的虚假陈述。比如，2020 年 3 月 15 日晚间，秀强股份（30016. SZ）、雅本化学（300261. SZ）、泰和科技（300801. SZ）几乎同时发布公告，因涉嫌误导性陈述等信息披露违法行为（蹭疫情概念、特斯拉概念），根据《证券法》，证监会对其进行立案调查。①

可以说，我国证券法和证券监管的核心目的就是和信息披露违法违规行为作斗争，保护投资者的合法权益。保护投资者，从法律责任上观之，主要有三条路径。第一条是民事责任的路径，表现为投资者通过诉讼与非诉讼渠道维护自身的权益，主要是请求民事赔偿。第二条是行政责任的路径，表现为监管机构严厉打击违法违规行为，主要是处以罚款。第三条是刑事责任的路径，表现为国家对于证券市场上构成犯罪的行为，依法追究刑事责任。

新证券法最大的亮点之一就是，法律责任的大幅加重。尤其受到关注的是，在原证券法下，除了少数例外（比如内幕交易和操纵市场），对相关责任人员的违法行为，明确以金额计算的行政罚款最高限是 30 万元，对于发行人或上市公司，最高限是 60 万元，显然不足以威慑潜在的违法者；而新证券法下这一金额上限分别提高到了 1000 万元和 2000 万元（欺诈发行）；同时，以违法所得倍数计算的罚款也从“没一罚五”提高到了“没一罚十”。对于欺诈发行证券的发行人，已经发行证券的，处以非法所募资金金额百分之十以上一倍以下的罚款。从这一变化，我们能看出新证券法对于打击以财务造假为代表的虚假陈述和欺诈行为的决心。

投资者将资金投入市场，最期待的是收益和回报，最恐惧的是风险和损失。直接作用于违法者的行政责任和刑事责任是公法意义上的投资者保护，并不会给投资者带来直接的弥补。相比之下，民事赔偿责任更为投资者关注，更贴近投资者需求，投资者也更有动力去维权。可以说，在成熟的证券市场，保护投资者最强大的力量都只能是投资者自身。在典型案例成熟的资本市场上，来自投资者的

① 参见《秀强股份等 3 家公司涉信披违规 消费者维权日遭证监会立案调查》，http：//stock. stockstar. com/IG2020031500000209. shtml，最后访问时间：2022 年 4 月 16 日。

诉讼是让上市公司畏惧的力量。在美国安然公司财务造假案中，上市公司被证监会罚款5亿美元，股票摘牌，最终公司破产退市；上市公司CEO判刑24年，罚款4500万美元；财务欺诈策划者判刑6年，罚款1200万美元；即使公司创始人逝世，却仍然罚款1200万美元；更重要的是，投资者通过诉讼获得的赔偿是71.4亿美元。

我国证券市场在法律责任设置上是以行政责任为主，只有为数不多的违法违规行为配备有民事责任。由此导致在早期的中国证券市场，投资者由于上市公司等主体的违法违规行为遭受损失，除了通过投诉举报诉诸监管处罚，民事损失赔偿基本求告无门。2001年，最高法院曾下发《关于涉证券民事赔偿案件暂不予受理的通知》，明确提出：当前，法院审判工作中已出现了这些值得重视和研究的新情况、新问题，但受目前立法及司法条件的局限，尚不具备受理及审理这类案件的条件。经研究，对上述行为引起的民事赔偿案件，暂不予受理。

2003年，最高法院专门制定出台《虚假陈述若干规定》，成为证券纠纷诉讼领域一个主要的司法解释，奠定了信息披露违法行为民事责任的基本框架，证券虚假陈述类民事赔偿案件也才得以进入法院。由于这个司法解释的存在，因信息披露违法行为引起的民事纠纷案件成为证券纠纷案由下数量最多的领域。① 通过司法功能的发挥，对证券市场上的信息披露行为也起到了引导和规范的作用。

2022年1月21日，最高人民法院发布《关于审理证券市场虚假陈述侵权民事赔偿案件的若干规定》（以下简称新《虚假陈述若干规定》）。这是最高人民法院在时隔近20年后，第一次对《虚假陈述若干规定》作出修订。近20年间，我国《证券法》经历了两次“大修”和三次“小修”；股票市场穿越了金融危机和股市异动；债券市场经历从无到有，从“刚性兑付”到“市场化处置”。尤其是近年来，证券虚假陈述民事案件显著增加，虚假陈述情形日益复杂，以五洋债案、康美药业案等为代表的证券虚假陈述案件，在行业与学界引发激烈讨论，相关争议问题层出不穷，制度供给不足的问题日益突出。银广夏时代的司法解释，在康美和五洋债时代，面临着新的挑战。司法政策需要在压实证券中介机构“看门人”责任，保护投资者合法权益和促进市场发展等多元选择之间寻找平衡，更需要对股票与债券的区别，相关责任构成要件的完善，责任分配机制的健全等诸

① 深圳市律师协会证券基金期货法律专业委员会编：《证券诉讼法律实务——以大数据分析为视角》，法律出版社2018年版，第20页。

多问题作出回应。新《虚假陈述若干规定》正是在这一背景下出台的，其总体工作思路是“立足审判实践，解决实际问题”，是现有规则和司法判例的最大公约数，中国证券虚假陈述诉讼也将由此进入新时代。考虑到新《虚假陈述若干规定》的重要性，本书将在后文对修订重点进行专门介绍。

此外，还有两个重要的司法文件值得关注。一是《九民纪要》。《九民纪要》也对证券纠纷案件的审理提出了统一规范，对 2003 年的司法解释进行了完善。《九民纪要》指出，《虚假陈述若干规定》施行以来，证券市场的发展出现了新的情况，证券虚假陈述纠纷案件的审理对司法能力提出了更高的要求。在案件审理过程中，对于需要借助其他学科领域的专业知识进行职业判断的问题，要充分发挥专家证人的作用，使得案件的事实认定符合证券市场的基本常识和普遍认知或者认可的经验法则，责任承担与侵权行为及其主观过错程度相匹配，在切实维护投资者合法权益的同时，通过民事责任追究实现震慑违法的功能，维护公开、公平、公正的资本市场秩序。二是 2020 年 7 月 15 日出台的《全国法院审理债券纠纷案件座谈会纪要》（以下简称《债券座谈会纪要》）。《债券座谈会纪要》是我国第一部审理债券纠纷案件的系统性司法文件，主要针对公司债券、企业债券和非金融企业债务融资工具三类债券的发行和交易活动所引发的违约案件、侵权案件和破产案件三类民商事纠纷案件的审理问题统一裁判尺度，明确对案件审理的基本原则、诉讼主体资格的认定、案件的受理管辖与诉讼方式、债券持有人权利保护的特别规定、发行人的民事责任、其他责任主体的责任、发行人破产管理人的责任等七个方面的法律适用问题进行了规定。

总之，当前的信息披露违法行为的民事责任规范体系，是以《证券法》为核心，包含《虚假陈述若干规定》《债券座谈会纪要》和《九民纪要》相关内容的一整套体系。其主要内容如下：

1. 信息披露违法行为及其重大性

证券法规定了三类主要的信息披露违法行为。第一类是信息披露义务人未按照规定披露信息，或者公告的证券发行文件、定期报告、临时报告及其他信息披露资料存在虚假记载、误导性陈述或者重大遗漏，也即虚假陈述行为。第二类是行为人编造、传播虚假信息或者误导性信息。第三类是发行人、控股股东、实际控制人，发行人的董事、监事、高级管理人员不履行公开的承诺。其中虚假陈述行为是最典型的信息披露违法行为，后文如无特殊说明，指的就是这类行为，其他两类行为的认定也可以此为参考。

按照司法解释的规定，信息披露违法行为必须达到“重大性”的标准，也就是前述第八十条、第八十一条规定的“可能对股票交易价格产生较大影响的重大事件”或者“可能对上市交易公司债券的交易价格产生较大影响的重大事件”。从目前司法的实践来说，认定重大性主要是通过是否受到行政处罚或者刑事判决来认定。这既与《虚假陈述若干规定》将行政处罚或者刑事判决作为前置条件有关，也与实务中当事人举证或法院认定“重大性”难度较大有关。《九民纪要》更是明确指出：“重大性是指可能对投资者进行投资决策具有重要影响的信息，虚假陈述已经被监管部门行政处罚的，应当认为是具有重大性的违法行为。在案件审理过程中，对于一方提出的监管部门作出处罚决定的行为不具有重大性的抗辩，人民法院不予支持，同时应当向其释明，该抗辩并非民商事案件的审理范围，应当通过行政复议、行政诉讼加以解决。”

近年来的司法态度总体上对前置条件进行淡化，比如《债券座谈会纪要》即明确取消了前置程序；而最高法院 2020 年 7 月颁布的《关于证券纠纷代表人诉讼若干问题的规定》则要求原告提交有关行政处罚决定、刑事裁判文书、被告自认材料、证券交易所和国务院批准的其他全国性证券交易场所等给予的纪律处分或者采取的自律管理措施等证明证券侵权事实的初步证据。在取消前置程序后，新《虚假陈述若干规定》延续了《若干问题》确定的重大性认定标准，核心是导致相关证券交易价格或者交易量明显变化。

按照证券纠纷案件的举证规则，侵权行为重大性的举证责任在于原告。前置程序的弱化或取消，对于原告来说，虽然降低了诉讼门槛，但同时也意味着在取得处罚决定等初步证据的情况下原告证明难度的提高。为此，有专家建议在重大性要件的认定上，法院应以弱化的理性投资者标准和降低的影响性标准为核心，构建独立于行政执法程序的标准。①

此外，对于司法实务中普遍存在的，也被《九民纪要》所确认的，以行政处罚为由直接否定重大性抗辩的现象，也受到了学者的质疑。“从法理逻辑上看，行政处罚与民事赔偿制度保护的法益不尽相同，在判断重大性问题上的出发点亦有差异。行政处罚考虑更多的是信息披露是否合法合规、是否符合监管要求；而民事意义上的重大性则更多考量案涉行为是否足以影响股票价格与投资者决策，

① 参见丁宇翔：《证券虚假陈述前置程序取消的辐散效应及其处理》，载《财经法学》2021 年第 5 期。

并进而探索虚假陈述与损害之间的因果关系。实践中诸多被判罚的信息披露违法行为，违反的是合规性的要求，如交换与买卖承兑汇票、会计利润调整计入等，并不当然涉及证券欺诈。对同一行为基于监管权威的判罚，与其是否足以触发民事责任，背后体现的实则是不同的法理逻辑。”① 事实上，抛开这些不说，根据民事诉讼法及其司法解释的规定，行政处罚并非绝对的免证事实，而是可以举证进行反驳或推翻的。新《虚假陈述若干规定》已经正式取消了前置程序。

2. 责任主体及责任范围

对于第一类行为，信息披露义务人是直接责任的主体；发行人的控股股东、实际控制人、董事、监事、高级管理人员和其他直接责任人员以及保荐人、承销的证券公司及其直接责任人员，是与发行人承担连带赔偿责任的主体；证券服务机构是与作为委托人的信息披露义务人承担连带赔偿责任的主体；后两类主体的连带责任来自于法律的直接规定。对于第二类行为，编造、传播虚假信息或者误导性信息给投资者造成损失的行为人是直接责任的主体。对于第三类行为，不履行公开的承诺给投资者造成损失的发行人、控股股东、实际控制人，发行人的董事、监事、高级管理人员等也是直接责任的主体。对于后两类信息披露违法行为，法律没有规定连带责任。

根据《虚假陈述若干规定》，在共同侵权的情形下，相关责任主体也要承担连带责任，不过其依据是侵权责任法关于共同侵权的规定。比如，发起人对发行人信息披露提供担保的，发起人与发行人对投资人的损失承担连带责任。证券承销商、证券上市推荐人或者专业中介服务机构，知道或者应当知道发行人或者上市公司虚假陈述，而不予纠正或者不出具保留意见的，构成共同侵权，对投资人的损失承担连带责任。发行人、上市公司、证券承销商、证券上市推荐人负有责任的董事、监事和经理等高级管理人员有下列情形之一的，应当认定为共同虚假陈述，分别与发行人、上市公司、证券承销商、证券上市推荐人对投资人的损失承担连带责任：（1）参与虚假陈述的；（2）知道或者应当知道虚假陈述而未明确表示反对的；（3）其他应当负有责任的情形。新《虚假陈述若干规定》未再规定共同侵权。

此外，对于承担责任的主体及其正当性，也存在一些争议。比如，证券法将

---

① 汤欣、张然然：《虚假陈述民事诉讼中宜对信息披露“重大性”作细分审查》，载《证券法苑》2020 年第 1 期。

监事作为责任主体，虽然有其信息义务和对信息披露的保证义务作为基础，但考虑到我国公司治理实务中监事的实际履职空间和履职手段，是否应当承担如此中的责任则值得思考。有学者认为，监事责任的认定宜采取主客观相结合的标准，并结合监事职权予以客观化；监事责任形态应当进行类型区分，共同故意情形归属《证券法》第85条的连带责任，重大过失时应承担按份责任；监事责任范围的分配则应结合其过错程度及原因力度进行具体认定。①

值得注意的是，扩大责任主体的范围，应当以适当的责任分配制度为前提，而不能仅仅考虑投资人获赔带来的快意。否则，后果可能是灾难性的。有学者指出，中介责任的贸然严格化“不仅将导致市场公众对看门人信任的崩塌，扰乱证券市场的信息生产传递机制，也可能放纵发行虚假陈述的真正操纵者与受益者”。②

3. 损害后果（损失）的确定

三大类信息披露违法行为都以给投资者造成损失为承担责任的前提。民事赔偿责任的范围，以投资人实际发生的损失为限，遵循“填平原则”。在损失的确认上，核心问题是三个时点的认定——信息披露违法行为的实施日、揭露日或更正日和基准日。

实施日，指的是实施信息披露违法行为的日期，具体又视信息披露违法行为是积极的还是消极的而不同。对于积极的信息披露违法行为，比如财务造假案的虚假陈述，实施日比较容易确定，在存在多个虚假陈述行为的情形下则将第一个行为作出的时间作为实施日。而对于消极的信息披露违法行为，实施日的认定就相对复杂，比如在不及时披露信息的情形下，根据《上市公司信息披露管理办法》规定的“及时，是指自起算日起或者触及披露时点的两个交易日内”，应当将应当披露的最后期限作为实施日。

根据新《虚假陈述若干规定》，揭露日，是指虚假陈述在具有全国性影响的报刊、电台、电视台或监管部门网站、交易场所网站、主要门户网站、行业知名的自媒体等媒体上，首次被公开揭露并为证券市场知悉之日。更正日，是指信息披露义务人在证券交易场所网站或者符合监管部门规定条件的媒体上，自行更正

① 曹兴权、洪喜琪：《证券虚假陈述中监事民事责任研究——兼论〈证券法〉第85条的适用》，载《北方法学》2021年第15期。

② 周淳：《证券发行虚假陈述：中介机构过错责任认定与反思》，载《证券市场导报》2021年第7期。

虚假陈述之日。揭露与更正相比，前者是行为人被动的，后者是主动做出的。揭露的主体既可能是监管机关，也可能是媒体，还可能是其他主体。而更正的主体只能是信息披露义务人自身。在实务中，经常同时存在多个渠道揭露，或者同时存在揭露和更正的情形，应当以最早揭露或更正的日期为准。值得注意的是，在信息高度流动的时代，对揭露日和更正日的确定，应当有更加与时俱进的标准。比如，原《虚假陈述若干规定》将揭露媒体局限于“指定媒体”或“全国性媒体”，而新《虚假陈述若干规定》则将自媒体或网络“大V”同样纳入。

基准日，是指在虚假陈述揭露或更正后，为将原告应获赔偿限定在虚假陈述所造成的损失范围内，确定损失计算的合理期间而规定的截止日期。虚假陈述揭露日或更正日起至基准日期间每个交易日收盘价的平均价格，为损失计算的基准价格。根据新《虚假陈述若干规定》，基准日分别按下列情况确定：（1）在采用集中竞价的交易市场中，自揭露日或更正日起，被虚假陈述影响的证券集中交易累计成交量达到可流通部分100%之日为基准日。（2）自揭露日或更正日起，集中交易累计换手率在10个交易日内达到可流通部分100%的，以第10个交易日为基准日；在30个交易日内未达到可流通部分100%的，以第30个交易日为基准日。

就股票交易来说，通常投资人在信息披露实施日及以后至揭露日或者更正日之前买入证券，在揭露日或更正日之后至基准日之前卖出证券，由此产生的价差损失为信息披露违法行为造成的损失。投资人在基准日及以前卖出证券的，其投资差额损失，以买入证券平均价格与实际卖出证券平均价格之差，乘以投资人所持证券数量计算。投资人在基准日之后卖出或者仍持有证券的，其投资差额损失，以买入证券平均价格与虚假陈述揭露日或者更正日起至基准日期间，每个交易日收盘价的平均价格之差，乘以投资人所持证券数量计算。

但就债券交易来说，跟股票交易的计算模型不大一致。《债券座谈会纪要》规定：欺诈发行的债券认购人或者欺诈发行、虚假陈述行为实施日及之后、揭露日之前在交易市场上买入该债券的投资者，其损失按照如下方式计算：（1）在起诉日之前已经卖出债券，或者在起诉时虽然持有债券，但在一审判决作出前已经卖出的，本金损失按投资人购买该债券所支付的加权平均价格扣减持有该债券期间收取的本金偿付（如有），与卖出该债券的加权平均价格的差额计算，并可加计实际损失确定之日至实际清偿之日止的利息。利息分段计算，在2019年8月19日之前，按照中国人民银行确定的同期同类贷款基准利率计算；在2019年

8月20日之后，按照中国人民银行授权全国银行间同业拆借中心公布的贷款市场报价利率（LPR）标准计算。（2）在一审判决作出前仍然持有该债券的，债券持有人请求按照本纪要第21条第一款的规定计算损失赔偿数额的，人民法院应当予以支持；债券持有人请求赔偿虚假陈述行为所导致的利息损失的，人民法院应当在综合考量欺诈发行、虚假陈述等因素的基础上，根据相关虚假陈述内容被揭露后的发行人真实信用状况所对应的债券发行利率或者债券估值，确定合理的利率赔偿标准。

需要注意的是，按照以上三个特定时点的损失计算模型是以“诱多型”信息披露违法行为为参照构建的，实务中“诱空型”信息披露违法行为也较为少见。新《虚假陈述若干规定》专门规定了“诱空型”虚假陈述的计算方式：（1）原告在实施日之后、揭露日或更正日之前卖出，在揭露日或更正日之后、基准日之前买回的股票，按买回股票的平均价格与卖出股票的平均价格之间的差额，乘以买回的股票数量；（2）原告在实施日之后、揭露日或更正日之前卖出，基准日之前未买回的股票，按基准价格与卖出股票的平均价格之间的差额，乘以未买回的股票数量。

在举证责任上来说，损害后果（损失）的举证责任由原告承担，通常原告需要提交交易凭证等作为损失的证据材料。至于实施日、揭露日等关键时间节点，一般会在行政处罚决定中进行明确；在法院启动代表人诉讼的情形下，法院还会依职权明确具体的权利登记范围。此外，一些法院（比如上海金融法院）还与证券登记结算机构建立电子交易数据对接机制，为损失赔偿数额计算以及适格投资者范围核验提供支持。这些都较大程度降低了原告的举证负担。

4. 因果关系的倒置

因果关系是信息披露相关民事纠纷中的兵家必争之地。因为此类纠纷不同于其他侵权纠纷，侵权行为和导致的损害后果之间，需要由投资者因信赖行为人所披露的信息自行进行投资决策来作为桥梁。而投资者的主观信赖是十分难以证明的。同时，导致投资者损失的，往往存在多种原因，而不是单一原因，往往因果链条很长，而不是简短的。证券虚假侵权责任的因果关系包括交易因果关系与损失因果关系：交易因果关系是指证券投资者买入证券的行为与信息披露有关，即投资者作出投资决策是信赖信息披露文件的；损失因果关系则是要确定虚假陈述行为应当对多大范围的损失负责，去除虚假陈述以外的其他原因所导致的损失。相比原《虚假陈述若干规定》笼统规定因果关系，新《虚假陈述若干规定》严格区分了交易因果关系和损失因果关系。

在交易因果关系的认定上，欺诈市场理论和信赖推定理论是重要的理论基础。信息披露违法行为的发生，影响的是整个证券市场，法律推定投资人是因相信证券市场是真实的以及证券价格是公允的而进行投资，其无须证明自己信赖了虚假陈述行为才做出投资。因此，在信息披露违法行为侵权类纠纷中，因果关系的举证责任倒置——原告无需证明是否存在因果关系，法律推定因果关系的存在，由相关责任主体抗辩不存在因果关系。在这方面，《虚假陈述若干规定》和《债券座谈会纪要》的意见都一致。

根据新《虚假陈述若干规定》，投资者只要初步举证以下三项事实：（1）信息披露义务人实施了虚假陈述；（2）原告交易的是与虚假陈述直接关联的证券；（3）原告在虚假陈述实施日之后、揭露日或更正日之前实施了相应的交易行为，即在诱多型虚假陈述中买入了相关证券，或者在诱空型虚假陈述中卖出了相关证券。投资者完成初步举证后，由被告举证来抗辩虚假陈述与损害结果之间不存在因果关系，否则就推定存在因果关系。《全国法院审理债券纠纷案件座谈会纪要》第24条的规定也是如此——发行人及其他责任主体能够证明债券持有人、债券投资者的损失部分或者全部是由于市场无风险利率水平变化（以同期限国债利率为参考）、政策风险等与欺诈发行、虚假陈述行为无关的其他因素造成的，人民法院在确定损失赔偿范围时，应当根据原因力的大小相应减轻或者免除赔偿责任。

在损失因果关系的认定上，新《虚假陈述若干规定》将其纳入“损失认定”部分。法院应当查明虚假陈述与原告损失之间的因果关系，以及导致原告损失的其他原因等案件基本事实，确定赔偿责任范围。被告能够举证抗辩原告的损失部分或者全部是由他人操纵市场、证券市场的风险、证券市场对特定事件的过度反应、上市公司内外部经营环境等其他因素所导致的，对其关于相应减轻或者免除责任的抗辩，院应当予以支持。

5. 主观过错的复杂性

根据侵权责任相关法律的基本原理，一般侵权责任的构成以侵权行为人的主观过错为要件，除非法律另有明确规定，这些例外的情形就是特殊侵权行为。根据证券法的规定，对于第一类行为，信息披露义务人承担无过错责任，发行人的控股股东、实际控制人、董事、监事、高级管理人员和其他直接责任人员以及保荐人、承销的证券公司及其直接责任人员，证券服务机构承担过错责任，但在举证责任上进行倒置，由这些主体证明自己无过错，否则推定为有过错。至于编造、传播虚假信息或者误导性信息给投资者造成损失的行为人和不履行公开的承诺给投资者损失的主体，则承担一般过错责任。

对于股票市场上的信息披露违法行为，主观过错的认定相对简单。而在债券市场上，过错类型的确定要按照责任主体的不同而有所差异。根据《债券座谈会纪要》的规定，责任主体为发行人（破产阶段的破产管理人）和增信机构时，过错类型为无过错责任，即无需对是否存在主观过错进行证明。当责任主体为受托管理人时，过错类型为过错责任，由原告承担举证责任，认定标准为被告未能勤勉尽责公正履行受托管理职责。当责任主体为发行人内部人、其他债券服务机构、承销的证券公司时，过错类型均为过错推定，由被告抗辩不存在过错。就发行人内部人而言，需要根据其在公司中所处的实际地位、在信息披露文件的制作中所起的作用、取得和了解相关信息的渠道及其为核验相关信息所做的努力等实际情况，审查、认定其抗辩理由是否成立。就其他债券服务机构而言，需要区分普通注意义务和特别注意义务来认定其抗辩理由是否成立。就承销的证券公司而言，《债券座谈会纪要》第三十条专门规定了免责抗辩情形。

较为复杂的是承销商的过错类型问题。因为我国目前的债券市场处于割裂状态，承销商的过错类型也存在不同情形。依据《证券法》的规定，承销的证券公司的过错类型为过错推定，但是该规定并没有涵盖银行间市场的承销商。因此，以银行为代表的非金融企业债务融资工具承销商，其过错类型是否属于过错推定并不明确。与此同时，就承销的证券公司的过错类型而言，《证券法》虽已明确规定属于过错推定，但《债券座谈会纪要》既在第二十九条规定了认定其过错的条件，又在第三十条规定了其免责抗辩的情形，这就存在过错推定和过错责任模糊情形，实务中增加了解释和抗辩的空间。

（二）新《虚假陈述若干规定》的修订要点

1. 法律适用上以证券交易场所为界分标准，纳入区域性股权市场，继续留白银行间债券市场。（第一条、三十四条）

（1）从“证券市场”到“证券交易场所”。新《虚假陈述若干规定》明确适用范围为在证券交易场所发行、交易证券过程中实施虚假陈述引发的侵权民事赔偿案件，同时明确证券交易场所，是指证券交易所、国务院批准的其他全国性证券交易场所。相比原《虚假陈述若干规定》，未采用“证券市场”的概念，而是用“证券交易场所”的概念，与新证券法相衔接。新证券法将证券交易场所分为三大类——证券交易所、国务院批准的其他全国性证券交易场所和按照国务院规定设立的区域性股权市场。目前我国的证券交易所有上海证券交易所、深圳证券交易所和北京证券交易所三家，国务院批准的其他全国性证券交易场所有全国中小企业股份转让系统（“新三板”）一家（银行间债券市场目前并未纳入此列，但属于事实上的其他全国性证券交易场所）。区域性股权市场则更多一些。

（2）明确将区域性股权市场纳入调整范围。区域性股权市场是我国多层次资本市场体系的重要组成部分，新《虚假陈述若干规定》明确规定，“按照国务院规定设立的区域性股权市场中发生的虚假陈述侵权民事赔偿案件，可以参照适用本规定”，将区域性股权市场纳入调整范围。区域性股权市场也被称为“四板市场”，是为非公开发行证券的发行、转让提供场所和设施的市场，是私募市场和区域性市场，主要为中小微企业股权交易和融资服务。区域性股权市场通常既可以提供股权融资（定向增发和股权质押式融资），也可以提供债权融资（私募债）。区域性股权市场原则上不得进行跨区域融资，不允许采取集中交易和竞价交易等交易所的交易方式。以国内最早最为成熟的天津股权交易所为例，该所采取点选成交与协议成交相结合的交易制度。不采取集中竞价、连续竞价、做市商等集中交易方式。每个交易日，投资人之间可通过协商以协议成交的方式进行交易。双方就交易价格和数量达成一致，由双方以协议交易申报形式在15：00以前输入交易系统，交易系统在收到有效申报信息后立即成交，并通过股票登记托管和交易结算系统进行股票交割和资金结算。

（3）未明确对全国银行间市场交易商协会是否适用作出规定。长期以来，立法体系、监管体系、交易体系的分割，不同市场上的债券法律性质与法律适用存在争议。其中，银行间市场是我国最大的债券发行和交易市场，但银行间债券是否受《证券法》及相关司法解释的调整一直饱受争议。有相当一部分观点认为银行间债券不应纳入《证券法》及相关司法解释的适用范围。2020年3月11日，中国人民银行、中国证监会有关负责人就银行间债券市场问题答记者问时提出：“根据《通知》精神，银行间债券市场金融债券、非金融企业债务融资工具等品种的发行、交易、登记、托管、结算等，由人民银行及其指定机构依照《中国人民银行法》等制定的现行有关规定管理。”2020年5月14日，（2020）最高法民辖终23号裁决书明确，银行间债券市场属于国家批准设立的证券市场以外的交易市场，不适用《虚假诉讼若干规定》。2020年7月15日，最高法院印发

《债券座谈会纪要》，明确指出公司债券、企业债、非金融企业债务融资工具“具有还本付息的共同属性”，应当“适用相同的法律标准”。但《债券座谈会纪要》不是司法解释，难以直接作为裁判依据进行援引。新《虚假陈述若干规定》制定过程中，有观点认为应该将银行间债券市场明确列入新《虚假陈述若干规定》的调整范围。新《虚假陈述若干规定》最终采取了《证券法》的类似表述，将交易场所界定为“证券交易所、国务院批准的其他全国性交易场所”，并未明确写明银行间债券的法律适用问题，为未来法律适用留下空间。

（4）未对公募私募作出区分，也未进一步区分交易方式。原《虚假陈述若干规定》在界定证券市场时，在发行市场强调“发行人向社会公开募集股份”，在交易市场强调利用证券交易场所的系统进行交易，并明确排除了“在国家批准设立的证券市场以外进行的交易”和“在国家批准设立的证券市场上通过协议转让方式进行的交易”的情形。新《虚假陈述若干规定》对此未进一步明确。证券交易场所的核心功能在于证券的集中交易（主要是竞价交易和大宗交易），但证券交易场所的功能并不限于此。证券在证券交易所上市交易，应当采用公开的集中交易方式或者国务院证券监督管理机构批准的其他方式。这里的其他方式包括协议转让、做市交易等方式。证券交易场所同样可以为这些交易方式提供场所和设施。这些交易方式是否收到新《虚假陈述若干规定》调整似乎存在讨论空间。

2. 明确取消前置程序。(第二条)

2002 年 1 月 15 日发布的《最高人民法院关于受理证券市场因虚假陈述引发的民事侵权纠纷案件有关问题的通知》（以下简称《虚假陈述侵权纠纷通知》）第二条首次规定了证券虚假陈述的前置程序。《虚假陈述若干规定》第六条又规定，投资人提起虚假陈述证券民事赔偿诉讼，需要提交行政处罚决定或者公告，或者人民法院的刑事裁判文书。这是证券虚假陈述案件前置程序规定的来源，在特殊历史时期，确有一定的意义。

2015 年 4 月 15 日，最高人民法院发布《关于人民法院推行立案登记制改革的意见》，第三条第四项规定，“严格执行立案标准。禁止在法律规定之外设定受理条件……”据此，证券虚假陈述案件的前置程序制度开始受到撼动，但因上述规定尚不够明确，实践中，部分法院仍执行前置程序，以不具备前置条件为由不予受理【（2017）京民终 544 号】，或受理后以不符合受理条件为由裁定驳回起诉【（2020）京 03 民初 6 号】。

近年来，证券虚假陈述前置程序的刚性条件开始松动。《债券座谈会纪要》废除了债券虚假陈述纠纷的前置程序。《最高人民法院关于证券纠纷代表人诉讼若干问题的规定》（以下简称《代表人诉讼规定》）废除了普通代表人诉讼案件中的前置程序。新《虚假陈述若干规定》彻底废除了证券虚假陈述案件的前置程序，有力保护了投资者诉权。但通常认为，这类案件中，设置相当的前置条件有利于投资者举证，特别是在虚假陈述类案件中有利于投资者证明虚假陈述行为的“重大性”。最高法院、中国证监会在同步发布的《关于适用〈最高人民法院关于审理证券市场虚假陈述侵权民事赔偿案件的若干规定〉有关问题的通知》中也指出，取消前置程序后，人民法院要根据辖区内的实际情况，在法律规定的范围内积极开展专家咨询和专业人士担任人民陪审员的探索，确保审理的专业性水平。随着虚假陈述前置程序的取消，新《虚假陈述若干规定》在重大性的认定标准、诉讼时效的起算点等问题也相应作出修改。

3. 案件管辖上向发行人住所地集中。(第三条)

对证券虚假陈述案件，法院在确定管辖规则时，通常有多方面的考虑：一是方便当事人参加诉讼，方便法院审理案件；二是管辖法院有审理证券虚假陈述案件的专业能力；三是统一适用裁判规则，确保同案同判。基于这些点考虑，新《虚假陈述若干规定》结合证券侵权案件的实际特点，确立了如下的管辖规则。

（1）原则上不再区分是否起诉发行人，一律由发行人住所地有管辖权的法院管辖。虚假陈述类的案件中，原告在选择被告时可能会排除发行人。此时，按照原《虚假陈述若干规定》，案件可由其他被告所在地有管辖权的法院管辖，由此产生诸多管辖权异议争议并可能导致司法资源的浪费和裁判尺度的不统一。而不管是否起诉发行人，法院事实上均要审查发行人的状况。加之统一裁判标准和提高司法效率的考虑，新《虚假陈述若干规定》确立了一律由发行人住所地有管辖权的法院管辖的规则。

（2）代表人诉讼案件仍按照《代表人诉讼规定》确定管辖规则。依据《代表人诉讼规定》，特别代表人诉讼案件则由涉诉证券交易场所所在地的法院管辖。

（3）高级人民法院可以确定其他辖区内可以审理虚假陈述案件的中级法院。按照原《虚假陈述若干规定》，只有以下法院可以审理虚假陈述案件：省、自治区、直辖市人民政府所在的市、计划单列市和经济特区中级人民法院或者专门人民法院。新《虚假陈述若干规定》考虑到不同地区金融类案件审理能力的差异，扩展了有管辖权法院的范围。高级人民法院可以根据本辖区的实际情况，确定管辖第一审证券虚假陈述侵权民事赔偿案件的其他中级人民法院，报最高人民法院备案。“备案制”可能会引发原告对于法院地方保护的担忧，在适用上应当谨慎。

4. 在新《证券法》的框架内完善虚假陈述的定义，增加预测性信息的安全港规则。(第六条)

(1) 对于普通的信息披露，新《虚假陈述若干规定》根据新《证券法》重新对虚假陈述的三种类型和“未按照规定披露信息”进行了定义，更加科学严谨。虚假记载，是指信息披露义务人披露的信息中对相关财务数据进行重大不实记载，或者对其他重要信息作出与真实情况不符的描述。误导性陈述，是指信息披露义务人披露的信息隐瞒了与之相关的部分重要事实，或者未及时披露相关更正、确认信息，致使已经披露的信息因不完整、不准确而具有误导性。重大遗漏，是指信息披露义务人违反关于信息披露的规定，对重大事件或者重要事项等应当披露的信息未予披露。“未按照规定披露信息”，是指信息披露义务人未按照规定的期限、方式等要求及时、公平披露信息。

(2) 对于预测性信息披露，增加安全港规则。预测性信息的投资决策有用性较高，鼓励发行人和上市公司披露预测性信息，可以更好支持发行定价、投资决策。但是预测性信息存在不确定性，可能提高披露人的诉讼风险。因此，需要预测性信息的安全港规则避免投资人滥诉。实践中，部分法院对此进行了有益的探索。根据新《虚假陈述若干规定》，预测性信息与实际经营情况存在重大差异的，不能当然认定发行人实施虚假陈述。除非存在以下三种情形：一是信息披露文件未对影响该预测实现的重要因素进行充分风险提示的；二是预测性信息所依据的基本假设、选用的会计政策等编制基础明显不合理的；三是预测性信息所依据的前提发生重大变化时，未及时履行更正义务的。

5. 完善虚假陈述实施日和揭露日的认定规则。(第七条、八条)

(1) 新《虚假陈述若干规定》对积极的虚假陈述和消极的虚假陈述的实施日作出区分认定。虚假陈述实施日，是指作出虚假陈述（积极的作为）或发生虚假陈述之日（消极的沉默）。新《虚假陈述若干规定》明确了实施日的确定规则：一方面，对于积极作为的虚假陈述，信息披露义务人在证券交易场所的网站或者符合监管部门规定条件的媒体上公告发布具有虚假陈述内容的信息披露文件，以披露日为实施日；通过召开业绩说明会、接受新闻媒体采访等方式实施虚假陈述的，以该虚假陈述的内容在具有全国性影响的媒体上首次公布之日为实施日。另一方面，对于消极沉默的虚假陈述，以应当披露相关信息期限届满后的第一个交易日为实施日。

（2）新《虚假陈述若干规定》扩充揭露媒体的范围，同时辅以公开市场的反应为判断标准，并明确了推定的揭露日情形和多个虚假陈述行为揭露日的认定规则。除全国性影响的报刊、电台、电视台或监管部门网站、交易场所网站外，新《虚假陈述若干规定》将全国性影响的主要门户网站、行业知名的自媒体作为揭露媒体，扩充了媒体的范围。这些媒体对虚假陈述的公开揭露虽不足成为投资人判断股票价值的根据，但具备了足够的警示作用。媒体报道的警示强度，还可以从市场的反应加以判断。因此，新《虚假陈述若干规定》规定人民法院应当根据公开交易市场对相关信息的反应等证据，判断投资者是否知悉了虚假陈述。

新《虚假陈述若干规定》规定了两种推定的揭露日：一是监管部门以涉嫌信息披露违法为由对信息披露义务人立案调查的信息公开之日；二是证券交易场所等自律管理组织因虚假陈述对信息披露义务人等责任主体采取自律管理措施的信息公布之日。

对于多个虚假陈述行为，新《虚假陈述若干规定》规定，虚假陈述呈连续状态的，以首次被公开揭露并为证券市场知悉之日为揭露日；多个相互独立的虚假陈述的，分别认定其揭露日。

6. 确定重大性的认定标准，核心是导致相关证券交易价格或者交易量明显变化。（第十条）

虚假陈述的重大性要件是指可能对投资者进行投资决策具有重要影响的虚假陈述行为才具有可赔偿性。依据原《虚假陈述若干规定》第八条第一款，只要虚假陈述行为经过行政处罚或刑事裁判，则一般会认定该行为具有重大性。《九民纪要》第八十五条中规定，“在案件审理过程中，对于一方提出的监管部门作出处罚决定的行为不具有重大性的抗辩，人民法院不予支持”。在原《虚假陈述若干规定》时代，因前置程序的存在，受诉法院不能将已处罚的虚假陈述行为认定为没有重大性，但当事人可以通过其他途径如行政复议或者行政诉讼等解决。新《虚假陈述若干规定》时代，如何确定重大性的标准备受关注。

最高人民法院时任民二庭杨临萍庭长在2015年底发表的《关于当前商事审判工作中的若干具体问题》（以下简称《若干问题》）指出：重大性，是指违法行为对投资者决定的可能影响，其主要衡量指标可以通过违法行为对证券交易价格和交易量的影响来判断。①

在取消前置程序后，新《虚假陈述若干规定》延续了《若干问题》确定的重大性认定标准，核心是导致相关证券交易价格或者交易量明显变化。新《虚假陈述若干规定》从三个层次认定重大性，第一，相关事件如果落入法律、规章、规范性文件规定的范围，则直接援引法律法规的规定进行认定；第二，如果未落入法律法规的范围，则根据“相关证券交易价格或者交易量明显变化”的标准判断；第三，如果落入法律法规的范围，但是被告抗辩行为未导致“相关证券交易价格或者交易量明显变化”，则该行为也不构成重大性。新《虚假陈述若干规定》明确规定，“前款第一项、第二项（法律法规规定的事项）所列情形，被告提交证据足以证明虚假陈述并未导致相关证券交易价格或者交易量明显变化的，人民法院应当认定虚假陈述的内容不具有重大性。被告能够证明虚假陈述不具有重大性，并以此抗辩不应当承担民事责任的，人民法院应当予以支持”，这似乎并没有改变了《九民纪要》所强化的行政处罚的准既判力的效应。然而，行政处罚考虑的更多的是形式和程序上是否合规；而民事意义上的重大性则更多考量案涉行为实质上是否影响投资者决策或交易量价，不应混为一谈。根据《最高人民法院关于适用〈中华人民共和国民事诉讼法〉的解释》第九十三条的规定，行政处罚并不属于免证事由，在民事诉讼中可以通过证据反驳或推翻，法院也应该接受这样的证明。

7. 严格区分交易因果关系和损失因果关系，但将交易因果关系与重大性列在一起。（第十一条、十二条、三十一条）

证券虚假侵权责任的因果关系包括交易因果关系与损失因果关系：交易因果关系是指证券投资者买入证券的行为与信息披露有关，即投资者作出投资决策是信赖信息披露文件的；损失因果关系则是要确定虚假陈述行为应当对多大范围的损失负责，去除虚假陈述以外的其他原因所导致的损失。相比原《虚假陈述若干规定》笼统规定因果关系，新《虚假陈述若干规定》严格区分了交易因果关系和损失因果关系。

（1）就交易因果关系，新《虚假陈述若干规定》区分了诱多和诱空情形，增加抗辩事由。因诱空型虚假陈述较为少见，原《虚假陈述若干规定》均以诱

① 参见杨临萍：《最高人民法院关于当前商事审判工作中的若干具体问题》“二、关于证券投资类金融纠纷案件的审理问题”部分。

多型虚假陈述案件为模型设计规则，新《虚假陈述若干规定》则区分了诱多和诱空两种情形。新《虚假陈述若干规定》延续了欺诈市场理论的思路，只要新《虚假陈述若干规定》设定的有关基础事实得到证明，就可以推定存在因果关系。

此外，新《虚假陈述若干规定》还增加了几项因果关系抗辩事由。例如，原告在交易时知道或应当知道存在虚假陈述，或者虚假陈述已经被证券市场广泛知悉；原告的交易行为是受到虚假陈述实施后发生的上市公司的收购、重大资产重组等其他重大事件的影响；原告的交易行为构成内幕交易、操纵证券市场等证券违法行为。

（2）就损失因果关系，新《虚假陈述若干规定》将其纳入“损失认定”部分，扩展了损失因果关系的阻却事由的认定范围。依据新《虚假陈述若干规定》，被告能够举证证明原告的损失部分或全部是由他人操纵市场、证券市场的风险、证券市场对特定事件的过度反应、上市公司内外部经营环境等其他因素所导致的，对其关于相应减轻或者免除责任的抗辩，人民法院应当予以支持。值得注意的是，新《虚假陈述若干规定》采用“证券市场的风险”而非原《虚假陈述若干规定》中“证券市场系统风险”的表述，可剔除的风险范围更广。

（3）新《虚假陈述若干规定》第三部分将重大性及交易因果关系列在一起。虽然在表述上仍然是独立的，但二者分属于侵权责任的侵权行为和因果关系两大构成要件，从亲缘关系角度似乎应当作出区分，从而避免以重大性替代因果关系的证明。

8. 进一步将《证券法》过错区分为故意和过失两种形态，细化各类主体过错认定的依据、证据和无过错抗辩的事由。（第十三条）

（1）新《虚假陈述若干规定》将证券法第八十五条、第一百六十三条所称的过错区分为故意和过失两种情形。特别值得注意的是，新《虚假陈述若干规定》将过失界定为行为人严重违反注意义务，即只有“严重违反注意义务”的过失才构成证券法意义上的过错。通过这一限缩解释，实际上排除了在轻微过失或一般过失情形下承担证券法上的侵权责任，从而也排除了连带责任的适用。

（2）细化各类主体过错认定的依据、证据和无过错抗辩的事由。这些主体主要包括内部人、承销保荐机构和证券服务机构。

9. 确定内部人过错认定规则，正反两方面明确抗辩事由。（第十四条、十五条）

内部人是指发行人的董事、监事、高级管理人员和其他直接责任人员，新

《虚假陈述若干规定》明确了内部人过错的认定标准，从正反两方面确立了抗辩的事由。

（1）董监高过错的认定依据。新《虚假陈述若干规定》规定，法院应根据其董监高工作岗位和职责、在信息披露资料的形成和发布等活动中所起的作用、取得和了解相关信息的渠道、为核验相关信息所采取的措施等实际情况审查认定其过错。

（2）董监高无过错抗辩的成立情形。董监高依照证券法第八十二条第四款的规定，无法保证证券发行文件和定期报告内容的真实性、准确性、完整性或者有异议的，以书面方式发表附具体理由的意见并依法披露的，且没有投赞成票的，人民法院可以认定其主观上没有过错。

（3）董监高无过错抗辩的不成立情形。对于前述抗辩，董监高在审议、审核信息披露文件时投赞成票，其无过错抗辩不成立。董监高仅以其不从事日常经营管理、无相关职业背景和专业知识、相信发行人或管理层提供的资料、相信证券服务机构出具的专业意见等理由主张其没有过错的，抗辩不成立。

10. 特别规定独立董事的抗辩事由，避免独立董事“动辄得咎”。（第十六条）

康美药业案中，一审法院判决内部人独立董事在5%～10%的范围承担连带清偿责任，引发了行业对内部人特别是独立董事责任边界的热议。新《虚假陈述若干规定》回应了这一关切。

（1）独立董事过错的认定依据。一是法律、监管部门制定的规章和规范性文件以及公司章程的要求；二是在虚假陈述被揭露后是否督促发行人整改及整改的效果。

（2）独立董事的无过错抗辩情形。除了同样适用董监高的无过错抗辩事由外，独立董事的特殊抗辩事由还包括：（1）在签署相关信息披露文件之前，对不属于自身专业领域的相关具体问题，借助会计、法律等专门职业的帮助仍然未能发现问题的；（2）在揭露日或更正日之前，发现虚假陈述后及时向发行人提出异议并监督整改或者向证券交易场所、监管部门书面报告的；（3）在独立意见中对虚假陈述事项发表保留意见、反对意见或者无法表示意见并说明具体理由的，但在审议、审核相关文件时投赞成票的除外；（4）因发行人拒绝、阻碍其履行职责，导致无法对相关信息披露文件是否存在虚假陈述作出判断，及时向证券交易场所、监管部门书面报告等。

11. 明确承销保荐机构的过错认定依据，基本沿袭《债券座谈会纪要》确定的无过错抗辩事由。(第十七条)

（1）过错认定的依据和证据。新《虚假陈述若干规定》明确保荐机构、承销机构等机构过错认定的依据包括法律、行政法规、监管部门制定的规章和规范性文件、行业执业规范；明确证据范围为尽职调查工作底稿、尽职调查报告、内部审核意见等。

（2）根据是否有专业意见支持明确承销保荐机构的无过错抗辩事由。对信息披露文件中没有证券服务机构专业意见支持的重要内容，经过审慎尽职调查和独立判断，有合理理由相信该部分内容与真实情况相符；对信息披露文件中证券服务机构出具专业意见的重要内容，经过审慎核查和必要的调查、复核，有合理理由排除了职业怀疑并形成合理信赖。这基本沿袭《债券座谈会纪要》确定的无过错抗辩事由。值得注意的是，新《虚假陈述若干规定》未保留《债券座谈会纪要》第三十条“尽职调查工作虽然存在瑕疵，但即使完整履行了相关程序也难以发现信息披露文件存在虚假陈述”这一无过错抗辩事由。

12. 明确证券服务机构的过错认定依据，细化无过错抗辩事由。（第十八、十九条）

（1）过错认定的依据和证据。证券服务机构过错认定的依据是法律、行政法规、监管部门制定的规章和规范性文件，参考行业执业规范规定的工作范围和程序要求等内容，具体到会计师事务所则包括执业准则、规则；证据范围包括核查、验证工作底稿等。

（2）根据工作范围和专业领域明确证券服务机构无过错抗辩事由。对于工作范围和专业领域内的虚假陈述，应当根据前述过错认定的依据，结合相关证据进行无过错抗辩。对于工作范围和专业领域外，依赖其他机构的基础工作或专业意见致使其出具的专业意见存在虚假陈述，能够证明其对所依赖的基础工作或专业意见经过审慎核查和必要的调查、复核，排除了职业怀疑并形成合理信赖的，应当认定其没有过错。

（3）会计师事务所的无过错抗辩与《最高人民法院关于审理涉及会计师事务所在审计业务活动中民事侵权赔偿案件的若干规定》保持基本一致，略作文字调整。新《虚假陈述若干规定》明确，《最高人民法院关于审理涉及会计师事务所在审计业务活动中民事侵权赔偿案件的若干规定》中与本规定不一致的，以本规定为准。

13. 完善“追首恶”和“追帮凶”的规则。(第二十条、二十一条、二十二条)

“追首恶”是近年来司法系统对待资本市场违法违规行为的重要原则。新《虚假陈述若干规定》对“追首恶”的具体规则进行完善：第一，明确追首恶的范围。原《虚假陈述若干规定》仅仅规定了发行人的实际控制人为“首恶”，新《虚假陈述若干规定》增加了发行人的控股股东这一责任主体，与《证券法》保持一致。第二，明确原告可以起诉请求直接判令相关控股股东、实际控制人赔偿损失。第三，“首恶”组织、指使发行人实施虚假陈述，发行人在承担赔偿责任后可以向其追偿。

新《虚假陈述若干规定》增加重大资产重组交易对手方和发行人的供应商、客户，以及为发行人提供服务的金融机构等帮助造假者为责任主体，其过错形态上表现为故意。新《虚假陈述若干规定》并没有明确前述责任主体的责任类型，法院可依据一般侵权法的规则进行裁判。

14. 未对比例连带责任的争议予以回应，只原则性规定了连带责任人之间的责任分担与追偿问题。(第二十三条)

自“五洋债案”法院开创性地使用比例连带责任规则之后，该规则的适用在证券虚假陈述类的案件中便呈现“星火燎原”之势。实务界和理论界对该规则的评价呈现两级分化，各界观望新《虚假陈述若干规定》是否写入比例连带责任规则，或是以其他规则取代并作出澄清。但是，新《虚假陈述若干规定》并未写入比例连带责任规则，未对相关争议予以回应。

(1) 当前，最高法院仍无法突破《证券法》第八十五条与第一百六十三条规定的“中介机构的责任形态为连带责任”。比例连带责任规则是法院探索中介机构的责任与过错相统一的最优方案。新《虚假陈述若干规定》未对相关问题进行任何回应或提供创新性的解决方案。可见，最高法院目前仍无法突破《证券法》第八十五条与第一百六十三条规定的“中介机构的责任形态为连带责任”。

(2) 比例连带责任规则仍存在较大争议，未来仍可能继续适用。新《虚假陈述若干规定》未写入比例连带责任规则，对比例连带责任规则的争议仍将持续，等待实践和理论的检验。但是在《证券法》未修改的背景下，基于在先的判例，未来法院在审理证券虚假陈述类案件中仍将可能继续适用这一规则。

(3) 新《虚假陈述若干规定》对承担连带责任的当事人之间的责任分担与追偿问题作出了原则性的规定，但并不解渴。比例连带责任规则最大的争议是可能造成追偿和执行的混乱，因此，新《虚假陈述若干规定》对承担连带责任的当事人之间的责任分担与追偿问题进行了原则性的规定，即按照《民法典》第一百七十八条的规定处理——连带责任人的责任份额根据各自责任大小确定；难以确定责任大小的，平均承担责任；实际承担责任超过自己责任份额的连带责任人，有权向其他连带责任人追偿。在"门槛"和"深度"未明确区分的前提下，这一规则对于当前复杂的不同形态的比例责任下的责任分担和追偿问题似乎并不解渴。

15. 重申损失填平原则，优化损失的计算方法。

（1）重申赔偿责任的范围以原告因虚假陈述而实际发生的损失为限。原《虚假陈述若干规定》第三十条规定："虚假陈述行为人在证券交易市场承担民事赔偿责任的范围，以投资人因虚假陈述而实际发生的损失为限。"但《债券座谈会纪要》在计算债券投资损失时未对此进行明确，引发了适用上的争议。此次重申，符合民法典侵权责任损失填平原则的基本原理。

（2）优化损失的计算方法。一是明确将基准日限定为第10个交易日到第30个交易日。自揭露日或更正日起，集中交易累计换手率在10个交易日内达到可流通部分100%的，以第10个交易日为基准日；在30个交易日内未达到可流通部分100%的，以第30个交易日为基准日。二是对诱多型虚假陈述和诱空型虚假陈述分别确定了计算方法。诱多型按买入股票的平均价格与卖出股票的平均价格或基准价之间的差额，乘以已卖出或尚未卖出的股票数量计算；诱空型按买回股票的平均价格或基准价与卖出股票的平均价格之间的差额，乘以买回或未买回的股票数量计算。

16. 诉讼时效以揭露日或更正日为起算点，规定代表人诉讼中缺席投资者的时效利益。（第三十二条、三十三条）

因原《虚假陈述若干规定》存在前置程序，因此诉讼时效的起算点均与行政处罚、刑事判决相关联。新《虚假陈述若干规定》取消前置程序，诉讼时效则以揭露日或更正日为起算点。揭露日与更正日不一致的，以在先的为准。新《虚假陈述若干规定》还规定，虚假陈述责任人中的一人发生诉讼时效中断效力的事由，应当认定对其他连带责任人也发生诉讼时效中断的效力。

此外，新《虚假陈述若干规定》规定了集体诉讼中缺席投资者的时效利益。在诉讼时效期间内，部分投资者向人民法院提起人数不确定的普通代表人诉讼的，人民法院应当认定该起诉行为对所有具有同类诉讼请求的权利人发生时效中断的效果。在普通代表人诉讼中，未向人民法院登记权利的投资者，其诉讼时效自权利登记期间届满后重新开始计算。投资者向人民法院登记权利后申请撤回权利登记的，其诉讼时效自撤回权利登记之次日重新开始计算。投资者保护机构依照证券法第九十五条第三款的规定作为代表人参加诉讼后，投资者声明退出诉讼的，其诉讼时效自声明退出之次日起重新开始计算。

（三）信息披露违法行为的行政责任

在行政责任方面，证券法将信息披露违法行为分为“未按照本法规定报送有关报告或者履行信息披露义务”的一般信息披露违法行为和“报送的报告或者披露的信息有虚假记载、误导性陈述或者重大遗漏”的欺诈行为两大类。《证券法》第一百九十七条规定，信息披露义务人未按照本法规定报送有关报告或者履行信息披露义务的，责令改正，给予警告，并处以五十万元以上五百万元以下的罚款；对直接负责的主管人员和其他直接责任人员给予警告，并处以二十万元以上二百万元以下的罚款。发行人的控股股东、实际控制人组织、指使从事上述违法行为，或者隐瞒相关事项导致发生上述情形的，处以五十万元以上五百万元以下的罚款；对直接负责的主管人员和其他直接责任人员，处以二十万元以上二百万元以下的罚款。信息披露义务人报送的报告或者披露的信息有虚假记载、误导性陈述或者重大遗漏的，责令改正，给予警告，并处以一百万元以上一千万元以下的罚款；对直接负责的主管人员和其他直接责任人员给予警告，并处以五十万元以上五百万元以下的罚款。发行人的控股股东、实际控制人组织、指使从事上述违法行为，或者隐瞒相关事项导致发生上述情形的，处以一百万元以上一千万元以下的罚款；对直接负责的主管人员和其他直接责任人员，处以五十万元以上五百万元以下的罚款。

对于一般信息披露违法行为，处罚程度较低，即责令改正，给予警告，并处以五十万元以上五百万元以下的罚款；对直接负责的主管人员和其他直接责任人员给予警告，并处以二十万元以上二百万元以下的罚款。对于欺诈行为则处罚相对较重，即责令改正，给予警告，并处以一百万元以上一千万元以下的罚款；对直接负责的主管人员和其他直接责任人员给予警告，并处以五十万元以上五百万元以下的罚款。前述一般信息披露违法行为包括未在规定期限内履行信息披露义务，未在规定期限内报送有关报告，规避信息披露报告义务，上市公司股东、实际控制人未依法配合上市公司履行信息披露义务等。值得注意的是，对于发行人的控股股东和实际控制人，新证券法在“指使”行为的基础上，增加了“组织”和“隐瞒导致信息披露违法发生”两种应当承担责任的情形，实现对“关键少数”的精准打击。

为保障信息披露违法行为行政责任的落实，中国证监会可以要求上市公司及其他信息披露义务人或者其董事、监事、高级管理人员对有关信息披露问题作出解释、说明或者提供相关资料，并要求上市公司提供证券公司或者证券服务机构的专业意见。中国证监会对证券公司和证券服务机构出具的文件的真实性、准确性、完整性有疑义的，可以要求相关机构作出解释、补充，并调阅其工作底稿。发行人、上市公司及其他信息披露义务人、证券公司和证券服务机构应当及时作出回复，并配合中国证监会的检查、调查。①

（四）信息披露违法行为的刑事责任

我国《刑法》专门规定了违规披露、不披露重要信息罪。根据《刑法》第一百六十一条的规定，依法负有信息披露义务的公司、企业向股东和社会公众提供虚假的或者隐瞒重要事实的财务会计报告，或者对依法应当披露的其他重要信息不按照规定披露，严重损害股东或者其他人利益，或者有其他严重情节的，对其直接负责的主管人员和其他直接责任人员，处五年以下有期徒刑或者拘役，并处或者单处罚金；情节特别严重的，处五年以上十年以下有期徒刑，并处罚金。前款规定的公司、企业的控股股东、实际控制人实施或者组织、指使实施前款行为的，或者隐瞒相关事项导致前款规定的情形发生的，依照前款的规定处罚。犯前款罪的控股股东、实际控制人是单位的，对单位判处罚金，并对其直接负责的主管人员和其他直接责任人员，依照第一款的规定处罚。

这是2020年《刑法修正案（十一）》专门作出修正的条文，将责任人员的刑期上限由3年提高至10年，同时取消了20万元的罚金上限；明确将控股股东、实际控制人实施或者组织、指使实施信息披露造假，以及控股股东、实际控制人隐瞒相关事项导致公司披露虚假信息等行为纳入刑法规制范围。

2020年4月，由上海证监局查办并向司法机关移送的 * ST某达违规披露重要信息案，经上海市第三中级人民法院审理并作出一审判决，以违规披露重要信息罪判处直接负责的主管人员任某某有期徒刑一年，缓刑一年，并处罚金人民币

---

① 《上市公司信息披露管理办法（2021）》第五十条。

二十万元；对直接责任人员林某某判处有期徒刑六个月，缓刑一年，并处罚金人民币十万元；对直接责任人员盛某和秦某某均判处拘役三个月，缓刑三个月，并处罚金人民币五万元。①

（五）典型案例：祥源文化案

1. “女版巴菲特”惹麻烦

浙江祥源文化股份有限公司（原浙江万好万家文化股份有限公司）系于2003年2月20日在上海证券交易所上市交易。2016年12月26日，万家文化公告称，西藏龙薇传媒将斥资30.6亿元收购万家文化29%的股份，本次收购之后，西藏龙薇传媒将成为万家文化的控股股东。最值得市场关注的，是龙薇传媒的法人代表、著名影星赵某将成为万家文化的实际控制人。

消息一经公布，万家文化的股价从18.38元/股一度涨到最高25元/股，涨幅超过35%。然而好景不长，2017年2月13日晚间，收购一事急转直下，万家文化公告称，因无法完成融资，龙薇传媒收购的股份总数由原先的1.85亿股调整为3200万股（占上市公司总股本的5.04%），调整后的股份转让方案将不会造成上市公司实际控制人变更。受此影响，万家文化股价连续下跌，前期受赵某控股概念利好影响买入该股票的投资者损失惨重。同年2月27日，万家文化因涉嫌信息披露违法违规被中国证监会立案调查。

2018年4月11日，中国证监会作出行政处罚，认定在控股权转让过程中，龙薇传媒公司通过万家文化公司在2017年1月12日、2017年2月16日公告中披露的信息存在虚假记载、误导性陈述及重大遗漏。《行政处罚决定书》认定的违法事实有：（1）龙薇传媒公司在自身境内资金准备不足，相关金融机构融资尚待审批，存在极大不确定性的情况下，以空壳公司收购上市公司，且贸然予以公告，对市场和投资者产生严重误导。（2）龙薇传媒公司关于筹资计划和安排的信息披露存在虚假记载、重大遗漏。（3）龙薇传媒公司未及时披露与金融机构未达成融资合作的情况。（4）龙薇传媒公司对无法按期完成融资计划原因的披露存在重大遗漏。（5）龙薇传媒公司关于积极促使本次控股权转让交易顺利完成的信息披露存在虚假记载、误导性陈述。中国证券监督管理委员会决定：①对万家文化公司、龙薇传媒公司责令改正，给予警告，并分别处以60万元罚

① 参见任某某、林某2等违规披露、不披露重要信息案，（2020）沪03刑初4号。

款；②对孔某永、黄某龙、赵某、赵某给予警告，并分别处以 30 万元罚款。[①]

2. 诉讼缠身

2018 年 9 月 14 日，祥源文化发布《关于涉及诉讼的公告》称，公司自 2018 年 6 月 30 日至 9 月 13 日，陆续收到法院《应诉通知书》，涉及 96 起证券虚假陈述责任纠纷案件，涉案金额 1132 万元。目前，祥源文化已涉诉 440 起，诉讼金额共计人民币 5584.77 万元。2019 年 1 月 31 日，祥源文化发布《关于涉及诉讼的公告》称，公司陆续收到浙江省杭州市中级人民法院发来的 20 份《民事判决书》，诉讼金额合计为 421.77 余万元，以及浙江省高级人民法院发来的 40 份《民事判决书》，诉讼金额合计为 253.31 余万元。

涉案诉讼的争议焦点为：（1）关于祥源文化公司虚假陈述的实施日、揭露日和基准日的确定；（2）案涉信息披露行为是否属于证券市场虚假陈述行为；（3）投资者损失与祥源文化公司虚假陈述之间是否存在因果关系；（4）祥源文化以及龙薇传媒、赵某、孔某永是否应承担民事赔偿责任。

3. 关于祥源文化公司虚假陈述的实施日、揭露日和基准日的确定

（1）虚假陈述实施日问题。一审法院认为，祥源文化公司于 2017 年 1 月 12 日发布的公告中因存在信息披露的虚假记载、误导性陈述及重大遗漏等问题而被中国证券监督管理委员会予以了行政处罚，依据《关于虚假陈述赔偿的规定》第二十条第一款之规定，确定 2017 年 1 月 12 日为祥源文化公司虚假陈述的实施日。

（2）虚假陈述揭露日问题。一审法院认为，相比较而言，祥源文化公司于 2017 年 2 月 28 日在上海证券交易所网站发布的《复牌提示性公告》以及《关于收到中国证券监督管理委员会调查通知书的公告》系祥源文化公司包括案涉虚假陈述在内的违法违规问题在全国范围发行媒体首次被公开揭露，且证券监管机构的立案调查通知书公告后祥源文化公司的股价当日即下跌 10.02%，可以认为祥源文化公司公告立案调查通知书的行为已对证券市场具有强烈的警示作用，对市场价格也产生了影响，该时点确定为祥源文化公司虚假陈述的揭露日更符合全案现有情形。

（3）自 2017 年 2 月 28 日至 2017 年 3 月 16 日，祥源文化公司股票的累计成交量达到其可流通部分 100%，依据《关于虚假陈述赔偿的规定》第三十三条之

① 参见《中国证监会行政处罚决定书（万家文化）》，〔2018〕32 号。

规定确定 2017 年 3 月 16 日为祥源文化公司虚假陈述的基准日，揭露日至基准日期间每个交易日收盘价的平均价格为每股 15.5 元。

4. 关于案涉信息披露行为是否属于证券市场虚假陈述行为的问题

二审法院认为，万家文化公司分别在 2017 年 1 月 12 日及 2 月 16 日发布的公告中，披露万家集团向龙薇传媒公司转让其持有的公司流通股股权过程中的转让款筹资计划和安排、融资计划等信息，涉及公司 5%以上股权交易，属于证券交易过程中的重大事件。万家文化公司在公告中对前述重大事件作出虚假记载、误导性陈述及存在重大遗漏，属证券市场虚假陈述。

5. 关于投资者损失与祥源文化公司虚假陈述之间是否存在因果关系的问题

一审法院认为：投资者于祥源文化公司虚假陈述实施日之后、揭露日之前买入股票，且在揭露日之后因持有祥源文化公司股票受有一定经济损失，依据《关于虚假陈述赔偿的规定》第十八条之规定，相应投资损失与祥源文化公司虚假陈述之间有因果关系。

二审法院认为：首先要排除证券市场系统性风险对投资者损失的影响。证券市场系统性风险是由整个政治、经济、社会等环境因素对证券价格所造成的影响。无论是系统风险还是其他因素，均应是对证券市场产生普遍影响的风险因素，对证券市场所有的股票价格产生影响，这种影响为个别企业或行业不能控制，投资人无法通过分散投资加以消除，根据《关于虚假陈述赔偿的规定》第十九条第四项的规定，此时应认定虚假陈述与损害结果不存在因果关系。被告方应当对损失或者部分损失是由证券市场系统风险等其他因素所导致承担举证证明责任。①

根据法院查明的事实，万家文化公司 2017 年 1 月 12 日、2 月 16 日两次公告均与案涉股权转让项目中筹资计划和安排有关。该公司于 2017 年 1 月 12 日虚假陈述实施日复牌后，案涉股票连续两个交易日出现涨停，第三、第四个交易日继续收涨，涨幅高达 32.77%。因前述信息存在虚假记载、误导性陈述及重大遗漏，同年 2 月 28 日虚假陈述揭露日复牌后，当日股价下跌 10.02%。进而，二审法院认为在虚假陈述揭露日前，股价并非正常价格，而是受虚假陈述的影响处于一种虚高的状态。投资人所投资的股票，自虚假陈述实施日之后至虚假陈述揭露日之

① 参见《浙江祥源文化股份有限公司、陈雪军证券虚假陈述责任纠纷二审民事判决书》，(2020) 浙民终 599 号。

前买入，在虚假陈述揭露日及以后，因卖出该股票发生亏损，虚假陈述是导致投资人损失的直接原因，符合《关于虚假陈述赔偿的规定》第十八条规定的认定虚假陈述与损害结果之间存在因果关系的法定条件。从投资人买入案涉股票至基准日止，上海证券交易所上证指数并未出现较大幅度的下跌情况，故不能认定本案存在系统风险等其他因素导致投资人损失的情况。

6. 关于祥源文化以及龙薇传媒、赵某、孔某永是否应承担民事赔偿责任的问题

一审、二审法院都认为，投资者自买入并持有祥源文化公司股票至基准日止，该段期间内证券市场个股价格并未出现整体性下跌，故现有情形无法表明本案存在证券市场系统风险等其他因素，祥源文化公司的相应抗辩事由缺乏依据，其应当对相应投资损失承担民事赔偿责任。

祥源文化公司发布的 2017 年 1 月 12 日、2 月 16 日公告主要内容系龙薇传媒公司之回复，而龙薇传媒公司作为收购人属于本案上市公司股份权益变动活动中的信息披露义务人，其主动或被动披露的信息亦应当真实、准确、完整、及时，在 2017 年 1 月 12 日、2017 年 2 月 16 日公告发布行为已经认定为应当承担民事赔偿责任的“虚假陈述”情形下，龙薇传媒公司构成共同侵权，其应当对敖忠华的相应投资损失承担连带责任。

赵某系龙薇传媒公司的时任法定代表人、控股股东，其在本案上市公司股份权益变动活动中的《股份转让协议》《关于股份转让协议之补充协议》等文件上签字、知晓并支持收购事项、知悉公告内容，表明赵某知道虚假陈述而未明确表示反对，在具体的信息披露行为中未尽勤勉尽责、谨慎注意的义务，参照《关于虚假陈述赔偿的规定》第二十八条之规定，即发行人、上市公司、证券承销商、证券上市推荐人负有责任的董事、监事和经理等高级管理人员在知道或者应当知道虚假陈述而未明确表示反对的情形下应当认定为共同虚假陈述，分别与发行人、上市公司、证券承销商、证券上市推荐人对投资人的损失承担连带责任，赵某于本案中应当对相应投资损失承担连带责任。

孔某永系祥源文化公司的时任董事长，全程组织、策划并参与上市公司控股权转让、融资过程、股权转让的变更等事项，对祥源文化公司的案涉“虚假陈述”行为负有责任，依照《关于虚假陈述赔偿的规定》第二十一条之规定，孔德永于本案中应当对相应投资损失承担连带责任。

7. 示范案件

根据《杭州市中级人民法院关于证券期货纠纷示范判决机制的指导意见（试行）》相关规定，本案系采用示范案件与平行案件相结合的审理模式，并选定一审法院（2018）浙01民初2330号原告敖某华与被告祥源文化公司、西藏龙薇文化传媒有限公司、孔某永、赵某证券虚假陈述责任纠纷案件作为示范案件。

“其他信息披露义务人”被行政处罚进而被依法裁判向投资者承担连带赔偿责任，祥源文化案尚属稀缺案例。龙薇传媒在本案中属于收购方，不属于《关于虚假陈述赔偿的规定》第二十八条的规定主体，但是《关于虚假陈述赔偿的规定》第七条规定了虚假陈述行为人的范围，其中第七项规定了兜底条款，即“其他作出虚假陈述的机构或自然人”，由于行政处罚认定龙薇传媒为“其他信息披露义务人”，法院据此认为龙薇传媒构成共同侵权，应当对投资人的损失承担连带责任，因此，本案的判决可能扩大“其他信息披露义务人”的认定范围。

第六讲
弱者的武器——投资者保护专章

一、示范性判决第一案

(一) 从行政处罚到示范性案件

方正科技是北大方正集团旗下上市高科技公司。2003 年，方正科技共有 28 家经销商，通过全资子公司深圳方正信息系统有限公司、上海新延中文化传播有限公司持有其中 23 家经销商股权。北大方正集团在人事任免、员工薪酬、资金审批、日常经营管理方面实际控制方正科技的经销商。根据《企业会计准则》的规定，方正科技与上述经销商因受方正集团控制而存在关联关系。

2017 年 5 月 5 日，中国证监会〔2017〕43 号《行政处罚决定书》对方正科技公司、方正集团、武汉国兴及其他相关责任人作出行政处罚，认为方正科技公司等存在信息披露违法行为。《行政处罚决定书》认定的违法事实有：(1) 方正科技公司未按照规定披露关联交易。(2) 方正集团、武汉国兴未披露持有方正科技股票事项。方正集团未将其与武汉国兴的一致行动人关系告知方正科技公司，导致方正科技公司 2010 年至 2013 年年报披露存在重大遗漏。

近千名投资者据此在上海金融法院起诉方正科技，要求承担证券虚假陈述责任，索赔总额约 1.69 亿元。上海金融法院选定其中 4 名投资者的诉讼作为示范案件进行审理。《行政处罚决定书》中认定的信息披露违规行为有两项，但本案投资者明确仅针对其中方正科技公司未披露关联交易的行为提起民事赔偿。[①]

（二）争议焦点

本案在两审法院审理过程中的争议焦点有：（1）方正科技公司信息披露违规行为是否构成证券虚假陈述侵权行为，是否足以影响投资者的投资决策或市场交易价格。（2）若认定方正科技公司构成证券侵权行为，该虚假陈述行为与本案投资者买入方正科技股票是否存在交易上的因果关系。（3）若认定方正科技公司构成证券侵权行为，投资者的损失是否系由方正科技公司的虚假陈述行为造成，损失或部分损失是否系由证券市场系统风险等其他因素所导致。（4）若方正科技公司应对证券侵权行为承担民事责任，应当如何确定投资者损失的赔偿金额。

（三）法院观点

1. 方正科技公司信息披露违规行为是否构成证券虚假陈述侵权行为，是否足以影响投资者的投资决策或市场交易价格。一审法院认为，（1）案涉《行政处罚决定书》认定方正科技公司存在各期年报未披露关联交易的行为，符合《虚假陈述司法解释》对证券虚假陈述行为的界定。（2）从未披露的关联交易的规模上看，方正科技公司与其经销商之间长期存在关联交易，交易金额总额高达四百多亿元。（3）从未披露的内容上看，方正科技公司未依法披露的是与经销商之间购销商品的交易，该类交易是方正科技公司的主营业务。（4）从会计程序上看，上市公司与关联方之间的交易，如果没有确凿证据表明交易价格是公允的，对于显失公允的交易价格部分，一律不得确认为当期利润，应当作为资本公积处理。（5）另外，方正科技公司亦无证据证明其主观上不知晓控股股东与经销商之间的关联关系。据此，一审法院认定方正科技公司的信息披露违规行为具有“重大性”，构成证券虚假陈述侵权行为。

2. 若认定方正科技公司构成证券侵权行为，该虚假陈述行为与本案投资者买入方正科技股票是否存在交易上的因果关系。一审法院认为，（1）由于方正

---

① 参见《方正科技集团股份有限公司与卢某保、杨某平、蔡某卿、潘某芬证券虚假陈述责任纠纷二审民事判决书》，（2019）沪民终263号。

科技公司未披露关联交易的行为从2004年到2015年一直持续，可以推定在此期间本案投资者基于对方正科技公司各期年度报告的信赖，而买入方正科技股票。(2) 投资者买入系争股票可能出于多种原因，客观上无法区分本案投资者买入股票的具体动机是基于对虚假陈述的信赖，还是基于对市场行情或公司其他经营情况的综合考量。但无论如何，在此期间方正科技公司年度报告对其经营业绩的披露始终是影响投资者决策的重大因素。二审法院进一步认为，证券市场中影响股票价格和投资者投资决策的因素众多，但只要投资者证券买入时间符合《虚假陈述司法解释》的法定要求，即可推定交易因果关系的成立，无需证实虚假陈述是投资者买入证券的唯一原因。因此，本案中仍应适用《虚假陈述司法解释》确立的推定因果关系，认定在实施日到揭露日期间买入并一直持有方正科技股票的投资行为与虚假陈述行为之间存在交易因果关系。

3. 若认定方正科技公司构成证券侵权行为，投资者的损失是否系由方正科技公司的虚假陈述行为造成，损失或部分损失是否系由证券市场系统风险等其他因素所导致。法院认为，(1) 本案中方正科技公司举证证明本案实施日到基准日期间A股市场出现整体的剧烈波动的情况，方正科技个股和大盘指数、行业指数、板块指数呈现同步下跌的走势。因此，投资者因受此影响所造成的损失部分，应认定与虚假陈述行为没有因果关系，具体的影响比例应根据专业分析核定扣除。在具体的认定上，中证中小投资者服务中心出具的《损失核定意见书》采用“同步指数对比法”进行，即从投资者第一笔有效买入日起，假设投资者买卖方正科技股票时，同时买入卖出相同数量的指数，每一笔交易都同步对应指数的买入卖出，指数的价格取交易当日的收盘指数。揭露日后卖出或持有股票的，假设也同步卖出或持有相应的指数。将每个投资者持股期间的个股跌幅与参考指数（上证综合指数、申万一级行业指数和申万三级行业指数）的平均跌幅进行对比，用相对比例法扣除系统风险的影响。(2) 至于方正科技公司所称投资者部分损失系因方正科技公司经营业绩下滑造成股价下跌所致，属于《虚假陈述司法解释》规定应予扣除的“其他因素”所致损失的情形。对此，一审法院认为，方正科技公司经营业绩的下滑对股价是否产生影响、影响程度如何，方正科技公司均未提出合理理由和相关证据予以证明，因此难以将方正科技公司业绩下滑的情况认定为造成投资者损失的“其他因素”。

4. 若方正科技公司应对证券侵权行为承担民事责任，应当如何确定投资者损失的赔偿金额。中证中小投资者服务中心出具的《损失核定意见书》中推荐的“第一笔有效买入后的移动加权平均法”，符合《虚假陈述司法解释》的立法原意，对持股单价的计算更全面、客观，更能反映投资者真实的投资成本。据此，一审法院采用《损失核定意见书》中“第一笔有效买入后的移动加权平均法”作为投资者投资差额损失计算中买入均价的计算方法。所谓“移动加权平均法”，指的是自“第一笔有效买入”开始，每次买入股票后，以新买入的股票成本加上前次的持仓成本，除以本次买入的股票数量加上前次的持仓数，以该方法，每次新买入股票的交易影响并形成新的买入成本，每次卖出股票的交易只影响并减少持股数量，对持股的成本单价不产生影响，揭露日的持股成本客观上不受揭露日前卖出股票的影响。

最终，法院审判决方正科技公司因重大关联交易未披露的行为，构成证券虚假陈述侵权，应对受侵权的投资者承担相应民事赔偿责任。

（四）示范性判决之后

2019 年 1 月，上海金融法院发布《关于证券纠纷示范判决机制的规定》，在处理群体性证券纠纷中，选取具有代表性的案件先行审理、先行判决，通过发挥示范案件的引领作用，妥善化解其他平行案件的纠纷解决机制。示范判决效力的扩张分为事实认定和法律适用两个方面。在事实认定方面，除有相反证据推翻之外，对示范判决认定的具有共性的事实，平行案件的双方当事人均无需另行举证；在法律适用方面，对已由示范判决认定的法律适用标准，平行案件的原告主张直接适用的，可予以支持。本案是上海金融法院首次在审判实践中推行适用证券纠纷示范判决机制。二审法院的示范性判决生效之后，上海金融法院对其他案件作出调解，方正科技据此启动了对投资者的大批量赔付工作。示范性判决效果显现，成为投资者的武器。

（五）让无力者有力

中国证券市场上的投资者一般分为四类——个人投资者、一般法人、境内专业机构投资者及境外机构投资者（QFII/RQFII、陆股通），后二者统称为机构投资者。中国证券市场区别于海外成熟市场的一大区别是个人投资者（散户）无论从数量上还是交易量上都占有很大的比例。最新数据显示，个人投资者 2020 年中期贡献了 36%的流通市值，这一占比仅次于一般法人，机构投资者持股市值占流通市值比例为 27.24%（这一数字已经创新高）。相比之下，美股机构投资者持有市值占比超过93%，英国接近90%，中国香港超过65%。[①] 个人投资者信息占有不充分，交易频繁，非理性交易和“羊群效应”非常明显。因此，在中国证券市场上，投资者保护的任务显得更加严峻。给弱者以武器，让无力者有力，成为证券法的重要使命。

最能集中体现新证券法强化投资者保护的是第六章，也被称为投资者保护专章，这是新证券法强化投资者保护的最突出的“明线”。但同样值得注意的是，新证券法还通过健全民事责任体系铺设了一条保护投资者的“暗线”。[②] 专章从投资者与各类证券市场主体的关系展开，构建起了包括投资者适当性、表决权征集、债券持有人会议和受托管理人、现金分红、先行赔付、证券代表人诉讼等一系列制度在内的较为完备的投资者保护体系，为证券市场投资者保护提供了基本依据。

二、投资者适当性制度

（一）证券公司的适当性义务

如前所述，投资者保护专章是从投资者与各类证券市场主体的关系展开的。在与证券公司的关系上，投资者保护专章正式确认了投资者适当性制度。《证券法》第八十八条规定，证券公司向投资者销售证券、提供服务时，应当按照规定充分了解投资者的基本情况、财产状况、金融资产状况、投资知识和经验、专业能力等相关信息；如实说明证券、服务的重要内容，充分揭示投资风险；销售、提供与投资者上述状况相匹配的证券、服务。投资者在购买证券或者接受服务时，应当按照证券公司明示的要求提供前款所列真实信息。拒绝提供或者未按照要求提供信息的，证券公司应当告知其后果，并按照规定拒绝向其销售证券、提供服务。证券公司违反第一款规定导致投资者损失的，应当承担相应的赔偿责任。

① 参见数据宝：《A股机构化进程加速！连续10年坚定持有股涨幅惊人　去散户化后散户出路何在?》，https://m.stock.pingan.com/static/info/news/article.html?sharename=zxxq&v=7.5.1.0&infocode=EMIMP_NW20200920164144O513&sharetype=news&unionId=d360463ce065475b894f7277343af060，最后访问时间2020年12月1日。

② 参见何海锋：《新证券法如何强化投资者保护》，载《金融博览》2020年4月上半月刊。

由于证券市场上各类产品在功能、结构、风险等方面千差万别，不同投资者在资产规模、专业水平、风险偏好等方面也存在很大差异，对投资者的保护不能一概而论，必须建立在对产品和投资者适当性匹配的基础上。从历史经验看，投资者适当性错配是金融危机的种子。因此，通过投资者适当性管理，“将适当的产品销售给适当的投资者”成为现代金融业防范风险的重要环节，也是证券市场投资者保护机制的重要组成部分。①

在以往的行政监管和司法实践中，投资者适当性已经被广泛运用。2016 年 12 月，证监会出台《证券期货投资者适当性管理办法》，于 2017 年 7 月 1 日起施行并在 2020 年进行了修正，要求经营机构以投资者分类和产品分级为基础，确保向投资者充分揭示市场风险，并规定了较为严格的法律责任。但是，这一规定只是从行政规章层面明确了行政责任，缺乏对投资者的民事救济。《九民纪要》“关于金融消费者权益保护纠纷案件的审理”部分专门明确卖方机构违反适当性义务造成投资者损失的应承担赔偿责任，还对责任主体、构成要件、损失认定等作出了细化规定。

至于设置适当性义务的理由，最高法院相关负责人曾解释，金融市场上的信息不对称加上投资者自身的知识和能力局限，使得投资者在购买投资性金融产品或接受相关服务时往往无法真正理解其中的风险和收益，其主要依赖产品销售者和服务提供者的推介和说明。一般情况下交易双方缔约能力处于不对等地位。因此，必须依法确定卖方机构“适当性”义务，确保金融消费者在充分了解投资标的及其风险的基础上作出自主决定，实现契约正义。②

新证券法进一步为投资者适当性提供了法律上的依据。首先，新证券法明确了证券公司适当性义务的内容。一是了解投资者的义务（KYC）。证券公司向投资者销售证券、提供服务时，应当按照规定充分了解投资者的基本情况、财产状况、金融资产状况、投资知识和经验、专业能力等相关信息；对于拒绝提供或者未按照要求提供信息的投资者，证券公司应当告知其后果，并按照规定拒绝向其销售证券、提供服务。二是说明义务。如实向投资者说明证券、服务的重要内容，充分揭示投资风险；至于达到什么程度，才算完成“说”和“明”的义务，

① 参见何海锋：《投资者分类的制度框架——以〈证券期货投资者适当性管理办法〉为对象的考察》，载《银行家》2017 年第 2 期。

② 杨临萍：《关于当前商事审判工作中的若干具体问题》，载《民事法律文件解读·总第 134 辑》，杜万华主编，人民法院出版社 2016 年版。

《九民纪要》的标准是“综合理性人能够理解的客观标准和金融消费者能够理解的主观标准来确定卖方机构是否已经履行了告知说明义务”，同时明确，手写了诸如“本人明确知悉可能存在本金损失风险”等内容主张其已经履行了告知说明义务，不能提供其他相关证据的，人民法院对其抗辩理由不予支持。三是匹配义务。销售、提供与投资者上述状况相匹配的证券、服务；匹配的前提是做好产品风险的分级和投资者的分级，把合适的产品卖给合适的投资者。

与之相对的是投资者的如实告知义务。在购买证券或者接受服务时，投资者应当按照证券公司明示的要求提供前款所列真实信息。根据《九民纪要》的规定，卖方机构能够证明金融消费者故意提供虚假信息、拒绝听取建议等，可免责，但虚假信息为卖方机构误导提供的除外。

证券公司违反适当性义务导致投资者损失的，应当承担相应的赔偿责任。参照《九民纪要》的规定，在举证责任方面，消费者的初步举证责任（购买产品，遭受损失），卖方机构负有证明自己履行适当性义务的责任，抗辩的理由可以包括如下事项：（1）建立了金融产品（或者服务）的风险评估及相应管理制度；（2）对金融消费者的风险认知、风险偏好和风险承受能力进行了测试；（3）向金融消费者告知产品（或者服务）的收益和主要风险因素。在赔偿的数额方面，如果金融机构违反适当性义务，投资者的本金要全赔，在利息方面区分一般情形和卖方机构欺诈情形而有所不同。在一般情形下，利息按照中国人民银行发布的同期同类存款基准利率计算；在欺诈情形下，有约定按约定，没约定的，按照全国银行间同业拆借中心公布的贷款市场报价利率计算。同时需要注意的是，赔偿数额也坚持“填平原则”，排除《消费者权益保护法》第五十五条惩罚性赔偿责任规定的适用。

（二）投资者分类

投资者适当性管理包括投资者分类、产品分级、投资者和产品匹配、风险提示等内容，其中投资者进行分类是基础。明确且合理的投资者分类体系对于投资者的适当性匹配是不可或缺的。投资者分类的目的分为两个层次，最终目的是“规范证券期货投资者适当性管理，维护投资者合法权益”，直接目的是“确保将适当的产品或者服务销售或者提供给适合的投资者”。

《证券法》第八十九条规定，根据财产状况、金融资产状况、投资知识和经验、专业能力等因素，投资者可以分为普通投资者和专业投资者。专业投资者的标准由国务院证券监督管理机构规定。普通投资者与证券公司发生纠纷的，证券公司应当证明其行为符合法律、行政法规以及国务院证券监督管理机构的规定，不存在误导、欺诈等情形。证券公司不能证明的，应当承担相应的赔偿责任。这一规定是对证券市场已有投资者分类实务的总结，也是投资者分类的基本法律依据。

1. 投资者分类的实践。2009 年以来，中国证监会先后通过《创业板市场投资者适当性管理暂行规定》《关于建立金融期货投资者适当性制度的规定》《证券公司融资融券业务管理办法》《全国中小企业股份转让系统投资者适当性管理细则（试行）》《私募投资基金监督管理暂行办法》等规定，在创业板、金融期货、融资融券、股转系统、私募投资基金等市场、产品或业务中建立了投资者适当性制度。然而，这些规定在投资者适当性管理方面，都侧重于设置准入的门槛，并未对投资者进行细致深入的分类。以《私募投资基金监督管理暂行办法》为例，根据该《办法》第十二、第十三条，私募基金的合格投资者是指具备相应风险识别能力和风险承担能力，投资于单只私募基金的金额不低于 100 万元且符合净资产要求的单位和符合金融资产或收入要求的个人。社保基金、资管计划、私募基金管理人及其从业人员等被视为合格投资者。此外关于投资者再无其他细化规定，现有的其他法规大体也是如此。

2013 年，上海证券交易所发布《上海证券交易所投资者适当性管理暂行办法》，试图对投资者适当性管理作出综合性的规定，在投资者分类方面也提出了统一的标准，尤其是提出了涵盖所有投资者的“专业投资者”和“普通投资者”的划分并基于此安排了差异性的适当性管理要求，具有突破意义。但是，该办法只是交易所的自律性规则，位阶较低，在分类标准上虽有所突破但仍然不够完善。

2016 年证监会正式发布的《投资者适当性办法》该的一个重点就是建立了较为完备的投资者分类体系。这是目前我国金融领域对投资者分类最为全面和科学的规定，虽然仅适用于证券期货市场，但相信对于其他金融市场也具有借鉴意义。在金融混业日趋加剧的背景之下，该《办法》是推动建立统一的金融投资者分类体系的一个里程碑。《办法》将投资者分为普通投资者与专业投资者，以列举式划定了专业投资者的范围，范围之外的为普通投资者。符合下列五个条件之一的是专业投资者：（1）经有关金融监管部门批准设立，或者经行业协会备案、登记的金融机构。（2）上述机构面向投资者发行的理财产品。（3）社会保障基金、企业年金等养老基金，慈善基金等社会公益基金，合格境外机构投资者（QFII）、人民币合格境外机构投资者（RQFII）。（4）同时符合下列条件的法人或者其他组织：最近1年末净资产不低于2000万元；最近1年末金融资产不低于1000万元；具有2年以上证券、基金、期货、黄金、外汇等投资经历。（5）同时符合下列条件的自然人：金融资产不低于500万元，或者最近3年个人年均收入不低于50万元；具有2年以上证券、基金、期货、黄金、外汇等投资经历，或者具有2年以上金融产品设计、投资、风险管理及相关工作经历，或者属于条件1规定的专业投资者的高级管理人员、获得职业资格认证的从事金融相关业务的注册会计师和律师。

这一分类标准是监管层根据投资者的收入状况、资产状况、投资知识和经验、风险偏好等因素，参考了目前各项业务的准入标准，适用性更广。在法定分类的前提下，《投资者适当性办法》允许经营机构分别对专业投资者和普通投资者自主进行细化分类。对于专业投资者，经营机构可以根据其业务资格、投资实力、投资经历等因素，对专业投资者进行细化分类和管理。对于普通投资者，经营机构应当按照有效维护投资者合法权益的要求，综合考虑收入来源、资产状况、债务、投资知识和经验、风险偏好、诚信状况等因素，确定普通投资者的风险承受能力，对其进行细化分类和管理。

《投资者适当性办法》对两类投资者的划分不是固定不变的，允许在一定条件下按照一定程序相互转换，这充分体现了投资者适当性管理的制度目的不单单是保护投资者利益，同时也要兼顾促进资本形成和投资者自治。根据《投资者适当性办法》，上述第四类和第五类专业投资者可以书面告知经营机构选择成为普通投资者，经营机构应当对其履行相应的适当性义务。两类普通投资者也可以申请转化成为专业投资者，但应当以书面形式向经营机构提出申请并确认自主承担可能产生的风险和后果，提供相关证明材料；经营机构应当通过追加了解信息、投资知识测试或者模拟交易等方式对投资者进行谨慎评估，确认其符合前条要求，说明对不同类别投资者履行适当性义务的差别，警示可能承担的投资风险，告知申请的审查结果及其理由，有权自主决定是否同意其转化。这些规定一方面体现了分类的灵活性，另一方面也强化了经营机构“卖者有责”和投资者“买者自负”的意识。

2. 对普通投资者的倾斜保护。新证券法明确规定普通投资者与证券公司发生纠纷的，对证券公司进行过错推定，证券公司不能证明自己不存在误导、欺诈等情形的，应当承担相应的赔偿责任。这是投资者分类最重要的运用，也是对普通投资者的特别保护最重要的方面。除此之外，《投资者适当性办法》中还详细规定了经营机构对普通投资者的适当性义务，实务中也特别值得关注：

（1）高风险的特别注意义务。经营机构向普通投资者销售高风险产品或者提供相关服务，应当履行特别的注意义务，包括制定专门的工作程序，追加了解相关信息，告知特别的风险点，给予普通投资者更多的考虑时间，或者增加回访频次等。

（2）告知义务。经营机构向普通投资者销售产品或者提供服务前，应当告知下列信息：可能直接导致本金亏损的事项；可能直接导致超过原始本金损失的事项；因经营机构的业务或者财产状况变化，可能导致本金或者原始本金亏损的事项；因经营机构的业务或者财产状况变化，影响客户判断的重要事由；限制销售对象权利行使期限或者可解除合同期限等全部限制内容；适当性匹配意见。

（3）留痕义务。经营机构通过营业网点向普通投资者进行的告知、警示，应当全过程录音或者录像；通过互联网等非现场方式进行的，经营机构应当完善配套留痕安排，由普通投资者通过符合法律、行政法规要求的电子方式进行确认。

（4）负面清单保护。禁止经营机构向普通投资者进行以下销售产品或者提供服务的活动：主动推介风险等级高于其风险承受能力的产品或者提供相关服务；向普通投资者主动推介不符合其投资目标的产品或者提供相关服务。①

3. 投资者分类与合格投资者。需要注意的是，投资者分类和合格投资者制度都是广义的投资者适当性管理的内容。但合格投资者制度本身也有独特的价值，前述在创业板、金融期货、融资融券、股转系统、私募投资基金等市场、产品或业务中设置的投资者准入门槛，实际上属于合格投资者的范畴。而合格投资者制度和投资者适当性制度在发挥作用的路径、体现的监管策略等方面都有所不同。前者更多是静态的要求，后者则是动态的要求，对于合格投资者同样需要履行适当性义务。②

① 参见何海锋：《投资者分类的制度框架——以〈证券期货投资者适当性管理办法〉为对象的考察》，载《银行家》2017年第2期。

② 参见黄辉：《金融机构的投资者适当性义务：实证研究与完善建议》，载《法学评论》2021年第2期。

（三）违反适当性义务的法律责任

证券公司违反法律规定未履行或者未按照规定履行投资者适当性管理义务的，同时面临民事责任和行政责任。民事责任方面，导致投资者损失的，应当承担相应的赔偿责任。行政责任方面，《证券法》第一百九十八条规定，证券公司违反本法第八十八条的规定未履行或者未按照规定履行投资者适当性管理义务的，责令改正，给予警告，并处以十万元以上一百万元以下的罚款。对直接负责的主管人员和其他直接责任人员给予警告，并处以二十万元以下的罚款。无论是民事责任还是行政责任，对于证券公司而言，主要的免责事由是证明金融消费者故意提供虚假信息、拒绝听取建议等。

相关的案例是，2017年12月，江苏证监局发布《关于对中某证券南京龙园西路证券营业部采取出具警示函措施的决定》，中某证券南京龙园西路证券营业部违规给大学生开通股票账户，“因开展证券账户开立业务过程中，存在客户风险承受能力结果失实、缺失的情形，未能全面、准确地了解客户的风险承受能力，违反了《证券期货投资者适当性管理办法》第三条的相关规定”，被江苏证监局出具警示函。[①] 该案被认为是《证券期货投资者适当性管理办法》出台后监管对证券公司开出的第一个罚单。按照新证券法，证券公司可能面临更加严厉的处罚。

三、股东权利征集制度

在与上市公司的关系上，投资者保护专章明确了股东权利征集制度和现金股利制度。所谓股东权利征集，指的是请求上市公司股东委托其代为出席股东大会，并代为行使提案权、表决权等股东权利的行为，核心是表决权的征集。股东权利征集的基本法律依据是《公司法》第一百零六条的规定，股东可以委托代理人出席股东大会会议，代理人应当向公司提交股东授权委托书，并在授权范围内行使表决权。

根据我国相关法律的规定，股东（包括股东代理人）以其所代表的有表决

① 《江苏监管局关于对某证券南京龙园西路证券营业部采取出具警示函措施的决定》，〔2017〕76号。

权的股份数额行使表决权，每一股份享有一票表决权；股东大会审议影响中小投资者利益的重大事项时，对中小投资者表决应当单独计票；公司持有的本公司股份没有表决权，且该部分股份不计入出席股东大会有表决权的股份总数。我国《公司法》第一百零二条还规定，只有单独或者合计持有公司百分之三以上股份的股东才能够行使提案权。对于股份高度分散的上市公司来说，如何调动中小股东的积极性，行使股东权利，是一个重要的课题。

股东权利征集制度对上市公司这类典型的公众公司具有重大的价值，一方面可以促使小股东积极的行使表决权，让小股东能够实质上参与公司治理；另一方面还能通过征集表决权“积少成多”，对大股东和管理层造成压力，减少大股东利用“资本多数决”原则对中小股东的权益进行侵害的现象，保护了证券市场上中小投资者的权益。

股东权利征集在我国上市公司实务中并不罕见，中小股东、大股东、董事出于各种考虑出面征集表决权都不乏其例。最典型的是 2000 年通某惠对某利股份的表决权征集。[①] 由于缺乏明确的法律依据，实务中有的上市公司对股东权利征集做出了一些不合理的限制，增加了小股东征集的难度；而在一些情况下，又成为了部分股东谋求“高送转”等私利或者公司控制权的工具。背后的问题是：第一，股东权利征集成为股东之间争夺控制权的工具，“胜利股份”股权表决权争夺战就是一个例子；第二，由于《公司法》对股东大会召开的最低表决权数量没有要求，缺乏实质意义上的股东权利征集活动，股东权利权征集制度往往被“束之高阁”；即使有征集人发起了权利征集，真正响应者也是寥寥无几。[②] 第三，经营者凭借其优势地位，滥用股东权利征集，长期把持公司管理者职位。第四，对征集主体的资格条件、征集过程、信息披露要求及法律责任等缺乏具体规范和监管措施。

新证券法对此做出了回应。《证券法》第九十条第一款、第二款、第三款规

---

① 2000 年 3 月 17 日，通某惠在各大媒体上打出“你神圣的一票决定胜利股份的明天”大型广告，并在证券和网络媒体上公开征集代理委托书，开始了对中小股东表决权代理的征集。胜利股份的流通股超过 50%，大量散户的立场将对控制权的转移起决定性作用。3 月 20 日，中国证监会要求通某惠对这一征集方式立即作出汇报。3 月 25 日，通某惠公告其前期征集活动违规，并停止征集委托书，同时提出新的董监事人选名单和修改公司章程两项提案。参见何永哲：《案例五：胜利属于证券市场——从胜利股份股权之争谈我国委托书收购制度的立法完善》，载《公司法律评论》2001 年刊，第 335-340 页。

② 苏虎超：我国上市公司委托书征集立法研究，《政法论坛（中国政法大学学报）》，2001 年第 6 期。

定，上市公司董事会、独立董事、持有百分之一以上有表决权股份的股东或者依照法律、行政法规或者国务院证券监督管理机构的规定设立的投资者保护机构（以下简称投资者保护机构），可以作为征集人，自行或者委托证券公司、证券服务机构，公开请求上市公司股东委托其代为出席股东大会，并代为行使提案权、表决权等股东权利。依照前款规定征集股东权利的，征集人应当披露征集文件，上市公司应当予以配合。禁止以有偿或者变相有偿的方式公开征集股东权利。

1. 股东权利征集制度的主要内容。第一，明确了征集的主体范围，包括上市公司董事会、独立董事、持有百分之一以上有表决权股份的股东和投资者保护机构；一方面限制在公司内部人，限制了外部人的自发征集，另一方面扩展到投资者保护机构且不设持股比例的要求。第二，征集方式可以是自行公开征集，也可以委托证券公司、证券服务机构公开征集，允许“代理征集”的存在。第三，在征集的权利类型上，必备的是代位出席股东大会的权利，可选的是代为行使提案权、表决权等股东权利。第四，在具体的程序上，提出了更高的信息披露要求，征集人应当披露征集文件，上市公司应当予以配合。

2. 禁止有偿征集。证券法还禁止以有偿或者变相有偿的方式公开征集股东权利，防止“买选票”的行为，因为参加股东大会等权利都属于股东身份性的权利。对于这一禁止的合理性，理论上和实务上有不少争议。抛开其他不说，由于禁止有偿征集股东权利，中小股东通常担忧征集成本与收益失衡而不愿意主动征集表决权，因此制度上引入投资者保护机构显得确有必要。

3. 法律责任。在表决权征集过程中，征集主体处于主动地位而被征集股东处于被动地位。与上市公司有关联关系的董事会、股东等，由于其自身利益的驱动，很难保证真正代表其他股东行使权利。因此，新证券法增加了违规征集表决权的法律责任，同时包含民事责任和行政责任。通过对征集主体的惩戒和威慑，能有效的减少表决权征集的违法行为。民事责任方面，《证券法》第九十条第四款规定，公开征集股东权利违反法律、行政法规或者国务院证券监督管理机构有关规定，导致上市公司或者其股东遭受损失的，应当依法承担赔偿责任。需要注意的是，这里的民事责任是无过错责任，依据则包含法律、行政法规或监管规定。行政责任方面，《证券法》第一百九十九条规定，违反本法第九十条的规定征集股东权利的，责令改正，给予警告，可以处五十万元以下的罚款。

四、现金股利制度

现金股利是普通股股东实现投资回报的重要形式，一般被称为“现金分红”，与之相对的是“股票股利”，二者统称为“红利”。而与红利相对的是股息，是优先股股东实现投资回报的形式。A 股上市公司通常用股票股利的方式回报投资者，“高送转”较为普遍，而现金分红较少，这一点与境外市场也有很大不同。关于现金分红，中国证监会先后出台了《关于进一步落实上市公司现金分红有关事项的通知》《上市公司监管指引第 3 号——上市公司现金分红》，上海交易所也专门发布了《上市公司现金分红指引》。《上市公司监管指引第 3 号——上市公司现金分红》第四条规定，上市公司应当在公司章程中明确现金分红相对于股票股利在利润分配中的优先顺序。为稳定市场分红预期，交易所鼓励公司采取固定比率的现金分红政策，以及在公司章程中明确各期现金分红最低比例。同时，《上市公司监管指引第 3 号——上市公司现金分红》第五条规定，公司应当提出体现公司自身差异性的现金分红政策。

在 A 股市场上，长期不进行现金分红的上市公司被称作“铁公鸡”，且一直都有“强制现金分红”的呼声。不过对此也并非没有争议。著名金融学者陈志武教授就明确反对强制现金分红：“在非流通大股东还不能通过出售股票变现自己的利益的时候，分红是他们唯一合法的具体实现‘圈钱’的手段，而中小股东除了分红外还可通过出售股权变现，因此，强制分红等于帮了大股东，相对牺牲了中小股东的利益，政策的结果与初衷相反！”① 陈教授认为，在分红决策上，行政之手不能代替上市公司。

《证券法》第九十一条规定，上市公司应当在章程中明确分配现金股利的具体安排和决策程序，依法保障股东的资产收益权。上市公司当年税后利润，在弥补亏损及提取法定公积金后有盈余的，应当按照公司章程的规定分配现金股利。新证券法没有建立所谓的“强制分红”制度，而是交由上市公司章程作出规定，上市公司在章程中明确分配现金股利的具体安排和决策程序，尊重上市公司的自主权。一旦上市公司在章程中对现金股利分配作出了规定，则上市公司当年税后

① 陈志武：《监管层为什么强制上市公司分红》，https：//new. qq. com/omn/20190211/20190211A0TXOJ. html，最后访问时间 2021 年 6 月 18 日。

利润，在弥补亏损及提取法定公积金后有盈余的，应当按照公司章程的规定分配现金股利。

五、债券投资者保护机制

（一）债券持有人会议

如何严格约束债券发行人遵守债券持有人会议规则，不滥用规则、不违反召集和表决程序成为当前债券市场一个十分值得关注的问题。2020 年 4 月 14 日，某航集团有限公司（以下简称某航集团）发布召开 2020 年第一次债券持有人会议的通知。其中，在表决权的设置上要求决议由二分之一以上债券持有人或者代理人表决通过，效力上明确了通过的决议对所有本期债券持有人具有同等的效力和约束力。[①] 某航集团决定召开债券持有人会议的主要目的是：通过协商，将到期的本息延期一年兑付。在本次债券持有人会议召集时，只留给持有人半个小时的时间进行参会登记，多位“13 某航债”的持有人表示由于时间设置紧张，来不及参会。[②] 会议开始后，持续时间也仅有半个小时，不少持有人表示某航集团不遵守债券持有人会议规则。[③] 本次债券持有人会议结束后，根据上交所发布的公告，第二日“15 某航债”经临时停牌、复盘后，继续下跌导致再次停牌，大跌超 30%，可见某航集团的行为引起了众多持有者的不满和市场的负面反应。4 月 15 日，某航集团向全体持有人发布致歉信，表示会议程序较为仓促。[④]

通过“13 某航债”暴露出的问题，可以看出债券持有人会议在实践中有不能切实保障广大持有人利益的可能，甚至会侵害持有人的利益，这与债券持有人会议设立的初衷相悖。但值得注意的是，“13 某航债”的问题并不是个案。早在 2015 年的“12 致富债”中，就有发行人缺席债券持有人会议的情况，最终导致

---

① 参见某航集团有限公司：《关于召开 2013 年某航集团有限公司公司债券 2020 年第一次持有人会议的通知》。

② 参见雪球网：《多位“13 某航债”投资者称：来不及参会，某航集团设置时间太紧》，载 https：//xueqiu. com/5124430882/146877686，最后访问时间 2020 年 4 月 20 日。

③ 参见格隆汇官网：《只有半小时会议，某航债券延兑表决会议闹乌龙，15 某航债今日暴跌 3 成》，载 https：//www. gelonghui. com/p/364989，最后访问时间：2020 年 4 月 20 日。

④ 参见新浪财经：《某航集团致歉：“13 某航债”展期一年兑付的表决程序较仓促》，载 http：//finance. sina. com. cn/roll/2020-04-15/doc-iircuyvh7847337. shtml，最后访问时间 2020 年 4 月 20 日。

债券持有人会议延期、直至无法召开的结果。[①] 上述问题的产生，一方面是因为《证券法》等法律长期以来缺乏关于债券持有人会议细致、全面的规定；另一方面是因为实践中鲜有针对债券持有人会议规则以及通过决议的保障措施，最终导致债券持有人会议在法律性质上模糊不清，在实践中受重视程度不够，难以发挥应有的价值。

《债券座谈会纪要》突出强调，债券持有人会议是强化债券持有人权利主体地位、统一债券持有人立场的债券市场基础性制度，也是债券持有人指挥和监督受托管理人勤勉履职的专门制度安排。在肯定债券持有人会议是重要的投资者保护机制的前提下，《债券座谈会纪要》还具体对债券持有人会议的作用、决议效力等进行了规定。此前的7月1日，人民银行、发改委和证监会联合发布《关于公司信用类债券违约处置有关事宜的通知》，也强调了要充分发挥受托管理人和债券持有人会议制度在债券违约处置中的核心作用。新证券法更是在法律上首次明确了设立债券持有人会议的必要性。这些都表明，在我国债券市场发展的新形势下，债券持有人会议的地位与作用重新得到了高度重视。债券持有人会议具有对内和对外的双重约束作用——对内约束债券持有人自身，从而统一思想和行动，提高效率；对外通过约束发行人和受托管理人，保障债券持有人的权益。

《债券座谈会纪要》重点强调了对内，即对债券持有人自身的约束。首先，只要决议是根据债券募集文件规定的决议范围、议事方式和表决程序作出的，除非存在法定无效事由，人民法院应当认定为合法有效。其次，有效的决议，对全体债券持有人具有约束力，但有两种例外情形。一是在债券持有人会议决议授权受托管理人或推选代表人代表部分债券持有人主张权利的情况下，其他债券持有人有权另行单独或共同提起、参加民事诉讼。二是债券持有人对重大事项决定权的保留，债券持有人会议授权的受托管理人或推选的代表人作出可能减损、让渡债券持有人利益的行为，在案件审理中与对方当事人达成调解协议，或者在破产程序中就发行人重整计划草案、和解协议进行表决时，如未获得债券持有人会议特别授权的，应当事先征求各债券持有人的意见或由各债券持有人自行决定。三是，明确债券持有人会议的决议和当事人的协议是受托管理人和其他债券代表人

① 参见《12 致富债山雨欲来　投资人集体行使提前回售权》，载 http：//www.pyrating.cn/n/10014372，最后访问时间 2020 年 4 月 22 日。

的法律地位和参与诉讼、债务重组、破产重整、和解、清算等职责的依据；只有在债券持有人会议以受托管理人怠于行使职责为由作出自行主张权利的有效决议后，债券持有人才可以根据决议有权单独、共同或者代表其他债券持有人向人民法院提起诉讼、申请发行人破产重整或破产清算。①

然而，债券持有人会议要真正发挥保护投资者的作用，必须发挥其对外作用，即对发行人和受托管理人的约束作用，二者不可或缺。在《债券座谈会纪要》之外，现有的规范文件构建起来的规范体系正是强调对发行人和受托管理人的约束机制。这些规范虽然分散在法律、部门规章、行业规定和自律规范之中，但并非一盘散沙，而是一个有机的整体，与《债券座谈会纪要》共同成为我国债券持有人会议得以发挥作用的基本依据。在统一因公司债券、企业债券、非金融企业债务融资工具的发行和交易所引发纠纷案件的法律适用的过程中，也十分有必要厘清债券持有人会议的规范体系，通过对债券持有人会议的相关规范进行系统梳理，把握债券持有人会议的整体运行机制。

在新证券法之前，由于债券规则较少，《证券法》常被诟病为“股票法”，新证券法因此在债券规则上整体有了较大突破：《证券法》第九十二条第一款规定，公开发行公司债券的，应当设立债券持有人会议，并应当在募集说明书中说明债券持有人会议的召集程序、会议规则和其他重要事项。虽然2015年证监会发布的《公司债券发行与交易管理办法》《债券发行与交易办法》已规定发行公司债券，应当在债券募集说明书中约定债券持有人会议规则，但新证券法从法律上首次确立了债券持有人会议的根本依据。该条立足公司债券持有人的集团性，确认了公司债券持有人会议作为持有人治理机制的法律地位。② 新证券法第九十二条在条文构造上，首先明确了设立债券持有人会议的必要性；其次对受托管理人的选任和履职要求作出规定，授权其可以接受债券持有人的委托，以自己的名义提起、参加民事诉讼或者清算程序，这为持有人维权提供了路径，既方便了持有人表达诉求，又方便了法院对相关案件的审理。除了第九十二条，新证券法第十五条第二款还规定：改变公司债券募集资金用途，必须经债券持有人会议作出决议。新证券法对债券持有人会议的规定具有填补法律空白的重大意义。

① 何海锋：《揭开〈债券纠纷案件座谈会纪要〉的神秘面纱》，载“天同诉讼圈”，2020年7月16日，网址：https：//mp. weixin. qq. com/s/rW8r6u8cI5XATlmKvB2puw，最后访问时间2020年7月30日。

② 参见洪艳蓉：《新〈证券法〉债券规则评析》，载《银行家》，2020年第3期，第140页。

基于新证券法的规定，发行人发行债券必须设立债券持有人会议，并在募集说明书中拟定相应规则。但债券持有人会议的召集、表决、决议及其他具体内容，新证券法并未进行规定。因此，募集说明书拟定债券持有人会议的程序及具体事项时，在不违反强制性规定并满足部门规章、行业规定其他要求的基础上，还有一定自主规定的空间。

我国债券流通市场可分为场内交易市场和场外交易市场。其中，场内交易市场主要指的是通过在证券交易所买卖债券形成的交易所市场。涉及交易所市场中债券持有人会议的规范主要有《债券发行与交易办法》《深圳证券交易所公司债券上市规则》（以下简称《深交所规则》）《上海证券交易所公司债券上市规则》（以下简称《上交所规则》）等部门规章和行业规定。而银行间交易市场属于场外交易市场的重要组成部分，虽然其能否适用《证券法》理论上存在不同观点。但这并不影响银行间市场中关于持有人会议的规范，与交易所市场中的相关规范共同组成债券持有人会议规范体系。目前在银行间市场规范持有人会议的主要规定，是经过银行间市场交易商协会组织修订后在 2020 年 7 月 1 日正式生效的《银行间债券市场非金融企业债务融资工具持有人会议规程》（2019 年版）（以下简称《会议规程》）。

1. 债券持有人会议的召集情形

（1）应当召集的情形

新《证券法》第十五条第二款、《债券发行与交易办法》第五十五条、《深交所规则》第 4. 3. 2 条以及《上交所规则》第 4. 3. 2 条规定了应当召开债券持有人会议的情形。但几处规定在内容上有所互通，所列举的情形也大致相似。主要包括三类情形：一是涉及本次债券项目本身的事项，二是涉及发行人自身的重大事项，三是直接涉及发行人偿债及相关担保措施的事项。第一类情形主要包括：①拟改变募集资金的用途；②拟变更债券募集说明书的约定；③拟修改债券持有人会议规则；④拟解聘或变更债券受托管理人；⑤拟变更受托管理协议的主要内容等。第二类情形主要包括：①发行人拟减资、合并、分立、被托管、解散、申请破产或者依法进入破产程序；②发行人管理层不能正常履行职责；③发行人拟进行重大债务或者资产重组等。第三类情形主要包括：①发行人已经或者预计不能按期支付本息；②增信主体、增信安排、增信措施或者其他偿债保障措施发生重大变化等。出现上述情形召集债券持有人会议时，一般还需要有限度条件，即相关事项可能导致发行人偿债能力发生重大不利变化，或者偿债能力面临严重不确定性，给债券持有人的利益带来重大不利影响，因此需要通过债券持有人会议决定或授权采取相应措施。若对债券持有人权益保护不会产生不利影响的，根据《上交所规则》，受托管理人可以按照相关规定或债券持有人会议规则的约定简化债券持有人会议召集程序或决议方式，但应当及时披露相关决议公告。

值得注意的是，上述规定都采取了不完全的列举方式，除了列举的具体情形，还规定了兜底条款，即明确发生其他对债券持有人权益有重大影响的事项时应当召集。因此出现以上情形时，必须召集债券持有人会议。《会议规程》第九条同样规定了应当召集的情形，但列举范围较前述有所扩大，还包括：①发行人拟转移债务融资工具清偿义务；②发行人被责令停产停业、被暂扣或者吊销许可证、暂扣或者吊销执照；③发行人因拟进行的资产出售、转让、无偿划转、债务减免、会计差错更正、会计政策或会计估计变更等原因对营业收入、净利润、现金流、持续稳健经营等方面产生重大不利影响；④发行人发生可能导致其丧失对重要子公司实际控制权的情形。此外，根据《银行间债券市场非金融企业债务融资工具违约及风险处置指南》（以下简称《违约及风险处置指南》），发行人在处置过程中，如确需注销当期债务融资工具，应将包含注销事宜、操作流程等内容的方案提交持有人会议表决。这两处交易商协会的规定虽然针对银行间市场，但在一定程度上可以看做是对交易所市场的补充。因此，若出现了以上类似情形，应当认为属于其他对债券持有人权益有重大影响的事项，进而应当召集债券持有人会议。

（2）可以约定召集的情形

由于各个规范对应当召集债券持有人会议的具体情形列举有限，规范文件也难以穷尽或预测实践中的具体情形。故可以通过在募集说明书中约定，或者根据其他规定推定是否属于应当召集的情形，进而对法定应当召集的情形予以补充。补充的情形载于募集说明书后，表明得到了全体债券持有人和发行人的共同认可，任何一方均需遵守，这就实现了从约定到法定的过渡。目前对可以约定召集的情形，主要有两个类别。第一类是宏观的范围。首先，两大交易所规则均规定债券募集说明书可以约定其他应当召开债券持有人会议的情形，《会议规程》也规定发行文件中可以约定其他应当召开持有人会议的情形；其次，无论是两大交易所规则还是《会议规程》，均规定满足一定资格的持有人书面提议召开属于应当召开的情形，但持有人会就哪些具体的情形进行书面提议均没有规定，因此可对这类情形进行约定。第二类是具体的情形。根据《会议规程》，首先，在债务融资工具存续期间，发行人或提供信用增进服务的机构出现《银行间债券市场非金融企业债务融资工具信息披露规则》列明的重大事项或信息披露变更事项情形之一的（已属于应当召集持有人会议情形的除外），召集人可以主动召集持有人会议，也可以根据其他主体书面提议召集持有人会议。其次，发行人可在发行文件中约定，出现因实施股权激励计划或实施业绩承诺补偿等回购注销股份导致减资的，且在债务融资工具存续期内累计减资比例低于发行时注册资本的5%的情形，不召开持有人会议，否则该情形属于应当召集的情形。对于宏观范围下的约定情形，本书前述认为属于其他对债券持有人权益有重大影响的事项，可以当作参考。

（3）未经决议径行实施相关行为的法律后果

发行人未经债券持有人会议作出决议就改变募集资金用途，若产生纠纷后发行人或交易相对方以此为由主张合同无效的，需根据个案的事实进行具体的判断。当债券持有人数量庞大时可能会形成社会公共利益，因此从保护广大债券持有人利益的角度，新《证券法》第十五条第二款关于“改变募集资金须经债券持有人会议作出决议”的规定在一定程度上可解释为效力性强制性规定，而从维护市场交易秩序稳定的角度，该规定则可解释为管理性强制性规定。而交易所规则与《会议规程》的规定效力层级较低，通常不会影响相关合同的效力。但若未召集债券持有人会议就径行实施相关行为，仍会有其他法律后果。根据新证券法，发行人擅自改变募集资金用途的，责令改正，处以五十万元以上五百万元以下的罚款；对直接负责的主管人员和其他直接责任人员给予警告，并处以十万元以上一百万元以下的罚款。若发行人的控股股东、实际控制人从事或者组织、指使擅自改变募集资金用途的，给予警告，并处以五十万元以上五百万元以下的罚款；对直接负责的主管人员和其他直接责任人员，处以十万元以上一百万元以下的罚款。在交易所市场，还会受到相应证券交易所的自律监管措施或处分。而在银行间市场，相关主体则会受到交易商协会给予的自律处分。

2. 债券持有人会议的召集主体

由于受托管理人是发行人为债券持有人聘请的，在债券存续期限内由其按照规定或协议的约定维护债券持有人的利益，且根据《债券发行与交易办法》，受托管理人具有召集债券持有人会议的职责，因此债券持有人会议应当主要由受托管理人召集。在银行间市场的召集主体，虽然目前的《会议规程》还规定本期债务融资工具的主承销商原则上为持有人会议的召集人，但统一由受托管理人作为债券市场中持有人会议的召集人，是未来可以预见的趋势。综上，受托管理人是债券持有人会议的主要召集主体。只有在债券受托管理人不同意召集的提议，或者应当召集而未召集债券持有人会议时，单独或合计持有本期债券总额10%以上的债券持有人才有权自行召集债券持有人会议。同样，在银行间市场当召集人不能履行或者不履行召集职责时，单独或合计持有30%以上同期债务融资工具余额的持有人、发行人、提供信用增进服务的机构才可以自行召集持有人会议，履行召集人的职责。可见，债券持有人会议的召集以受托管理人召集为主，其他主体召集为辅。

3. 债券持有人会议的通知与公告

当出现召集债券持有人会议的情形时，无论哪一方主体准备召集会议，均需将相关事项向债券持有人通知到位，以使得债券持有人积极参会并行使相关权利。备受关注的“13某航债”事件，就是在召集债券持有人会议时，只留给持有人半个小时的时间进行参会登记，导致多位“13某航债”的持有人表示由于时间设置紧张，来不及参会。[①] 可见债券持有人会议的通知程序应尽可能规范，避免出现程序上的瑕疵。

规范的通知程序有助于保障债券持有人的利益。召集人应当至少于持有人会议召开日前10个交易日发布召开持有人会议的公告。对此交易所市场一般允许债券持有人会议规则另作约定，《上交所规则》还特别规定，召集人认为需要紧急召集持有人会议以有利于持有人权益保护的除外。公告内容应包括：债券发行情况和会议召开背景；召集人、会务负责人姓名及联系方式；时间和地点；召开形式；拟审议议案；议事程序；债权登记日；相关证明事项等重点内容。其中，债权登记日指的是需要债券持有人根据通知，按照程序在一定期限内登记于持有人名册，以确认自己为持有人。对此《深交所规则》较《上交所规则》和《会议规程》的规定相比较为灵活，不要求应当为持有人会议召开日前1个交易日（或工作日），允许与会议召开日之间的间隔不超过5个交易日。会议结束后，也需要以公告的形式披露决议，公告的内容有：出席会议的持有人所持表决权情况；会议有效性；各项议案的议题、概要、表决结果和生效情况。其中，交易所市场要求决议公告应当由召集人在会议表决截止日次一交易日披露，银行间市场

① 参见《多位“13某航债”投资者称：来不及参会，某航集团设置时间太紧》，载雪球网站：https：//xueqiu.com/5124430882/146877686，最后访问时间2020年7月20日。

要求决议公告应当由召集人在会议表决截止日后的两个工作日内披露。

4. 债券持有人会议的议案

债券持有人会议的议程就是围绕议案来进行的。首先在内容上，提交审议的议案应当符合法律、行政法规、部门规章、规范性文件、深交所或上交所业务规则及债券持有人会议规则的相关规定或者约定，要有利于保护债券持有人利益，且具有明确并切实可行的决议事项。其次在提案主体上，发行人、单独或者合计持有本期债券总额（余额）10%以上的债券持有人可以提出议案或补充议案。[①]最后在送达上，根据《会议规程》，召集人应当至少于会议召开日前7个工作日将议案发送至持有人及相关机构，对议案增补或补充后，召集人应当在不晚于会议召开前3个工作日将最终议案发送至持有人及相关机构。

5. 债券持有人会议的出席与表决

（1）出席要求

出席方式可分为正式出席和列席，区分标准是是否在会议中行使表决权。一般而言需由持有人自己正式出席以行使权利，但持有人的信息必须记载于债权登记日收市后的持有人名册，才有权出席并行使表决权。此外根据《深交所规则》和《上交所规则》，受托管理人可以作为征集人，征集持有人委托其代为出席会议，并代为行使表决权。《会议规程》对此虽未作规定，但持有人以委托的形式授权他人代替自己出席，也应该是被允许的。在债券持有人会议中应当列席的主体主要包括发行人、债券清偿义务承继方、增信主体、受托管理人等关联方，可以列席的主体则主要是资信评级机构。[②] 此外，会议还应由律师进行现场见证，并对相关事项出具法律意见书。

（2）表决要求

表决是影响议案能否通过的核心要素，表决权也是持有人权利最重要的体现。一般而言，持有人持有的每一张未偿还的债券享有一票表决权，但《上交所规则》允许债券持有人会议规则另作约定。持有人与会议拟审议事项有重大利益或关联关系的应当回避，所持表决权数额不计入总表决权数额。在表决方式上，为了程序上尽可能规范，应对各项议案分别审议、逐项表决，[③] 并在合理期限内

① 根据《会议规程》，在银行间市场，提供信用增进服务的机构也属于可以提出补充议案的主体。

② 根据《会议规程》，在银行间市场，银行间市场交易商协会可以派员列席持有人会议。

③ 这里需要注意，根据《关于公司信用类债券违约处置有关事宜的通知》，鼓励按照债券持有人会议议案对债券持有人权益的影响程度，建立分层次表决机制，以提高债券持有人会议决策效率。

完成表决。[①] 在交易所市场，一般经超过持有本期未偿还债券总额且有表决权的50%的债券持有人同意方可生效。在银行间市场，修订后的《会议规程》改变了以往单一的表决权重规则，而是区分一般议案和特别议案，[②] 分别规定了50%和90%两个界限的表决权重，以衡量决议是否生效。

6. 债券持有人会议的决议效力

债券持有人会议通过的决议，是全体债券持有人共同的意思表示，一般而言对全体债券持有人均有效力和约束力。根据交易所规则，受托管理人依据债券持有人会议决议行事的结果由全体债券持有人承担。这里的持有人，包括所有出席会议、未出席会议、反对议案或者放弃投票权、无表决权的持有人，以及在相关决议通过后受让的持有人。但根据《债券座谈会纪要》，例外情况下决议则不对全体债券持有人具有约束力。除了对全体债券持有人的约束力，决议也对发行人和受托管理人具有约束力，此次《债券座谈会纪要》也明确了债券持有人会议的决议是受托管理人履行职责的依据。比如，债券持有人会议通过发行人提前兑付本息或追加增信措施的决议，那么发行人就要根据决议进行相关安排。再如债券持有人会议通过解聘受托管理人的决议，那么受托管理人就不再具有相应资格，在与新任受托管理人签署新协议之后应当停止履行相关职务，“15五洋债”事件就是如此。而以往的司法实践中，法院认可决议效力的情形也较为普遍。比如在“无锡某洲国际装饰城有限公司与某海信托股份有限公司、某洲国际控股有限公司公司债券交易纠纷一案”中，上海高院认为债券持有人会议相关决议载明案件的争议解决方式对法院的管辖具有拘束力。[③] 再如在“某溢之星资产管理（北京）有限公司与无锡某洲国际装饰城有限公司公司债券交易纠纷一案”中，北京高院认为债券持有人会议通过的决议对全体持有人具有效力，可以据此认定

---

① 根据《会议规程》，在银行间市场，持有人会议的全部议案应当在会议召开首日后的3个工作日内表决结束，该期限可作为交易所市场的参考。

② 根据《会议规程》，在银行间市场，特别议案指的是：①变更债务融资工具发行文件中与本息偿付相关的发行条款，包括本金或利息金额、计算方式、支付时间、信用增进协议及安排；②新增或变更发行文件中的选择权条款、投资人保护机制或投资人保护条款；③解聘、变更受托管理人或变更涉及持有人权利义务的受托管理协议条款；④同意第三方承担债务融资工具清偿义务；⑤授权他人代表全体持有人行使相关权利；⑥其他变更发行文件中可能会严重影响持有人收取债务融资工具本息的约定。

③ 参见上海市高级人民法院（2019）沪民辖终第132号民事裁定书。

单独持有人有起诉资格。①

通过梳理我国三大类公司信用债券品种、两大债券市场中主要的债券持有人会议规范可以发现，以新证券法为核心构建的这一体系是一个较为完备的有机整体。从《债券发行与交易办法》的发布到沪、深交易所上市规则以及《会议规程》的不断细化与完善，表明了行业监管层面对探索该制度的不断尝试。而最高院为审理债券纠纷相关案件召开会议并发布《债券座谈会纪要》，既表明了债市发展过程中越来越多的司法纠纷需要指引，又反映了司法对过往规范体系的认可与总结。作为司法和监管方首次共同就债券纠纷相关问题达成的一致意见，《债券座谈会纪要》明确了要充分发挥债券持有人会议的议事平台作用，尊重债券持有人会议依法依规所作出决议的效力。同时作为新的起点，《债券座谈会纪要》重点强调的债券持有人会议的对内约束，与以往规范文件重点强调的债券持有人会议的对外约束，共同有机统一于完整的债券持有人会议规范体系内，可谓“内外兼修”。债券持有人会议正是通过对内部全体持有人的约束，与对外部发行人、受托管理人等主体的约束实现运作过程中的价值。在规范体系建构下的债券持有人会议，我们看到其动态运行机制正是围绕召集、通知、公告、议案、出席、表决和决议这几个方面展开的，这些方面也决定了只有流程规范的债券持有人会议才不会被发行人滥用。有了较为清晰的规范体系，债券持有人会议在未来的实践中必将发挥出越来越重要的作用。

（二）债券受托管理人

最高人民法院于7月15日发布的《债券座谈会纪要》首次在司法层面明确了要保障受托管理人和其他债券代表人能够履行参与诉讼、债务重组、破产重整、和解、清算等债券持有人会议赋予的职责，可见今后一个时期受托管理人制度被寄予发挥更大的作用。我国债券受托管理人制度历经刚性兑付时期和“打破刚兑”后的债券违约时期后逐渐得到重视，这既体现在监管方的态度，也体现于债券实践中。受托管理人制度从建立伊始到发展至今，其定位始终是重要的投资者保护机制之一。新证券法更是在法律层面确立了受托管理人制度。《证券法》

① 参见北京市高级人民法院（2018）京民初第188号民事判决书。类似案例再如“某江证券（上海）资产管理有限公司与大连某玛商城企业集团有限公司、王某和公司债券交易纠纷案”，参见上海金融法院（2018）沪74民初第1056号民事判决书。

第九十二条第二款、第三款规定，公开发行公司债券的，发行人应当为债券持有人聘请债券受托管理人，并订立债券受托管理协议。受托管理人应当由本次发行的承销机构或者其他经国务院证券监督管理机构认可的机构担任，债券持有人会议可以决议变更债券受托管理人。债券受托管理人应当勤勉尽责，公正履行受托管理职责，不得损害债券持有人利益。债券发行人未能按期兑付债券本息的，债券受托管理人可以接受全部或者部分债券持有人的委托，以自己名义代表债券持有人提起、参加民事诉讼或者清算程序。受托管理人应当由本次债券发行的承销机构或者其他经证监会认可的机构担任，其身份的取得主要在两个阶段：一是在债券发行前，通过与发行人签订受托管理协议而初始取得；二是在债券存续期内，通过债券持有人会议的决议而获任资格。前者为正常状态，若发生后者的情况则表明前一受托管理人未全面适格的尽职履责而被迫“淘汰”。

我国债券市场多头监管的格局下，公司债券的受托管理人制度相对成熟，企业债券则未有效区分“承销商”与“受托管理人”身份，且更多运用了“债权代理人”的称谓。至于银行间债券市场的非金融企业债务融资工具，也在逐步引入受托管理人。[①] 在三大信用类债券的监管规则走向统一的趋势下，受托管理人制度相关规则的普遍适用性也必将有所提高，因此有必要在目前的规范框架内梳理债券受托管理人的履职边界以及面临的主要责任。

1. 债券存续时，受托管理人的职责侧重于管理

（1）关注发行人等主体的资信状况，在必要时召集债券持有人会议。根据《债券发行与交易办法》，受托管理人应持续关注发行人和保证人的资信状况、担保物状况、增信措施及偿债保障措施的实施情况，出现可能影响债券持有人重大权益的事项时，召集债券持有人会议。根据《银行间债券市场非金融企业债务融资工具受托管理人业务指引（试行）》（以下简称《业务指引》），受托管理人应当参加本期债务融资工具持有人会议，及时了解持有人会议召开情况。资信状况是债券存续状态的风向标，故受托管理人对此应时刻关注，在出现相应情况时，是否及时召集债券持有人会议是判断受托管理人是否勤勉尽责的重要依据。

（2）监督募集资金用途，确保发行人按照债券募集办法所列资金用途使用。根据《证券法》，公开发行公司债券募集的资金，必须按照公司债券募集办法所

① 参见邹一娇：《债券受托管理人制度辨析：兼谈与“主承销商”的关系》，载“天同诉讼圈”，最后访问时间 2020 年 8 月 6 日。

列资金用途使用。故在具体的操作上，《债券发行与交易办法》规定在债券存续期内，受托管理人应当监督发行人募集资金的使用情况。同时，根据《公司债券受托管理人执业行为准则》（以下简称《执业行为准则》），在公司债券存续期内，受托管理人应当持续监督并定期检查发行人募集资金的使用情况是否与公司债券募集说明书约定一致。由于发行人未经持有人会议作出决议就改变募集资金用途，会受到证监会的行政处罚，故此举也有利于保护发行人。

(3) 通过核查行为和发布受托管理事务报告，及时反映履职情况。核查行为是受托管理人面向债券持有人履职的重要体现，根据《业务指引》，受托管理人应当持续关注担保物价值、权属情况以及其他信用增进安排的实施情况，并按照受托协议的约定对上述情况进行核查。根据《执业行为准则》，受托管理人应当持续关注公司债券增信机构的资信状况、担保物价值和权属情况以及内外部增信机制、偿债保障措施的实施情况，并按照受托协议的约定对上述情况进行核查。此外，受托管理人应当至少每年向市场公告一次受托管理事务报告，遇重大事项时还须发布临时受托管理事务报告，且定期的受托管理事务报告要侧重于持续关注发行人的偿债能力和增信措施的有效性。可见，增信措施的有效性保证了发行人的偿债能力，而担保物的价值和权属情况是判断增信措施是否有效的关键指标。

(4) 督导发行人信息披露，确保债券交易价值的判断基础。根据《债券发行与交易办法》，受托管理人应当在债券存续期内持续督导发行人履行信息披露义务。根据《执业行为准则》，在公司债券存续期内，受托管理人应当持续督促发行人履行信息披露义务。应当认为，受托管理人对发行人的信息披露应当进行全面督导，既督导发行人真实、准确、完整、简明清晰、通俗易懂的披露信息，不得有虚假记载、误导性陈述和重大遗漏的情况，又督导发行人自愿披露的信息不得误导投资者。受托管理人对发行人信息披露督导的行为，通过发函、发邮件、电话督导或者实地核查督促来完成，但这类行为是否足以证明受托管理人全面适格地履行受托管理职责不无疑义。因此债券存续期内因发行人不当的信息披露，导致出现严重信息不对称的情况时，受托管理人可以“其他对债券持有人权益有重大影响的事项”的理由，召集债券持有人会议并向全体债券持有人进行告知。

(5) 企业债券“债权代理人”的职责与前述有所重叠，相互之间可作参考。目前债权代理人的职责主要有监督债券资金流向、监督担保人的财务状况、办理抵押质押手续、关注发行人的偿债能力和召开债券持有人会议等。此外，根据上交所《公司债券存续期信用风险管理指引（试行）》和深交所《公司债券存续期信用风险管理指引（试行）》，在相关交易所上市或挂牌的企业债券也可以参照适用相关风险管理指引，并明确指引中所称的“受托管理人”包含企业债券债权代理人。[①] 因此受托管理人与债权代理人的职责已越来越趋同，相互之间可进行借鉴以厘清职责边界。

2. 债券预期违约或实质违约后，受托管理人的职责侧重于处置

（1）发行人预期违约时，要求发行人追加担保。根据《债券发行与交易办法》，在预计发行人不能偿还债务时，受托管理人应要求发行人追加担保，并可以依法申请法定机关采取财产保全措施。根据《执业行为准则》，受托管理人预计发行人不能偿还债务时，应当要求发行人追加担保，督促发行人等履行受托协议约定的其他偿债保障措施，或者可以依法申请法定机关采取财产保全措施。同时《公司债券受托管理人处置公司债券违约风险指引》（以下简称《违约风险指引》）也规定，发行人发生预计违约情形的，受托管理人应当按照规定或约定要求发行人追加担保，督促发行人履行受托协议或公司债券募集说明书约定的其他偿债保障措施。可见，要求发行人追加担保是受托管理人处置预期违约时的最主要方式，而受托管理人对发行人要求的强制力主要通过受托管理协议或者债权代理协议来实现。

（2）发行人实质违约后，通过处置担保物以履行职责。根据《违约风险指引》，发行人提供担保的，发行人实质违约后，受托管理人应当根据债券持有人会议决议的授权处置担保物。公司债券募集说明书、受托协议等另有约定的，从其约定。同样，根据《违约及风险处置指南》，受托管理人应当按照相关规则和协议约定履行受托管理职责，包括管理及处置担保物等。发行人实质违约后顺利处置担保物，还有赖于受托管理人在前期尽责的管理，对于发行人为债券设定的担保，债券受托管理人应在债券发行前或债券募集说明书约定的时间内取得担保的权利证明或其他有关文件，并在增信措施有效期内妥善保管。

（3）作为全部或部分债券持有人的代表人，参与诉讼等法律程序。在发行人不能按期兑付债券本息或出现募集说明书约定的其他违约事件时，受托管理人可以接受全部或部分债券持有人的委托，以自己的名义代表债券持有人提起、参

---

① 参见王融擎：《从“13某航债”持有人会议事件看企业债存续期内债权代理人与主承销商的职责》，载“天同诉讼圈”，最后访问时间2020年5月5日。

加民事诉讼等法律程序。除了非金融企业债务融资工具的《业务指引》《违约及风险处置指南》、公司债券的《执业行为准则》《违约风险指引》，此次的《债券纠纷会议纪要》也明确，债券发行人不能如约偿付债券本息或者出现债券募集文件约定的违约情形时，受托管理人根据债券募集文件、债券受托管理协议的约定或者债券持有人会议决议的授权，以自己的名义代表债券持有人提起、参加民事诉讼等法律程序的，人民法院应当依法予以受理，即明确了债券受托管理人的诉讼主体资格。在此过程，受托管理人为债券持有人利益，为履行受托管理职责而聘请的律师等提供专业服务所产生的合理费用，只要受托管理人认为聘请该中介机构系为其履行受托管理人职责合理所需，且该等费用符合市场公平价格，发行人不得拒绝。①

（4）运用多项综合处置手段，全链条的参与违约过程。作为发行人与众多持有人之间沟通的桥梁，受托管理人须在债券存续期内勤勉处理债券持有人与发行人之间的谈判或者诉讼事务，可以说是“全链条式”的参与。在发行人预期违约或实质违约后，除了上述几项重点处置方式，受托管理人还须综合运用一系列的处置方式，包括：制定相应的应急处置预案并按照应急处置预案开展工作，召集债券持有人会议并通过决议获得相关行动的授权，申请财产保全措施，落实偿债措施，参与重组，处置过程中的信息披露以及最终的提起破产申请并参与破产程序等。只有分不同阶段，分不同需求综合灵活运用多种处置方式，才可认为受托管理人真正做到了勤勉尽责，切实维护了债券持有人的利益，履行好了受托管理职责，并可以避免因履职不当而承担相应责任。

3. 多重约束情形下的受托管理人

（1）履职风险。因履职不当，导致被罢免或更换。《证券法》确立了债券持有人会议对受托管理人的制约和监督，债券持有人会议通过决议，可以变更债券受托管理人，《债券发行与交易办法》对此也进行了规定。据此，受托管理人未履行好受托管理职责，应由债券持有人会议对其进行解聘或者变更。实践中不乏有受托管理人涉嫌违法违规而受到证监会的调查进而遭到债券持有人会议罢免的案例，比如备受关注的“15 五洋债”事件中，受托管理人的资格就遭到了债券持有人会议的罢免。可见，受托管理人违法违规或者严重失职就可能遭到罢免，

① 参见“东某证券股份有限公司与国某投资有限公司、袁某宏公司债券交易纠纷案”，安徽省高级人民法院（2019）皖民初 16 号民事判决书。

而这会对担任受托管理人的机构产生严重影响，属于“不能承受之痛”，因此受托管理人面临的履职风险能够约束其依法依规的履行职责。但即使受托管理人的资格遭到罢免，在发行人与新任受托管理人签署新协议之前，原受托管理人还须继续履行受托管理职责，这一过程也是受托管理人对之前不当行为进行补救的重要期间。

（2）民事责任。违约责任与侵权责任并存，被追责的情形较多。受托管理人承担违约责任的依据是其签署的受托管理协议，根据《执业行为准则》，受托管理协议必备条款之一就是要包含违约责任的内容，既要约定任何一方违约，守约方有权依据法律、法规和规章、募集说明书及本协议的规定追究违约方的违约责任，还要约定具体的违约情形和违约责任的承担。由于一般情况下，债券持有人基于认购或持有本期债券而成为受托管理协议的当事人，故受托管理人出现违约行为时，受到损失的一方均可要求其承担违约责任。受托管理人在承担违约责任的情形外，根据《债权纠纷会议纪要》，受托管理人未能勤勉尽责公正履行受托管理职责，损害债券持有人合法利益时，债券持有人请求其承担相应赔偿责任的，人民法院应当予以支持，因此受托管理人还存在承担侵权责任的情形。若受托管理人未勤勉尽责、未公正履行受托管理职责导致债券持有人利益受损，债券持有人以此为由主张受托管理人承担侵权责任，一般而言需证明未勤勉尽责的事实行为、自身受到的损害、双方之间的因果关系和受托管理人的主观过错。

（3）行政责任。在证监会的严格监管下，承担的风险较高。受托管理人未全面适格地履行职责，或者直接违反法律法规，还会面临相应的行政责任。受托管理人违反《债券发行与交易办法》的规定损害债券持有人的权益，由证监会对受托管理人采取《债券发行与交易办法》第五十八条规定的相关监管措施；[①]情节严重的，处以警告、罚款。在信息披露方面，受托管理人披露的信息主要包括定期受托管理事务报告、临时受托管理事务报告，以及证监会和自律组织要求披露的其他文件。而根据《证券法》，信息披露义务人未按照规定报送有关报告或者履行信息披露义务的，责令改正，给予警告，并处以五十万元以上五百万元

---

① 《债券发行与交易办法》第五十八条规定，对违反法律法规及本办法规定的机构和人员，中国证监会可采取责令改正、监管谈话、出具警示函、责令公开说明、责令参加培训、责令定期报告、认定为不适当人选、暂不受理与行政许可有关的文件等相关监管措施；依法应予行政处罚的，依照《证券法》、《行政处罚法》等法律法规和中国证监会的有关规定进行处罚；涉嫌犯罪的，依法移送司法机关，追究其刑事责任。

以下的罚款；信息披露义务人报送的报告或者披露的信息有虚假记载、误导性陈述或者重大遗漏的，责令改正，给予警告，并处以一百万元以上一千万元以下的罚款。此外，由于受托管理人具有督导发行人信息披露的职责，因此如果发行人自身因未依法进行信息披露受到行政处罚，在一定程度上可以说明受托管理人未勤勉地履行受托管理职责，进而债券持有人可以依据受托管理协议或者损害事实向受托管理人主张违约责任或者侵权责任。而行政机关直接对受托管理人的处罚，也可以作为要求其承担民事责任的证据。若受托管理人因同一行为应当承担民事责任和行政责任的，在财产不足以支付的情况下优先承担民事责任。

（4）自律责任。受自律性组织的管理较严。证券业协会和银行间市场交易商协会均是自律性组织，受托管理人承担的自律责任来源于自律组织的处分或其他措施。对于非金融企业债务融资工具，根据《业务指引》，交易商协会根据自律管理需要，对受托管理人及相关人员采取的措施主要有：口头提醒、督促；发出通知、提示、关注等书面函件；要求受托管理人对受托管理工作开展自查，并对相关问题作出解释、说明和披露；约见谈话；开展现场或者非现场调查。对于公司债券，根据《执业行为准则》，受托管理人应当妥善保管其履行受托管理事务的所有文件档案及电子资料，保管时间不得少于债券到期之日或本息全部清偿后五年。证券业协会通过现场检查、非现场检查等方式对受托管理人进行定期或不定期检查，内容主要有：受托管理业务制度的建立；受托管理人的履职情况，包括持续关注发行人资信、增信措施、募集资金使用，督促发行人履约等；受托管理人信息披露内容的真实性、准确性、完整性和及时性；存档备查资料的完备性。受托管理人应当配合协会进行检查，不得以任何理由拒绝、拖延提供有关资料，或者提供不真实、不准确、不完整的资料。若受托管理人及其相关业务人员违反相关规定，面临的自律责任主要有两种情形：一是证券业协会视情节轻重给予其自律惩戒措施，并被记入协会诚信信息管理系统；二是被证券业协会依法移交证监会或其他有权机关查处。

六、多元化纠纷解决机制

（一）先行赔付制度

证券市场的先行赔付制度是指，发行人因欺诈发行、虚假陈述或者其他重大违法行为给投资者造成损失的，在行政处罚、司法裁判作出之前，由可能需要因违法行为承担责任的主体先行垫资向投资者承担赔偿责任，然后再由先行赔付责任主体向未参与先行赔付的其他责任人进行追偿的一种制度。先行赔付本质上是一种私下和解的民事行为。

先行赔付制度是我国证券市场上探索出来的一个投资者保护制度。《公开发行证券的公司信息披露内容与格式准则第 1 号——招股说明书》（证监会公告〔2015〕32 号）第十八条规定，招股说明书扉页应载有如下声明及承诺："保荐人承诺因其为发行人首次公开发行股票制作、出具的文件有虚假记载、误导性陈述或者重大遗漏，给投资者造成损失的，将先行赔偿投资者损失。"目前，已经在万福生科案、海联讯案、欣泰电气案三个案件实践。

以欣泰电气案为例。2016 年 7 月，证监会对欣泰电气欺诈发行和信息披露违法行为作出行政处罚。2017 年 6 月，兴业证券发布《关于设立欣泰电气欺诈发行先行赔付专项基金的公告》，设立专项基金用于先行赔付适格投资者因欣泰电气欺诈发行而遭受的投资损失。中国证券投资者保护基金有限责任公司同意接受基金出资人的委托，担任专项基金的管理人，负责专项基金的日常管理及运作。专项基金规模为人民币 5.5 亿元。赔付金额以适格投资者因欣泰电气欺诈发行而实际发生的直接损失为限，并减半扣减市场风险因素所致损失，同时设置投资差额损失金额（扣减市场风险因素所致损失前）60%的最低赔付比例。因欣泰电气欺诈发行而遭受投资损失的适格投资者，如果接受赔付，则表明其愿意与基金出资人达成和解，自愿将对欣泰电气的控股股东辽宁欣泰股份有限公司要求虚假陈述损失赔偿的权利转让给基金出资人，自身不再向欣泰电气欺诈发行事件的责任方索赔。

截至 2017 年 10 月 20 日，完成有效申报、与专项赔付基金出资人达成有效和解的适格投资者人数为 11727 人，占适格投资者总人数的 95.16%，对适格投资者支付的赔付金额为 241981273 元，占应赔付总金额的 99.46%，前述赔付金额已于 2017 年 8 月 3 日、2017 年 10 月 26 日支付至适格投资者的证券交易结算资金账户或银行账户。前述《公告》载明，对于因各种原因，未能在指定期间内接受先行赔付的适格投资者，可以向中国证券业协会、中证中小投资者服务中心有限责任公司申请调解，对于未通过和解或调解方式获得赔付的投资者，可以与基金出资人达成仲裁协议后向仲裁机构申请仲裁，或依法向有管辖权的人民法院提起诉讼。

从过往的实务来看，先行赔付制度的建立，有利于投资者快速受偿；有利于维护相关责任主体的声誉，同时有利于相关市场主体的归位尽责；也有利于维护证券市场稳定，化解社会矛盾。但是，目前对于先行赔付制度的规范性文件尚不成体系，强制保荐机构先行赔付的理论基础不充分，存在较大争议。因此，上述三个案例之后，也未再有新的先行赔付案例出现。

新证券法正式确认了先行赔付制度。《证券法》第九十三条规定，发行人因欺诈发行、虚假陈述或者其他重大违法行为给投资者造成损失的，发行人的控股股东、实际控制人、相关的证券公司可以委托投资者保护机构，就赔偿事宜与受到损失的投资者达成协议，予以先行赔付。先行赔付后，可以依法向发行人以及其他连带责任人追偿。在先行赔付的主体上做了扩展，包括发行人的控股股东、实际控制人、相关的证券公司；代理先行赔付的机构是投资者保护机构，其职责主要是拟定先行赔付方案、担任基金管理人、计算和核定赔偿金额、办理赔付资金划转等；先行赔付后，现行赔付主体可以依法向发行人以及其他连带责任人追偿。

证券法的确认，为先行赔付制度提供了上位法的支撑，但具体的制度细节仍需完善。比如，先行赔付制度与行政和解如何对接？先行赔付与责任追偿如何对接，等等。2017 年 9 月 18 日，北京市第二中级人民法院公告，受理因欣泰电气欺诈发行退市引发的证券纠纷案，兴业证券在先行赔付投资者损失后，起诉其他证券中介机构等 26 名责任主体，追偿近 2.2 亿元损失。从先行赔付到后续追偿，构成先行赔付制度的闭环，目前这一制度还有待进一步完善。此外，也有专家建议，将证券投资者保护基金作为先行赔付的主体，将具有广泛资金来源的证券投资者保护基金与缺乏广泛资金来源的证券市场先行赔付结合起来，在保持证券投资者保护基金的资金来源的基础上，通过进一步扩展其资金来源，来支撑因“其他重大违法行为”给投资者造成损失而进行的先行赔付。①

（二）证券纠纷调解机制

证券纠纷具有人数众多、影响面广、数额巨大、专业复杂等特点，上市公司和证券公司为避免不良影响，往往愿意通过调解的方式解决。近年来，我国也在金融领域大力推进金融纠纷多元化解机制建设。2019 年 11 月，最高法院、中国

---

① 参见郭艳芳：《新〈证券法〉》视角下先行赔付制度的探讨》，载《西南金融》2021 年第 8 期。

人民银行、中国银监会联合印发《关于全面推进金融纠纷多元化解机制建设的意见》，推动建立健全覆盖面广、适应性强、高效便民的金融纠纷调解组织体系。人民法院在受理和审理金融纠纷案件过程中，应当落实“调解优先、调判结合”方针，对于具备调解基础的案件，按照自愿、合法原则，采取立案前委派、立案后委托、诉中邀请等方式，引导当事人通过金融纠纷调解组织解决纠纷。经金融纠纷调解组织调解员主持调解达成的调解协议，当事人可以向有管辖权的人民法院申请确认其效力，经人民法院确认有效的具有明确给付主体和给付内容的调解协议，一方拒绝履行的，对方当事人可以申请人民法院强制执行。

证券纠纷领域一直是多元化纠纷解决机制的先行先试领域。早在 2016 年，最高法院、中国证监会就出台了关于在全国部分地区开展证券期货纠纷多元化解机制试点工作的通知，确定中国证券业协会、中国期货业协会、中国证券投资基金业协会、中国证券投资者保护基金有限责任公司、中证中小投资者服务中心有限责任公司、深圳证券期货业纠纷调解中心、广东中证投资者服务与纠纷调解中心、天津市证券业纠纷人民调解委员会 8 家机构为证券期货纠纷多元化解机制试点调解组织。2018 年又正式印发《关于全面推进证券期货纠纷多元化解机制建设的意见》的通知，对调解组织管理、诉调对接工作机制等作出了明确规定。

8 家试点机构在证券纠纷解决过程中发挥了重要作用。以中国证券业协会为例。公开信息显示，中国证券业协会从 2011 年开始，履行《证券法》赋予的调解职责，开展调解业务实践，推进证券期货纠纷多元化解机制建设：一是建立了督促证券公司自主解决纠纷、指导地方证券业协会就地化解纠纷和协会自行调解纠纷的“三位一体”纠纷解决工作机制。协会要求所有证券公司和证券投资咨询公司会员单位指定调解工作联系人，促进证券经营机构投诉处理与行业调解的有效衔接。协会与全国 36 家地方协会建立了调解工作协作机制，在全国范围内聘任了 294 名调解员，保证了调解业务在全国范围内顺利开展。自 2012 年协会网站上的证券纠纷调解在线申请平台开通以来，协会共受理了 1355 起证券纠纷调解申请，在地方协会协助下，成功调解了 1005 起纠纷，达成和解金额 3.09 亿元。同时，全国地方协会自行受理了 5664 起调解申请，调解成功 4379 起纠纷。二是积极推动证券行业通过调解化解矛盾纠纷。协会开展调解工作，将化解矛盾纠纷与行业自律管理相结合，在解决纠纷的同时，督促证券经营机构改善经营管理，提高客户服务水平，为纠纷双方提供了集保护、服务、救济为一体的纠纷解决机制。三是积极开展诉调对接工作实践。协会2013年就与北京市西城区人民法院签署了诉调对接合作协议。协会证券纠纷调解中心于2015年成为北京多元调解促进会的会员，2017年入驻北京市西城区金融街人民法庭金融行业调解室。[①]

新证券法确认了证券纠纷的调解制度。《证券法》第九十四条第一款规定，投资者与发行人、证券公司等发生纠纷的，双方可以向投资者保护机构申请调解。普通投资者与证券公司发生证券业务纠纷，普通投资者提出调解请求的，证券公司不得拒绝。值得注意的是，新证券法建立了强制调解制度。强制调解制度则可以视作对普通投资者在纠纷解决机制选择上的"倾斜保护"，给普通投资者创造与证券公司"平等协商"的机会，对于普通投资者提出的调解请求，证券公司不得拒绝。

（三）支持投资者起诉制度

支持投资者起诉制度来源于民事诉讼法的支持起诉制度。《民事诉讼法》第十五条规定，机关、社会团体、企业事业单位对损害国家、集体或者个人民事权益的行为，可以支持受损害的单位或者个人向人民法院起诉。2016年，中证中小投资者服务中心率先在证券领域引入了这一制度，并对虚假陈述的证券群体性侵权行为进行了首次支持诉讼（匹凸匹案）。

从中证中小投资者服务中心支持起诉的实践来看，证券支持诉讼的"支持"主要体现在如下三个方面。一是经济支持。在支持诉讼中，投资者只需承担依法向法院交纳的诉讼费用，不需要向投服中心缴纳支持起诉的费用，也无需向投服中心聘请的公益律师支付法律服务费用。二是法律支持。法律支持是支持诉讼的重点，包括提供法律咨询和法律意见，以及在诉讼过程中提供代理服务。[②] 三是技术支持。帮助投资者确定索赔方案及损失赔偿额计算。

据统计，截至2020年4月，中证中小投资者服务中心共提起支持诉讼24起，其中已成功受案19起，提交申请材料等待立案5起，现有拟诉案件13起；证券支持诉讼诉求总金额1.14亿元，获赔总人数570人，判决总金额约5460.7

① 中国证券业协会：《中国证券业协会在京举办调解员培训班》，https：//www.sac.net.cn/ljxh/xhgzdt/201906/t20190614_139045.htm。相关数据都截至2019年6月。

② 《中证中小投资者服务中心：维权服务－支持诉讼》，载中证中小投资者服务中心网站，网址：http：//www.isc.com.cn/html/wqfw/，最后访问时间2020年4月15日。

万元，其中判决获赔人数 397 人，获赔金额 5038.5 万元；和解获赔人数 173 人，获赔金额 422.2 万元。①

新证券法对实践中的这一探索进行了确认。《证券法》第九十四条第二款规定，投资者保护机构对损害投资者利益的行为，可以依法支持投资者向人民法院提起诉讼。未来，支持起诉和代表人诉讼将共同在证券群体性纠纷的解决和中小投资者保护方面发挥积极的作用。

（四）投保机构的股东代位诉讼

股东代位诉讼也被称为股东派生诉讼，是指在公司利益受到侵害而公司不能或怠于起诉时，股东为了公司的利益以自己的名义代表公司提起诉讼的制度。股东代位诉讼的法律依据是《公司法》第一百五十一条的规定："董事、高级管理人员有本法第一百四十九条规定的情形的，有限责任公司的股东、股份有限公司连续一百八十日以上单独或者合计持有公司百分之一以上股份的股东，可以书面请求监事会或者不设监事会的有限责任公司的监事向人民法院提起诉讼；监事有本法第一百四十九条规定的情形的，前述股东可以书面请求董事会或者不设董事会的有限责任公司的执行董事向人民法院提起诉讼。监事会、不设监事会的有限责任公司的监事，或者董事会、执行董事收到前款规定的股东书面请求后拒绝提起诉讼，或者自收到请求之日起三十日内未提起诉讼，或者情况紧急、不立即提起诉讼将会使公司利益受到难以弥补的损害的，前款规定的股东有权为了公司的利益以自己的名义直接向人民法院提起诉讼。他人侵犯公司合法权益，给公司造成损失的，本条第一款规定的股东可以依照前两款的规定向人民法院提起诉讼。"

新证券法对《公司法》持股比例、持股期限和前置条件的限制作出了突破。《证券法》第九十四条第三款规定，发行人的董事、监事、高级管理人员执行公司职务时违反法律、行政法规或者公司章程的规定给公司造成损失，发行人的控股股东、实际控制人等侵犯公司合法权益给公司造成损失，投资者保护机构持有该公司股份的，可以为公司的利益以自己的名义向人民法院提起诉讼，持股比例和持股期限不受《公司法》规定的限制。这一规定明确在内部人损害公司利益——发行人的董事、监事、高级管理人员执行公司职务时违反法律、行政法规或

① 《中证中小投资者服务中心：维权服务-证券支持诉讼》，载中证中小投资者服务中心网站，网址：http：//www.isc.com.cn/html/wqfw/，最后访问时间 2020 年 4 月 15 日。

者公司章程的规定给公司造成损失，发行人的控股股东、实际控制人等侵犯公司合法权益给公司造成损失——的前提下，投资者保护机构作为公司股东的，可以为公司的利益以自己的名义向人民法院提起诉讼，不受“连续一百八十日以上单独或者合计持有公司百分之一以上股份”的限制，也不受其他前置性条件的限制。这一制度在上市公司虚假陈述等责任的落实和“追首恶”的方面发挥了重要的作用，督促上市公司向控股股东、实控人、董监高等追偿，避免上市公司赔偿给投资者造成“二次伤害”。特别是这一制度和支持起诉等制度相结合，发挥着十分重要的作用。2019 年 8 月 5 日，美丽生态公告收到中国证监会《行政处罚决定书》。投服中心支持两位投资者向美丽生态及时任董事长、实控人贾某辉等提起证券虚假陈述民事赔偿诉讼。2020 年 12 月 29 日，在深圳中院的主持下原被告成功调解。2021 年 1 月 7 日，美丽生态向两位被支持投资者全额赔付到位，但贾某辉未实际分担责任。美丽生态向投资者全额赔付调解金额后，投服中心于 2021 年 3 月 18 日向美丽生态发股东质询建议函，建议美丽生态请求贾某辉分担责任；3 月 29 日美丽生态回复将向贾某辉进行追偿。5 月 17 日，投服中心再次询问美丽生态进展，美丽生态回复称计划于 6 月底起诉，直至 7 月初投服中心仍未收到美丽生态起诉贾某辉讯息。7 月 19 日，投服中心向前海法院申请提起股东代位诉讼，被告知该院已于 7 月 5 日受理美丽生态诉贾某辉追偿调解金纠纷。需要注意的是，前述内部人以外的第三人侵犯公司合法权益，给公司造成损失的，投保机构的起诉仍要受到《公司法》规定的持股比例和持股期限的限制。[①]

七、代表人诉讼制度

（一）中国证券代表人诉讼制度的建立

代表人诉讼制度是新证券法的一大亮点，是对民事诉讼法上的代表人诉讼的复苏和突破。1991 年，我国《民事诉讼法》第五十三条、第五十四条针对当事

① 《以股东代位诉讼为盾，投服中心督促美丽生态追责到人》，载《潇湘晨报》2021 年 7 月 29 日，https：//baijiahao. baidu. com/s? id=1706637784053252490&wfr=spider&for=pc，最后访问时间：2022 年 4 月 20 日。

人人数众多的群体性纠纷作出了代表人诉讼制度的专门规定，但受限于具体实施细则的缺乏及司法条件的不成熟，导致其在司法实践中长期处于休眠状态，在证券民事诉讼中也是如此。2003 年《虚假陈述若干规定》第十二条规定："证券民事赔偿案件的原告可以选择单独诉讼或者共同诉讼方式提起诉讼。"并未将"共同诉讼"明确限制为起诉时人数确定的代表人诉讼，但也没有明确放开诉讼的形式，导致长期以来在证券民事诉讼案件中仍然以投资者分别单独起诉为主。人数不确定的代表人诉讼在证券纠纷实践领域的运用情况十分不理想。

2019 年以来，代表人诉讼制度在证券领域开始逐步复苏。2019 年 1 月，上海金融法院颁布《上海金融法院关于证券纠纷示范判决机制的规定》，引进了这一诉讼机制，核心在于选取具有代表性的案件先行审理、先行判决，通过充分发挥示范案件的引领作用，促使其他平行案件当事人通过调解或快速审理解决纠纷。2019 年 6 月，最高法院下发《关于为设立科创板并试点注册制改革提供司法保障的若干意见》，提出推动完善符合我国国情的证券民事诉讼体制机制，降低投资者诉讼成本。其中规定，立足于用好、用足现行代表人诉讼制度，对于共同诉讼的投资者原告人数众多的，可以由当事人推选代表人，国务院证券监督管理机构设立的证券投资者保护机构以自己的名义提起诉讼，或者接受投资者的委托指派工作人员或委托诉讼代理人参与案件审理活动的，人民法院可以指定该机构或者其代理的当事人作为代表人。

2019 年 11 月，最高法院在《九民纪要》中专门鼓励有条件的地方人民法院选择个案以代表人诉讼方式进行审理，逐步展开试点工作，并且就立案登记、案件甄别及程序决定、选定代表人进行了明确规定。其中第 83 条规定"国家设立的投资者保护机构以自己的名义提起诉讼，或者接受投资者的委托指派工作人员或者委托诉讼代理人参与案件审理活动的，人民法院可以商定该机构或者其代理的当事人作为代表人"，使得中国特色证券集体诉讼呼之欲出。

新证券法正式在法律上确立了证券纠纷代表人诉讼制度。《证券法》第九十五条规定，投资者提起虚假陈述等证券民事赔偿诉讼时，诉讼标的是同一种类，且当事人一方人数众多的，可以依法推选代表人进行诉讼。对按照前款规定提起的诉讼，可能存在有相同诉讼请求的其他众多投资者的，人民法院可以发出公告，说明该诉讼请求的案件情况，通知投资者在一定期间向人民法院登记。人民法院作出的判决、裁定，对参加登记的投资者发生效力。投资者保护机构受五十名以上投资者委托，可以作为代表人参加诉讼，并为经证券登记结算机构确认的权利人依照前款规定向人民法院登记，但投资者明确表示不愿意参加该诉讼的除外。

2020 年 3 月 13 日，杭州中级人民法院发布公告称“某洋债系列案件的诉讼标的为同一种类、原告人数众多且起诉时人数尚未确定”，通知相关权利人在规定期限内进行登记。6 月 12 日，经身份审核，有 466 人符合参加代表人诉讼的自然人投资者身份，法院已将《自然人投资者登记名册》公示于浙江证券期货纠纷智能化解平台（www. stockcourt. cn）。该案称为证券民事赔偿代表人诉讼第一案。

2020 年 3 月 24 日，上海金融法院召开新闻发布会，在全国范围内率先推出《代表人诉讼规定》。该规定既可为后续案件的规范审理提供规则指引，又能为将来的立法或司法解释制定提供有益经验，在许多方面起到了填空作用，可以为未来提起代表人诉讼提供一个示范。

2020 年 4 月 20 日，深圳市中级人民法院发布《关于依法化解群体性证券侵权民事纠纷的程序指引（试行）》。深圳中院的规定在证券纠纷代表人诉讼机制之外，融合了合并审理、示范判决及平行案件处理、送达和财产保全等方面的内容，系统地提出了解决群体性证券民事纠纷的方案。

2020 年 5 月 8 日，南京市中级人民法院对外发布四则公告，就四家上市公司被诉承担证券虚假陈述民事侵权责任案件，告知投资者将适用代表人诉讼审理方式，正式实施《证券纠纷代表人诉讼程序操作规则》（试行）。

2020 年 7 月 31 日，最高法院发布《最高人民法院关于证券纠纷代表人诉讼若干问题的规定》（以下简称《代表人诉讼规定》）同日，证监会发布《关于做好投资者保护机构参加证券纠纷特别代表人诉讼相关工作的通知》。中证中小投资者服务中心起草并公开发布《中证中小投资者服务中心特别代表人诉讼业务规则（试行）》。至此，中国证券纠纷代表人诉讼制度正式建立。

2021 年 4 月 16 日，广东省广州市中级人民法院发布特别代表人诉讼权利登记公告，经最高人民法院指定管辖，将适用特别代表人诉讼程序审理（2020）粤 01 民初 2171 号案（原告顾某骏、刘某君等 11 名投资者共同起诉被告马某田、许某瑾、邱某伟、庄某清、温某生、马某洲、马某耀、林某浩、李某、江某平、李某安、罗某谦、林某雄、李某华、韩某伟、王某、张某、郭某慧、张某、唐某、陈某、康某药业股份有限公司证券虚假陈述责任纠纷一案）。投服中心成功申请将康某药业案普通代表人诉讼转换为特别代表人诉讼。这是我国首单证券纠纷特别代表人诉讼。2021 年 11 月 13 日，广州中院作出本案一审判决，判决康某药业向 5.2 万名证券投资者赔偿投资损失 24.59 亿元，原董事长、总经理马某田及 5 名直接责任人员承担连带赔偿责任，时任公司董监高的 13 名个人按过错程度分别承担 20%、10%、5%的部分连带赔偿责任，时任审计机构正中珠江会计师事务所及年报审计项目的签字会计师承担全部连带赔偿责任。

（二）证券法上的证券纠纷代表人诉讼制度

《证券法》第九十五条前两款的规定仍在民事诉讼案法的框架之内，其意义在于在证券领域复苏了沉睡已久的代表人诉讼，“明示加入，默示退出”——判决效力只及于参加登记的原告，但也有适度的扩张性，未参加登记的权利人在诉讼时效期间提起诉讼的，适用该判决、裁定。在适用范围方面，证券代表人诉讼的案件适用范围为“虚假陈述等证券民事赔偿诉讼”，理论上包括证券虚假陈述、操纵证券市场、内幕交易等类型；不仅适用于股票，也适用于债券等证券品种。法院主导人数不确定的代表人诉讼的程序，包括公告、说明、通知、登记、确定代表人等。

《证券法》第九十五条第三款的规定，正式在法律上确立了“中国式集体诉讼制度”，“明示退出，默示加入”——判决效力及于明示退出外的所有权利人，具有主动的扩张性。投资者保护机构成为“中国式集体诉讼制度”的核心，只能由投资者保护机构作为中国式集体诉讼的代表人，但以接受 50 名以上的投资者委托为前提，并且仍然需要经过登记，法院具有审查权。从法条上看，证券集体诉讼可能的实施路径主要有两种：一是单个投资者提起诉讼，投资者机构加入；二是投资者机构受 50 个以上委托提起诉讼。不过，也有民事诉讼法的学者指出，《证券法》第九十五条第三款所规定的代表人诉讼根本难以称为程序法意义上的代表人诉讼。“简言之，代表人由实体权利人之一担任。这一特征是代表人诉讼与其他集体程序相区分的重要标志，也是辨识代表人诉讼的关键。然而，证券集体诉讼程序却难以满足这一要件。”由此，该学者认为，这里的证券集体诉讼应界定为团体诉讼，其理论基础是纠纷管理权理论。①

无论定性如何，证券代表人诉讼都被给予厚望，其实质可以说是上市公司内

---

① 参见苏伟康：《证券集体诉讼中的原告适格论——以 2020 年新修证券法第 95 条第 3 款为中心》，载《证券法苑》2020 年第 2 期。

部监督的失效——股东会、监事会、独立董事等无法有效制约上市公司造假——所引发的对外部制约机制的期待。因此，对于代表人诉讼制度来说，其制度功能不只是个案的赔偿，而且是整体的威慑。

（三）以《代表人诉讼规定》为核心构建的证券纠纷代表人诉讼的制度要点

1. 代表人诉讼的适用范围。《证券法》第九十五条规定，证券纠纷代表人诉讼的案件适用范围为“虚假陈述等证券民事赔偿诉讼”，包括因证券市场虚假陈述、内幕交易、操纵市场等类型；从解释上来说，不仅适用于股票，也适用于债券等证券品种（比如五洋债）。在代表人诉讼的类型上，根据《证券法》第九十五条的规定，明确将代表人诉讼分为普通代表人诉讼与特别代表人诉讼。这与上海金融法院发布3月发布的《上海金融法院关于证券纠纷代表人诉讼机制的规定（试行）》的分类一致。“中国式集体诉讼”的名字终于尘埃落定。

2. 普通代表人诉讼与特别代表人诉讼的关系。一方面，特别代表人诉讼是普通代表人诉讼的特殊情形。法院审理特别代表人诉讼案件，没有规定的，适用普通代表人诉讼中关于起诉时当事人人数尚未确定的代表人诉讼的相关规定。另一方面，特别代表人诉讼具有优先级。先受理的人民法院不具有特别代表人诉讼管辖权的，应当将案件及时移送有管辖权的人民法院。此外，相比非代表人诉讼，无论是普通代表人诉讼和特别代表人诉讼，都具有优先性。根据《民事诉讼法》的规定，人民法院的裁判在登记的当事人范围内执行。未参加登记的权利人提起诉讼，人民法院认定其请求成立的，裁定适用人民法院已作出的判决、裁定。这是代表人诉讼的扩张力所在。为了保障这一扩张力，《代表人诉讼规定》规定了原则上代表人诉讼优先审理，非代表人诉讼中止审理，例外情况是非代表人诉讼案件具有典型性且先行审理有利于及时解决纠纷，比如示范性诉讼。

3. 代表人诉讼的管辖。与最高法院发布的《九民纪要》《债券纠纷座谈会纪要》等司法文件确定的集中管辖原则相一致，证券纠纷代表人诉讼在地域管辖和级别管辖上都进行了集中，有利于提高效率，统一裁判。有所突破的是，明确规定特别代表人诉讼案件，由涉诉证券集中交易的证券交易所、国务院批准的其他全国性证券交易场所所在地的中级人民法院或者专门人民法院管辖。就目前来说，也就是由两大交易所和新三板所在的上海、深圳、北京三地有管辖权的法院进行管辖。值得注意的是，在首例特别代表人诉讼中，最高人民法院指定广州市中级人民法院对案件进行管辖。

4. 在代表人诉讼中引入信息技术手段。证券侵权纠纷大多呈现人数众多、跨时空的特点。受损害的投资者不仅数量庞大，而且由于跨时空交易往往分布在不同的区域。因此，传统证券民事诉讼案件面临着送达通知、登记信息等难题，法院需要不断地进行大量重复性的工作，既增加了司法成本，又降低了司法效率。而异地投资者亦存在许多不便，其成本可能远远大于收益，导致很多受害投资者丧失维权的动力。因此，将信息技术手段引入代表人诉讼对于真正激活这一制度意义重大。

5. 普通代表人诉讼的起诉条件。最为重要的是要求原告提交"证明证券侵权事实的初步证据"，包括有关行政处罚决定、刑事裁判文书、被告自认材料、证券交易所和国务院批准的其他全国性证券交易场所等给予的纪律处分或者采取的自律管理措施等。这一前提条件的要求与 2003 年《虚假陈述若干规定》是一致的，但相比该规定"行政处罚决定或者公告或者人民法院的刑事裁判文书"的范围有所扩大。

对于法院受理侵权纠纷是否应当规定前置条件一直以来都有争议，司法实务中也没有统一的做法。但通常认为，这类案件中，设置相当的前置条件有利于投资者举证，特别是在虚假陈述类案件中有利于投资者证明虚假陈述行为的"重大性"。根据《九民纪要》，只要是被行政处罚或者刑事判决的虚假陈述行为，都当然构成重大证券侵权行为，无需依据其他证据判断重大性。

6. 权利登记范围。权利登记范围解决的是人数不确定的代表人诉讼中哪些投资者系适格原告的问题。如在证券虚假陈述的案件中，只有在虚假陈述实施日之后买入股票，在揭露日或更正日之前未卖出股票的投资者，才可能获得赔偿。揭露日的确定决定了权利登记范围，但在多数虚假陈述的诉讼案件中，揭露日的认定往往是主要争议焦点。即使是在内幕交易和操纵市场行为所引发的民事赔偿群体性纠纷案件中，亦存在这一问题。因此，在证券侵权纠纷中，"具有相同诉讼请求的权利人范围"的确定是一个十分重要的问题。《代表人诉讼规定》对此也采用非常谨慎的态度，不仅在发出权利登记公告前要进行充分的审查，而且赋予相关有异议的权利人申请复议的权利。

7. 权利登记公告。值得注意的是，在代表人的权限方面，《民事诉讼法》第五十三条及第五十四条规定"代表人变更、放弃诉讼请求或者承认对方当事人的诉讼请求，进行和解，必须经被代表的当事人同意。"出于充分保障被代表人权利的考虑，代表人仅拥有一般授权，其处分被代表人的实体权利时需要经过被代表人同意，导致诉讼程序变得繁琐而冗长，久拖不决。《代表人诉讼规定》对此明确了强制的特别授权模式，无论是普通代表人诉讼还是特别代表人诉讼，代表人均具有特别授权，可代表原告参加开庭审理，变更、放弃诉讼请求或者承认对方当事人的诉讼请求，与被告达成调解协议，提起或者放弃上诉，申请执行，委托诉讼代理人等。特别授权模式系对诉讼效率与权利保障两种价值重新进行权衡后的结果。但这一特别授权必须在公告中以醒目的方式作出提示。

8. 代表人的条件。《代表人诉讼规定》要求法院将当事人的主观意愿、拥有相当的利益诉求份额、诉讼能力与专业经验、忠实勤勉履职等作为必备条件。但这些因素未能进行具体量化，司法实践中更多还是取决于法官的自由裁量。按照美国《私人证券诉讼改革法》的规定，法庭要从原告集团中选取与诉讼存在巨大经济利益联系、能够妥善选任、监督集团律师的最能充分代表集团成员利益者作为原告。从美国具体选任的情况看，法庭通常将所购股份总数、所购股份净数、花费的净资金、净损失四个因素作为选任的主要标准，相比之下更加客观。

9. 代表人的确定。在具体的代表人确定上，《代表人诉讼规定》要求无论是当事人人数确定的代表人诉讼，还是当事人人数不确定的代表人诉讼，都要在起诉书中提出拟任的代表人人选。只是在人数不确定的代表人诉讼中，该代表人只有在同时符合登记的权利人对拟任代表人人选均没有提出异议，并且登记的权利人无人申请担任代表人的情况下，才能认定为代表人。符合登记的权利人对拟任代表人人选提出异议，或者有登记的权利人申请担任代表人的情况下，法院要对自愿担任代表人的原告中组织推选。在当事人自行推选代表人的表决方式上，《代表人诉讼规定》采取的是一人一票的表决方式，得票数不少于参与投票人数的 50%，即实行“人头多数决”。一人一票的表决机制虽然有利于保护中小投资者的权利，但诉讼结果更多影响的是蒙受了较大损失的投资者，因此宜结合当事人所占份额的大小共同作为代表人的推选标准。

10. 对代表人的监督。代表人确定之后，除非明确选择退出，否则就由代表人代表所有原告行使诉讼权利。除非出现代表人因丧失诉讼行为能力或者其他事由影响案件审理或者可能损害原告利益的情形，否则代表人不会撤销和变更。出现上述情形，撤销和变更也由法院决定。并且由于代表人均具有特别授权，对代表人的监督就显得至关重要。对于代表人的和解、调解、撤诉、变更或放弃诉讼请求、上诉等，《代表人诉讼规定》都为原告设置了参与、监督和退出的机制。比如，如有原告对调解协议草案提出异议，法院可以召开听证会听取双方的意见并根据听证会的情况，对调解协议草案进行修改；对代表人达成调解协议不认同的原告，可向法院声明退出，调解协议的效力不及于声明退出的原告。法院对申请退出原告的诉讼继续审理，并依法作出相应判决。

11. 特别代表人诉讼的提起。根据《证券法》第九十五条的规定，只能由投资者保护机构作为特别代表人诉讼的代表人，但以接受50名以上的投资者委托为前提，并且仍然需要经过登记，法院有审查权。《证券法》并未明确规定投资者保护机构提起特别代表人诉讼的方式，通常理解上可能的实施路径主要有两种：一是法院发出人数不确定的代表人诉讼权利公告通知后，投资者保护机构加入；二是投资者保护机构受50个以上委托径行提起代表人诉讼。《代表人诉讼规定》采用了第一种路径，实际上是对投资者保护机构发起特别代表人诉讼的一定限制。在这种情形下，有可能出现先受理的人民法院不具有特别代表人诉讼管辖权的情形，此时应当将案件及时移送有管辖权的人民法院。特别代表人诉讼权利登记公告的内容需要特备告知投资者“明示退出”的后果。同时要明确告知，原告一旦加入，采取强制特别授权的方式，这与普通代表人诉讼是一致的。

在康美药业虚假陈述案中，2020年12月31日，11名自然人首先在广州中院发起了普通代表人诉讼。2021年3月26日，广州中院发布普通代表人诉讼权利登记公告。同日，投服中心公开接受投资者委托。4月8日，投服中心向广州中院申请转换为特别代表人诉讼。4月16日，经最高人民法院指定管辖，广州中院发布公告，同意转换特别代表人诉讼。

12. 特别代表人诉讼原告的确定。在原告身份的确定上，普通代表人诉讼以“加入制”为核心，而特别代表人诉讼以“退出制”为核心。不愿意参加诉讼的投资者应在公告期间向投资者保护机构声明退出，否则视为默示加入，此举有利于增加经济规模效应。在特别代表人诉讼中，投资者保护机构可以依据公告确定的权利登记范围向证券登记结算机构调取权利人名单，并据此向法院申请登记。基于法院、登记结算机构和投资者保护机构的电子交易数据对接机制，获得相应的登记信息和交易记录，能够为适格投资者范围的核验和损失计算提供技术支持，有利于缓解诉讼中的信息不对称。未来在普通代表人诉讼中，法院也可以依据公告确定的权利登记范围从证券登记结算机构调取权利人名单，并据此对申请登记的投资者范围进行审查，减少原告提交证据的负担。

13. 特别代表人诉讼的代表人。《代表人诉讼规定》规定了投资者保护机构的协调问题，明确规定同一代表人诉讼，原则上应当由一个投资者保护机构作为代表人参加诉讼。这也破解了实务中一个争议，到底证券法上的“投资者保护机构”有几家？有观点认为只有中证中小投资者服务中心一家，从《代表人诉讼规定》来看，并非只有一家，中国证券投资者保护基金有限责任公司等投资者保护机构也可以提起证券代表人诉讼。在康美案中，中国证券投资者保护基金有限责任公司是作为损失测算机构参与的，受广州中院委托采用移动加权平均法计算损失，以“个体相对比例法”测算投资者证券市场系统风险扣除比例，测算出受损投资者的数量和损失。

14. 特别代表人诉讼的特殊保障。证券民事诉讼案件由于人数众多，标的数额庞大，往往会面临数额巨大的诉讼费用。在特别代表人诉讼中，倘若投资者保护机构胜诉，相关合理的诉讼费用自然可以要求败诉被告承担，但倘若投资者保护机构败诉，相关费用如何负担、由谁负担存在争议。若由被代表的投资者进行分摊，既与“默示加入”的原则相悖，可操作性又较差。实务中如何解决，还有待探索。

（四）证券纠纷代表人诉讼的五大主体及制衡关系

证券纠纷代表人诉讼制度的构建实际上是五种力量博弈的结果。第一种力量是原告（投资者）。通过代表人诉讼解决集体诉讼的困境，权利人不愿意发起诉讼，就由代表人去起诉；同时要满足原告的知情权和退出权。第二种力量是被告（企业）的保护。既要防止恶意诉讼伤人，也要考虑大股东、实际控制人、董监高的责任，把板子打到“恶人”身上。第三种力量是代表人和代理人的激励（胜诉酬金，特别授权）和约束（防止滥诉、利益冲突、和解）。既要有激励，比如有胜诉酬金就有动力去提起诉讼，又要防止代表人滥诉，防止代表人自身的利益凌驾于被代表的原告的利益之上。正是出于平衡，在世界范围内就诞生了两种代表人机制——美国的集团诉讼模式和中国台湾的代表人诉讼机制，后者主要是通过公立的机构介入，保证代表人的利益能够处于一个中立的地位。第四种力量是司法的作用。法院是中立的，要发挥主导和约束的作用。第五种力量是其他辅助主体，比如登记结算机构、交易所和监管部门。综观我国的代表人诉讼机制，也蕴含着这五种力量的博弈。

也正是因为如此，要发挥证券纠纷代表人诉讼机制的最佳运行效果，达到个案的正义与整体的威慑相结合的目的，需要一整套精巧的制度构造和力量的平衡机制。有学者建议，应当借鉴美国集团诉讼已经较为成熟的配套制度，将公告与个别通知制度结合，规定恶意造假的董事和高管依照比例承担责任，恢复公众股东对于虚假陈述的诉权等，提高实施虚假陈述与承担赔偿结果之间的确定性，从而真正发挥其制度价值。①

（五）未来证券纠纷的多元化解决路径

未来在我国的证券纠纷领域，行政主导的和解+个别立案、证券纠纷调解组织调解、支持诉讼+示范判决、单独立案+合并审理、共同诉讼、普通代表人诉讼、特别代表人诉讼等将共同组织一个多元化的纠纷解决路径体系（如下图所示），从而产生制度竞争和优势互补的效果。

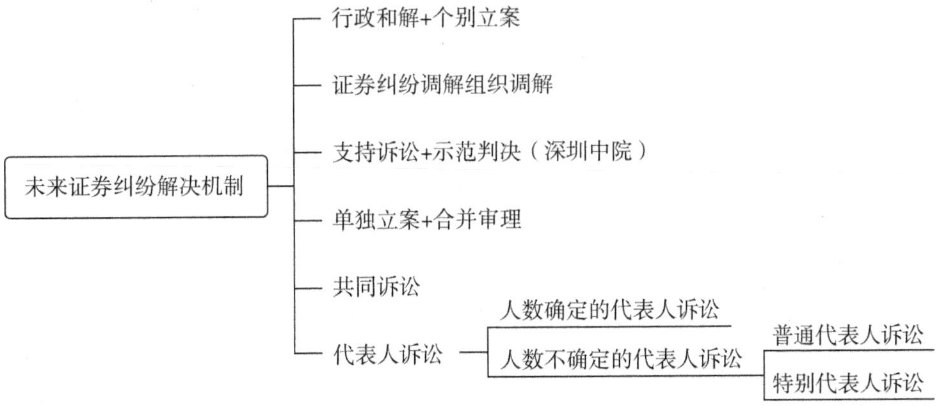

正如深圳市中级人民法院法官所说：“针对不同案件的实际情况，提供合并审理、示范诉讼、代表人诉讼等灵活匹配的审理机制。并为公益诉讼、投资者保护机构支持诉讼等法律已有规定但需要实践探索的诉讼路径留下端口。未来我们将确立以示范判决机制为主导，默示加入的代表人诉讼为辅的集约化化解模式。”② 比如，代表人诉讼要求人数众多，依照《民事诉讼法》司法解释第七十五条的规定，人数众多，一般指十人以上。当事人一方十人以上的案件，既可以在共同诉讼中解决，亦可在代表人诉讼中解决，法院可根据案件的具体情况作出

① 参见梁庆：《证券代表人诉讼构造之革新——兼评〈证券法〉第95条的完善》，载《社会科学战线》2021年第5期。

② 《化解群体性证券民事纠纷　深圳中院祭利器》，载《证券时报》2020年4月30日。

选择。而对示范判决机制而言，在当事人能够推选出代表人的情况下，适用普通代表人诉讼远比示范判决机制更有效率；但在当事人之间无法达成一致意见抑或不愿意加入代表人诉讼的人数过多的情况下，则更适合适用示范判决机制，以此明确共同争点的法律适用意见，为投资者提供稳定的诉讼预期。而以投资者保护机构作为代表人的特别代表人诉讼，由于投资者保护机构资源的有限性，应主要应用于典型、重大、社会影响面广、关注度高、具有示范意义的案件。多种诉讼模式互惠共生，为投资者提供了多元化的证券纠纷解决方式。

第七讲
水大鱼大——投资者与发行人的谱系

一、天翔环境与实控人

(一) 薅上市公司羊毛①

天翔环境股份有限公司（以下简称天翔环境）是一家 A 股上市公司。2019 年 5 月，证监会四川监管局下发行政处罚决定书，认定天翔环境和时任实际控制人、董事长邓某华存在如下违法行为：(1) 未及时披露实际控制人非经营性占用资金及相关关联交易情况。2018 年 1 月 1 日至 2018 年 7 月 17 日，天翔环境通过民间借款或直接向邓某华转款的方式向实际控制人累计提供资金 541,400,00000 元，相关交易构成关联交易。同期天翔环境收到邓某华直接转入款项累计 110,000,00000 元，截至 2018 年 7 月 17 日，天翔环境实际控制人非经营性占用天翔环境资金 431,400,00000 元。天翔环境未按照规定及时披露上述事项。(2) 未及时披露、且未在 2018 年半年度报告中披露为关联方提供担保的情况。2018 年 1 月 15 日，邓某华与许某杰签订《贷款合同》，约定邓某华向许某杰借款 5000 万元；同日，天翔环境向许某杰出具《担保函》，承诺为邓某华前述

① 《中国证券监督管理委员会四川监管局行政处罚决定书》，【2019】2 号。

借款提供保证担保。后因借款逾期，许某杰提请仲裁，裁决天翔环境承担连带偿还责任。

邓某华作为天翔环境实际控制人、董事长，直接决策了天翔环境向实际控制人提供资金的关联交易、实际控制人非经营性占用资金及关联担保事项；邓某华等未及时履行信息披露义务，同时签署确认了天翔环境2018年半年度报告，是天翔环境未按照规定及时披露信息和2018年半年度报告存在重大遗漏直接负责的主管人员。据此，证监会四川监管局依据《证券法》对天翔环境、邓某华等人进行了处罚。

（二）投资者与发行人

在本案中，证监会四川监管局依据证券法信息披露的规定，同时对上市公司和实际控制人都进行了处罚，但二者在处罚依据上有不同的侧重。对于上市公司的处罚，主要是因为其未依法履行信息披露义务；而对于实际控制人的处罚，则既因其未依法履行信息披露义务，更有其违规占用上市公司资金和关联交易的原因，证监会出台的《关于规范上市公司与关联方资金往来及上市公司对外担保若干问题的通知（2017修订）》对此有明确的规定。

《公司法》对实际控制人的定义是，虽不是公司的股东，但通过投资关系、协议或者其他安排，能够实际支配公司行为的人。① 在金山办公的发行文件中，明确认定雷军为实际控制人的依据是：截至本招股说明书签署之日，雷军未直接持有发行人的股份，雷军除通过持有金山软件、WPS开曼、WPS香港间接持有发行人的股份外，还通过持有顺为互联网、奇文二维、奇文四维、奇文五维、奇文七维间接持有公司的股份，间接持有发行人的股权比例为11.99%；其中，雷军享有占金山软件已发行股份总数的25.70%的股份的投票权，为金山软件的单一最大投票权的拥有者；报告期内，雷军所持投票权与其他股东均保持较大的差距；从报告期内金山软件股东实际行使投票权的角度，在雷军及其一致行动人不存在根据相关规则放弃表决的情形下，雷军实际上能够凭借其所持投票权控制股东大会表决的结果；此外，报告期内，雷军对董事会议案的态度得到董事会的认可；雷军为金山软件的联合创办人之一，于1992年起受聘于金山软件，于发展

① 实务中“实控人”常被用来泛指最终实际控制公司的人，通常是某个自然人，或者代表国家履行出资人职责的国资委，一些情况下本身就是公司的控股股东。比如邓某华就是天翔环境的控股股东。

及扩展业务运营方面承担重要角色；自 2011 年 7 月至今，雷军一直担任金山软件董事会主席。综上，雷军对金山软件的决策有重大影响；雷军通过投资金山软件及表决契约等方面对发行人的间接控股股东金山软件的决策有重大影响，并通过奇文二维、奇文四维、奇文五维和奇文七维、顺为互联网间接持有发行人股份；除前述情况以外，雷军还担任发行人的控股股东及发行人的董事；综上，雷军通过上述股权投资、协议安排及相关任职，对发行人的重大事项决策有重大影响，能够实际支配发行人的行为，为发行人的实际控制人。①

对于普通投资者来说，雷军和本案中邓某华这样的实际控制人是一个特别遥远和抽象的概念，感觉离得特别遥远，神秘莫测。但实际上，实际控制人和投资者一样，对于作为融资人的发行人来说，都归属于投资的那一方，属于证券市场上的“水”。投资者和发行人是水和鱼的关系。

然而，虽同属于投资者，但从中小投资者到实际控制人，无论是从实力上还是从地位上确实相差太远。证券法根据出资比例、对公司的控制能力、获利方式等，将投资者划分为中小投资者和大投资者（收购人、大股东、控股股东、实际控制人）等，并配置了不同的权利义务。普通投资者是证券法倾斜保护的对象，对于中小投资者，由于其处于信息不对称的劣势方，证券法更多是权利性的规定。相反，对于收购人、大股东、控股股东、实际控制人，则由于其处于信息不对称的优势方，证券法更多是义务和责任的规定。而且，越靠近控股股东和实控人的一边，义务和责任的规定就越多，甚至与发行人相当，或者说在法律上被视作发行人。这是证券法上投资者的谱系。

就发行人一端而言，证券法首先将发行人分为公开发行证券的发行人和非公开发行证券的发行人。证券法主要规范的对象是公开发行证券的发行人。对于公开发行证券的发行人，根据证券交易场所可以进一步分为证券在证券交易所交易的发行人、证券在国务院批准的其他全国性证券交易场所交易的发行人。其中证券在证券交易所交易的发行人根据证券品种又分别可以进一步分为股票发行人、债券发行人、存托凭证发行人，以及政府债券发行人和证券投资基金份额发行人等。在证券交易所交易的股票发行人称为“上市公司”。对于发行人，证券法主要进行了义务和责任的规定，但对于不同的发行人，在义务和责任的种类、范围等方面并不完全相同。

---

① 参见《金山办公首次公开发行股票并在科创板上市招股说明书》。

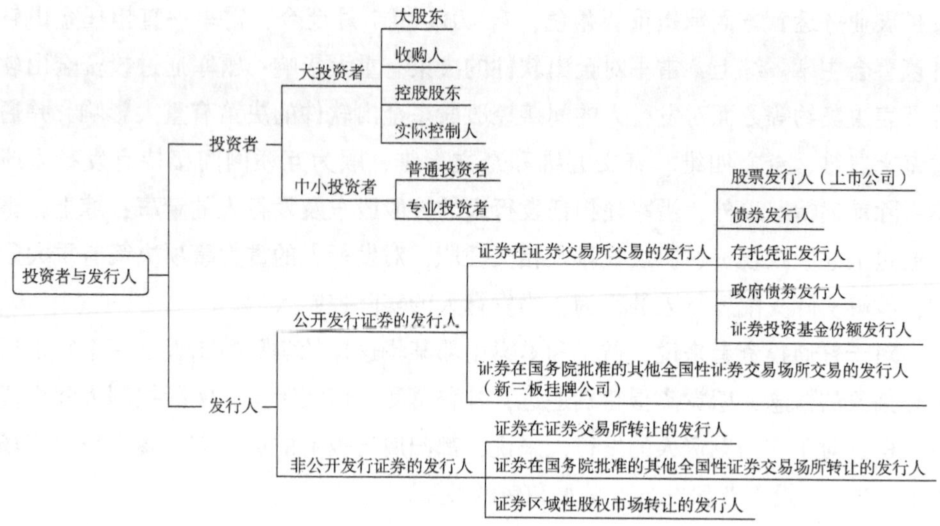

二、同床异梦的投资者

（一）共同的规则

作为证券市场的资金投入方，证券法上的投资者遵守共同的规则。这些规则主要包括：(1) 投资风险自负。根据《证券法》第二十五条的规定，投资风险由投资者自行负责。(2) 实名交易。《证券法》第一百零七条规定，投资者应当使用实名开立的账户进行交易。(3) 禁止利用违规资金。《证券法》第五十九条规定，禁止资金违规流入股市，禁止投资者违规利用财政资金、银行信贷资金买卖证券。(4) 保护投资者信息。《证券法》第四十一条规定，证券交易场所、证券公司、证券登记结算机构、证券服务机构及其工作人员应当依法为投资者的信息保密，不得非法买卖、提供或者公开投资者的信息。(5) 知情权。发生可能对上市公司、股票在国务院批准的其他全国性证券交易场所交易的公司的股票交易价格产生较大影响的重大事件，投资者尚未得知时，发行人应当立即披露。(6) 民事求偿权。内幕交易、操纵市场等和证券违法行为给投资者造成损失的，应当依法承担赔偿责任。(7) 代表人诉讼的诉权。《证券法》第九十五条规定的代表人诉讼也适用于所有投资者。

(二) 失衡的权利义务

但是，证券法上的投资者由于在信息占有上的差异而“同床异梦”，在具体的权利义务上又有明显的失衡。

中小投资者通常是指持股比例小于5%，不具备也不谋求对发行人的控制权的投资者。证券法以保护投资者的合法权益为重要立法目的，包括所有投资者。但证券法的一个前提假设是，中小投资者和大投资者之间存在严重的信息不对称。证券法的主要目的就是消除这种不对称，从而保护中小投资者合法权益。因此，证券法上为中小投资者设置了更多倾斜性的保护，赋予中小投资者更多的权利，这些集中体现在投资者保护专章。比如，《证券法》第八十八条规定了证券公司对中小投资者的适当性义务，证券公司违反适当性规定导致投资者损失的，应当承担相应的赔偿责任。第八十九条进一步规定了投资者的分类，普通投资者与证券公司发生纠纷要求其承担相应的赔偿责任的，对证券公司进行过错推定。普通投资者与证券公司发生证券业务纠纷，普通投资者提出调解请求的，证券公司不得拒绝。第九十四条还规定了支持起诉制度，投资者保护机构对损害投资者利益的行为，可以依法支持投资者向人民法院提起诉讼。

对于持股比例在5%以上的大投资者（收购人、大股东、控股股东、实际控制人），由于其持股优势、信息优势、持股成本优势等，证券法更多规定的是义务或责任，其中共通的义务或责任是：属于证券交易内幕信息的知情人，不得利用内幕信息从事证券交易活动。具体来说，对于收购人的义务和责任主要规定在“上市公司的收购”一章，包括权益披露要约收购等；大股东的义务和责任主要体现在减持股份和短线交易方面；控股股东和实控人的义务和责任更广，主要包括：(1) 公开发行证券时的条件要求；(2) 撤销证券公开发行注册或欺诈发行的返还、买回等义务；(3) 对重大事件的发生、进展产生较大影响的，及时将其知悉的有关情况书面告知公司并配合公司履行信息披露义务；(4) 履行公开承诺的义务及不履行的赔偿责任；(5) 虚假陈述的连带赔偿责任及先行赔付机制；(6) 欺诈发行的行政责任；(7) 擅自改变公开发行证券所募集资金的用途的行政责任；(8) 虚假陈述的行政责任。

(三) 大投资者的增持之路

投资者的持股比例是证券法分配权利义务的主要依据。中小投资者成为大投资者，大投资者持股比例不断地增加，都会触发证券法上的义务。本书梳理现有相关法律规定，具体如下表所示。

<table>
<tr><th>持股比例</th><th>通过交易所交易增持</th><th>协议转让增持</th></tr>
<tr><td>5%</td><td>1. 应当在该事实发生之日起 3 日内，编制《简式权益变动报告书》。
2. 向国务院证券监督管理机构、证券交易所作出书面报告，通知该上市公司，并予公告。
3. 在上述期限内不得再行买卖该上市公司的股票。
4. 投资者为上市公司第一大股东或者实际控制人的，应当披露《详式权益变动报告书》的内容。</td><td rowspan="4">对于协议转让和不是通过证券交易所的证券交易持有股份的超过 5%的，也要履行披露和公告义务，但不需要遵守“慢走规则”。</td></tr>
<tr><td>5%以上，
不足 20%</td><td>1. 每增加或者减少 5%，应当在该事实发生之日起 3 日内，编制《简式权益变动报告书》；向国务院证券监督管理机构、证券交易所作出书面报告，通知该上市公司，并予公告；在该事实发生之日起至公告后 3 日内，不得再行买卖该上市公司的股票。
2. 每增加或者减少 1%，应当在该事实发生的次日通知该上市公司，并予公告。
3. 投资者为上市公司第一大股东或者实际控制人的，应当披露《详式权益变动报告书》的内容。</td></tr>
<tr><td>20%到 30%</td><td>1. 每增加或者减少 5%，应当在该事实发生之日起 3 日内，编制《详式权益变动报告书》；向国务院证券监督管理机构、证券交易所作出书面报告，通知该上市公司，并予公告；在该事实发生之日起至公告后 3 日内，不得再行买卖该上市公司的股票。
2. 每增加或者减少 1%，应当在该事实发生的次日通知该上市公司，并予公告。
3. 投资者为上市公司第一大股东或者实际控制人的，还应当聘请财务顾问对上述权益变动报告书所披露的内容出具核查意见。</td></tr>
<tr><td>30%以上</td><td>1. 达到 30%后继续进行收购的，应当依法进行要约收购。
2. 符合要约豁免的规定情形的，可以免于以要约收购方式增持股份或者免于向被收购公司的所有股东发出收购要约，其中包括爬行增持——自超过 30%之日起一年后，每 12 个月内增持不超过该公司已发行的 2%的股份，该股份锁定期为增持行为完成之日起 6 个月。增持完成后 3 日内就股份增持情况做出公告，律师发表专项核查意见并由上市公司予以披露。
3. 每增加或者减少 1%，或每增加或者减少 5%，应当履行相应的义务。</td></tr>
</table>

续表

<table>
<tr><th>持股比例</th><th>通过交易所交易增持</th><th>协议转让增持</th></tr>
<tr><td>50%以上</td><td>1. 继续增持不影响该公司的上市地位的，可以免于以要约收购方式增持股份或者免于向被收购公司的所有股东发出收购要约。
2. 通过集中竞价方式，每累计增持2%，增持当日和发布进展公告当日，暂停交易。
3. 每增加或者减少1%，或每增加或者减少5%，应当履行相应的义务。</td><td></td></tr>
<tr><td>达到75%</td><td colspan="2" rowspan="2">股本总额不超过4亿元，非社会公众股东①连续20个交易日持股不得超过75%，否则丧失上市条件。
股本总额超过4亿元，非社会公众股东连续20个交易日持股不得超过90%，否则丧失上市条件。</td></tr>
<tr><td>达到90%</td></tr>
</table>

三、厚薄不均的发行人

证券法主要规范的对象是公开发行证券的发行人。对于非公开发行证券的发行人，仅规定非公开发行证券，不得采用广告、公开劝诱和变相公开方式；非公开发行的证券，可以在证券交易所、国务院批准的其他全国性证券交易场所、按照国务院规定设立的区域性股权市场转让。

对于公开发行证券的发行人，证券法从发行人的条件、注册发行程序、上市的要求和程序、信息披露义务和法律责任等方面进行了规定，主要规定的是义务和责任，其中最重要的是信息披露义务的规定。《证券法》第七十八条规定，发行人及法律、行政法规和国务院证券监督管理机构规定的其他信息披露义务人，应当及时依法履行信息披露义务。因此，发行人是第一位的信息披露义务人。

需要注意的是，证券法中的“发行人”是一个最宽泛意义上的概念，在证券发行环节包括股票、债券和存托凭证的发行人，在证券交易环节则还包含政府债券和证券投资基金份额的发行人。比如，《证券法》第五十二条关于内幕信息的规定“证券交易活动中，涉及发行人的经营、财务或者对该发行人证券的市场

① 参考沪深交易所的规定，非社会公众股东指的是持股10%以上股东及其一致行动人、董监高及其关联人。

价格有重大影响的尚未公开的信息，为内幕信息”，这里的“发行人”就包括前述所有证券品种的发行人。而《证券法》第一百八十条、第一百八十一条、第一百八十五条规定的擅自发行证券、欺诈发行证券、擅自改变公开发行证券所募集资金用途的发行人，则指的是股票、债券和存托凭证的发行人。

除了“发行人”外，证券法上还有“股票的发行人”“公开发行公司债券的（发行人）”“上市公司”“股票在国务院批准的其他全国性证券交易场所交易的公司”“公司债券上市交易的公司”等表述，分别都有具体的指向。比如，《证券法》第三十六条规定的减持限制，“上市公司收购”一章都只适用于上市公司，不包括其他发行人。《证券法》第四十四条规定的短线交易则适用于上市公司和股票在国务院批准的其他全国性证券交易场所交易的公司。《证券法》第七十九条规定的定期信息披露制度适用于上市公司、公司债券上市交易的公司、股票在国务院批准的其他全国性证券交易场所交易的公司。

我国证券法之所以长期被视为“股票法”，一方面是因为证券法的大多数条文都只适用于股票的发行人或者上市公司，对于其他发行人并不适用，关于债券、存托凭证、新三板挂牌公司等主体的法律依据供给不足；另一方面也是因为法律适用过程中并没有细致区分发行人的类别和各发行人之间的关系，想当然地以股票发行人作为假想模型，造成了水土不服。这些情况的存在，与多层次资本市场和多元化证券品种的需求是不匹配的。在立法供给难以迅速改变的情况下，通过行政执法和司法案例，厘清“发行人”的类型，利用其延展性，通过法律解释方法弥补供给不足，是一条较为可取的路径。比如，针对我国债券领域法律供给不足，司法尺度不统一等问题，最高法院会同相关部门于 2019 年 12 月 24 日召开了全国法院审理债券纠纷相关案件座谈会，并在 2020 年 7 月 15 日公开发布了座谈会议纪要，在很大程度上弥补了我国债券法律供给上的不足，统一了法律适用，取得了很好的效果。

第八讲
集中的秩序——证券交易场所规则

一、郑某诉上海证券交易所政府信息公开案

（一）买不到股票状告交易所

因数日报价顺序均为第一，却仍未买到中国南车（601766）股票，2015 年 1 月 18 日，投资者郑某填写《政府信息公开申请表》，申请上海证券交易所公开“2014 年 12 月 31 日、2015 年 1 月 5 日、6 日、7 日、8 日 9 时 15 分接受报价，券商申报买入中国南车顺序及数量”的信息。2015 年 1 月 22 日，上海证券交易所电话答复郑某不予提供上述信息。郑某不服，向中国证券监督管理委员会申请行政复议。中国证券监督管理委员会经审查认为，上海证券交易所的电话答复行为不属于行政行为，遂驳回了郑某的行政复议申请。郑某不服上海证券交易所的电话答复，向法院提起行政诉讼。上海证券交易所认为，其并非行政机关因而不属于行政诉讼适格被告，郑某申请公开的信息也不属于政府信息公开的范围。

（二）争议焦点

本案争议焦点为：（1）证券交易所是否属于适格被告；（2）申请公开的信息是否属于政府信息公开的范围。

（三）法院观点

关于证券交易所是否属于适格被告法院认为，根据《行政诉讼法》第二条和《证券交易所管理办法》第三条、第九十九条的规定，证券交易所作为授权组织，有权按照法律、法规、规章的规定对证券市场的违法行为予以处罚，故证券交易所具有相应的行政管理职能，属于行政案件的适格被告。

关于申请公开的信息是否属于政府信息公开的范围，法院认为，《政府信息公开条例》第二条规定，本条例所称政府信息，是指行政机关在履行职责过程中制作或者获取的，以一定形式记录、保存的信息。郑某所申请公开的信息，属证券交易活动中形成的个体信息，该类信息属日常证券交易活动中形成的信息，并非证券交易所在履行监管职责过程中制作或者获取的，故不属于上述条例所指的政府信息。郑某以政府信息公开的方式要求公开上述信息，上海证券交易所告知其不予提供，并无不当。①

（四）证券交易所的定位

证券交易所是证券交易场所的一种，是证券投资者每天都要面对的机构。法律规定，证券的买卖都要在证券交易场所进行。证券交易场所似乎无处不在，但又屈指可数；似乎触手可及，但又看不见摸不着。证券交易场所到底是干什么的，跟其他交易场所相比，其特殊性在哪里？在证券市场上发挥着什么样的作用？有什么样的权力和权利？

二、证券交易场所的特性

（一）证券交易场所的核心功能

《证券法》第三十七条规定，公开发行的证券，应当在依法设立的证券交易所上市交易或者在国务院批准的其他全国性证券交易场所交易。非公开发行的证券，可以在证券交易所、国务院批准的其他全国性证券交易场所、按照国务院规定设立的区域性股权市场转让。《证券法》第三十八条规定，证券在证券交易所

① 郑某诉上海证券交易所信息公开案，（2016）最高法行申1468号。

上市交易，应当采用公开的集中交易方式或者国务院证券监督管理机构批准的其他方式。

证券交易场所就是指为证券集中交易提供场所和设施，组织和监督证券交易，实行自律管理，依法登记取得法人资格的机构。证券交易，因为其具有信息不对称、无形、涉众、高频、标准化等特点，为了提高效率、促进价格形成、规范交易、防范风险，因此必须在固定的交易场所集中进行，保障交易的效率、安全和规范，而不允许私下买卖。[①] 证券交易场所不仅提供规范、安全、全面的交易基础设施，而且对交易行为进行自律管理。

证券交易场所的核心功能在于证券的集中交易（主要是竞价交易和大宗交易），但证券交易场所的功能并不限于此。证券在证券交易所上市交易，应当采用公开的集中交易方式或者国务院证券监督管理机构批准的其他方式。这里的其他方式包括协议转让、做市交易等方式。证券交易场所同样可以为这些交易方式提供场所和设施。证券交易场所另一个重要功能在于组织和监督证券交易，实行自律管理。与证券业协会一样，证券交易场所也是我国证券市场上十分重要的自律组织。

（二）证券交易场所的类型

《证券法》第九十六条规定，证券交易所、国务院批准的其他全国性证券交易场所为证券集中交易提供场所和设施，组织和监督证券交易，实行自律管理，依法登记，取得法人资格。证券交易所、国务院批准的其他全国性证券交易场所的设立、变更和解散由国务院决定。国务院批准的其他全国性证券交易场所的组织机构、管理办法等，由国务院规定。

新证券法将证券交易场所分为三大类——证券交易所、国务院批准的其他全国性证券交易场所和按照国务院规定设立的区域性股权市场。目前我国的证券交易所有上海证券交易所、深圳证券交易所和北京证券交易所三家，国务院批准的其他全国性证券交易场所有全国中小企业股份转让系统（“新三板”）一家（银行间债券市场目前并未纳入此列，但属于事实上的其他全国性证券交易场所）。区域性股权市场则更多一些。

---

① 但是，随着技术进步，证券交易所的去中心化也成为可能。参见郑彧、魏舒：《证券交易所的变革：“去中心化”的可能与挑战》，载《证券法律评论（2019 年卷）》，中国法制出版社 2019 年版。

1. 全国性证券交易场所

1990 年 11 月和 1991 年 4 月，上海证券交易所和深圳证券交易所分别经国务院授权和中国人民银行正式批准后设立。2012 年 7 月，国务院批准设立全国中小企业股份转让系统。2020 年 9 月 29 日，全国股转公司修改部分业务规则，将其中“股票转让”的表述都改为“股票交易”，以符合《证券法》对新三板“国务院批准的全国性证券交易场所”的定位和新三板挂牌公司为“股票在国务院批准的其他全国性证券交易场所交易的公司”的界定。[①] 2021 年 9 月 3 日，北京证券交易所（以下简称北交所）注册成立。北交所是经国务院批准设立的我国第一家公司制证券交易所，受中国证监会监督管理，经营范围为依法为证券集中交易提供场所和设施、组织和监督证券交易以及证券市场管理服务等业务。[②] 2021 年 11 月 15 日北交所正式开市，首批上市公司共 81 家，其中 10 只股票为北交所新股，71 只股票从精选层平移而来。

证券交易所和新三板都是全国性证券交易场所，主要区别在于就具体的服务对象和交易方式。交易所市场又被称为场内市场，交易所市场之外的市场则是场外市场。在我国，场外市场主要包括银行间交易市场、区域性股权市场、柜台市场、私募基金市场、机构间私募产品报价与服务系统等。新三板也被认为是“场外市场”。我国《公司法》第一百二十条规定，本法所称上市公司，是指其股票在证券交易所上市交易的股份有限公司。因此，在新三板挂牌交易的公司不能称作“上市公司”。

2. 区域性股权市场

我国《公司法》第一百三十八条规定，股东转让其股份，应当在依法设立的证券交易场所进行或者按照国务院规定的其他方式进行。除了交易所和全国性的证券交易场所外，就是区域性股权市场。区域性股权市场也被称为“四板市场”，是为非公开发行证券的发行、转让提供场所和设施的市场，是私募市场和区域性市场，主要为中小微企业股权交易和融资服务。区域性股权市场通常既可以提供股权融资（定向增发和股权质押式融资），也可以提供债权融资（私募债）。

---

① 《全国股转公司修改部分业务规则表述“股票转让”改为“股票交易”》，载《中国证券报》2020 年 9 月 29 日。

② 参见北京证券交易所官方网站“本所介绍”。

区域性股权市场原则上不得进行跨区域融资，不允许采取集中交易和竞价交易等交易所的交易方式。以国内最早最为成熟的天津股权交易所为例，该所采取点选成交与协议成交相结合的交易制度。不采取集中竞价、连续竞价、做市商等集中交易方式。每个交易日，投资人之间可通过协商以协议成交的方式进行交易。双方就交易价格和数量达成一致，由双方以协议交易申报形式在15：00以前输入交易系统，交易系统在收到有效申报信息后立即成交，并通过股票登记托管和交易结算系统进行股票交割和资金结算。①

如前所述，我国公司法对于“上市”有明确的界定，在区域性股权市场的挂牌交易不能称作“上市”，但在实务中却存在模糊地带。天津股权交易所于2015年12月14日专门发出《关于规范挂牌企业及服务机构融资行为，防范非法活动的通知》规定，各服务机构及企业不得以在天交所挂牌“上市”或即将在天交所挂牌“上市”为噱头，向不特定投资人发售或转让所谓“原始股”。以上违法行为，一经发现，本所将对相关挂牌企业和服务机构予以严肃处理并向有权机关报告。

在广西卓某农业科技股份有限公司诉广西恒某投资有限公司合同纠纷中，卓某公司（甲方）与恒某公司（乙方）签订《天津股权交易所挂牌上市顾问服务协议》，主要约定：甲方根据自身发展的需要，将申请在天交所挂牌上市，甲方委托乙方担任企业挂牌上市顾问，乙方接受该委托。本次挂牌上市项目的顾问服务费实行总额包干制，总费用金额为150万元。2015年4月22日，卓某公司与天津股权交易所有限公司签订《公司股权挂牌交易协议》，卓某公司并于2015年4月29日在天交所挂牌，股权代码为245010，股权简称为卓某农业。2015年5月4日，卓某公司向天津股权交易所有限公司支付挂牌费40万元。

但是，卓某公司认为，其与恒某公司签订的《挂牌上市顾问服务协议》第一条约定大幅提升企业融资能力。只有上市才能实现资产证券化。而协议之目的中提到这一点，说明签订该协议就是为了实现“上市”的目的，而恒某公司没有实现该协议之目的，已经是违约了，恒某公司应该承担违约责任。根据《证券法》第四十八条、五十条、一百零四条的规定，能够帮助企业上市的，一定是指“证券交易所”，而天津股权交易所从成立之初就不具备上市功能。因此，恒某公司未能帮助卓某公司完成“正式上市”，应承担违约责任。企业到区域性股权

① 参见《天津股权交易所挂牌公司股票交易规则》第十九条、第二十条。

市场"挂牌"，不是到证券交易所上市。基于上述理由，卓某公司在向恒某公司支付了331,000元的服务费的情况下，认为不应再继续支付费用给恒某公司。最终，两审法院都未支持卓某公司的理由。①

近年来，包括区域性股权交易场所在内的各类区域性金融资产类交易场所在发展多层次资本市场和促进普惠金融方面发挥了很大作用，但也存在盲目扩张、违规经营、监管不足、向个人投资者不当营销等突出问题。为此，国务院曾就清理整顿各类交易场所，切实防范金融风险多次下发文件，清理整顿的重点包括严禁违法从事中央金融管理部门监管或禁止的金融业务，强化投资者适当性管理，严格控制展业区域等。

（三）证券交易场所的组织形式

证券交易场所在组织形式上有会员制和公司制两种。目前我国沪深两家证券交易所都采取会员制，北交所和全国中小企业股份转让系统采取公司制。会员制交易场所的会员包括证券公司和其他机构，只有取得会员资格才能在交易场所交易。截至2020年8月，上海交易所共有会员120家。② 公司制的证券交易场所的组织机构法律关系由《公司法》进行规范。北京证券交易所有限责任公司的股东为全国中小企业股份转让系统有限责任公司；全国中小企业股份转让系统有限责任公司的股东包括上海证券交易所、深圳证券交易所、中国证券登记结算有限公司、中国金融期货交易所股份有限公司、上海期货交易所、大连商品交易所、郑州商品交易所等。

关于证券交易场所的组织机构、管理办法等，目前有证监会制定的《证券交易所管理办法》和《全国中小企业股份转让系统有限责任公司管理暂行办法》作为基本依据。

（四）证券交易所的特许经营及非法开设证券交易场所的法律责任

1. 行政责任。证券交易场所属于特许经营的机构。全国性证券交易场所的设立、变更和解散都由国务院决定，区域性股权市场也需要按照国务院规定设

① 广西卓某农业科技股份有限公司诉广西恒某投资有限公司合同纠纷二审民事判决书，（2018）桂01民终6085号。

② 参见上海证券交易所：《上证统计月报（2020年8月）》。

立。《证券法》第二百条第一款规定，非法开设证券交易场所的，由县级以上人民政府予以取缔，没收违法所得，并处以违法所得一倍以上十倍以下的罚款；没有违法所得或者违法所得不足一百万元的，处以一百万元以上一千万元以下的罚款。对直接负责的主管人员和其他直接责任人员给予警告，并处以二十万元以上二百万元以下的罚款。

2. 刑事责任。根据《刑法》第一百七十四条，擅自设立证券交易所，处三年以下有期徒刑或者拘役，并处或者单处二万元以上二十万元以下罚金；情节严重的，处三年以上十年以下有期徒刑，并处五万元以上五十万元以下罚金。伪造、变造、转让证券交易所的经营许可证或者批准文件的，依照前款的规定处罚。单位犯前两款罪的，对单位判处罚金，并对其直接负责的主管人员和其他直接责任人员，依照前述的规定处罚。

（五）证券交易场所的市场分层

《证券法》第九十七条规定，证券交易所、国务院批准的其他全国性证券交易场所可以根据证券品种、行业特点、公司规模等因素设立不同的市场层次。这一规定为证券交易场所的分层提供了法律依据。

1. 主板、中小板和创业板

1990 年 12 月上海证券交易所正式营业以来，我国的证券交易所市场已经形成了主板、中小企业板、创业板和科创板并存的市场格局。主板市场对发行人的规模和公司质量等有较高要求，能够反映一个国家的企业发展水平和经济整体状况。通常来说，一国主要的证券交易所就代表着主板市场。上海证券交易所和深圳证券交易所的主板市场是我国证券市场的主板市场。2000 年 9 月 15 日，深交所开始全面筹建创业板，停止了主板新股上市业务，一直未恢复。2004 年 5 月，经过国务院批准，中国证监会批复同意深圳证券交易所内的主板市场设立中小企业板块。可以说，中小企业板块属于主板市场的一部分，其特点是：（1）不降低发行上市的条件和标准；（2）更多考虑企业的成长性；（3）在主板市场内相对独立运营，股票代码和指数独立设置。中小板相当于深市的“小主板”，主板和中小板合并是大势所趋。2009 年 10 月，我国创业板市场在深圳交易所正式设立。创业板市场又被称为“二板市场”，主要为高成长性的中小企业和高科技企业提供融资服务。与主板，特别是其中的中小企业板块相比，创业板市场发行上市的条件和标准较低，主要面向高成长性、高科技的企业，风险也更大。

2. 科创板

科创板是独立于主板市场的又一个新兴市场，于 2018 年 11 月 5 日首届中国国际进口博览会开幕式上宣布设立。科创板的设立，意义重大。第一，科创板是支持创新企业上市政策的延续。随着人工智能、大数据和云计算等前沿技术不断突破，我国涌现出一批具有核心技术的科技型创新企业，但是由于多种原因，这些企业都难以通过 A 股实现上市融资。这一方面影响了企业融资效率，不利于创新企业做大做强；另一方面也使广大投资者错失了分享创新企业发展成果的机会。因此，今年以来，国务院发布支持创新企业境内发行股票或存托凭证试点等文件，着力拓宽创新创业直接融资渠道，支持发展潜力好但不符合现有上市标准的创新型企业上市。证监会层面，也通过推出“中国存托凭证”（CDR），修改两个首发办法等方式为创新企业上市筑路。科创板的设立，将为科技型创新企业境内上市提供更加明确的路径，增加可选择性。

第二，科创板是多层次资本市场建设的新成果。虽然目前科技型创新企业还难以在 A 股上市融资，但是，各个层面建设多层次资本市场的探索一直没有停止。在一级市场上，近年来国家科技成果转化引导基金等母基金，私募基金和风险投资等多股力量深度参与了科技型创新企业融资。在交易所层面，上交所早在 2014 年就提出设立战略新兴板，接纳具有战略意义的新兴产业企业和创新型企业。在区域股权交易中心层面，2015 年年底以来，北京股权交易中心和上海股权托管交易中心先后推出了“科技创新板”，接受科技型创新企业挂牌交易。因此，在上海证券交易所设立科创板是充分建立在已有实践的基础上，通过顶层设计对科技型创新企业融资道路进行的战略规划。

第三，科创板是改革完善资本市场基本制度的题中之义。股票发行制度是资本市场最核心的基本制度。相比目前的核准制，注册制更加注重发挥市场在资源配置中的决定性作用，是资本市场深化改革的必然选择。近两年围绕注册制改革的讨论也一直没有停止，近期股市的震荡下行再次引起了对发行制度的讨论。因此，此次科创板推行注册制试点，不仅符合重大改革于法有据的基本要求，也体现了审慎果断的态度。证监会也表示，注册制改革变革的不仅是股票发行制度，也是对上市公司信息披露制度、强制退市制度和投资者保护制度等一系列资本市场基本制度的重大升级。[①]

3. 新三板的市场分层

除了交易所市场，新三板市场也可以设立不同的市场层次。根据《全国中小企业股份转让系统分层管理办法》，全国股转系统设置基础层、创新层和精选层，符合不同条件的挂牌公司分别纳入不同市场层级管理。全国股转公司在各市场层级实行差异化的投资者适当性标准、股票交易方式、发行融资制度，以及不同的公司治理和信息披露等监督管理要求。全国股转公司针对各市场层级分别揭示证券交易行情、展示信息披露文件，为各市场层级挂牌公司提供差异化服务。符合中国证监会、证券交易所和全国股转公司有关规定的精选层挂牌公司，可以直接向证券交易所申请上市交易。2020 年 7 月 27 日，新三板精选层正式设立并开市，标志着本次新三板全面深化改革的主要措施全部落地实施。北交所总体平移了精选层各项基础制度。据证监会介绍，建设北京证券交易所的主要思路是，严格遵循证券法，按照分步实施、循序渐进的原则，总体平移精选层各项基础制度，坚持北京证券交易所上市公司由创新层公司产生，维持新三板基础层、创新层与北京证券交易所“层层递进”的市场结构，同步试点证券发行注册制。

三、证券交易所的组织规则

（一）证券交易所自律管理的原则要求

《证券法》第九十九条第一款规定，证券交易所履行自律管理职能，应当遵守社会公共利益优先原则，维护市场的公平、有序、透明。证券交易所履行自律管理职能，应当遵守社会公共利益优先原则，这是由我国证券交易所自身的性质决定的。我国的证券交易所不以营利为目的，受中国证监会监督和管理，主要领导班子的人选由中央、国务院或证监会决定，证券交易所总经理由国务院证券监督管理机构任免。一定程度上来说，交易所的自律管理职能是政府行政监管职能的延伸。因此，证券交易所履行自律管理职能，要维护市场的公平、有序、透明。公平，主要是就制定和执行规则而言，要平衡各方主体的利益，特别是注重

① 参见何海锋：《科创板的落脚点是资本市场的多元化、制度化、市场化》，载《第一财经日报》2018 年 11 月 14 日。

保护处于相对弱势的投资者等群体的利益。有序，主要是加强日常管理和建设基础设施而言，提高效率和质量，提升管理水平和信息化水平等。透明，主要是就信息披露和获取而言，最大限度地做到信息的真实、准确、完整、及时、公平、通俗易懂、简明清晰。就三者而言，对于交易所来说，透明是第一位的，比如证券交易所实时公布证券交易即时行情，就是交易透明的表现，对于证券市场的公平有序运转至关重要。

（二）证券交易所的章程

《证券法》第九十九条第二款规定，设立证券交易所必须制定章程。证券交易所章程的制定和修改，必须经国务院证券监督管理机构批准。章程对交易所、会员、理事、监事等具有约束力。证券交易所根据章程、协议及业务规则，对会员、证券上市交易公司和其他市场参与主体进行自律管理。申请成为证券交易所会员，必须承认并遵守章程。会员违反章程的，证券交易所可以采取自律监管措施或纪律处分。

会员制证券交易所章程的制定和修改，是会员大会的职权，必须经国务院证券监督管理机构批准。2020 年 5 月 28 日，上海证券交易所第十次会员大会审议通过的《上海证券交易所章程（2020 年修订）》，经中国证监会批准后正式发布实施。该章程第六十五条规定："本章程的解释权属于本所理事会。"第六十六条规定："本章程经会员大会通过，报经中国证监会批准后生效，修改时亦同。"

（三）证券交易所规则的制定与执行

《证券法》第一百一十五条规定，证券交易所依照法律、行政法规和国务院证券监督管理机构的规定，制定上市规则、交易规则、会员管理规则和其他有关业务规则，并报国务院证券监督管理机构批准。在证券交易所从事证券交易，应当遵守证券交易所依法制定的业务规则。违反业务规则的，由证券交易所给予纪律处分或者采取其他自律管理措施。

证券交易所的自律管理主要是通过制定和执行规则实现的。在交易所制定的规则中，最主要的是上市规则、交易规则和会员管理规则（注册制下还有发行审核规则），每一类规则又会进一步细化。以上交所为例，其制定业务规则包括组织类规则、设立科创板并试点注册制规则（又分为发行上市审核类规则、科创板发行承销类规则、科创板上市类规则、科创板交易类规则）、主板市场规则（主板发行类规则、主板上市类规则、主板交易类规则）、沪港通类规则、沪伦通类规则、股票期权类规则、会员类规则、服务类规则、收费类业务文件等类别。北交所的官方网站公示了北交所的规则体系，图示如下：

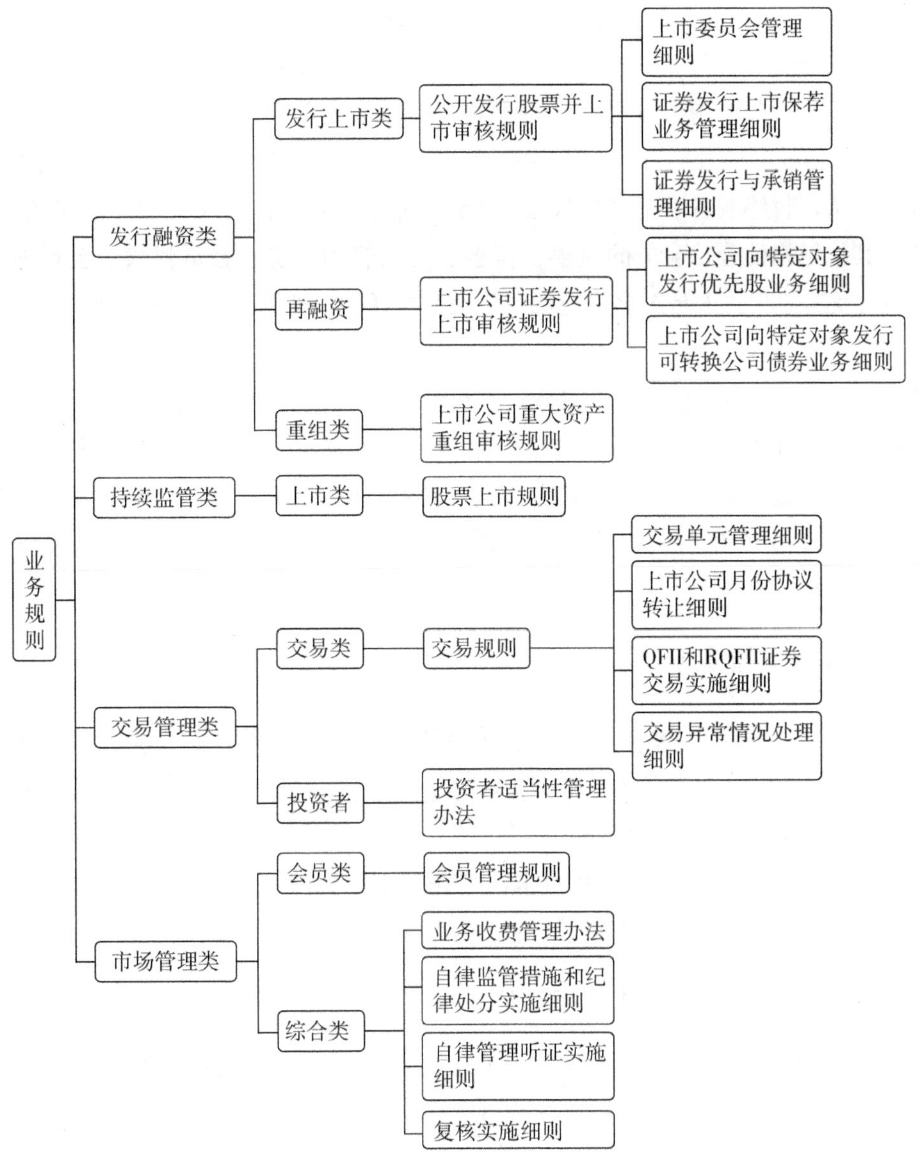

在证券交易所从事证券交易，应当遵守证券交易所依法制定的业务规则。违反业务规则的，由证券交易所给予纪律处分或者采取其他自律管理措施。为了确保规则得到执行，交易所会对会员采取日常监管工作措施，对会员及其客户的证

券交易行为实行实时监控。日常监管工作措施包括口头问询、限期报告说明情况、调阅相关资料、现场调查等。重点监控的对象是可能影响证券交易价格或者证券交易量的异常交易行为，发现可能存在的违反交易规则的问题。[①]

会员违反证券交易所制定的规则的，交易所可以视情况对会员采取自律监管措施或纪律处分。自律监管措施的种类有：（1）口头警示；（2）书面警示；（3）监管谈话；（4）要求限期改正；（5）暂停受理或者办理相关业务；（6）其他监管措施。纪律处分的种类有：（1）通报批评；（2）公开谴责；（3）收取惩罚性违约金；（4）暂停或者限制交易权限；（5）取消交易权限；（6）取消会员资格；（7）其他纪律处分。会员的董事、监事、高级管理人员、会员代表、会员业务联络人及其他相关人员对会员违规行为负有责任的，证券交易所可以视情况采取第（1）（2）（3）项监管措施或者通报批评、公开谴责或者交易所规定的其他纪律处分。会员董事、监事、高级管理人员最近36个月累计3次受到纪律处分的，证券交易所可同时报请中国证监会认定其为不适当人选。[②] 2020年10月16日，上海证券交易所发布《上市公司自律监管规则适用指引第2号——纪律处分实施标准》，这是上交所首次对外公开纪律处分的具体标准，完善违规行为的认定规则。

（四）证券交易所的名称

《证券法》第一百条规定，证券交易所必须在其名称中标明证券交易所字样。其他任何单位或者个人不得使用证券交易所或者近似的名称。根据证监会《境外证券交易所驻华代表机构管理办法》，境外证券交易所驻华代表处的名称应当按下列顺序组成："境外证券交易所所在国家或地区名称""境外证券交易所名称""代表处所在城市名称"和"代表处"。

（五）证券交易所的收入与财产

《证券法》第一百零一条规定，证券交易所可以自行支配的各项费用收入，应当首先用于保证其证券交易场所和设施的正常运行并逐步改善。实行会员制的证券交易所的财产积累归会员所有，其权益由会员共同享有，在其存续期间，不

① 参见：《上海证券交易所交易规则》。

② 以上均参考《上海证券交易所会员管理规则（2019年修订）》。

得将其财产积累分配给会员。证券交易所的费用收入，指的是为证券及其相关衍生品上市交易提供场所和设施，组织和监管证券上市交易活动而向市场主体收取的费用，主要包括证券交易经手费、上市费和交易单元费等。[①] 证券交易所制定收费项目和收费标准，综合考量本所提供交易场所和设施、履行组织和监管上市交易活动职责和提供相关服务的成本，相关证券产品、服务和设施的市场供求，资本市场发展状况和要求等因素。

证券交易所可以自行支配的各项费用收入，应当首先用于保证其证券交易场所和设施的正常运行并逐步改善。比如，《上海证券交易所收费管理办法》规定："本所按照国家法律法规规定和取之于市场、用之于市场的原则，合理支配收入，用于保证交易场所和设施的正常运行并逐步改善、履行组织和监管上市交易活动职责和提供相关服务、防范市场运行风险和保障资本市场建设等。"

我国实行会员制的证券交易所，其财产积累归会员所有，权益由会员共同享有。但在其存续期间，不得将其财产积累分配给会员。《上海证券交易所章程（2020年修订）》第六十三条明确规定："本所作为会员制法人存续期间，财产积累不进行分配，国家另有规定的除外。"

此外，证券交易所的收入和财产要严格与投资者的资金、财产做出隔离，不得擅自动用投资者的资金和财产。我国《刑法》第一百八十五条之一规定了擅自运用客户资金、财产罪。证券交易所违背受托义务，擅自运用客户资金或者其他委托、信托的财产，情节严重的，对单位判处罚金，并对其直接负责的主管人员和其他直接责任人员，处三年以下有期徒刑或者拘役，并处三万元以上三十万元以下罚金；情节特别严重的，处三年以上十年以下有期徒刑，并处五万元以上五十万元以下罚金。

（六）证券交易所的风险基金

《证券法》第一百一十四条规定，证券交易所应当从其收取的交易费用和会员费、席位费中提取一定比例的金额设立风险基金。风险基金由证券交易所理事会管理。风险基金提取的具体比例和使用办法，由国务院证券监督管理机构会同国务院财政部门规定。证券交易所应当将收存的风险基金存入开户银行专门账

---

① 参见《上海证券交易所收费一览表》，http：//www.sse.com.cn/services/tradingservice/charge/ssecharge/，最后访问时间2021年11月5日。

户，不得擅自使用。

2000年，经国务院批准，证监会和财政部公布了《证券交易所风险基金管理暂行办法》（以下简称《暂行办法》），2016年作了最新修订。《暂行办法》规定，风险基金的来源是：（1）按证券交易所收取交易经手费的20%提取，作为风险基金单独列账；（2）按证券交易所收取席位年费的10%提取，作为风险基金单独列账；（3）按证券交易所收取会员费10%的比例一次性提取，作为风险基金单独列账；（4）按本办法施行之日新股申购冻结资金利差账面余额的15%，一次性提取；（5）对违规会员的罚款、罚息收入。每一个财政年度终了，本基金净资产达到或超过10亿元后，下一年度不再根据第（1）（2）项提取资金。

（七）证券交易所的机构设置

《证券法》第一百零二条规定，实行会员制的证券交易所设理事会、监事会。证券交易所设总经理一人，由国务院证券监督管理机构任免。理事会、监事会和总经理是证券交易所的法定内设机构。此外，我国现有的沪深两家证券交易所都是会员制的法人，其主要机构还包括会员大会。北京证券交易所实行公司制，按照《公司法》的基本要求，建立股东会、董事会、总经理和监事会运行机制和公司治理结构。

1. 会员制证券交易所的机构设置。首先是会员大会。会员大会由证券交易所全体会员组成，是证券交易所的权力机构。会员大会通常行使下列职权：（1）制定和修改证券交易所章程；章程的制定和修改经会员大会通过后，报中国证监会批准。（2）选举和罢免会员理事、会员监事。（3）审议和通过理事会、监事会和总经理的工作报告。（4）审议和通过证券交易所的财务预算、决算报告；（5）法律、行政法规、部门规章和章程规定的其他职权。会员大会一般每年召开一次，由理事会召集，必要时还可以召开临时会员大会。

其次是理事会。理事会对会员大会负责。理事每届有任期限制。理事会行使下列职权：（1）召集会员大会，并向会员大会报告工作；（2）执行会员大会的决议；（3）审定证券交易所战略发展规划和年度工作计划；（4）审定证券交易所年度财务预算、决算方案；（5）审定对会员的接纳和退出；（6）审定取消会员资格的纪律处分；（7）审定证券交易所业务规则；（8）审定证券交易所上市新的证券交易品种或者对现有上市证券交易品种作出较大调整；（9）审定证券交易所收费项目、收费标准及收费管理办法；（10）审定证券交易所重大财务管理事项；（11）审定证券交易所重大风险管理和处置事项，管理证券交易所风险基金和一般风险准备金；（12）审定重大投资者教育和保护工作事项；（13）决定高级管理人员的聘任、解聘及薪酬事项，但中国证监会任免的除外；（14）会员大会授予和章程规定的其他职权。证券交易所重大决策、重要人事任免、重大项目安排以及大额资金运作等事项，在经党委会审议通过后提交理事会审议。理事会设办公室，办理理事会日常事务工作。

证券交易所理事会由会员理事和非会员理事组成。会员理事由会员大会在会员中选举产生，非会员理事由中国证监会委派。证券交易所总经理应当是理事会成员。理事长是证券交易所的法定代表人。理事长不得兼任证券交易所总经理。理事会下设若干专门委员会，履行相关职能。

再次是总经理。证券交易所总经理负责证券交易所日常管理工作。设副总经理、首席专业技术管理人员若干名，协助总经理工作。证券交易所高级管理人员包括总经理、副总经理和首席专业技术管理人员。总经理由中国证监会任免。总经理行使下列职权：（1）执行会员大会和理事会决议，并向其报告工作；（2）主持证券交易所的日常工作；（3）拟订并组织实施证券交易所工作计划；（4）拟订证券交易所年度财务预算、决算方案；（5）审定业务细则及其他制度性规定；（6）审定除取消会员资格以外的其他纪律处分；（7）审定除应当由理事会审定外的其他财务管理事项；（8）理事会授予和章程规定的其他职权。

最后是监事会。证券交易所设监事会，为证券交易所监督机构。监事会行使下列职权：（1）检查证券交易所财务；（2）检查证券交易所风险基金和一般风险准备金的使用和管理；（3）监督证券交易所遵守有关法律、行政法规、部门规章，执行证券交易所章程、协议、业务规则，以及风险预防与控制的情况；（4）监督证券交易所理事、高级管理人员执行职务的行为；（5）当理事、高级管理人员的行为损害证券交易所利益时，要求理事、高级管理人员予以纠正；（6）提议召开临时会员大会；（7）提议召开临时理事会；（8）向会员大会提出提案；（9）提名证券交易所子公司监事人选，指导证券交易所子公司监事会工作；（10）会员大会授予和章程规定的其他职权。监事会开展工作时，应当与证券交易所纪委工作协同配合。证券交易所理事、高级管理人员不得兼任监事。①

① 以上参考《上海证券交易所章程》。

2. 公司制证券交易所的机构设置。2021 年 10 月，为了适应北京市证券交易所设立后证券交易所监管的新要求，证监会对《证券交易所管理办法》进行了修订。明确公司制证券交易所的内部治理。借鉴会员制证券交易所管理经验，补充公司制证券交易所组织机构的规定，明确公司制证券交易所的股东会、董事会、总经理和监事会的治理要求。公司制证券交易所的董事长、副董事长、监事长由中国证监会提名，分别由董事会、监事会通过。根据北京证券交易所官方网站的信息，其设立之初的机构设置如下：

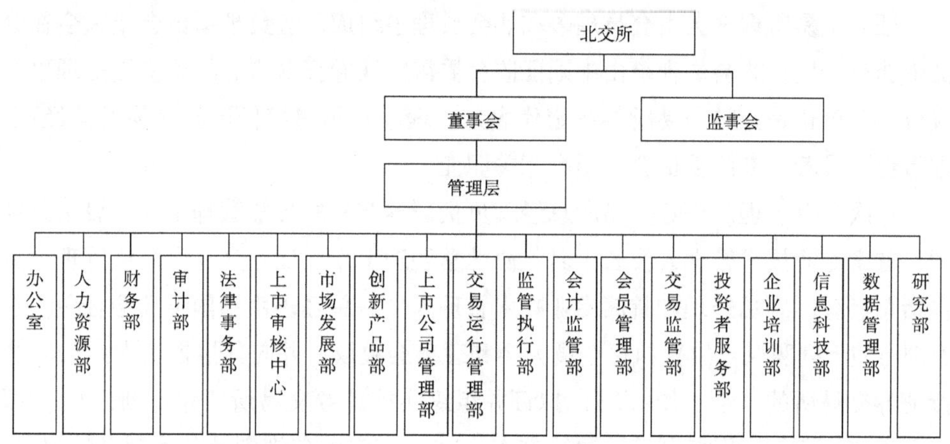

（八）证券交易所的人员

1. 证券交易所负责人任职的消极条件

《证券法》第一百零三条规定，有《中华人民共和国公司法》第一百四十六条规定的情形或者下列情形之一的，不得担任证券交易所的负责人：因违法行为或者违纪行为被解除职务的证券交易场所、证券登记结算机构的负责人或者证券公司的董事、监事、高级管理人员，自被解除职务之日起未逾五年；因违法行为或者违纪行为被吊销执业证书或者被取消资格的律师、注册会计师或者其他证券服务机构的专业人员，自被吊销执业证书或者被取消资格之日起未逾五年。

《公司法》第一百四十六条规定了公司高管人员任职的消极条件，作为证券交易所的负责人，也不能有其中的任一情形。此外，《证券法》还规定了两个情形：（1）因违法行为或者违纪行为被解除职务的证券交易场所、证券登记结算机构的负责人或者证券公司的董事、监事、高级管理人员，自被解除职务之日起未逾五年；（2）因违法行为或者违纪行为被吊销执业证书或者被取消资格的律师、注册会计师或者其他证券服务机构的专业人员，自被吊销执业证书或者被取消资格之日起未逾五年。

参照《公司法》的规定，证券交易所违反规定选举、委派或者聘任负责人的，该选举、委派或者聘任无效。证券交易所负责人在任职期间出现或者被发现存在前述消极的任职情形的，证券交易所应当解除其职务。

2. 证券交易所从业人员任职的消极条件

《证券法》第一百零四条规定，因违法行为或者违纪行为被开除的证券交易场所、证券公司、证券登记结算机构、证券服务机构的从业人员和被开除的国家机关工作人员，不得招聘为证券交易所的从业人员。同理，证券交易所违反规定招聘不符合条件的从业人员的，该招聘无效。证券交易所从业人员在从业期间出现或者被发现存在前述消极情形的，证券交易所应当将其解聘。

3. 证券交易所的人员回避

《证券法》第一百一十六条规定，证券交易所的负责人和其他从业人员执行与证券交易有关的职务时，与其本人或者其亲属有利害关系的，应当回避。

4. 证券交易所工作人员禁止挪用资金

我国《刑法》第一百八十五条规定，证券交易所的工作人员利用职务上的便利，挪用本单位或者客户资金的，依照挪用资金罪定罪处罚。国有证券交易所的工作人员和国有证券交易所委派到非国有机构从事公务的人员有前款行为的，依照挪用公款罪定罪处罚。

四、证券交易所的行为规则

证券法修订于2019年，由于彼时的证券交易所都是会员制交易所，因此相关的行为规则也都是针对会员制证券交易所的。2021年10月修订的《证券交易所管理办法》对此进行了部分适应性的调整。比如，对于“证券交易所的收支结余不得分配给会员”以及“席位”等表述，仅适用于会员制证券交易所。[①]

（一）会员集中交易规则

《证券法》第一百零五条规定，进入实行会员制的证券交易所参与集中交易

① 参见《〈证券交易所管理办法〉修订说明》。

的，必须是证券交易所的会员。证券交易所不得允许非会员直接参与股票的集中交易。

我国现有的证券交易所都实行会员制。申请成为证券交易所会员，有严格的准入条件，比如：(1) 经批准设立、具有法人地位的境内证券经营机构；(2) 具有良好信誉和经营业绩；(3) 组织机构和业务人员符合中国证监会和证券交易所规定的条件，符合证券交易所对内部管理制度、技术系统及风险防范提出的各项要求；(4) 承认并遵守证券交易所章程和业务规则，按规定交纳会员费用；等等。

成为证券交易所的会员之后，需要承担如下义务：(1) 遵守有关法律、行政法规和部门规章，依法开展证券经营活动；(2) 遵守证券交易所章程、业务规则，执行证券交易所决议；(3) 建设符合规定的交易相关技术系统，完备、清晰、准确保存客户交易终端数据，完善合规与内部风险控制制度；(4) 对自身及客户交易行为进行监督和管理，防范违规交易行为和交易异常风险；(5) 履行对证券交易所市场的交易及交收义务；(6) 对客户进行适当性管理，开展投资者教育，妥善处理客户交易纠纷与投诉，保护投资者的合法权益；(7) 维护交易市场的稳定发展；(8) 按规定交纳各项经费和提供有关信息资料；(9) 接受证券交易所的监管；(10) 证券交易所规定的其他义务。违反会员义务的，将可能被交易所采取自律监管措施或受到自律处分，并可能导致会员资格将被终止。

正是通过对会员严格的准入和后续的监管要求，交易所保障交易行为规范、风险可控。因此，证券交易所不得允许非会员直接参与股票的集中交易，也不得允许他人以会员名义直接参与证券的集中交易。为此，《证券法》第二百条第二款规定，证券交易所违反本法第一百零五条的规定，允许非会员直接参与股票的集中交易的，责令改正，可以并处五十万元以下的罚款。

(二) 委托会员交易规则

《证券法》第一百零六条规定，投资者应当与证券公司签订证券交易委托协议，并在证券公司实名开立账户，以书面、电话、自助终端、网络等方式，委托该证券公司代其买卖证券。在我国，投资者不能直接进入证券交易所交易，必须通过证券交易所证券公司会员进行。投资者应当与证券公司签订证券交易委托协议，并在证券公司实名开立账户。

投资者买卖证券，应与证券公司签订证券交易委托协议。协议生效后，投资者即成为该证券公司经纪业务的客户。根据中国证券业协会发布的《证券交易委托代理协议指引》，证券公司接受投资者委托为其代理提供以下服务：（1）接受并执行投资者依照协议约定的方式下达的合法有效的委托指令；（2）代理投资者进行资金、证券的清算、交收；（3）代理保管投资者买入或存入的有价证券；（4）代理投资者领取红利股息及其他利益分配；（5）接受投资者对其委托、成交及账户内的资产及变化情况的查询，并应甲方的要求提供相应的清单；（6）双方依法约定的其他委托事项；（7）法律、法规、规章、自律规则规定的、乙方可以代甲方进行的其他活动。

投资者买卖证券，可以以书面、电话、自助终端、网络等方式，委托该证券公司代其买卖证券。所谓自助终端，指的是券商在营业场所等提供给客户使用的，由客户自行操作完成委托交易的设备。随着科技的进步，书面、电话委托等方式逐渐被投资者所抛弃，目前绝大多数投资者都是通过网络方式进行委托交易。据证监会介绍，通过网络终端、手机 APP 等方式进行证券交易的比例已超过95%。①

根据中国证券业协会发布的《证券交易委托代理协议指引》，投资者进行网上委托时，只能使用证券公司直接提供给甲方的软件，或投资者依照证券公司指示从证券公司指定站点下载的软件。投资者使用其他途径获得的软件进行网上委托所产生的后果、风险和损失由投资者自行承担。

网上委托是指投资者通过互联网或移动通讯网络向证券公司网上委托系统下达委托指令、获取成交结果的服务方式。网上委托的上网终端包括电子计算机、手机等通过互联网或移动通讯网络连接证券公司委托系统的设备。

（三）实名交易规则

《证券法》第一百零七条规定，证券公司为投资者开立账户，应当按照规定对投资者提供的身份信息进行核对。证券公司不得将投资者的账户提供给他人使用。投资者应当使用实名开立的账户进行交易。

投资者买卖证券，应当在证券公司开立客户账户，包括资金账户和证券账户

① 《证监会有关部门负责人答记者问》，http://www.csrc.gov.cn/pub/newsite/zjhxwfb/xwdd/202002/t20200202_370474.html，最后访问时间2021年2月10日。

（或金融产品账户）。根据中国证券业协会发布的《证券公司客户账户开户协议指引》，投资者甲方在申请开立账户时，须出具真实有效的身份证明文件，按照证券公司业务规定，如实提供和填写有关信息资料，配合证券公司留存相关复印件或影印件、采集影像资料等工作。投资者委托他人代理开户时，代理人须提供真实有效的身份证明文件及授权委托文件，自然人委托他人代为办理开户的，代理人应当提供经公证的授权委托文件。《证券法》规定，证券公司为投资者开立账户，应当按照规定对投资者提供的身份信息进行核对。

《证券法》严格规定账户实名制，禁止出借账户，体现在两个层面上。第一个层面是在证券交易所这一章，通过第一百零七条的规定，要求：（1）证券公司对投资者账户实名开立，确保身份信息真实；（2）证券公司不得将投资者的账户提供给他人使用；（3）投资者自身实名交易。这一层次的规定是从维护证券交易所交易秩序的层面规定的，更多的是对作为交易所会员的证券公司的要求。《证券法》第二百零一条规定，证券公司违反本法第一百零七条第一款的规定，未对投资者开立账户提供的身份信息进行核对的，责令改正，给予警告，并处以五万元以上五十万元以下的罚款。对直接负责的主管人员和其他直接责任人员给予警告，并处以十万元以下的罚款。证券公司违反本法第一百零七条第二款的规定，将投资者的账户提供给他人使用的，责令改正，给予警告，并处以十万元以上一百万元以下的罚款。对直接负责的主管人员和其他直接责任人员给予警告，并处以二十万元以下的罚款。

第二个层面是在证券交易一章的第五十八条规定，任何单位和个人不得违反规定，出借自己的证券账户或者借用他人的证券账户从事证券交易。这一层面是从维护金融安全和防范风险考虑的，证券法上规定了明确的法律后果——违反第五十八条的规定，出借自己的证券账户或者借用他人的证券账户从事证券交易的，责令改正，给予警告，可以处五十万元以下的罚款。并且，民事上还可能导致相关交易无效。

（四）清算交收规则

《证券法》第一百零八条规定，证券公司根据投资者的委托，按照证券交易规则提出交易申报，参与证券交易所场内的集中交易，并根据成交结果承担相应的清算交收责任。证券登记结算机构根据成交结果，按照清算交收规则，与证券公司进行证券和资金的清算交收，并为证券公司客户办理证券的登记过户手续。

这一条规定了证券交易所交易申报、清算交收和分解结算的规则。

1. 交易申报。证券公司根据投资者的委托，按照证券交易规则提出交易申报，成为交易参与人。交易参与人通过其相关的报盘系统、参与者交易业务单元和报送渠道向交易所交易主机发送买卖申报指令，并按交易规则达成交易，交易结果及其他交易记录由交易所发送至交易参与人。交易参与人应当按照有关规定妥善保管委托和申报记录。

2. 清算交收。证券公司接受投资者买卖委托达成交易的，投资者应当向证券公司交付其委托会员卖出的证券或其委托会员买入证券的款项，证券公司应当向投资者交付卖出证券所得款项或买入的证券。这个过程分为清算和交收两个步骤。清算指的是应付应收资金和证券的计算；交收是指向买方交付证券，同时向卖方交付资金。清算在前，交收在后。清算和交收又统称为结算。

3. 分级结算。我国证券交易所实行分级结算制度。第一级结算发生在证券公司与证券登记结算机构之间。证券登记结算机构根据成交结果，按照清算交收规则，与证券公司进行证券和资金的清算交收，并为证券公司客户办理证券的登记过户手续。第二级结算发生在证券公司与投资者之间。证券公司根据成交结果承担向投资者的清算交收责任。分级计算模式下，投资者与证券公司存在法律关系，不与证券交易所和证券登记结算机构发生法律关系。

我国目前的证券交易采取的是电子化交易方式，成交、清算交收和过户一般是同步完成。

（五）交易行情规则

《证券法》第一百零九条规定，证券交易所应当为组织公平的集中交易提供保障，实时公布证券交易即时行情，并按交易日制作证券市场行情表，予以公布。证券交易即时行情的权益由证券交易所依法享有。未经证券交易所许可，任何单位和个人不得发布证券交易即时行情。交易行情是投资者对证券市场最直观的感受。证券交易所应当实时公布即时行情，确保投资者有平等机会获取证券市场的交易行情，并有平等的交易机会。

证券交易所应当按日制作证券市场行情表，记载并公布下列事项：（1）上市证券的名称；（2）开盘价、最高价、最低价、收盘价；（3）与前一交易日收盘价比较后的涨跌情况；（4）成交量、成交金额的分计及合计；（5）证券交易所市场基准指数及其涨跌情况；（6）中国证监会要求公布或者证券交易所认为需要公布的其他事项。①

证券交易所即时行情的权益由证券交易所依法享有。证券交易所对市场交易形成的基础信息和加工产生的信息产品享有专属权利。未经证券交易所许可，任何单位和个人不得发布证券交易即时行情。未经证券交易所同意，任何单位和个人不得以商业目的使用即时行情。经许可使用交易信息的机构和个人，未经证券交易所同意，不得将该信息提供给其他机构和个人使用。比如，在深交所，深圳证券信息有限公司经深圳证券交易所独家授权，全权代表深交所经营深市行情信息，负责深交所行情境内外授权使用工作。公开信息显示，深交所境内基本行情信息服务收费标准为30万/年。对于获得股票现货基本行情许可的单位，还会进行公示。②

深圳证券交易所
SHENZHEN STOCK EXCHANGE

授 权 书

为规范本所证券行情信息的市场营销业务和权益管理工作，兹授权深圳证券信息公司为本所证券行情信息的业务代理机构，指定其为本所证券行情信息相关许可经营和使用合同的代理签约单位，并委托授权其处理下列事宜：

（1）基本即时行情的市场营销和权益管理

（2）增强即时行情的市场营销和权益管理

本授权书自签发之日起生效，至本所撤消授权之日起终止。

深圳证券交易所

二〇一[illegible]年三月[illegible]十一日

图：深交所行情信息授权书

（六）申请停牌规则

证券交易所对上市证券实行挂牌交易。挂牌交易的证券，可能因各种原因停牌，甚至摘牌。摘牌指的是终止证券上市交易，摘牌的原因包括证券上市期届满

① 参见《证券交易所管理办法（2020修正）》第三十八条。

② 参见《深市行情授权》，http：//www.szsi.cn/cpfw/fwsq/hq/sfbz.htm，最后访问时间2021年5月5日。

或依法不再具备上市条件。停牌指的是停止证券上市交易，原因较为多样，包括依申请停牌、特别停牌、技术性停牌、强制停牌等。证券停牌时，证券交易所发布的行情中包括该证券的信息；证券摘牌后，行情中无该证券的信息。

《证券法》第一百一十条规定，上市公司可以向证券交易所申请其上市交易股票的停牌或者复牌，但不得滥用停牌或者复牌损害投资者的合法权益。证券交易所可以按照业务规则的规定，决定上市交易股票的停牌或者复牌。这一条第一款规定的是依申请停牌，第二款则授权交易所决定各种原因的停牌。

依申请停牌，指的是上市公司可以向证券交易所申请其上市交易股票的停牌。制度设计的初衷在于保护投资者利益，在对上市公司有重大影响的事件发生时或发生前停止上市交易，防止股价巨幅波动和内幕交易等行为。这些事件包括重大资产重组、发布业绩、涉嫌违法违规行为等。最典型的是重大资产重组过程中的停牌。上市公司预计筹划中的重大资产重组事项难以保密或者已经泄露的，应当及时向证券交易所申请停牌，直至真实、准确、完整地披露相关信息。停牌期间，上市公司应当至少每周发布一次事件进展情况公告。上市公司股票交易价格因重大资产重组的市场传闻发生异常波动时，上市公司应当及时向证券交易所申请停牌，核实有无影响上市公司股票交易价格的重组事项并予以澄清，不得以相关事项存在不确定性为由不履行信息披露义务。[①] 而对于停牌时间，上海证券交易所《上市公司筹划重大事项停复牌业务指引》规定，上市公司因筹划重大资产重组申请停牌的，除符合相关规定可申请延期复牌的情形之外，应当在3个月内公布预案并申请复牌。

依申请被停牌的上市公司申请复牌的，也向证券交易所申请。比如，上市公司在收到中国证监会关于召开并购重组委工作会议审核其申请的通知后，应当立即予以公告，并申请办理并购重组委工作会议期间直至其表决结果披露前的停牌事宜。上市公司收到并购重组委关于其申请的表决结果的通知后，应当在次一工作日公告表决结果并申请复牌。公告应当说明，公司在收到中国证监会作出的予以核准或者不予核准的决定后将再行公告。[②]

证券法特别强调上市公司不得滥用停牌或者复牌损害投资者的合法权益。这主要针对A股市场上较为多发的“任性停牌”而言。比如，2015年中国股市异

① 《上市公司重大资产重组管理办法（2020修正）》第四十二条。

② 《上市公司重大资产重组管理办法（2020修正）》第三十条。

常波动期间，出现了“千股停牌”的壮观景象。2017 年 4 月 17 日，乐视网因将公告新的重组方案停牌，直到 2018 年 1 月 24 日才复牌，停牌时间长达 9 个多月，结果是重组失败。停牌期间，作为强流动性资产的股票也成为非流动性资产，对投资者的利益不能说不是损失。上市交易股票的停牌或者复牌都由证券交易所决定。因此，近年来，证券交易所要求上市公司申请停牌时提供充分、有效的证明材料，严格控制停牌时间，防范忽悠式重组停牌。

特别停牌，指的是对涉嫌违法违规交易的证券，证券交易所可以实施特别停牌并予以公告，相关当事人应按照证券交易所的要求提交书面报告。特别停牌及复牌的时间和方式由证券交易所决定。① 上海证券交易对证券实施特别停牌的，根据需要可以公布以下信息：（1）成交金额最大的 5 家会员营业部的名称及其买入、卖出数量和买入、卖出金额；（2）股份统计信息；（3）证券交易所认为应披露的其他信息。②

技术性停牌，也叫临时停牌，指的是发生或者可能发生突发性事件，导致部分或全部证券交易不能正常进行的，为维护证券交易正常秩序和市场公平，证券交易所可以决定采取的一种处置措施。技术性停牌原因消除后，证券交易所可以决定恢复交易。

强制停牌，指的是证券交易出现重大异常波动时，证券交易所可以采取的一种处置措施。

（七）突发性事件处置规则

《证券法》第一百一十一条规定，因不可抗力、意外事件、重大技术故障、重大人为差错等突发性事件而影响证券交易正常进行时，为维护证券交易正常秩序和市场公平，证券交易所可以按照业务规则采取技术性停牌、临时停市等处置措施，并应当及时向国务院证券监督管理机构报告。因前款规定的突发性事件导致证券交易结果出现重大异常，按交易结果进行交收将对证券交易正常秩序和市场公平造成重大影响的，证券交易所按照业务规则可以采取取消交易、通知证券登记结算机构暂缓交收等措施，并应当及时向国务院证券监督管理机构报告并公告。证券交易所对其依照本条规定采取措施造成的损失，不承担民事赔偿责任，

① 参见《上海证券交易所交易规则》第 4.2.3 条。

② 参见《上海证券交易所交易规则》第 5.4.3 条。

但存在重大过错的除外。这一条规定了证券交易所对突发性事件的处置规则，包括应急处置措施、异常交易结果的处理和民事责任。

1. 突发性事件的应急处置措施

在证券交易正常过程中，由于出现一些突发的、不能预见、不能避免且不能克服的事件，导致交易无法进行或者交易结果出现异常时，就需要及时采取处置措施。这些突发性事件包括不可抗力、意外事件、重大技术故障、重大人为差错等。交易所可以采取的应急处置措施包括技术性停牌、临时停市等。证券交易所采取处置措施后，应当及时向国务院证券监督管理机构报告并公告。需要注意的是，可以及时排除的普通技术故障不在此列，如 2020 年 10 月 15 日，深交所部分证券的委托确认、成交确认回报缓慢，经处理，9：47 分恢复正常。[①]

技术性停牌是对单个或多个证券停止上市交易，而临时停市是指停止交易所所有的证券交易。显然后者影响更大，采取措施需要满足的条件也更高。上交所规定，出现行情传输中断或无法申报的会员营业部数量超过营业部总数 10%以上的交易异常情况，证券交易所可以实行临时停市。[②] 在我国证券市场上，临时停市的例子并不多见。2008 年 5 月 18 日，为表达对四川汶川大地震遇难同胞的深切哀悼，中国证监会决定，上海证券交易所、深圳证券交易所，上海期货交易所等定于 2008 年 5 月 19 日 14：28 分起，临时停市 3 分钟。

相比之下，技术性停牌的条件则相对低一些。同样是 2008 年 5 月 12 日汶川大地震发生当天，上海证券交易所发布公告称，由于四川汶川地区发生强烈地震，交易所无法与在上证所上市的四川、重庆上市公司取得联系，决定对两地的 45 家上市公司实施停牌。

在突发事件发生后采取处置措施，对证券市场的交易、投资者的预期和各方的利益都会发生巨大的影响；而突发事件本身其实也是市场风险的一部分，市场本身也有调节化解的能力，有形之手的干预未必能够产生预期的效果。因此，证券交易所对于采取处置措施都是慎之又慎。2020 年春节期间新冠肺炎疫情暴发，中国证券市场也面临节后是否按期正常开市交易的选择。最终沪深交易所都发布公告，A 股市场于 2020 年 2 月 3 日正常开市。对此，中国证监会认为，关于股

① 参见“券商中国”报道：《刚刚！深交所致歉！无法交易、撤单，券商营业部电话被打爆，股民都经历了什么？“误成交”如何处理?》，https：//mp. weixin. qq. com/s/DVVLMKE0P2TQ_kxW8JlMmA，最后访问日期 2021 年 6 月 5 日。

② 参见《上海证券交易所交易规则》第 7.2 条。

市开市的时间，不论是2月3日开市还是继续延迟，均有利有弊，只能两害相权取其轻。如果继续延迟开市，可能有利于消化恐慌情绪，有利于各交易所、证券机构和投资者做更好准备，也与部分地区延长假期相配套。同时要看到，股市开市是经济体系正常运行的重要风向标，继续延迟开市会带来新的问题。比如，A股休市时间越长，积累的各种压力会越大、不确定因素会更多。又如，由于银行间市场、外汇市场、债券市场将于2月3日开市，如果股市单方面休市，可能导致跨市场交易的投资者出现流动性困难，金融体系的正常运行会出现障碍。再如，我国股市国际化程度越来越高，A股长时间休市会影响跨境投资者交易的连续性和顺畅性。目前，通过互联网渠道进行的证券交易超过95%，还保留了电话委托下单的服务方式，在技术上可以避免投资者聚集。更为重要的是，股市交易规则不宜随意更改，否则会影响市场预期。股市是经济社会的晴雨表，同时也具有自我修复和调节功能，对此要一分为二看待。①

2. 异常交易结果的处理

突发性事件发生后，如果已经对证券交易结果产生了负面影响，同样需要进行干预。证券法规定，因突发性事件导致证券交易结果出现重大异常，按交易结果进行交收将对证券交易正常秩序和市场公平造成重大影响的，证券交易所按照业务规则可以采取取消交易、通知证券登记结算机构暂缓交收等措施，并应当及时向国务院证券监督管理机构报告并公告。

对于取消交易或者暂缓交收，证券交易所同样会非常审慎，尤其是取消交易。《证券法》第一百一十七条规定，按照依法制定的交易规则进行的交易，不得改变其交易结果，但本法第一百一十一条第二款规定的除外。取消交易是这一条的例外规定，但在实务中尊重交易结果仍然是交易所坚持的基本原则。2013年8月25日，光大乌龙指事件发生后，就有声音质疑上交所为何不取消交易。上交所专门召开发布会表示，光大证券虽然在极短时间内报送了大量订单，但每一笔订单都符合交易规则的规定，取消交易的标准和情形，并不适用于这次光大证券的异常交易；若取消交易波及面广，从实际操作来看缺乏先例。②

① 参见《证监会有关部门负责人答记者问》，http：//www.csrc.gov.cn/pub/newsite/zjhxwfb/xwdd/202002/t20200202_370474.html，最后访问时间2021年5月4日。

② 新浪财经：《上交所解释为何不取消交易：光大证券订单符合交易规则》，http：//finance.sina.com.cn/stock/t/20130825/161116554951.shtml。

3. 交易所的民事责任

证券交易所需要审慎采取取消交易或者暂缓交收措施的另一个理由是，如其采取措施存在重大过错，需要承担民事赔偿责任。但是在不存在重大过错的情况下，证券交易所依照证券法规定采取措施造成的损失，不承担民事赔偿责任。这是因为，证券交易所主要功能是为证券交易提供场所和设施，制定和执行交易规则，本身不以营利为目的，也不参与证券交易，是风险输入型组织，是中立的第三方，不能轻易干预交易结果。另外，这依照规定也是为了保护证券交易所积极处置突发性事件的积极性。

（八）异常交易报告和处置规则

《证券法》第一百一十二条规定，证券交易所对证券交易实行实时监控，并按照国务院证券监督管理机构的要求，对异常的交易情况提出报告。证券交易所根据需要，可以按照业务规则对出现重大异常交易情况的证券账户的投资者限制交易，并及时报告国务院证券监督管理机构。

1. 对证券交易的实时监控和报告

证券交易所对证券交易实行实时监控。根据上交所的交易规则，重点监控的行为包括：（1）可能对证券交易价格产生重大影响的信息披露前，大量买入或者卖出相关证券；（2）以同一身份证明文件、营业执照或其他有效证明文件开立的证券账户之间，大量或者频繁进行互为对手方的交易；（3）委托、授权给同一机构或者同一个人代为从事交易的证券账户之间，大量或者频繁进行互为对手方的交易；（4）两个或两个以上固定的或涉嫌关联的证券账户之间，大量或者频繁进行互为对手方的交易；（5）大笔申报、连续申报或者密集申报，以影响证券交易价格；（6）频繁申报或频繁撤销申报，以影响证券交易价格或其他投资者的投资决定；（7）巨额申报，且申报价格明显偏离申报时的证券市场成交价格；（8）一段时期内进行大量且连续的交易；（9）在同一价位或者相近价位大量或者频繁进行回转交易；（10）大量或者频繁进行高买低卖交易；（11）进行与自身公开发布的投资分析、预测或建议相背离的证券交易；（12）在大宗交易中进行虚假或其他扰乱市场秩序的申报；（13）证券交易所认为需要重点监控的其他异常交易。[①] 通过监控，发现异常的交易情况的，证券交易所应当提出

① 参见《上海证券交易所交易规则》第6.1条。

报告。

2020 年 6 月 20 日，深交所专门制定发布《深圳证券交易所创业板股票异常交易实时监控细则（试行）》，对创业板股票异常交易行为监控及监督管理等事宜作出了规定。根据该实施细则，创业板的异常交易行为包括如下类型：（1）虚假申报；（2）拉抬打压股价；（3）维持涨（跌）幅限制价格；（4）自买自卖或者互为对手方交易；（5）严重异常波动股票申报速率异常；（6）违反法律、行政法规、部门规章、规范性文件或者本所业务规则的其他异常交易行为。深交所根据细则规定的异常交易行为类型，结合申报数量和频率、股票交易规模、市场占比、价格波动情况、股票基本面、上市公司重大信息和市场整体走势等因素进行定性与定量分析，对投资者异常交易行为进行认定。投资者的创业板股票交易行为虽未达到相关监控指标，但接近指标且反复多次实施的，交易所可以将其认定为相应类型的异常交易行为。

2. 限制交易

证券交易所根据需要，可以按照业务规则对出现重大异常交易情况的证券账户的投资者限制交易，并及时报告国务院证券监督管理机构。根据《深圳证券交易所限制交易实施细则（2015 年修订）》，投资者证券账户出现重大异常交易情形的，交易所可以采取下列一种或者一种以上的限制交易措施：（1）禁止买入指定或者全部交易品种，但允许卖出；（2）禁止卖出指定或者全部交易品种，但允许买入；（3）禁止买入和卖出指定或者全部交易品种；（4）本所认为应采取的其他限制交易措施。深交所对投资者证券账户限制交易单次持续时间不超过六个月。情节特别严重的，深交所可以决定延长限制交易的时间。①

2020 年 9 月 23 日收盘后，深交所官网发布两份《限制交易决定书》，因当事人喻某奇、李某生在交易“豫金刚石”“长方集团”股票的过程中，严重影响了证券交易价格和交易量，决定从 2020 年 9 月 23 日起至 2020 年 10 月 7 日止对喻某奇、李某生名下的证券账户采取限制交易措施，即限制相关账户在上述期间买入在本所上市交易的所有股票。②

---

① 《深圳证券交易所限制交易实施细则（2015 年修订）》第四条。

② 参见深交所限制交易决定书，http：//www. szse. cn/disclosure/supervision/transaction/restrict/index. html，最后访问时间 2020 年 12 月 1 日。

(九) 重大异常波动处置规则

《证券法》第一百一十三条规定，证券交易所应当加强对证券交易的风险监测，出现重大异常波动的，证券交易所可以按照业务规则采取限制交易、强制停牌等处置措施，并向国务院证券监督管理机构报告；严重影响证券市场稳定的，证券交易所可以按照业务规则采取临时停市等处置措施并公告。证券交易所对其依照本条规定采取措施造成的损失，不承担民事赔偿责任，但存在重大过错的除外。

1. 异常波动

证券交易所应当加强对证券交易的风险监测，以及时识别异常波动。所谓证券交易的异常波动，指的是量价出现的波动超出了正常的幅度。从上交所披露文件来看，上交所对异常波动的界定是：(1) 连续 3 个交易日内日收盘价涨跌幅偏离值累计达到±20%的（ST\ ＊ST±15%）；(2) 连续 3 个交易日内日均换手率与前五个交易日的日均换手率的比值达到 30 倍，且该证券连续 3 个交易日内的累计换手率达到 20%的。(于次日开盘停牌一小时，异常波动指标自复牌之日起重新计算。)

根据深交所制定的《深圳证券交易所创业板交易特别规定》，创业板股票竞价交易出现下列情形之一的，属于盘中异常波动，深交所实施盘中临时停牌：(1) 无价格涨跌幅限制的股票盘中交易价格较当日开盘价格首次上涨或下跌达到或超过 30%的；(2) 无价格涨跌幅限制的股票盘中交易价格较当日开盘价格首次上涨或下跌达到或超过 60%的；(3) 中国证监会或者本所认定属于盘中异常波动的其他情形。

创业板股票竞价交易出现下列情形的，属于异常波动：(1) 连续三个交易日内日收盘价涨跌幅偏离值累计达到±30%的。收盘价涨跌幅偏离值的计算公式为：收盘价涨跌幅偏离值=单只股票涨跌幅-创业板综合指数涨跌幅；(2) 中国证监会或本所认为属于异常波动的其他情形。

创业板股票竞价交易出现下列情形之一的，属于严重异常波动：(1) 连续 10 个交易日内 3 次出现第 4. 2 条规定的同向异常波动情形；(2) 连续 10 个交易日内日收盘价格涨跌幅偏离值累计达到 100%（-50%）；(3) 连续 30 个交易日内日收盘价格涨跌幅偏离值累计达到+200%（-70%）；(4) 中国证监会或者本所认定属于严重异常波动的其他情形。创业板股票交易出现严重异常波动的多种情形的，本所一并予以公布。

2. 处置措施

出现重大异常波动的，证券交易所可以按照业务规则采取限制交易、强制停牌等处置措施，并向国务院证券监督管理机构报告；严重影响证券市场稳定的，证券交易所可以按照业务规则采取临时停市等处置措施并公告。同样，证券交易所对其依照本条规定采取措施造成的损失，不承担民事赔偿责任，但存在重大过错的除外。①

2020 年 8 月 27 日，深交所上市公司天山生物发布公告称：公司 2020 年 8 月 26 日、2020 年 8 月 27 日连续 2 个交易日股票收盘价格涨幅偏离值累计超过 30%，依据《深圳证券交易所创业板交易特别规定》第 4.2 条，属于股票交易异常波动的情形。同时，因公司股票交易价格连续 10 个交易日内日收盘价格涨幅偏离值累计达到 100%，依据《深圳证券交易所创业板交易特别规定》第 4.3 条之规定，属于严重异常波动情形，根据《深圳证券交易所创业板股票上市规则（2020 年修订）》第 8.1.2 条，公司股票自 2020 年 8 月 28 日开市起停牌核查，自披露核查公告后复牌。公司提醒广大投资者注意二级市场交易风险。② 9 月 21 日，证监会表示，近期“天山生物”等股票价格短期异常波动，市场高度关注。近日，证监会已对有关异常交易立案调查。

（十）交易结果规则

《证券法》第一百一十七条规定，按照依法制定的交易规则进行的交易，不得改变其交易结果，但本法第一百一十一条第二款规定的除外。对交易中违规交易者应负的民事责任不得免除；在违规交易中所获利益，依照有关规定处理。

证券交易所的交易达成后，买卖双方必须承认交易结果，交易所和第三方更不得改变。以集合竞价为例，买卖申报经交易主机撮合成交后，交易即告成立。符合交易所交易规则各项规定达成的交易于成立时生效，买卖双方必须承认交易结果，履行清算交收义务。唯一的例外情况是证券法规定的突发性事件导致证券交易结果出现重大异常，按交易结果进行交收将对证券交易正常秩序和市场公平造成重大影响的，证券交易所按照业务规则可以采取取消交易、通知证券登记结

① 参见《深圳证券交易所创业板交易特别规定》。

② 天山生物：《股票交易异常波动、严重异常波动暨停牌核查公告》。

算机构暂缓交收等措施。

但是，对交易中违规交易者应负的民事责任不得免除；在违规交易中所获利益，依照有关规定处理。对此，全国人大在其官网的“证券法问答”栏目的解释是：“在证券交易中，交易双方通过买卖证券形成权利义务关系，其中买卖双方的权利义务是对等的，一方的权利就是另一方的义务，反之亦然。证券交易中的买方负有支付价金、接受卖方交付的证券的义务，卖方负有交付证券和接受价金的义务。买卖双方无论是谁违背义务，都要承担相应的民事责任。民事责任是民事主体因违反合同、侵权或不履行其他义务而依法应当承担的法律后果。民事责任主要是财产责任，是由一方当事人向对方当事人承担的责任。参加证券交易的人如果违反有关的法律、行政法规或证券交易所依法制定的交易规则，除应受到相应的制裁和处罚外，还要承担由此产生的民事责任。也就是说，证券交易当中的民事责任是相对独立的，并不因行为人受到行政处罚或刑事处罚而免除。在违规交易中，通过违规行为所获得的利益属于非法所得，应当根据具体情况所适用的法律和行政法规予以没收，行为人还将依法受到处罚。”①

对于交易结果，如果发生纠纷，证券交易所按照如下原则处理：(1) 会员之间、会员与客户之间发生交易纠纷，相关会员应当记录有关情况，以备证券交易所查阅。交易纠纷影响正常交易的，会员应当及时向证券交易所报告。(2) 交易参与人之间、会员与客户之间发生交易纠纷，证券交易所可以按有关规定提供必要的交易数据。(3) 客户对交易有疑义的，会员应当协调处理。②

---

① 《为什么对交易中违规交易者应负的民事责任不得免除？在违规交易中所获得的利益应当如何处理?》，http：//www. npc. gov. cn/npc/c2298/200012/8cc165de5fa749a08676b2bafa21e9a8. shtml，最后访问时间 2021 年 4 月 15 日。

② 参见《上海证券交易所交易规则》第八章。

▶ 第九讲
券商的规矩——证券公司的规则

一、某公司诉券商财产损害赔偿案

（一）失控的账户？

2007 年 5 月 22 日，长某公司向平某证券公司（以下简称平某公司）园林路营业部出具《法人授权委托证明书》，授权其法定代表人谢某峰为其办理开户、销户、资金划拨、股份转托管、沪股指定交易及撤销指定交易等事宜。2007 年 5 月 23 日，长某公司与园林路营业部签订《证券交易委托代理协议书》，在园林路营业部处开立证券交易账户和资金账户进行证券交易。长某公司称证券账户与资金账户设立了相同的密码，涉案交易期间密码一直未变更并由长某公司法定代表人谢某峰掌控。刘某作为园林路营业部的员工，受园林路营业部的指派，依照其内部服务对象（超大客户）标准，为长某公司提供一对一的服务。

长某公司称，其开户的目的不是炒二级市场股票，而是专门用于一级市场申购新股。2007 年 5 月 24 日，园林路营业部总经理施某称有新股申购，由于当时谢某峰不在珠海，让施某代购新股时将密码告诉了施某，长某公司没有将密码告诉其他人。2007 年 5 月 24 日，长某公司通过“银证转账”向上述证券账户转入资金共计人民币 1200 万元。上述证券账户第一次证券交易时间是 2007 年 5 月 24 日，最后一次证券交易是在 2011 年 11 月 27 日，期间上述证券账户共发生证券交易近千次（买入、卖出），涉及的股票数量近百只。涉案交易操作全部发生在园林路营业部大户室内。长某公司主张涉案交易全部是施某和刘某操作，长某公司没有委托除施某外的其他人包括刘某进行证券交易操作。园林路营业部表示对此不知情。

2013年4月11日，长某公司称发现证券账户资金被盗用，账户资金亏损严重。随后，长某公司向中国证券监督管理委员会广东监管局举报园林路营业部及其员工刘某盗用长某公司上述证券账户资金买卖证券，造成长某公司证券账户巨额亏损。2013年11月6日，广东监管局经出具的“广东证监信函［2013］68号”文件称，“……鉴于该营业部（园林路营业部）对刘某长期操作你们证券账户的违规问题，未能及时发现和制止，我局决定对平某公司珠海营业部采取监督管理措施，并将有关问题计入证券期货诚信监管档案系统，同时要求公司追究其员工刘某以及时任营业部负责人的责任……”长某公司称事发后曾向珠海市公安局经侦支队报案，但公安局没有立案。就上述纠纷，长某公司向法院起诉平某公司、园林路营业部、刘某等，要求赔偿证券账户资金亏损、佣金与利息损失。

（二）争议焦点

本案争议焦点为：（1）涉案账户是否全部为刘某操作；（2）平某公司、园林路营业部、刘某是否应负担长某公司主张的证券账户的损失，以及损失如何分担。

（三）法院观点

（1）关于涉案账户是否全部为刘波操作的问题

法院认为，广东证监的文件表明，涉案证券账户的交易全部发生在平某公司营业部大户室且为刘某长期操作。此外，平某公司因异常交易被深圳证券交易所警示和约谈以及本案发生前广东证监局介入调查后，没有调取、保存监控视频以证明涉案证券账户交易的操作人。且长某公司提交了谢某峰出入境记录查询结果与出差凭证，可以反映出长期频繁的操作行为不是谢某峰所为。

（2）关于各方当事人在本案中是否应当承担责任及责任大小的问题。

关于刘某的责任问题。法院认为，《证券法》明确了证券公司及其从业人员的禁止行为，该类不作为义务系法律强制性规定。园林路营业部的《证券交易委托代理协议书》、郑重声明、风险提示书中均明确约定和提示园林路营业部的员工无权接受客户委托。刘某对长某公司名下的股票进行大量的、频繁的交易是法律、合同、内部规定所禁止的行为，故刘某具有侵权之事实。即使刘某对长某公司证券账户及密码的知晓源于谢某峰或施某的告知，刘某也不可以在明知法律禁止的情形下，私自操作股票，刘某的行为具有过错。涉案证券账户中本金损失、高额佣金系刘某进行的大量买进卖出股票的多次操作而产生，致使长某公司账户资金产生损失，故刘某私自买卖股票的行为与长某公司损失之间具有因果关系。因此刘某应当承担相应责任。

关于园林路营业部、平某公司在本案中是否应承担责任的问题。法院认为，《证券法》《证券公司监督管理条例》等明确了通过规定证券公司的内部控制制度、审慎经营原则以及诚信义务来保障客户的资金安全，园林路营业部系大量的、频繁的异常证券交易中的佣金直接受益人，其亦有义务对长某公司的资金负有安全保障义务。然而，在涉案交易长达四年半、账户的实际控制人经常长期不在境内或者在国内出差、刘某对涉案三案账户操作数千次、涉案账户投入金额(1200万元)、交易金额与佣金如此巨大而且到最后账户资金余额仅1.95元的情况下，园林路营业部在异常交易发生后并没有及时采取措施防止损失的扩大，对员工工作的管理、交易业务的稽核、交易场所的监管、机构超大客户的服务等方面存在明显过错。故应当承担相应责任。

关于各方当事人的责任大小的问题。法院认为，长某公司在《某安证券有限责任公司投资委托代理协议书客户登记表》中签章确认“本人已认真阅读并充分理解《郑重声明》《风险提示书》和《证券交易委托代理协议书》所有条款……”。且长某公司未尽妥善保管账户及密码的注意义务，其对损失的发生具有过失，应承担相应的过错责任。鉴于园林路营业部、刘某作为专业机构与专业人员，对其应作出高于普通投资者即长某公司的要求。再考虑到平某公司、园林路营业路的上述明显过错，法院酌定对于长某公司账户的损失，长某公司自行承担40%的责任。刘某私自买卖交易长某公司股票，应当承担剩余60%的责任。园林路营业部未尽监管责任以及安全保障义务导致损失的扩大，应当在刘某承担侵权责任的范围内承担50%补充赔偿责任，平某公司应当对园林路营业部的民事赔偿责任承担补充清偿责任。①

---

① 参见《珠海长某置业顾问有限公司，平某证券有限责任公司珠海园林路证券营业部，平某证券有限责任公司与刘某财产损害赔偿纠纷二审民事判决书》，(2017) 粤04民终1407号。

（四）证券公司的重要性

证券公司作为重要的融资中介、投资中介，联通千行百业，牵系千家百户，对稳经济、稳金融、稳预期发挥着关键作用。新证券法正式确立了证券公开发行的注册制，这对各市场主体的权利义务分配都产生了影响，尤其是身为“看门人”之首的证券公司。粗略统计，新证券法全文提及“证券公司”144 次，“证券服务机构”23 次，“会计师”及其事务所6 次，“律师”及其事务所4 次，“资产评估机构”4 次，共计 181 次。可见，《证券法》对证券公司可谓“厚爱有加”。新证券法之下，证券公司需要重新审视自身的职责定位，带动整个证券中介机构的良性发展。

本案判决明确了证券公司对客户账户负有安全保障义务，证券公司需要建立完善的内部控制制度，坚持审慎经营原则以及诚信义务来保障客户的资金安全，证券公司工作人员违反从业纪律，私自买卖客户账户股票，证券公司需要承担相应的补充赔偿责任。

二、证券公司的组织规则

（一）证券公司的设立条件

1. 证券经营机构的组织形式。我国证券经营机构在组织形式上采取公司制。考察《证券法》第二次大修的过程，二审稿第十一章标题曾将旧法中的证券公司改为“证券经营机构”，第二百一十二条将证券经营机构定义为“依照《中华人民共和国公司法》《中华人民共和国合伙企业法》和本法规定设立的证券公司、证券合伙企业，以及经国务院证券监督管理机构按照规定核准经营证券业务的其他机构。”① 但在正式稿中仍然改回了证券公司的名称，这还是受制于我国金融资本市场的发展程度和现阶段下的金融分业理念。第一，相较于合伙企业，公司制具有法人地位，其内部治理结构和责任承担能力等各方面更为完备，在应对瞬息万变的资本市场环境时更有经验；第二，早年证券业务主要由信托投资公

① 参见经全国人民代表大会 2017 年 4 月 24 日审议通过的《中华人民共和国证券法（二审稿）》第二百一十二条。

司和中国人民银行实施，实行金融分业以来，信托、银行等其他机构的证券营业部并入证券公司中，至此证券业务由证监会审批的证券公司专营。证券公司和证券经营机构内涵和外延还是有着明显的区别。值得注意的是，新证券法删除了原证券法第一百二十三条“本法所称证券公司是指依照《中华人民共和国公司法》和本法规定设立的经营证券业务的有限责任公司或者股份有限公司”的规定。该条的取消仅仅是条文字词的简单变动吗？其背后是否有特殊的意义？还值得研究。

2. 设立证券公司的具体条件。证券公司是连接广大投资者与证券交易场所的重要中介。我国的证券公司实行特许持牌经营，牌照的审批权在证监会。未经证监会批准，任何单位和个人不得以“证券公司”名义开展证券业务活动。证券法明确了设立证券公司的条件。《证券法》第一百一十八条规定，设立证券公司，应当具备下列条件，并经国务院证券监督管理机构批准：有符合法律、行政法规规定的公司章程；主要股东及公司的实际控制人具有良好的财务状况和诚信记录，最近三年无重大违法违规记录；有符合本法规定的公司注册资本；董事、监事、高级管理人员、从业人员符合本法规定的条件；有完善的风险管理与内部控制制度；有合格的经营场所、业务设施和信息技术系统；法律、行政法规和经国务院批准的国务院证券监督管理机构规定的其他条件。未经国务院证券监督管理机构批准，任何单位和个人不得以证券公司名义开展证券业务活动。其中值得特别注意的条件有：

（1）对证券公司主要股东和实际控制人的特殊要求。基于审慎监管原则，为了保持证券公司股权结构的稳定，证券公司设立时，中国证监会依照规定核准其注册资本及股权结构。在证券公司的设立条件上，《证券法》一直以来对主要股东都有条件要求，从而强化股东秉承长期投资理念，依法行使股东权利，履行股东义务，避免出现“倒卖牌照”“灰色资金”控制证券公司等问题，同时也强化证券公司加强对股权事务的管理，完善公司治理结构，健全风险管理与内部控制制度。

2019 年 7 月，证监会专门制定《证券公司股权管理规定》（以下简称《股权规定》）。新证券法实施后，证监会启动对《股权规定》的修正，其中将证券公司主要股东从“持有证券公司 25%以上股权的股东或者持有 5%以上股权的第一大股东”调整为“持有证券公司 5%以上股权的股东”。①

① 《证券公司股权管理规定（2021 年修正）》第五条。

在具体条件上，新证券法要求主要股东具有良好的财务状况和诚信记录，最近三年无重大违法违规记录，取消了对主要股东的盈利能力和最低净资产要求。对于主要股东中的第一大股东和控股股东，《股权规定》增加了额外的条件要求，比如开展金融相关业务经验与证券公司业务范围相匹配，入股证券公司与其长期战略协调一致，对完善证券公司治理结构、推动证券公司长期发展有切实可行的计划安排等。①

特别值得注意的是，《股权规定》对资管类产品和非金融企业入股证券公司提出了特别要求。对于资管产品来说，首先，原则上证券公司股东应当使用自有资金入股证券公司，资金来源合法，不得以委托资金等非自有资金入股；其次，单个有限合伙企业控制证券公司的股权比例不得达到5%；最后，公司制基金入股证券公司且委托基金管理人管理证券公司股权的，该基金应当属于政府实际控制的产业投资基金且已经国家有关部门备案登记。对于非金融企业来说，单个非金融企业实际控制证券公司股权的比例原则上不得超过50%。②

任何单位或者个人有下列情形之一的，应当事先告知证券公司，由证券公司报国务院证券监督管理机构批准：（1）认购或者受让证券公司的股权后，其持股比例达到证券公司注册资本的5%；（2）以持有证券公司股东的股权或者其他方式，实际控制证券公司5%以上的股权。③

此外，《股权规定》还对证券公司股东提出了两项特殊的要求。一是禁止对赌。证券公司的股东不得签订在未来符合特定条件时，由证券公司向特定股东赎回股权或由特定股东转让、受让证券公司股权的协议，或者形成类似的实质上具有"对赌"性质的股权交易安排。④ 二是一参一控。证券公司股东以及股东的控股股东、实际控制人参股证券公司的数量不得超过2家，其中控制证券公司的数量不得超过1家。⑤

对于实际控制人，新证券法施加了和公司的主要股东同样的要求。证券公司变更主要股东或者公司的实际控制人，应当依法报中国证监会批准。

（2）证券公司的注册资本。《证券法》第一百二十一条规定，证券公司经营

① 参见《证券公司股权管理规定（2021年修正）》第九条。
② 参见《证券公司股权管理规定（2021年修正）》第十三条、第十四条、第十五条。
③ 《证券公司监督管理条例》第十四条。
④ 参见《证券公司股权管理规定（2021年修正）》第二十条。
⑤ 参见《证券公司股权管理规定（2021年修正）》第二十三条。

本法第一百二十条第一款第（一）项至第（三）项业务的，注册资本最低限额为人民币五千万元；经营第（四）项至第（八）项业务之一的，注册资本最低限额为人民币一亿元；经营第（四）项至第（八）项业务中两项以上的，注册资本最低限额为人民币五亿元。证券公司的注册资本应当是实缴资本。国务院证券监督管理机构根据审慎监管原则和各项业务的风险程度，可以调整注册资本最低限额，但不得少于前款规定的限额。证券公司经营证券经纪，证券投资咨询，与证券交易、证券投资活动有关的财务顾问等业务的，注册资本最低限额为人民币五千万元。经营证券承销与保荐、证券融资融券、证券做市交易、证券自营、其他证券业务中的任何一项的，注册资本最低限额为人民币一亿元，经营其中两项以上的，注册资本最低限额为人民币五亿元。

需要注意的是，证券公司的注册资本应当是实缴资本。此外，国务院证券监督管理机构根据审慎监管原则和各项业务的风险程度，可以调整注册资本最低限额，但不得少于证券法规定的限额。

（3）董监高和从业人员符合条件。原证券法规定，董事、监事、高级管理人员具备任职资格，从业人员具有证券从业资格。根据国务院“放管服”的要求和2017年“国家职业资格目录清单”将“证券从业资格”由准入类资格调整为水平评价类资格的要求，新证券法取消了对证券公司董监高以及从业人员的任职资格要求，只规定了“符合本法规定的条件”。

（4）有合格的信息技术系统。新证券法特别增加了合格信息技术系统的要求。这是因为，证券领域一直以来都是信息技术运用最为广泛和成熟的领域，当前证券市场上的发行和交易行为都离不开信息技术系统的支持。2018年底，证监会制定了《证券基金经营机构信息技术管理办法》，对信息技术安全、数据治理、应急管理等提出了明确要求，还要求证券公司应当指定一名熟悉证券业务，具有信息技术相关专业背景、任职经历、履职能力的高级管理人员为首席信息官，由其负责信息技术管理工作。

除此之外，证监会还通过发布行业标准的方式规范证券公司的信息技术系统。比如，2016年，证监会发布并实施了《资本市场交易结算系统核心技术指标》。2018年，证监会又发布了《证券期货业数据分类分级指引》《证券期货业机构内部企业服务总线实施规范》《期货市场客户开户数据接口》和《证券发行人行为信息内容格式》等四项金融行业标准。

证券公司对于信息系统的管理，也是证监会监管的一个重要方面。2020年

11 月，由于某安证券在信息技术管理方面存在未按规定对信息系统故障进行应急报告，客户信息管控不足、且内部审查未充分遵循业务合规原则等方面的问题，证监会上海证监局对其出具了警示函的监管措施。①

3. 非法设立证券公司的法律责任

（1）擅自设立证券公司或冒名证券公司的法律责任。《证券法》第二百零二条规定，违反本法第一百一十八条、第一百二十条第一款、第四款的规定，擅自设立证券公司、非法经营证券业务或者未经批准以证券公司名义开展证券业务活动的，责令改正，没收违法所得，并处以违法所得一倍以上十倍以下的罚款；没有违法所得或者违法所得不足一百万元的，处以一百万元以上一千万元以下的罚款。对直接负责的主管人员和其他直接责任人员给予警告，并处以二十万元以上二百万元以下的罚款。对擅自设立的证券公司，由国务院证券监督管理机构予以取缔。根据《刑法》第一百七十四条规定，未经国家有关主管部门批准，擅自设立证券公司的，处三年以下有期徒刑或者拘役，并处或者单处二万元以上二十万元以下罚金；情节严重的，处三年以上十年以下有期徒刑，并处五万元以上五十万元以下罚金。伪造、变造、转让证券公司的经营许可证或者批准文件的，依照前款的规定处罚。单位犯前两款罪的，对单位判处罚金，并对其直接负责的主管人员和其他直接责任人员，依照前述的规定处罚。

（2）骗取证券公司设立许可的法律责任。《证券法》第二百零三条规定，提交虚假证明文件或者采取其他欺诈手段骗取证券公司设立许可、业务许可或者重大事项变更核准的，撤销相关许可，并处以一百万元以上一千万元以下的罚款。对直接负责的主管人员和其他直接责任人员给予警告，并处以二十万元以上二百万元以下的罚款。根据这一规定，提交虚假证明文件或者采取其他欺诈手段骗取证券公司设立许可的，应撤销许可并给予处罚。实务中，这类处罚较少，所谓“擅自设立”或者“骗取设立”的可能性并不大。相比之下，新证券法相关条文在描述欺诈发行时，在表述上从“骗取发行核准”改为“在公告的发行文件中有隐瞒或虚假”，更加科学严谨。

（二）证券公司的设立流程

《证券法》第一百一十九条规定，国务院证券监督管理机构应当自受理证券

① 《关于对某安证券股份有限公司采取出具警示函措施的决定》，沪证监决〔2020〕173 号。

公司设立申请之日起六个月内，依照法定条件和法定程序并根据审慎监管原则进行审查，作出批准或者不予批准的决定，并通知申请人；不予批准的，应当说明理由。证券公司设立申请获得批准的，申请人应当在规定的期限内向公司登记机关申请设立登记，领取营业执照。证券公司应当自领取营业执照之日起十五日内，向国务院证券监督管理机构申请经营证券业务许可证。未取得经营证券业务许可证，证券公司不得经营证券业务。证券公司的设立，经历如下流程，总体上是“先证后照”——先取得证监会的设立许可证，再获取公司登记机关颁发的营业执照。

（1）申请人提出设立申请。

（2）证监会受理设立申请。

（3）证监会审查设立申请。

（4）证监会作出批准或者不予批准的决定并通知申请人。

（5）申请人向公司登记机关申请设立登记。

（6）公司登记机关向申请人颁发营业执照。

（7）证券公司申请经营证券业务许可证。

（8）证监会颁发经营证券业务许可证。

需要说明的是，我国对证券公司设立持非常谨慎的态度，不仅有严格的条件要求，而且基于不同时期的政策考虑，实施实质上的数量和时间管控。在数量上，根据 2020 年 8 月证监会发布的名录，目前我国共有证券公司只有 134 家。在相当长一段时间内，我国未再发放证券公司牌照。2018 年以来，按照金融对外开放的要求，证监会相继下发了野村东方国际证券和摩根大通证券（中国）、金圆统一证券、星展证券（中国）等数张合资证券公司牌照。

在设立的时间上，从提出设立申请到作出审批决定往往需要较长时间。比如，证监会在 2019 年 3 月 29 日接受了星展证券（中国）的设立申请材料；4 月 8 日要求补正材料；2020 年 1 月 3 日证监会才正式受理设立申请；3 月 2 日，证监会就设立申请文件提出了反馈意见；8 月 27 日，证监会发布《关于核准设立星展证券（中国）有限公司的批复》，核准设立星展证券（中国）有限公司，注册地为上海市，注册资本为人民币 15 亿元，业务范围为证券经纪、证券投资咨询、证券自营、证券承销和保荐。证监会在批复中还指出，应当自本批复下发之日起 6 个月内完成星展证券的工商设立登记工作。星展证券应当自取得营业执照之日起 15 日内，向证监会申请经营证券期货业务许可证。星展证券在取得经营证券期货业务许可证前，不得以该名称对外开展业务。①

（三）证券公司的业务范围

在证监会核准设立证券公司的批复中，会注明证券公司的业务范围，如星展证券（中国）的业务范围为证券经纪、证券投资咨询、证券自营、证券承销和保荐。同期批准设立的大和证券（中国）业务范围为证券经纪、证券承销与保荐、证券自营。通常，证监会对新设公司核准的业务不超过 4 种。而中信证券、国泰君安证券等老牌券商的业务范围则会涵盖了所有的证券业务，这些券商被称为综合类证券公司。

证券公司的业务范围对于证券公司至关重要。一方面，证券公司及其境内分支机构经营的业务应当经国务院证券监督管理机构批准，不得经营未经批准的业务；另一方面，证券公司应当在证监会依法批准的范围内经营证券业务和其他业务，不得超范围经营。

《证券法》第一百二十条规定，经国务院证券监督管理机构核准，取得经营证券业务许可证，证券公司可以经营下列部分或者全部证券业务：证券经纪；证券投资咨询；与证券交易、证券投资活动有关的财务顾问；证券承销与保荐；证券融资融券；证券做市交易；证券自营；其他证券业务。国务院证券监督管理机构应当自受理前款规定事项申请之日起三个月内，依照法定条件和程序进行审查，作出核准或者不予核准的决定，并通知申请人；不予核准的，应当说明理由。证券公司经营证券资产管理业务的，应当符合《中华人民共和国证券投资基金法》等法律、行政法规的规定。除证券公司外，任何单位和个人不得从事证券承销、证券保荐、证券经纪和证券融资融券业务。证券公司从事证券融资融券业务，应当采取措施，严格防范和控制风险，不得违反规定向客户出借资金或者证券。

1. 证券经纪业务

证券经纪业务，也叫证券的代理买卖业务，是证券公司最传统，也是最符合证券公司“初心”的业务，同时也是其他业务的基础。在我国证券市场上，长期以来对证券经纪业务没有明确的定义。2019 年，证监会起草了《证券经纪业务管理办法（征求意见稿）》，其中明确界定证券经纪业务，是指在证券交易活

① 《关于核准设立星展证券（中国）有限公司的批复》，证监许可〔2020〕1986 号。

动中，接受投资者委托，处理交易指令、办理清算交收的经营性活动。①

从事经纪业务的证券公司都会设立经纪业务部门。经纪业务的收入来自代理投资者交易的佣金，有“靠天吃饭”特征，牛市交易活跃，赚得盆满钵满，熊市则恰好相反。而这种单一的业务模式也容易引发价格战。近年来，各大证券公司在经纪业务上都在谋求从单一和被动的通道业务，向更加综合和主动的财富管理业务转型。中信证券、中泰证券、南京证券等都相继成立了财富管理业务总部，具体业务门类包含传统代理买卖业务、投资顾问业务、代销业务、财富配置业务等。

2. 证券投资咨询业务

证券投资咨询业务，也是证券公司的一项传统业务，在消除资本市场信息不对称、促进中介机构专业化分工、加强投资者教育等方面发挥了重要作用。早在1997年，国务院证券委员会就制定了《证券、期货投资咨询管理暂行办法》，规定证券投资咨询业务是指从事证券、期货投资咨询业务的机构及其投资咨询人员以相应的形式为证券、期货投资人或者客户提供证券、期货投资分析、预测或者建议等直接或者间接有偿咨询服务的活动并作了列举式的规定。随后，证监会又制定发布《证券研究报告暂行规定》和《证券投资顾问业务暂行规定》，将证券投资咨询业务分为证券投资顾问和发布证券研究报告两种基本形式。2020年，证监会起草了《证券基金投资咨询业务管理办法（征求意见稿）》并公开征求意见。其中明确证券基金投资咨询业务包括下列类别：（1）证券投资顾问业务，是指接受客户委托，按照合同约定向客户提供证券及其衍生品以及中国证监会认可的其他投资品种的投资建议，辅助客户作出投资决策的经营性活动。（2）基金投资顾问业务，是指接受客户委托，按照合同约定向客户提供证券投资基金以及中国证监会认可的其他投资产品的投资建议，辅助客户作出投资决策或者按规定代理客户办理交易申请的经营性活动。（3）发布证券研究报告业务，是指对于证券市场的整体或者部分走势进行分析预测，或者对于股票、债券等证券以及中国证监会认可的其他投资品种的投资价值、价格波动等进行分析，并向客户发布研究报告或者分析意见，直接或者间接获取经济利益的经营性活动。（4）中国证监会认定的其他证券基金投资咨询业务。②

① 《证券经纪业务管理办法（征求意见稿）》第二条。

② 《证券基金投资咨询业务管理办法（征求意见稿）》第三条。

概括起来说，证券投资咨询业务主要包括证券投资顾问业务和发布证券研究报告业务两大类。两者的区别在于，投资顾问是受特定客户委托进行的，向客户提供有针对性的投资建议，服务对象一般和经纪业务重合；而发布研究报告业务相对独立，向不特定对象发布，通常面向机构投资者。《证券基金投资咨询业务管理办法（征求意见稿）》还明确规定，从事发布证券研究报告业务的机构，应当是依法取得证券投资咨询业务资格的证券公司或者证券公司依法设立的专门从事证券投资咨询业务的子公司。[①] 因此，投资咨询业务中的发布证券研究报告是证券公司的专有业务。

在证券公司，证券投资顾问业务一般由经纪业务部门承担，发布证券研究报告业务则由研究部门来承担（一般叫研究所或研究部）。开展证券投资咨询业务的方式包括：（1）接受投资人或者客户委托，提供证券、期货投资咨询服务；（2）举办有关证券、期货投资咨询的讲座、报告会、分析会等；（3）在报刊上发表证券、期货投资咨询的文章、评论、报告，以及通过电台、电视台等公众传播媒体提供证券、期货投资咨询服务；（4）通过电话、传真、电脑网络等电信设备系统，提供证券、期货投资咨询服务；（5）中国证券监督管理委员会认定的其他形式。[②]

3. 与证券交易、证券投资活动有关的财务顾问业务

财务顾问业务，是指在并购重组、关联交易等提供专业服务的活动。比如，《上市公司并购重组财务顾问业务管理办法》明确界定：上市公司并购重组财务顾问业务是指为上市公司的收购、重大资产重组、合并、分立、股份回购等对上市公司股权结构、资产和负债、收入和利润等具有重大影响的并购重组活动提供交易估值、方案设计、出具专业意见等专业服务。[③]

财务顾问业务通常来自法律法规的强制性或选择性规定。比如，《上市公司收购管理办法》第九条规定，收购人进行上市公司的收购，应当聘请符合《证券法》规定的专业机构担任财务顾问；收购人未按照本办法规定聘请财务顾问的，不得收购上市公司。《上海证券交易所上市公司关联交易实施指引（2011）》第二十五条规定，上市公司拟与关联人发生重大关联交易的，应当在

① 《证券基金投资咨询业务管理办法（征求意见稿）》第六条。

② 参见《证券、期货投资咨询管理暂行办法》。

③ 《上市公司并购重组财务顾问业务管理办法》第二条。

独立董事发表事前认可意见后，提交董事会审议。独立董事作出判断前，可以聘请独立财务顾问出具报告，作为其判断的依据。

财务顾问一般由证券公司的投资银行部门承担，应当履行的职责要求包括：(1) 履行尽职调查义务；(2) 对相关文件材料进行核查；(3) 有充分理由确信相关投资交易符合法律、行政法规和中国证监会的规定，有充分理由确信收购人披露的信息真实、准确、完整，不存在虚假记载、误导性陈述和重大遗漏；(4) 建立内控措施，满足内核、保密、防火墙等要求。

4. 证券承销与保荐业务

承销与保荐业务也是证券公司的核心业务，证券法在证券发行一章对此作出了明确的规定。

5. 融资融券业务

融资融券业务是新证券法新增规定的业务，也被称为“场内配资”“证券信用交易”或“保证金交易”，是指向客户出借资金供其买入证券或者出借证券供其卖出，并收取担保物的经营活动。① 客户融资买入证券的，以卖券还款或者直接还款的方式偿还向证券公司融入的资金。客户融券卖出的，以买券还券或者直接还券的方式偿还向证券公司融入的证券。证券公司向客户融资、融券，应当向客户收取一定比例的保证金。保证金可以证券充抵。融资融券业务是典型的增加投资杠杆的行为，提供了新型的交易方式，有利于提高资金的利用率，也有利于市场整体的价格发现，但是在市场单边上行或单边下行的时期，却容易助长单边趋势，引起市场异常波动。可以说，融资融券既是天使也是魔鬼。因此，1998年的《证券法》第三十六条曾明确规定，证券公司不得从事向客户融资或者融券的证券交易活动。

2015年我国股市异常波动之后，证券公司的融资融券业务也受到了严格的限制。比如，上交所提高融资保证金比例，降低新开仓融资合约杠杆水平，将投资者融资买入证券时的融资保证金比例由之前的50%提高至100%。新证券法也规定，证券公司从事融资融券业务，应当采取措施，严格防范和控制风险，不得违反规定向客户出借资金或者证券。针对实务中无序发展的场外配资业务，《九民纪要》也明确规定，融资融券作为证券市场的主要信用交易方式和证券经营机构的核心业务之一，依法属于国家特许经营的金融业务，未经依法批准，任何单

① 《证券公司融资融券业务管理办法》第二条。

位和个人不得非法从事配资业务。场外配资公司所开展的经营活动，本质上属于只有证券公司才能依法开展的融资活动，不仅规避了监管部门对融资融券业务中资金来源、投资标的、杠杆比例等诸多方面的限制，也加剧了市场的非理性波动。在案件审理过程中，除依法取得融资融券资格的证券公司与客户开展的融资融券业务外，对其他任何单位或者个人与用资人的场外配资合同，人民法院应当根据证券法和合同法认定为无效。

6. 证券做市交易业务

做市交易业务是新证券法新增规定的业务，指的是有相当声誉和实力的证券公司作为做市商，在交易场所持续发布买卖双向报价，并在其报价数量范围内按其报价履行与投资者的成交义务。做市交易的核心在于做市商的“双向报价”。做市交易方式下，投资者之间不能成交。做市商每个交易日发布买卖双向报价，履行做市报价义务。除非符合特殊条件（比如库存股票不足一手），做市商每次报价应当同时包含买入价格与卖出价格，且相对买卖价差不得超过一定限制幅度。做市商在做市报价过程中买入的股票，买入当日可以卖出。①

通过做市交易的安排，可以增加股票的流动性，提升交易的理性，促进价格的形成，减少波动，防范风险。目前在我国的证券交易场所中，“新三板”已引入做市交易，基础层、创新层股票可以采取做市交易方式或集合竞价交易方式进行交易。经中国证监会批准，精选层竞价交易可以引入做市商机制。国某君安、招商证券等 14 家券商第一批获新三板做市业务资格。2020 年 6 月 18 日，在第十二届陆家嘴论坛上，证监会主席易会满表示，科创板将推动引入做市商制度。②

7. 证券自营业务

所谓证券自营业务，就是证券公司以自己的资金，以自己的名义参与证券投资和交易的活动。《证券公司监督管理条例》规定，证券公司从事证券自营业务，限于买卖依法公开发行的股票、债券、权证、证券投资基金或者国务院证券监督管理机构认可的其他证券。③ 证监会专门制定《关于证券公司证券自营业务投资范围及有关事项的规定》，明确证券公司从事证券自营业务，可以买卖《证券公司证券自营投资品种清单》所列证券。现行的《证券公司证券自营投资品

① 参见《全国中小企业股份转让系统股票交易规则》第四章“做市交易方式”。

② 易会满：《抓紧出台科创板再融资办法　十大举措定调资本市场改革思路》，载证券时报的官方微信公众号 2020 年 6 月 18 日。

③ 《证券公司监督管理条例（2014 修订）》第四十一条。

种清单（2020年修订）》如下：(1) 已经和依法可以在境内证券交易所上市交易和转让的证券。(2) 已经在全国中小企业股份转让系统挂牌转让的证券。(3) 已经和依法可以在符合规定的区域性股权交易市场挂牌转让的私募债券，已经在符合规定的区域性股权交易市场挂牌转让的股票。(4) 已经和依法可以在境内银行间市场交易的证券。(5) 经国家金融监管部门或者其授权机构依法批准或备案发行并在境内金融机构柜台交易的证券。①

根据规定，证券公司将自有资金投资于依法公开发行的国债、投资级公司债、货币市场基金、央行票据等中国证券监督管理委员会（以下简称证监会）认可的风险较低、流动性较强的证券，或者委托其他证券公司或者基金管理公司进行证券投资管理，且投资规模合计不超过其净资本80%的，无须取得证券自营业务资格。②

8. 其他证券业务

所谓“其他证券业务”，指的是经证监会批准，证券公司可以经营的《证券法》《证券公司监督管理条例》和证监会的规章、规范性文件未明确规定的业务，统称为创新业务。比如，根据中国证券业协会制定的《证券公司私募基金子公司管理规范》和《证券公司另类投资子公司管理规范》，证券公司可以设立私募基金子公司从事私募股权投资基金业务和其他私募基金业务，可以设立另类子公司从事《证券公司证券自营投资品种清单》所列品种以外的金融产品、股权等另类投资业务。

9. 资产管理业务

值得注意的是，证券公司还有一项重要的业务是资产管理业务，也就是证券公司公开或非公开募集资金或者接受财产委托，设立资产管理计划并担任管理人，依照法律法规和资产管理合同的约定，为投资者的利益进行投资活动。原证券法明确列举为一项业务，但新证券法的规定是，证券公司经营证券资产管理业务的，应当符合《证券投资基金法》等法律、行政法规的规定。这一规定的转变，与2018年中国人民银行等多部门出台的《资管新规》是有关的。按照这一文件的精神，我国各个金融机构都普遍开展的资产管理业务正在从机构监管转为功能监管，不再区分具体的机构，而是从业务本质出发进行监管。

---

① 参见《关于证券公司证券自营业务投资范围及有关事项的规定（2020修订）》。

② 《关于证券公司证券自营业务投资范围及有关事项的规定（2020修订）》第三条。

目前证券公司开展资产管理业务，法律依据主要是《证券投资基金法》和《证券期货经营机构私募资产管理业务管理办法》。证券公司可以通过设立资管管理部门、资产管理子公司、公募基金公司等形式开展资产管理业务，既可以直接申请公募牌照开展公募资产管理业务，也可以开展私募资产管理业务。比如，中信证券是以资产管理部开展私募资管管理业务，以子公司华夏基金开展公募基金业务；华泰资管、东方证券资管证券公司资管子公司同时开展公募和私募资产管理业务；国都证券、北京高华证券等是取得公募基金业务资格的证券公司，开展公募资产管理业务。

10. 不同业务之间的关系

（1）证券公司的专营业务。除证券公司外，任何单位和个人不得从事证券承销、证券保荐、证券经纪和证券融资融券业务。需要说明的是，实务中银行可以从事银行间债券市场的债券承销，但由于证券法未将银行间市场的债券纳入调整范围，因此并无冲突。

（2）限制同体竞争。受同一单位、个人控制或者相互之间存在控制关系的证券公司，不得经营相同的业务。但相关公司采取有效措施，在经营区域或者目标客户群体上作明显区分，相互之间不存在竞争关系的除外。2010 年，中信证券为了满足这一规定，与位于山东、浙江的两家子公司在业务上做出区隔，将业务范围中的“证券经纪”变更为“证券经纪”(限山东省、河南省、浙江省、福建省、江西省以外区域)。①

（3）证券公司业务间的重要性区分。证券公司的业务状况是评价证券公司的核心因素。根据《证券公司分类监管规定》，证券公司相关业务发展状况符合条件的，按以下原则给予相应加分：a. 证券公司上一年度代理买卖证券业务收入位于行业前 5 名、前 10 名、前 20 名的，分别加 2 分、1 分、0.5 分，或者上一年度营业部平均代理买卖证券业务收入位于行业前 5 名、前 10 名、前 20 名的，分别加 2 分、1 分、0.5 分，前述两项按孰高分值加分；b. 证券公司上一年度承销与保荐业务收入位于行业前 5 名、前 10 名、前 20 名的，分别加 2 分、1 分、0.5 分；c. 证券公司上一年度财务顾问业务收入位于行业前 10 名、前 20 名的，分别加 1 分、0.5 分；d. 证券公司上一年度资产管理业务收入位于行业前 5

---

① 《中国证券监督管理委员会关于核准中信证券股份有限公司变更业务范围的批复》（证监许可〔2010〕1088 号）。

名、前10名、前20名的，分别加2分、1分、0.5分；e. 证券公司上一年度投资咨询业务收入位于行业前10名、前20名的，分别加1分、0.5分，或者代销金融产品业务收入位于行业前10名、前20名的，分别加1分、0.5分，前述两项按孰高分值加分。[①] 从中可以看出，在监管评价的角度，明显鼓励证券公司发展经纪业务、承销与保荐业务、财务顾问业务、资产管理业务、投资咨询业务（代销金融产品业务）五类业务，而从其中加分的幅度区别又能看出尤其看重经纪业务、承销与保荐业务和资产管理业务。

11. 法律责任

（1）非法经营证券业务的法律责任

非法经营证券业务的，同时面临行政责任和刑事责任。行政责任上，《证券法》第二百零二条第一款规定，违反本法第一百一十八条、第一百二十条第一款、第四款的规定，擅自设立证券公司、非法经营证券业务或者未经批准以证券公司名义开展证券业务活动的，责令改正，没收违法所得，并处以违法所得一倍以上十倍以下的罚款；没有违法所得或者违法所得不足一百万元的，处以一百万元以上一千万元以下的罚款。对直接负责的主管人员和其他直接责任人员给予警告，并处以二十万元以上二百万元以下的罚款。刑事责任上，我国《刑法》第二百二十五条规定，未经国家有关主管部门批准非法经营证券业务属于非法经营罪的情形，对于其中扰乱市场秩序，情节严重的，处五年以下有期徒刑或者拘役，并处或者单处违法所得一倍以上五倍以下罚金；情节特别严重的，处五年以上有期徒刑，并处违法所得一倍以上五倍以下罚金或者没收财产。

非法经营证券业务的一个典型案例是，2015年10月至2018年9月11日，马某亚、王某洁陆续通过自己注册、淘宝购买等方式取得"财经—老陈""老马说股票"等23个实名认证微博账号，并使用上述微博账号公开提供股票投资品种选择和买卖时机等证券投资建议。投资者被微博公开提供的证券投资建议吸引注意后，通过微博所公开的微信、QQ账号，与马某亚、王某洁或其雇佣人员建立联络。此外，马某亚、王某洁或其雇佣人员还通过马某亚所获取的投资者手机号码与潜在客户建立联络。在与潜在客户建立联络后，马某亚、王某洁及其雇佣人员即进行证券投资咨询业务推广和客户招揽行为，从而通过向客户提供证券投资建议的方式收取费用。在客户交纳咨询费或会员费后，马某亚、王某洁通过微

① 《证券公司分类监管规定（2020修订）》第十三条。

信、QQ 等网络平台向缴费会员提供股票投资品种选择和买卖时机建议等证券投资咨询服务，服务期限根据客户缴费数额确定。马某亚、王某洁二人系夫妻关系，马某亚实际控制 23 个微博账号，负责所推荐的具体股票的分析、筛选工作，形成证券投资建议；王某洁协助马某亚在淘宝网站购买业务推广所用实名认证的带粉丝微博账号，负责受雇人员招聘、日常考勤及工资发放，承担部分微博和微信账号的维护和为缴费客户提供后续服务等管理工作。二人在实施上述行为的过程中分工协作，相互配合，通过提供证券投资咨询服务共获取非法收入 2,686,419 元。经查，马某亚、王某洁未取得证券投资咨询业务许可。证监会认为，二人的行为构成《证券法》第一百九十七条所述的“未经批准，擅自设立证券公司或者非法经营证券业务的”行为，决定没收马某亚、王某洁违法所得 2,686,419 元，并处以 2,686,419 元罚款。[①]

（2）骗取证券业务许可的法律责任

《证券法》第二百零三条规定，提交虚假证明文件或者采取其他欺诈手段骗取证券公司设立许可、业务许可或者重大事项变更核准的，撤销相关许可，并处以一百万元以上一千万元以下的罚款。对直接负责的主管人员和其他直接责任人员给予警告，并处以二十万元以上二百万元以下的罚款。

（3）证券公司违法开展融资融券业务的法律责任

证券法专门对违法开展融资融券业务进行了规定。《证券法》第二百零二条第二款规定，证券公司违反本法第一百二十条第五款规定提供证券融资融券服务的，没收违法所得，并处以融资融券等值以下的罚款；情节严重的，禁止其在一定期限内从事证券融资融券业务。对直接负责的主管人员和其他直接责任人员给予警告，并处以二十万元以上二百万元以下的罚款。2017 年 5 月 24 日，三家券商同时发布公告，因违反融资融券相关规定，违规为某度（上海）贸易有限公司开立信用账户，违规提供融资融券服务，分别受到证监会采取责令改正，给予警告，同时没收违法所得并处罚款等处罚。[②]

（四）证券公司的变更

《证券法》第一百二十二条规定，证券公司变更证券业务范围，变更主要股

① 《中国证监会行政处罚决定书（马某亚、王某洁）》，〔2019〕103 号。

② 参见《违反融资融券相关规定　三家证券公司被罚》，载《中国证券报》2017 年 5 月 25 日。

东或者公司的实际控制人，合并、分立、停业、解散、破产，应当经国务院证券监督管理机构核准。在重大变更的审批事项上，旧法中的“设立、收购或者撤销分支机构，增加注册资本且股权结构发生重大调整，减少注册资本，变更公司章程中的重要条款”无需再经过审批，新法只留下最为重大的部分，体现了注册制下行政力量参与同时兼顾必要性和审慎性。

1. 需要核准的变更事项

（1）变更业务范围。证券公司变更业务范围应当经证监会批准。变更业务范围分为增加业务种类和减少业务种类，证券公司一次申请增加的业务不超过2种。证券公司在取得换发的经营证券业务许可证前，不得经营申请增加的业务，也不得进行与申请增加的业务有关的宣传推介、联系客户等营销活动。证券公司获准增加证券经纪、证券资产管理、融资融券等为客户提供服务的业务的，应当在取得换发的经营证券业务许可证后，采取有效措施，开展与该业务有关的法制宣传、知识普及和风险提示等投资者教育活动。①

（2）变更主要股东或者实际控制人。证券公司变更主要股东或者公司的实际控制人，应当依法报中国证监会批准。证券公司的控股股东、实际控制人实际控制证券公司的股权比例增至100%的，证券公司应当在公司登记机关办理变更登记后5个工作日内，向中国证监会备案。证券公司变更注册资本、股权或者5%以上股权的实际控制人，不涉及前述情形的，应当在公司登记机关办理变更登记之日起（依法不需办理公司变更登记的，自相关确权登记之日起）5个工作日内，向公司住所地中国证监会派出机构备案。证券公司在证券交易所、全国中小企业股份转让系统发生的股权变更不适用本款规定。②

（3）合并、分立、停业、解散、破产。证券公司合并、分立、停业、解散、破产，应当经国务院证券监督管理机构核准。2019年11月，中国证监会发布关于政协十三届全国委员会第二次会议第3353号（财税金融类280号）提案答复的函，其中提出要推动打造航母级证券公司，鼓励市场化并购重组，支持行业做优做强。2020年以来，证券公司合并的传闻就时有出现。2020年9月，国联证券和国金证券正式公告正在筹划由国联证券向国金证券全体股东发行A股股票的方式换股吸收合并国金证券。在合并过程中，就应当取得证监会的批准。

① 《证券公司业务范围审批暂行规定（2017修订）》第七条。

② 参见《证券公司股权管理规定（2021年修正）》。

2. 法律责任

（1）擅自变更重大事项的法律责任

《证券法》第二百零四条规定，证券公司违反证券法的规定，未经核准变更证券业务范围，变更主要股东或者公司的实际控制人，合并、分立、停业、解散、破产的，责令改正，给予警告，没收违法所得，并处以违法所得一倍以上十倍以下的罚款；没有违法所得或者违法所得不足五十万元的，处以五十万元以上五百万元以下的罚款；情节严重的，并处撤销相关业务许可。对直接负责的主管人员和其他直接责任人员给予警告，并处以二十万元以上二百万元以下的罚款。

（2）骗取重大事项变更核准的法律责任

根据《证券法》第二百零三条的规定，提交虚假证明文件或者采取其他欺诈手段骗取证券公司重大事项变更核准的，撤销相关许可，并处以一百万元以上一千万元以下的罚款。对直接负责的主管人员和其他直接责任人员给予警告，并处以二十万元以上二百万元以下的罚款。

（五）证券公司的股东

证券法除了原则性规定了设立证券公司时股东的条件，也对股东的禁止行为作出了明确规定。《证券法》第一百四十一条规定，证券公司的股东有虚假出资、抽逃出资行为的，国务院证券监督管理机构应当责令其限期改正，并可责令其转让所持证券公司的股权。在前款规定的股东按照要求改正违法行为、转让所持证券公司的股权前，国务院证券监督管理机构可以限制其股东权利。

《证券公司股权管理规定》对证券公司股东的禁止行为进一步作出了规定。证券公司的股东需要履行股东责任，不得有下列行为：（1）虚假出资、出资不实、抽逃出资或者变相抽逃出资；（2）违反法律、行政法规和公司章程的规定干预证券公司的经营管理活动；（3）滥用权利或影响力，占用证券公司或者客户的资产，进行利益输送，损害证券公司、其他股东或者客户的合法权益；（4）违规要求证券公司为其或其关联方提供融资或者担保，或者强令、指使、协助、接受证券公司以其证券经纪客户或者证券资产管理客户的资产提供融资或者担保；（5）与证券公司进行不当关联交易，利用对证券公司经营管理的影响力获取不正当利益；（6）未经批准，委托他人或接受他人委托持有或管理证券公司股权，变相接受或让渡证券公司股权的控制权；（7）中国证监会禁止的其他行为。证券公司的实际控制人也应当遵守这些规定。①

(六) 证券公司的董监高

《证券法》第一百二十四条第一款规定，证券公司的董事、监事、高级管理人员，应当正直诚实、品行良好，熟悉证券法律、行政法规，具有履行职责所需的经营管理能力。证券公司任免董事、监事、高级管理人员，应当报国务院证券监督管理机构备案。证券公司的董事、监事、高级管理人员是证券公司的日常决策和经营管理者，对于公司的规范运营和风险管理至关重要。证券公司高级管理人员，是指证券公司的总经理、副总经理、财务负责人、合规负责人、董事会秘书以及实际履行上述职务的人员。证券公司行使经营管理职责的管理委员会、执行委员会以及类似机构的成员为高管人员。

原证券法规定，证券公司董监高任职前要取得国务院证券监督管理机构核准的任职资格。《证券公司监督管理条例》进一步明确，证券公司不得聘任、选任未取得任职资格的人员担任前款规定的职务；已经聘任、选任的，有关聘任、选任的决议、决定无效。新证券法取消了证券公司董监高的任职资格，同时由事前审批改为事后备案，极大简化了董监高任职的程序。

对于董监高的任职条件，证券法分别规定了积极条件和消极条件。积极条件方面，证券公司的董事、监事、高级管理人员，应当正直诚实，品行良好，熟悉证券法律、行政法规，具有履行职责所需的经营管理能力。消极条件方面，《证券法》第一百二十四条第二款规定，有《公司法》第一百四十六条规定的情形或者下列情形之一的，不得担任证券公司的董事、监事、高级管理人员：因违法行为或者违纪行为被解除职务的证券交易场所、证券登记结算机构的负责人或者证券公司的董事、监事、高级管理人员，自被解除职务之日起未逾五年；因违法行为或者违纪行为被吊销执业证书或者被取消资格的律师、注册会计师或者其他证券服务机构的专业人员，自被吊销执业证书或者被取消资格之日起未逾五年。

《证券法》第一百四十二条规定，证券公司的董事、监事、高级管理人员未能勤勉尽责，致使证券公司存在重大违法违规行为或者重大风险的，国务院证券监督管理机构可以责令证券公司予以更换。

需要注意的是，我国证券公司的股东大部分都是国有法人机构，持股比例集

① 《证券公司股权管理规定（2021 年修正）》第二十九条。

中、缺乏独立董事。掌握“控制权”的人不承担经营风险，公司管理层不能很好地处理自身利益与公司发展的关系，存在明显的短期化倾向。管理层在上市公司超额利益的诱导下，容易同流合污。过去核准制下有证监会把关，证券发行上市要经过审核，中介机构的一部分违法行为被拦在资本市场之外，被扼杀在摇篮之中。注册制下，经过审核的证券将直接进入市场，中介机构的违法行为会直接形成损害结果，市场不允许中介机构有试错这样的侥幸心理存在。证券公司的决策，出具的文件在经受市场检验之前，必须经得起公司内部的审核。从决策或者文件的提出、商讨、制定、公布的全过程，不应当只有管理层的参与或者管理层占绝对控制地位。证券公司应该优化内部治理结构，增加独立董事和监事会的席位和职权，同时分散部分股权，赋予各方在公司中的话语权，有权利冲突才会形成权利制衡，最后才会达到利益平衡。

（七）证券从业人员

《证券法》第一百二十五条规定，证券公司从事证券业务的人员应当品行良好，具备从事证券业务所需的专业能力。因违法行为或者违纪行为被开除的证券交易场所、证券公司、证券登记结算机构、证券服务机构的从业人员和被开除的国家机关工作人员，不得招聘为证券公司的从业人员。国家机关工作人员和法律、行政法规规定的禁止在公司中兼职的其他人员，不得在证券公司中兼任职务。

1. 证券从业人员的任职条件

（1）积极条件。证券公司的专业性，取决于从业人员的专业性；证券公司的勤勉尽责建立在从业人员勤勉尽责的基础上。证券公司应该提高从业人员的选任门槛，加强对从业人员的素质教育，定期进行执业培训和水平测试。这些是证券公司作为市场化的专业中介机构的应有之义。值得注意的是，根据新证券法的规定，证券公司设立时，不再需要证券公司的从业人员具备证券从业资格证，但是该法第一百二十五条又规定公司经营过程中从业人员要具备专业能力，专业能力如何评定，从业人员的证券从业资格证是否不再是硬性要求，法律并没有明确这些问题。

（2）消极条件。消极条件区分为不得招聘为证券从业人员的范围和不得在证券公司兼职的人员范围两个方面。不得招聘为证券从业人员的范围是：因违法行为或者违纪行为被开除的证券交易场所、证券公司、证券登记结算机构、证券服务机构的从业人员和被开除的国家机关工作人员。不得在证券公司兼职的人员范围是：国家机关工作人员和法律、行政法规规定的禁止在公司中兼职的其他人员。比如，2020 年 7 月，司法部专门下发《司法部办公厅关于在律师队伍中开展违规兼职等行为专项清理活动的通知》，明确禁止专职律师违规兼职。

2. 证券从业人员的内部激励

良性的员工管理应当是在外部约束的同时，也有内部激励。新证券法在公开发行的情形中豁免了公司的员工持股计划。因此，证券公司可以适当给优秀员工配股，实现激励约束相容。当员工自身利益与公司利益“荣损与共”时，才更能激励其在履职过程中尽到应尽的注意义务，以公司的长远发展为利益导向。

3. 证券从业人员职务行为的责任承担

《证券法》第一百三十六条第一款规定，证券公司的从业人员在证券交易活动中，执行所属的证券公司的指令或者利用职务违反交易规则的，由所属的证券公司承担全部责任。

4. 禁止证券从业人员私下接受客户委托买卖证券

《证券法》第一百三十六条第二款规定，证券公司的从业人员不得私下接受客户委托买卖证券。如果证券从业人员的行为不是职务行为，而是利用职务便利或从业身份私下为之，责任由证券公司的从业人员承担。证券法上明确禁止证券公司的从业人员私下接受客户委托买卖证券。《证券法》第二百一十条规定，证券公司的从业人员违反本法第一百三十六条的规定，私下接受客户委托买卖证券的，责令改正，给予警告，没收违法所得，并处以违法所得一倍以上十倍以下的罚款；没有违法所得的，处以五十万元以下的罚款。

三、证券公司的风险控制规则

证券公司的风险控制是证券公司的生命线，再怎么强调都不为过。系统性金融风险爆发的背后，总会有证券公司的影子，证券公司自身往往也是伤痕累累。为此，证券法专门构建了一套风险控制的规则体系，包括风控指标的建立、融资担保的限制、投保基金的设立、交易风险准备金的提取、内部控制制度的规范、审计评估、一般风险处置和重大风险处置等规则，从而在法律上搭建起了证券公司风险控制的基本框架。

（一）证券公司的风险控制指标

《证券法》第一百二十三条第一款规定，国务院证券监督管理机构应当对证券公司净资本和其他风险控制指标作出规定。证券公司的风险控制，主要是通过证监会制定的以净资本和流动性为核心的风险控制指标体系来实现的，具体的依据是《证券公司风险控制指标管理办法》。《管理办法》的主要内容包括：

1. 证券公司编制风险控制指标监管报表。证券公司应当遵循审慎、实质重于形式的原则，计算净资本、风险覆盖率、资本杠杆率、流动性覆盖率、净稳定资金率等各项风险控制指标，编制净资本计算表、风险资本准备计算表、表内外资产总额计算表、流动性覆盖率计算表、净稳定资金率计算表、风险控制指标计算表等监管报表（统称风险控制指标监管报表）。

2. 证券公司建立动态的风险控制指标监控和资本补足机制。证券公司应当根据自身资产负债状况和业务发展情况，建立动态的风险控制指标监控和资本补足机制，确保净资本等各项风险控制指标在任一时点都符合规定标准。证券公司应当在发生重大业务事项及分配利润前对风险控制指标进行压力测试，合理确定有关业务及分配利润的最大规模。证券公司应当建立健全压力测试机制，及时根据市场变化情况及监管部门要求，对公司风险控制指标进行压力测试。压力测试结果显示风险超过证券公司自身承受能力范围的，证券公司应采取措施控制业务规模或降低风险。

3. 证监会确定以净资本为核心的风险控制指标标准。首先，证券公司净资本由核心净资本和附属净资本构成。其中：核心净资本＝净资产－资产项目的风险调整－或有负债的风险调整－/＋中国证监会认定或核准的其他调整项目。附属净资本＝长期次级债×规定比例－/＋中国证监会认定或核准的其他调整项目。证券公司经营证券经纪业务的，其净资本不得低于人民币 2000 万元。证券公司经营证券承销与保荐、证券自营、证券资产管理、其他证券业务等业务之一的，其净资本不得低于人民币 5000 万元。证券公司经营证券经纪业务，同时经营证券承销与保荐、证券自营、证券资产管理、其他证券业务等业务之一的，其净资本不得低于人民币 1 亿元。证券公司经营证券承销与保荐、证券自营、证券资产管理、其他证券业务中两项及两项以上的，其净资本不得低于人民币 2 亿元。

其次，证券公司必须持续符合下列风险控制指标标准：（1）风险覆盖率不得低于 100%；（2）资本杠杆率不得低于 8%；（3）流动性覆盖率不得低于

100%；（4）净稳定资金率不得低于 100%。其中：风险覆盖率=净资本/各项风险资本准备之和×100%；资本杠杆率=核心净资本/表内外资产总额×100%；流动性覆盖率=优质流动性资产/未来 30 天现金净流出量×100%；净稳定资金率=可用稳定资金/所需稳定资金×100%。

最后，证监会对各项风险控制指标设置预警标准，对于规定“不得低于”一定标准的风险控制指标，其预警标准是规定标准的 120%；对于规定“不得超过”一定标准的风险控制指标，其预警标准是规定标准的 80%。①

需要注意的是，为推动证券行业持续稳健发展，进一步增强证券公司风控指标体系的有效性和适应性，2020 年 1 月 23 日，证监会发布了《证券公司风险控制指标计算标准规定》，完善证券公司风控指标体系，特别是部分新业务的计算标准，以适应新形势下风险管理和行业发展的需要。该规定于 2020 年 6 月 1 日正式施行。

（二）证券公司提供融资担保的限制

《证券法》第一百二十三条第二款规定，证券公司除依照规定为其客户提供融资融券外，不得为其股东或者股东的关联人提供融资或者担保。这是由证券公司的的涉众性和证券行业的特征决定的，也是证券行业发展历史上风险处置经验的总结。如果允许证券为其股东或者股东的关联人提供融资或者担保，证券公司就可能沦为他人的提款机。2019 年，证监会对华信证券进行处罚和实施风险处置，其首要的违法行为就是将自有资金为股东提供融资。具体而言，2018 年 2 月 13 日，上海华信国际集团财务有限责任公司（以下简称华信财务）总经理王某等人到华信证券，出具了上海华信国际集团有限公司（以下简称上海华信，持有华信证券 100%股权）《关于紧急调用上海华信证券有限责任公司资金的情况说明》，称上海华信需要紧急兑付公开市场债券，指令华信证券将 6 亿元自有资金划转给上海华信。当日下午，华信证券将招商银行基本账户上的 6 亿元划入建设银行金桥支行的尾号为 0935 自有资金账户（以下简称 0935 账户，系与华信财务的共管账户），随即资金被华信财务转至上海华信。此外，华信证券还存在以购买和租赁房产名义向股东关联方划款，以证券资产管理客户的资产为股东提供融资等行为。证监会认为，华信证券的行为，违反了《证券法》“证券公司不得为

① 参见《证券公司风险控制指标管理办法（2020 修正）》。

其股东或者股东的关联人提供融资或者担保”的规定，对其及相关责任人作出了处罚。①

对于证券公司违法提供融资担保的法律责任，《证券法》第二百零五条规定，证券公司违反本法第一百二十三条第二款的规定，为其股东或者股东的关联人提供融资或者担保的，责令改正，给予警告，并处以五十万元以上五百万元以下的罚款。对直接负责的主管人员和其他直接责任人员给予警告，并处以十万元以上一百万元以下的罚款。股东有过错的，在按照要求改正前，国务院证券监督管理机构可以限制其股东权利；拒不改正的，可以责令其转让所持证券公司股权。

（三）证券投资者保护基金

《证券法》第一百二十六条规定，国家设立证券投资者保护基金。证券投资者保护基金由证券公司缴纳的资金及其他依法筹集的资金组成，其规模以及筹集、管理和使用的具体办法由国务院规定。在2005年《证券法》的首次大修中，正式建立了证券投资者保护基金制度，主要用于弥补被撤销、关闭和破产的证券公司挪用的客户交易结算资金缺口。同年，经国务院批准，中国证监会、财政部、人民银行联合发布《证券投资者保护基金管理办法》，由中央财政出资63亿元成立了中国证券投资者保护基金公司（以下简称投保基金公司），作为证券投资者保护基金的运作管理机构。2016年，证监会等部门对《办法》进行了修订。

1. 基金的筹集。基金按照取之于市场、用之于市场的原则筹集。基金的来源包括：（1）上海、深圳证券交易所在风险基金分别达到规定的上限后，交易经手费的20%纳入基金。（2）所有在中国境内注册的证券公司，按其营业收入的0.5%－5%缴纳基金；经营管理或运作水平较差、风险较高的证券公司，应当按较高比例缴纳基金。各证券公司的具体缴纳比例由基金公司根据证券公司风险状况确定后，报证监会批准，并按年进行调整。证券公司缴纳的基金在其营业成本中列支。(3) 发行股票、可转债等证券时，申购冻结资金的利息收入。(4) 依法向有关责任方追偿所得和从证券公司破产清算中受偿收入。(5) 国内外机构、组织及个人的捐赠。(6) 其他合法收入。

基金公司设立时，财政部专户储存的历年认购新股冻结资金利差余额，一次

① 参见《中国证监会行政处罚决定书（华信证券）》，〔2019〕122号。

性划入，作为基金公司的注册资本；中国人民银行安排发放专项再贷款，垫付基金的初始资金。专项再贷款余额的上限以国务院批准额度为准。根据防范和处置证券公司风险的需要，基金公司可以多种形式进行融资。必要时，经国务院批准，基金公司可以通过发行债券等方式获得特别融资。基金公司因履行职责需要流动性支持时，证监会会同中国人民银行报请国务院批准后，可以向中国人民银行申请再贷款。

证券公司采用当年预缴、次年汇算清缴的方式缴纳基金。证券公司应在年度审计结束后，根据其审计后的收入和事先核定的比例确定需要缴纳的基金金额，并及时向基金公司申报清缴。2020 年 3 月 6 日，为强化资本市场对新型冠状病毒肺炎疫情防控工作的支持，加强金融逆周期调节力度，降低疫情对证券公司经营活动的暂时性影响，增强证券行业服务实体经济能力，中国证监会决定，A 类、B 类、C 类、D 类证券公司，分别按照其营业收入的 0.5%、0.6%、0.7%、0.7%的比例缴纳 2019 年度证券投资者保护基金。2020 年度证券投资者保护基金的缴纳比例参照执行。①

自基金设立以来，规模不断增长，但启用的次数并不多，造成了资金一定意义上的闲置。因此，新证券法授权国务院对基金的规模作出规定，根据实际需要调整。

2. 基金的使用。投资者在证券投资活动中因证券市场波动或投资产品价值本身发生变化所导致的损失，由投资者自行负担。基金的用途为：（1）证券公司被撤销、被关闭、破产或被证监会实施行政接管、托管经营等强制性监管措施时，按照国家有关政策规定对债权人予以偿付；（2）国务院批准的其他用途。

为了保证基金的安全，同时为了保值增值，基金的资金运用限于银行存款、购买政府债券、中央银行票据、中央企业债券、信用等级较高的金融机构发行的金融债券以及国务院批准的其他资金运用形式。

3. 基金的管理。中国证券投资者保护基金有限责任公司负责基金的筹集、管理和使用，并负责监测证券公司风险，参与证券公司风险处置工作。但在运行过程中，投保基金公司已经逐渐成为一个具有综合职能的重要投资者保护机构。比如，管理先行赔付基金、行政和解金，参与证券期货诉调对接，推动持续畅通

① 《关于降低证券公司 2019 年度及 2020 年度证券投资者保护基金缴纳比例的公告》（中国证券监督管理委员会公告〔2020〕19 号）。

投资者维权渠道，等等。在新证券法建立的证券纠纷代表人诉讼中，投保基金公司是符合条件的“投资者保护机构”之一，也将发挥重大的作用。在证券纠纷代表人诉讼的初期，中证中小投资者服务中心作为诉讼主体，负责参加代表人诉讼，中国证券投资者保护基金公司负责损失测算等后台支持工作。[①] 但是，也有人指出，目前我国证券投资者保护基金每年的筹集金额远远大于使用金额，存在大量的资金闲置的问题。[②]

（四）交易风险准备金

《证券法》第一百二十七条规定，证券公司从每年的业务收入中提取交易风险准备金，用于弥补证券经营的损失，其提取的具体比例由国务院证券监督管理机构会同国务院财政部门规定。

1. 交易风险准备金的提取规则。对于证券公司而言，每年除了根据《公司法》提取法定公积金，根据《证券法》提取证券投资者保护基金外，还需要根据《证券法》提取交易风险准备金，根据《证券公司监督管理条例》提取一般风险准备金。具体基数和比例方面，法定公积金和一般风险准备金是税后利润的10%，证券投资者保护基金是营业收入的0.5%－5%，根据原证券法，交易风险准备金是不低于税后利润的10%。[③] 但新证券法修改了交易风险准备金的基数和比例，改为从业务收入中提取交易风险准备金，具体比例由国务院证券监督管理机构会同国务院财政部门规定。这一修改意味着交易风险准备金在税前提取。在用途方面，也由弥补交易的损失改为弥补经营的损失，用途更加广泛；不过与一般风险准备金“弥补经营亏损”的用途产生重合。

2. 证券公司的经营风险。注册制改革对于中介机构来说机遇与风险并存。首先，面对经济下行的宏观环境，证券公司等金融机构承受着去杠杆去通道的持续压力，资产规模一再缩小。注册制带来的配套制度改革还在进行当中，在这个至关重要的过渡时期，规模小、不成熟的证券公司很容易被市场淘汰。其次，证券公司还面临着更大的法律风险，承担着更大的监管职责。从过去为上市公司服

---

① 《证监会新闻发言人回答本报记者提问时表示：高度重视证券集体诉讼》，载中国证券报－中证网2020年9月19日，http：//www. cs. com. cn/xwzx/hg/202009/t20200919_6096026. html，最后访问时间2021年8月10日。

② 参见郭艳芳：《新〈证券法〉》视角下先行赔付制度的探讨》，载《西南金融》2021年第8期。

③ 参照《证券公司年报监管工作指引第1号—基本工作要点》。

务，到现在为资本市场服务，证券公司要清楚地认识到其职能和角色的转变。证券公司要对法律和市场抱有敬畏之心，引进先进的风险防范技术、制定新的风险防范措施和合规管理制度，坚决背离不正当的利益驱动，勤勉尽责地履行“看门人”职责。最后，证券公司面临的操作风险。大数据、云计算、人工智能等概念层出不穷，技术创新极大地方便了市场主体，减少了交易成本，节省了市场资源，提高了经济运行的效率。同样资本市场的程序化交易本质就是速度。程序化交易投资者使用服务器托管延时可以缩小到1毫秒以内，而平常的网络报单延时达到几十毫秒。程序化交易能够快速地形成收益，也能够在极短的时间内造成巨大的损失。如果类似“乌龙指”这样的操作失误出现在程序化交易当中，后果不堪设想。因此，证券公司应该对科技创新持有谨慎态度，重点关注创新背后是否有强大的技术支撑，并且对操作人员进行多重培训和考核，增强其风险意识。总之，资本市场风险无处不在，尤其处于注册制下市场资源重新配置的阶段，证券公司提取风险准备金显得十分必要。

（五）内部控制制度

《证券法》第一百二十八条规定，证券公司应当建立健全内部控制制度，采取有效隔离措施，防范公司与客户之间、不同客户之间的利益冲突。证券公司必须将其证券经纪业务、证券承销业务、证券自营业务、证券做市业务和证券资产管理业务分开办理，不得混合操作。

证券公司的风险控制水平，受到内部控制是否有效、合规管理是否到位、高级管理人员是否勤勉尽责、从业人员是否专业等因素的影响。其中最为重要的是内部控制与合规管理。与合规管理的外部约束不同，内部控制是证券公司的自我约束。证券公司内部控制是指证券公司为实现经营目标，根据经营环境变化，对证券公司经营与管理过程中的风险进行识别、评价和管理的制度安排、组织体系和控制措施。①

完整的证券公司内控制度涉及方方面面，做到事前、事中、事后控制相统一；覆盖证券公司的所有业务、部门和人员，渗透到决策、执行、监督、反馈等各个环节，确保不存在内部控制的空白或漏洞。具体来说，证券公司内控制度至少包含以下内容：确保客户资产的安全完整的制度，动态的净资本监控机制，与

① 《证券公司内部控制指引》第二条。

股东、实际控制人、关联方之间的隔离机制，授权管理和问责制度，业务隔离墙制度，集中清算、集中核算、客户资料集中管理等制度，明确的风险管理流程和风险化解方法，信息交流渠道和重大事项报告制度，业务台账管理制度，合同和诉讼管理制度等。

但证券公司内控制度最为核心的是采取有效隔离措施，防范公司与客户之间、不同客户之间的利益冲突。公司与客户之间采取隔离措施，重点是加强自有资金和客户资金的风险控制，防范挪用客户交易结算资金及其他客户资产，保证证券公司及其员工对客户的忠诚，防止利益冲突。客户与客户之间采取隔离措施，目的是公平对待客户，防范不同客户之间的利益冲突。在具体的措施方面，《证券法》规定，证券公司必须将其证券经纪业务、证券承销业务、证券自营业务、证券做市业务和证券资产管理业务分开办理，不得混合操作。在不同业务中，证券公司承担的角色和代表的利益并不一致。比如，自营业务和经纪业务之间，如果缺乏有效隔离，证券公司就可能出现道德风险，作为资产管理计划的委托人的利益无法保障。需要注意的是，这里不同业务间的分开办理，是两两分开办理，不得出现任何二者间的混合操作。

比如，2020 年上半年，某和证券因“公司内控合规管理存在较大缺陷，问题较多，特别是资管、投顾业务混合办公，未采取有效措施防范资管、投顾产品间交易，存在利益输送隐患”等问题被处罚，具体的情况是，2018 年 7 月，某和证券定向资管产品臻和 5 号将当日发生实质兑付风险的 3500 万元“17 永泰能源 MTN002”以净价 85.82 元卖给东某证券；同日内，该公司投顾产品汇鑫 293 号从东某证券买入等量“17 永泰能源 MTN002”，净价为 85.86 元，风控部门未监控核查。①

从中我们看到，证券公司涉及债券的业务条线包括投行业务、资管业务、经纪业务、自营业务等。四类业务虽然都涉及债券，但在法律责任的重点上是不一样的。其中投行业务证券公司担任的角色是债券承销商和受托管理人，既要确保债券募集发行文件的真实、准确、完整，又要对债券发行人做好后续的督导，在法律责任上来说是最重的。在经纪业务中，券商主要作为交易通道存在，不得代

① 中国证监会：《关于对万和证券股份有限公司采取责令改正措施的决定》，http：//www.csrc.gov.cn/newsite/zqjjjgjgb/zqjjjgjgbxzjgcs/zqjjjgjgcszql/202006/t20200630_379082.html，最后访问时间是 2021 年 5 月 9 日。

客户进行交易。而资管业务项下，券商作为管理人，债券是所管理财产的一类投向，承担的是忠实勤勉义务。自营业务则需要受到监管上关于自营规模与公司净资本的比例等要求。监管对于这四类业务以及内控和隔离的监管，向来都是明确而严厉的。随着市场上债券违约频发，券商作为承销商和受托管理人受到行政处罚和民事追责的事例不断增多，相关业务的监管也更趋严格。

正是因为有不同的业务涉及债券，所以《证券法》上有明确的规定，证券公司必须将其证券经纪业务、证券承销业务、证券自营业务、证券做市业务和证券资产管理业务分开办理，不得混合操作。如果被认定存在将发生实质违约的债券在资管账户、客户投顾账户（属于经纪业务）或者自营业务之间进行交易的话，不仅可能涉及违反"禁止刚兑"等监管要求，还可能涉嫌违反证券法对混合操作的明确禁止，也可能因为涉嫌损害客户的利益而承担相应的民事责任。

关于混合操作的法律责任，《证券法》第二百零六条规定，证券公司违反本法第一百二十八条的规定，未采取有效隔离措施防范利益冲突，或者未分开办理相关业务、混合操作的，责令改正，给予警告，没收违法所得，并处以违法所得一倍以上十倍以下的罚款；没有违法所得或者违法所得不足五十万元的，处以五十万元以上五百万元以下的罚款；情节严重的，并处撤销相关业务许可。对直接负责的主管人员和其他直接责任人员给予警告，并处以二十万元以上二百万元以下的罚款。相比原证券法，在处罚幅度上有较大幅度的提升。因此，对于混合操作问题带来的严重法律后果，券商要引起高度重视，无论是大券商，还是中小券商，都是如此。对于风险管理制度不够健全，特别是人员和部门隔离不健全的中小券商而言，更要引起足够重视。①

（六）对证券公司的审计评估

《证券法》第一百三十九条规定，国务院证券监督管理机构认为有必要时，可以委托会计师事务所、资产评估机构对证券公司的财务状况、内部控制状况、资产价值进行审计或者评估。具体办法由国务院证券监督管理机构会同有关主管部门制定。对证券公司的审计分为三个类别。

第一类，是证券公司年度报告中的财务会计报告、风险控制指标报告以及国

① 参见何海锋就监管亮剑债券业务违规接受《中国经营报》的采访，文章标题：《20天10家券商领罚 监管亮剑债券业务违规》，载《中国经营报》2020年7月3日。

务院证券监督管理机构规定的其他专项报告，应当经具有证券、期货相关业务资格的会计师事务所审计。这是证券公司按照法律法规的要求自己聘请的审计。

第二类，是根据《证券法》第八条的规定，国家审计机关依法对证券交易所、证券公司、证券登记结算机构、证券监督管理机构进行审计监督。这是从国家审计监督的角度作出的规定。

第三类，是《证券法》第一百三十九条规定的情形。这是从评估证券公司风险状况，评估是否采取风险处置措施的角度，由证监会安排的审计。按照证券法的规定，除了审计之外，证监会也可以委托资产评估机构对证券公司进行评估。

（七）证券公司的一般风险处置

证券公司是证券市场最重要的参与者，是投资者与资本市场的连接点，涉及社会公共利益。一旦发生风险，极有可能对金融市场发生系统性的影响。因此，国家十分看重证券公司的风险处置。证券公司的风险，按照严重性，可以分为一般风险和重大风险。一般风险指的是《证券法》一百四十条规定的证券公司的治理结构、合规管理、风险控制指标不符合规定的风险。重大风险指的是《证券法》一百四十三条规定的严重危害证券市场秩序、损害投资者利益的风险。

对于一般风险，《证券法》第一百四十条第一款规定，证券公司的治理结构、合规管理、风险控制指标不符合规定的，国务院证券监督管理机构应当责令其限期改正；逾期未改正，或者其行为严重危及该证券公司的稳健运行、损害客户合法权益的，国务院证券监督管理机构可以区别情形，对其采取下列措施：限制业务活动，责令暂停部分业务，停止核准新业务；限制分配红利，限制向董事、监事、高级管理人员支付报酬、提供福利；限制转让财产或者在财产上设定其他权利；责令更换董事、监事、高级管理人员或者限制其权利；撤销有关业务许可；认定负有责任的董事、监事、高级管理人员为不适当人选；责令负有责任的股东转让股权，限制负有责任的股东行使股东权利。对于其中“责令更换董事、监事、高级管理人员或者限制其权利”的措施，《证券法》第一百四十二条规定，证券公司的董事、监事、高级管理人员未能勤勉尽责，致使证券公司存在重大违法违规行为或者重大风险的，国务院证券监督管理机构可以责令证券公司予以更换。

相关案例是，由于华信证券违法存在以自有资金为股东提供融资，以购买和租赁房产名义向股东关联方划款，以证券资产管理客户的资产为股东提供融资等违法违规行为，净资本等风险控制指标不符合规定等行为，2018 年，证监会对华信证券先后采取了限制股东权利、暂停资产管理业务、责令改正等监管措施。2019 年 11 月，证监会作出撤销华信证券全部业务许可的监管措施。①

另外一个例子是，2019 年 5 月，证监会查实国融证券债券交易存在如下问题：一是风险控制流于形式，存在风控系统中大量预警信息未处理、风控数据与交易系统数据不一致等情况；二是经营管理混乱，人员隔离、岗位隔离、业务隔离要求没有落实，如资产管理二部与负责投顾的财富管理二部人员混合办公，债券交易人员离职信息未及时更新等；三是业务管控缺失，如对公司投顾产品“邻水融富 1 号”从公司资管产品“日鑫多利”买入债券，公司投顾产品“邻水融富 1 号”向公司投顾产品“聚垚融富 2 号”卖出债券缺乏有效监控等。因此，证监会决定对国融证券采取限制债券自营业务 6 个月等监管措施。②

关于整改的结果，《证券法》第一百四十条第二款规定，证券公司整改后，应当向国务院证券监督管理机构提交报告。国务院证券监督管理机构经验收，治理结构、合规管理、风险控制指标符合规定的，应当自验收完毕之日起三日内解除对其采取的前款规定的有关限制措施。

（八）证券公司的重大风险处置

对于证券公司的重大风险，《证券法》第一百四十三条规定，证券公司违法经营或者出现重大风险，严重危害证券市场秩序、损害投资者利益的，国务院证券监督管理机构可以对该证券公司采取责令停业整顿、指定其他机构托管、接管或者撤销等监管措施。2008 年，国务院专门颁布了《证券公司风险处置条例》，对证券法的规定进行了细化，并于 2016 年进行了修订。《条例》颁布和修订的年份都是我国出现较大的市场波动和金融风险的时期，体现了风险处置工作的针对性和多变性。

① 《关于对上海华信证券有限责任公司采取撤销业务许可措施的决定》，http://www.csrc.gov.cn/pub/newsite/zqjjjgjgb/zqjjjgjgbxzjgcs/zqjjjgjgbxzjgcszql/201911/t20191115_366061.html，最后访问时间 2021 年 5 月 8 日。

② 《关于对国融证券股份有限公司采取限制业务活动措施的决定》，http://www.csrc.gov.cn/pub/newsite/zqjjjgjgb/zqjjjgjgbxzjgcs/zqjjjgjgbxzjgcszql/201905/t20190521_356171.html，最后访问时间 2021 年 3 月 2 日。

1. 重大风险处置的条件。证券公司违法经营或者出现重大风险，严重危害证券市场秩序、损害投资者利益。

2. 重大风险处置的主体。国务院证券监督管理机构依法对处置证券公司风险工作进行组织、协调和监督。国务院证券监督管理机构应当会同中国人民银行、国务院财政部门、国务院公安部门、国务院其他金融监督管理机构以及省级人民政府建立处置证券公司风险的协调配合与快速反应机制。处置证券公司风险过程中，有关地方人民政府应当采取有效措施维护社会稳定。

3. 重大风险处置的措施。《证券法》规定了责令停业整顿、指定其他机构托管、接管、撤销四种处置措施，《条例》还规定了行政重组，并且依据《企业破产法》细化了证券公司破产清算和重整的程序。停业整顿是自我整改的一种处置措施。当证券公司风险控制指标不符合规定，在规定期限内未能完成整改时，证监会可以责令其停止部分或者全部业务进行整顿。

托管、接管是无自我整改能力，需要借助外力进行整顿的一种处置措施。当证券公司治理混乱、管理失控，或者挪用客户资产且不能自行弥补，或者在证券交易结算中多次发生交收违约、交收违约数额较大，或者风险控制指标不符合规定、发生重大财务危机时，证监会按规定程序选择专业机构成立托管组，对其证券经纪等涉及客户的业务进行托管；情节严重的，证监会按规定程序组织专业人员成立接管组，接管该证券公司。

行政重组是出现重大风险，但财务信息真实、完整，省级人民政府或者有关方面予以支持，有可行的重组计划的证券公司，可以由国务院证券监督管理机构对其进行行政重组。

撤销是对经停业整顿、托管、接管或者行政重组在规定期限内仍达不到正常经营条件的证券公司，采取的市场退出措施。证券公司违法经营特别严重，不能清偿到期债务，需要动用证券投资者保护基金的，证监会可以直接撤销该证券公司。撤销证券公司，应当作出撤销决定，并按照规定程序选择律师事务所、会计师事务所等专业机构成立行政清理组，对该证券公司进行行政清理。

4. 重大风险处置的强制措施。《证券法》第一百四十四条规定，在证券公司被责令停业整顿、被依法指定托管、接管或者清算期间，或者出现重大风险时，经国务院证券监督管理机构批准，可以对该证券公司直接负责的董事、监事、高级管理人员和其他直接责任人员采取以下措施：通知出境入境管理机关依法阻止其出境；申请司法机关禁止其转移、转让或者以其他方式处分财产，或者在财产上设定其他权利。这一方面是为了让相关责任人员配合处置工作，另一方面也是为了问责。

5. 保护客户及债权人合法权益的措施。（1）处置证券公司风险过程中，应当保障证券经纪业务正常进行。（2）证券投资者保护基金管理机构应当按照国家规定，收购个人债权、弥补客户的交易结算资金。（3）证券公司被撤销的，行政清理组转让证券类资产应当采用招标、公开询价等公开方式，转让方案应由证监会批准。（4）行政清理组清理账户的结果应当经具有证券、期货业务资格的会计师事务所审计，并报证监会认定。（5）除易贬损并可能遭受损失的资产或者确为保护客户和债权人利益外，行政清理组不得转让证券类资产以外的资产。（6）除为保护客户和债权人利益而支付的劳动报酬、社会保险等正常支出外，行政清理组不得对债务进行个别清偿。①

2020 年 7 月 17 日，证监会依法对新时代证券股份有限公司、国盛证券有限责任公司实行接管，理由是两家证券公司“隐瞒实际控制人或持股比例，公司治理失衡”。接管期限自 2020 年 7 月 17 日起至 2021 年 7 月 16 日止。② 自接管之日起，接管组行使被接管公司的经营管理权，接管组组长行使公司法定代表人职权。新时代证券、国盛证券的股东大会或股东会、董事会、监事会及经理层停止履行职责。接管期间，接管组及托管组将采取有效措施维护客户资金安全，继续保持公司经营稳定，规范公司股权和治理结构。新时代证券、国盛证券经纪业务、资产管理业务、投资银行业务、融资类业务、债券回购、同业业务等各类业务照常经营。客户证券交易不受影响，客户资金转入转出正常进行；公司与客户之间的各类业务合同继续履行，资管产品的申赎正常进行。③ 2021 年 7 月，中国证监会决定延长新时代证券、国盛证券和国盛期货三家公司接管期限至 2022 年 7

---

① 参见《国务院法制办、中国证监会负责人就〈证券公司风险处置条例〉答记者问》，http：//www.gov.cn/zwhd/2008-04/24/content_952814.htm，最后访问时间 2021 年 12 月 5 日。

② 《关于对新时代证券股份有限公司实施接管的决定》《关于对国盛证券有限责任公司实施接管的决定》，http：//www.csrc.gov.cn/pub/newsite/zqjjjgjgb/zqjjjgjgbxzjgcs/zqjjjgjgbxzjgcszql/202007/t20200717_380232.html，最后访问时间 2021 年 2 月 8 日。

③ 参见《中国证监会有关负责人就接管新时代证券、国盛证券、国盛期货事宜答记者问》，http：//www.csrc.gov.cn/pub/newsite/zjhxwfb/xwdd/202007/t20200717_380267.html，最后访问时间 2020 年 12 月 5 日。

月 16 日。[①]

6. 破产重整。对于出现严重风险的证券公司，还可能在法院主持下，依据《企业破产法》《证券法》《证券公司风险处置条例》等法律法规，按照市场化、法治化原则进行的司法重整。2021 年 7 月，网信证券向沈阳市中级人民法院提出破产重整的申请，以化解公司风险。沈阳市中级人民法院依法裁定受理了破产重整申请。在此之前，证监会辽宁监管局向公司派出了风险监控现场工作组，进行专项检查，监控公司经营、管理活动，同时证监会督促公司采取多种措施化解风险。[②]

四、证券公司的行为规则

（一）证券公司行为的总体原则

证券公司应当依法审慎经营，勤勉尽责，诚实守信，同时也有自主经营的权利。这是对证券公司业务行为的总体原则性要求。《证券法》第一百三十条规定，证券公司应当依法审慎经营，勤勉尽责，诚实守信。证券公司的业务活动，应当与其治理结构、内部控制、合规管理、风险管理以及风险控制指标、从业人员构成等情况相适应，符合审慎监管和保护投资者合法权益的要求。证券公司依法享有自主经营的权利，其合法经营不受干涉。

审慎经营，指的是证券公司的业务活动，应当与其治理结构、内部控制、合规管理、风险管理以及风险控制指标、从业人员构成等情况相适应，符合审慎监管和保护投资者合法权益的要求。具体来说，就是建立健全风险管理与内部控制制度，防范和控制风险。

勤勉尽责，指的是以理性谨慎的证券公司及其证券从业人员的标准履行法定或者约定的职责，并且就其专业内的事项尽到特殊注意义务，就其专业以外的事项尽到普通注意义务。比如，根据《证券法》第八十八条的规定，证券公司向

---

① 《证监会依法决定延长新时代证券股份有限公司、国盛证券有限责任公司和国盛期货有限责任公司接管期限》，http：//www. csrc. gov. cn/pub/newsite/zjhxwfb/xwdd/202107/t20210716_401751. html，最后访问时间 2021 年 8 月 15 日。

② 《网信证券破产重组被受理 证券交易不受影响》，载《证券时报》2021 年 7 月 17 日，http：//www. zqrb. cn/jrjg/quanshang/2021-07-17/A1626453386467. html，最后访问时间：2022 年 4 月 20 日。

投资者销售证券、提供服务时，应当按照规定充分了解投资者的基本情况、财产状况、金融资产状况、投资知识和经验、专业能力等相关信息；如实说明证券、服务的重要内容，充分揭示投资风险；销售、提供与投资者上述状况相匹配的证券、服务。

诚实守信，大体相当于忠实义务，即证券公司及其从业人员在开展业务过程中，应当信守合同约定，为客户的最大利益履行职责，避免利益冲突，更不得损害客户利益。比如，证券公司不得将客户的交易结算资金和证券归入其自有财产，也不得挪用客户的交易结算资金和证券。

自主经营，指的是证券公司依法享有自主经营的权利，其合法经营不受干涉。这主要是指证券公司的经营行为不受行政干预。“自主经营权”是证券公司抵御政府不当干预、过分干预的武器，对于我国证券市场意义重大。2018 年 10 月 30 日上午，证监会很罕见地在交易时段发布声明，其中就提出要优化交易监管，减少交易阻力，增强市场流动性；减少对交易环节的不必要干预，让市场对监管有明确预期，让投资者有公平交易的机会。对于这份声明，A 股随即以上涨响应。

此外，实务中，证监会对证券公司的监管还坚持“分类监管、放管结合”的原则。证券公司分类是指以证券公司风险管理能力、持续合规状况为基础，结合公司业务发展状况，评价和确定证券公司的类别。证监会及其派出机构根据证券公司分类结果对不同类别的证券公司实施区别对待的监管政策，具体来说，是按照分类监管原则，对不同类别证券公司规定不同的风险控制指标标准和风险资本准备计算比例，并在监管资源分配、现场检查和非现场检查频率等方面区别对待。根据《证券公司分类监管规定》，证监会设定正常经营的证券公司基准分为 100 分；在基准分的基础上，根据证券公司风险管理能力评价指标与标准、持续合规状况、业务发展状况等方面情况，进行相应加分或扣分以确定证券公司的评价计分。证券公司分类每年进行一次。证监会根据证券公司评价计分的高低，将证券公司分为 A（AAA、AA、A）、B（BBB、BB、B）、C（CCC、CC、C）、D、E 等 5 大类 11 个级别。被依法采取责令停业整顿、指定其他机构托管、接管、行政重组等风险处置措施的证券公司，评价计分为 0 分，定为 E 类公司。评价计分低于 60 分的证券公司，定为 D 类公司。证监会每年根据行业发展情况，结合以前年度分类结果，事先确定 A、B、C 三大类别公司的相对比例，并根据评价计分的分布情况，具体确定各类别、各级别公司的数量。(1) A 类公司风险管理能力在行业内最高，能较好地控制新业务、新产品方面的风险；（2）B类公司风险管理能力在行业内较高，在市场变化中能较好地控制业务扩张的风险；（3）C类公司风险管理能力与其现有业务相匹配；（4）D类公司风险管理能力低，潜在风险可能超过公司可承受范围；（5）E类公司潜在风险已经变为现实风险，已被采取风险处置措施。①

（二）禁止刚性兑付规则

1. 禁止刚兑。《证券法》第一百三十五条规定，证券公司不得对客户证券买卖的收益或者赔偿证券买卖的损失作出承诺。这就是所谓的禁止刚性兑付规则。所谓“刚性兑付”，并非法律用语，而是金融业务中一个约定俗成的概念，在资产管理领域生成，但在其他领域也可以适用。在证券领域，指的就是证券公司对客户证券买卖的收益或者赔偿证券买卖的损失作出承诺，适用的业务范围既包括经纪业务，也包括资管业务、融资融券业务等。

投资者进入证券市场，首先要遵循的一条基本规则就是“投资有风险，入市需谨慎”，也就是要承认证券市场的风险特征。通过保证收益或者赔偿损失，保障“稳赚不赔”的做法，既不符合金融规律，也不具有可持续性，其结果要么是赤裸裸的骗局，要么是损人不利己的不正当竞争，要么是一地鸡毛的官司，更可能积累和传染金融风险。因此，近年来，“禁止刚兑”或者“刚兑无效”已经成为监管和司法的共识。2018年央行等部委颁布的《资管新规》明确刚性兑付为违规行为，还鼓励单位和个人对金融机构刚性兑付的行为进行举报，要求外部审计机构及时报告金融机构存在刚性兑付的行为。2019年最高法院下发的《九民纪要》则明确保底或刚兑承诺无效。最高法院认为，刚性兑付使风险停留在金融体系内部，让本应该由消费者承担的投资损失风险转嫁给金融机构承担，这容易导致风险累积，引发系统性风险。同时，刚性兑付偏离了资管产品“受人之托，代人理财”的本质，抬高无风险收益率水平，干扰资金价格。②

2. 刚兑的法律责任。在行政责任方面，根据《证券法》第二百零九条的规定，证券公司违反规定对客户的收益或者赔偿客户的损失作出承诺的，责令改

① 参见《证券公司分类监管规定》（2020年）。

② 参见最高人民法院民事审判第二庭：《〈全国法院民商事审判工作会议纪要〉理解与适用》，人民法院出版社2019年版，第485页。

正，给予警告，没收违法所得，并处以违法所得一倍以上十倍以下的罚款；没有违法所得或者违法所得不足五十万元的，处以五十万元以上五百万元以下的罚款；情节严重的，并处撤销相关业务许可。对直接负责的主管人员和其他直接责任人员给予警告，并处以二十万元以上二百万元以下的罚款。

在“刚兑无效”的情形下，如何分配民事责任？根据《九民纪要》第九十二条规定的精神，客户请求证券公司对其损失承担与其过错相适应的赔偿责任的，人民法院依法予以支持。

需要说明的是，所谓“刚兑无效”，通常指的是作为中介机构的金融机构做出的保底保收益的承诺无效。客户之间的，客户与第三人达成的保底或保收益的安排并不一定无效。

（三）信息查询与保存规则

《证券法》第一百三十七条规定，证券公司应当建立客户信息查询制度，确保客户能够查询其账户信息、委托记录、交易记录以及其他与接受服务或者购买产品有关的重要信息。证券公司应当妥善保存客户开户资料、委托记录、交易记录和与内部管理、业务经营有关的各项信息，任何人不得隐匿、伪造、篡改或者毁损。上述信息的保存期限不得少于二十年。这是关于证券公司客户信息查询与保存的规则。证券市场就是信息市场，客户信息更是关系到个人权利并具有财产价值，关于客户信息的规则也越发重要。

1. 客户信息。证券公司的客户信息包括账户信息、委托记录、交易记录以及其他与接受服务或者购买产品有关的重要信息，比如交易确认书、交易合同、风险提示文件等。实际上，只要是客户和证券公司从开户到销户过程中，所有由证券公司保存记录的信息都属于客户信息。证券公司客户信息的价值是多元的。首先，客户信息是客户投资交易的客观记录，具有真实性和证据力。其次，客户信息，特别是其中的账户信息和交易记录本身就具有财产属性，在大数据时代更加具有独立的价值。最后，客户信息也属于个人信息和隐私的一部分，受到法律的保护。

2. 客户信息查询制度。对于具有多元价值的客户信息，其权属问题一直存在争议。到底是归证券公司，还是归客户，恐怕不是一个非此即彼的问题。对客户来说，最广泛意义上的权利包括知情权、访问权、修正权、被遗忘权、限制处理权、可携带权、拒绝权等，其中最基础的应该是知情权。因此，《证券法》规定，证券公司应当建立客户信息查询制度，确保客户能够查询其相关信息。这是新证券法增加的规定，但在《证券公司监督管理条例》中早就有更为详细的规定，尤其是规定了救济渠道：客户认为有关信息记录与实际情况不符的，可以向证券公司或者国务院证券监督管理机构投诉；证券公司应当指定专门部门负责处理客户投诉；国务院证券监督管理机构应当根据客户的投诉，采取相应措施。[①]

3. 客户信息的保护。证券公司所保存的客户信息是个人信息的组成部分。《民法典》第一百一十一条明确规定，自然人的个人信息受法律保护。任何组织或者个人需要获取他人个人信息的，应当依法取得并确保信息安全，不得非法收集、使用、加工、传输他人个人信息，不得非法买卖、提供或者公开他人个人信息。因此，证券公司也应当做好个人信息的保护工作。

4. 客户信息和其他信息的保存。证券公司应当妥善保存客户开户资料、委托记录、交易记录和与内部管理、业务经营有关的各项信息，任何人不得隐匿、伪造、篡改或者毁损。上述信息的保存期限不得少于二十年。

5. 法律责任。根据《证券法》第二百一十四条的规定，证券公司未按照规定保存有关文件和资料的，责令改正，给予警告，并处以十万元以上一百万元以下的罚款；泄露、隐匿、伪造、篡改或者毁损有关文件和资料的，给予警告，并处以二十万元以上二百万元以下的罚款；情节严重的，处以五十万元以上五百万元以下的罚款，并处暂停、撤销相关业务许可或者禁止从事相关业务。对直接负责的主管人员和其他直接责任人员给予警告，并处以十万元以上一百万元以下的罚款。此外，还需要注意，我国《刑法》第三百零七条还规定了帮助毁灭、伪造证据罪，帮助当事人毁灭、伪造证据，情节严重的，处三年以下有期徒刑或者拘役。

（四）信息的报告和提供规则

为了掌握证券公司的经营和风险状况，证监会可以通过询问、现场检查、调查举证等方式获取，但更主要的是通过证券公司日常的主动报告或者要求相关主体提供获取。《证券法》第一百三十八条规定，证券公司应当按照规定向国务院证券监督管理机构报送业务、财务等经营管理信息和资料。国务院证券监督管理机构有权要求证券公司及其主要股东、实际控制人在指定的期限内提供有关信

① 《证券公司监督管理条例（2014 修订）》第三十二条。

息、资料。证券公司及其主要股东、实际控制人向国务院证券监督管理机构报送或者提供的信息、资料，必须真实、准确、完整。

1. 证券公司的信息报告。根据《证券公司监督管理条例》，证券公司的信息报告分为定期报告和临时报告。定期报告方面，证券公司应当自每一会计年度结束之日起4个月内，向国务院证券监督管理机构报送年度报告；自每月结束之日起7个工作日内，报送月度报告。临时报告方面，发生影响或者可能影响证券公司经营管理、财务状况、风险控制指标或者客户资产安全的重大事件的，证券公司应当立即向国务院证券监督管理机构报送临时报告，说明事件的起因、目前的状态、可能产生的后果和拟采取的相应措施。①

2. 证券会要求的信息提供。国务院证券监督管理机构有权要求证券公司及其主要股东、实际控制人在指定的期限内提供有关信息、资料。根据《证券公司监督管理条例》，国务院证券监督管理机构可以要求下列单位或者个人，在指定的期限内提供与证券公司经营管理和财务状况有关的资料、信息：（1）证券公司及其董事、监事、工作人员；（2）证券公司的股东、实际控制人；（3）证券公司控股或者实际控制的企业；（4）证券公司的开户银行、指定商业银行、资产托管机构、证券交易所、证券登记结算机构；（5）为证券公司提供服务的证券服务机构。②

3. 报告和提供的信息要求。证券公司及其主要股东、实际控制人向国务院证券监督管理机构报送或者提供的信息、资料，必须真实、准确、完整，不得有虚假记载、误导性陈述或者重大遗漏。

4. 法律责任。《证券法》第二百一十一条规定，证券公司及其主要股东、实际控制人违反本法第一百三十八条的规定，未报送、提供信息和资料，或者报送、提供的信息和资料有虚假记载、误导性陈述或者重大遗漏的，责令改正，给予警告，并处以一百万元以下的罚款；情节严重的，并处撤销相关业务许可。对直接负责的主管人员和其他直接责任人员，给予警告，并处以五十万元以下的罚款。需要注意的是，这一规定有别于《证券法》第一百九十七条规定的信息披露义务人的法律责任。

① 《证券公司监督管理条例》第六十三条。

② 《证券公司监督管理条例》第六十七条。

（五）客户财产独立规则

《证券法》第一百三十一条规定，证券公司客户的交易结算资金应当存放在商业银行，以每个客户的名义单独立户管理。证券公司不得将客户的交易结算资金和证券归入其自有财产。禁止任何单位或者个人以任何形式挪用客户的交易结算资金和证券。证券公司破产或者清算时，客户的交易结算资金和证券不属于其破产财产或者清算财产。非因客户本身的债务或者法律规定的其他情形，不得查封、冻结、扣划或者强制执行客户的交易结算资金和证券。这是证券公司客户财产独立的规则，是由第三方存管、禁止挪用混同、破产隔离等一系列制度组成的。

1. 第三方存管。证券公司客户的交易结算资金应当存放在商业银行，以每个客户的名义单独立户管理。这是证券交易的第三方存管规则。之所以建立第三方存管规则，是与我国早期证券公司自行保管客户交易结算资金所引发的乱象分不开的，彼时大量的挪用和财产混同造成了证券公司风险的积聚。为此，我国引入了第三方存管规则。实行客户资金第三方存管制度之后，证券公司和存管银行之间形成合理的分工和制约，投资者证券交易账户在证券公司开立和管理，日常交易活动仍在所开户的证券公司营业部进行。但是客户交易结算资金管理账户须以投资者自己的名义在存管银行开立，由存管银行进行簿记管理，投资者资金转账和存取全部通过存管银行办理。这样，投资者证券资金台账的资金存取职能与证券公司股票等证券买卖业务严格分离，证券公司与存管银行在证券投资者服务上各司其职，相互监督。同时，证券公司在登记结算公司开立的结算备付金账户、在存管银行开立的客户交易结算资金汇总账户以及投资者以自己名义在存管银行开立的交易结算资金管理账户均由存管银行进行管理，存管银行后台系统在账户之间建立了严密的勾稽关系，证券公司与登记结算公司等交收主体的资金交收也由存管银行代为完成。这种彼此独立、相互制约式的资金与证券管理模式对有效防范挪用风险，切实保护投资者利益有其重要的现实意义。[①]

2. 存管银行。从事第三方存管业务的银行必须得到证监会的指定。指定的商业银行应当与证券公司及其客户签订客户的交易结算资金存管合同，约定客户

---

① 参见证监会官网：《为什么要引入客户资金第三方存管》，http：//www. csrc. gov. cn/xinjiang/xxfw/tzzsyd/200708/t20070822_88726. htm，最后访问时间 2021 年 10 月 5 日。

交易结算资金存取、划转、查询等事项，并按照证券交易净额结算、货银对付的要求，为证券公司开立客户的交易结算资金汇总账户。客户的交易结算资金的存取，应当通过指定商业银行办理。指定商业银行应当保证客户能够随时查询其交易结算资金的余额及变动情况。指定商业银行的名单，由国务院证券监督管理机构会同国务院银行业监督管理机构确定并公告。①

3. 禁止混同和挪用。证券公司不得将客户的交易结算资金和证券归入其自有财产。客户的交易结算资金、证券资产管理客户的委托资产属于客户，应当与证券公司的自有资产相互独立、分别管理。同时，客户的资金和证券也要与指定商业银行、资产托管机构的自由财产相互独立、分别管理。禁止任何单位或者个人以任何形式挪用客户的交易结算资金和证券。

4. 破产、清算、保全和执行隔离。一方面，证券公司破产或者清算时，客户的交易结算资金和证券不属于其破产财产或者清算财产。同样的道理，非因客户本身的债务或者法律规定的其他情形，不得查封、冻结、扣划或者强制执行客户的交易结算资金和证券。另一方面，证券公司的自有财产也具有独立性，在针对客户的破产、清算、保全和执行中也具有独立性，受到保护。除证券公司作为被告外，原告申请对证券公司固有资金账户的资金采取保全措施的，人民法院不应准许。

5. 法律责任。根据《证券法》第二百零八条的规定，违反本法第一百三十一条的规定，将客户的资金和证券归入自有财产，或者挪用客户的资金和证券的，责令改正，给予警告，没收违法所得，并处以违法所得一倍以上十倍以下的罚款；没有违法所得或者违法所得不足一百万元的，处以一百万元以上一千万元以下的罚款；情节严重的，并处撤销相关业务许可或者责令关闭。对直接负责的主管人员和其他直接责任人员给予警告，并处以五十万元以上五百万元以下的罚款。

此外，我国《刑法》第一百八十五条、第一百八十五条之一还规定了挪用资金罪和擅自运用资金、财产罪。证券公司的工作人员利用职务上的便利，挪用本单位或者客户资金的，依照挪用资金罪定罪处罚。国有证券公司的工作人员和

① 比如，2015年8月，证监会发布公告，经与银监会确认，中国邮政储蓄银行股份有限公司、宁波银行股份有限公司、江苏银行股份有限公司纳入从事证券公司客户交易结算资金存管活动的指定商业银行名单，可以从事证券公司客户交易结算存管活动。

国有证券交易所委派到非国有机构从事公务的人员有前款行为的，依照挪用公款罪定罪处罚。证券公司违背受托义务，擅自运用客户资金或者其他委托、信托的财产，情节严重的，对单位判处罚金，并对其直接负责的主管人员和其他直接责任人员，处三年以下有期徒刑或者拘役，并处三万元以上三十万元以下罚金；情节特别严重的，处三年以上十年以下有期徒刑，并处五万元以上五十万元以下罚金。

(六) 自营业务规则

证券公司从事自营业务，就成为和其他投资者一样的市场主体。但是，因为证券公司特殊的性质，为了避免利益冲突，法律对证券公司开展自营业务作出了一些限制。证券法规定了直接经营、使用自有资金、不得出借自营账户等三项要求。《证券法》第一百二十九条规定，证券公司的自营业务必须以自己的名义进行，不得假借他人名义或者以个人名义进行。证券公司的自营业务必须使用自有资金和依法筹集的资金。证券公司不得将其自营账户借给他人使用。除此之外，《证券公司监督管理条例》还提出了其他要求，比如其业务范围必须在《证券公司证券自营投资品种清单》之内，不得混合操作等。

1. 直接经营。证券公司的自营业务必须以自己的名义进行，不得假借他人名义或者以个人名义进行。

2. 使用自有资金。证券公司的自营业务必须使用自有资金和依法筹集的资金。这里要注意“筹集”和“募集”的区别，通过借款等方式筹集的资金，从法律性质上来说仍属于自有资金，有别于“募集资金”。

3. 不得出借自营账户。证券公司从事证券自营业务，应当使用实名证券自营账户；证券公司的证券自营账户，应当自开户之日起3个交易日内报证券交易所备案。证券公司不得将其自营账户借给他人使用，这与《证券法》第五十八条规定的“任何单位和个人不得违反规定，出借自己的证券账户或者借用他人的证券账户从事证券交易”是一致的。

4. 其他要求。证券公司从事证券自营业务，自营证券总值与公司净资本的比例、持有一种证券的价值与公司净资本的比例、持有一种证券的数量与该证券发行总量的比例等风险控制指标，应当符合国务院证券监督管理机构的规定。证券公司从事证券自营业务，不得有下列行为：（1）违反规定购买本证券公司控股股东或者与本证券公司有其他重大利害关系的发行人发行的证券；（2）违反规定委托他人代为买卖证券；（3）利用内幕信息买卖证券或者操纵证券市场；（4）法律、行政法规或者国务院证券监督管理机构禁止的其他行为。

5. 法律责任。《证券法》第二百零七条规定，证券公司违反本法第一百二十九条的规定从事证券自营业务的，责令改正，给予警告，没收违法所得，并处以违法所得一倍以上十倍以下的罚款；没有违法所得或者违法所得不足五十万元的，处以五十万元以上五百万元以下的罚款；情节严重的，并处撤销相关业务许可或者责令关闭。对直接负责的主管人员和其他直接责任人员给予警告，并处以二十万元以上二百万元以下的罚款。

自营业务是证券监管的重点领域。2013 年，因出现“光大乌龙指”事件，证监会决定停止光大证券从事证券自营业务（固定收益业务除外），暂停审批其新业务，责令光大证券整改并处分有关责任人员，整改无期限。[①] 直到 2014 年 7 月，光大证券才恢复了自营业务。2020 年 4 月，北京证监局责令银河证券改正，原因是其自营业务在 2019 年 11 月、12 月投资时，持有一种非权益类证券的规模，占比总规模比例达 16.94%、21%，并未报备且超过监管标准。[②]

（七）经纪业务规则

经纪业务是证券公司最传统、体量最大的业务，也是与投资者联系最直接最频繁的业务。因此，证券法上关于经纪业务的规则也是最多的，其他的一些规则也是从经纪业务中走出来的（比如禁止刚性兑付规则）。

1. 委托记录。《证券法》第一百三十二条规定，证券公司办理经纪业务，应当置备统一制定的证券买卖委托书，供委托人使用。采取其他委托方式的，必须作出委托记录。客户的证券买卖委托，不论是否成交，其委托记录都应当按照规定的期限，保存于证券公司。

2. 如实交易。《证券法》第一百三十三条规定，证券公司接受证券买卖的委托，应当根据委托书载明的证券名称、买卖数量、出价方式、价格幅度等，按照交易规则代理买卖证券，如实进行交易记录；买卖成交后，应当按照规定制作买卖成交报告单交付客户。证券交易中确认交易行为及其交易结果的对账单必须真

① 《证监会将停止光大证券从事证券自营业务》，http：//money. 163. com/13/0830/15/97HO3E8N00254TI5. html，最后访问时间 2021 年 11 月 12 日。

② 《关于对中国银河证券股份有限公司采取责令改正措施的决定》，〔2020〕64 号。

实，保证账面证券余额与实际持有的证券相一致。

3. 禁止全权委托。《证券法》第一百三十四条第一款规定，证券公司办理经纪业务，不得接受客户的全权委托而决定证券买卖、选择证券种类、决定买卖数量或者买卖价格。同时，根据《证券法》第二百零九条第一款的规定，证券公司违反规定接受客户的全权委托买卖证券的，责令改正，给予警告，没收违法所得，并处以违法所得一倍以上十倍以下的罚款；没有违法所得或者违法所得不足五十万元的，处以五十万元以上五百万元以下的罚款；情节严重的，并处撤销相关业务许可。对直接负责的主管人员和其他直接责任人员给予警告，并处以二十万元以上二百万元以下的罚款。

4. 禁止他人借道参与集中交易。《证券法》第一百三十四条第二款规定，证券公司不得允许他人以证券公司的名义直接参与证券的集中交易。同时，根据《证券法》第二百零九条第二款的规定，证券公司违反规定，允许他人以证券公司的名义直接参与证券的集中交易的，责令改正，可以并处五十万元以下的罚款。

第十讲
特殊的口袋——证券登记结算机构规则

一、唐某诉中证登

(一) 股票交易记录被凭空篡改?

2013年6月3日，唐某与方某证券签订《融资融券合同》，约定的追保平仓线为130%。2015年7月2日，唐某的信用账户维持担保比例低于追保平仓线时，方某证券向合同约定的邮件地址发送邮件通知唐某追加担保物，当维持担保比例低于重点关注线时，方某证券亦通过邮件告知唐某因其已满足平仓条件，方某证券有权对其采取强制平仓。但唐某主张自己无法打开邮件，认为方某证券未尽通知义务亦未经其同意即强行平仓，侵害了自己的财产权益，给自己造成经济损失，应当予以赔偿。

此外，唐某认为中证登上海公司恶意修改2015年7月7日友阿股份(002277)的交易信息，将2015年7月8日上实发展(600748)的股票交易时间篡改成7月7日，且结算中的成交时间只有日期没有具体时间，不完整、不准确，与方某证券构成共同侵权。

2016年6月4日唐某因与方某证券融资融券合同纠纷，向湖南省长沙市芙蓉区人民法院提起诉讼，后因方某证券提出管辖权异议，该院于2016年8月17日裁定移送湖南省长沙市天心区人民法院处理。2017 年 6 月 22 日，湖南省长沙市天心区人民法院出具民事裁定，该案按唐某自动撤诉处理。唐某后又向上海市第一中级人民法院起诉，请求中某登上海公司与方某证券共同赔偿其经济损失 166 万元。一审法院驳回了其诉讼请求。唐某不服，向上海市高级人民法院提起上诉。

（二）争议焦点

本案争议焦点为：（1）中证登上海公司是否存在恶意修改交易信息的行为；（2）中某登上海公司与方正证券是否构成共同侵权；（3）方某证券强行平仓是否侵害了唐某的合法权益。

（三）法院观点

1. 中证登上海公司是否存在恶意修改交易信息行为的问题

法院认为，首先，依据分级结算原则，中证登上海公司作为证券登记结算机构，根据证券交易的交收结果与结算参与人（即方某证券）进行集中清算交收，与唐某并不直接清算交收。而且，现有证据表明，友阿股份（002277）并非在沪市交易的股票，唐某的主张缺乏事实依据。此外，唐某从方正证券调取的历史成交情况与其从中证登上海公司调取的客户信用证券账户变动记录，以及其向一审法院申请从上海证券交易所调取的唐某信用证券账户交易记录中，2015 年 7 月 7 日的上实发展（600748）的股票成交数量、金额均相一致，并与中证登上海公司提供的客户信用证券账户变动记录相符。而唐某未能提交证据佐证其在 7 月 8 日确实进行了上实发展股票的交易。此外，关于中证登上海公司结算记录中的时间记载问题，唐某亦未提交应当精确记载时、分、秒的法律依据。①

2. 方某证券与中某登上海公司是否构成共同侵权的问题

法院认为，现有证据均无法佐证“篡改”行为的存在，故不存在方某证券与中某登上海公司构成共同侵权的事实基础。②

---

① 参见《唐某与中国证券登记结算有限责任公司上海分公司、方某证券股份有限公司侵权责任纠纷二审民事判决书》，（2018）沪民终 80 号。

② 参见《唐某与中国证券登记结算有限责任公司上海分公司、方某证券股份有限公司侵权责任纠纷二审民事判决书》，（2018）沪民终 80 号。

3. 方某证券强行平仓是否侵犯了唐某柏合法权益的问题

法院认为，现有证据表明，唐某柏与方某证券约定的追保平仓线为 130%，2015 年 7 月 7 日因唐某柏信用账户维持担保比例低于该追保平仓线，方正证券已通过合同约定的方式发送了《追加担保物通知》，并在强制平仓之前向合同约定的邮箱地址发送了通知邮件。尽管唐某柏称其无法打开邮箱，但未能提交证据佐证系方正证券的原因致其邮箱无法打开。故唐某柏应当承担举证不能的法律后果。①

（四）特殊的口袋

除了不动产之外，实体商品的权属变更通常采用交付主义，一手交钱，一手交货，钱货两清，落袋为安。但是，由于证券的特殊属性，以及采用无纸化发行和交易方式，证券需要一个特殊的“口袋”，确保证券的权属变更能落袋为安。这个“口袋”是一套特殊的基础设施，与不动产登记系统的作用相似。登记结算机构的功能就是提供一套证券权属记录和变更的系统，具有公示公信的法律效力。这一套系统独立于交易所、证券公司和投资者，是独立的第三方集中登记系统。为了实现集中统一管理，通常这一系统是国家特许设立的唯一的系统，履行中央证券存管机构的职能。

本案判决明确了证券登记结算机构的工作规则和责任范围。证券登记结算机构系为证券交易提供集中登记、存管与结算服务，不以营利为目的的法人。证券在证券交易所上市交易的，证券登记结算机构应当根据证券交易的交收结果，办理证券持有人名册的变更登记。证券和资金结算实行分级结算原则，证券登记结算机构负责办理证券登记结算机构与结算参与人之间的集中清算交收；结算参与人负责办理结算参与人与客户之间的清算交收。

证券公司应当委托证券登记结算机构根据清算、交收结果等，对客户信用证券账户内的数据进行变更。证券公司经营融资融券业务，按照客户委托发出证券交易、证券划转指令的，应当保证指令真实、准确。因证券公司的过错导致指令错误，造成客户损失的，客户可以依法要求证券公司赔偿，但不影响证券交易所、证券登记结算机构正在执行或者已经完成的业务操作。证券登记结算机构应

① 参见《唐某与中国证券登记结算有限责任公司上海分公司、方某证券股份有限公司侵权责任纠纷二审民事判决书》，(2018) 沪民终 80 号。

当为客户提供其信用证券账户内数据的查询服务，查询结果供投资者复核，不具有法律上的证券持有登记效力。投资者信用证券账户明细数据在证券公司和证券登记结算公司查询结果不一致的，由证券公司负责向投资者做出解释。本案唐某在证券公司和证券登记结算机构查询的交易记录一致，因此，对于证券登记结算机构篡改交易记录的主张，需要承担举证责任。

二、证券登记结算机构的组织规则

（一）证券登记结算机构的法律地位

《证券法》第一百四十五条规定，证券登记结算机构为证券交易提供集中登记、存管与结算服务，不以营利为目的，依法登记，取得法人资格。设立证券登记结算机构必须经国务院证券监督管理机构批准。这一条规定了证券登记结算机构的核心功能和设立要求。

1. 核心功能。证券登记结算机构的核心功能是为证券交易提供集中登记、存管与结算服务。登记，就是以记账的方式记录投资者的证券名称、数量、变动情况等信息，证券登记具有公示效力，证券持有人可以证券登记结果主张权利。存管，就是投资者不直接持有证券，而是通过在证券登记结算机构开立账户的方式，由证券登记结算机构为所有投资者集中保管证券。结算，是基于证券的集中登记和保管，根据交易结果进行的，通过账户变更登记（借记或贷记）实现的证券的转移和交付，具体包括清算和交收两个环节。通过开展登记、存管与结算服务，证券登记结算机构也成为证券交易的大数据中心，并由此衍生出了其他职能。

2. 特殊的非营利法人。证券登记结算机构不以营利为目的，依法登记，取得法人资格。设立证券登记结算机构必须经国务院证券监督管理机构批准。2001年3月，经国务院同意，中国证监会批准，依据《证券法》和《公司法》组建了中国证券登记结算有限责任公司（简称中国结算或中证登），为证券交易提供集中登记、存管与结算服务，是不以盈利为目的的法人。公司总资本为人民币12亿元，上海、深圳证券交易所是公司的两个股东，各持50%的股份。公司总部设在北京，下设上海、深圳两个分公司。中国证监会是中证登的主管部门。[①] 自 2001 年 10 月 1 日起，上海证券中央登记结算公司、深圳证券登记有限公司从事的证券登记结算业务均由中国证券登记结算有限责任公司承接，上海证券中央登记结算公司、深圳证券登记有限公司依法定程序注销。这标志着我国集中统一的证券登记结算系统基本形成。[②]

3. 擅自设立证券登记结算机构的法律责任。目前，我国的证券登记结算机构只有中国结算一家，不得随意设立。《证券法》第二百一十二条规定，违反本法第一百四十五条的规定，擅自设立证券登记结算机构的，由国务院证券监督管理机构予以取缔，没收违法所得，并处以违法所得一倍以上十倍以下的罚款；没有违法所得或者违法所得不足五十万元的，处以五十万元以上五百万元以下的罚款。对直接负责的主管人员和其他直接责任人员给予警告，并处以二十万元以上二百万元以下的罚款。

（二）证券登记结算机构的设立条件

《证券法》第一百四十六条规定，设立证券登记结算机构，应当具备下列条件：自有资金不少于人民币二亿元；具有证券登记、存管和结算服务所必须的场所和设施；国务院证券监督管理机构规定的其他条件。证券登记结算机构的名称中应当标明证券登记结算字样。同理，未经批准，其他机构名称中不得包含“证券登记结算”。

（三）证券登记结算机构的章程和业务规则

《证券法》第一百四十九条规定，证券登记结算机构应当依法制定章程和业务规则，并经国务院证券监督管理机构批准。证券登记结算业务参与人应当遵守证券登记结算机构制定的业务规则。业务规则，是指证券登记结算机构的证券账户管理、证券登记、证券托管与存管、证券结算、结算参与人管理等与证券登记结算业务有关的业务规则。《中国证券登记结算有限责任公司章程》《中国证券登记结算有限责任公司证券登记规则》和《中国证券登记结算有限责任公司结

① 参见中国证券登记结算有限责任公司官网“关于公司”。

② 《中国证券登记结算公司启航在即》，http：//news. sohu. com/60/45/news146684560. shtml，最后访问时间 2021 年 10 月 8 日。

算规则》等是证券登记结算机构的核心文件。证券登记结算机构对登记结算业务实行行业自律管理，并根据相关规则采取自律管理措施和相关风险处置措施。

新证券法增加规定，证券登记结算业务参与人应当遵守证券登记结算机构制定的业务规则，明确了证券登记结算机构制定的业务规则的约束力。

（四）证券登记结算机构的职能

《证券法》第一百四十七条规定，证券登记结算机构履行下列职能：（1）证券账户、结算账户的设立；（2）证券的存管和过户；（3）证券持有人名册登记；（4）证券交易的清算和交收；（5）受发行人的委托派发证券权益；（6）办理与上述业务有关的查询、信息服务；（7）国务院证券监督管理机构批准的其他业务。值得注意的是，与原证券法相比，新法规定证券登记结算公司的业务不局限于证券交易所上市证券的清算和交收。

在上述职能中，第1-4项职能是围绕证券登记结算机构的登记、存管与结算的三项核心职能展开的，其他职能是这三项核心职能的延伸。值得注意的有两点，一是受发行人的委托派发证券权益的职能，包括派发股票红利和债券兑付派息等，这是登记结算机构的重要职能。比如，2020年11月10日，苏宁易购公告称，“18苏宁06”债券回售部分债券的本金及利息已于11月10日足额支付至中国证券登记结算有限责任公司深圳分公司指定银行账户，并将于回售资金到账日11月16日划付至投资者资金账户。[①] 二是新证券法特别增加了“信息服务”的规定，为中国结算的数据利用提供了法律依据。

（五）证券登记结算机构的集中统一运营

《证券法》第一百四十八条规定，在证券交易所和国务院批准的其他全国性证券交易场所交易的证券的登记结算，应当采取全国集中统一的运营方式。前款规定以外的证券，其登记、结算可以委托证券登记结算机构或者其他依法从事证券登记、结算业务的机构办理。

一方面，在证券交易所和国务院批准的其他全国性证券交易场所交易的证券的登记结算，必须在证券登记结算机构办理，采取全国集中统一的运营方式。比如，新三板的协议转让，要向全国股转公司和中国结算提出书面申请，经全国股

① 参见《“18苏宁06”回售结果的公告》。

转公司确认后由转让双方到中国结算办理过户登记。另一方面，在区域性股权市场发行转让的证券，其登记、结算可以委托证券登记结算机构或者其他依法从事证券登记、结算业务的机构办理，由此为建立多层次的证券登记结算体制提供了依据。

（六）证券登记结算保障措施

《证券法》第一百五十二条规定，证券登记结算机构应当采取下列措施保证业务的正常进行：具有必备的服务设备和完善的数据安全保护措施；建立完善的业务、财务和安全防范等管理制度；建立完善的风险管理系统。尤其重要的是，证券登记结算机构应当与证券交易所相互配合，建立证券市场系统性风险的防范制度。

（七）证券结算风险基金

《证券法》第一百五十四条规定，证券登记结算机构应当设立证券结算风险基金，用于垫付或者弥补因违约交收、技术故障、操作失误、不可抗力造成的证券登记结算机构的损失。证券结算风险基金从证券登记结算机构的业务收入和收益中提取，并可以由结算参与人按照证券交易业务量的一定比例缴纳。证券结算风险基金的筹集、管理办法，由国务院证券监督管理机构会同国务院财政部门规定。2006 年，中国证券监督管理委员会会同财政部共同制定了《证券结算风险基金管理办法》。

1. 基金来源。（1）按证券登记结算机构业务收入、收益的百分之二十分别提取；（2）结算参与人按人民币普通股和基金成交金额的十万分之三、国债现货成交金额的十万分之一、1 天期国债回购成交额的千万分之五、2 天期国债回购成交额的千万分之十、3 天期国债回购成交额的千万分之十五、4 天期国债回购成交额的千万分之二十、7 天期国债回购成交额的千万分之五十、14 天期国债回购成交额的十万分之一、28 天期国债回购成交额的十万分之二、91 天期国债回购成交额的十万分之六、182 天期国债回购成交额的十万分之十二逐日交纳。①

2. 专项管理。《证券法》第一百五十五条第一款规定，证券结算风险基金应当存入指定银行的专门账户，实行专项管理。基金资产与证券登记结算机构资产

① 《证券结算风险基金管理办法》第三条。

分开列账。基金应当下设分类账，分别记录基金资产、利息收入及对应的资产本息使用情况。

3. 赔偿与追偿。《证券法》第一百五十五条第二款规定，证券登记结算机构以证券结算风险基金赔偿后，应当向有关责任人追偿。

(八) 证券登记结算机构的解散

《证券法》第一百五十六条规定，证券登记结算机构申请解散，应当经国务院证券监督管理机构批准。

三、证券登记结算机构的行为规则

(一) 证券的二级存管规则

《证券法》第一百五十条规定，在证券交易所或者国务院批准的其他全国性证券交易场所交易的证券，应当全部存管在证券登记结算机构。证券登记结算机构不得挪用客户的证券。

1. 集中存管。在证券交易所或者国务院批准的其他全国性证券交易场所交易的证券，应当全部存管在证券登记结算机构，既不能不存管，也不能存管在别的机构。

2. 证券的托管与存管。为减少成本，证券登记结算机构并不直接和证券投资者打交道，而是与证券公司发生存管关系。投资者委托证券公司托管其持有的证券，证券公司再将其自有证券和所托管的客户证券交由证券登记结算机构存管。这就是二级存管体系。证券的二级存管与资金的第三方存管就构成了我国证券交易账户的基础模式。

3. 禁止挪用客户证券。在二级存管体系下，最终控制证券的是证券登记结算机构。因此，法律对证券登记结算机构挪用客户的证券做出明确禁止。证券登记结算机构应当采取有效措施，保证其存管的证券的安全，禁止挪用、盗卖。

4. 转托管。客户要求证券公司将其持有证券转由其他证券公司托管的，相关证券公司应当依据证券交易所及证券登记结算机构有关业务规则予以办理，不得拒绝，但有关法律、行政法规和中国证监会另有规定的除外。①

（二）证券登记规则

《证券法》第一百五十一条规定，证券登记结算机构应当向证券发行人提供证券持有人名册及有关资料。证券登记结算机构应当根据证券登记结算的结果，确认证券持有人持有证券的事实，提供证券持有人登记资料。证券登记结算机构应当保证证券持有人名册和登记过户记录真实、准确、完整，不得隐匿、伪造、篡改或者毁损。

上市证券（包括股票和债券）的发行人，都应当委托证券登记结算机构办理其所发行证券的登记业务。证券登记结算机构的登记主要分为初始登记、变更登记和其他登记。证券公开发行后，证券发行人应当向证券登记结算机构提交已发行证券的证券持有人名册及其他相关资料。证券登记结算机构据此办理证券持有人名册的初始登记。初始登记完成后，证券权利的产生、变更、限制、消灭都由证券登记结算机构负责。为了确保证券权属的清晰准确，需要明确的证券登记规则。

1. 向发行人提供持有人名册。证券登记结算机构应当向证券发行人提供证券持有人名册及有关资料。证券登记结算机构根据证券账户的记录，确认证券持有人持有证券的事实，办理证券持有人名册的登记。证券登记结算机构应当按照业务规则和协议定期向证券发行人发送其证券持有人名册及有关资料。证券持有人名册上的登记又分为三种情况：

（1）证券在证券交易所上市交易的，证券登记结算机构应当根据证券交易的交收结果办理证券持有人名册的变更登记。

（2）证券以协议转让、继承、捐赠、强制执行、行政划拨等方式转让的，证券登记结算机构根据业务规则变更相关证券账户的余额，并相应办理证券持有人名册的变更登记。

（3）证券因质押、锁定、冻结等原因导致其持有人权利受到限制的，证券登记结算机构应当在证券持有人名册上加以标记。

2. 确认持有证券事实。证券登记结算机构应当根据证券登记结算的结果，确认证券持有人持有证券的事实，提供证券持有人登记资料。证券登记结算机构

① 《证券结算风险基金管理办法》第三十八条。

出具的登记材料具有公示公信效力，因此必须保证真实、准确、完整，不得隐匿、伪造或者毁损。

3. 终止登记服务。证券终止上市的，证券登记结算机构也将终止登记服务。2020 年 11 月 18 日，中国证券登记结算有限责任公司深圳分公司发布公告称："因暴风集团股份有限公司 A 股（证券简称：暴风退，证券代码：300431）已在深圳证券交易所终止上市，我公司自 2020 年 11 月 18 日起终止为其提供证券交易所市场的 A 股登记服务，我公司与该公司之间的涉及证券交易所市场的 A 股证券登记关系自同日起终止。我公司已根据有关规定将相应的证券登记数据移交给暴风集团股份有限公司，其中包括持有人名册、我公司办理的冻结股份明细表、质押登记明细表、在证券公司的托管情况、股本结构表等。"①

（三）证券账户规则

《证券法》第一百五十七条规定，投资者委托证券公司进行证券交易，应当通过证券公司申请在证券登记结算机构开立证券账户。证券登记结算机构应当按照规定为投资者开立证券账户。投资者申请开立账户，应当持有证明中华人民共和国公民、法人、合伙企业身份的合法证件。国家另有规定的除外。

投资者委托证券公司进行证券交易，应当通过证券公司申请在证券登记结算机构开立的证券账户。证券公司是证券登记结算机构开立证券账户的法定开户代理机构。投资者通过证券账户持有证券，证券账户用于记录投资者持有证券的余额及其变动情况。证券登记结算机构应当按照规定为投资者开立证券账户，为证券公司和投资者提供账户查询和代收红利等服务。投资者开立证券账户，证券直接登记在投资者名下，证券账户实行实名制，这是证券直接持有模式。

与证券直接持有模式相对的是证券间接持有模式，也叫名义持有人模式。目前我国证券市场上沪港通、深港通、融资融券、员工持股计划等业务中采取的都是实质上的名义持有人模式，在账户上看不到背后的实际证券持有人。比如，《沪港通股票市场交易互联互通机制试点若干规定》第十三条明确，香港投资者通过沪股通买入的股票应当登记在香港中央结算公司名下，投资者依法享有通过沪港通买入的股票的权益，明确了沪股通下境外投资者应通过香港结算持有沪股股票，而且享有作为股东的财产权。目前我国法律并未对名义持有人模式作出

① 中证登：《关于终止为暴风集团股份有限公司提供证券交易所市场 A 股登记服务的公告》。

规定。

投资者申请开立账户，应当持有证明中华人民共和国公民、法人、合伙企业身份的合法证件。国家另有规定的除外。新证券法明确合伙企业可以开立证券账户，对于实务中较为常见的资管计划、私募基金等是否能够开立证券账户并未明确，但是规定了但书条款，预留了空间。

（四）证券结算规则

《证券法》第一百五十八条规定，证券登记结算机构作为中央对手方提供证券结算服务的，是结算参与人共同的清算交收对手，进行净额结算，为证券交易提供集中履约保障。证券登记结算机构为证券交易提供净额结算服务时，应当要求结算参与人按照货银对付的原则，足额交付证券和资金，并提供交收担保。在交收完成之前，任何人不得动用用于交收的证券、资金和担保物。结算参与人未按时履行交收义务的，证券登记结算机构有权按照业务规则处理前款所述财产。

1. 二级结算。证券和资金结算实行分级结算原则。投资者不直接参与证券登记结算机构的结算，而是由证券公司参与结算，证券公司再与客户进行结算。根据中国结算的结算规则，中国结算负责办理本公司与结算参与人之间的集中清算交收；结算参与人负责办理结算参与人与客户之间的清算交收。结算参与人与客户之间的证券划付，应当委托本公司代为办理。①

2. 结算参与人。证券公司参与证券和资金的集中清算交收，应当向证券登记结算机构申请取得结算参与人资格，与证券登记结算机构签订结算协议，明确双方的权利义务。没有取得结算参与人资格的证券公司，应当与结算参与人签订委托结算协议，委托结算参与人代其进行证券和资金的集中清算交收。②

3. 全额结算与净额结算。证券交易的结算可以分为全额结算和净额结算。全额结算，是指对全部交易逐笔清算交收的结算方式；净额结算，是指登记结算机构以结算参与人为单位，对其总体的买入和卖出进行轧差，根据轧差的净额进行交收的结算方式。为了提高结算效率，降低交易成本，我国证券登记结算机构采用的是净额结算方式。净额结算又可以进一步分为多边净额结算和双边净额结算。双边净额结算是由交易双方根据轧差的净额进行交收的结算方式；多边净额

① 《中国证券登记结算有限责任公司结算规则（征求意见稿）》第五条。

② 《证券结算风险基金管理办法》第四十一条。

结算是由登记结算机构同时作为“所有买方的买方”和“所有卖方的买方”，结算参与人根据轧差结果只与登记结算机构进行交收，相互间不进行交收。目前中国证券登记结算公司采取的是多边净额结算的方式。

4. 多边净额结算与中央对手方。为了提高交易效率和确保交易安全，降低交易成本，基于证券的集中登记、存管和清算，证券登记结算机构逐渐担当起所有结算参与人的共同中央对手方的角色。在结算时，证券登记结算机构按照交易结果先与代表交易双方的证券公司分别完成券银交割，无论交易双方的结算账户是否有充足的证券和资金，证券登记结算机构起到一个担保交易的效果。然后证券登记结算机构再分别与交易双方的证券公司进行净额结算，证券或资金不足时，再向证券公司追偿。中央对手方的履约保障，实际上是将交易的风险化解在了登记结算机构体系之内。

从法律关系上来说，在作为中央对手方的结算模式下，证券登记结算机构与参与多边净额结算的结算参与人签订的结算协议包括两方面内容：（1）对于结算参与人负责结算的证券交易合同，该合同双方结算参与人向对手方结算参与人收取证券或资金的权利，以及向对手方结算参与人支付资金或证券的义务一并转让给证券登记结算机构；（2）受让前项权利和义务后，证券登记结算机构享有原合同双方结算参与人对其对手方结算参与人的权利，并应履行原合同双方结算参与人对其对手方结算参与人的义务。

5. 货银对付原则。证券登记结算机构为证券交易提供净额结算服务时，应当要求结算参与人按照货银对付的原则，足额交付证券和资金，并提供交收担保。在交收完成之前，任何人不得动用用于交收的证券、资金和担保物，比如结算备付金等。结算参与人未按时履行交收义务的，证券登记结算机构有权按照业务规则处理前款所述财产。结算参与人未能足额履行应付证券或资金交收义务的，不能取得相应的资金或证券。这些规定是为了担保证券结算的实际履约和交付，保障交易的安全和效率。

（五）妥善保存文件资料规则

1. 妥善管理原则。《证券法》第一百五十三条规定，证券登记结算机构应当妥善保存登记、存管和结算的原始凭证及有关文件和资料。其保存期限不得少于二十年。同时，证券登记结算机构对其所编制的与证券登记结算业务有关的数据和资料进行专属管理；未经证券登记结算机构同意，任何组织和个人不得将其专属管理的数据和资料用于商业目的。

2. 保密与查询。证券登记结算机构及其工作人员依法对与证券登记结算业务有关的数据和资料负有保密义务。对与证券登记结算业务有关的数据和资料，证券登记结算机构应当拒绝查询，但有下列情形之一的，证券登记结算机构应当依法办理：（1）证券持有人查询其本人的有关证券资料；证券登记结算机构应当采取有效措施，方便证券持有人查询其本人证券的持有记录。（2）证券发行人查询其证券持有人名册及有关资料。（3）证券交易所、中国金融期货交易所依法履行职责要求证券登记结算机构提供相关数据和资料；（4）人民法院、人民检察院、公安机关和中国证监会依照法定的条件和程序进行查询和取证。[①]

3. 法律责任。根据《证券法》第二百一十四条的规定，证券登记结算机构未按照规定保存有关文件和资料的，责令改正，给予警告，并处以十万元以上一百万元以下的罚款；泄露、隐匿、伪造、篡改或者毁损有关文件和资料的，给予警告，并处以二十万元以上二百万元以下的罚款；情节严重的，处以五十万元以上五百万元以下的罚款，并处暂停、撤销相关业务许可或者禁止从事相关业务。对直接负责的主管人员和其他直接责任人员给予警告，并处以十万元以上一百万元以下的罚款。

（六）执行豁免规则

《证券法》第一百五十九条规定，证券登记结算机构按照业务规则收取的各类结算资金和证券，必须存放于专门的清算交收账户，只能按业务规则用于已成交的证券交易的清算交收，不得被强制执行。为了确保结算财产的安全，保障证券交易的履约，证券登记结算机构按照业务规则收取的各类结算资金和证券，必须存放于专门的清算交收账户，只能按业务规则用于已成交的证券交易的清算交收，不得被强制执行。这些资金和证券包括：（1）证券登记结算机构收取的证券结算风险基金、证券结算互保金，以及交收担保物、回购质押券等用于担保交收的资金和证券；（2）证券登记结算机构根据设立的证券集中交收账户、资金集中交收账户、专用清偿账户内的证券和资金以及根据业务规则设立的其他专用交收账户内的证券和资金；（3）结算参与人证券交收账户、结算参与人证券处置账户等结算账户内的证券以及结算参与人资金交收账户内根据成交结果确定的

① 参见《证券结算风险基金管理办法》第十四条。

应付资金；（4）根据成交结果确定的投资者进入交收程序的应付证券和资金；（5）证券登记结算机构在银行开设的结算备付金等专用存款账户、新股发行验资专户内的资金，以及发行人拟向投资者派发的债息、股息和红利等。①

之所以证券法作出如此规定，是因为证券登记结算机构收取的上述结算资金和证券是证券登记结算机构作为中央对手方向结算参与人履约的保障，也是结算参与人向投资者履约的保障。在没有最终交收完成前，这些资金和证券处于一个权属转移过程中的状态，因此必须保障其充分的独立性和安全性，甚至要对抗司法机关的执行权。只有在清算交收完成之后，上述结算资金和证券的权属得到明确，司法机关才可以进行强制执行。这一规则充分体现了证券交易的强流动性和高安全性。

① 《证券结算风险基金管理办法》第五十九条。

第十一讲
商业与专业——证券服务机构和传媒的规则

一、虚假陈述背后会计师事务所如何担责？

（一）虚假陈述事发

2016年7月20日，中国证监会作出行政处罚决定书认定，大智慧公司在2013年年报中通过提前确认软件销售收入、将客户购买理财产品等收款作为软件销售所得、利用框架协议、改变年终奖的计算期间、倒签项目合作验收确认书、提前确认收购其他公司的购买日等多种方式，虚增公司当年的收入和利润。[①] 而某会计师事务所作为上海大智慧股份有限公司2013年财务报表审计机构，出具了标准无保留意见的审计报告。中国证监会也对其作出了行政处罚决定，认定其在审计过程中存在未对销售与收款业务中已关注到的异常事项执行必要的审计程序、未对临近资产负债表日非标准价格销售情况执行有效的审计程序等违法行为。[②]

① 参见《中国证监会行政处罚决定书》，〔2016〕88号。
② 参见《中国证监会行政处罚决定书》，〔2016〕89号。

（二）会计师事务所如何担责?

3000余名投资者因上海大智慧股份有限公司的虚假陈述行为损失惨重，纷纷向法院起诉。根据上海大智慧股份有限公司2020年半年报，截至2020年7月31日，上海大智慧股份有限公司收到上海市一中院和上海金融法院发来的民事诉讼《应诉通知书》及相关法律文书合计3,819例，诉讼请求金额合计为64,442.59万元。[①] 诉讼中的一个争议焦点是，出具不实审计报告某会计师事务所是否应承担连带赔偿责任?

立某会计师事务所主张本案应适用《最高人民法院关于审理涉及会计师事务所在审计业务活动中民事侵权赔偿案件的若干规定》（以下简称《审计侵权司法解释》），根据该规定，因其主观系过失，故其承担的应是补充赔偿责任而非连带责任。对此，法院认为，在证券市场中，会计师事务所出具的会计报告对于众多投资者的投资行为具有重大的、决定性的影响，会计师事务所在为上市公司出具会计报告时应当更为审慎、勤勉尽责，否则应承担相应的民事责任。《证券法》明确规定了证券服务机构应当勤勉尽责，对所依据的文件资料的真实性、准确性、完整性进行核查和验证。其制作、出具的文件有虚假记载、误导性陈述或者重大遗漏，给他人造成损失的，应当与发行人、上市公司承担连带赔偿责任，但是能够证明自己没有过错的除外。

《审计侵权司法解释》也规定专业中介服务机构知道或者应当知道发行人或者上市公司虚假陈述，但不予纠正或者不出具保留意见的，构成共同侵权，对投资人的损失承担连带责任。立信所作为专业证券服务机构，对于审计过程中发现的重大、异常情况，未按照其执业准则、规则，审慎、勤勉地执行充分适当的审计程序，对会计原则进行适当调整，导致大智慧公司的提前确认收入、虚增销售收入、虚增利润等严重违法行为未被及时揭示，对于大智慧公司虚假陈述事件的发生具有不可推卸的重大责任，立信所未举证证明其对此没有过错，依法应与发行人、上市公司承担连带赔偿责任。即使依据《审计侵权司法解释》，立信所的行为也完全符合该规定第五条第二款规定的情形，足以认定其按照执业准则、规则对于大智慧公司的违法行为应当知道，应认定其明知，应当就投资者的损失与大智慧公司承担连带赔偿责任。

① 参见《上海大智慧股份有限公司2020半年度报告》。

虽然立某的违法行为与大智慧公司的虚假陈述行为并非完全一一对应，但根据中国证监会的处罚决定内容，两者的虚假陈述行为的主要方面基本吻合，足以认定构成共同侵权。股价波动因素较为复杂，具体的虚假陈述行为对股价影响幅度难以量化，因此，很难判断立信所没有涉及的虚假陈述行为究竟对大智慧公司股价波动产生何种影响。故可将某信所和大智慧公司的共同虚假陈述行为视为一个整体，对外统一承担连带赔偿责任。至于某所和大智慧公司之间内部责任大小，不属于本案审理范围，双方可另行处理。①

（三）商业机构与专业机构

证券服务机构，是指会计师事务所、律师事务所以及从事证券投资咨询、资产评估、资信评级、财务顾问、信息技术系统服务的机构。这些机构与证券公司一样，既是商业机构，也是专业机构；以营利为目的，但不单单以营利为目的，还承担着证券市场“看门人”的角色。在五洋债证券虚假陈述责任纠纷案中，一审法院杭州中院在判决中指出，让破坏者付出破坏的代价，让装睡的“看门人”不敢装睡，是司法审判对证券市场虚假陈述行为的基本态度。

前述大智慧案件的判决明确了会计师事务所等中介机构的审慎、勤勉义务，对上市公司披露文件的真实性、准确性负有担保责任。知道或者应当知道发行人或者上市公司虚假陈述，而不予纠正或者不出具保留意见的，将构成共同侵权，对投资人的损失承担连带责任。此外，尽管虚假陈述行为的实施主体并非会计师事务所等中介机构，法院也认为无论中介机构在虚假陈述行为中的作用力大小，都应当与上市公司一道对投资者的损失承担连带赔偿责任，中介机构与上市公司之间的损失分担问题可另行处理。

2021 年 11 月 12 日，广州中院对全国首例证券集体诉讼案作出一审判决②，判令正中珠江会计师事务所及签字会计师对康美药业因年报等虚假陈述侵权赔偿证券投资者的损失 24.59 亿元承担全部连带赔偿责任，对于会计师事务所“康美药业及其管理人员实施了有预谋、有组织的系统造假，正中珠江亦是受害者；正中珠江已按审计准则要求执行了银行函证程序，仍未能发现金融机构提供了虚假

① 参见《上海大智慧股份有限公司、立某会计师事务所与郝某、顾某强等证券虚假陈述责任纠纷二审民事判决书》，(2018) 沪民终 175 号。

② 参见《顾某骏、刘某君等 11 名投资者与康美药业股份有限公司等证券虚假陈述责任纠纷一审民事判决书》，(2020) 粤 01 民初 2171 号。

不实证明文件”等答辩法院未予采纳。证券服务机构的责任边界再次引起广泛关注。

二、证券服务机构的组织规则

（一）证券服务机构的法律定位

《证券法》第一百六十条第一款规定，会计师事务所、律师事务所以及从事证券投资咨询、资产评估、资信评级、财务顾问、信息技术系统服务的证券服务机构，应当勤勉尽责、恪尽职守，按照相关业务规则为证券的交易及相关活动提供服务。

证券服务机构是指为证券的交易及相关活动提供服务的机构，包括会计师事务所、律师事务所以及从事证券投资咨询、资产评估、资信评级、财务顾问、信息技术系统服务的机构。新证券法将信息技术系统服务机构纳入调整范围。

1. 总体要求。证券服务机构应当勤勉尽责、恪尽职守，按照相关业务规则为证券的交易及相关活动提供服务。所谓“勤勉尽责、恪尽职守”有两重含义。一方面是对客户而言，要按照合同约定履行职责，维护客户的最大利益；另一方面是对持牌的专业机构而言，要秉持专业精神，做出独立的、负责任的判断。

2. 具体依据。证券服务机构提供服务的具体要求是由相关业务规则作出规定的。这些具体规则具体由证券监督管理部门、行业主管部门，或者行业协会制定。比如，2007年证监会和司法部制定了《律师事务所从事证券法律业务管理办法》，对律师事务所接受当事人委托，为其证券发行、上市和交易等证券业务活动，提供的制作、出具法律意见书等文件的法律服务进行了规范。

（二）证券服务机构的设立

《证券法》第一百六十条第二款规定，从事证券投资咨询服务业务，应当经国务院证券监督管理机构核准；未经核准，不得为证券的交易及相关活动提供服务。从事其他证券服务业务，应当报国务院证券监督管理机构和国务院有关主管部门备案。对于证券服务机构，原证券法总体上采取与证券公司相同的牌照管理方式，实行许可制。新证券法将证券投资咨询机构以外的证券服务机构的管理改为备案式管理。

1. 核准与备案。证券法规定，从事证券投资咨询服务业务，应当经核准；从事其他证券服务业务，应当报备案。之所以对证券投资咨询业务另眼相看，是因为这类业务与投资者最为密切，直接关系到投资者的投资决策，因此采用最严的牌照管理方式。而其他证券服务机构，一部分已经由相应的主管部门实施严格的牌照管理，没必要重复进行牌照管理；同时这些机构离投资者的投资决策较远，按照证券法“有限目标”的原则，没有必要实施全面管理，避免增加管理成本，限制市场活力。

2. 证券投资咨询业务的核准。证券投资咨询业务主要包括证券投资顾问业务和发布证券研究报告业务两大类。由于从事发布证券研究报告业务的机构，只能是依法取得证券投资咨询业务资格的证券公司或者证券公司依法设立的专门从事证券投资咨询业务的子公司，因此，证券服务机构的证券投资咨询业务只涉及证券投资顾问业务。未经中国证监会核准，任何单位和个人不得从事或者变相从事证券投资咨询业务，不得使用“证券投资咨询”“证券投资顾问”等字样或者近似名称开展经营性活动。为了严格规范证券投资咨询业务的核准和监管，证监会起草了《证券基金投资咨询业务管理办法》。

实务中，利用“荐股软件”从事证券投资咨询业务的问题较为突出，为此，证监会专门制定了《关于加强对利用“荐股软件”从事证券投资咨询业务监管的暂行规定》，规定向投资者销售或者提供“荐股软件”，并直接或者间接获取经济利益的，属于从事证券投资咨询业务，应当经中国证监会许可，取得证券投资咨询业务资格。未取得证券投资咨询业务资格，任何机构和个人不得利用“荐股软件”从事证券投资咨询业务。证券投资咨询机构利用“荐股软件”从事证券投资咨询业务，应当遵循客观公正、诚实信用原则，不得误导、欺诈客户，不得损害客户利益。①

3. 其他证券服务业务的备案。从事其他证券服务业务，应当报国务院证券监督管理机构备案。这里的备案是事后备案。根据《证券服务机构从事证券服务业务备案管理规定》，具体又分为初始备案、临时备案和年度备案。

初始备案是指证券服务机构首次从事证券服务业务，应当在签订服务协议之日起10个工作日内备案，报送下列材料：（1）证券服务机构备案表；（2）证券服务机构营业执照、在行业主管部门取得的执业许可或者备案文件；（3）证券

① 参见《关于加强对利用“荐股软件”从事证券投资咨询业务监管的暂行规定（2020修订）》。

服务机构及其依照本规定备案的从业人员因执业行为涉嫌违法违规被立案调查，或者被司法机关立案侦查，以及近三年因执业行为受到刑事处罚、行政处罚、监督管理措施、自律监管措施和纪律处分的情况；（4）中国证监会和国务院有关主管部门规定的其他材料。证券服务机构首次从事证券服务业务的实际时间早于签订服务协议时间的，应当在实际从事证券服务业务之日起 10 个工作日内备案。①

临时备案是指证券服务机构发生下列重大事项的，应当在 10 个工作日内备案：（1）证券服务机构的名称、住所及法定代表人或者主要负责人、质量控制负责人或者风险控制负责人发生变更；（2）持有证券服务机构百分之五以上股份的股东，实际控制人，及其董事、监事或者高级管理人员，合伙人发生变更；（3）证券服务机构与证券服务业务有关的质量控制制度、风险控制制度等内部管理制度发生重大变更；（4）证券服务机构及其依照本规定备案的从业人员因执业行为涉嫌违法违规被立案调查，或者被司法机关立案侦查，以及因执业行为受到刑事处罚、行政处罚、监督管理措施、自律监管措施和纪律处分；（5）证券服务机构及其依照本规定备案的从业人员因执业行为与委托人、投资者发生民事纠纷，进行诉讼或者仲裁；（6）设立或撤销分所或者分支机构；（7）中国证监会和国务院有关主管部门规定的其他重大事项。②

年度备案是指证券服务机构应当于每年 4 月 30 日前提交年度备案材料，备案内容包括证券服务机构基本情况和经营情况、依照本规定备案的从业人员的变动情况、内部管理制度的执行情况和变动情况，以及中国证监会和国务院有关主管部门规定的其他事项。证券服务机构连续一个自然年度未从事证券服务业务的，可以不进行重大事项备案和年度备案。未进行重大事项备案和年度备案的证券服务机构，再次从事证券服务业务的，需要进行初始备案。③

2020 年 9 月，证监会发布消息称，律师事务所从事证券服务业务备案工作正在有序开展。截至 9 月 18 日，共有 53 家律师事务所完成首次备案，有关信息已在证监会网站“法律部”栏目下“律师事务所备案”中公示。

2020 年 10 月，中国证监会对安融信用评级有限公司（以下简称安融评级）

① 《证券服务机构从事证券服务业务备案管理规定》第十条。

② 《证券服务机构从事证券服务业务备案管理规定》第十六条。

③ 《证券服务机构从事证券服务业务备案管理规定》第十七条。

等9家机构完成从事证券市场资信评级业务备案。获得中国证监会备案的信用评级机构，可以对下列评级对象开展资信评级服务：（1）经中国证监会依法注册发行的债券、资产支持证券；（2）在证券交易所或者经中国证监会认可的其他证券交易场所上市交易或者挂牌转让的债券、资产支持证券，国债除外；（3）上述规定的证券的发行人、发起机构、上市公司、非上市公众公司、证券期货经营机构；（4）中国证监会规定的其他评级对象。

4. 法律责任。根据《证券法》第二百一十三条第一款、第二款的规定，证券投资咨询机构违反本法第一百六十条第二款的规定擅自从事证券服务业务，责令改正，没收违法所得，并处以违法所得一倍以上十倍以下的罚款；没有违法所得或者违法所得不足五十万元的，处以五十万元以上五百万元以下的罚款。对直接负责的主管人员和其他直接责任人员，给予警告，并处以二十万元以上二百万元以下的罚款。会计师事务所、律师事务所以及从事资产评估、资信评级、财务顾问、信息技术系统服务的机构违反本法第一百六十条第二款的规定，从事证券服务业务未报备案的，责令改正，可以处二十万元以下的罚款。

证券服务机构应当保证所报送的备案文件和信息真实、准确、完整。需要注意的是，从事证券投资咨询业务以外的证券服务业务未备案，并不影响其与客户签署的服务协议和出具的法律文件的效力。

三、证券服务机构的行为规则

（一）证券投资咨询机构的禁止行为

《证券法》第一百六十一条第一款规定，证券投资咨询机构及其从业人员从事证券服务业务不得有下列行为：代理委托人从事证券投资；与委托人约定分享证券投资收益或者分担证券投资损失；买卖本证券投资咨询机构提供服务的证券；法律、行政法规禁止的其他行为。

这些行为，都是容易与委托人产生利益冲突的行为。证券投资咨询机构及其从业人员从事证券投资咨询业务，应当严格遵循客户利益优先的原则，不得为自身或者第三人的利益损害客户的利益，不得进行任何形式的不公平交易或者利益输送。证券投资咨询机构应当建立健全利益冲突的识别、评估、披露、处理等机制，不得采用可能产生利益冲突的收费方式。证券基金投资咨询机构应当加强关联交易管理，准确识别关联方，严格执行关联交易审批制度，不得向客户提供可能产生利益冲突的投资建议服务，有充分证据证明相关服务有利于客户，且如不提供相关建议可能损害客户利益的除外，但应当事先向客户披露关联关系并取得客户书面同意。①

证券投资咨询机构有证券法所列的行为的法律责任同时包含民事责任和行政责任。民事责任方面，《证券法》第一百六十一条第二款规定，有前款所列行为之一，给投资者造成损失的，应当依法承担赔偿责任。行政责任方面，根据《证券法》第二百一十三条第一款的规定，证券投资咨询机构从事证券服务业务有本法第一百六十一条规定行为的，责令改正，没收违法所得，并处以违法所得一倍以上十倍以下的罚款；没有违法所得或者违法所得不足五十万元的，处以五十万元以上五百万元以下的罚款。对直接负责的主管人员和其他直接责任人员，给予警告，并处以二十万元以上二百万元以下的罚款。

（二）妥善保存信息资料规则

《证券法》第一百六十二条规定，证券服务机构应当妥善保存客户委托文件、核查和验证资料、工作底稿以及与质量控制、内部管理、业务经营有关的信息和资料，任何人不得泄露、隐匿、伪造、篡改或者毁损。上述信息和资料的保存期限不得少于十年，自业务委托结束之日起算。

根据《证券法》第二百一十四条的规定，证券服务机构未按照规定保存有关文件和资料的，责令改正，给予警告，并处以十万元以上一百万元以下的罚款；泄露、隐匿、伪造、篡改或者毁损有关文件和资料的，给予警告，并处以二十万元以上二百万元以下的罚款；情节严重的，处以五十万元以上五百万元以下的罚款，并处暂停、撤销相关业务许可或者禁止从事相关业务。对直接负责的主管人员和其他直接责任人员给予警告，并处以十万元以上一百万元以下的罚款。

（三）证券服务机构虚假陈述的法律责任

证券服务机构作为专业机构，在证券业务中，应当勤勉尽责，既是对委托人负责，也是对证券市场负责。证券服务机构的勤勉尽责主要体现在两个层面。一是在制作、出具文件过程中，对所依据的文件资料内容的真实性、准确性、完整

① 《证券服务机构从事证券服务业务备案管理规定》第十七条。

性进行核查和验证。核查和验证的过程，要对各自专业相关的业务事项履行特别注意义务，对其他业务事项履行普通注意义务。二是自身制作、出具的文件要做到真实、准确、完整，不得出现虚假记载、误导性陈述或者重大遗漏。这两个层面的义务的区分，对于法律责任的认定至关重要。第一个层面的义务决定证券服务机构是否有过错及过错大小，而第二个层面的义务决定是否存在虚假陈述的侵权行为。证券服务机构违反前述义务的，可能同时面临民事、行政和刑事责任。但是，需要注意的是，包括证券服务机构在内的中介机构是信息披露的辅助者，除非具有共谋的故意，其对于虚假陈述应当承担次要责任。

1. 民事责任的构成要件

《证券法》第一百六十三条规定，证券服务机构为证券的发行、上市、交易等证券业务活动制作、出具审计报告及其他鉴证报告、资产评估报告、财务顾问报告、资信评级报告或者法律意见书等文件，应当勤勉尽责，对所依据的文件资料内容的真实性、准确性、完整性进行核查和验证。其制作、出具的文件有虚假记载、误导性陈述或者重大遗漏，给他人造成损失的，应当与委托人承担连带赔偿责任，但是能够证明自己没有过错的除外。证券服务机构未勤勉尽责的法律责任，适用《虚假陈述若干规定》。证券服务机构属于司法解释规定的虚假陈述责任人。

（1）侵权行为。证券服务机构民事责任的前提是证券服务机构自身制作、出具的文件有虚假记载、误导性陈述或者重大遗漏，也就是违反前述第二个层面的义务。这里需要强调的是“其自身制作、出具的”——如会计事务所只对其出具的审计报告负责，律师事务所只对其出具的法律意见书负责，而不需要对其他负责。这一点有别于《证券法》第八十五条规定的保荐人、承销的证券公司对信息披露义务人的虚假陈述行为承担责任，后者可以说是一种“替代责任”——当然也不能说完全是代人受过，通常招股说明书、募集说明书都是承销商负责整体制作的。此外，较为容易被忽视的是，结合第一百六十三条前半句来看，这里的文件还需要是“为”证券的发行、上市、交易等证券业务活动而制作出具的，这里强调的是制作和出具这些文件的直接目的。如果不是以此为目的制作或出具的文件，是否也要为此承担证券法上的责任，则存在争议。本书认为，在这种情况下，不应当适用证券法上的特殊侵权责任规则，而应当回归普通的侵权责任法规则。

与其他虚假陈陈述行为一样，证券服务机构侵权行为的存在也以构成“重大性”为前提，也即其制作、出具的文件使投资人对其投资行为发生错误判断并产生重大影响。比如，在证监会对北京兴华会计师事务所的处罚决定书中认定，兴华所对欣泰电气 IPO 期间财务报表审计时未勤勉尽责，出具的审计报告存在虚假记载；对欣泰电气 2013 年财务报表审计时未勤勉尽责，出具的审计报告存在虚假记载；对欣泰电气 2014 年财务报表审计时未勤勉尽责，出具的审计报告存在虚假记载。① 兴华所出具的审计报告存在虚假陈述，对投资行为产生重大影响，这些认定即可以视作构成了侵权行为这一要件。

（2）损害后果。证券侵权的民事责任主要是赔偿责任，坚持填平原则。因此，在侵权行为存在的情况下，证券服务机构要承担民事责任必须以给他人造成损失为要件。

（3）因果关系。与其他虚假陈述行为人一样，由于举证责任的倒置，证券服务机构要对不存在因果关系提出抗辩。在同时存在多个证券服务机构出具的文件存在虚假陈述的情况下，应当区分原因力的大小。同样值得注意的是，这里的损失必须是“其自身制作、出具的”文件导致的损害后果。

（4）主观过错。对于过错要件，同样适用证券法上特殊的侵权责任规则原则，存在举证责任倒置，由证券服务机构抗辩自身不存在过错，否则推定为有过错。抗辩的路径则是证明其已经按照法律、行政法规、部门规章、行业执业规范和职业道德等规定的勤勉义务谨慎执业，对所依据的文件资料内容的真实性、准确性、完整性进行核查和验证。这是前述第一个层面的义务。参考《债券座谈会会议纪要》，证券服务机构的注意义务和应负责任范围，限于各自的工作范围和专业领域，其制作、出具的文件有虚假记载、误导性陈述或者重大遗漏，应当按照证券法及相关司法解释的规定，考量其是否尽到勤勉尽责义务。② 需要注意的是，这里的勤勉尽责义务的抗辩权对抗的是投资者，而不是发行人，其法理基础并不是信义义务，而是法定义务。③

（5）责任范围。根据证券法的规定，在前面四个构成要件都满足的情况下，证券服务机构应当与委托人承担连带赔偿责任。但相关司法解释和会议纪要对此做出了一些修改。在债券纠纷中，根据《债券纠纷会议纪要》，要区分故意、过

---

① 《中国证监会行政处罚决定书（北京兴华会计师事务所、王某洲、杨某辉等 4 名责任人员）》，〔2016〕92 号

② 参见《全国法院审理债券纠纷案件座谈会纪要》第三十一条。

③ 参见邢会强：《证券市场虚假陈述中的勤勉尽责标准与抗辩》，载《清华法学》2021 年第 5 期。

失等不同情况，分别确定其应当承担的法律责任。对于会计师事务所来说，根据《审计侵权司法解释》第五条的规定，会计师事务所在故意情况下，应当与被审计单位承担连带赔偿责任，第六条和第十条规定了事务所在过失情况下，根据过失大小承担补充责任。自大智慧案判决会计师事务所承担连带赔偿责任以来，金亚科技、昆明机床、华泽钴镍、五洋建设、康美药业等虚假陈述纠纷中投资者均提出了要求会计师事务所承担连带赔偿责任的请求并在部分案件中得到了法院的支持，引起了会计师行业的震动。对此，有业内人士建议，考虑到“连带责任”的定义难以在法律上突破，建议对《证券法》第一百六十三条“给他人造成损失的”的“损失”的范围进行解释，将该“损失”的范围约束在与中介机构的过错导致的影响范围内，则该“损失”并非“一刀切”地指上市公司应承担的投资者实际损失，而是严格按照《民法典》因果关系的规定，将“损失”定义为与中介机构的过错有直接因果关系的“损失”，当中介机构的过错并不足以造成全部损害时，该“损失”很可能只是上市公司应承担的投资者实际损失的其中一部分；此时，“连带赔偿责任”仍然是“完全”连带赔偿责任，但是完全连带赔偿的“损失”已经缩小了，间接地实现了过责相当。①

2. 行政责任

新证券法放松了证券服务机构的事前准入，但强化了事后的监管，主要体现在法律责任上。《证券法》第二百一十三条第三款规定，证券服务机构违反证券法的规定，未勤勉尽责，所制作、出具的文件有虚假记载、误导性陈述或者重大遗漏的，责令改正，没收业务收入，并处以业务收入一倍以上十倍以下的罚款，没有业务收入或者业务收入不足五十万元的，处以五十万元以上五百万元以下的罚款；情节严重的，并处暂停或者禁止从事证券服务业务。对直接负责的主管人员和其他直接责任人员给予警告，并处以二十万元以上二百万元以下的罚款。

2016 年，证监会认定兴华会计师事务所构成原证券法第二百二十三条所述“证券服务机构未勤勉尽责，所制作、出具的文件有虚假记载、误导性陈述或者重大遗漏”的行为，签字注册会计师王某洲、杨某辉、王某生为直接负责的主管人员。根据当事人违法行为的事实、性质、情节与社会危害程度，依据《证券法》第二百二十三条的规定，证监会决定：责令兴华所改正违法行为，没收业务

① 参见刘继承、林燕玲：《证券虚假陈述会计师事务所承担连带责任案例分析》，载《中国注册会计师》2021 年第 9 期。

收入 322.44 万元，并处以 967.32 万元罚款；对王某洲、杨某辉、王某生给予警告，并分别处以 10 万元罚款。[①] 2021 年，证监会经调查认定，中某运会计师事务所出具的某通集团 2013 年至 2017 年年度审计报告存在虚假记载；中某运在对胜通集团 2013 年至 2017 年年度财务报表审计时未勤勉尽责，具体包括：识别、评估重大错报风险因素方面存在缺陷，内部控制审计程序存在缺陷，实质性审计程序存在缺陷等。证监会认为中某运的上述行为构成 2005 年《证券法》第二百二十三条所述的“证券服务机构未勤勉尽责，所制作、出具的文件有虚假记载、误导性陈述或者重大遗漏”的行为。为此，证监会决定对中某运责令改正，没收业务收入 575 万元，并处以 1150 万元罚款；对胜通集团 2013 年至 2017 年年度财务报表审计报告签字注册会计师给予警告，并分别处以 10 万元罚款。[②]

3. 刑事责任

证券服务机构的违法违规行为还可能面临提供虚假证明文件罪和出具证明文件重大失实罪的刑事责任。根据《刑法》第二百二十九条的规定，承担资产评估、验资、验证、会计、审计、法律服务、保荐、安全评价、环境影响评价、环境监测等职责的中介组织的人员故意提供虚假证明文件，情节严重的，处五年以下有期徒刑或者拘役，并处罚金；有下列情形之一的，处五年以上十年以下有期徒刑，并处罚金：（1）提供与证券发行相关的虚假的资产评估、会计、审计、法律服务、保荐等证明文件，情节特别严重的；（2）提供与重大资产交易相关的虚假的资产评估、会计、审计等证明文件，情节特别严重的；（3）在涉及公共安全的重大工程、项目中提供虚假的安全评价、环境影响评价等证明文件，致使公共财产、国家和人民利益遭受特别重大损失的。有前述行为，同时索取他人财物或者非法收受他人财物构成犯罪的，依照处罚较重的规定定罪处罚。前述规定的人员，严重不负责任，出具的证明文件有重大失实，造成严重后果的，处三年以下有期徒刑或者拘役，并处或者单处罚金。在司法实务中，提供虚假证明文件罪和出具证明文件重大失实罪的案例虽并不多见，但随着中介机构法律责任的不断压实，这两项罪名将成为悬在证券服务机构头上的利剑。尤其是 2020 年刑法修正案（十一）专门对该条文进行了修正，补充“保荐”人员作为犯罪主体，

① 《中国证监会行政处罚决定书（北京兴华会计师事务所、王某洲、杨某辉等 4 名责任人员）》，〔2016〕92 号。

② 参见《中国证监会行政处罚决定书（中某运会计师事务所、杨某刚、张某富）》，〔2021〕91 号。

对于律师、会计师等中介机构人员在证券发行、重大资产交易活动中出具虚假证明文件、情节特别严重的情形，最高可判处十年有期徒刑，罪名落地的态势十分明显。

四、证券市场上的传媒

（一）权威媒介与普通媒介

证券市场是信息市场，传播媒介是证券市场的重要主体，也是证券法规制的对象。证券传播媒介，特别是新型的传播媒介，与证券市场服务机构一样，面临着商业机构与专业机构的“人设”冲突。证券法将传播媒介分为两大类。一类是权威媒介，这类媒介是依法披露信息的载体，包括证券交易场所的网站和符合国务院证券监督管理机构规定条件的媒体；另一类是广义上的传播媒介，只要有信息传播功能的载体，都归于这一类，包括权威媒介和普通媒介——微博、微信、雪球等新媒体平台或大V在各大平台上的自媒体。

对于权威媒介，我国一向坚持类牌照管控。原证券法规定“依法必须披露的信息，应当在国务院证券监督管理机构指定的媒体发布”。新证券法取消了“指定”的要求，但仍然对信息披露的媒体有特殊要求。《证券法》第八十六条规定，依法披露的信息，应当在证券交易场所的网站和符合国务院证券监督管理机构规定条件的媒体发布，同时将其置备于公司住所、证券交易场所，供社会公众查阅。

对于权威媒介和普通媒介，证券法都科以真实客观义务和防范利益冲突义务。

（二）客观真实义务

对于普通媒介和权威媒介，由于其对证券市场的潜在影响，必须保证信息的真实、客观。为保证证券市场的信息质量，对于证券领域的新闻报道，1994年12月，新闻出版署下发《关于对证券、期货专业报纸和期刊加强管理的通知》，其中就提出“证券期货报刊不宜多办，具备创办条件的地区和部门，必须遵照新闻出版署的有关规定，严格履行申办手续，并经中国证券监督管理委员会等部门会签后才可批准创办”。

近年来，一些影响力较大的媒体平台已经开始整顿财经类新闻，比如，腾讯内容开放平台曾发布公告，明确规定以下行为将被平台视为“违规发布财经信息”：(1) 不具备互联网新闻发布许可的账号主体，无资质发布国家经济类政策；(2) 歪曲解读国家财政货币政策、金融管理政策，扰乱经济秩序、损害国家利益；(3) 虚构传播证券、基金、期货、外汇等金融市场事件或新闻；(4) 转发各类所谓首席经济学家错误言论及非权威性社会经济类信息；(5) 篡改标题以达到吸引眼球、蓄意夸张渲染、制造紧张氛围目的的行为。

《证券法》明确禁止任何主体编造、传播虚假信息或者误导性信息，特别规定“各种传播媒介传播证券市场信息必须真实、客观，禁止误导”。真实，即披露的信息是真实存在的。2020 年年初，某媒体以引用内部人士的口径，多次报道中信证券和中信建投证券即将合并的新闻。每次报道，都会引发两只上市公司股票价格的上扬，股票价格产生了剧烈的波动。但是，每次报道之后，案涉证券公司均回复该报道内容不真实。据此，某媒体作为媒介，可能会触及报道真实性的原则。[①]

需要注意的是，对这一条的解读也不能走向极端，让证券市场上人人自危，噤若寒蝉。特别是对于媒体包括自媒体，只要是以负责任的态度，最大限度地求证信息，并遵循一定的审核发布程序，即使由于掌握信息的片面性和分析能力的局限等的原因，所发布的消息有瑕疵，也不应该被认定为是编造、传播虚假信息或者误导性信息。当然，这需要进一步的规范做支撑。

传播媒介及其相关工作人员编造、传播虚假信息或者误导性信息，给投资者造成损失的，将依法承担民事赔偿责任和行政责任。比如，2015 年 6 月，济南某日报记者刘某涛发布一则虚假信息“东莞证券针对 5000 万以上 VIP 的风险预警”。次日，沪深两市均出现盘中快速下跌，其中上证综指在 10 点 32 分至 11 点 06 分，仅半个小时内下跌了 116 个点，跌幅高达 2.3%。证监会针对其编造传播虚假信息的行为作出了行政处罚。[②] 在民事责任方面，目前尚缺乏相关案例。在未来的实践中，编造、传播虚假信息或者误导性信息与造成损失之间的因果关系、损失大小等问题仍需探索。

---

① 《中信证券与中信建投合并？两公司发布澄清公告，称未获悉传闻信息》，https://new.qq.com/omn/20200415/20200415A0211B00.html，最后访问时间：2022 年 4 月 20 日。

② 《中国证监会行政处罚决定书（刘某涛）》，〔2016〕4 号，http://www.csrc.gov.cn/pub/zjhpublic/G00306212/201603/t20160301_293685.htm，最后访问时间 2021 年 11 月 10 日。

（三）防范利益冲突义务

根据《证券法》第五十六条的规定，传播媒介及其从事证券市场信息报道的工作人员不得从事与其工作职责发生利益冲突的证券买卖。本书将这一项禁止行为作为证券法对于特殊主体的禁止行为，突出传播媒介在证券市场上的特殊性。根据《证券法》第一百九十三条第三款的规定，违反本条规定的，面临严重的行政处罚——没收违法所得，并处以买卖证券等值以下的罚款。详见本书相关部分的内容。

第十二讲
柔性的治理——证券业协会的规则

一、李某诉中国证券业协会

（一）注销执业证书引争议

2013年8月31日，证券业协会根据《证券经纪人执业注册登记暂行办法》的规定，以证券经纪人李某在年检期内仅完成8个必修学时，4个选修学时，未满足《关于证券经纪人年检有关事项的通知》中有关年检通过的要求，将其证券经纪人执业证书予以注销。为此李某未能通过证券资格证年审，所在公司中国某河证券股份有限公司以此为由与其解除合同。

李某在此后的诉讼中主张，其2013年6月29日夜至30日，参加证券业协会网上考试，几个课程都是75分，但无成绩和痕迹。之后找到证券业协会办公室找负责人询问原因，证券业协会告知是网站自身系统出现了问题，并答复给李某解决问题。之后，李某多次到证券业协会反映申请解决问题，并重新颁发证券经纪人证书，证券协会答复时间过去太久，不能再解决。

证券业协会在此后的诉讼中主张，证券协会的远程培训系统在2013年6月至8月间报名、学习、测试一切正常，不存在李某所述的故障，且李某未能提供任何证据证明证券业协会远程培训系统存在故障。2013年度，李某共报名11次，仅对最后一次报名进行了支付（人民币 300 元），共选 7 门、15 学时课程。经过学习并测试，李某共取得 12 学时。其中因必修课程 C09081 累计五次测试未通过，李某未能获得该课程的 3 学时。上述记录在证券业协会远程培训系统有留痕，不存在李某所述的报名、测试均无成绩和痕迹的情形。李某的执业证书被注销，根本原因是其累计五次测试未能通过 C09081 课程，在 2013 年 8 月 31 日年检截止前，李某并未购买、学习任何新的课程以获取年检所必需的学分。在此期间，证券业协会远程培训系统运行正常。

李某不服证券业协会的上述行政行为，2014 年 7 月，在北京市西城法院起诉，但经两次合法传唤李某均未到庭参加诉讼，且未说明理由。2014 年 10 月 21 日，西城法院作出《行政裁定书》，裁定按照李某撤诉处理。后查明，2014 年 9 月 4 日，李某被北京市公安局丰台分局刑事拘留，2014 年 10 月 23 日，北京市丰台区人民检察院以妨害公务罪提起公诉。

2015 年 3 月 16 日，李某诉至法院请求确认证券业协会注销李某证券经纪人资格行为违法，并判令证券协会重新颁发李某证券经纪人资格证书。一审法院驳回其诉讼请求，李某不服提起上诉。

（二）争议焦点

本案争议焦点为：（1）本案是否已过起诉期限的问题；（2）李某被批准逮捕能否作为其不到庭参加诉讼正当理由的问题；（3）中国证券业协会注销李某执业证书是否合法的问题。

（三）法院观点

1. 关于本案是否已过起诉期限的问题

证券业协会主张李某最迟在 2013 年 10 月即已知道其执业证书被注销的情况，于 2014 年 7 月和 2015 年 3 月的起诉均已超过法定起诉期限。而法院认为，根据《最高人民法院关于执行〈中华人民共和国行政诉讼法〉若干问题的解释》第四十一条第一款关于行政诉讼起诉期限的规定，且本案现有证据无法证明证券业协会已告知李某诉权或者起诉期限，故应当按照从知道被诉行政行为内容之日计算起诉期限。李某于 2015 年 3 月起诉，并未超过 2 年的起诉期限。

2. 关于李某被批准逮捕能否作为其不到庭参加诉讼的正当理由的问题

法院认为，《中华人民共和国行政诉讼法》第四十八条规定，经人民法院两次合法传唤，原告无正当理由拒不到庭的，视为申请撤诉。2014 年 10 月 9 日、10 月 13 日，一审法院组织公开开庭审理（2014）西行初字第 473 号案件，李某处于被限制人身自由的状态，无法参加庭审，不属于无正当理由拒不到庭的情形，故李某针对本案的起诉符合相关规定。

3. 关于中国证券业协会注销李某执业证书是否合法的问题

法院认为，根据《中华人民共和国证券法》的相关规定，在国家对证券发行、交易活动实行集中统一监督管理的前提下，依法设立证券业协会，实行自律性管理。此外，参照《证券业从业人员资格管理办法》和《证券经纪人管理暂行规定》的相关规定，证券业协会作为证券业自律组织，负有对证券业从业人员进行从业资格考试、执业证书发放、执业注册登记以及组织或者办理证券经纪人的证书印制与后续职业培训的法定职责。

参照《证券经纪人执业注册登记暂行办法》第十八条的规定，存在未按规定完成后续职业培训或者未按规定参加年检情形的，不予通过年检。第十九条规定，未通过年检的人员，由协会注销其证券经纪人执业注册登记，并由所在机构收回证书。参照《关于证券经纪人年检有关事项的通知》的相关规定，证券经纪人通过年检应具备的条件之一是最近一个自然年度期间完成 15 个后续职业培训学时，其中，必修学时不少于 10 学时。证券经纪人通过年检，注册有效日期自动延长一年；逾期 2 个月未完成年检的，协会将按照《证券经纪人执业注册登记暂行办法》第十九条的规定，注销其证券经纪人执业注册登记，并由所在机构收回证书。本案中，李某所持证券经纪人执业证书有效期至 2013 年 6 月 30 日，其在最近一个自然年度期间未取得通过年检所必需的后续职业培训学时，且逾期 2 个月未完成年检，证券协会据此注销了李某的证券经纪人执业注册登记，并无不当。①

（四）证券业协会的柔与刚

证券业协会是行业自律管理组织，对证券业实行自律管理。自律管理是与国家介入证券市场的监督管理相对的一种管理，两者共同构成证券法上的证券监督管理。② 与国家介入证券市场的监督管理相比，自律管理具有柔性的特征。但

① 参见《李某与中国证券业协会其他二审行政判决书》，（2016）京 02 行终 781 号。

② 参见李东方：《证券监管法的理论基础》，载《政法论坛》2019 年 3 期。

是，在获得行政授权的情况下，拥有决定证券从业人员资质准入的权力，这一行政许可关系证券从业者的切身利益，具有刚性的约束力。因此，本案法院接纳了针对中国证券业协会的行政诉讼。判决确认了证券业协会的自律管理权限，根据《证券业从业人员资格管理办法》和《证券经纪人管理暂行规定》的相关规定，证券从业人员的年检成绩不合格，证券业协会有权注销其证券从业资格证。我国证券法上明确规定了证券业协会的法律地位。随着证券监管的现代化进程不断推进，证券业协会的自律管理将被赋予更多的职能，承担更重要的任务。有学者认为，政府监管机构、自律机构、看门人和投资者都是证券市场治理的参与者，从资源禀赋的角度而言，不同主体拥有不同的治理成本和优势；其中自律组织往往在信息技术能力、证券专业能力与信息监察能力上具有治理优势。在注册制之下，政府监管应当有所为有所不为，积极与自律组织合作治理，提高证券市场的经济效率和治理效果。①

二、证券业协会的组织规则

（一）证券业协会的法律定位

《证券法》第一百六十四条第一款规定，证券业协会是证券业的自律性组织，是社会团体法人。证券业协会分为中国证券业协会和地方证券业协会，但通常指的是中国证券业协会。中国证券业协会是依据《证券法》和《社会团体登记管理条例》的有关规定设立的证券业自律性组织，属于非营利性社会团体法人，接受中国证监会和国家民政部的业务指导和监督管理。中国证券业协会成立于1991年8月28日。地方证券业协会则是各地区证券业的自律组织。比如，北京证券业协会是北京地区证券业行业的自律性管理组织，由北京证券有限公司、北京证券登记公司、中国信息信托投资公司、华夏证券有限公司、中国经济开发信托投资公司、中国民族国际信托投资公司、北京国际信托投资公司等12家单位联合发起，于1993年12月28日正式成立，是经北京市民政局社会团体行政主管机关核准注册登记的社会团体法人，是中国证券业协会的特别会员。

① 参见吕成龙：《科创板时代中国证监会治理角色与模式的转变》，载《财经法学》2019年第4期。

（二）证券业协会的会员

《证券法》第一百六十四条第二款规定，证券公司应当加入证券业协会。证券公司是证券业协会的法定会员。根据 2020 年 8 月证监会发布的名录，目前我国证券公司只有 134 家。因此，截至 2020 年 8 月，中国证券业协会拥有法定会员 134 家。法定会员是强制入会的。除了法定会员外，中国证券业协会还有普通会员（证券投资咨询公司、证券资信评级机构、证券公司另类投资子公司、证券公司私募投资基金子公司）、特别会员（证券交易所等证监会批准设立的与证券业务相关的机构、地方证券期货业协会、区域性股权交易市场运营管理机构和协会认可的其他机构）和观察员。[①] 法定会员以外的其他会员实行自愿入会。

（三）证券业协会的组织机构

对于证券业协会的组织机构，证券法只规定了权力机构和执行机构。《证券法》第一百六十四条第三款规定，证券业协会的权力机构为全体会员组成的会员大会。第一百六十七条规定，证券业协会设理事会。理事会成员依章程的规定由选举产生。除此之外，证券业协会通常还有监督机构、会长、办事机构等。

1. 权力机构。证券业协会的权力机构为全体会员组成的会员大会。

2. 执行机构。证券业协会设理事会。理事会是会员大会的执行机构，在会员大会闭会期间领导协会开展日常工作，对会员大会负责。理事会成员依章程的规定由选举产生。理事会由会员理事和非会员理事组成。协会设常务理事会，由理事会选举产生，对理事会负责，在理事会闭会期间，行使理事会的部分职权。

3. 监督机构。协会设监事会，由全体会员监事组成。监事会是协会工作的监督机构。

4. 会长及办事机构。协会实行会长负责制，会长为协会法定代表人。协会设会长一名，专职副会长和兼职副会长若干名。会长、专职副会长由中国证监会提名，兼职副会长从会员理事中遴选，由理事会选举产生。协会根据需要设秘书长一名、副秘书长若干名。[②]

---

① 参见《中国证券业协会章程》第十一至第十五条。

② 以上参见《中国证券业协会章程》。

（四）证券业协会的章程

《证券法》第一百六十五条规定，证券业协会章程由会员大会制定，并报国务院证券监督管理机构备案。根据中国证券业协会的章程，会员加入中国证券业协会，应当承诺拥护章程。除法定会员外的其他类别会员如有严重违法违规或违反本章程的行为，协会可取消其会员资格。

（五）证券业协会的职责

《证券法》第一百六十六条规定，证券业协会履行下列职责：教育和组织会员及其从业人员遵守证券法律、行政法规，组织开展证券行业诚信建设，督促证券行业履行社会责任；依法维护会员的合法权益，向证券监督管理机构反映会员的建议和要求；督促会员开展投资者教育和保护活动，维护投资者合法权益；制定和实施证券行业自律规则，监督、检查会员及其从业人员行为，对违反法律、行政法规、自律规则或者协会章程的，按照规定给予纪律处分或者实施其他自律管理措施；制定证券行业业务规范，组织从业人员的业务培训；组织会员就证券行业的发展、运作及有关内容进行研究，收集整理、发布证券相关信息，提供会员服务，组织行业交流，引导行业创新发展；对会员之间、会员与客户之间发生的证券业务纠纷进行调解；证券业协会章程规定的其他职责。

其中比较重要的是自律管理权。自律监管和行政监管一样，是证券市场监管的重要组成部分。中国证券市场的自律管理主要来自交易所的自律管理、证券业协会的自律管理和上市公司协会的自律管理。相对而言，前两者在证券法上有明确的授权。

证券业协会的自律权，主要体现在两大方面。一是制定自律规则。中国证券业协会的自律规则根据内容需要可以采用“公约”“办法”“准则”“规范”“规则”“细则”“守则”“指引”“必备条款”“范本”“指南”等形式。对规范对象有强制性自律约束力的规则，可以采用“办法”“规范”“规则”“守则”“细则”“必备条款”等形式。对规范对象有指导性自律约束力的规则，可以采用“指引”“范本”“指南”等形式。“公约”形式的规则，仅对公约签署人有强制性自律约束力，但全体会员公约除外。[①] 二是采取自律措施。中国证券业协会的

---

① 参见《中国证券业协会自律规则制定办法（2014）》。

自律措施包括自律管理措施和纪律处分。自律管理措施是协会针对较轻违规行为采取的自律措施。纪律处分是协会针对较重违规行为采取的自律措施。[①]

实务中，中国证券业协会备受关注的一项职责是组织证券从业人员资格考试。根据《证券业从业人员资格管理办法》的规定，在依法从事证券业务的机构中从事证券业务的专业人员，应当取得从业资格。但是，2017 年 9 月，人力资源与社会保障部发布《关于公布国家职业资格目录的通知》，明确将职业资格纳入国家职业资格目录，实行清单式管理，目录之外一律不得许可和认定职业资格，目录之内除准入类职业资格外一律不得与就业创业挂钩。国家职业资格分为准入类职业资格和水平评价类职业资格。准入类职业资格关系公共利益或涉及国家安全、公共安全、人身健康、生命财产安全，均有法律法规或国务院决定作为依据，比如教师资格、法律职业资格、注册消防工程师资格等；水平评价类职业资格具有较强的专业性和社会通用性，技术技能要求较高，行业管理和人才队伍建设确实需要，比如资产评估师资格、银行业专业人员职业资格等。[②] 按照这一规定，“证券从业资格”属于水平评价类资格，不得与就业创业挂钩。为此，新证券法已经删除了证券人员从业资格作为相关准入条件的规定。

而中国证券业协会开展最为频繁的一项工作是组织培训。从中国证券业协会的官网来看，仅在 2020 年 11 月，协会就发布了关于举办辽宁辖区证券经营分支机构合规管理培训班、证券公司场外期权业务培训班、证券公司信息技术培训班、湖南辖区证券经营机构财富管理实务培训班、“新证券法要点解读之证券发行制度”网络直播课、证券公司内部审计培训班、“新证券法要点解读之信息披露”网络直播课、四川辖区证券经营分支机构财富管理实务培训班、江西辖区证券经营机构从业人员投顾服务培训班、北京辖区投顾服务模式交流培训班、湖南辖区投顾队伍建设与标准化服务培训班、江苏辖区证券经营机构财富管理与投资者适当性管理培训班、第十二期债券市场信用风险管理培训班（违约风险监测与处置专题）、上海地区证券经营机构合规管理培训班、第二期证券公司董监高系列培训班（财务管理专题）和安徽辖区证券经营机构投资者适当性管理培训班等通知。

---

① 参见《中国证券业协会自律措施实施办法（2020 年修订）》。

② 参见《人力资源社会保障部关于公布国家职业资格目录的通知》，http：//www. mohrss. gov. cn/gkml/zcfg/gfxwj/201709/t20170915_277385. html。http：//www. mohrss. gov. cn/wap/zc/zcwj/201709/t20170915_277385. html，最后访问时间 2021 年 11 月 25 日。

第十三讲
权力的笼子——证券监督管理机构的规则

一、“常胜将军”败诉案

(一) 苏某鸿案①

2016年4月26日，中国证监会作出行政处罚，认定苏某鸿存在以下违法行为：在内幕信息公开前与内幕信息知情人员殷某国联络、接触，使用“浦江之星12号”“马某强”“朱某海”账户于2013年3月11日至4月12日期间持续买入“威华股份”，交易时点与威华股份筹划注入IT资产事项形成过程较为吻合，且上述三账户在此之前从未交易过该股。相关交易行为明显异常，且其没有提供充分、有说服力的理由排除其涉案交易行为系利用内幕信息。依据证券法第二百零二条的规定，中国证监会决定：没收苏某鸿违法所得6537.62余万元，并处以6537.62余万元罚款。②

苏某鸿不服被诉处罚决定，向中国证监会提出行政复议申请。中国证监会经审查，依据《中华人民共和国行政复议法》第二十八条第一款第一项的规定，

① (2018) 京行终445号

② 参见《中国证监会行政处罚决定书》，〔2016〕56号。

决定维持被诉处罚决定。苏某鸿不服，向法院提起行政诉讼，一审证监会完胜。苏某鸿上诉后，二审法院的态度却急转直下，完全颠覆了一审对于事实的认定和法律的适用，证监会作出的行政处罚决定书和行政复议决定书均被撤销，此外，法院在判决书中用了大量篇幅针对证监会在行政处罚中的法律适用问题提出了详细的司法建议。

（二）争议焦点

本案一审法院从：（1）涉案 IT 资产注入及收购铜矿事项是否构成内幕信息；（2）殷卫国是否属于内幕信息知情人；（3）中国证监会认定苏某鸿知悉内幕信息并进行内幕交易行为是否合法；（4）中国证监会对苏某鸿违法所得的认定是否合法，被诉处罚决定程序是否合法等四个方面全面肯定了中国证监会作出的行政处罚决定和行政复议维持决定。

二审法院则认为被诉处罚决定事实不清，证据不足，一审诉讼程序亦存在瑕疵。

本案主要争议焦点为：（1）涉案事项是否为内幕信息；（2）中国证监会认定殷某国为内幕信息知情人是否事实清楚；（3）中国证监会认定苏某鸿构成内幕交易是否正确；（4）被诉处罚决定对违法所得认定是否正确；（5）本案涉及的行政程序和一审程序合法性问题。

（三）法院观点

1. 关于涉案事项是否为内幕信息的问题。

两审法院都认为，涉案 IT 资产注入及收购铜矿事项构成内幕信息。理由在于：

第一，威华股份 2013 年 4 月 16 日已就 IT 资产注入及收购铜矿方案申请临时停牌，说明该事项的进展程度已经存在对股价造成影响的可能性。这一信息如果公开，对一直陷入经营困境的威华股份来说，是一个重大利好消息，足以影响投资者作出投资决策，对威华股份的股票价格产生重大影响。

第二，证券法第六十七条第二款所列重大事件的发生时间应当认定为内幕信息的形成之时。影响内幕信息形成的动议、筹划、决策或者执行人员，其动议、筹划、决策或者执行初始时间，应当认定为内幕信息的形成之时。当某事实的发生能够表明相关重大事项已经进入实质操作阶段并具有很大的实现可能性时，该事实的发生时点亦为内幕信息的形成时点。本案中，不晚于 2013 年 2 月 23 日，威华股份管理层已经实质启动 IT 资产注入及收购铜矿的筹划工作，已有威华股份管理层与中介机构会商、中介机构制作方案并考察厂区、威华股份派人考察铜矿并在相关会议中明确保密要求等实际行动。尤其是公司寻找铜矿项目充分说明了公司为解决前期方案中暴露的问题而积极寻找解决方案，继续推进该项目。

第三，威华股份在 2013 年 12 月 19 日的公告中明确说明 4 月 16 日停牌的原因是 IT 资产注入事项，在此之前，涉案事项一直处于未公开的状态。

第四，IT 资产注入及收购铜矿方案被让壳方案所替代，不影响内幕信息的认定。这两个方案均是客观发生真实存在的，对市场而言都是重大利好消息，均属于证券法第六十七条规定的“公司的重大投资行为和重大的购置财产的决定”，构成内幕信息。

2. 关于中国证监会认定殷卫国为内幕信息知情人是否事实清楚的问题。

一审法院认为，现有证据能够认定殷某国在威华股份资产重组过程中起到牵线搭桥的作用，主动向公司推荐金矿资源，建议公司产业调整，向公司介绍中介机构，也实际参与 IT 资产注入事项的形成过程。此外，李某华、李某明及高某富的询问笔录也可以证明，殷某国知悉铜矿收购事项。

二审法院认为中国证监会在认定殷某国为内幕信息知情人时未尽到全面、客观、公正的法定调查义务，中国证监会认定殷某国为内幕信息知情人事实不清、证据不足。法院认为，本案中，中国证监会认为需要向殷某国进行直接调查了解，实际上也为寻找殷某国接受调查采取了一定的实际行动，比如通过电话方式联系殷某国，还试图到殷某国可能从业的单位进行调查了解，但是，中国证监会的这些努力尚不构成穷尽调查方法和手段，也不能根据这些努力得出客观上存在无法向殷某国进行调查了解的情况。这是因为，中国证监会寻找殷某国的相关场所，只是殷某国可能从业的单位，并不是确定的实际可以通知到殷某国的地址，而且看不出中国证监会曾到殷某国住所地、经常居住地或户籍所在地等地方进行必要的调查了解。即使是便捷通知方式，在案证据显示，中国证监会联系殷某国的方式也并不全面，电话联络中遗漏了“139××××××××”号码，且遗漏的该号码恰恰是苏某鸿接受询问时强调的殷某国联系方式，也是中国证监会调查人员重点询问的殷某国联系方式，更是中国证监会认定苏某鸿与殷某国存在数十次电话和短信联络的手机号码。执法中存在的上述疏漏，说明中国证监会对殷某国的调查询问并没有穷尽必要的调查方式和手段，直接导致其认定殷某国为内幕信息知情人的证据，因未向本人调查了解而不全面、因其他证据未能与本人陈述相互印证并排除矛盾而导致事实在客观性上存疑，因未让当事人本人参与内幕信息知情人的认定并将该过程以当事人看得见的方式展示出来而使得公正性打了折扣。

此外，殷某国系中国证监会认定的内幕信息知情人，在认定苏某鸿内幕交易中起着关键的“连结点”作用，依法应当纳入调查范围，中国证监会在开展调查的方式、程序和手段上存在一定的裁量空间，但在是否对殷某国进行调查了解的问题上不存在裁量的空间。

3. 关于中国证监会认定苏某鸿构成内幕交易是否正确的问题。

一审法院认为，中国证监会认定苏某鸿知悉内幕信息并进行内幕交易具有事实根据。首先，在内幕信息敏感期内，苏某鸿与殷某国有密切的电话及短信联系，苏某鸿在接受调查询问时也承认其在此期间与殷某国见面。其次，苏某鸿在内幕信息敏感期内从事了与涉案内幕信息相关的证券交易活动，且交易时点与IT资产注入事项的形成过程以及考察铜矿事项的推进过程高度吻合，也与其获悉内幕信息的时间基本一致。此外，苏某鸿在敏感期内大量、精准地买入涉案股票，还存在卖出其他股票买入涉案股票的行为。而且，苏某鸿未能就其证券交易行为作出合理说明。

二审法院认为，此争议主要涉及推定的适用条件问题，具体又分为推定的基础事实是否清楚，以及基础事实是否达到相应的证明标准问题。

首先，对于推定适用空间以及本案中推定的基础事实是否清楚问题。

二审法院认为，在内幕交易的行政处罚案件中，如果基于现有证据已经足以推定交易行为是基于获知内幕信息而实施的，即可以认定当事人存在内幕交易行为，除非当事人能作出合理说明或提供证据排除其存在利用内幕信息从事相关证券交易活动。苏某鸿在内幕信息敏感期内与内幕信息知情人殷某国多次联络接触且苏某鸿证券交易活动与内幕信息进展情况高度吻合属于基础事实，苏某鸿的证券交易活动构成内幕交易属于推定事实。在基础事实中，殷某国为内幕信息知情人的事实是其重要组成部分，而根据前述第二个焦点问题的分析，中国证监会对该事实的认定构成事实不清，因而导致推定的基础事实不清。在此情况下，中国证监会对苏某鸿证券交易活动构成内幕交易的推定亦不成立。

其次，对于据以推定的基础事实是否达到相应证明标准问题。

二审法院认为，内幕交易行政处罚领域，证券监管机关应依法对被诉处罚决定的合法性承担举证责任，只是考虑到内幕交易案件在调查上的特殊性，才为证券监管机关适用推定认定事实提供一定的空间和可能。但即便如此，也要考虑到内幕交易行政处罚往往对当事人合法权益产生巨大影响，在推定的适用标准上应当秉持审慎原则，尤其是对据以推定的基础事实的证明标准，要求也应当更高。

正因为此，最高人民法院《关于审理证券行政处罚案件证据若干问题的座谈会纪要》第五部分“关于内幕交易行为的认定问题”明确，当事人在内幕信息公开前与内幕信息知情人联络接触，其证券交易活动与内幕信息高度吻合，且被处罚人不能作出合理说明或者提供证据排除其存在利用内幕信息从事相关证券交易活动的，人民法院可以确认被诉处罚决定认定的内幕交易行为成立。这里“高度吻合”的标准，就是证券监管机关对据以推定的基础事实所要达到的证明程度要求，也与内幕交易行为性质以及对相对人权利义务影响程度相适应。

本案中，被诉处罚决定认为苏某鸿与殷某国接触联络且交易威华股份的时点与内幕信息的进展情况高度吻合，且苏某鸿不能提供充分而有说服力的解释，据此推定苏某鸿构成内幕交易，被诉复议决定则认为苏某鸿买入威华股份的交易时点与内幕信息的形成过程较为吻合，且苏某鸿不能合理说明其在内幕信息公开前买入威华股份的原因，据此维持被诉处罚决定。

显然，被诉处罚决定和被诉复议决定在推定构成内幕交易的基础事实的证明程度上适用了不同的标准，前者适用的是“高度吻合”标准，后者适用的是“较为吻合”标准。而现行行政诉讼制度将复议维持决定与原行政行为作为一个整体来认识和把握，因此本案被诉处罚决定中的“高度吻合”已为被诉复议决定中的“较为吻合”所修正，据此可以认定，被诉处罚决定据以推定苏某鸿存在内幕交易的基础事实没有达到“高度吻合”的证明标准。

综合上述分析，被诉处罚决定认定苏某鸿构成内幕交易事实不清，被诉复议决定维持被诉处罚决定错误。

4. 关于被诉处罚决定对违法所得认定是否正确的问题。

一审法院认为，本案的违法所得计算结果由深圳证券交易所计算并由中国证监会确认，深圳证券交易所的计算结果是对涉案股票账户实际交易记录的相关数据进行核算后作出的专业统计，既与苏某鸿的供述相一致，又与书证涉案账户股票交易的明细情况相互印证，计算数据准确。

二审法院认为，鉴于前述已经确认被诉处罚决定认定苏某鸿构成内幕交易事实不清，因此对本案被诉处罚决定违法所得计算是否正确的分析已显得没有必要，但对于本案关于违法所得计算标准及其依据的争议仍有必要予以回应。

证监会主张案涉处罚不适用《证券市场内幕交易行为认定指引（试行）》（以下简称《指引》），但法院认为《指引》能通过互联网等公开渠道查询到，且其中包括违法所得计算标准和方式等直接涉及相对人权利义务的内容，在没有证据表明该《指引》已被明确废止的情况下，即使该《指引》不具有法律效力，对被处罚人而言，在一定程度上也是评价行政处罚违法所得计算是否合法公正的重要标准。因此，苏某鸿在本案中主张适用该《指引》具有一定的合理性。中国证监会如果要否定苏某鸿的该主张，仅以该《指引》属于内部参考文件、违法所得的计算符合惯例以及证券交易所计算专业统计作为答辩理由，显然是不够的，而且计算惯例以及专业统计的合法性本身，同样需要清晰、公开的标准加以衡量。被诉复议决定认为“本案违法所得的计算符合法律规定，计算数据准确”，只有寥寥数语，没有相应的理由说明，看不出中国证监会认真审慎履行法定复议监督职责，这样的决定也很难让人信服。

此外，二审法院认为，中国证监会作为证券监管专门机关，此前制定《指引》，是促进自身行政权力依法公正行使的重要方式和有益尝试，即使随着资本市场的发展变化，认为该《指引》的许多内容需要与时俱进进行更新，那也有责任且有能力修改完善该《指引》。

5. 关于本案涉及的行政程序和一审程序合法性问题。

一审法院认为，行政处罚事先告知书中记载的事实、理由和依据均为中国证监会在调查过程中形成的初步意见，有可能在听取苏某鸿的陈述申辩之后进行调整变化，这种调整变化恰恰是陈述申辩程序发挥作用的体现，不能据此认定中国证监会剥夺了苏某鸿享有的陈述申辩权。

此外，中国证监会作出被诉处罚决定程序合法。在作出处罚决定前，对苏某鸿作出《行政处罚事先告知书》，告知了其拟作出行政处罚的事实、理由、依据及其享有的权利等，并召开了听证会，听取苏某鸿的陈述与申辩，并在被诉处罚决定中对苏某鸿提出的申辩理由逐一进行回应，保障了苏某鸿依法享有的陈述申辩权。

且依据《证券法》第二百零二条之规定处罚幅度适当，在收到苏某鸿提出的行政复议申请后，在法定期限内作出复议决定，程序合法。

二审法院否认了一审法院的观点：行政处罚程序存在前述未履行全面、客观、公正调查收集证据职责的问题，这既是事实和证据问题，也是程序问题，应确认行政处罚程序违法。此外，对于苏某鸿与殷某国的通讯记录，中国证监会以

“涉密”为由不予保障苏某鸿在行政程序中的质证权利，也构成对苏某鸿合法享有的陈述申辩权利的侵害，一审法院审理程序也存在同样问题。

综上，二审法院认为，被诉处罚决定事实不清、程序违法，被诉复议决定维持被诉处罚决定和一审判决驳回苏某鸿诉讼请求均错误，判决撤销一审判决、行政处罚决定以及行政复议决定。

（四）如何管住小拇指？

本案判决不仅重申了重组方案的改变不影响内幕信息认定，而且明确了内幕交易调查的程度和范围，对于《行政处罚法》第三十六条“全面、客观、公正”的内涵进行了详细的论述，确立了在“传递型”内幕交易案件中，认定内幕信息知情人时，必须找到内幕信息传递者的调查标准①；并指出证监会在处罚内幕信息交易时证明标准的适用存在混乱，进一步强调对据以推定的基础事实必须符合“高度吻合”的证明标准；此外，法院指出，证监会在执法过程中以案涉通讯记录“涉密”为由，剥夺了苏某鸿质证的权利，存在程序瑕疵。近年来，我国内幕交易案件数量激增，为加大对违法行为的惩治力度，再加上重实质轻程序的执法惯性，容易造成处罚说理流于形式。本案判决打破了证监会三年无败绩的记录，是司法对行政权的有效监督，重申的相关调查标准和证明标准对司法判决和行政执法亦有示范意义。有学者认为，就个案而言，本案看上去只是证监会经办人员办事有疏漏的偶然行为所致。但值得注意的是，法院同时表现了系统规范行政权的努力。②

在证券市场上，证监会是十分重要的角色。原证监会主席肖钢曾经提出一个资本市场的“五指理论”——大拇指是投资者，食指是券商、会计师事务所、律师事务所等中介机构，中指是媒体，上市公司是无名指，证监会是小拇指。他表示：“证监会在市场化职能改革我们要扮演小拇指的作用，很小，不大，但是它要有法律的权威。”在审批制和核准制时代，其掌控着上市的阀门，对企业来说几乎有点石成金的能耐；在注册制的法治时代，其生杀予夺的执法权更让人生

① 北大金融法研究中心：《苏某鸿内幕交易威华股份案评析——兼议内幕交易认定中的证明标准》，https：//mp. weixin. qq. com/s？ src = 11×tamp = 1603716730&ver = 2668&signature = WQVA56hru-kCNzdm-LQpvdEV9XRUpZG8fCM6LEuD200dIW85KVoyFPIUq3GQom9h-IpbZ * UNOfwjvlTcpyCsDUyrY5gOGncpjIZlB08 * YfkctRI4sOz3ezV3insMIMbQt&new = 1，最后访问时间 2021 年 11 月 8 日。

② 缪因知：《苏某鸿案：司法为证券执法再次划界》，载《经济参考报》2018 年 7 月 25 日。

畏。因此，如何用好这只小拇指，同时又管住这只小拇指，就成了证券法上的一个命题。证券法专门设置了“证券监督管理机构”一章，这一章的内容是证券监管法的主要组成部分，孤立来看应该属于经济法或者行政法的范畴。[①] 因此，在价值理念上，体现出现代行政法上政府干预和有限政府相平衡的特点。政府对证券市场的干预具有必要性，但这种干预也需要有限度。有学者认为，对证券会的权力规制应当从以下方面着手：一是确定国家审计机关对其进行外部审计监督。二是要求其严格履行信息披露义务。三是确定其工作人员严格依法履行职务的配套义务。四是强化中国证监会违法的法律责任。五是健全行政复议与行政诉讼程序。此外，还应当划分中国证监会和自律监管机构的职权，充分发挥两者协同监管的积极效能。[②]

二、证券业的监管格局

（一）分业监管

《证券法》第六条规定，证券业和银行业、信托业、保险业实行分业经营、分业管理，证券公司与银行、信托、保险业务机构分别设立。国家另有规定的除外。在其他主要的金融法律中也都有类似规定。《商业银行法》第四十三条规定，商业银行在中华人民共和国境内不得从事信托投资和证券经营业务，不得向非自用不动产投资或者向非银行金融机构和企业投资，但国家另有规定的除外。《保险法》第八条规定，保险业和银行业、证券业、信托业实行分业经营、分业管理，保险公司与银行、证券、信托业务机构分别设立。国家另有规定的除外。

我国金融分业监管的主要原因是早期中国证券市场上银行资金流入股市的情况较为严重，放大了金融风险。但是，三部法律都明确了“国家另有规定的除外”的但书条款，为综合经营开了口子，也为从所谓“机构监管”向“功能监管”的转型留下了空间。现在很多金融机构实际上已经突破了严格意义上的分业经营，转而成为金融控股公司。目前，国家正在针对金融控股公司立法。2020

---

① 参见李东方：《券监管法的理论基础》，载《政法论坛》2019 年第 3 期。

② 参见赵万一、赵舒窈：《中国需要一部什么样的证券法》，载《暨南学报（哲学社会科学版）》2018 年第 1 期。

年6月27日，有消息称，证监会将向商业银行发放券商牌照，综合经营的趋势更进一步。[①] 实际上，银行系的证券公司早有其例，比如中银国际证券、国开证券。

分业经营和分业监管的初衷在于金融风险的隔离，但各个金融子部门之间在客观上是相通的。由此带来的问题，一方面是“别人的孩子管不了”的监管套利问题，另一方面是“种了别人地”的效力问题。这在通过伞形信托融资炒股的问题上集中得到体现。在陈某元与西某信托有限公司营业信托纠纷案中，当事人就认为：“伞形信托的实质是融资融券业务，属于跨界混业经营的严重违法行为，根据《信托法》第二条、《证券法》第六条和《关于适用〈中华人民共和国合同法〉若干问题的解释（一）》第十条规定，伞形信托合同应属无效。”[②]

（二）集中统一监管

《证券法》第七条规定，国务院证券监督管理机构依法对全国证券市场实行集中统一监督管理。国务院证券监督管理机构根据需要可以设立派出机构，按照授权履行监督管理职责。国务院证券监督管理机构目前就是中国证券监督管理委员会，简称证监会。

证监会成立较晚，发行市场仍然是分割的，但在交易市场基本是统一监管的。证券市场统一监管也是大势所趋，标志性的事件是，2018年12月，中国人民银行、证监会、发改委联合发布《关于进一步加强债券市场执法工作有关问题的意见》，以强化债市监管执法，加强协同配合，建立统一的债券市场执法机制。明确了，证监会依法对银行间债券市场、交易所债券市场违法行为开展统一执法工作，对涉及公司债券、企业债券、非金融企业债务融资工具、金融债券等各类债券品种的信息披露违法违规、内幕交易、操纵证券市场以及其他违反《证券法》的行为，依据《证券法》有关规定予以认定和行政处罚。2020年6月10日，*ST康得发布公告称，公司及公司实际控制人钟某、公司董事纪某星、公司监事周某芬于2020年6月9日收到证监会送达的《调查通知书》，因涉嫌债券市场信息披露违法违规，证监会决定对公司、钟某、纪某星、周某芬立案调查。

① 消息来源：参见《【周六特供】混业棋局再起 银行将获券商牌照（特报）》，https：//database.caixin.com/2020-06-27/101572497.html，最后访问时间2022年3月25日。

② 案例来源：陈某元与西某信托有限公司营业信托纠纷二审民事判决书，(2017) 藏民终25号。

此次康得新再次被证监会立案调查，可能涉及银行间债券市场的信息披露问题。该案调查进一步表明监管部门将对造假上市公司跨市场违法违规进行全面追责，康得新案或将成为债券市场跨市场执法第一案。[①] 2020年11月，证监会根据相关金融管理部门移送的永城煤电控股集团有限公司及相关审计机构涉嫌违法违规的线索，决定依法对永煤控股及希格玛会计师事务所立案调查。2021年7月，证监会下发处罚决定书，认定永煤控股存在虚假披露货币资金的违法事实，涉及虚增货币资金共计861亿元等信息披露违规行为，决定对永城煤电控股集团有限公司给予警告，并处以300万元罚款，并对其他责任人进行了处罚。[②] 根据证监会2021年9月发布的消息，2019年以来，我会累计采取相关行政监管措施152家次，查处债券市场违法违规案件19件，其中涉及交易所债券市场14件，银行间债券市场6件。

证监会是国务院直属事业单位，参照公务员管理的事业单位，对派出机构实行垂直管理，行使行政权力。中国证监会在省、自治区、直辖市和计划单列市设立证监局，作为中国证券监督管理委员会的派出机构，其主要职责是：根据中国证券监督管理委员会的授权，对辖区内的上市公司，证券、期货经营机构，证券、期货投资咨询机构和从事证券业务的律师事务所、会计师事务所、资产评估机构等中介机构的证券、期货业务活动进行监督管理；查处监管辖区范围内的违法、违规案件。目前中国证监会下设36家证监局和上海、深圳两个专员办。[③]

（三）不能忽视的审计监督

除了证券监督管理机构的监管外，我国证券市场上还有来自审计机关的审计监督。《证券法》第八条规定，国家审计机关依法对证券交易场所、证券公司、证券登记结算机构、证券监督管理机构进行审计监督。此外，我国《审计法》第二条规定，国务院各部门和地方各级人民政府及其各部门的财政收支，国有的金融机构和企业事业组织的财务收支，以及其他依照本法规定应当接受审计的财

① 《康得新债券信息披露违法违规被立案调查，证监会对造假企业跨市场违规行为全面追责》，载《中国证券报》2020年6月10日，最后访问时间2021年4月5日。

② 参见《中国证监会行政处罚决定书（永城煤电控股集团有限公司、强某民等7名责任主体）》，http：//www.csrc.gov.cn/pub/zjhpublic/G00306212/202107/t20210729_402464.htm，最后访问时间2021年5月6日。

③ 参见《中国证监会派出机构主要职责及名录》，http：//www.csrc.gov.cn/pub/zjhpublic/G00306215/200804/t20080430_246993.htm，最后访问时间2021年10月5日。

政收支、财务收支，依照本法规定接受审计监督。第二十六条规定，除本法规定的审计事项外，审计机关对其他法律、行政法规规定应当由审计机关进行审计的事项，依照本法和有关法律、行政法规的规定进行审计监督。值得注意的是，这里的审计和公司公开发行新股的条件中“最近三年财务会计报告被出具无保留意见审计报告”所说的“审计”不是一回事，后者属于第十章“证券服务机构”的职责范畴。

证券交易场所、证券登记结算机构、证券监督管理机构本来就属于《审计法》规定的审计范围，证券公司的所有制形式比较多元，其接受审计就来自证券法的规定。比如，2018 年，龙头券商中信证券就发布公告，表示正在接受审计署的审计。①

三、证券监督管理机构的组织规则

（一）证券监督管理机构的职能

《证券法》第七条规定，国务院证券监督管理机构依法对全国证券市场实行集中统一监督管理。国务院证券监督管理机构根据需要可以设立派出机构，按照授权履行监督管理职责。按照这一规定，国务院成立中国证监会及其派出机构，作为我国证券市场的监督管理机构。《证券法》第一百六十八条进一步确认国务院证券监督管理机构的法律地位，并明确了其功能。《证券法》第一百六十八条规定，国务院证券监督管理机构依法对证券市场实行监督管理，维护证券市场公开、公平、公正，防范系统性风险，维护投资者合法权益，促进证券市场健康发展。相比原证券法的“维护证券市场秩序，保障其合法运行”，新证券法对国务院证券监督管理机构的功能做出了全新的表述。这体现了法律对国务院证券监督管理机构职责定位的重新认识，也是 2018 年新一轮政府机构改革对中央金融监管格局和职能调整的结果。

2018 年 3 月，《国务院机构改革方案》出台，在金融监管方面的重大调整是“将中国银行业监督管理委员会和中国保险监督管理委员会的职责整合，组建中国银行保险监督管理委员会”。从此，“一行三会”变为“一行两会”，但变化的

---

① 中信证券：《关于国家审计署审计情况的公告》，公告编号：临 2018-045。

不仅仅是机构的数量，更重要的是深层次的金融监管理念和监管目标。国务委员王勇在《关于国务院机构改革方案的说明》中指出："金融是现代经济的核心，必须高度重视防控金融风险、保障国家金融安全。为深化金融监管体制改革，解决现行体制存在的监管职责不清晰、交叉监管和监管空白等问题，强化综合监管，优化监管资源配置，更好统筹系统重要性金融机构监管，逐步建立符合现代金融特点、统筹协调监管、有力有效的现代金融监管框架，守住不发生系统性金融风险的底线。方案提出，将中国银行业监督管理委员会和中国保险监督管理委员会的职责整合，组建中国银行保险监督管理委员会，作为国务院直属事业单位。其主要职责是，依照法律法规统一监督管理银行业和保险业，维护银行业和保险业合法、稳健运行，防范和化解金融风险，保护金融消费者合法权益，维护金融稳定。将中国银行业监督管理委员会和中国保险监督管理委员会拟订银行业、保险业重要法律法规草案和审慎监管基本制度的职责划入中国人民银行。"①

从中可以看出，中国金融监管更加注重防控金融风险、保障国家金融安全，也即区别于具体行为监管的审慎监管。虽然此次机构改革方案并不涉及证监会，但总体上的金融监管理念在证券领域同样适用。因此，功能的表述虽然具有宣示的意义，但并非空穴来风。"防范系统性风险"即来自金融监管体制改革的总体要求；而"维护投资者合法权益"是新证券法的鲜明立场；"维护证券市场公开、公平、公正"则是证券监管的应有之义。

值得注意的是"促进证券市场健康发展"的表述，是我国金融监管机构非常有特色的功能。在我国，"一行两会"不是纯粹意义上的监管机构，同时也负担着促进金融市场发展的重任。这一点体现在证券法上就是无处不在的事前核准和把关的权力。如何建立与注册制相匹配的证券监管机构，真正让"监管姓监"②，也是证券法上一个重要的课题。

(二) 国务院证券监督管理机构的职责

国务院机构改革方案将银监会和保监会拟订银行业、保险业重要法律法规草案和审慎监管基本制度的职责划入央行，意味着在银行业和保险业的监管上有了

---

① 王勇：《关于国务院机构改革方案的说明》，http：//www. gov. cn/guowuyuan/2018-03/14/content_5273856. htm，最后访问时间 2021 年 5 月 8 日。

② 参见《易会满：必须牢记监管姓监　提升有效监管和科学监管水平》，http：//www. cs. com. cn/sylm/jsbd/201907/t20190719_5970318. html，最后访问时间 2021 年 6 月 10 日。

行为监管和审慎监管——“双峰监管”的初步划分。但是，在证券市场监管上，证监会同时履行行为监管和审慎监管的双重职责。与此同时，银监会和保监会的合并也是我国金融监管从机构监管走向功能监管的重要一步。而在证券领域，仍然保留着机构监管为主兼顾行为监管的模式。所谓机构监管，也被称为牌照监管或“谁的孩子谁来管”，是根据不同的机构类别实施的监管，而不论被监管的机构从事的是什么类型的业务或行为；行为监管则相反，是根据业务或行为的本质来实施监管，而不论是由什么类型的机构作出的。现行证券法规定的证券监管机构的职责还保留着浓重的机构监管的色彩。

根据《证券法》第一百六十九条的规定，国务院证券监督管理机构的具体职责包括：（1）依法制定有关证券市场监督管理的规章、规则，并依法进行审批、核准、注册，办理备案；（2）依法对证券的发行、上市、交易、登记、存管、结算等行为，进行监督管理；（3）依法对证券发行人、证券公司、证券服务机构、证券交易场所、证券登记结算机构的证券业务活动，进行监督管理；（4）依法制定从事证券业务人员的行为准则，并监督实施；（5）依法监督检查证券发行、上市、交易的信息披露；（6）依法对证券业协会的自律管理活动进行指导和监督；（7）依法监测并防范、处置证券市场风险；（8）依法开展投资者教育；（9）依法对证券违法行为进行查处；（10）法律、行政法规规定的其他职责。

国务院证券监督管理机构的这些职责中，（2）（3）（4）项是核心职责，其他职责都是围绕这三项职责展开的。这三项职责可以粗略概括为“管行为、管机构、管人”，圈定了证监会的一亩三分地。

学理上通常从不同的维度对金融监管进行分类。常见的两种分类，一是根据监管的维度分为审慎监管和行为监管，前者是宏观角度的监管，后者是微观行为的监管；二是根据监管的方式分为机构监管和功能监管，前者强调“只有我的机构我才管”，后者坚持“只要是归我管的事我都管”。从这两种分类看，证券法规定的证券监管机构的这些职责是审慎监管和行为监管的结合，以行为监管为主。除第（1）项“依法制定有关证券市场监督管理的规章、规则”和第（7）项“依法监测并防范、处置证券市场风险”的职责可能包含审慎监管的内容外，其他职责都属于行为监管的范畴。同时，这些职责总体上都是基于机构监管的立场规定的，但也为功能监管留出了空间，比如根据第（9）项“依法对证券违法行为进行查处”的职责，证监会可以对所有证券违法行为进行监管。2018 年 12

月，中国人民银行、证监会、发改委联合发布《关于进一步加强债券市场执法工作有关问题的意见》，以强化债市监管执法，加强协同配合，建立统一的债券市场执法机制。明确了，证监会依法对银行间债券市场、交易所债券市场违法行为开展统一执法工作，对涉及公司债券、企业债券、非金融企业债务融资工具、金融债券等各类债券品种的信息披露违法违规、内幕交易、操纵证券市场以及其他违反《证券法》的行为，依据《证券法》有关规定予以认定和行政处罚。

中国证监会设立相应的机构承担《证券法》规定的这些职责。目前中国证监会机关内设 20 个职能部门，1 个稽查总队，3 个中心；中国证监会还设有股票发行审核委员会，委员由中国证监会专业人员和所聘请的会外有关专家担任；中国证监会在省、自治区、直辖市和计划单列市设立 36 个证券监管局，以及上海、深圳证券监管专员办事处。①

（三）国务院证券监督管理机构的职权

为了保障国务院证券监督管理机构履行职责，法律需要赋予其相应的职权。职权要以职责为依据，同时也要与职责相匹配。《证券法》第一百七十条第一款规定，国务院证券监督管理机构依法履行职责，有权采取下列措施：对证券发行人、证券公司、证券服务机构、证券交易场所、证券登记结算机构进行现场检查；进入涉嫌违法行为发生场所调查取证；询问当事人和与被调查事件有关的单位和个人，要求其对与被调查事件有关的事项作出说明；或者要求其按照指定的方式报送与被调查事件有关的文件和资料；查阅、复制与被调查事件有关的财产权登记、通讯记录等文件和资料；查阅、复制当事人和与被调查事件有关的单位和个人的证券交易记录、登记过户记录、财务会计资料及其他相关文件和资料；对可能被转移、隐匿或者毁损的文件和资料，可以予以封存、扣押；查询当事人和与被调查事件有关的单位和个人的资金账户、证券账户、银行账户以及其他具有支付、托管、结算等功能的账户信息，可以对有关文件和资料进行复制；对有证据证明已经或者可能转移或者隐匿违法资金、证券等涉案财产或者隐匿、伪造、毁损重要证据的，经国务院证券监督管理机构主要负责人或者其授权的其他负责人批准，可以冻结或者查封，期限为六个月；因特殊原因需要延长的，每次延长期限不得超过三个月，冻结、查封期限最长不得超过二年；在调查操纵证券

① 参见中国证监会官网“关于我们”栏目。

市场、内幕交易等重大证券违法行为时，经国务院证券监督管理机构主要负责人或者其授权的其他负责人批准，可以限制被调查的当事人的证券买卖，但限制的期限不得超过三个月；案情复杂的，可以延长三个月；通知出境入境管理机关依法阻止涉嫌违法人员、涉嫌违法单位的主管人员和其他直接责任人员出境。

从类型上来说，国务院证券监督管理机构的职权主要有五大类。一是行政立法权和准立法权。二是行政许可权和准行政许可权；三是行政处罚权和准行政处罚权；四是采取行政措施权；五是行政命令权。

1. 行政立法权和准立法权。国务院证券机关部门具有依法制定有关证券市场监督管理的规章、规则的权力。根据《立法法》，国务院证券监督管理机构作为具有行政管理职能的直属机构，可以根据法律和国务院的行政法规、决定、命令，在本部门的权限范围内，制定规章。除规章外，证监会还要配合全国人大、国务院等的立法工作，并可以依法制定其他规范性文件。

2020 年 4 月，证监会印发 2020 年度立法工作计划。2020 年，证监会拟制定、修改的规章类立法项目合计 53 件，其中，列入“力争年内出台的重点项目” 42 件，列入“需要抓紧研究、择机出台的项目” 11 件。除了上述规章项目外，2020 年证监会还将继续配合全国人大有关部门做好制定《期货法》、修改《刑法》等立法工作；配合国务院有关部门做好《证券公司监督管理条例》《上市公司监督管理条例》《国务院关于股份有限公司境外募集股份及上市的特别规定》《私募投资基金管理暂行条例》等行政法规的制定、修改工作；配合有关司法机关做好相关证券期货领域司法解释立法工作。①

2. 行政许可权和准行政许可权。行政许可权，指的是证券监管机构批准、核准的权力。准行政许可权，是指证券监管机构注册和办理备案的权力。根据《证券法》，证监会对如下事项进行批准：（1）证券交易所章程的制定和修改；（2）证券交易所制定上市规则、交易规则、会员管理规则和其他有关业务规则；（3）设立证券公司；（4）设立证券登记结算机构；（5）证券登记结算机构依法制定章程和业务规则；（6）证券登记结算机构申请解散。对如下事项进行核准：（1）经营证券业务许可证；（2）证券公司变更证券业务范围，变更主要股东或者公司的实际控制人，合并、分立、停业、解散、破产；（3）从事证券投资咨

① 《证监会印发 2020 年度立法工作计划》，http：//www. csrc. gov. cn/pub/newsite/zjhxwfb/xwdd/202004/t20200417_373996. html，最后访问时间 2021 年 6 月 10 日。

询服务业务。

证监会对公开发行证券进行注册，对如下事项进行备案：（1）股票发行情况；（2）证券交易所决定终止证券上市交易；（3）证券公司任免董事、监事、高级管理人员；（4）从事证券投资咨询业务以外的其他证券服务业务；（5）证券业协会的章程。

3. 行政处罚权和准行政处罚权。行政处罚权，是证监会对尚未构成犯罪的严重的证券违法行为给予的人身的、财产的、名誉的及其他形式的法律制裁。根据《行政处罚法》的规定，法律可以设定各种行政处罚，行政法规可以设定除限制人身自由以外的行政处罚，规章可以在法律、行政法规规定的行政处罚的行为、种类和幅度的范围内作出具体规定，其他规范性文件不得设定行政处罚。① 《证券法》上的行政处罚包括财产罚、行为罚和申诫罚。财产罚，包括罚款和没收；行为罚，包括取缔、暂停或者撤销业务许可等；申诫罚，主要是警告。为了适应新证券法对证券执法的高要求，2021 年 7 月 15 日，证监会制定发布了《证券期货违法行为行政处罚办法》（以下简称《处罚办法》），成为证监会行使行政处罚权的基本遵循。《处罚办法》的主要内容包括：一是明确立案程序和执法权限。发现违法线索，符合相关条件的，应当立案。为保障行政处罚工作依法顺利开展，进一步明确、细化了执法权限和措施，包括冻结、查封、扣押、封存、限制出境、限制交易、要求有关主体报送文件资料等措施的实施，以及不配合调查的情形及后果。二是规范调查取证行为。进一步明确了物证、书证、当事人陈述、电子数据等主要证据类型的调查取证标准和要求，规范案件调查取证工作。对特定情形下的证据转换以及委托中介机构等提供专业支持作了规定。三是完善查审机制。证监会设立行政处罚委员会，对按照规定向其移交的案件提出审理意见、进行法制审核。根据《行政处罚法》授权，规定行政处罚决定应当自立案之日起一年内作出，有特殊情况的，经单位负责人批准可延长，每次延长不得超过六个月。四是落实行政执法“三项制度”。通过文字记录等形式对执法全过程进行记录，归档保存，对容易引发争议的执法过程可以进行音像记录；行政处罚决定作出之前，应当依法进行法制审核；行政处罚决定按照政府信息公开的规定予以公开。五是加强对当事人的权利保障和对执法人员的监督。行政处罚决定作

---

① 参见《行政处罚法》第十条—第十四条，姜明安主编：《行政法与行政诉讼法（第五版）》，北京大学出版社、高等教育出版社 2011 年版，第 276 页。

出前，应当向当事人送达行政处罚事先告知书，并依法保障当事人的陈述申辩、听证、阅卷等权利。执法人员必须忠于职守、依法办事、公正廉洁，不得滥用权力或利用职务便利牟取不正当利益。

准行政处罚，是指虽然不是行政处罚，但也会产生剥夺行政相对人权利的效果的制裁措施。新证券法新增规定了监管措施、纳入证券市场诚信档案、证券市场禁入等三类准行政处罚。相比行政处罚，准行政处罚在程序上要更为灵活便捷，在严厉程度上也比行政处罚要轻，有利于形成更加丰富有层次的惩戒体系。

（1）监管措施。《证券法》第一百七十条第二款规定，为防范证券市场风险，维护市场秩序，国务院证券监督管理机构可以采取责令改正、监管谈话、出具警示函等措施。2002年，证监会下发《关于进一步完善中国证券监督管理委员会行政处罚体制的通知》，提出“行政处罚委员会认为违法行为不成立或虽构成违法但依法不予处罚，应当采取非行政处罚性监管措施的，由法律部根据行政处罚委员会的《审理意见》交由有关部室处理”，首次提出了非行政处罚性监管措施的概念。2008年，证监会起草了《证券期货市场监督管理措施实施办法（试行）》。《期货交易管理条例》《证券投资基金法》《证券公司监督管理条例》以及证监会为数众多的规章中，均规定了监管措施。

2020年3月，证监会根据《证券法》起草了《证券期货市场监督管理措施实施办法》（以下简称《实施办法》）并公开征求意见。《实施办法》扩展了监管措施的种类，明确了16种监管措施和一个兜底条款：责令改正；监管谈话；出具警示函；责令公开说明；责令定期报告；暂不受理与行政许可有关的文件；限制作为特定对象认购证券；责令暂停或者终止并购重组活动；认定为不适当人选；责令增加内部合规检查次数；公开谴责；责令处分有关人员；责令更换董事、监事、高级管理人员等或者限制其权利；停止核准新业务；限制证券期货基金经营机构业务活动；限制股东权利或者责令转让股权；法律、行政法规、规章规定的其他监督管理措施。①

《实施办法》还明确规定，证监会规章以外的行政规范性文件不得设定监督管理措施；明确监督管理措施可以单独适用，也可以合并适用；明确违法行为依法应当予以行政处罚的，必须进行行政处罚，不得以监督管理措施替代行政处罚；实施除责令改正、监管谈话、出具警示函、责令公开说明、责令定期报告以

① 《证券期货市场监督管理措施实施办法（征求意见稿）》第二条。

外其他监督管理措施的，应当履行事先告知程序，告知当事人依法享有陈述、申辩以及要求举行听证等权利；明确监督管理措施决定书的公开要求，并规定将实施监督管理措施的情况记入证券期货市场诚信档案数据库。[①]

监管措施的运用方面，在《证券公司分类监管规定》中明确规定，证券公司持续合规状况主要根据司法机关采取的刑事处罚措施，中国证监会及其派出机构采取的行政处罚措施、行政监管措施及证券期货行业自律组织纪律处分、自律管理措施的情况进行评价。[②]

（2）纳入证券市场诚信档案。《证券法》第二百一十五条规定，国务院证券监督管理机构依法将有关市场主体遵守本法的情况纳入证券市场诚信档案。中国证监会建立全国统一的证券期货市场诚信档案数据库，记录行政处罚、市场禁入决定和采取的监督管理措施等证券期货市场诚信信息。这些信息的运用十分广泛，包括社会公众可查询；证监会及其派出机构在行政处罚、实施市场禁入、采取监督管理措施、现场检查中作为考虑因素；证券登记结算机构、证券公司等在为客户开立账户、确定融资额度和收费标准、聘任董监高和从业人员等事项中作为考虑因素，等等。[③]

（3）证券市场禁入。《证券法》第二百二十一条规定，违反法律、行政法规或者国务院证券监督管理机构的有关规定，情节严重的，国务院证券监督管理机构可以对有关责任人员采取证券市场禁入的措施。前款所称证券市场禁入，是指在一定期限内直至终身不得从事证券业务、证券服务业务，不得担任证券发行人的董事、监事、高级管理人员，或者一定期限内不得在证券交易所、国务院批准的其他全国性证券交易场所交易证券的制度。证券市场禁入分为身份类禁入和交易类禁入。执法单位可以根据有关责任人员的身份职责、违法行为类型、违法行为的社会危害性和违法情节严重的程度，单独或者合并适用不同种类市场禁入措施。违反法律、行政法规或者国务院证券监督管理机构的有关规定，情节严重的，国务院证券监督管理机构可以对有关责任人员采取证券市场禁入的措施。[④]和其他措施相比，证券市场禁入是一项面向未来的惩罚，防止行为人未来继续实施违法违规行为。有观点认为，“证券市场禁入作为一项严重影响行为人权利能

① 参见《证券期货市场监督管理措施实施办法（征求意见稿）》起草说明。

② 《证券公司分类监管规定（2020修订）》第六条。

③ 参见《证券期货市场诚信监督管理办法（2020修正）》。

④ 参见《证券市场禁入规定》（2021年）第三条、第四条。

力的行政行为，涉及公权力运用，稍有不慎即可侵犯被禁入对象的人身权利和财产权利，甚至可能对行为人的‘生计’产生影响”。因此，应当加强对行为人当前“不适合”和未来“不当行为可能性”的判断分析，对证券市场禁入的适用条件进行系统改造，加强对行为人个体情况的动态监测评估和判断，实现由静态向动态的转型。①

4. 采取行政措施权。为了满足日常监督管理的需要，保障前述行政立法权、行政许可权和准行政许可权和行政处罚权和准行政处罚权的有效行使，法律赋予国务院证券监督管理机构采取如下行政措施的权力：（1）对证券发行人、证券公司、证券服务机构、证券交易场所、证券登记结算机构进行现场检查。（2）进入涉嫌违法行为发生场所调查取证。（3）询问当事人和与被调查事件有关的单位和个人，要求其对与被调查事件有关的事项作出说明；或者要求其按照指定的方式报送与被调查事件有关的文件和资料。（4）查阅、复制与被调查事件有关的财产权登记、通讯记录等文件和资料。（5）查阅、复制当事人和与被调查事件有关的单位和个人的证券交易记录、登记过户记录、财务会计资料及其他相关文件和资料；对可能被转移、隐匿或者毁损的文件和资料，可以予以封存、扣押。（6）查询当事人和与被调查事件有关的单位和个人的资金账户、证券账户、银行账户以及其他具有支付、托管、结算等功能的账户信息，可以对有关文件和资料进行复制；对有证据证明已经或者可能转移或者隐匿违法资金、证券等涉案财产或者隐匿、伪造、毁损重要证据的，经国务院证券监督管理机构主要负责人或者其授权的其他负责人批准，可以冻结或者查封，期限为六个月；因特殊原因需要延长的，每次延长期限不得超过三个月，冻结、查封期限最长不得超过二年。（7）在调查操纵证券市场、内幕交易等重大证券违法行为时，经国务院证券监督管理机构主要负责人或者其授权的其他负责人批准，可以限制被调查事件当事人的证券买卖，但限制的期限不得超过三个月；案情复杂的，可以延长三个月。（8）通知出境入境管理机关依法阻止涉嫌违法人员、涉嫌违法单位的主管人员和其他直接责任人员出境。

与行政许可和行政处罚不同，采取这些措施不会对行政相对人的实体权利产生影响或对实质问题作出评价，但同样会对行政相对人产生一定的限制。比如，实务中，证监会一旦宣布对上市公司进行调查，通常会对股价发生较大影响。因

① 参见陈军：《证券市场禁入的适用条件：由静态向动态的转型》，载《证券法苑》2020 年第 2 期。

此，证券监督管理机构采取的行政措施的类型、条件、程序、限度等都要有明确的法律依据。

5. 行政命令权。在证券监督管理机构的职权中，还有一类行政命令，在实务中运用也十分广泛，内容包括授权、任免、指示、要求，形式上则主要以通知、公告等方式出现。证券法上的命令也广泛存在，如《证券法》第二十四条规定的“责令发行人回购证券，或者责令负有责任的控股股东、实际控制人买回证券”，第一百四十条规定的“责令其限期改正，责令暂停部分业务、停止核准新业务，责令更换董事、监事、高级管理人员或者限制其权利，责令负有责任的股东转让股权”等，还有第十三章“法律责任”中的责令改正、责令停止发行、责令停止承销或者销售、责令依法处理非法持有的证券、责令关闭等。证券监督管理机构行政命令权的主要依据是《行政处罚法》第二十八条规定的“行政机关实施行政处罚时，应当责令当事人改正或者限期改正违法行为”。这些行政命令有别于行政处罚中的“责令停产停业”，其本身并不是制裁，而是要求行为人履行法定义务、停止违法行为、消除不良后果、恢复原状。①

（四）监管人员的义务与责任

证券监管机构的监管职权，具体执行的是其工作人员。由于证券行业是强监管的行业，与市场接触密切频繁，专业壁垒高，各种利益错综复杂，对证券监管人员的监管水平和职业操守都提出了很高的要求。特别是在廉政风险防控方面，证监会一直是重点部门。因此，《证券法》第一百七十九条规定，国务院证券监督管理机构工作人员必须忠于职守，依法办事，公正廉洁，不得利用职务便利牟取不正当利益，不得泄露所知悉的有关单位和个人的商业秘密。国务院证券监督管理机构工作人员在任职期间，或者离职后在《中华人民共和国公务员法》规定的期限内，不得到与原工作业务直接相关的企业或者其他营利性组织任职，不得从事与原工作业务直接相关的营利性活动。

值得注意的是，新证券法增加了任职限制的规定，防止在职期间出现利益冲突、官商勾结和离职后陷入“旋转门”，具体的限制引致到《公务员法》。2019年6月1日起实施的《公务员法》第四十四条规定，公务员因工作需要在机关外

① 参见姜明安主编：《行政法与行政诉讼法（第五版）》，北京大学出版社、高等教育出版社2011年版，第267页。

兼职，应当经有关机关批准，并不得领取兼职报酬。第一百零七条规定，公务员辞去公职或者退休的，原系领导成员、县处级以上领导职务的公务员在离职三年内，其他公务员在离职两年内，不得到与原工作业务直接相关的企业或者其他营利性组织任职，不得从事与原工作业务直接相关的营利性活动。公务员辞去公职或者退休后有违反前款规定行为的，由其原所在机关的同级公务员主管部门责令限期改正；逾期不改正的，由县级以上市场监管部门没收该人员从业期间的违法所得，责令接收单位将该人员予以清退，并根据情节轻重，对接收单位处以被处罚人员违法所得一倍以上五倍以下的罚款。

在法律责任上，《证券法》第二百一十七条作出了原则性的规定，国务院证券监督管理机构或者国务院授权的部门的工作人员，不履行本法规定的职责，滥用职权、玩忽职守，利用职务便利牟取不正当利益，或者泄露所知悉的有关单位和个人的商业秘密的，依法追究法律责任。我国《刑法》第四百零三条则明确规定了滥用管理证券职权罪，国家有关主管部门的国家机关工作人员，徇私舞弊，滥用职权，对不符合法律规定条件的股票、债券发行、上市申请，予以批准或者登记，致使公共财产、国家和人民利益遭受重大损失的，处五年以下有期徒刑或者拘役。上级部门强令登记机关及其工作人员实施前款行为的，对其直接负责的主管人员，依照前款的规定处罚。

近年来，证券监管人员也是违法违纪的高发人群。原证监会主席刘某余、原证监会副主席姚某、原证监会发行部处长李某玲等都因严重违纪违法受到查处。以姚某为例，经查，在2006年至2015年，姚某利用担任中国证券监督管理委员会主席助理、副主席等职务上的便利，为相关单位在并购重组、股份转让过程中股票停复牌、避免被行政处罚等事项上提供帮助，通过其亲属非法收受他人财物共计折合人民币6961万余元。2007年1月至4月，被告人姚某利用担任证监会主席助理兼发行监管部主任的职务便利，获悉相关公司重组上市的内幕信息，使用由其实际控制的他人股票账户在关联股票停牌前买入，复牌后卖出，非法获利共计人民币210万余元。①

① 《姚某受贿罪、内幕交易罪一审刑事判决书》，(2018) 冀04刑初48号刑事判决书，载裁判文书网。

四、证券监管的具体规则

证券监管的规范由原则和规则组成。证券监管法的基本原则包括公开、公正、适度、高效和政府集中统一监管与行业自律监管有机结合等，[①] 在证券法上并未专门作出规定，而是体现在总则部分。证券法规定了主要的监管规则，包括行政和解规则、正当程序规则、信息公开规则、配合监管规则、监管合作规则、吹哨人规则、跨境监管合作规则、移送规则等。

（一）行政和解规则

行政调查和行政处罚的目的在于威慑违法者，但是调查和处罚是需要成本的，证券违法行为的隐蔽性和复杂性决定了调查和处罚的成本非常高昂，从法律经济学的角度考虑甚至是得不偿失的。与此同时，最终严厉的行政处罚固然能让违法者受到制裁，也能起到预防作用，但上缴国库的行政罚款对于实际受到损害的投资者而言却于事无补。对和解对象来说，行政和解并不意味着承认或者否认违法行为，是一种中间状态，通常情况下也乐于接受，更有利于高效达成共识。考虑到这些原因，新证券法借鉴境外成熟资本市场的经验，创设了行政和解制度，起到节约行政成本和救济投资者的双重作用。

《证券法》第一百七十一条规定，国务院证券监督管理机构对涉嫌证券违法的单位或者个人进行调查期间，被调查的当事人书面申请，承诺在国务院证券监督管理机构认可的期限内纠正涉嫌违法行为，赔偿有关投资者损失，消除损害或者不良影响的，国务院证券监督管理机构可以决定中止调查。被调查的当事人履行承诺的，国务院证券监督管理机构可以决定终止调查；被调查的当事人未履行承诺或者有国务院规定的其他情形的，应当恢复调查。具体办法由国务院规定。国务院证券监督管理机构决定中止或者终止调查的，应当按照规定公开相关信息。

在正式写入新证券法前，早在2015年，证监会就出台了《行政和解试点实施办法》（以下简称《实施办法》），探索行政和解制度。2019年4月，证监会发布公告称，依法与高某（亚洲）有限责任公司、北京高某证券有限责任公司，

---

① 参见李东方：《证券监管法的理论基础》，载《政法论坛》2019年第3期。

以及高某亚洲和高某证券的相关工作人员等9名行政和解申请人达成行政和解协议。公告中证监会未对申请人行为属于合法或违法作出明确的认定结论，公告明确披露了和解金额为1.5亿元，同时称申请人已采取必要措施加强公司的内控管理，并在完成后向中国证监会提交书面整改报告。这成为中国首宗证券期货行政执法和解案例。[①] 2020年8月，证监会就《证券期货行政和解实施办法（征求意见稿）》（以下简称《征求意见稿》）公开征求意见，从中可以看出目前行政和解制度的基本框架。

1. 和解申请。和解应当由被调查的当事人书面申请。《征求意见稿》删除了证监会不得主动或者变相主动提出和解建议的规定，并且要求证监会应当在案件调查法律文书中告知当事人可以依照规定申请和解。[②] 申请期间为国务院证券监督管理机构对涉嫌证券违法的单位或者个人进行调查期间，具体来说是自收到证监会调查的法律文书之日起，至证监会作出行政处罚决定前。

2. 适用条件。根据前述《征求意见稿》，当事人涉嫌从事违法行为，且案件经过必要的调查程序，符合下列情形之一的，可以适用行政和解程序：案件事实难以完全明确；法律适用难以完全明确；当事人已经或者承诺采取有效措施，纠正涉嫌违法行为，赔偿有关投资者损失，消除损害或者不良影响；采取行政和解有利于保护投资者合法权益，提高执法效率，恢复市场秩序的其他情形。案件有下列情形之一的，不得适用行政和解程序：被调查当事人的行为涉嫌证券期货犯罪，依法应当移送司法机关处理的不得和解；对于惯犯、累犯等不得和解；当事人就同一案件重复申请和解的，不适用和解程序。值得注意的是，相比2015年的《实施办法》，行政和解的适用条件大幅放宽，不再要求和解案件必须“案件事实或者法律关系难以完全明确”，同时也删除了关于派出机构查处的案件不得和解的规定。[③]

3. 和解协议。中国证监会与当事人就行政和解协商一致的，签订行政和解协议。和解协议的核心是确定和解金。和解金的考虑因素包括：（1）当事人因涉嫌违法行为所获收益、所避免的损失；（2）当事人涉嫌违法行为如被查实依法可处以罚款的金额；（3）当事人涉嫌违法行为如被查实依法可处以的资格处

---

① 参见证监会官网发布的2019年【第11号公告】。

② 参见《证券期货行政和解实施办法（征求意见稿）》第七条。

③ 参见《证券期货行政和解实施办法（征求意见稿）》第四条、第五条。

罚措施；(4) 其他人因涉案违法行为所遭受的损失；(5) 当事人在案件调查中的配合情况；(6) 达成行政和解时所处的执法阶段；(7) 需要考虑的其他情形。①

4. 中止调查。中国证监会与当事人签订行政和解协议后，应当中止调查，并向当事人出具中止调查决定书，予以公布。中国证监会受理行政和解申请后，在与当事人达成行政和解协议之前，不中止对当事人所涉案件的调查工作。②

5. 和解协议履行。被调查的当事人履行承诺的，国务院证券监督管理机构可以决定终止调查；履行承诺和证监会终止调查，实际上便构成双方的行政和解。

6. 和解金的使用。行政和解金应当优先用于赔偿投资者损失。对于未造成投资者损失，或者投资者损失难以认定，或者行政和解金在赔偿投资者损失后仍有剩余的，应当上缴国库。③

7. 保障措施。被调查的当事人未履行承诺或者有国务院规定的其他情形的，应当恢复调查。当事人在行政和解过程中存在以下行为的，记入证券期货市场诚信档案数据库：(1) 由于当事人自身的原因未按约定履行行政和解协议；(2) 提供的行政和解材料有虚假记载或者重大遗漏；(3) 违背诚实信用原则的其他行为。④

（二）正当程序规则

证券监督管理机构履行职责，也应当按照现代行政法的基本原则，确保实现“看得见的正义”，满足正当程序的要求。

一方面，证券法明确规定了监督检查的基本程序要求。《证券法》第一百七十二条规定，国务院证券监督管理机构依法履行职责，进行监督检查或者调查，其监督检查、调查的人员不得少于二人，并应当出示合法证件和监督检查、调查通知书或者其他执法文书。这里需要注意的是新证券法增加了“其他执法文书”的规定，主要考虑是实务中并非所有的监督检查或调查都出具相关通知书，特别是针对协助调查等对象时。

① 参见《证券期货行政和解实施办法（征求意见稿）》第十六条。
② 参见《证券期货行政和解实施办法（征求意见稿）》第十七条。
③ 参见《证券期货行政和解实施办法（征求意见稿）》第二十二条。
④ 参见《证券期货行政和解实施办法（征求意见稿）》第二十三条。

另一方面，证券法也规定了行政相对人的拒绝权。《证券法》第一百七十二条同时也规定，监督检查、调查的人员少于二人或者未出示合法证件和监督检查、调查通知书或者其他执法文书的，被检查、调查的单位和个人有权拒绝。

（三）信息公开规则

信息公开是法治政府的基本要求，证券监管机构要严格执行《政府信息公开条例》，提高监管工作的透明度，建设资本市场法治。公开原则是证券法首要的基本原则，贯穿于证券法的始终，在证券监管中同样重要。除了执行《政府信息公开条例》的要求外，证券法专门对制度公开和处罚决定公开作出了规定，强调监管的依据和监管的结果的公开透明。《证券法》第一百七十四条规定，国务院证券监督管理机构制定的规章、规则和监督管理工作制度应当依法公开。国务院证券监督管理机构依据调查结果，对证券违法行为作出的处罚决定，应当公开。

1. 制度公开。国务院证券监督管理机构制定的规章、规则和监督管理工作制度应当依法公开。立法公开是我国各层次立法的基本要求。《立法法》第五条规定："立法应当体现人民的意志，发扬社会主义民主，坚持立法公开，保障人民通过多种途径参与立法活动。"《行政处罚法》更能有明确规定，对违法行为给予行政处罚的规定必须公布；未经公布的，不得作为行政处罚的依据。[①] 作为证券监管的依据，证券监督机构制定的规章、规则和监督管理工作制度理应做到最大限度地公开。

值得注意的是，新证券法增加了"依法"两个字，强调证券监管机构信息公开要依法进行。比如，根据《政府信息公开条例》，依法确定为国家秘密的政府信息，法律、行政法规禁止公开的政府信息，以及公开后可能危及国家安全、公共安全、经济安全、社会稳定的政府信息，不予公开。涉及商业秘密、个人隐私等公开会对第三方合法权益造成损害的政府信息，行政机关不得公开。但是，第三方同意公开或者行政机关认为不公开会对公共利益造成重大影响的，予以公开。行政机关的内部事务信息，包括人事管理、后勤管理、内部工作流程等方面的信息，可以不予公开。行政机关在履行行政管理职能过程中形成的讨论记录、过程稿、磋商信函、请示报告等过程性信息以及行政执法案卷信息，可以不予公

---

① 《行政处罚法》第四条。

开。法律、法规、规章规定上述信息应当公开的，从其规定。[①]

2. 处罚决定公开。国务院证券监督管理机构依据调查结果，对证券违法行为作出的处罚决定，应当公开。《行政处罚法》并没有关于处罚决定公开的规定，这是证券法特有的要求，体现了证券市场对于信息公开有更高的要求。根据上市公司信息披露的要求，公司涉嫌违法违规被有权机关调查，或者受到重大行政处罚的，属于“可能对上市公司证券交易价格产生较大影响的重大事件”，应当立即公开披露。

3. 证券期货法规数据库。2019 年 7 月，证监会宣布建设完成了证券期货法规数据库并正式上线运行，对社会公众开放使用。数据库共录入涉及资本市场的法律、行政法规、司法解释、部门规章、规范性文件及自律规则等各类法律法规 4556 件，录入行政处罚决定书和市场禁入决定书等行政执法文书共 1937 件。数据库具备查询、研究、编辑、统计等核心功能，可通过如下两个途径登录：一是登录证监会官网首页，点击“政策法规”超链接；二是手机登录“证监会”APP 首页，点击“政务-政策法规”。[②]

4. 典型案例。信息公开是证券监管机构面对的最常见的行政诉讼案由，其中最为著名的是顾雏军与中国证监会信息公开案。2015 年 6 月 30 日，证监会收到顾雏军提交的信息公开申请，申请其公开 2005 年证监会对广东科龙电器股份有限公司启动立案调查程序的立案调查决定文件（以下简称涉案信息）。2015 年 7 月 31 日，证监会作出《监管信息告知书》，认为涉案信息属于内部管理信息，不属于政府信息公开条例所指应公开的政府信息。顾雏军不服，向一审法院提起行政诉讼，请求撤销被诉告知书，并责令证监会履行政府信息公开法定义务，立即向顾雏军公开涉案信息。一审法院认为，顾雏军向证监会申请公开涉案信息，该信息并非证监会对外作出的行政行为，而是在对外作出决定前所进行的内部审批。在整个行政执法程序中，其尚停留在内部审批阶段，属于证监会在内部审批流程中产生的信息，证监会将其认定为内部管理信息并无不当，法院应予支持。顾雏军关于撤销被诉告知书、责令证监会立即向其公开涉案信息之诉讼请求，不予支持。此外，证监会在作出被诉告知书前已经履行相应法定程序，且符合法定

---

① 《政府信息公开条例》第十四条。

② 《中国证监会证券期货法规数据库正式上线运行》，http：//www. csrc. gov. cn/pub/newsite/zjhxwfb/xwdd/201907/t20190715_359371. html，最后访问时间 2021 年 8 月 25 日。

期限要求，程序合法，法院依法予以确认。据此，一审法院依法判决驳回顾雏军的诉讼请求。顾雏军提出上诉。二审法院驳回上诉，维持一审判决。[①]

（四）配合监管规则

《证券法》第一百七十三条规定，国务院证券监督管理机构依法履行职责，被检查、调查的单位和个人应当配合，如实提供有关文件和资料，不得拒绝、阻碍和隐瞒。第二百一十八条规定了法律责任，拒绝、阻碍证券监督管理机构及其工作人员依法行使监督检查、调查职权，由证券监督管理机构责令改正，处以十万元以上一百万元以下的罚款，并由公安机关依法给予治安管理处罚。此外，《刑法》第二百七十七条还规定了妨害公务罪，以暴力、威胁方法阻碍国家机关工作人员依法执行职务的，处三年以下有期徒刑、拘役、管制或者罚金。

对抗证券监管机构的执法，是十分恶劣的行为，但在证券市场上也是时有发生。2019 年 11 月，证监会公布了对上市公司深某通的处罚决定书，披露了该公司对抗监管执法的事实：2018 年 7 月 17 日至 2019 年 6 月 5 日期间，证监会检查、调查人员先后多次前往深某通注册地深圳办公场所、实际办公地青岛办公场所及北京分公司办公场所进行检查、调查，检查、调查人员均为二人以上，并出示执法证件和监督检查、调查通知书。在上述期间内，深某通及相关人员存在拒绝签收调查通知书，拒绝接受询问，拒绝在询问笔录上签字，拒绝提供会议记录等相关文件资料，强行闯入询问场所阻断询问，强行带离正在接受询问的人员，辱骂、威胁检查、调查人员等拒绝、阻碍检查、调查的行为。其中，2019 年 5 月 22 日下午，证监会调查人员在深圳办公场所送达调查通知书过程中，深某通员工使用推搡、抓挠调查人员，抢夺、摔砸执法记录仪等暴力方法抗拒调查，致调查人员软组织损伤、手臂被抓伤、执法记录仪部分零件损毁。股东大会、董事会及监事会（以下简称三会）会议记录等文件资料作为公司重要档案，深某通应当予以妥善保存并如实向检查、调查人员提供，但截至调查结束，深某通未按要求提供上述材料。此外，深某通还存在擅自转移、隐瞒存有周例会文件资料等重要证据的电子设备的行为。

深某通提出了“相关员工的行为属于个人行为，非深某通公司行为”的申辩理由。证监会认为，通过单位和个人的行为，支持相关检查、调查工作顺利推

---

① 参见《顾某军与中国证券监督管理委员会信息公开二审行政判决书》，（2018）京行终 1232 号。

进，应为法律规定的题中之义，包括为检查、调查人员进入相关场所提供便利，履行检查、调查工作所必要的程序性义务，按要求接受询问及提供文件资料等，单位和个人的行为更不得成为检查、调查工作之阻碍。本案中，深某通作为一个单位，其配合义务是通过单位的管理人员及其他员工的配合行为来履行的。同时，深某通管理人员的配合义务包含两个层面，一是作为相关情况的知情人员，应当配合检查、调查工作，如按要求接受询问，如实地将知悉的情况提供给检查、调查人员；二是作为单位的管理人员，还应根据其所任职务或实际履职情况，组织、协调单位其他人员配合检查、调查。在我会对深大通检查、调查过程中，不配合检查、调查的行为并非个别、偶发事件，而是深某通高级管理人员、中层管理人员及普通员工等多名人员，多次反复地消极对待、拒绝、阻碍检查、调查，甚至使用暴力方法抗拒调查，抵触、对抗特征明显，影响了我会检查、调查工作正常进行，应当认定上述行为系深某通的公司行为。[①]

（五）监管合作规则

我国金融业虽然实行分业经营、分业监管，但资金的融通和流通在金融各个子行业，不同的金融业务之间是畅通无阻的。因此，金融监管应该有“大金融”的观念，特别是对于金融系统性风险的防控来说，不是任何一个部门、一个行业可以做到的事。从这个意义上说，证券监管只是金融监管的一部分。2017 年 7 月，全国金融工作会议决定成立国务院金融稳定发展委员会（以下简称金稳委）。2017 年 11 月 8 日，金稳委正式成立，作为国务院统筹协调金融稳定和改革发展重大问题的议事协调机构。事实上，目前我国也已经形成国务院金融稳定发展委员会、中国人民银行、银保监会、证监会的“一委一行两会”的分工负责、互联互通的监管格局。此外，根据 2018 年中央《深化党和国家机构改革方案》，中央财经领导小组改为中央财经委员会，负责财经领域重大工作的顶层设计、总体布局、统筹协调、整体推进、督促落实。在这样的体制架构下，证券监管机构与其他金融监管机构之间的监管协作理应是十分通畅的。

《证券法》第一百七十五条规定，国务院证券监督管理机构应当与国务院其他金融监督管理机构建立监督管理信息共享机制。国务院证券监督管理机构依法履行职责，进行监督检查或者调查时，有关部门应当予以配合。《保险法》《银

① 《中国证监会行政处罚决定书（深某通）》，〔2019〕129 号。

行业监督管理法》等法律也都有类似的规定。①

（六）吹哨人规则

打击证券市场违法违规行为的前提是掌握违法违规的线索信息。为了掌握更多的有用信息，理论上有两条路径，一是提高证监会发掘、发现线索的能力；二是发动群众和市场成为“吹哨人”，让违法违规者“陷入人民群众的汪洋大海”中。鼓励举报和奖励举报人是成熟证券市场的通用做法。2020 年 10 月，美国证券交易委员会（SEC）表示，因为举报有功，该委员会向一名举报人员支付了 1.14 亿美元的奖励金，这是该机构有史以来向举报人员支付的最高金额。② 为了拓宽第二条路径，早在 2001 年，证监会就发布了《关于有奖举报证券期货诈骗和非法证券期货交易行为的通告》，对举报人进行奖励。2014 年，证监会又制定了《证券期货违法违规行为举报工作暂行规定》，设立证券期货违法违规行为举报中心，规范举报的受理、审查、提请调查、举报奖励等工作。新证券法又在法律层面作出了规定——《证券法》第一百七十六条规定，对涉嫌证券违法、违规行为，任何单位和个人有权向国务院证券监督管理机构举报。对涉嫌重大违法、违规行为的实名举报线索经查证属实的，国务院证券监督管理机构按照规定给予举报人奖励。国务院证券监督管理机构应当对举报人的身份信息保密。为了落实《证券法》的规定，证监会对《证券期货违法违规行为举报工作暂行规定》进行了修订。

1. 举报的提出。对涉嫌证券违法、违规行为，任何单位和个人有权向国务院证券监督管理机构举报，没有主体的限制。举报人可以通过证券期货违法线索网络举报系统、信函方式，向中国证监会证券期货违法违规行为举报中心举报有关个人或单位涉嫌违反证券期货法律和行政法规的行为。证券期货违法线索网络举报系统接收实名举报，举报人应当准确提供举报人的姓名、有效身份证件、联系方式和地址等信息。举报人为单位的，提供单位名称、统一社会信用代码、通

① 比如《保险法》第一百五十七条规定，国务院保险监督管理机构应当与中国人民银行、国务院其他金融监督管理机构建立监督管理信息共享机制。保险监督管理机构依法履行职责，进行监督检查、调查时，有关部门应当予以配合。

② 参见《史上最高！美国证监会奖励举报人 7.6 亿》，https：//www. toutiao. com/i6887447644549939723/？tt_from=weixin&utm_campaign=client_share&wxshare_count=1×tamp=1603610978&app=news_article&utm_source=weixin&utm_medium=toutiao_android&use_new_style=1&req_id=20201025152937010014041153380CD5A9&group_id=6887447644549939723，最后访问时间 2021 年 7 月 21 日。

讯地址、授权委托书及代理人身份、联系方式等信息。①

2. 举报奖励。对涉嫌重大违法、违规行为的实名举报线索经查证属实的，国务院证券监督管理机构按照规定给予举报人奖励。举报事实清楚、线索明确，经调查属实，已依法作出行政处罚且罚没款金额在 10 万元以上的，按罚没款金额的 1%对举报人进行奖励；已依法移送司法机关后作出生效的有罪判决的，酌情给予奖励。奖励金额不超过 10 万元。对于举报在全国有重大影响，或涉案数额巨大的案件线索，经调查属实的，奖励金额不受前款规定的限制，但最高不超过 30 万元。内部知情人员提供了重大违法案件线索，经调查属实的，最高奖励额度不超过 60 万元。② 2021 年 4 月，证监会发布信息，拟对提供江苏某环生物股份有限公司、陆某平等人违法违规（中国证监会行政处罚决定书〔2020〕17 号)、大连某宝绿色食品股份有限公司信息披露违法违规（大连证监局行政处罚决定书〔2020〕2 号)、吉某控股集团股份有限公司信息披露违法（吉林证监局行政处罚决定书〔2019〕4 号)、德某恒忆陶瓷艺术股份有限公司信息披露违法(福建证监局行政处罚决定书〔2020〕2 号)、吉林某东电力设备股份有限公司信息披露违法违规（吉林证监局行政处罚决定书〔2019〕3 号）等 5 起案件线索的举报人依《证券法》《证券期货违法违规行为举报工作暂行规定》给予奖励。证监会委托中国证券投资者保护基金有限责任公司办理本次奖励的举报人登记等具体事宜，申请人可登陆中国证券投资者保护基金有限责任公司官方网站“举报奖励”专栏办理。

3. 为举报人保密。国务院证券监督管理机构应当对举报人的身份信息保密。在调查、处罚或举报奖励发放工作中，相关部门和单位应当全程做好举报保密工作，保护举报人身份信息。负责处理举报的工作人员及其他相关人员应当严格遵守以下制度：（1）在办理举报事项时，应严格遵守工作程序，妥善保管举报材料，严禁向被举报人及其他无关人员泄露举报人身份信息及举报内容；（2）不得私自摘抄、复制、扣压和销毁举报材料；（3）禁止其他可能泄露举报人身份信息或举报内容的行为。③

需要注意的是，“吹哨人”制度的建立，除了提供违法违规线索之外，本身

---

① 《证券期货违法违规行为举报工作暂行规定（2020 修订）》第三条、第四条。

② 《证券期货违法违规行为举报工作暂行规定（2020 修订）》第十三条。

③ 《证券期货违法违规行为举报工作暂行规定（2020 修订）》第十条、第十一条。

也有独特的价值。一方面，与证券市场违法违规行为作斗争，不只是证券监管机构的义务，而是所有参与者共同的义务，没有人能够置身事外。另一方面，举报违法违规行为，通常也是证券市场当事人维护自身合法权益的一条重要途径。鼓励肯定正当举报行为，拓宽畅通举报渠道，也是提振市场信心的重要举措。不过，目前我国证券法上的“吹哨人”制度在对举报信息的筛查、举报程序的启动、调查取证程序、奖金的数额以及对检举人的保护等方面还存在一些不足，亟待完善。①

（七）跨境监管合作规则

资本无国界，全球证券市场紧密相连，不同国家或地区之间的证券监管合作必不可少。截至2019年底，中国证监会已经与64个国家或地区的证券监督管理机构签署了合作备忘录。跨境证券监管合作的重要原则是要尊重国家主权原则和对等原则。因此，《证券法》第一百七十七条规定，国务院证券监督管理机构可以和其他国家或者地区的证券监督管理机构建立监督管理合作机制，实施跨境监督管理。境外证券监督管理机构不得在中华人民共和国境内直接进行调查取证等活动。未经国务院证券监督管理机构和国务院有关主管部门同意，任何单位和个人不得擅自向境外提供与证券业务活动有关的文件和资料。

1. 我国监管机构的跨境监管。国务院证券监督管理机构可以和其他国家或者地区的证券监督管理机构建立监督管理合作机制，实施跨境监督管理。

2. 境外监管机构在我国的监管。境外证券监督管理机构不得在中华人民共和国境内直接进行调查取证等活动。“不得直接进行”的含义有二：一是可以根据国际条约、合作备忘录等约定由中国的监管机构进行调查举证；二是向境外提供与证券业务活动有关的文件和资料，需要经过中国监管机构的同意。《证券法》也明确规定，未经国务院证券监督管理机构和国务院有关主管部门同意，任何单位和个人不得擅自向境外提供与证券业务活动有关的文件和资料。

（八）移送规则

《证券法》第一百七十八条规定，国务院证券监督管理机构依法履行职责，发现证券违法行为涉嫌犯罪的，应当依法将案件移送司法机关处理；发现公职人

① 参见马啸宇：《从比较法视角论我国证券市场吹哨制度》，载《南方金融》2021年第7期。

员涉嫌职务违法或者职务犯罪的，应当依法移送监察机关处理。

1. 涉嫌犯罪问题的移送。国务院证券监督管理机构依法履行职责，发现证券违法行为涉嫌犯罪的，应当依法将案件移送司法机关处理。证券法第二百一十九条规定，违反本法规定，构成犯罪的，依法追究刑事责任。严重的证券违法行为，可能落入刑事犯罪的范畴。对此，证券监管部门要按照《行政执法机关移送涉嫌犯罪案件的规定》，将案件移送司法机关处理。2020 年 6 月 15 日，证监会依法对獐某岛及相关人员涉嫌违反证券法律法规案作出行政处罚和市场禁入决定。证监会认定，獐某岛 2016 年虚增利润 1.3 亿元，占当期披露利润总额的 158%；2017 年虚减利润 2.8 亿元，占当期披露利润总额的 39%。由于獐某岛上述行为涉嫌构成违规披露、不披露重要信息罪，2020 年 9 月 11 日，证监会决定将獐某岛及相关人员涉嫌证券犯罪案件依法移送公安机关追究刑事责任。①

2. 涉嫌职务违法犯罪问题的移送。证券监督管理机构在履行职责过程中，发现公职人员涉嫌职务违法或者职务犯罪的，应当依法移送监察机关处理。这里的公职人员涉嫌职务违法或者职务犯罪问题，既可能是《证券法》第一百七十九条和第二百一十六条规定的证券监管机构及其工作人员的问题，也可能是其他公职人员的问题。②《监察法》规定，各级监察委员会是行使国家监察职能的专责机关，依照本法对所有行使公权力的公职人员进行监察，调查职务违法和职务犯罪，开展廉政建设和反腐败工作，维护宪法和法律的尊严。国家机关在工作中发现公职人员涉嫌贪污贿赂、失职渎职等职务违法或者职务犯罪的问题线索，应当移送监察机关，由监察机关依法调查处置。被调查人既涉嫌严重职务违法或者职务犯罪，又涉嫌其他违法犯罪的，一般应当由监察机关为主调查，其他机关予以协助。③

① 《证监会：獐某岛虚增虚减利润案被移送公安机关》，https：//new. qq. com/omn/20200914/20200914A08ZIR00. html，最后访问时间 2021 年 6 月 8 日。

② 比如，“落马官员”原安徽省原副省长陈某隆就热衷炒股，涉及内幕交易、泄露内幕信息等问题。参见《副省长也爱炒股　更涉内幕交易！涉案 33 亿获利 1.6 亿》，http：//finance. jrj. com. cn/2018/07/28132824874631. shtml，最后访问时间 2021 年 8 月 5 日。

③ 参见《监察法》第三条、第三十四条。

五、证券监管科技

（一）监管科技的兴起

在现代社会，科技作为一种生产力要素已经渗入方方面面。行政监管与科技的结合就产生了所谓的监管科技（Regtech）。监管科技在各个行政监管领域都有较为普遍的运用，比如海关监管、食品药品监管、土地监管，等等。但在没有具体语境的情况下，监管科技主要指的是金融领域的监管科技。这一方面是由于金融领域向来是强监管的领域，与科技也结合得最为紧密；另一方面则是由于金融科技（Fintech）的英文文义衍生和监管应对。

2008 年金融危机以来，防范系统性金融风险成为全球金融监管机构的头等大事，金融监管任务空前繁重。而在金融科技的助推下，金融业务呈现去中心化、去中介化等特点，给金融监管带来很多新的问题，加剧了监管的能力恐慌。"以科技应对科技"成为全球金融监管的普遍共识，原本在幕后默默无闻的监管科技逐渐走向台前，并通过"Regtech"这个响亮的名字获得了新的意义。

监管科技不只是科技，而是在遵循监管规律的基础上，数据和科技相结合的产物。从静态角度来看，监管科技是金融与科技更加紧密结合的背景下，以数据为基础，以云计算、人工智能、区块链等新技术为驱动，以更有效的监管为价值导向的解决方案。从动态角度来看，监管科技是以科技武装起来的监管方与用科技保护起来的金融机构之间博弈的一种结果。

监管科技不只是监管，而是技术发展到一定阶段的金融监管范式的转变。有学者将监管科技直接定义为"科技驱动型监管"的手段，而"科技驱动型监管"指的是在去中介化、去中心化的金融交易现状下在审慎监管、行为监管等传统金融监管维度之外增之以科技维度，形成双维监管体系。[①] 监管科技的使命在于推动金融监管从被动监管到主动监管，最终走向智能监管，最大限度地解放监管者的脑力和体力，排除监管者的主观因素的影响，提高监管的效能。

总之，监管科技是大数据和新技术引发的金融监管范式的转变，以智能监管

① 杨东：《监管科技：金融科技的监管挑战与维度建构》，载《中国社会科学》2018 年第 5 期，第 69-91 页。

为最终的完成形态。

(二) 证券监管科技的基本面

1. 证券监管科技的内涵

证券监管科技是监管科技在证券监管中的运用，同样是“数据+科技”的产物和证券监管范式的转变，以智能证券监管为最终的完成形态。

在全球范围内，证券监管领域都是监管科技的先行者。2017 年 2 月，国际证监会组织（IOSCO）就发布报告，提出“监管机构可以继续探索如何从金融科技和与之密切相关的监管科技的发展中获益”。美国证券交易委员会（SEC）、纳斯达克（NASDAQ）、新加坡金融管理局（MAS）、澳大利亚证券投资委员会（ASIC）等都在证券监管中尝试部署“监管科技”。

在我国，证券监管科技也代表了监管科技的发展方向。2017 年年底，证监会提出 2018 年的四个重点方向，其中之一就是大力推进科技监管。2018 年 5 月，证监会成立科技监管专家咨询委员会，同月底就正式下发实施了《稽查执法科技化建设工作规划》。同年 8 月 31 日，证监会发布消息称，已正式印发《中国证监会监管科技总体建设方案》（以下简称《方案》），完成了证券监管领域监管科技建设工作的顶层设计，进入了全面实施阶段。

在《方案》出台前，官方对于监管科技虽多有强调，但大多停留在倡导或研究层面，对于监管科技具体的内涵和外延尚未形成一致认识，更未作出“时间表”和“路线图”。《方案》的出台，为备受关注的“监管科技”提供了一个官方的且颇为详细周密的设计蓝图——明确了三大阶段、五大基础数据分析能力、七大类 32 个监管业务分析场景，提出了大数据分析中心建设原则、数据资源管理工作思路和监管科技运行管理“十二大机制”。这无疑算得上是我国监管科技发展历史上的一个里程碑。

从《方案》来看，可以从以下五个方面来理解我国的证券监管科技。第一，证券监管科技是证券监管信息化的高级阶段。证券监管科技是以证券监管的电子化、网络化为基础，通过大数据、云计算、人工智能等科技手段，进行全面、精准的数据分析，提高监管的质量和效率。第二，证券监管科技的核心是建设一个中央监管信息平台，实现业务流程的互联互通和数据的全面共享，形成对监管工作全面、全流程的支持。第三，证券监管科技的基础是通过大数据、云计算等科技手段进行实时数据采集、实时数据计算、实时数据分析。第四，证券监管科技的主要运用是对市场运行状态的实时监测、对市场风险的准确研判、对异常交易行为的快速识别、对各类证券期货违法违规行为的高效处置等。第五，证券监管科技的目标在于实现智能监管，运用机器学习、数据挖掘等手段为监管提供智能化应用和服务，优化事前审核、事中监测、事后稽查处罚等各类监管工作模式，提高主动发现问题的能力和监管智能化水平，促进监管模式创新。

2. 证券监管科技的发展阶段

目前证券监管科技在各国都还处于探索性的阶段，各国采取的都是较为审慎的态度，《方案》非常务实地划分了监管科技 1.0、2.0、3.0 三个阶段就是一个例证。根据《方案》，监管科技 1.0 阶段的工作内容主要是通过采购或研制成熟高效的软硬件工具或设施，满足证监会内部门和派出机构基本办公和特定工作的信息化需求，提升监管工作的数字化、电子化、自动化、标准化程度。监管科技 2.0 阶段的工作内容主要是通过不断丰富、完善中央监管信息平台的功能，优化业务系统，实现跨部门监管业务的全流程在线运转，为大数据、云计算、人工智能等技术在监管科技 3.0 阶段的应用打下良好的基础。监管科技 3.0 阶段的工作核心是建设一个运转高效的监管大数据平台，综合运用电子预警、统计分析、数据挖掘等数据分析技术，围绕资本市场的主要生产和业务活动，进行实时监控和历史分析调查，辅助监管人员对市场主体进行全景式分析，实时对市场总体情况进行监控监测，及时发现涉嫌内幕交易、市场操纵等违法违规行为，履行监管职责，维护市场交易秩序。

从发展程度来看，证券监管科技可以分为证券监管的技术辅助阶段和证券监管科技的完成形态——智能监管阶段。需要明确的是，到目前为止，证券监管科技虽然很多时候都推行的是“智能监管”的概念，但从实际情况来看，离真正意义上的“智能”还有不小距离，仍属于“技术辅助”的范畴——不是 AI（Artificial Intelligence），而是 IA（Intelligent Assistant）。一方面，真正作出监管决策的是人，而不是机器，机器提供的结果只起到参考作用，也就是说，既可以完全采纳，也可以部分采纳，还可以不采纳。另一方面，监管人员根据监管目的调用相关功能，获取相关分析结果，而不是由机器自主调用和分析；系统提供的只是某一部分的决策信息，而不是全面的决策依据。目前这方面的一个典型例子是：2018 年 10 月，自主研发的智能监管辅助系统——“企业画像”一期项目正式运行上线。该系统的其中一项功能是，在检查上市公司前，监管人员使用“企业画像”系统预览公司相关预警标签提示，为监管人员的检查执法提供一定的参考，但最终的执法程序与传统执法并无二致，执法结果的作出也主要依靠执法人员的判断。[①]

3. 证券监管科技的分类

根据证券监管的职责不同，证券监管科技可以分为证券业务审批或核准中的监管科技，对证券发行、上市、交易、登记、存管、结算等日常证券业务活动的监管中的监管科技，证券从业人员资格和行为管理中的监管科技，证券违法违规行为查处中的监管科技，证券自律管理中的监管科技，国际证券监管合作中的监管科技等。此外，现代行政监管还会获得一定的“立法”权限，因此，广义上的证券监管科技还包括证券监管政策制定中的“立法”科技。在所有这些监管职责中，金融科技背景下证券违法违规行为查处中的监管科技尤为迫切。2018年5月证监会率先制定《稽查执法科技化建设工作规划》就是出于这个原因。监管科技在证券违法违规行为查处中的运用也已经走在了规划设计的前面，比如，在打击内幕交易方面，证监会依托大数据仓库，建立多种数据分析模型，利用软件爬虫深度挖掘，寻找“硕鼠”的案件线索，原博时基金经理马某案就是“大数据捕鼠第一案”。[②]

根据具体的证券监管行为，证券监管科技可以分为非现场监管中的监管科技和现场监管中的监管科技。非现场监管主要是指通过收集监管对象的经营或业务数据，审查其经营的稳健性和业务的合规性的行为。比如，根据《证券公司监督管理条例》第六十三条的规定，证券公司应当定期报送年度报告、月度报告；发生影响或者可能影响证券公司经营管理、财务状况、风险控制指标或者客户资产安全的重大事件的，应当报送临时报告，说明事件的起因、目前的状态、可能产生的后果和拟采取的相应措施。现场监管是指在监管对象的生产、经营、管理场所以及其他相关场所，采取查阅、复制文件和资料，查看实物、谈话及询问等方式，对检查对象进行监督检查的行为。非现场监管是证券监管科技当前运用的重点。2018年年底，证监会就发布了《中央监管平台资产管理业务数据报送接口规范（征求意见稿）》，提出采用接口的数据传输方式，采集更加详细的业务数据，包括产品信息、销售、投资等业务相关全量或增量数据，最终以指定结构化或非结构化格式文件的形式传输；并通过、制定了一系列接口规范用于规范传输

① 姜楠：《深交所自主研发企业画像智能监管系统上线》，载《证券日报》2018年10月28日。
② 赵静：《看马乐如何做“老鼠仓”》，载《证券市场周刊》2014年第40期。

数据的质量。

（三）证券监管科技的合法性

虽然目前证券监管科技还处于技术辅助阶段，但我们要看到，证券监管引入更多的科技元素和智能元素是大势所趋，最终的智能监管也完全可以期待。2019年底，证监会筹备成立科技监管局，作为主导证券监管科技的职能部门。《证券法》（2019年修订）将信息技术系统服务机构纳入证券服务机构范围，与其他证券服务机构一样，应当勤勉尽责、恪尽职守，按照相关业务规则为证券的交易及相关活动提供服务；并且在第四十五条明确规定，通过计算机程序自动生成或者下达交易指令进行程序化交易的，应当符合国务院证券监督管理机构的规定，并向证券交易所报告，不得影响证券交易所系统安全或者正常交易秩序。

证券监管科技作为现代证券监管的重要组成部分，其最终完成形态还可能以证券监管替代者的角色出现，因此，其必须要在证券监管法律的框架内运行，既要遵循证券监管的基本法律原则，又要以证券监管法律为根本依据，还要明确相应的权利、义务和责任。

证券监管科技要遵循证券监管的基本法律原则，特别是程序正当原则，比如，证券监管的依据和结果需要公开。根据《证券法》第一百七十四条的规定，证券监管的依据（包括规章、规则和工作制度）应当公开；依据调查结果对证券违法行为作出的处罚决定也应当公开。引入证券监管科技后，关于公开什么、如何公开、公开到什么程度都应当作出规范。再比如，根据《证券法》第一百七十二条的规定，进行监督检查或者调查，其监督检查、调查的人员不得少于二人，并应当出示合法证件和监督检查、调查通知书。以证券监管科技为依托开展检查或调查的，对其正当性程序也要作出具体设计。

证券监管科技要以证券监管法律为根本依据。从现代行政法原理来说，行政执法（自律监管）的权限和手段应当有明确的法律依据，特别是在从“辅助”滑向“自主”的横轴上，应当标出比较清晰的刻度，否则可能引发“不作为”或者“乱作为”的质疑。根据《证券法》第一百七十九条的规定，监管人员必须忠于职守，依法办事，公正廉洁，不得利用职务便利牟取不正当利益，不得泄露所知悉的有关单位和个人的商业秘密。对于证券监管科技，也要考虑科以同样的要求，尤其要注意规范利益冲突和可能出现的信息泄露等问题。此外，从法律渊源来说，鉴于监管科技突出的数据和科技属性，数据和技术的各类标准也是其重要的法律渊源。2018 年 9 月，证监会发布《证券期货业数据分类分级指引》《证券期货业机构内部企业服务总线实施规范》《期货市场客户开户数据接口》《证券发行人行为信息内容格式》四项行业标准；此后，证监会不断发布行业标准，比如，2021 年 11 月，证监会发布《证券期货业数据模型第 3 部分：证券公司逻辑模型》《证券期货业经营机构内部应用系统日志规范》等 2 项金融行业标准。这些行业标准，就是证券监管科技的重要依据。

证券监管科技也应当明确相应的权利、义务和责任。和传统的证券监管法律关系不同，引入监管科技的维度后，证券监管中的科技元素就不再居于附属的地位，而会成为独立的一方。在智能监管的情况下，“科技中立”在法律上是否依然成立就是个值得考虑的问题。即使科技是中立的，对于科技的开发者和使用者间如何分配权利、义务也要作出回应。2018 年 12 月，证监会发布《证券基金经营机构信息技术管理办法》，其中第六条规定：“证券基金经营机构应当完善信息技术运用过程中的权责分配机制，建立健全信息技术管理制度和操作流程，保障与业务活动规模及复杂程度相适应的信息技术投入水平，持续满足信息技术资源的可用性、安全性与合规性要求。”该办法提出的信息技术运用过程中的权责分配的要求，可以看作对未来监管方运用监管科技发出的一个先声。

（四）证券监管科技的未来

完全可以预见的是，证券监管科技从蓝图走向全面实践，从技术辅助走向智能监管，必将是一个步步为营、不断攻坚克难，甚至可能会出现反复和停滞的过程，至少还要跨过三道门槛。

首先是数据互联互通的门槛。数据是监管科技的基础，数据互联互通是监管科技的前提。《证券法》第一百七十五条第一款规定：“国务院证券监督管理机构应当与国务院其他金融监督管理机构建立监督管理信息共享机制。”但是目前，金融不同行业、不同部门、不同分支机构对数据的收集和统计存在较大差异，并没有通用的数据概念、分类体系和统计口径，这使数据的可比较性、可计算性和可评价性都很低。这种状况的存在，影响了不同业务之间的联通和数据的流动。对此，《方案》明确提出，要加强各类基础设施和中央监管信息平台的建设，实现业务流程的互联互通和数据的全面共享，形成对监管工作全方面、全流程的支持。同时，《方案》也把提升监管工作的数字化、电子化、自动化、标准化程度作为 1.0 阶段的目标要求。实际上，只有完成这“四化”和统一的中央监管信息平台的搭建，证券监管科技建设工程才算真正有了奠基石。

其次是监管与市场合作的门槛。当前证券监管对新技术的需求集中在市场运行状态实时监测、市场风险监测、异常交易行为识别，以及事前审核、事中监测、事后稽查处罚等各类监管工作模式的优化等方面。要满足这些需求，数据和技术缺一不可。数据标准化解决了数据收集和数据质量的问题，但证券监管科技真正发挥威力，还需要依靠大数据、云计算和人工智能等新兴技术。目前这类技术的研发力量主要在市场机构，特别是头部的科技公司；运用场景也主要是与互联网相关的各项业务，在金融监管领域的运用还相当有限。因此，如何将这些新技术引入证券监管并且能够保持与时俱进的更新，避免监管科技发展与金融科技发展的脱节，是证券监管科技建设需要明确的问题。在这方面，单独依靠监管机构或者全部推向市场都不具有可行性，二者的合作才是最佳的路径。实际上，在证券监管日益严格和复杂的情况下，许多科技公司也看中了这个契机，通过合规科技服务于需要进行信息披露的主体，这为监管与市场的合作共赢创造了条件。

最后是证券市场的适应性门槛。即使从全球范围来看，证券监管科技仍处在初级发展阶段，还不够成熟稳定，实际应用效果也还没有经过一个完整经济周期的检验。基于大数据和新技术的监管科技，是否会诱发新的法律和伦理难题、引发新的金融风险，智能监管是否会影响就业，监管科技的算法是否存在歧视，是否需要披露以及披露的程度等，这些问题都可能随着监管科技的深入推进而涌现。而就短期来说，监管科技的行程也可能会遭遇到一些不大不小的颠簸。比如，虽然监管科技以降低人工成本、提高监管效能为目标，但在推行的初期，难免需要市场主体投入一定的人力、物力去了解和适应新的监管方式，短期还可能会增加总体的成本，包括制度摩擦的成本等。更进一步而言，当前依靠人来完成的证券监管虽然存在这样或那样的问题，但大多数时候正是“人”的因素让金融监管在刚性和弹性之间保持了某种适度的平衡。而对于证券监管科技而言，这种平衡要求能够完成吗？对于所有的这些方面，作为整体的证券市场都需要一个适应的过程。

六、监管行为的法律责任与救济途径

权力对应的是责任。对于国务院证券监督管理机构或者国务院授权的部门在行使职权过程中的不当行为，要追究直接负责的主管人员和其他直接责任人员的责任，对此，《证券法》第二百一十六条规定，国务院证券监督管理机构或者国务院授权的部门有下列情形之一的，对直接负责的主管人员和其他直接责任人员，依法给予处分：对不符合本法规定的发行证券、设立证券公司等申请予以核准、注册、批准的；违反本法规定采取现场检查、调查取证、查询、冻结或者查封等措施的；违反本法规定对有关机构和人员采取监督管理措施的；违反本法规定对有关机构和人员实施行政处罚的；其他不依法履行职责的行为。同时，《证券法》第二百二十三条规定，对于证券监管机构的行政行为，当事人不服的，可以依法申请行政复议，或者依法直接向人民法院提起诉讼。证券监管机构或者授权部门的不当行为，当然有自我发现和纠正的可能性，但通常情况下，要通过行政复议或者诉讼才会被发现和认定。因此，这两个条款是密切相关的。

1. 责任类型。有别于《证券法》“法律责任”一章其他条款规定的行政法律责任，第二百一十六条规定的是内部法律关系范畴内的责任。[①] 这类责任的依据是《监察法》和《公务员法》等法律。而第二百二十三条的依据是《行政复议法》和《行政诉讼法》等法律。

2. 责任主体。这些行政行为，对外都是以国务院证券监督管理机构或者国务院授权的部门的名义做出的，行政相对人不服的，可以依据《证券法》第二百二十三条依法申请行政复议，或者依法直接向人民法院提起诉讼。在被认定存在不当行为的情况下，直接负责的主管人员和其他直接责任人员就要被追责，此时的责任主体是不正当行使权力、做出行政行为的人员。

3. 不依法履职行为。（1）对不符合本法规定的发行证券、设立证券公司等申请予以核准、注册、批准的；（2）违反本法规定采取现场检查、调查取证、查询、冻结或者查封等措施的；（3）违反本法规定对有关机构和人员采取监督管理措施的；（4）违反本法规定对有关机构和人员实施行政处罚的；（5）其他不依法履行职责的行为。以上五类行为概括起来就是不当履行职权的行为。事实上，无论是行使行政立法权、实施行政许可权或准行政许可、给予行政处罚或准行政处罚、采取行政措施，还是发布行政命令，只要存在不依法履职的行为，都应当追究法律责任。

---

① 参见姜明安主编：《行政法与行政诉讼法（第五版）》，北京大学出版社、高等教育出版社 2011 年版，第 23 页。

▶ 第十四讲 专门的守护——投资者保护机构

一、投服中心支持起诉匹凸匹

2016年7月，中证中小投资者服务中心有限责任公司（以下简称投服中心）接受9名因匹凸匹金融信息服务（上海）股份有限公司（曾用名为上海多伦实业股份有限公司，股票代码6006××）虚假陈述行为受损的投资者委托，协助受损投资者准备相关证据材料，将原实际控制人鲜某作为第一被告、其他7名负责任高管以及匹凸匹公司作为共同被告，正式向上海市一中院递交诉状，提起首例证券支持诉讼，要求连带赔偿投资者经济损失合计215万元。

在此之前，匹凸匹公司及董事长鲜某曾受到行政处罚和交易所的自律处分。2016年3月，上海证监局作出行政处罚决定书，认定匹凸匹公司存在“未及时披露多项对外重大担保及重大诉讼事项，2013年年报中未披露对外重大担保事项”等信息披露违法违规事实，同时认定时任公司董事长鲜某对于上述行为是直接负责的主管人员，其他相关高管为直接责任人员，作出责令改正、警告和罚款等相关处罚决定。2016年5月，因匹凸匹公司2015年年报披露归属于上市公司股东的净利润亏损过亿元，亏损幅度超出预告业绩的412%，上交所对匹凸匹公司及有关责任人予以通报批评。

2017年5月，上海市第一中级人民法院对该案依法作出一审宣判，判决鲜某等责任人赔偿投资者损失合计 233.89 万元。投服中心受托支持的 14 名中小投资者全部胜诉。值得注意的是，投服中心还主导本案开了证券纠纷追究上市公司的实际控制人或董监高作为直接负责的主管人员等“首恶”责任的先河，将板子打到了具体的人身上。

此案在证券市场引起了强烈反响，并获评 2017 年“中国十大公益诉讼案件”。评审专家认为，这起案件表明投资者维权意识的强化以及民间第三方支持力量介入公益诉讼的可能。这起案件也让“投服中心”得到更多人的了解。[①] 实际上，投服中心只是证券法上的“投资者保护机构”之一，是证券法实现投资者保护目标的重要载体。

二、投资者保护机构的定位

保护投资者的合法权益是证券法的主要目的。为了实现这一目的，新证券法设置了投资者保护专章，投资者保护的理念也贯穿于整部证券法，还在实践的基础上明确了专门的投资者保护机构的法律地位。

投资者保护机构是依照法律、行政法规或者国务院证券监督管理机构的规定设立的投资者保护机构，目前有两家——中国证券投资者保护基金有限公司（以下简称投保基金公司）和投服中心。投资者保护机构的法律定位一直以来存在争议，目前较为准确的定位是以保护广大投资者为目标设立的，虽然不具备直接监管权，但在一定程度上代表证监会立场与态度的非营利国有企业。

投保基金公司设立于 2005 年，其法律依据是证券法关于“国家设立证券投资者保护基金”的规定。2005 年 6 月，国务院批准中国证监会、财政部、中国人民银行发布《证券投资者保护基金管理办法》，为投保基金的具体运作管理提供了依据。[②] 在我国投资者保护基金设立虽早，但在相当长一段时间内，投保基金的用途主要在于防止证券公司出现的风险，证券法关于投资者保护基金的相关规定也规定在“证券公司”一章，对投资者保护的作用发挥十分有限，基金的资金闲置问题也一直为外界所诟病。但近年来，投保基金公司在投资者保护方面

---

① 《首例证券支持诉讼案获评 2017 年十大公益案件》，http：//china.caixin.com/2018-04-03/101230088.html，最后访问时间 2021 年 4 月 9 日。

② 详见本书第九讲“证券投资者保护基金”部分。

发挥着越来越积极的作用。

投服中心是证监会于2014年12月成立的证券金融类公益机构。投服中心的主要职责包括：面向投资者开展公益性宣传和教育；公益性持有证券等品种，以股东身份或证券持有人身份行权；受投资者委托，提供调解等纠纷解决服务；为投资者提供公益性诉讼支持及其相关工作；中国投资者网站的建设、管理和运行维护；调查、监测投资者意愿和诉求，开展战略研究与规划；代表投资者，向政府机构、监管部门反映诉求；中国证监会委托的其他业务。

根据2020年7月31日最高人民法院发布的《代表人诉讼规定》，同一代表人诉讼，原则上应当由一个投资者保护机构作为代表人参加诉讼。这条也破解了实务中一个争议，到底证券法上的"投资者保护机构"有几家？有观点认为只有投服中心一家，从《若干规定》来看，并非只有一家，至少投保基金公司也是证券法上的"投资者保护机构"。同日证监会发布《关于做好投资者保护机构参加证券纠纷特别代表人诉讼相关工作的通知》，明确"本通知所称投资者保护机构是指中证中小投资者服务中心有限责任公司、中国证券投资者保护基金有限责任公司"。

三、投保机构的行为规则

（一）持股行权

2014年投服中心成立后，积极进行持股行权等投资者保护试点，取得了良好社会反响和实效。所谓"持股行权"，是指投服中心作为股东，持有上市公司少量的股份（大多仅持有一手，即100股），以股东的身份行使股东知情权、表决权、提案权、监督权等权利，直接参与上市公司的日常管理活动，且享有的股东权利不受持股比例的限制。新证券法进一步规定投保机构可以接受投资者的委托，征集股东权利，并代部分股东出席股东大会，行使提案权、表决权等股东权利，扩大了持股行权的范围。

1. 持股行权的核心特征

（1）不同于公权力外部监管，而是从内部参与上市公司治理，从内部进行监督。中国过去的证券监管体制多为证监会的外部监管、事后监管，往往是在上市公司发生具体的违法行为后才开展监管工作，具有一定的滞后性。而投服中心通过持股行权，直接介入上市公司的日常经营活动，有利于从内部及时了解上市公司动态，有效破解行政权等外部力量介入时机不当造成的滥权以及滞后等难题。

（2）有利于破解投资人“用脚投票”的搭便车心态。目前中国证券市场中的投资者，大多并不关注上市公司的日常经营，仅希望手里的股票涨价后套现获利。这就导致大量投资者的股东权利实质上处于睡眠状态。而持股行权制度的推进，则有效地利用了投服中心积极股东的身份定位，通过投服中心积极行使股东权利，来破除其他普通投资者漠不关心的搭便车心态。

（3）投服中心功能广泛，可以充分利用持股行权制度。投服中心关注的事项主要包括中小投资者反映强烈的事项；侵害中小投资者合法权益且具有典型性、示范性的事项；舆论关注的重点、难点、热点事项；监管机构、自律组织等建议的事项等。新证券法关于投资者保护机构公开征集提案权、表决权的持股时间以及提起股东代表诉讼持股比例限制豁免的规定，还有其可作为委托代表人发起集体诉讼的特殊规定，均体现出针对其公益性股东行权特点所做的制度安排。

2. 持股行权的具体实施方式

根据《中证中小投资者服务中心持股行权工作规则（试行）》的有关规定，投服中心持股行权的主要方式包括：发送股东函件；参加或召集上市公司股东大会；参加上市公司重大资产重组媒体说明会、投资者说明会、业绩说明会、上市公司投资者接待日等活动；公开发声；现场、网上问询；查阅上市公司章程、股东名册、公司债券存根、股东大会会议记录和决议、董事会会议决议、监事会会议决议、财务会计报告等资料；联合其他股东共同行权；提出提案；向法院提起诉讼等。

3. 持股行权的经典案例——＊ST 毅达案

2018 年 12 月 25 日，由于＊ST 毅达原控股股东大申集团有限公司 2.6 亿股股票质押式回购违约，被法院裁定给信达证券用以抵偿债务，信达证券管理的资管计划成为＊ST 毅达第一大股东，信达证券代为行使股东权利，但信达证券及独立董事均无法联系到上市公司及其他董事，无法进行正常信息披露。＊ST 毅达“失联”情况引起市场及投资者关注。1 月 18 日，上海证监局向＊ST 毅达下发监管关注函，要求公司对其在公司治理、信息披露方面存在的问题进行整改。1 月 23 日，上海证监局建议投服中心联合其他股东共同行权，完善公司治理，保护投资者合法权益。

鉴于＊ST 毅达董事会、监事会“失联”的情况，投服中心与西藏一乙资产管理有限公司以及倪某按法定程序依次提请＊ST 毅达董事会、监事会召开临时股东大会。在规定时限内均未收到＊ST 毅达董事会、监事会的反馈意见，北京市中伦律师事务所对此出具专门法律意见后，投服中心和共同行权股东（以下合称召集人）于 2 月 26 日发出了 3 月 14 日召开临时股东大会的通知。3 月 1 日，召集人收到信达证券关于免去和补选董事、监事的临时提案并公告。

3 月 14 日，＊ST 毅达 2019 年第一次临时股东大会如期召开，投服中心作为召集人之一出席会议。为确保会议秩序，会议安排了多名安保人员值守。部分股东提前一个多小时到场，纷纷斥责＊ST 毅达原管理层不尽职行为。但现场参会股东普遍支持本次会议的召开，关心公司未来发展，积极提问。由于公司并无监事出席，会议由律师和股东代表共同计票、监票，投服中心被推举为股东代表之一参与计票、监票。并由律师针对此计票、监票环节出具法律意见书表明其合法性。出席会议的股东及代表 213 人，为公司上市以来参会人数较多的股东大会，会议高票通过全部议案。①

（二）先行赔付

先行赔付制度是我国证券法领域的一个具有中国特色的制度创新，是指当发行人因欺诈发行、虚假陈述或者其他重大违法行为给投资者造成损失的，在行政处罚、民事诉讼正式确认具体的罚金、赔偿额之前，发行人的控股股东、实际控制人与证券公司可以与投保机构（目前实务中主要是投保基金公司）达成协议予以先行赔付，后期再向发行人及连带责任人追偿。这样可以最大限度、最高效率地保障受损投资者的权益，避免了漫长的民事诉讼追偿过程。

目前已经发生的先行赔付案例包括欣泰电气案、海联讯案与万福生科案，目前这三个案件的先行赔付专项基金专门页面还保留在中国证券投资者保护基金公司的官网。但值得一提的是，继欣泰电气案之后的近 3 年多时间内，再无新的先行赔付案例。

投保机构在先行赔付制度中扮演的是一个代表角色，即投保机构受发行人的

---

① 《投服中心首次联合股东召开＊ST 毅达临时股东大会》，载《。证券日报》2020 年 3 月 14 日，http：//www.zqrb.cn/stock/gupiaoyaowen/2019-03-14/A1552572302817.html，最后访问时间：2022 年 4 月 20 日。

控股股东、实际控制人、相关证券公司的委托，代表上述主体与受损投资者达成先行赔付协议。在这个过程中，先行赔付人会将赔付资金设立一个专项基金，由投保基金公司作为第三方机构，接受赔付人的委托负责管理、运作和处分该基金资产。该基金资产的主要作用便是向受损投资者支付赔偿款。在赔付过程中，投保基金公司需要识别投资者身份、确认应当赔付的金额并划转相关资金。可以说，投保基金公司是先行赔付制度能够落实的重要执行人。这样的运营模式在欣泰电气案、海联讯案与万福生科案中均得到了适用。

先行赔付制度的优势在于：首先，有利于确保受损投资者能够快速获得赔偿，而不需要等待长久的民事诉讼过程；其次，可以刺激发行人的控股股东、实际控制人与证券公司主动与投资者达成和解协议，借助司法程序以外的方式实现证券纠纷的多元化解决路径；最后，先行赔付制度也有利于节约行政执法资源，提高执法效率。原因在于，往往在同意先行赔付的情形下，上市公司相关控股股东、实控人对违法行为持基本认可的态度，因此极有可能与行政执法机构达成行政和解，配合相关执法工作，提高行政执法效率。

另外，先行赔付制度依然存在一定的争议。例如先行赔付活动与行政执法、行政和解之间如何进行衔接？先行赔付之后，如何向上市公司等有关连带责任人追偿？先行赔付制度如何与投保基金进行有机融合？等等。

（三）纠纷解决

投保机构另一个重要的职能，便在于以投资者保护为目标，参与证券市场相关主体与投资者之间的纠纷。参与的方式包括参与纠纷调解、支持投资者起诉以及作为股东直接提出股东诉讼。

1. 纠纷调解

除去投资者个人直接与相关证券市场主体进行调解之外，有投保机构参与的调解活动，是指在投资者与证券经营机构、基金管理机构、证券服务机构、上市公司等证券市场主体之间，因证券交易、证券投资或证券服务而发生民事纠纷时，经各方当事人同意，投保机构以说服、疏导、调解等方式，促使当事人在平等协商基础上自愿达成和解协议，化解证券纠纷的活动。投保基金公司与投服中心均可以参与调解活动，相关的调解规则为《中证中小投资者服务中心调解规则》《中国证券投资者保护基金有限责任公司证券纠纷调解工作管理办法（试行）》与《中国证券投资者保护基金有限责任公司证券纠纷调解规则（试行）》。

证券纠纷调解向来因涉及人数多、涉案金额大、专业性强、影响范围广、投资者分散、时间成本高等原因而举步维艰，单个投资者难以高效地与相关主体达成调解。但在有了投保机构参与之后，便相对简单。投资者可以向投保机构提出申请调解，证券公司不得拒绝。投保机构下设专门的调解委员会、调解员来负责调解事宜。

然而，投保机构参与的调解仍然存在下列争议与不足：

（1）调解是否具有强制性。《证券法》九十四条规定，证券公司不得拒绝普通投资者申请的调解，但发行人却可以拒绝。依据前文提及的几个调解规则，发行人拒绝调解的，不再进行调解，这将大大阻碍调解的可行性。

（2）调解的效力范围。调解是否仅适用于直接参与调解活动的投资者等主体，或明确表示认可调解协议的主体？未参与调解活动或不认可调解协议的投资者是否应当受到调解协议的约束？这些问题仍有待解决。

（3）调解的可起诉性与可执行性。依据相关规则，该调解协议仅为民事合同性质。故当上市公司、证券公司不履行调解协议时，投资者是否仅可以就调解协议起诉？能否以对方不履行为依据解除调解协议，按照实际的证券纠纷起诉？调解协议能否通过公证、证监会确认等方式具备可执行力，投资者可以直接申请法院执行？

这些问题依然有待解决。

2. 支持起诉

投保机构支持起诉制度，是指当受损投资者与相关市场主体产生证券纠纷并起诉时，投保机构有权给予投资者一定的帮助与支持。投保基金公司与投服中心均可以承接此职能。与证监会这一官方权力机构、执法机构不同，投保机构作为一个公益性、非营利的第三方企业，能够有效地介入投资者的诉讼活动之中，为投资者提供支持。

投保机构提供的支持往往是技术、法律层面上的支持，如投保机构的专门人员向投资者讲解有关专业知识、提供法律实体与程序上的咨询服务、建议索赔方案与损失额界定等。具体参见本书第六讲“支持投资者起诉”部分。

3. 股东代位诉讼

当投保机构是上市公司时，投保机构还可以援用《公司法》中规定的股东代位诉讼，直接以自己的名义起诉损害公司与投资人利益的董事、监事、高级管理人员、控股股东与实际控制人。这就是公司法理论中的股东派生诉讼，即《公司法》第一百五十一条规定的："董事、高级管理人员有本法第一百四十九条规定的情形的，有限责任公司的股东、股份有限公司连续一百八十日以上单独或者合计持有公司百分之一以上股份的股东，可以书面请求监事会或者不设监事会的有限责任公司的监事向人民法院提起诉讼；监事有本法第一百四十九条规定的情形的，前述股东可以书面请求董事会或者不设董事会的有限责任公司的执行董事向人民法院提起诉讼。监事会、不设监事会的有限责任公司的监事，或者董事会、执行董事收到前款规定的股东书面请求后拒绝提起诉讼，或者自收到请求之日起三十日内未提起诉讼，或者情况紧急、不立即提起诉讼将会使公司利益受到难以弥补的损害的，前款规定的股东有权为了公司的利益以自己的名义直接向人民法院提起诉讼。他人侵犯公司合法权益，给公司造成损失的，本条第一款规定的股东可以依照前两款的规定向人民法院提起诉讼。"

值得一提的是，投保基金公司由于一般不直接持有任何上市公司的股份，因此承接此职能的投保机构一般为投服中心。截至 2020 年，投服中心至少持有沪深两市 3400 家以上上市公司的股份，是名副其实的上市公司股东。更为重要的是，虽然投服中心仅持有上述上市公司最少量的股份（一手，即 100 股），但其提起股东代位诉讼并不受该持股比例的限制，也即不受《公司法》第一百五十一条中关于"连续一百八十日以上单独或者合计持有公司百分之一以上股份"的限制。具体参见本书第六讲"投保机构的股东代位诉讼"部分。

然而，受到精力投入和诉讼资源的限制，投服中心股东代表诉讼价值的发挥还有待机制的健全。有学者建议，投服中心股东代表诉讼更应以补充性、示范性的角色为定位，在律师薪酬、起诉标准、取证途径、行权手段等方面寻求完善，比如由投服中心暂替代投资者的角色，鼓励律师寻找诉讼机会并在达成胜诉或和解时给予薪酬。①

4. 证券纠纷代表人诉讼

根据《证券法》第九十五条的规定，只能由投资者保护机构作为特别代表人诉讼的代表人。2020 年 7 月 31 日，最高人民法院发布《关于证券纠纷代表人诉讼若干问题的规定》。同日，证监会发布《关于做好投资者保护机构参加证券

---

① 参见苏杭、方乐：《投资者保护机构股东代表诉讼机制研究》，载《金融监管研究》2021 年第 6 期。

纠纷特别代表人诉讼相关工作的通知》。投服中心起草并公开发布《中证中小投资者服务中心特别代表人诉讼业务规则（试行）》。

根据这些规定，能够作为特别代表人诉讼的代表人的投资者保护机构包括投服务中心和投保基金公司。试点初期由投服中心作为诉讼主体，负责参加代表人诉讼，投保基金公司负责损失测算等后台支持工作。投资者保护机构应当建立健全参加特别代表人诉讼的工作机制，明确内部职责分工，配备必要的人员、经费及信息技术设施等保障。投资者保护机构应当制定参加特别代表人诉讼的管理制度，对内部决策程序、实施步骤、通知公告方式、与诉讼参与人之间的权利义务关系、费用管理、工作人员行为规范以及诉讼活动中可能涉及的重要事项等作出规定，严格按照制度执行。投资者保护机构正式参加诉讼前，可以按照有关规定向中国证券登记结算有限责任公司查询投资者范围、持股情况、亏损情况等相关信息，并依法做好保密工作。投资者保护机构可以建立专家评估机制，根据国家经济金融形势、资本市场改革发展、具体案件情况、社会舆情、投资者需求以及相关部门提议等，按照内部决策程序，自主研究决定是否参加相关案件进行特别代表人诉讼。投资者保护机构根据实际情况，决定不参加相关案件，可以运用其他方式，积极维护投资者的合法权益。

在全国首例证券纠纷特别代表人诉讼中，投服中心公开接受投资者委托，向广州中院申请转换为特别代表人诉讼。根据本案一审判决，投服中心代表原告方胜诉，52037 名投资者共判赔约 24.59 亿元。[①] 此外，投服中心还代表康美药业特别代表人诉讼原告向破产管理人申报债权，并被选为康美药业破产重整案 9 家债权人委员会委员之一。在这个案件中，另一个投资者保护机构——投保基金公司则是作为损失测算机构出现的，其受广州中院委托采用移动加权平均法计算损失，以“个体相对比例法”测算投资者证券市场系统风险扣除比例，损失测算后受损投资者 52037 名，损失约 24.59 亿元。

---

① 《康美药业证券集体诉讼一审宣判 5.5 万余名投资者获赔 24.59 亿元》，载《证券日报》2021 年 11 月 12 日，http：//www.zqrb.cn/stock/gupiaoyaowen/2021-11-12/A1636709856099.html，最后访问时间：2022 年 4 月 20 日。

第十五讲
证券法的牙齿——法律责任总览

一、证券法上的法律后果

（一）证券法的双重属性

证券法兼具商法和金融法双重属性。作为商法的证券法，主要目的是规范平等主体之间的发行和交易关系，法律条文上体现为任意性规范，比如“公开发行证券的发行人有权依法自主选择承销的证券公司”，“投资者可以采取要约收购、协议收购及其他合法方式收购上市公司”，等等。作为金融法的证券法，主要目的是通过强制的信息公开，倾斜保护中小投资者的利益，防范金融风险，体现了较强的国家意志和公法特征，体现在具体法律规范上就是大部分条文都是强制性规范。比如“设立股份有限公司公开发行股票，应当符合《中华人民共和国公司法》规定的条件和经国务院批准的国务院证券监督管理机构规定的其他条件”，“证券公司承销证券，应当对公开发行募集文件的真实性、准确性、完整性进行核查。发现有虚假记载、误导性陈述或者重大遗漏的，不得进行销售活动；已经销售的，必须立即停止销售活动，并采取纠正措施。”综观整部证券法，金融法的属性更为突出。初步统计，《证券法》上体现强制性规范特征的“应当”的次数为192次，“不得”为101次，“必须”为32次，“禁止”为23次，而体现任意性规范特征的“可以”为69次，“有权”为9次。

根据任意性性规范，相关主体获得证券法上的权利。比如，根据《证券法》第四十条的规定，实施股权激励计划或者员工持股计划的证券公司的从业人员，可以按照国务院证券监督管理机构的规定持有、卖出本公司股票或者其他具有股权性质的证券。强制性规范也就是义务性规范，又分为作为性义务性规范（“应当”规范、“必须”规范）与不作为性义务性规范（“禁止”规范、“不得”规范）。违反证券法上的义务性规范就会产生相应的法律后果，这是证券法的牙齿所在。

（二）违反证券法的后果

1. 承担民事责任。比如《证券法》第八十四条规定，发行人及其控股股东、实际控制人、董事、监事、高级管理人员等作出公开承诺的，应当披露。不履行承诺给投资者造成损失的，应当依法承担赔偿责任。第九十条规定，公开征集股东权利违反法律、行政法规或者国务院证券监督管理机构有关规定，导致上市公司或者其股东遭受损失的，应当依法承担赔偿责任。

2. 承担行政责任。《证券法》“法律责任”一章绝大多数都是关于行政责任的规定。

3. 被采取监管措施、证券市场禁入措施或记入证券市场诚信档案。这些都是介于民事责任和行政责任之间的法律后果，由证券监管机构决定并执行。

4. 承担刑事责任。违反证券法规定，构成犯罪的，依法追究刑事责任。目前我国刑法上设置了擅自发行股票或者公司、企业债券罪，欺诈发行股票、债券罪，违规披露、不披露重要信息罪，内幕交易、泄露内幕信息罪，操纵证券市场罪，编造并传播虚假信息罪，利用未公开信息交易罪，诱骗投资卖卖证券、期货合约罪，提供虚假证明文件、出具证明文件重大失实罪，擅自设立证券交易所、证券公司罪，伪造、变造、转让金融机构经营许可证、批准文件罪，非法经营罪，滥用管理证券职权罪，证券交易所、证券公司挪用资金罪，证券交易所、证券公司擅自运用资金、财产罪等罪名。

需要注意的是，对于其中一些证券违法行为，可能会同时引起承担民事、行政和刑事责任的法律后果。比如，在欺诈发行的情况下，根据《证券法》第二十四条规定，已经发行并上市的，国务院证券监督管理机构可以责令发行人回购证券，或者责令负有责任的控股股东、实际控制人买回证券；根据第八十五条规定，致使投资者在证券交易中遭受损失的，信息披露义务人应当承担赔偿责任。根据第一百八十一条规定，已经发行证券的，处以非法所募资金金额百分之十以上一倍以下的罚款。对直接负责的主管人员和其他直接责任人员，处以一百万元以上一千万元以下的罚款；根据《刑法》第一百六十条的规定，数额巨大、后果严重或者有其他严重情节的，处五年以下有期徒刑或者拘役，并处或者单处罚金；数额特别巨大、后果特别严重或者有其他特别严重情节的，处五年以上有期徒刑，并处罚金。

（三）三种法律责任及承担方式

就三种法律责任来说，民事责任的承担方式主要是赔偿，行政责任的承担方式主要是罚款和没收违法所得，刑事责任的承担方式主要是徒刑和罚金。根据《民法典》第一百八十七条的规定，民事主体因同一行为应当承担民事责任、行政责任和刑事责任的，承担行政责任或者刑事责任不影响承担民事责任；民事主体的财产不足以支付的，优先用于承担民事责任。《证券法》对此也作出规定，收缴的罚款和没收的违法所得，全部上缴国库。应当承担民事赔偿责任和缴纳罚款、罚金、违法所得，违法行为人的财产不足以同时支付的，优先用于承担民事赔偿责任。

二、证券法律责任的变迁

法律责任是法律的“牙齿”，集中体现了一部法律的精神气质与价值追求。证券法是中国资本市场最重要的基础性法律。我国首部《证券法》于 1998 年经全国人大常委会通过（以下简称 1998 年《证券法》），并于 2004 年、2013 年、2014 年分别经历了三次小幅修正，于 2005 年、2019 年经历了两次大幅修订（以下分别简称 2005 年《证券法》与新证券法）。而在 1998 年《证券法》之前，1993 年国务院发布的《股票发行与交易管理暂行条例》（以下简称《股票条例》）是我国早期证券市场的基础性法规文件。从《股票条例》到新证券法，我国证券法上的法律责任经历了系统的完善与发展。历次证券法修改中法律责任的内容及其演变，生动体现了近 30 年来中国证券市场法治建设的路径和趋势，也是中国证券市场向市场化与法治化转型的一个注脚。

（一）筚路蓝缕的 1993 年《股票条例》

1990 年 12 月，国务院先后在深圳与上海批准设立两大证券交易所，中国全国性证券市场改革正式拉开帷幕。为了给早期证券市场提供基本制度指引，国务院于 1993 年印发了《股票条例》。《股票条例》是我国证券法治进程的开端，具有开创性的意义。但从法律责任角度来看，该条例的历史局限性也十分明显。

从法律责任的类型来看，《股票条例》规定的法律责任极为单一，仅笼统规定“违反本条例规定，给他人造成损失的，应当依法承担民事赔偿责任”与“违反本条例规定，构成犯罪的，依法追究刑事责任”，其余责任条款均为行政处罚条款。由此可见，当时的立法者们将证券法定位为行政监管法，并未将证券民事责任摆在重要的位置。

从法律责任的程度来看，《股票条例》的行政责任条款并没有针对单位违法行为规定具体的行政罚款金额，而是将罚款金额决定权交给了证监会与国务院证券委员会，仅针对个人违法行为设置了 5000 元至 50 万元的罚款区间。具体单位处罚金额的缺失，不仅不符合法律的准确性与可预测性要求，也导致监管机关在执法时缺乏具体的法律指引。

从法律责任的落实方面来看，也缺乏健全的机制保障。早期的上市公司经过了严格的审核，且大部分上市公司都是大型国有企业，更有各级政府的信用担保背景，这导致行政执法的阻力极大。考虑到我国证券市场刚刚起步，监管机关也以鼓励上市为主，处罚为辅，执法缺乏刚性，《股票条例》的法律责任条款面临“落地难”的现实问题。

（二）有“民”无实的 1998 年《证券法》

为了弥补《股票条例》的不足，规范证券市场的运作，全国人大常委会于 1998 年 12 月通过了我国第一部《证券法》，这标志着中国证券法治迈上了新台阶。法律责任方面，1998 年《证券法》设立民事责任条款，明确了行政处罚的具体金额，并单独规定了证券监管机关的执法权限，有了很大的进步。但即便如此，1998 年《证券法》在法律责任上仍然带有鲜明的行政色彩，行政责任和民事责任明显失衡。

1998 年《证券法》新增了 4 条民事责任条款，明确了 4 种需要向受损主体承担民事责任的违法行为，分别是短线交易行为、虚假陈述行为、证券公司违背客户委托的行为以及中介机构出具虚假文件的行为。相较于无具体民事责任条款的《股票条例》，这样的规定已是难得的进步。然而，1998年《证券法》删去了《股票条例》中关于民事责任的原则性规定，这导致内幕交易、操纵市场等违法行为主体无需承担任何民事责任。这种“挂一漏万”的规定是1998年《证券法》在民事责任方面的一个薄弱环节，直接导致证券民事责任被限制在极小的范围之内。

从法律责任的程度来看，1998年《证券法》规定的行政处罚体现出了类型化特征，即针对不同的违法行为分别适用不同的罚款方式。例如内幕交易等违法行为的罚款为违法所得的1倍至5倍，而虚假陈述行为的罚款为30万元至60万元的具体区间。这样的制度设计一直被沿用至今。规定有具体区间的罚款金额在1万元至60万元之间，其中针对直接责任人员的罚款则主要集中在3万元至30万元之间。这样的违法成本相较于证券违法行为可能带来的收益而言并不算高，一直为市场所诟病。

从法律责任的落实来看，当时的行政处罚力度并不高，多为警示作用，而证券民事责任更显得有民无实。2001年9月，最高院发布《关于涉证券民事赔偿案件暂不予受理的通知》，指出因法院暂无审理证券民事纠纷的司法条件，故各级法院对证券民事纠纷不予受理，这直接导致部分案件被迫停滞。2002年1月以后，法院仅受理证券虚假陈述纠纷，但必须以证监会行政处罚书为前提，且投资者只可以个别起诉，不得集体诉讼。加之仅有4种违法行为需要承担民事责任，1998年《证券法》的民事责任规定几乎成为具文。

（三）羽翼渐丰的2005年《证券法》

2005年《证券法》大幅弥补了1998年《证券法》的不足，不仅扩大了证监会执法权限，还继续增加了证券民事责任的类型。

从法律责任的类型来看，2005年《证券法》规定了10条民事责任条款，并明确了内幕交易、操纵市场、欺诈客户等违法行为将被追究民事责任，这体现了加大对证券违法行为的追究与投资者权益保护的立法趋势。此外，2005年《证券法》还实现了对实际控制人和控股股东的责任追究，明确虚假陈述、擅自改变募集资金用途等违法行为中，有过错的实际控制人与控股股东也要承担民事责任，改善了1998年《证券法》仅要求董事、监事和高级管理人员等个人承担民事责任的不足。

从法律责任的程度来看，2005 年《证券法》的罚款力度并未提高。虽然大部分针对单位违法行为的行政罚款最低为 30 万元，但遗憾的是，仅有操纵市场行为的行政罚款上限被提升至 300 万元，其余最高罚款金额仍然为 60 万元不变。个人违法行为的行政处罚并没有变化，且以违法所得为计算基础的行政责任条款依然沿用了 5 倍违法所得的罚款上限。可以说，在法律责任的程度方面，2005 年《证券法》基本停留在原地。

从法律责任落实方面来看，2005 年《证券法》扩大了证监会执法权限，允许证监会采用临时限制交易、查询更多涉案资料等方式强化行政执法。2005 年以后，证监会行政处罚逐渐铺开，处罚数量稳步上升。相比之下，证券民事责任的落实仍有待加强。虽然最高院允许法院就证券虚假陈述纠纷案件进行立案，后期又从名义上放开了因内幕交易、操纵市场、欺诈客户等引发的证券民事纠纷，但这都难以对证券民事诉讼起到决定性的推进作用。单独起诉、不告不理的原则以及高昂的诉讼成本、专业性技术要求依然让大多数中小投资者望而却步。

(四) 严刑峻法的 2020 年新证券法

2005 年《证券法》虽然在 2013 年、2014 年经历了两次修正，但都是小修小补。市场呼吁的注册制、集团诉讼等制度也都没能在立法中确立，证券法律责任也没有获得根本性的进步。金融市场的开放、注册制呼声的提高以及投资者权益保护的迫切性等客观情况，都在督促着证券法治建设的大幅前进。最终，新证券法于 2019 年修订通过，2020 年实施，并在法律责任方面实现了显著的进步。甚至有人认为，中国证券市场的“严刑峻法”时代到来了。

从法律责任的类型来看，首先，新证券法直接规定了 48 种行政责任，18 种民事责任，其次，在所有责任条款中，个人需要承担民事责任或行政责任的条款超过 70%，较为彻底地落实了个人责任。最后，新证券法还落实了中介机构的法律责任，明确中介机构“看门人”的角色定位，针对保荐、承销、评估、合规经营、内部控制等违法行为均设置责任条款。这一点与我国实行注册制、高度重视信息披露的改革思路是一脉相承的。

从法律责任的程度来看，新证券法最大的特征在于大幅提高处罚力度。首先，以违法所得为计算基础的罚款上限从过去的违法所得的 5 倍，提升至违法所得的 10 倍。其次，过去规定有具体罚款金额区间的单位罚款最高额仅为 300 万元，且大部分罚款金额上限仅为 60 万元。但新证券法中，单位罚款金额上限达到500万元的情形占据所有处罚情形的近70%，欺诈发行的处罚上限达到2000万元，证券公司挪用客户资金、虚假陈述等违法行为的处罚上限同样高达1000万元。最后，新证券法对个人的行政罚款上限同样大幅提升，其中处罚上限达200万元的条款超过85%，更有像欺诈发行这样达到1000万元处罚金额的责任条款，远高于过去30万元个人罚款限额。对违法行为的重拳出击，是新证券法在行政处罚方面最显著的进步。值得一提的是，新证券法大幅提高了行政罚款金额，甚至高于刑事法律制度针对证券犯罪行为的处罚，形成了行政责任与刑事责任在轻重程度上的倒挂，因此也间接刺激了刑事法律制度的修订与完善。

从法律责任的落实来看，一方面，新证券法在行政执法上大幅扩大证监会职权，例如新增证券市场诚信档案措施、扩大证券市场禁入范围、扩大证监会的调查取证权限和丰富调查取证手段等。同时新证券法还通过确立行政和解制度、鼓励群众举报等方式，提高行政执法效率。另一方面，证券民事责任的落实方式变得多元化。比如，投资者可以通过个人诉讼、共同诉讼与普通代表人诉讼等传统诉讼方式维护个人权益，法院正常受理证券类民事纠纷已不存在障碍。投资者通过特别代表人诉讼的方式，由投资者保护机构提起民事诉讼；投资者视为默示加入诉讼，除非明确表示拒绝；这改善了中小投资者因经济实力不足、专业水平有限、诉讼成本高而不愿意起诉的情况。投资者在权益受损时，可以向投资者保护机构申请调解，对于普通投资者提出调解请求的，证券公司不得拒绝。在发行人欺诈发行、虚假陈述等重大违法事件中，实际控制人、控股股东或相关证券公司可以选择与受损投资者达成先行赔付协议，从而加快对受损投资者的民事赔偿。所有这些，都为法律责任从条文走向落实铺平了道路，大大提高了法律责任实现的可能性。

（五）证券法律责任大趋势

随着《股票条例》走到新证券法，中国资本市场也走过了整整30年。我国证券法的法律责任，集中展现了30年中国资本市场的法治化大趋势。一是民事责任从无到有，逐渐落实，越发受到重视。我国证券民事责任在立法过程中被逐渐确立，所占比重越来越高，对投资者的保护越来越全面。同时，证券民事责任的落实也从过去的法院拒绝受理，到后来的逐渐接纳，直到如今形成了多元化的实现方式。二是行政责任从简到繁，从轻到重。早期的行政责任条款不能涵盖各种违法行为，且证监会执法不严，处罚较轻。如今的行政责任条款更加完备，证监会处罚力度也有了显著的提高。三是不断压实个人与中介机构责任，追究个人的民事责任以及直接责任人员、中介机构的行政责任，将“板子”打到具体责任人身上，明确中介机构的“看门人”角色定位。

2021 年 7 月，中共中央办公厅、国务院办公厅印发了《关于依法从严打击证券违法活动的意见》，对落实三种责任提出了明确意见。一是加大刑事惩戒力度。贯彻实施刑法修正案（十一），同步修改有关刑事案件立案追诉标准，完善相关刑事司法解释和司法政策。二是完善行政法律制度。贯彻实施新修订的证券法，加快制定修订上市公司监督管理条例、证券公司监督管理条例、新三板市场监督管理条例、证券期货行政执法当事人承诺实施办法等配套法规制度，大幅提高违法违规成本；加快制定期货法，补齐期货市场监管执法制度短板。三是健全民事赔偿制度。抓紧推进证券纠纷代表人诉讼制度实施；修改因虚假陈述引发民事赔偿有关司法解释，取消民事赔偿诉讼前置程序；开展证券行业仲裁制度试点。①

2021 年 7 月，证监会通报了首批适用新证券法对财务造假案件进行处罚的情况，这些案件已进入事先告知阶段或作出行政处罚决定。其中某华生活重大财务造假案已进入告知程序，系目前拟对上市公司信披违法罚款额最高的案件。证监会拟对该案违法主体合计罚款 3,980 万元，对某华生活处以 600 万元罚款，对实际控制人兼董事长罚款 930 万元并采取终身市场禁入，对主要责任人员处以 250 万元至 450 万元不等的罚款并采取最高 10 年证券市场禁入。②

总之，法律责任是证券法治的基石，其演变历程充分彰显了我国资本市场改革落实违法主体责任、保护投资者权益的基本理念。新证券法的颁布，让法律责任焕发了生机和活力，也为未来中国资本市场的市场化和法治化历程提供了坚强的后盾。

三、证券法上的民事责任

新证券法最大的亮点是民事责任的羽翼丰满。我国证券市场在法律责任设置上是以行政责任为主，只有为数不多的违法违规行为配备有民事责任。由此导致

① 参见《关于依法从严打击证券违法活动的意见》。

② 《证监会通报首批适用新证券法财务造假案件处罚情况》，http：//www. csrc. gov. cn/pub/newsite/zjhxwfb/xwdd/202107/t20210723_402157. html，最后访问时间 2021 年 8 月 1 日。

在早期的中国证券市场，投资者由于上市公司等主体的违法违规行为遭受损失，除了通过投诉举报诉诸监管处罚，损失赔偿基本求告无门。由于证券市场的专业性、复杂性和强监管属性，行政监管对于违法违规行为的威慑和对于投资者的保护自然应当是更加高效有力的。但是，在保护投资者这件事情上，哪怕再有责任心的监管机构，也不如投资者自己更上心；哪怕再强大的执法力量，也不如市场更有力量。尤其是在证券发行注册制的基本立场之上，投资者自主决策、自由交易、自负盈亏，理应获得更多维护自己权益并获得民事赔偿的机会，包括更多的请求权基础，更低的请求门槛，更宽的请求路径。其中最根本的是请求权的基础。新证券法明确了18种民事责任的具体种类、基本要素和构成要点，为证券法上的民事赔偿提供了基本的请求权基础。对此，本书进行了系统梳理。

序号	责任种类	责任基本要素	责任构成要点	证券法条文
1	擅自公开或变相公开发行证券的民事责任	1. 责任主体：发行人，承销或者销售的证券公司； 2. 权利主体：投资者； 3. 责任内容：发行人退还募集资金并加算同期存款利息，赔偿投资者损失（如有）；承销或者销售的证券公司与发行人承担连带赔偿责任。	1. 发行人擅自公开或变相公开发行证券； 2. 停止发行，退还所募资金并加算银行同期存款利息给投资者； 3. 如果投资者因发行证券有额外损失，还需要承担赔偿责任； 4. 证券公司承销或销售该公开发行证券的，就上述赔偿责任承担连带责任。	180
2	不符合发行条件或欺诈发行的民事责任	1. 责任主体：发行人承担责任，发行人的控股股东、实际控制人以及保荐人承担连带责任； 2. 权利主体：证券持有人、投资者； 3. 责任内容：返还证券持有人发行价并加算银行同期存款利息；如果是欺诈发行并已经上市的，则可能被责令回购或买回证券；给投资者造成损失的，承担赔偿责任。	1. 发行人不符合发行条件，或在证券发行文件中存在隐瞒重要事实或编造重大虚假内容等欺诈发行的情节； 2. 纯粹不符合发行条件的，返还相关款项； 3. 欺诈发行的，证监会可以选择责令发行人或者负有责任的控股股东、实际控制人回购/买回证券； 4. 虽然第二十四条没有直接规定给投资者造成损失时的民事责任，但发行过程中依然适用信息披露的责任，如果给投资者等主体造成损失，可援用《证券法》第八十五条追究赔偿责任。 5. 对于发行人而言，是无过错责任；对于发行人的控股股东、实际控制人则以“有过错”或“负有责任”为要件。	24

续表

序号	责任种类	责任基本要素	责任构成要点	证券法条文
3	违反承销业务规定的民事责任	1. 责任主体：证券公司； 2. 权利主体：其他证券承销机构（证券公司）或者投资者； 3. 责任内容：赔偿损失。	1. 证券公司承销证券时存在违反承销业务规定的行为； 2. 其他证券承销机构与投资者存在损失； 3. 违法行为与损失之间具备因果关系； 4. 需要注意的是，违反第二十九条第一款规定的民事责任规定在第八十五条——信息披露义务人未按照规定披露信息，或者公告的证券发行文件、定期报告、临时报告及其他信息披露资料存在虚假记载、误导性陈述或者重大遗漏，致使投资者在证券交易中遭受损失的，发行人的承销的证券公司及其直接责任人员应当与发行人承担连带赔偿责任，但是能够证明自己没有过错的除外。	29
4	内幕交易的民事责任	1. 责任主体：内幕信息的知情人与非法获取内幕信息的人； 2. 权利主体：投资者； 3. 责任内容：赔偿损失。	1. 内幕信息知情人与非法获取内幕信息的人在内幕信息公开前，买卖该公司的证券，或者泄露该信息，或者建议他人买卖该证券； 2. 投资者产生损失； 3. 违法行为与投资者损失之间存在因果关系。	53
5	利用未公开信息交易的民事责任	1. 责任主体：特殊主体，为法律明确规定的金融机构类主体及其从业人员； 2. 权利主体：投资者； 3. 责任内容：赔偿损失。	1. 客观上存在“内幕信息以外的其他未公开的信息”，且相关主体“利用职务便利”获取该未公开信息； 2. 相关主体从事与该信息相关的证券交易活动，或明示、暗示他人从事相关交易活动； 3. 投资者产生损失； 4. 违法行为与投资者损失之间存在因果关系。	54
6	操纵市场的民事责任	1. 责任主体：任何操纵市场的人均可能承担此责任； 2. 权利主体：投资者； 3. 责任内容：赔偿损失。	1. 违法主体存在证券法规定的操纵市场行为； 2. 投资者产生损失； 3. 违法行为与投资者损失之间存在因果关系。	55

续表

序号	责任种类	责任基本要素	责任构成要点	证券法条文
7	编造、传播虚假或误导性信息的民事责任	1. 责任主体：任何主体； 2. 权利主体：投资者； 3. 责任内容：赔偿损失。	1. 违法主体存在本条规定的编造、传播虚假或误导性信息的行为； 2. 投资者产生损失； 3. 违法行为与投资者损失之间存在因果关系。	56
8	证券公司及其从业人员损害客户利益的民事责任	1. 责任主体：证券公司及其从业人员； 2. 权利主体：证券公司的客户； 3. 责任内容：赔偿损失。	1. 证券公司及其从业人员从事证券法规定的损害客户利益的违法行为； 2. 客户产生损失； 3. 违法行为与投资者损失之间存在因果关系。	57
9	不履行承诺的民事责任	1. 责任主体：发行人及其控股股东、实际控制人、董事、监事、高级管理人员等； 2. 权利主体：投资者； 3. 责任内容：赔偿损失。	1. 发行人及其控股股东、实际控制人、董事、监事、高级管理人员等客观上作出过公开承诺； 2. 上述主体未履行其作出的承诺； 3. 投资者产生损失； 4. 未履行承诺行为与投资者损失之间存在因果关系。	84
10	信息披露违法行为的民事责任	1. 责任主体：发行人及法律、行政法规和国务院证券监督管理机构规定的其他信息披露义务人；信息披露义务人为发行人时，发行人的控股股东、实际控制人、董事、监事、高级管理人员和其他直接责任人员以及保荐人、承销的证券公司及其直接责任人员，可能与发行人承担连带赔偿责任； 2. 权利主体：投资者； 3. 责任内容：赔偿损失。	1. 信息披露义务人未按照规定披露信息，或相关信息披露资料存在虚假记载、误导性陈述或重大遗漏； 2. 投资者产生损失； 3. 违法行为与投资者损失之间存在因果关系； 4. 信息披露义务人为无过错责任，承担连带责任的主体为过错推定责任。	85
11	证券公司违反投资者适当性义务的民事责任	1. 责任主体：证券公司； 2. 权利主体：投资者； 3. 责任内容：赔偿损失。	1. 证券公司未履行投资者适当性义务； 2. 投资者产生损失； 3. 违法行为与投资者损失之间存在因果关系。	88

续表

序号	责任种类	责任基本要素	责任构成要点	证券法条文
12	证券公司误导、欺诈的民事责任	1. 责任主体：证券公司； 2. 权利主体：投资者； 3. 责任内容：赔偿损失。	1. 投资者与证券公司就证券公司是否存在误导、欺诈发生纠纷； 2. 对于其中的普通投资者，由证券公司证明不存在误导、欺诈等情形，实行举证责任倒置。	89
13	违法违规公开征集股东权利的民事责任	1. 责任主体：任何主体 2. 权利主体：上市公司或者其股东； 3. 责任内容：赔偿损失。	1. 任何主体都可能违规公开征集股东权利，包括法定可以公开征集股东权利的上市公司董事会、独立董事、持有百分之一以上有表决权股份的股东或者依照法律、行政法规或者国务院证券监督管理机构的规定设立的投资者保护机构。 2. 征集股东权利过程中的行为、征集后代为行使股东权利的行为存在违法违规情形； 3. 上市公司或者其股东产生损失； 4. 违规行为与损失之间存在因果关系。	90
14	证券交易所因突发性事件采取处置措施的民事责任	1. 责任主体：证券交易所； 2. 权利主体：受损主体； 3. 责任内容：赔偿损失。	1. 交易所采取处置措施时存在重大过错； 2. 相关主体产生损失； 3. 重大过错的处置措施与损失之间存在因果关系。	111
15	证券交易所因异常波动采取处置措施的民事责任	1. 责任主体：证券交易所； 2. 权利主体：受损主体； 3. 责任内容：赔偿损失。	1. 交易所采取处置措施时存在重大过错； 2. 相关主体产生损失； 3. 重大过错的处置措施与损失之间存在因果关系。	113
16	证券投资咨询机构的民事责任	1. 责任主体：证券投资咨询机构； 2. 权利主体：投资者； 3. 责任内容：赔偿损失。	1. 证券投资咨询机构及其从业人员从事证券服务业务时，存在法律、行政法规禁止的行为； 2. 投资者产生损失； 3. 违法行为与损失之间存在因果关系。	161

续表

序号	责任种类	责任基本要素	责任构成要点	证券法条文
17	证券服务机构出具文件虚假陈述的民事责任	1. 责任主体：证券服务机构； 2. 权利主体："他人"； 3. 责任内容：赔偿损失。	1. 证券服务机构出具的文件存在虚假记载、误导性陈述或者重大遗漏情形； 2. 给他人造成损失； 3. 违法行为与他人损失之间存在因果关系； 4. 实行过错推定； 5. 与委托人承担连带责任； 6. 一般与《证券法》第八十五条相对应。	163
18	不当收购行为的民事责任	1. 责任主体：收购人及其控股股东、实际控制人； 2. 权利主体：被收购公司及其股东； 3. 责任内容：赔偿损失。	收购人及其控股股东、实际控制人利用上市公司收购，给被收购公司及其股东造成损失。	196

四、证券法上的行政责任

在证券民事责任在我国的落地生根尚需时日，刑事责任只针对证券市场少数严重违法行为的客观背景下，证券行政责任是最基础、最重要的法律责任，也是证券法"法律责任"一章的主要内容。新证券法在行政责任方面做出了重大修改。一是新增了行政处罚情形，包括违法程序化交易、"老鼠仓"交易、传媒的利益冲突交易、违反投资者适当性义务、违法征集股东权利、证券交易所允许非会员直接参与集中交易、证券公司违法管理客户身份信息和账户、证券公司未进行有效业务隔离和混合操作、证券公司允许他人以证券公司名义参与集中交易等。二是大幅提高了行政责任的强度，广泛设置了大额巨额罚款，将"买卖证券等值"作为罚款数额的上限，将倍数罚款的上限由 5 倍提高到 10 倍，将具体金额区间罚款的上限由十万级普遍提到千万级，行政处罚裁量区间更大。三是大量实行"双罚制"——既处罚直接的责任主体，也处罚"控股股东、实际控制人"或"直接负责的主管人员和其他直接责任人员"，而且更注重"控股股东、实际控制人"的责任。本书对新证券法下的 46 种行政责任进行了系统梳理。

序号	责任种类	责任主体	细分情形	消除违法后果	警告	没收	罚款区间（万元）	罚款比例或倍数	加重或附加处罚	证券法条文
1	擅自公开发行证券的行政责任	发行人		责令停止发行，退还所募资金并加算银行同期存款利息；由依法履行监督管理职责的机构或者部门会同县级以上地方人民政府予以取缔				非法所募资金金额5%－50%罚款		180
		发行人的直接负责的主管人员和其他直接责任人员			警告		50－500			
2	欺诈发行的行政责任	发行人	尚未发行				200－2000			181
			已经发行					非法所募资金金额10%－100%罚款		
		发行人的直接负责的主管人员和其他直接责任人员					100－1000			
		发行人的控股股东、实际控制人	有违法所得			没收违法所得		违法所得10%－100%罚款		
			没有违法所得或违法所得不足2000万元				200－2000			
		发行人的控股股东、实际控制人的直接负责的主管人员和其他直接责任人员					100－1000			

续表

序号	责任种类	责任主体	细分情形	消除违法后果	警告	没收	罚款区间（万元）	罚款比例或倍数	加重或附加处罚	证券法条文
3	出具有虚假记载、误导性陈述或者重大遗漏的保荐书，或者不履行其他法定职责的行政责任	保荐人	有业务收入	责令改正	警告	没收业务收入		业务收入1-10倍罚款	情节严重的，并处暂停或者撤销保荐业务许可	182
			无业务收入或业务收入不足100万元	责令改正	警告		100-1000		情节严重的，并处暂停或者撤销保荐业务许可	
		保荐人的直接负责的主管人员和其他直接责任人员			警告		50-500			
4	承销或者销售擅自公开发行或者变相公开发行证券的行政责任	证券公司	有违法所得	责令停止承销或者销售		没收违法所得		违法所得1-10倍罚款	情节严重的，并处暂停或者撤销相关业务许可	183
			没有违法所得或违法所得不足100万元	责令停止承销或者销售			100-1000		情节严重的，并处暂停或者撤销相关业务许可	
		证券公司的直接负责的主管人员和其他直接责任人员			警告		50-500			

续表

序号	责任种类	责任主体	细分情形	消除违法后果	警告	没收	罚款区间（万元）	罚款比例或倍数	加重或附加处罚	证券法条文
5	违法承销行为的行政责任	证券公司		责令改正	警告	没收违法所得	50–500		情节严重的，暂停或者撤销相关业务许可	184
		证券公司的直接负责的主管人员和其他直接责任人员			警告		20–200		情节严重的，处50万元–500万元罚款	
6	擅自改变募集资金用途的行政责任	发行人		责令改正			50–500			185
		发行人的直接负责的主管人员和其他直接责任人员			警告		10–100			
		发行人的控股股东、实际控制人			警告		50–500			
		发行人控股股东、实际控制人的直接负责的主管人员和其他直接责任人员					10–100			

续表

序号	责任种类	责任主体	细分情形	消除违法后果	警告	没收	罚款区间（万元）	罚款比例或倍数	加重或附加处罚	证券法条文
7	违法违规减持证券的行政责任	上市公司持有5%以上股份的股东、实际控制人、董事、监事、高级管理人员，以及其他持有发行人首次公开发行前发行的股份或者上市公司向特定对象发行的股份的股东		责令改正	警告	没收违法所得		买卖证券等值以下罚款		186
8	证券从业人员炒股的行政责任	证券从业人员		责令依法处理非法持有的股票、其他具有股权性质的证券		没收违法所得		买卖证券等值以下罚款	属于国家工作人员的，还应当依法给予处分	187
9	证券服务机构和人员特定时期买卖证券的行政责任	证券服务机构及其从业人员		责令依法处理非法持有的证券				买卖证券等值以下罚款		188
10	短线交易的行政责任	上市公司、股票在国务院批准的其他全国性证券交易场所交易的公司的董事、监事、高级管理人员、持有该公司5%以上股份的股东		警告			10-100			189

续表

序号	责任种类	责任主体	细分情形	消除违法后果	警告	没收	罚款区间（万元）	罚款比例或倍数	加重或附加处罚	证券法条文
11	程序化交易的行政责任	任何主体		责令改正			50-500			190
		直接负责的主管人员和其他直接责任人员			警告		10-100			
12	内幕交易的行政责任	任何主体	有违法所得	责令依法处理非法持有的证券		没收违法所得		违法所得1-10倍罚款	国务院证券监督管理机构工作人员从事内幕交易的，从重处罚	191
			没有违法所得或违法所得不足50万元	责令依法处理非法持有的证券			50-500		国务院证券监督管理机构工作人员从事内幕交易的，从重处罚	
		直接负责的主管人员和其他直接责任人员			警告		20-200			
13	利用未公开信息交易的行政责任	任何主体	有违法所得	责令依法处理非法持有的证券		没收违法所得		违法所得1-10倍罚款	国务院证券监督管理机构工作人员从事内幕交易的，从重处罚	191
			没有违法所得或违法所得不足50万元	责令依法处理非法持有的证券			50-500		国务院证券监督管理机构工作人员从事内幕交易的，从重处罚	
		直接负责的主管人员和其他直接责任人员			警告		20-200			

续表

序号	责任种类	责任主体	细分情形	消除违法后果	警告	没收	罚款区间（万元）	罚款比例或倍数	加重或附加处罚	证券法条文
14	操纵市场的行政责任	任何主体	有违法所得	责令依法处理其非法持有的证券		没收违法所得		违法所得1-10倍罚款		192
			没有违法所得或违法所得不足100万元				100-1000			
		直接负责的主管人员和其他直接责任人员			警告		50-500			
15	编造、传播虚假的或误导性信息扰乱证券市场的行政责任	任何主体	有违法所得			没收违法所得		违法所得1-10倍罚款		193
			没有违法所得或违法所得不足20万元				20-200			
		证券交易场所、证券公司、证券登记结算机构、证券服务机构及其从业人员，证券业协会、证券监督管理机构及其工作人员		责令改正			20-200		属于国家工作人员的，还应当依法给予处分	
16	传播媒介从事与工作职责发生利益冲突的证券买卖的行政责任	传播媒介及其从事证券市场信息报道的工作人员				没收违法所得		买卖证券等值以下罚款		193

续表

序号	责任种类	责任主体	细分情形	消除违法后果	警告	没收	罚款区间（万元）	罚款比例或倍数	加重或附加处罚	证券法条文
17	损害客户利益的行政责任	证券公司及其从业人员	有违法所得		警告	没收违法所得		违法所得1-10倍罚款	情节严重的，暂停或者撤销相关业务许可	194
			没有违法所得或违法所得不足10万元				10-100		情节严重的，暂停或者撤销相关业务许可	
18	出借账户或借用账户的行政责任	任何主体		责令改正	警告		50以下			195
19	收购中未履行法定义务的行政责任	收购人		责令改正	警告		50-500			196
		收购人的直接负责的主管人员和其他直接责任人员			警告		20-200			
20	未履行法定信息披露义务的行政责任	信息披露义务人		责令改正	警告		50-500			197
		信息披露义务人的直接负责的主管人员和其他直接责任人员			警告		20-200			
		发行人的控股股东、实际控制人					50-500			
		发行人的控股股东、实际控制人的直接负责的主管人员和其他直接责任人员					20-200			

续表

序号	责任种类	责任主体	细分情形	消除违法后果	警告	没收	罚款区间（万元）	罚款比例或倍数	加重或附加处罚	证券法条文
21	虚假陈述的行政责任	信息披露义务人		责令改正	警告		100-1000			197
		信息披露义务人的直接负责的主管人员和其他直接责任人员			警告		50-500			
		发行人的控股股东、实际控制人					100-1000			
		发行人的控股股东、实际控制人的直接负责的主管人员和其他直接责任人员					50-500			
22	违反投资者适当性义务的行政责任	证券公司		责令改正	警告		10-100			198
		证券公司的直接负责的主管人员和其他直接责任人员			警告		20 以下			
23	违法征集股东权利的行政责任	任何主体		责令改正	警告		50 以下			199

续表

序号	责任种类	责任主体	细分情形	消除违法后果	警告	没收	罚款区间（万元）	罚款比例或倍数	加重或附加处罚	证券法条文
24	非法开设证券交易所的行政责任	任何主体	有违法所得	由县级以上人民政府予以取缔		没收违法所得		违法所得 1–10 倍罚款		200
			没有违法所得或违法所得不足 100 万元				100–1000			
		直接负责的主管人员和其他直接责任人员			警告		20–200			
25	允许非会员直接交易的行政责任	证券交易所		责令改正			50 以下			200
26	未对投资者开立账户提供的身份信息进行核对的行政责任	证券公司		责令改正	警告		5–50			201
		证券公司的直接负责的主管人员和其他直接责任人员			警告		10 以下			
27	违法向他人提供投资者账户的行政责任	证券公司		责令改正	警告		10–100			201
		证券公司的直接负责的主管人员和其他直接责任人员			警告		20 以下			

续表

序号	责任种类	责任主体	细分情形	消除违法后果	警告	没收	罚款区间（万元）	罚款比例或倍数	加重或附加处罚	证券法条文
28	擅自设立证券公司、非法经营证券业务或以证券公司名义开展证券业务的行政责任	任何主体	有违法所得	责令改正，由国务院证券监督管理机构予以取缔		没收违法所得		违法所得1－10倍罚款		202
			没有违法所得或违法所得不足100万元	责令改正，由国务院证券监督管理机构予以取缔			100－1000			
		直接负责的主管人员和其他直接责任人员			警告		20－200			
29	违规提供融资融券服务的行政责任	证券公司				没收违法所得		融资融券等值以下罚款	情节严重的，禁止其在一定期限内从事证券融资融券业务	
		证券公司的直接负责的主管人员和其他直接责任人员			警告		20－200			
30	骗取证券公司设立与业务许可或者重大事项变更核准的行政责任	证券公司					100－1000		撤销相关许可	203
		有关直接负责的主管人员和其他直接责任人员			警告		20－200			

续表

序号	责任种类	责任主体	细分情形	消除违法后果	警告	没收	罚款区间（万元）	罚款比例或倍数	加重或附加处罚	证券法条文
31	未经核准变更重大事项的行政责任	证券公司	有违法所得	责令改正	警告	没收违法所得		违法所得 1–10 倍罚款	情节严重的，并处撤销相关业务许可	204
			没有违法所得或违法所得不足 50 万元	责令改正	警告		50–500		情节严重的，并处撤销相关业务许可	
		证券公司的直接负责的主管人员和其他直接责任人员			警告		20–200			
32	为股东或关联人提供融资或担保的行政责任	证券公司		责令改正；股东有过错的，在按照要求改正前，国务院证券监督管理机构可以限制其股东权利；拒不改正的，可以责令其转让所持证券公司股权	警告		50–500			205
		证券公司的直接负责的主管人员和其他直接责任人员			警告		10–100			

续表

序号	责任种类	责任主体	细分情形	消除违法后果	警告	没收	罚款区间（万元）	罚款比例或倍数	加重或附加处罚	证券法条文
33	未采取有效隔离措施防范利益冲突，或者未分开办理相关业务、混合操作的行政责任	证券公司	有违法所得	责令改正	警告	没收违法所得		违法所得1-10倍罚款	情节严重的，并处撤销相关业务许可	206
			没有违法所得或违法所得不足50万元	责令改正	警告		50-500		情节严重的，并处撤销相关业务许可	
		证券公司的直接负责的主管人员和其他直接责任人员			警告		20-200			
34	违法从事证券自营业务的行政责任	证券公司	有违法所得	责令改正	警告	没收违法所得		违法所得1-10倍罚款	情节严重的，并处撤销相关业务许可或者责令关闭	207
			没有违法所得或违法所得不足50万元	责令改正	警告		50-500		情节严重的，并处撤销相关业务许可或者责令关闭	
		证券公司的直接负责的主管人员和其他直接责任人员			警告		20-200			

续表

序号	责任种类	责任主体	细分情形	消除违法后果	警告	没收	罚款区间（万元）	罚款比例或倍数	加重或附加处罚	证券法条文
35	将客户的资金和证券归入自有财产，或者挪用客户的资金和证券的行政责任	证券公司	有违法所得	责令改正	警告	没收违法所得		违法所得 1-10 倍罚款	情节严重的，并处撤销相关业务许可或者责令关闭	208
			没有违法所得或违法所得不足 100 万元	责令改正	警告		100-1000		情节严重的，并处撤销相关业务许可或者责令关闭	
		证券公司的直接负责的主管人员和其他直接责任人员			警告		50-500			
36	接受客户全权委托、违法承诺收益与赔偿的行政责任	证券公司	有违法所得	责令改正	警告	没收违法所得		违法所得 1-10 倍罚款	情节严重的，并处撤销相关业务许可	209
			没有违法所得或违法所得不足 50 万元	责令改正	警告		50-500		情节严重的，并处撤销相关业务许可	
		证券公司的直接负责的主管人员和其他直接责任人员			警告		20-200			
37	允许他人以证券公司名义直接参与证券集中交易的行政责任	证券公司		责令改正			50 以下			

续表

序号	责任种类	责任主体	细分情形	消除违法后果	警告	没收	罚款区间（万元）	罚款比例或倍数	加重或附加处罚	证券法条文
38	私下接受客户委托行政责任	证券公司从业人员	有违法所得	责令改正	警告	没收违法所得		违法所得1-10倍罚款		210
			没有违法所得	责令改正	警告		50以下			
39	未报送、提供信息和资料，或者报送、提供的信息和资料有虚假记载、误导性陈述或者重大遗漏的行政责任	证券公司及其主要股东、实际控制人		责令改正	警告		100以下		情节严重的，并处撤销相关业务许可	211
		证券公司及其主要股东、实际控制人的直接负责的主管人员和其他直接责任人员			警告		50以下			
40	擅自设立证券登记结算机构的行政责任	任何主体	有违法所得	由国务院证券监督管理机构予以取缔		没收违法所得		违法所得1-10倍罚款		212
			没有违法所得或违法所得不足50万元	由国务院证券监督管理机构予以取缔			50-500			
		直接负责的主管人员和其他直接责任人员			警告		20-200			

续表

序号	责任种类	责任主体	细分情形	消除违法后果	警告	没收	罚款区间（万元）	罚款比例或倍数	加重或附加处罚	证券法条文
41	擅自从事证券服务业务、违法从事证券服务业务的行政责任	证券投资咨询机构	有违法所得	责令改正		没收违法所得		违法所得1-10倍罚款		213
			没有违法所得或违法所得不足50万元	责令改正			50-500			
		证券投资咨询机构的直接负责的主管人员和其他直接责任人员			警告		20-200			
42	从事证券服务业务未报备案的行政责任	会计师事务所、律师事务所及从事资产评估、资信评级、财务顾问、信息技术系统服务机构		责令改正			20万以下			
43	未勤勉尽责，所制作、出具的文件有虚假记载、误导性陈述或者重大遗漏的行政责任	证券服务机构	有业务收入	责令改正		没收业务收入		违法所得1-10倍罚款	情节严重的，并处暂停或者禁止从事证券服务业务	
			没有业务收入或者业务收入不足50万元	责令改正			50-500		情节严重的，并处暂停或者禁止从事证券服务业务	
		证券服务机构的直接负责的主管人员和其他直接责任人员			警告		20-200			

续表

序号	责任种类	责任主体	细分情形	消除违法后果	警告	没收	罚款区间（万元）	罚款比例或倍数	加重或附加处罚	证券法条文
44	未按照规定保存有关文件和资料的行政责任	发行人、证券登记结算机构、证券公司、证券服务机构		责令改正	警告		10-100			214
		直接负责的主管人员和其他直接责任人员			警告		10-101			
45	泄露、隐匿、伪造、篡改、毁损有关文件资料的行政责任	发行人、证券登记结算机构、证券公司、证券服务机构			警告		20-200		情节严重的，50万－500万元罚款，并处暂停、撤销相关业务许可或者禁止从事相关业务	
		直接负责的主管人员和其他直接责任人员			警告		10-100			
46	拒绝、阻碍执法的行政责任	任何主体		责令改正			10-100		由公安机关依法给予治安管理处罚	218

五、证券刑事责任

《证券法》规定，违反本法规定，构成犯罪的，依法追究刑事责任（第二百一十九条）。我国《刑法》主要规定了14种证券刑事责任，其中针对证券发行行为的2种——欺诈发行股票、债券罪和擅自发行股票、公司、企业债券罪；针对证券交易行为的6种——违规披露、不披露重要信息罪，内幕交易、泄露内幕信息罪，利用未公开信息交易罪，编造并传播证券、期货交易虚假信息罪，诱骗投资者买卖证券、期货合约罪和操纵证券、期货市场罪；针对证券市场主体的6种——擅自设立金融机构罪或伪造、变造、转让金融机构经营许可证、批准文件罪，非法经营罪，挪用资金罪或挪用公款罪，背信运用受托财产罪（擅自运用资金罪），提供虚假证明文件、出具证明文件重大失实罪和滥用管理公司、证券职权罪。除此之外，对于《证券法》第二百一十八条规定的“拒绝、阻碍证券监督管理机构及其工作人员依法行使监督检查、调查职权”的行为，情节严重的，可能构成妨害公务罪；对于《证券法》第二百一十四条规定的“泄露、隐匿、伪造、篡改或者毁损有关文件和资料”的行为，情节严重的，也可能构成帮助毁灭、伪造证据罪。但是，这类刑事责任并非典型的证券刑事责任。

2020年12月26日，十三届全国人大常委会第二十四次会议审议通过了刑法修正案（十一），与《证券法》的修改形成联动，对《刑法》上的欺诈发行股票、债券罪（第一百六十条），违规披露、不披露重要信息罪（第一百六十一条），操纵证券、期货市场罪（第一百八十二条），提供虚假证明文件、出具证明文件重大失实罪（第二百二十九条）等四类证券犯罪的条文作出了修正，提高了刑事处罚力度。

序号	责任种类	构成要件	刑法规定	证券法条文
1	欺诈发行股票、债券罪	1. 犯罪主体：可以是个人，也可以是单位。单位犯罪时对直接负责的主管人员和其他直接责任人员采取双罚制；刑法修正案十一强调对控股股东、实际控制人等“关键少数”的刑事责任追究。 2. 违法行为：在发行文件中隐瞒重要事实或编造重大虚假内容；刑法修正案十一在“招股说明书、认股书、公司、企业债券募集办法”的规定后增加了“等发行文件”的表述，在“发行股票或者公司、企业债券”的规定后增加了“存托凭证或者国务院依法认定的其他证券”的表述； 3. 程度要件：数额巨大、后果严重或其他严重情节； 4. 主观态度：故意； 5. 刑法修正案十一将刑期上限由5年有期徒刑提高至15年有期徒刑，并将对个人的罚金取消了5%的上限限制，修改为“并处罚金”，对单位的罚金由非法募集资金的1%-5%提高至20%-1倍。	**第一百六十条**　在招股说明书、认股书、公司、企业债券募集办法等发行文件中隐瞒重要事实或者编造重大虚假内容，发行股票或者公司、企业债券、存托凭证或者国务院依法认定的其他证券，数额巨大、后果严重或者有其他严重情节的，处五年以下有期徒刑或者拘役，并处或者单处罚金；数额特别巨大、后果特别严重或者有其他特别严重情节的，处五年以上有期徒刑，并处罚金。 控股股东、实际控制人组织、指使实施前款行为的，处五年以下有期徒刑或者拘役，并处或者单处非法募集资金金额百分之二十以上一倍以下罚金；数额特别巨大、后果特别严重或者有其他特别严重情节的，处五年以上有期徒刑，并处非法募集资金金额百分之二十以上一倍以下罚金。 单位犯前两款罪的，对单位判处非法募集资金金额百分之二十以上一倍以下罚金，并对其直接负责的主管人员和其他直接责任人员，依照第一款的规定处罚。	181
2	擅自发行股票、公司、企业债券罪	1. 犯罪主体：任何人，个人或单位皆可，单位犯罪时对直接负责的主管人员和其他直接责任人员采取双罚制； 2. 违法行为：未经批准擅自发行股票、债券； 3. 程度要件：数额巨大、后果严重或有其他严重情节； 4. 主观态度：故意。	**第一百七十九条**　未经国家有关主管部门批准，擅自发行股票或者公司、企业债券，数额巨大、后果严重或者有其他严重情节的，处五年以下有期徒刑或者拘役，并处或者单处非法募集资金金额百分之一以上百分之五以下罚金。 单位犯前款罪的，对单位判处罚金，并对其直接负责的主管人员和其他直接责任人员，处五年以下有期徒刑或者拘役。	180

序号	责任种类	构成要件	刑法规定	证券法条文
3	违规披露、不披露重要信息罪	1. 犯罪主体：负有信息披露义务的公司、企业中直接负责的主管人员和其他直接责任人员；刑法修正案十一强调对控股股东、实际控制人等“关键少数”的刑事责任追究； 2. 违法行为：向公众提供虚假或隐瞒重要事实的财务报告，或不按照规定披露重要信息； 3. 程度要件：严重损害股东或他人利益，或有其他严重情节； 4. 主观态度：故意； 5. 刑法修正案十一将刑期上限由 3 年提高至 10 年，罚金由 2 万-20 万元修改为“并处罚金”，取消了 20 万元的上限限制。	**第一百六十一条** 依法负有信息披露义务的公司、企业向股东和社会公众提供虚假的或者隐瞒重要事实的财务会计报告，或者对依法应当披露的其他重要信息不按照规定披露，严重损害股东或者其他人利益，或者有其他严重情节的，对其直接负责的主管人员和其他直接责任人员，处五年以下有期徒刑或者拘役，并处或者单处罚金；情节特别严重的，处五年以上十年以下有期徒刑，并处罚金。 前款规定的公司、企业的控股股东、实际控制人实施或者组织、指使实施前款行为的，或者隐瞒相关事项导致前款规定的情形发生的，依照前款的规定处罚。 犯前款罪的控股股东、实际控制人是单位的，对单位判处罚金，并对其直接负责的主管人员和其他直接责任人员，依照第一款的规定处罚。	197
4	内幕交易、泄露内幕信息罪	1. 犯罪主体：任何内幕信息的知情人员，个人或单位皆可，单位犯罪时对直接负责的主管人员和其他直接责任人员采取双罚制； 2. 违法行为：内幕信息知情人，在内幕信息尚未公开前，买卖相关证券、期货或泄露该信息或明示、暗示他人从事有关交易活动； 3. 程度要件：情节严重； 4. 主观态度：故意。	**第一百八十条第一款，第二款，第三款** 证券、期货交易内幕信息的知情人员或者非法获取证券、期货交易内幕信息的人员，在涉及证券的发行，证券、期货交易或者其他对证券、期货交易价格有重大影响的信息尚未公开前，买入或者卖出该证券，或者从事与该内幕信息有关的期货交易，或者泄露该信息，或者明示、暗示他人从事上述交易活动，情节严重的，处五年以下有期徒刑或者拘役，并处或者单处违法所得一倍以上五倍以下罚金；情节特别严重的，处五年以上十年以下有期徒刑，并处违法所得一倍以上五倍以下罚金。 单位犯前款罪的，对单位判处罚金，并对其直接负责的主管人员和其他直接责任人员，处五年以下有期徒刑或者拘役。 内幕信息、知情人员的范围，依照法律、行政法规的规定确定。	191

续表

序号	责任种类	构成要件	刑法规定	证券法条文
5	利用未公开信息交易罪	1. 犯罪主体：特定金融机构的从业人员及有关监管部门、行业协会的工作人员； 2. 违法行为：利用职务便利获取未公开信息后，从事有关交易或明示暗示他人从事有关交易； 3. 程度要件：情节严重； 4. 主观态度：故意。	**第一百八十条第四款**　证券交易所、期货交易所、证券公司、期货经纪公司、基金管理公司、商业银行、保险公司等金融机构的从业人员以及有关监管部门或者行业协会的工作人员，利用因职务便利获取的内幕信息以外的其他未公开的信息，违反规定，从事与该信息相关的证券、期货交易活动，或者明示、暗示他人从事相关交易活动，情节严重的，依照第一款的规定处罚。	191
6	编造并传播证券、期货交易虚假信息罪	1. 犯罪主体：任何主体； 2. 违法行为：编造并传播虚假信息，扰乱证券、期货市场； 3. 程度要件：造成严重后果； 4. 主观态度：故意。	**第一百八十一条第一款**　编造并且传播影响证券、期货交易的虚假信息，扰乱证券、期货交易市场，造成严重后果的，处五年以下有期徒刑或者拘役，并处或者单处一万元以上十万元以下罚金。	193
7	诱骗投资者买卖证券、期货合约罪	1. 犯罪主体：特定金融机构的从业人员及有关监管部门、行业协会的工作人员； 2. 违法行为：提供虚假信息或交易记录，诱骗投资者买卖证券期货； 3. 程度要件：造成严重后果或情节特别恶劣； 4. 主观态度：故意。	**第一百八十一条第二款**　证券交易所、期货交易所、证券公司、期货经纪公司的从业人员，证券业协会、期货业协会或者证券期货监督管理部门的工作人员，故意提供虚假信息或者伪造、变造、销毁交易记录，诱骗投资者买卖证券、期货合约，造成严重后果的，处五年以下有期徒刑或者拘役，并处或者单处一万元以上十万元以下罚金；情节特别恶劣的，处五年以上十年以下有期徒刑，并处二万元以上二十万元以下罚金。	193

续表

<table>
<tr><th>序号</th><th>责任种类</th><th>构成要件</th><th>刑法规定</th><th>证券法条文</th></tr>
<tr><td>8</td><td>操纵证券、期货市场罪</td><td>1. 犯罪主体：任何主体；个人或单位皆可，单位犯罪时对直接负责的主管人员和其他直接责任人员采取双罚制；
2. 违法行为：《刑法》第一百八十二条列举的操纵市场行为；刑法修正案十一在新证券法的基础上，增加规定了新的操纵市场情形。
3. 程度要件：情节严重或情节特别严重；
4. 主观态度：故意</td><td>第一百八十二条　有下列情形之一，操纵证券、期货市场，影响证券、期货交易价格或者证券、期货交易量，情节严重的，处五年以下有期徒刑或者拘役，并处或者单处罚金；情节特别严重的，处五年以上十年以下有期徒刑，并处罚金：
（一）单独或者合谋，集中资金优势、持股或者持仓优势或者利用信息优势联合或者连续买卖的；
（二）与他人串通，以事先约定的时间、价格和方式相互进行证券、期货交易的；
（三）在自己实际控制的帐户之间进行证券交易，或者以自己为交易对象，自买自卖期货合约的；
（四）不以成交为目的，频繁或者大量申报买入、卖出证券、期货合约并撤销申报的；
（五）利用虚假或者不确定的重大信息，诱导投资者进行证券、期货交易的；
（六）对证券、证券发行人、期货交易标的公开作出评价、预测或者投资建议，同时进行反向证券交易或者相关期货交易的；
（七）以其他方法操纵证券、期货市场的。
单位犯前款罪的，对单位判处罚金，并对其直接负责的主管人员和其他直接责任人员，依照前款的规定处罚。</td><td>192</td></tr>
<tr><td>9</td><td>擅自设立金融机构罪或伪造、变造、转让金融机构经营许可证、批准文件罪</td><td>1. 犯罪主体：任何人，个人或单位皆可，单位犯罪时对直接负责的主管人员和其他直接责任人员采取双罚制；
2. 违法行为：擅自设立有关金融机构，伪造、变造、转让金融机构的经营许可证或者批准文件；
3. 程度要件：无要求；
4. 主观态度：故意</td><td>第一百七十四条　未经国家有关主管部门批准，擅自设立商业银行、证券交易所、期货交易所、证券公司、期货经纪公司、保险公司或者其他金融机构的，处三年以下有期徒刑或者拘役，并处或者单处二万元以上二十万元以下罚金；情节严重的，处三年以上十年以下有期徒刑，并处五万元以上五十万元以下罚金。
伪造、变造、转让商业银行、证券交易所、期货交易所、证券公司、期货经纪公司、保险公司或者其他金融机构的经营许可证或者批准文件的，依照前款的规定处罚。
单位犯前两款罪的，对单位判处罚金，并对其直接负责的主管人员和其他直接责任人员，依照第一款的规定处罚。</td><td>200
202
212
213</td></tr>
</table>

续表

序号	责任种类	构成要件	刑法规定	证券法条文
10	非法经营罪	1. 犯罪主体：任何个人； 2. 违法行为：未经主管部门批准从事有关经营行为，包括未经国家有关主管部门批准非法经营证券、期货、保险业务的行为。 3. 程度要件：扰乱市场秩序，情节严重的； 4. 主观态度：故意。	**第二百二十五条** 违反国家规定，有下列非法经营行为之一，扰乱市场秩序，情节严重的，处五年以下有期徒刑或者拘役，并处或者单处违法所得一倍以上五倍以下罚金；情节特别严重的，处五年以上有期徒刑，并处违法所得一倍以上五倍以下罚金或者没收财产： （一）未经许可经营法律、行政法规规定的专营、专卖物品或者其他限制买卖的物品的； （二）买卖进出口许可证、进出口原产地证明以及其他法律、行政法规规定的经营许可证或者批准文件的； （三）未经国家有关主管部门批准非法经营证券、期货、保险业务的，或者非法从事资金支付结算业务的； （四）其他严重扰乱市场秩序的非法经营行为。	200 202 212 213
11	挪用资金罪或挪用公款罪	1. 犯罪主体：特定金融机构的工作人员； 2. 违法行为：挪用本单位或客户资金； 3. 程度要件：无； 4. 主观态度：故意。	**第一百八十五条** 商业银行、证券交易所、期货交易所、证券公司、期货经纪公司、保险公司或者其他金融机构的工作人员利用职务上的便利，挪用本单位或者客户资金的，依照本法第二百七十二条的规定定罪处罚。 国有商业银行、证券交易所、期货交易所、证券公司、期货经纪公司、保险公司或者其他国有金融机构的工作人员和国有商业银行、证券交易所、期货交易所、证券公司、期货经纪公司、保险公司或者其他国有金融机构委派到前款规定中的非国有机构从事公务的人员有前款行为的，依照本法第三百八十四条的规定定罪处罚。	208

续表

序号	责任种类	构成要件	刑法规定	证券法条文
12	背信运用受托财产罪（擅自运用资金罪）	1. 犯罪主体：特定金融机构及其直接负责的主管人员和其他直接责任人员，采取双罚制； 2. 违法行为：违背受托义务，擅自运用客户资金或者其他委托、信托的财产； 3. 程度要件：情节严重； 4. 主观态度：故意。	**第一百八十五条之一第一款** 商业银行、证券交易所、期货交易所、证券公司、期货经纪公司、保险公司或者其他金融机构，违背受托义务，擅自运用客户资金或者其他委托、信托的财产，情节严重的，对单位判处罚金，并对其直接负责的主管人员和其他直接责任人员，处三年以下有期徒刑或者拘役，并处三万元以上三十万元以下罚金；情节特别严重的，处三年以上十年以下有期徒刑，并处五万元以上五十万元以下罚金。	208
13	提供虚假证明文件、出具证明文件重大失实罪	1. 犯罪主体：有关中介组织的人员；刑法修正案十一在原刑法条文列举的中介组织范围上增加“保荐、安全评价、环境影响评价、环境监测”中介机构，特别是明确将保荐人机构作为本罪的犯罪主体； 2. 违法行为：提供虚假证明文件、索取他人财物或非法收受他人财物或严重不负责导致出具的证明文件有重大失实； 3. 程度要件：情节严重或造成严重后果； 4. 主观态度：一般为故意，严重不负责时可以是过失。 5. 刑法修正案十一增加情节特别严重的情形，最高可判处10年有期徒刑	**第二百二十九条** 承担资产评估、验资、验证、会计、审计、法律服务、保荐、安全评价、环境影响评价、环境监测等职责的中介组织的人员故意提供虚假证明文件，情节严重的，处五年以下有期徒刑或者拘役，并处罚金；有下列情形之一的，处五年以上十年以下有期徒刑，并处罚金： （一）提供与证券发行相关的虚假的资产评估、会计、审计、法律服务、保荐等证明文件，情节特别严重的； （二）提供与重大资产交易相关的虚假的资产评估、会计、审计等证明文件，情节特别严重的； （三）在涉及公共安全的重大工程、项目中提供虚假的安全评价、环境影响评价等证明文件，致使公共财产、国家和人民利益遭受特别重大损失的。 有前款行为，同时索取他人财物或者非法收受他人财物构成犯罪的，依照处罚较重的规定定罪处罚。 第一款规定的人员，严重不负责任，出具的证明文件有重大失实，造成严重后果的，处三年以下有期徒刑或者拘役，并处或者单处罚金。	213

续表

序号	责任种类	构成要件	刑法规定	证券法条文
14	滥用管理公司、证券职权罪	1. 犯罪主体：国家有关主管部门的国家机关工作人员； 2. 违法行为：徇私舞弊，滥用职权，对不符合法律规定条件的公司设立、登记申请或者股票、债券发行、上市申请，予以批准或者登记； 3. 程度要件：致使公共财产、国家和人民利益遭受重大损失； 4. 主观态度：滥用职权为故意，玩忽职守为过失。	**第四百零三条**　国家有关主管部门的国家机关工作人员，徇私舞弊，滥用职权，对不符合法律规定条件的公司设立、登记申请或者股票、债券发行、上市申请，予以批准或者登记，致使公共财产、国家和人民利益遭受重大损失的，处五年以下有期徒刑或者拘役。 上级部门强令登记机关及其工作人员实施前款行为的，对其直接负责的主管人员，依照前款的规定处罚。	217

六、证券法上的“责令”

《证券法》中的“责令”本质上都是一种行政命令，不过有的“责令”是单独作出的命令，视为“监管措施”，有的则是与行政处罚一同作出的，主要功能是消除违法后果。需要特别指出的是，“监管措施”在某种程度上也可以被定义为准行政处罚，是指其虽然不是行政处罚，但也会产生剥夺行政相对人权利的效果的制裁措施。虽然监管措施既不是直接的行政处罚，也与附随行政处罚的行政命令有所不同，但其依然具备一定的法律效力，是违法主体应当承担的法律后果。

单独作出的监管措施类的“责令”主要分为两类。一是违反规范经营要求的监管措施，尤其是针对证券公司及其股东、董监高。这一类“责令”的主要内容是针对相关主体的规范经营、规范操作提出要求。例如当证券公司存在治理结构、合规管理、风险控制指标不符合规定、经营风险加剧时，或证券公司股东存在虚假出资、抽逃出资，董监高存在未尽勤勉责任时，责令其限期改正。如果仍未改正或改正效果不佳的，则可以责令证券公司停业整顿，并对相关人员作出处理，例如责令更换董监高、限制有责任的股东行使股东权利、责令转让股权等。二是针对证券发行与交易的违法行为作出的责令。《证券法》在这方面的规定略有特殊，即规定发行人不满足发行条件，或欺诈发行时，责令发行人回购证券，或责令负有责任的控股股东、实际控制人买回证券。这就是前文所说的类似法律责任的“监管措施”，是一种与民事责任十分接近的、以“监管措施”为实施方式的特殊法律后果。

附随行政处罚作出的“责令”同样是一种行政命令，其主要依据是《行政处罚法》第二十三条规定的“行政机关实施行政处罚时，应当责令当事人改正或者限期改正违法行为”。这种行政命令也可以主要分为两种类型。一是针对违法证券发行与交易行为作出行政处罚时附随的“责令”。具体而言包括擅自公开发行证券、证券公司承销擅自公开发行的证券、限制期内擅自进行股票交易、禁止参与证券交易的人员进行证券交易、内幕交易、操纵市场交易等违法行为。这类因证券发行、交易行为违法遭受行政处罚时，附随的“责令”要求往往是责令停止违法行为、处理相关证券。例如责令停止发行，退还资金；责令停止承销或销售；责令依法处理非法持有的证券等。这些“责令”内容主要是针对违法证券发行与交易，消除违法后果，恢复至合法状态。二是针对违法经营规范要求，而作出行政处罚时附随作出的“责令”。这一类“责令”的对象主要是证券公司、证券服务机构、发行人等主体，针对这些主体的规范经营提出要求。例如相关主体没有履行信息披露义务、发行人擅自改变募集资金用途；发行人在收购时未履行发出要约的义务；证券公司未履行投资者适当性管理义务、未核实客户信息、擅自变更经营范围、挪用客户资金、私下接受客户委托等行为。这一类违法行为均有一个统一的特征，即没有遵守日常的规范经营要求，违反业务规则。针对这一类的违法行为，附随作出的“责令”内容基本是统一的“责令改正”，同时与监管措施类似，会存在一些直接影响行政相对人权利的责令内容。

总之，证券法上的“责令”具有如下特征：（1）各种“责令”均可以视为广义上的行政命令。（2）整体上分为两类，一类是作为“监管措施”的“责令”，一类是附随行政处罚作出的“责令”。（3）两类“责令”内部都可以分为两种，一种是针对证券发行交易违法行为作出的责令，一种是针对日常规范经营作出的责令；前者大多附带对相关证券的处置要求，后者则大多附带整改性要求。（4）针对日常规范经营作出的责令，也会产生剥夺行政相对人权利的效果，这里可以被称为“准行政处罚权”，例如责令更换董监高等。（5）针对违法证券发行交易作出的责令，也会产生类似法律责任的效果，尤其是责令回购、责令处理非法持有的证券，是以行政命令的方式实现民事责任的有效途径，是证券法领域的一大特色。

七、方兴未艾的责任保险——董责险

新证券法上法律责任的变化带来了新的博弈，整体违法成本的加重让避险成为一个热门话题，一直不温不火的责任保险也成为香饽饽。[①] 在证券市场上，这一责任保险就是董责险。董责险的全称是“董事和高级管理人员责任保险（Directors and Officers Liability Insurance）”，是保险公司针对公司，特别是上市公司董事和高级管理人员在履职过程中可能发生的各种风险而设立的一种特殊保险，亦有部分学者将之简称为“董事责任保险”。根据保险的承保范围之不同，董责险可以分为狭义的董责险与广义的董责险。狭义的董责险是指仅以公司董事和高级管理人员为被保险人，以董事和高级管理人员在履行职务行为过程中因不当行为给相关主体（包括其所在公司、公司股东、债权人、竞争对手、公司雇员等相关主体）造成损害而应当承担的赔偿责任为保险标的，由保险公司承保的一种责任保险。[②] 当公司董事和高级管理人员因不当行为而损害相关主体合法权益，因而遭遇索赔时，由保险公司承担相应的赔偿责任，实现董事和高级管理人员的风险转移与对利益受损人的经济赔偿。而广义的董责险是在该基础上，进一步扩大了承保范围，将公司自身纳入被保险人范畴。将公司对董事与高级管理人员的补偿责任、公司自身可能对外承担的赔偿责任纳入保险标的范畴，形成对公司与其董事和高级管理人员更为系统、全面、完善的风险保障体系。就董责险当前的发展状况而言，大部分董责险产品并不局限于传统狭义的董责险范畴，而是扩大了承保范围，成为更加完善的公司及其董事和高级管理人员的风险保障产品。

1996 年，美国美亚保险公司上海分公司承保了中国第一张董事、监事及高级管理人员责任保单。自此，董责险这一产品便开始在中国发展。随着 21 世纪初的互联网革命，大量中国公司赴美国纳斯达克上市，美亚保险作为这些公司的主要保险人，为其提供了董责险产品。随着 2002 年万科公司与平安保险公司达

---

① 北京商报记者不完全梳理上交所、深交所发现，截至新证券法实施一周年的 2021 年 3 月 1 日，购买董责险的上市公司合计 167 家，相较 2019 年 3 月 1 日–2020 年 2 月 29 日 45 家的数量增 2.71 倍，其中制造业公司占比超一半。

② 参见孙宏涛：《董事责任保险合同研究》，中国法制出版社 2011 年版，第 3 页。

成董责险交易，第一份纯本土化董责险保单在中国正式开启。尽管在过去几年，我国的董责险市场并不活跃，但随着新证券法的修订以及部分典型案例的公开，我国上市公司购买董责险的热情正不断提升。据不完全统计，我国目前上市公司的董责险投保率在10%至15%，但有意向购买董责险的上市公司正在逐渐增加。董责险这片蓝海市场正在逐渐打开，方兴未艾。

（一）董责险是什么？

1. 一种保险。董责险的根本法律性质是保险，适用与保险有关的法律法规。保险的商业逻辑在本质上是通过利用大数法则，对各种风险的类型、发生概率、损失大小进行科学准确的精算，而后设计不同保险类型、保费费率与保障范围的保险产品出售给有风险需求的人，实现风险分担、降低损失、经济补偿并同步获利。保险的法律逻辑则在于，投保人根据合同约定，向保险人支付保险费，保险人对于合同约定的可能发生的事故因其发生所造成的财产损失承担赔偿保险金责任，或者当被保险人死亡、伤残、疾病或者达到合同约定的年龄、期限等条件时承担给付保险金责任。① 董责险的法律性质属于保险，故其同样受到保险法律法规的基本原则的限制，包括诚实信用原则、保险利益原则与损失补偿原则。在董责险领域，这三种原则均有各自的适用：

就诚实信用原则而言，投保人、被保险人应当诚实告知保险人个人的准确情况，包括经营情况、执业情况、过去是否有过不良记录等情形，方便保险人准确判断承保风险。不得通过隐瞒部分事实、编造虚假信息或误导性信息欺诈保险人。如果存在上述情形，对于欺诈的部分，保险人不承担保险责任。

就保险利益原则而言，投保人或被保险人需对保险标的享有法律上承认的利益，以此来防止道德风险与投机行为，防止保险滑向赌博的极端。董责险的保险标的为董事和高级管理人员承担的赔付责任，董事和高级管理人员对该保险标的享有毫无疑问的法律利益。

就损失补偿原则而言，指保险仅限于赔付被保险人的损失，而不能令保险人因保险而获利。这一点在人身保险略有突破，但在财产保险与责任保险中体现尤为突出。因此，董责险保单约定的保费最高额度，与实际发生的损失额之间，势必会选择其中较小的金额予以实际赔付。

---

① 参见《保险法》第二条。

2. 一种责任险。责任险是以被保险人对第三方的民事赔偿责任为保险标的的保险（有时也称之为“第三方保险”）。[①] 董责险是以董事和高级管理人员对第三人的赔偿责任为保险标的的责任险，当董事和高级管理人员因个人不当行为而负担赔偿责任时，即视为发生保险事故，由保险人出险。但需要注意的是，并非所有法律责任均可以设计责任险，例如因严重的刑事犯罪、行政违法等行为而引发的赔偿责任便不能通过责任险实现风险转移，否则便会导致严重的道德风险，打开富人用钱换取违法机会的口子，严重违背社会伦理准则。

有鉴于此，通常情况下，能够设立责任险的法律责任往往局限于：（1）保险事故的发生应当是由于意外、偶然或过失等因素导致，若存在故意违法等情形的，不属于责任险的保障范围；（2）有关法律责任应当是法定责任，而不能是约定的合同责任；（3）责任险的保障范围仅限于民事责任，而不可以是行政责任或刑事责任。在这样的思路指引下，责任保险的市场空间、保障范围主要集中于法定的过失侵权责任。[②]

董责险作为一种责任险，其承保范围、出险条件也因此受到了极大的限制，这一因素直接影响到了董责险的核心内容。

3. 一种职业责任险。董责险在责任险领域中属于职业责任险的细分领域。所谓职业责任险，是相较于无特定职业要求的普通责任险而言的。例如机动车第三者责任险，任何车主均是合格的投保人与被保险人。而职业责任险则有所不同，职业责任险仅针对特定职业所可能面临的法律责任风险出售保险。这一类职业责任险往往具有这样的特征：（1）承保技术性较强的职务工作导致的事故责任；（2）保险人承保限于被保险人从事本职工作致害导致的损害赔偿责任；[③]（3）该类职业面临的损害赔偿责任具备类型化特征，便于实现保单的统一设计。

在市场经济的当下，公司董事和高级管理人员具备一定的职业特征，尤其是上市公司的董事和高级管理人员，包括独立董事、董秘、财务总监、总经理与副总经理等，均已初步形成了职业管理人市场，对技术性的要求与日俱增。可见公司董事和高级管理人员具备职业责任险的基础性特征。此外，由于职业责任险的性质，董责险仅承保董事和高级管理人员在履行职务过程中的行为而产生的赔偿

① 参见叶延玺：《责任保险对侵权法的影响研究》，浙江大学出版社2018年版，第25页。

② 参见罗璨：《责任保险的扩张与应用》，法律出版社2019年版，第184页。

③ 参见樊启荣：《责任保险与索赔理赔》，人民法院出版社2002年版，第277-278页。

责任，针对董事和高级管理人员的纯个人行为，董责险并不涵盖。

但应当注意的是，董责险作为一种职业责任险，其“职业程度”仅是相较于一般责任险而言的。而如果相较于一些更为特殊的职业责任险，董责险的“职业程度”并不高，或者说并没有到“专业”的程度。例如证券公司的工作人员(以保荐承销人员为主)、律师事务所的律师、建设工程中的监理人等，这类人群的职业化程度更高，为之设计的职业责任险更为典型。因此行业内人士有时并不把董责险称为“职业责任险”，或者“管理责任险”，而与之相对的被称为“专业责任险”。

（二）董责险的基本要素

1. 投保人与保费

（1）投保人的争议。投保人，即购买保险、支付保费的主体。在签订董责险的过程中，由公司作为投保人为董事和高级管理人员购买保险是比较通行的做法。时至今日，美国所有州的公司法都明确规定公司可以作为董责险的投保人。同样的制度在英国也得到了确立，我国亦如是。然而在历史上，关于是否应当由公司作为投保人来承担保费是存在较大争议的。支持公司承担保费的理由在于由公司购买董责险，有利于优化上市公司的公司治理，降低公司董事和高级管理人员的履职风险，激发他们的积极性，放开手脚干活而不必畏首畏尾。此外，董责险的存在有利于在法律纠纷中让利益受损主体得到充足的经济补偿，尤其是数量惊人的中小股东。这是公司承担社会责任的体现。但也有学者认为既然董责险的主要受益人是董事和高级管理人员，则自然应当由他们作为投保人支付保险费。而且公司购买责任险完全无法为公司带来任何收益，反而会导致资产的流出。但后期人们发现，如果董事的赔偿能力有限，可能无法弥补公司遭受的损失。因此到了后期，支持公司购买董责险的声音占了上风，美国便是如此。而日本却依然在这个问题上存在较大的争议。①

实际上，由公司作为投保人负担保险费用较为妥当，且并不会对公司造成明显的不利影响。首先，公司与董事和高级管理人员的利益具有一致性，不存在公司为董事和高级管理人员买单的情形，也不会造成董事和高级管理人员只有收益，没有风险的状况。在成熟的职业经理人市场，经理人的业绩、履职情况将直

① 参见孙宏涛：《董事责任保险合同研究》，中国法制出版社 2011 年版，第 74 页。

接影响到其个人收益、津贴、激励性奖励等收入以及个人行业口碑。因此，董事和高级管理人员是有利益动机将公司运营好的，而不会肆意行动。其次，公司购买董责险在一定程度上也是为自己留后路，因为一旦发生保险事故，若董事和高级管理人员无力赔付，则公司往往也无法向相关责任人索赔，有关损失难以弥补。再次，从风险的来源角度看，针对董事和高级管理人员的个人索赔貌似是其个人的不当行为导致，但该不当行为却是董事和高级管理人员在公司中的履职行为，可见其个人风险事实上也来自公司。最后，公司的经济实力充足，支付相应的保费影响不大。随着董责险保费的逐渐提高，如果让董事和高级管理人员个人支付保费，往往是一笔不小的开支。尤其是银行、采矿、石油等高风险行业，董责险的保费比过去上涨超过 10 倍。① 而公司的经济实力却足以负担这样的保费。

（2）保费的影响因素。保费，即投保人购买保险所需要支付的对价。由于各个上市公司的情况不同、面临的风险各有差异，因此董责险的保费向来都不是固定的。仅从中国的市场经验来看，一般收取的保费在总保额的 3‰-5‰，最低为 1‰，最高为 1%。这样的保费相对而言并不高，而且保费的多少会受到各种因素的影响而上下浮动。这些因素包括公司的种类、经营规模、持续经营时间、营业性质、财务状况和管理水平、过去的信用等。不同的因素对保费的影响也各有不同，具体而言可参见下表：②

核保时的主要考虑因素	变动	保险费率
公司的种类	股份有限公司	升高
公司的经营规模	越大	升高
公司的持续经营时间	越长	降低
公司的营业性质	特殊（如银行、石化、钢铁、电信以及高科技公司等风险较高的企业）	升高
公司的财务状况和管理水平	较好	降低
有无违法行为或不诚信记录	有	升高
有无数额巨大的投资计划	有	升高
有无针对其他企业的并购计划	有	升高
有无海外募资风险	有	升高

① See Sara R. Slaughter, Satutory and Non-Satutory Responses to the Directors and Officer Liability Insurance Crisis, Indiana Law Journal, 1988, v. 63, pp. 183-184.

② 参见孙宏涛：《董事责任保险合同研究》，中国法制出版社 2011 年版，第 81 页。

2. 被保险人

责任保险中的被保险人，是指因发生保险事故而需要向第三人赔偿损失时，有权向保险人请求赔偿的人。在董责险中，显然最直接的被保险人便是公司的董事和高级管理人员。但随着时代的发展，市场需求的兴起，董责险保单的被保险人范围已经逐渐增加。具体而言包括一般董事、独立董事、董事的配偶及其继承人、高级管理人员与公司自身及其子公司。

首先，无论是董事还是独立董事，都是天然的董责险被保险人身份。由于董事在履职过程中面临着较大的法律风险，因此任何一种董责险保单都会毫无例外地将这类主体纳入。但值得关注的，一是，过去的董事是否可以在承保范围；二是，是否需要明确董事的具体姓名、人数等信息。从经验来看，过去的董事一般也会在承保范围内，但往往有一定的时间限制，例如三年内的董事。这是因为当前的证券类纠纷追责已经体现出了追溯过去具体责任人的趋势，我国市场的方正科技虚假陈述案的追溯时间长达 10 年之久，故承保过去的董事也是公司与各董事的客观需求。但承保过去的时间范围越长，越不利于保险公司进行核保、调查、了解风险的工作，因此保险公司会选择一个较短的年限，例如 3 年。此外，关于是否需要明确董事的姓名、人数等信息，一般而言是不必要的。公司购买董责险是为公司内的所有董事提供的统一保险，既承保现在的董事，也承保因人事变动后新晋的董事。因此如果每次都要明确被保险人的具体姓名等信息，那将大大降低交易效率。

其次，董事的配偶及其继承人也可能在被保险人的范围。虽然这种情况并不常见，但也会有部分保单将其纳入其中。这种情形主要是为了在被保险的董事身故、被认定为限制行为能力人或无行为能力人、无力偿付或破产的情况下，为被保险董事的配偶及其继承人提供保障。

再次，公司的高级管理人员。结合中外法律与保单的有关内容可以得知，该高级管理人员主要包括公司的总经理、副总经理、财务总监、董秘、监事、管委会成员、总法律顾问以及其他实质上与董事有相同职责的高级管理人员。其中，最后一类人主要包括外部实体董事、影子董事和准董事等。可以发现，这类主体的核心在于其在履职过程中与董事面临的风险相类似。尤其是考虑到我国《证券法》中存在“直接负责的主管人员和其他直接责任人员”这一概念，因此，这类高级管理人员同样需要董责险的兜底保障。

最后，随着上市公司面临的风险与日俱增，上市公司自身及其子公司也逐渐被纳入了被保险人范畴，主要保险公司对董事的补偿责任以及因有价证券赔偿请求产生的损失。这也是后期 Side C 条款出现的原因。此外，由于子公司与上市公司自身也存在牵连关系，且在财务处理上也需要合并报表，因此上市公司在起始日的任何子公司以及后来新设立的子公司，均自动成为被保险人。但也仅限于承保该实体为子公司期间，一旦子公司剥离了与母公司的关系，则自动失去被保险人资格。

3. 保额

董责险的保额是指发生保险事故后，保险公司支付保险金的限额。董责险的保额设计同样有着复杂而成系统的专业化构造。从总体金额来看，我国一般的董责险保额在 1000 万元至 1 亿元人民币之间，美国地区则在 500 万美元至 5000 万美金之间。但其内在的保额设计却远远不是一个上限数字能够体现的，其保额具体可以分为责任限额、分项责任限额、额外责任限额、超赔责任限额与免赔额几个主要种类。

责任限额，是指保险公司支付保险金的总金额，即无论因何种保险事故、面临多少项具体的赔付请求，最终支付的保险金额不会超过责任限额。这是为保险公司设置了能够赔付的上限，即在最坏的情况下保险公司最多赔付的金额。在这里，责任限额不包括额外责任限额与超赔责任限额。

分项责任限额，是指针对不同种类的赔付请求，分别设置赔付保额的上限。即便一项赔付请求的总金额没有达到责任限额，如果该赔付请求属于某特定种类，且达到了该特定种类的分项责任限额，保险公司也仅需以分项责任限额为上限支付保险金。

额外责任限额，是指不包括在责任限额内，而是在责任限额以外附加的责任限额。这一类责任限额主要用于赔付因身体伤害或财产损失而产生的抗辩费用，以及因环境破坏而造成的损失。

超赔责任限额，包括个人超赔责任限额与累计超赔责任限额。是指在责任限额以外，且在特定条件之下，保险公司愿意支付的额外保险金，包括：（1）责任限额已用尽；（2）其他所有适用的有效管理责任保险项下的保险赔偿总额已达其最高责任限额；（3）投保人董事已获得所有可获得的其他损失补偿。且此扩展保障仅适用于责任限额用尽前首次通知保险公司的赔偿请求。而个人超赔责任限额与累计超赔责任限额的逻辑与责任限额、分项责任限额的逻辑一致，既规定了能够给予个人的超赔责任限额上限，同时规定了所有超赔责任金额加起来的上限。

免赔额，是指保险公司不需要承担的，由被保险人自主承担的部分损失。用通俗的话理解便是，金额没到一定的下线，保险公司不赔。保险公司会为各种损失制定一个免赔额，同时也会制定一个免赔额的上限。这样的思路同样与责任限额、分项责任限额一致。值得注意的是，免赔额不适用于任何承保范围以外的损失，但就上市公司对董事和高级管理人员的补偿责任而言，如果上市公司可以补偿但未补偿，则保险公司在对董事和高级管理人员理赔时，同样适用免赔额。

4. 承保范围与除外情形

就承保条款来看，当前世界范围内的董责险条款，是以 Side A、Side B、Side C 三种具有代表性的条款为基础形成的条款体系。其中，Side A 是指承保董事和高级管理人员个人因不当行为而面临赔付请求时的赔偿责任，Side B 是指以公司为保险对象，承保公司向董事和高级管理人员做出补偿而遭受的损害。Side C 条款则是直接以公司为承保对象，承保公司因证券纠纷索赔、不当雇佣索赔而产生的损失。但因市场风险种类、风险大小随着市场发展而日新月异，董责险保单逐渐在前述的 A、B、C 条款之外设置了一些额外的承保范围，这类承保范围被称为扩展条款，例如因调查及监管危机事件费用、法律服务与抗辩费用、公关费用等。

就承保风险的来源来看，主要集中于公司及其董事和高级管理人员的各种业务行为，包括公司 IPO、公司信息披露、雇佣行为、并购重组业务、证券发行活动、重大安全生产事故、引入外方投资、海外扩张等。当然，核心依然落实在信息披露上。这些业务过程中，董事和高级管理人员均可能因为不当行为而遭受索赔。

就索赔请求的主体来看，索赔的请求可能来自公司中小股东、债权人、竞争对手、雇员、消费者、清算人等。其中，清算人提起索赔的情形是指因公司或董事和高级管理人员怠于在公司破产清算程序中履行自己的义务，而遭受相关的财产损失，因而被清算人提起索赔。

（1）董事和高级管理人员的承保范围。董责险保单针对董事和高级管理人员的承保范围，用一句话概括便是因董事和高级管理人员在履职过程中的不当行为而遭遇的索赔。从行为类型上看，一般包括错误、遗漏、虚假陈述、误导性陈述以及违反注意义务而给相关方造成损失的情形。只有满足这样的情形，才属于保险公司承保的范围，才能获得保险金的支持。否则，董事和高级管理人员将自己承担高昂的法律赔偿责任。想要确定董事和高级管理人员的行为是否属于该承保范围之内，就需要从两个角度予以考察。其一是客观上从事的是职务行为，其二是主观上存在过失，而非故意。

客观上的职务行为，是指董事和高级管理人员的不当行为必须是在他们执行职务期间实施的行为，与其职务紧密相连。而如何确定属于“客观上的职务行为”，核心在于判断其行为的内在本质与外在表征的广义判断。具体而言，可以被视为“客观上的职务行为”的类型包括如下几点：

a. 董事和高级管理人员行使《公司法》和公司章程赋予的职权的行为，例如决定经营计划、执行经营方案等行为。

b. 与执行职务密切相关的行为，即虽然行为并非《公司法》或公司章程明确规定的授权行为，但是该行为是为了行使该职务行为而配套的工作。

c. 超越职权的行为。虽然董事和高级管理人员的行为超越了《公司法》与公司章程赋予的权力，但由于其行为具备一定的外观效应，善意第三人有理由相信该行为是公司认可的有权行为，此时的第三人值得予以保护。这与公司法学中的越权行为有效理论是一脉相承的。

主观上的过失判断则更加复杂，这需要彻底考察董事与高级管理人员的过失标准认定的演变历程。

第一阶段，“经营判断准则”标准——董事和高级管理人员的行为是否为过失，需要判断其是否符合经营判断准则。正如前文所述，经营判断准则包含三方面内容，其一是在决策事项中没有与个人利益相冲突的内容；其二是在做决策之时已经充分地了解到了决策所需要的事实与信息；其三是决策者必须以一个理性的、谨慎的人在相似情形下所具有的相应程度的能力和注意来行事。在经营判断准则的指导下，美国法院通过判例确认了各种对过失的具体判断方式。例如，在董事和高级管理人员完全不尽责的情况下，往往会存在下列情形：未能参加董事会议；未能知悉有关公司业务的任何知识；未能阅读公司交付给他的报告、财务报表等；未能在其发现对公司业务可能造成严重不利的情况下寻求帮助（比如咨询相关人士）。换而言之，董事和高级管理人员不能以自己不懂专业业务为理由而撒手不管。还例如，不存在利益标准，即如果董事和高级管理人员的行为明显没有给公司带来任何利益，甚至只会带来坏处，也会被认定为重大过失。但这些明显的过失显然在实务中很少发生，因此大部分董事和高级管理人员只要通过经营判断标准，就能证明自身不存在过失，从而得以免责。保险公司在这种情况下也不需要赔付。

第二阶段，董责险危机下的认定标准——如前文所述，1985 年，以 Smith V. Van Gorkom 案例为代表，法官突破了传统的经营判断准则立场，用自己的判断代替董事和高级管理人员的经营判断，从更高的视角来评价董事和高级管理人员是否存在过失，大大降低了认定董事和高级管理人员具备过失的条件，从而动摇了董事近乎“高枕无忧”的地位。该案颠覆了董事注意义务的认定标准，指出董事即使没有欺诈、恶意或者自我交易的情形，如果未尽调查而存在重大过失，也有承担个人责任的可能。这一判决使得公司董事希望通过经营判断规则保护自己变得不再可行，巨额赔偿的恐慌席卷了美国的公司董事界，许多公司的董事，尤其是外部董事，都因为责任过重而纷纷辞职。

第三阶段，对董事和高级管理人员过失认定的限制——由于董责险危机导致对董事和高级管理人员的过失认定变得太过轻松，引发了一系列的后续问题。因此在 Smith V. Van Gorkom 案之后，大量的立法对该案进行修正，来减轻对董事和高级管理人员的过失认定。这个过程中，虽然各州的立法有所不同，但整体上可以归纳为“章程选择”（Charter Option Statutes）、“自动生效”（Self-Executing Statute）两种立法模式。前者通过将董事责任的限制权利赋予公司章程，也即公司的股东会可以决议通过此类规定，故被称为“选择立法模式”。即公司章程对董事和高级管理人员的注意义务作出一定的免除，因而可以让董事和高级管理人员在没有履行注意义务的情况下，也不算是过失。后者则是通过州立法的方式，直接在法律中排除董事和高级管理人员的注意义务，该法律对公司及其董事和高级管理人员自动生效，因而也被称为法定立法模式。

通过这两个主观与客观判断标准，再与具体的行为、法律规定进行比较，自然就能得出哪些行为属于董责险承保董事和高级管理人员不当行为的范畴。

（2）对公司补偿的承保范围。公司补偿制度是指在特定情况下，由公司代替董事和高级管理人员支付赔偿金、律师费等损失。该制度是英美公司法中的代理人制度的具体体现。这是指，董事和高级管理人员作为公司的代理人，公司为被代理人。在代理人履行代理事务过程中实施不当行为而损害第三人时，除了被代理人直接向代理人追责的情形外，对于代理人的赔偿，被代理人有义务予以补偿。这样的补偿制度一直存在争议，原因在于这貌似是对公司毫无益处，只有董事和高级管理人员才能获益的制度。

但需要认识到，我国并没有引入公司补偿制度，因此这样的承保范围对于中国而言借鉴意义并不大。

(3) 对公司实体的承保范围。对公司实体的承保范围主要集中在两个点，其一是公司因证券类纠纷而面临的赔偿请求，其二是公司因不当雇员行为而面临的赔偿请求。前者是证券法领域的典型代表，例如公司因信息披露不当造成了投资者损失，属于保险的赔付范围。后者则是公司因为歧视性雇佣、性骚扰、违反劳动合同等原因，遭遇员工的集体索赔时面临的赔偿责任。

需要注意的是，对公司实体的承保范围同样要考虑公司行为的主观要件。如果公司属于典型的故意违法，则依然不属于保险的承保范围。而如何判断公司属于故意违法还是过失违法，这将是另一个较为复杂的法律问题，甚至比判断董事是否为过失更为复杂。在此不多展开。

(4) 各种费用的承保。董责险的承保范围不仅仅局限于各种民事索赔，对于上市公司及董事和高级管理人员为了应对各种监管、诉讼而支出的合理费用，董责险的保单往往也予以承保。这些费用大体上可以分为两大类：第一大类是监管费用、危机管理费用等。值得一提的是，这里的监管不仅仅包括证监会的监管执法，还可能包括来自工商部门、税务部门、环保部门、质检部门、消防部门、财政部门等机关的监管执法。在应对各类监管执法过程中，上市公司或个人难免会产生各种费用，这部分费用属于保险的承保范围。此外，上市公司为了应对投服中心持股行权而产生的费用也属于此类。第二大类是法律服务费用，即上市公司或董事和高级管理人员在面对可能的索赔时，聘请律师等专业人员提供法律服务而支出的合理律师费用。

(5) 承保范围的除外情形。一是法定除外情形。所谓法定的除外情形，是指依据法律的规定天然不能作为董责险承保的范围的情形。这样的情形事实上与董责险无关，而是与责任险的承保范围有关。如前文所述，如果所有法律责任都可以随意地设立保险，由保险来买单，那么将大大提高道德风险，让富人有了通过花钱买违法机会的可能。这显然是不能为社会公德与立法所接受的。即便没有法律的明确规定，但某些情形显然是不能被包含在董责险的承保范围之内，包括故意违法行为引发的损失、行政罚款、刑事责任等。2020 年银保监会正在拟定的《责任保险业务监管办法》(征求意见稿) 第七条就明确规定，不得以责任保险承保刑事罚金、行政罚款的风险。

二是推定除外情形。所谓推定的除外情形，是通过保单的具体条款予以认定的。即保单设置了 A 属于承保范围，那么非 A 则在一般情况下可以被推定为除外情形。这同样也不是由董责险所决定的，而是一般的逻辑推演过程。例如，因董事和高级管理人员的不当行为，造成投资者损失。该不当行为与投资者损失之间具有因果关系的部分属于承保范围，则自然可以推定，与该不当行为不存在因果关系的部分损失不属于承保范围。

三是约定除外情形。所谓约定的除外情形，则是直接由保单具体规定，由保险公司决定不予赔付的情形。这样的条款设计主要是出于商业目的考量，而非纯粹的法律视角。但值得一提的是，大多数保险公司都不会明确把承保的范围与除外情形予以明确列举，或者严格按照法条的规定来设计条款。原因在于一方面，法律既可能存在不完善、不全面、不细致的问题，且法律经常会进行修改；另一方面，通过总括性的描述，有利于保险公司保留最终解释权，方便在发生纠纷时掌握主动权。

最后，以 AIG 美亚的保单为例，该保单中的承保范围与除外情形如下：

明确承保	明确不承保
1. 赔偿被保险个人的任何损失，但不包括被保险公司已补偿被保险个人的部分；或赔偿被保险公司已补偿给被保险个人的任何损失； 2. 承保被保险公司因有价证券赔偿请求而遭受的损失。承保被保险公司因不当雇佣行为而遭受的损失； 3. 调查与监管危机事件费用； 4. 保释保证金、民事保证金、保全费用、抗辩费用、公关费用等； 5. 衍生索赔调查费用、纳税责任、纳税责任抗辩费用。	1. 经确定的不法行为——包括经不可上诉的司法程序终局判决或仲裁裁决（不包括本公司为确定是否属于本保险合同规定的保险责任而提起的诉讼或程序）确定的下列任一情形引起的或以其为基础或原因的损失： （i）被保险人获得依法无权获得的利润或利益； （ii）任何刑事犯罪或任何不诚实或欺诈行为。 2. 先前的赔偿请求——在购买保险或续保时应当告知保险人的，已经发生或可能发生的赔付请求； 3. 身体伤害或财产损失，但不适用于因不当雇佣行为而引起的赔偿请求中所主张的精神损害部分； 4. 其他有关费用、与美国地区有关的有价证券赔偿请求。

5. 程序性事项

除了有关投保人、被保险人、保额、保险费率、承保范围以及除外情形等实体性内容，董责险另外需要关注的便是其程序性事项。具体而言可以分为三个阶段，即承保之前的合同订立阶段、承保之后的保险存续阶段以及发生保险事故后的理赔阶段。

（1）合同订立阶段。在合同订立的过程中，最需要参与订立合同的主体重视的，便是投保人或被保险人应当承担如实告知义务。这一订立过程，既包括首次购买董责险的阶段，也包括续保的阶段。针对告知义务，主要有以下几点需要关注：

一是告知义务的主体。告知义务是否仅局限于投保公司？抑或是包括被保险人在内也承担着告知义务？事实上，这一问题的回答核心取决于保险公司需要核保哪些具体事项，而对该具体事项最为了解的主体自然就负担告知义务，而不是取决于缴纳保费的是谁。否则便失去了告知义务制度的目的了。因此，在董责险中，显然公司作为投保人，且对公司自身的运营状况、人员情况以及经营风险最为了解，固然承担告知义务。但公司也并非能够完全了解董事和高级管理人员的个人情况，比如董事和高级管理人员是否存在兼职、是否有被起诉的历史、是否对外巨额负债及董事和高级管理人员的配偶与继承人情况等。因此，对于这些公司不方便直接了解的情况，却属于重要核保信息的范畴，作为被保险人董事和高级管理人员等同样负有告知义务。

二是告知事项。所谓告知事项，是指投保人、被保险人等告知义务人应当告知的核保内容。判断一件事是否属于告知事项，理论和实践中存在两个不同的标准，这两种标准的思路各有差异。

其一是“谨慎保险人标准”，即该事项是否足以影响一位谨慎的保险人决定是否承保，或影响该谨慎的保险人调整保费。参与保险交易的保险人一般而言具备一定的知识水平、识别能力、习惯做法等，因此会形成一个较为抽象的理性保险人标准。以此为标准，来判断某一事项是否属于应当告知的事项。

其二是“影响程度标准”，即根据不同事项对谨慎保险人的影响有所不同，而决定事项的重要程度。例如，如果某事项能直接影响保险人是否愿意承保或完全使用不同的合同条款，则视为影响程度最大的类型，即“决定性影响”。这样的事项属于必须告知内容。而针对影响程度没那么大的事项，如仅能影响少部分事实，而不影响董责险的核心内容，则属于非重要事项，这部分可告知也可以不告知。

值得一提的是，告知义务并不意味着投保人、被保险人要毫无保留地告知所有信息，该义务不是“无限”的。例如在某些情况下，法律直接免除了部分事项的告知义务。其中包括保险人已经知悉或应当知悉的内容、保险人未询问的事项、足以降低风险的事项、属于个人隐私的事项等。

三是告知方式。告知方式包括主动告知与被动告知。前者是指告知义务人在没有被询问的情况下主动告知保险人有关事项，这样的情况较为少见，因为不仅效率低下，而且难以确保所有事项都能够被涵盖。后者则是由保险人列出告知清单，告知义务人根据清单一一作答。清单以外的内容，即便具有重要性，投保人也不负担告知义务。虽然这样的设置可能会有所遗漏，但确实最符合效率的做法，且由保险公司来决定想要了解的重要事项，也符合保险公司对风险的判断与控制，让保险公司处于主动权地位。而且保险公司也常常会适用兜底条款，基于保险法中的最大诚信原则对告知义务人进行约束。

目前来看，我国的保险业务中，告知义务的履行通常是通过被动告知开展的。

四是未履行告知义务的后果。若投保人、被保险人没有妥善履行告知义务，最直接的后果将是影响理赔的进行。而具体的后果，各国立法也各有不同，而且针对未告知事项的重要程度，后果也各不相同。但总的来说，无外乎这样几种后果：保单自始无效；保险人享有合同解除权；根据未履行义务的大小按照比例降低保险赔付额等。可见，无论是通过哪种方式，最终的结果都是保险人的赔付义务大大降低。更有甚者，不仅保险人免去了赔付义务，已经缴纳的保险金也可以不予退还。

（2）保险存续阶段。对于保险存续阶段而言，投保人、被保险人的义务与合同订立阶段相类似，均为履行及时的告知义务，同时按期缴纳保费。除此以外，投保董责险的上市公司还负有因此而衍生出的其他义务。而保险公司在这段期间也不应当无所事事，而应积极与投保人进行沟通、交流、辅导等工作，具体而言包括如下几个方面：

一是完善现有风险控制制度。上市公司在投保时，其风险防范制度、内部控制制度可能并不完善。虽然投保公司在了解这一情况的基础上仍然作出了承保的决定，但这并不意味着上市公司就可以对现有的不完善制度放任不管。保险公司有权要求上市公司完善风险控制制度，而不是任由该风险敞口继续存在。上市公司应当按照保险公司的要求，积极履行有关内部控制义务。此外，除了抽象地完善公司制度外，上市公司在具体的业务活动中也要做到规范经营，以此实现风险控制。

二是持续性告知义务。对于投保后的上市公司而言，依然负有持续性的告知义务。告知义务并非是一次性、终局性的，除了投保时的告知义务外，上市公司在日常经营过程中同样负有持续性告知义务。这样的制度内在逻辑可以参考上市公司在申请上市时的信息披露，与上市之后的持续性信息披露义务。上市公司需要将其日常的经营状况、财务状况、董事和高级管理人员的履职情况予以定期告知，方便保险公司持续了解公司状况与被保险个人的履职情况。

三是重大事项临时告知义务。对于突发性重大事项，投保后的上市公司同样需要承担临时告知义务。尤其是公司的重大经营决策、证监会的监管调查函、涉及董事和高级管理人员的个人诉讼等情况，都是必须要告知的重大事件。如果上市公司没有履行重大事项的临时告知义务，保险公司则极有可能在一定范围内免除后期的给付保险金义务。

需要明确的是，这些重大事项并非必须要达到保险事故的程度。有些事项虽然不会导致保险公司出险，但依然是保险公司需要了解的重大事项。例如董事和高级管理人员的人事变动、公司决策机制的变化等。尤其是一些具有潜在风险的事项，保险公司有权提高保费，要求上市公司补缴或者提供额外的担保。而且这些事项将成为保险公司决定是否续保的重要参考。

四是持续缴纳保费或续保时的义务。就目前的中国市场而言，上市公司投保董责险往往以一年期或两年期为主，少有一次性长期投保。缴纳保费也仅为一次性缴纳。但对于英国、美国或者我国香港地区而言，一次性长期投保的情形并不少见。以香港地区为例，香港上市公司投保的董责险往往在 5 年以上，保费也可能分期缴纳。这就意味着上市公司每年负有缴纳保费的义务。如果上市公司在上一个缴纳保费期间发生了重大风险事项，保险公司有权要求增加保费。

此外，在上市公司需要续保时，其应当将之前已经履行过的告知信息再次予以告知，保险公司将以公司当前的经营状况、董事和高级管理人员的履职情况作出新的判断，决定是否续保，或者是否提高保费。

五是保险公司风险辅导服务。保险公司承保后，绝非无所事事、坐享其成，而应当积极地对投保公司进行风险控制辅导义务，来降低保险事故的发生概率。具体而言包括协助上市公司建立内控制度、对公司董事和高级管理人员进行风险教育和法治教育、上市公司遭遇重大事项时协助进行风险防范、协助上市公司建立风险应急管理制度等。

六是保险公司持续监督工作。保险公司除了为上市公司提供风险防范、风险处置服务以外，还可以对上市公司的日常经营进行持续性的监督工作。保险公司有权关注上市公司的经营状况、董事和高级管理人员的履职情况，以此来调整保险策略、调整保费金额以及决定是否续保。目前有一种理论认为，保险人在这个阶段有权履行外部监管权力，即保险公司有权定期对投保人、被保险人进行监督调查，从而实现风险控制和管理，并且认为这种外部监管能够完善上市公司治理以及风险防控。

（3）理赔阶段。一旦发生保险事故，紧随其后的便是保险理赔问题。首先，投保人、被保险人依然负有告知义务，将保险事故的情况及时告知保险人。而保险人首先要核保的便是该保险事故或索赔请求是否发生在保险期限内，或约定的可追溯期限内。这里首先需要明确事故发生制与索赔发生制两种类型的保险。

事故发生制是指，保单将对任何发生在保单期限内的承保范围内的事故进行理赔的保险类型，而不论事故的发现及索赔的提出是在什么时候。在董责险中，便是指只要发生保险事故（过失行为）的时间点在保险期间内，而不论后期产生的有关费用、律师费、民事索赔的发生时间是否在保险期间内，保险人均予以赔付。事故发生制的优点在于承保任何发生在保单期限内的承保范围内的事故，而不论事故的发现及索赔的提出是在什么时候，缺点是保费较高。但由于证券市场上的过失行为所产生的后果往往具有滞后性，一次信息披露的违法后果可能在几年后才会显现，因此董责险一般不采取事故发生制。

索赔发生制是指，保险合同仅承保被保险人于保险期间内发生的赔偿请求而导致的损失，即便真正的违法行为、过失行为发生在购买保险之前，只要索赔发生在保险期间内，即可予以赔付。但这里的“之前”是否可以无限追溯，抑或是只追溯至过去的特定时间点，则可以在当事人之间进行约定。需要特别说明的是，证券类诉讼一般会涉及较长的诉讼周期和多批次的投资者索赔。若相关赔案已首次发生在保险期间内且已报案并被保险公司接受，则后续的投资者索赔即便陆续发生在该保险期间之后，也同样将被视为可承保的损失一并进行理赔处理。董责险属于索赔发生制。显然，索赔发生制更适合董责险，当前中国市场的董责险也多采用索赔发生制。

在索赔发生制下，需要注意如下问题。

一是保险事故发生时的告知义务。发生保险事故或者索赔请求时，上市公司的首要义务便是向保险公司告知有关情况，这是保险公司能够介入的前提条件。具体而言，包括告知内容、告知期限与告知方式的规定。

首先，就告知内容而言，上市公司应当向保险公司告知有关保险事故和赔偿请求的性质、原因、损失程度等有关的理赔说明以及证明材料。如果告知材料存在不完整、不充分的情况，保险公司有权要求上市公司予以补充。在这里，并不要求索赔实际提出、金额具体明确，只要在发生可能赔付的情形下就负有告知义务。

其次，告知期限的确定往往并非绝对，这取决于发生事项的严重程度、损失的可能性大小等因素。理论认为应当采用“一般理性人”标准，即在发生保险事故，且该事故在理性人看来有可能造成损失的情况下，上市公司就应当及时告知保险公司。实务中，有的保单要求在发生保险事故的 10 日内告知，有的保单则没有硬性的时间范围，而是用“立即”“毫不犹豫”“尽快可能”“合理期限内”等字眼予以描述。这种开放性时间标准可以在产生争议时，给予法官平衡各方利益的适度空间。

最后，告知的方式同样值得关注，关键在于口头、非官方程序的告知方式是否具备有效告知的法律效力。一般而言，告知需要通过书面、官方的方式，包括提交正式书面材料、加盖公司印章、留存往来函件、官方邮箱沟通等内容。且保单中往往会直接规定上市公司负有书面告知义务。法院可能会认为仅以口头方式通知还不够。但如果保单约定可以采取口头通知，且保险人已经接受，那么保险人就受到“禁止反言原则”的约束，而不能在后期再主张被保险人没有履行告知义务。

二是保险事故应急处理义务。发生保险事故时，上市公司及其董事和高级管理人员必须采取应急管理措施，防止损失的进一步扩大。这部分措施包括但不限于停止违法行为、及时公告或信息披露、配合监管机构调查、及时追回部分资金或停止交易等。如果怠于履行这一义务，就扩大损失的部分，保险公司有权拒绝予以赔付。

三是有关费用的预付工作。有关费用的预付，核心在于法律服务费用与其他费用的支付问题。即在民事索赔还没有正式形成、确认时，上市公司为了避免损失的发生或控制风险的大小，而支付的一定费用，保险公司立即予以预付的制度。

就法律服务费用而言，在上市公司发生保险事故，或可能接受行政调查，或刚开始接受行政调查时，上市公司就可以通过聘请律师的方式为自己提供法律服务。聘请的律师可以是自行委托的律师，也可以是保险公司推荐的律师，也可以是保单中指定的律师事务所律师。律师费用的高低往往难以具体明确，此处同样应当采用“一般理性人”的标准确定一个合理的律师费用，否则可能导致上市公司聘请大量律师、约定高昂律师费的情况。但保单中往往会就法律服务费用设置分项责任限额，来控制法律服务费用的赔付额。保险人将在赔偿请求得到最终解决前持续地预付保险合同承保的法律服务费用。如果到后期，根据最终发生法律效力的判决、仲裁等文件，明确上市公司及其董事和高级管理人员属于欺诈、故意违法等情形的，保险公司有权在保单中约定追回条款，即向上市公司或有关个人追回预付金额。

就其他费用而言，往往包括监管费用、危机公关管理费用等。例如我国新证券法下的持股行权费用，同样属于这一范畴。相关的思路与法律服务费用的思路基本一致，在此不多赘述。

四是理赔金额的确认——核保的主要考虑因素。理赔金额的确认是理赔阶段最为核心的内容。一般而言，根据保单的承保范围，民事索赔的最终确认金额，以及在此过程中产生的各项费用的总和，便是保险公司应当支付的理赔金额。但在实务中，会有大量需要考虑的核保因素，影响到最终理赔金额的确认。具体而言包括：

其一，必须核保保险事故是否属于承保范围。原因在于，在单起上市公司及其董事和高级管理人员违法案件中，可能存在部分行为属于故意违法，部分行为属于过失违法，则保险公司应当核保区分不同的行为类型，只有在承保范围内的过失行为导致的民事索赔才会予以赔付。

其二，被保险人未履行或迟延履行及时告知义务、提供理赔证明材料等义务，导致保险人无法核实损失情况的，保险人对无法核实的部分不承担赔偿责任。

其三，无法确定理赔原因或核实损失情况的，保险人对无法核实的部分不承担赔偿责任。

其四，发生保险事故时，上市公司应当采取合理措施防止损失的扩大。若怠于履行此项义务，就扩大损失部分，保险公司不予赔付。

其五，如果上市公司或其董事和高级管理人员，已经从其他地方获得了相关的赔偿，则对于这部分已经获得赔偿的损失，保险公司不予赔付。例如上市公司因交易对象的原因而违反法律法规时，上市公司可以向交易对象予以追偿。

五是抗辩权与求偿权的行使。抗辩权，是指上市公司及其董事和高级管理人员面对民事索赔时，拥有的提出抗辩意见的法律权利。由于该权利专属于特定法律关系之下，因此该抗辩权应当只属于上市公司及其董事和高级管理人员。但如果上市公司等主体怠于行使抗辩权，此时保险公司有两种选择：其一是因上市公司怠于行使抗辩权，就此部分的损失不予赔付；其二是保险公司作为共同被告，在庭审中代替上市公司行使有关抗辩权。

求偿权则包括上市公司的求偿权，以及保险公司获得的代位求偿权。后者是在上市公司怠于行使求偿权，或保险公司已经支付保险金的情况下发生的。具体而言包括：

其一，如果是上市公司向实际责任人行使求偿权，保险公司尚未支付保险金，则应当在该求偿权行使完毕后，减扣求偿获得的金额。如果保险公司已经支付保险金，则有权要求上市公司返还该部分保险金，因为上市公司不应当获取“两次赔付”。

其二，赔偿请求发生后、保险人未赔偿前，被保险人放弃对有关责任方请求赔偿权利的，保险人不承担赔偿责任。

其三，保险人向被保险人赔偿后，被保险人未经保险人同意即放弃对有关责任方请求赔偿权利的，该行为无效。

其四，因被保险人故意或者重大过失致使保险人不能行使代位求偿权的，保险人可以扣减或者要求返还相应赔偿金。

其五，保险公司行使代位求偿权时，有权行使上市公司对第三方享有的相关请求权与抗辩权。

（三）新证券法下的董责险

相比于英国、美国和中国香港地区等较为成熟的董责险市场而言，中国的董责险市场从整体上看来起步较晚，发展相对滞后，且市场的成熟度仍有待提高。2001 年 8 月 16 日，证监会针对独立董事制度发布了指导意见，其中规定“上市公司可以建立必要的独立董事责任保险制度，以降低独立董事正常履行职责可能引致的风险”。2002 年 1 月 7 日，证监会与国家经济贸易委员会联合发布《上市公司治理准则》，该准则规定“经股东大会批准，上市公司可以为董事购买责任保险”。此后，《上市公司治理准则》经历多次修改，但类似的规定始终保留。2006 年，《国务院关于保险业改革发展的若干意见》将董事责任保险作为责任保险之一种，并规定通过“市场运作、政策引导、政府推动、立法强制等方式”大力提倡发展。2018 年，银保监会印发《〈保险机构独立董事管理办法〉的通知》授权保险机构建立必要的独立董事责任保险制度。①

2002 年 1 月 23 日，中国平安保险与美国丘博保险集团联合推出了中国内地

① 参见张怀岭，邵和平：《董事责任保险制度的他国镜鉴与本土重构》，载《学习与实践》2019 年第 8 期。

第一个董事和高级管理人员责任保险，并免费向万科股份有限公司的董事长提供了该董事责任保险服务。[①] 董责险的引入正好赶上中概股赴美上市的浪潮，市场对这一险种不能说完全陌生。平安财险作为“开荒人”，在“毛保费”作为保费规模的统计口径上也占领了市场份额的高地。然而，尽管董责险的商业逻辑虽然成立，却并没有在中国市场获得青睐，投保率并不高。据本书作者观察，目前中国上市公司的董责险投保率仅为15%左右甚至更低，各大保险公司的保险费率也始终处于较低的水准，市场需求量有限，与美国、英国或中国香港地区甚至超过90%的投保率而言，显然还有巨大的提升空间。但是，随着新证券法的颁布，以及部分证券民事赔偿案例引发的关注，董责险市场再次躁动。

一方面，新证券法改变了董监高的履职环境。2021 年上半年，证监会立案调查信息披露违法违规案件 39 件，同比增长 50%；办结 17 件，其中查实 16 件，成案率 94%。[②] 由于新证券法大力关注信息披露制度，股民维权意识提高，代表人诉讼制度完善，可以预见会有更多因上市公司过失信息披露而引发的民事诉讼活动。这些诉讼活动将逐渐常态化，并且涉案金额将较过去显著提高，且会更多地针对上市公司的实控人、董事和高级管理人员，个人赔付风险将大幅提升，避险工具备受关注。

另一方面，典型案例也在教育市场。海润光伏案作为国内董责险纠纷的第一案，让市场关注到了董责险。本案中，美亚保险体现了极强的专业性，核保人凭借自身的对于风险的判断和预测，在 2015 年 10 月 22 日正式行政处罚决定披露之前就拒绝了海润提出的撤回《撤销理赔通知说明》的新续保要约，合法合规合理地规避了一个可能造成巨大损失的案件。而海润显然低估了行政处罚的严重性以及可能的民事责任风险，再次证明具备专业的董责险判断水平，对于处理证券类赔偿纠纷而言至关重要。[③] 此外，新证券法下适用普通代表人诉讼的飞乐音响案和辉丰股份案件中，证监会罚款和受害者维权索赔已成为既成事实，实际控制人、董事和高级管理人员等面临难以承受的民事赔偿责任。更加值得注意的是，2021 年 11 月 12 日，广州中院对新证券法下第一例特别代表人诉讼案件——康美药业特别代表人诉讼案作出判决，法院责令康美药业股份有限公司因年报等

---

① 参见李华：《董事责任保险制度研究》，法律出版社 2008 年 3 月版，第 217-218 页。

② 参见《证监会通报上半年查处信息披露违法违规案件情况》，http：//www. csrc. gov. cn/pub/newsite/zjhxwfb/xwdd/201807/t20180720_341625. htm，最后访问时间 2021 年 11 月 1 日。

③ 参见（2017）沪 0115 民初 39983 号案判决书。

虚假陈述侵权赔偿证券投资者损失 24.59 亿元，原董事长、总经理马某田及 5 名直接责任人员、正中珠江会计师事务所及直接责任人员承担全部连带赔偿责任，包括独立董事在内的 13 名相关责任人员按过错程度承担部分连带赔偿责任。[①] 而康美药业公告称，2019 年及 2020 年，公司针对可能面临的投资者民事诉讼索赔合计计提或有诉讼费用 10 亿元，案件判决向投资者赔偿投资损失 24.59 亿元，将对公司本年度经营和净利润产生负面影响。[②] 在这些案例中，上市公司是否购买董责险，以及是否能够获得赔付对于责任的最终落实至关重要。康美案引发的上市公司独立董事“辞职潮”也让再次让董责险升温。

责任、风险与保险，相伴而生，相互博弈，相辅相成。董责险的发展也将成为理解新证券法的一个注脚。

① 《全国首例证券集体诉讼案宣判责令康美赔偿 24.59 亿元》，载新华网客户端 2021 年 11 月 12 日。

② 参见《康美药业关于投资者民事诉讼索赔进展的公告》。

参考书目

1. 程合红主编：《〈证券法〉修订要义》，人民出版社 2020 年版。

2. 王瑞贺：《中华人民共和国证券法释义》，法律出版社 2020 年版。

3. 周友苏：《证券法新论》，法律出版社 2020 年版。

4. 郭锋等：《中华人民共和国证券法制度精义与条文评注》，中国法制出版社 2020 年版。

5. 范健、王建文：《证券法（第三版）》，法律出版社 2020 年版。

6. 邢会强：《中华人民共和国证券法新旧条文对照与适用精解》，中国法制出版社 2020 年版。

7. 上海证券交易所：《轻松读懂新〈证券法〉》，人民出版社 2020 年版。

8. 李东方：《证券法》，北京大学出版社 2020 年版。

9. 邢会强主编：《证券法学（第二版）》，中国人民大学出版社 2020 年版。

10. 王翔主编：《中华人民共和国证券法解读》，中国法制出版社 2020 年版。

11. 吕红兵、朱奕奕主编：《律师眼中的注册制与证券法》，法律出版社 2020 年版。

12. 北京市律师协会：《证券律师执业指南》，北京大学出版社 2020 年版。

13. 郭锋主编：《证券法律评论》，中国法制出版社 2020 年版。

后　　记

这本书是2020年初开始写的，原定的书名是《新证券法逐条精讲》。写书的缘起是无讼学院赵润众、郭晓东、高文妍等几位小伙伴，在跟着蒋勇律师成功打造了“《民法典》逐条精讲课”后，策划在新证券实施的元年借势推出第二个逐条精讲课程。此事还得到了蒋勇律师的亲自支持。虽然都知道证券法和民法典，从市场需求角度看是没办法相提并论的，但他们还是诚恳地鼓励我做这件事。于是，我记得，2020年的春天，在天同四合院的海棠树下，我和无讼的小伙伴们愉快地作出了决定。最初，我只想写一个讲义，做一个PPT，然后讲课。当时估计，3个月左右的时间准备，开始录课，国庆前后课程上线。一切都很乐观，如同当时我们对疫情持续时间的判断一样。

实际的情况是，此后一年多的时间，我把几乎所有的业余时间都用在了这件事情上。课程到现在都没有录，讲义却成为了一本书，书名最后也没叫“逐条精讲”。这本书定稿的时间是2021年五一假期，校对排版下来已经到了年底，正式出版则已经是2022年。回首这两年的时间，一切恍如隔世。

新冠疫情还在。我完成整个写作计划实际上用的是疫情期间更多的宅家时光。非必要不出门，让我有了更多静下来研究和思考的时间和空间。很难想象，如果不是疫情，我这样一个奔波中的律师是否有完成本书的可能性。由于有相当长一段时间的居家办公，不必朝九晚五，我得以大量利用晚上12点到2点的时间写作，那是我工作效率最高的时间段。往后的时间，对于这样的持续熬夜我已经给自己下了严厉的禁令。

蒋律师不在了。没有蒋律师，就不会有这本书。这本书写作的契机是蒋律师在疫情期间所引领的法律人在线学习的浪潮。蒋律师与证监会渊源颇深，对证券市场其实有非常独到的了解，他多次鼓励我做证券法的逐条精讲课。更重要的是，他不懈奋斗的精神一直在鼓舞着我。在蒋律师身边的每个人都会被他所感染，所裹挟。他是一个永远光芒万丈，永远激情四射的人。我很庆幸在他生命的最后一段时光里，能跟他紧密地在一起做事。2021年6月22日，蒋律师去世，他的讣告是我写的。这是我能为他做的最后一点事。这本书的出版，是对蒋律师的再一次致敬。

我更加惶恐了。2022 年是我转行做律师的第四年。回想当初打算做这件事的时候，总体是一个特别自信的状态。那时候刚开始做律师，人也年轻，精力旺盛，充满好奇。由于一直关注证券法的整个修订过程，在新证券法出台前后也通过写文章、接受采访、讲课、参加研讨会等方式一直在解读新证券法，我的写作实际上是系统性归纳梳理以往积累的素材的过程。这个过程对我来说似乎并不困难。有了一个“逐条精讲”的框架体系反而让我的证券法知识从凌乱走向了系统化，写起来真是得心应手。但写着写着，我越发感到证券法理论的深邃，制度供给的稀薄，和自身实务经验的匮乏。如果给我更多的时间……这是后期我头脑中常常出现的念头。但是，真的没有更多时间了。初稿到第一次校对，拖了 3 个多月；编辑返回一校稿，一直放了一个多月，直到春节假期才逼自己闭关把书稿校完。而这期间，新的虚假陈述司法解释颁布了，我没有理由视而不见。校对的过程中，仍然发现不少的错误和遗漏，常常让我脊背发凉。

书还是要出的。虽然不完美，但还是要出的。这是对自己这两年的一个交代，也是对更多关心我和我这本书的人的一个交代。感谢中国法制出版社的袁笋冰主任和赵燕编辑，他们以最高的效率跟我敲定了出版合同，一纸契约成为了我坚持写作的法定拘束力；书名从“逐条精讲”转到“证券法通识”也是来自于他们的专业建议；全书的体例和文字更离不开他们耐心细致的指导和纠正。感谢无讼学院赵润众、郭晓东、高文研等小伙伴，他们坚定的信任对我来说一直是一种鞭策，虽然是“种豆得瓜”，课没有如期录成，但总算还是有个交代。感谢学习时报毛强、金融时报姜欣欣、中国经济周刊贾国强、环球财经杂志林鹰、证券市场周刊赵康杰、金融市场研究杂志韦燕春、债券杂志印颖、银行家杂志董治和齐稚平、中国青年报宁迪、证券日报杜雨萌、上海证券报朱琳娜、证券时报陈丽湘、中国日报周兰序、央广网李慧敏、中新社魏薇、澎湃新闻叶映荷、广州日报何钻莹记者等媒体朋友的帮助，他们的约稿和采访事实上将本书的写作任务化整为零，也让我有了更多鲜活的素材。感谢我在中国政法大学民商经济法学院指导的硕士生李晔、庄欣欣、张馨心、毛慧莹、徐艺玮、陈茗媛，以及我在中央财经大学指导的硕士生李家安、王达印，这两年间他们中的大多数人都跟我一起做研究、写文章，给了我很多的启发和支持，我也是在中国政法大学民商经济法学院的课堂上最早开始讲授新证券法。感谢中国法学会证券法学研究会郭锋、邢会强等各位领导和所有理事，这些年跟随研究会学习和接触到的让我更加坚定了证券法研究的方向。感谢我的同事石睿、郜丹、吴陶钧、孙莹、孔浩、潘朗峰、陈豪鑫、杞月诗、肖燕琦、韩非鹏、焦信婷、许畅，以及实习生席琢玉、张艳、郜诗蓓、江盈泰、朱泽硕、逯琦、蒋若楠；各位同事在工作上的大力支持为本书写作创造了条件；吴陶钧、陈豪鑫、韩非鹏是本书最早的读者，给我提了很多建设性的意见；席琢玉协助我一起开展法律责任和董责险方面的研究；郜诗蓓和蒋若楠帮我反复认真校对了书稿。

感谢我所在的天同律师事务所。天同在专业上的极致追求是我写书的根本动力。我心目中的天同，更像是金庸武侠世界中的少林寺——外人敬仰的都是少林寺的武功无人能敌，但少林寺自己最看重的是勤修参禅、研讨佛法，武功只是护持佛法的末节。天同也是如此，在每一个案件中超越期待固然是天同律师的追求，但深耕诉讼技术和钻研法律问题才是天同人骨子里的使命。“每感乏力，深夯基础，每思进取，静修内功”，这是天同的气质。

特别感谢我的导师信老师。2015 年，我决心从机关辞职到证券公司工作，得到了信老师的鼓励，从此与证券行业结缘。彼时信老师领导的部门正在负责证券法的修订工作，我得以耳闻目染并开始了在证券法领域的研究和探索，持续至今。本书的出版合同签订后，我第一时间报告了信老师并恳请她为这本书作序，信老师欣然应允。从机关到企业，再做律师，一路走来并不平坦。但只要想到信老师温暖的笑容，我都会感到无所畏惧。只要想到自己是信老师的学生，就必须把事情做到最好。

最后感谢我的家人——父母、岳父岳母和我的妻儿。写书的时间，是本应陪伴他们的时间，也是本应参与家庭事务的时间，但他们都能理解和支持我，就如他们以往理解和支持我做的每件事一样。我的儿子香饽饽，这期间从半岁长到 2 岁。我这个每天坐在书桌前翻书打字的爸爸也一定给他留下了很深的印象。当他半夜起来喝奶、上厕所，或者莫名哭醒的时候，他总能看到我的书桌都亮着灯，这会在他稚嫩的心灵留下点什么呢？

何海锋

2022 年春节，北京

主要法律法规、版本及简称对照表

法律法规	版本	简称
《中华人民共和国证券法》	2005年修订，2014年修正	原《证券法》
《中华人民共和国证券法》	2019年修订	新《证券法》
《中华人民共和国公司法》	2018年修正	《公司法》
《中华人民共和国政府信息公开条例》	2019年修订	《政府信息公开条例》
《全国法院民商事审判工作会议纪要》	2019年发布	《九民纪要》
《最高人民法院关于审理证券市场因虚假陈述引发的民事赔偿案件的若干规定》	2003年发布	原《虚假陈述若干规定》
《最高人民法院关于审理证券市场虚假陈述侵权民事赔偿案件的若干规定》	2022年发布	新《虚假陈述若干规定》
《最高人民法院关于证券纠纷代表人诉讼若干问题的规定》	2020年发布	《代表人诉讼规定》
《最高人民法院关于审理涉及会计师事务所在审计业务活动中民事侵权赔偿案件的若干规定》	2007年	《审计侵权司法解释》
《关于全面推进金融纠纷多元化解机制建设的意见》	2019年发布	《金融纠纷多元化解机制意见》
《民事案件案由规定》	2020年发布	《民事案件案由规定》
《首次公开发行股票并上市管理办法》	2020年修正	《首发办法》
《上市公司证券发行管理办法》	2020年修正	《再融资办法》
《上市公司非公开发行股票实施细则》	2020年修正	《非公开发行细则》
《证券发行上市保荐业务管理办法》	2020年修订	《保荐办法》
《首次公开发行股票并上市辅导监管规定》	2021年颁布	《上市辅导规定》
《创业板首次公开发行股票注册管理办法（试行）》	2020年颁布	《创业板首发办法》

续表

法律法规	版本	简称
《创业板上市公司证券发行管理暂行办法》	2020 年修正	《创业板再融资办法》
《创业板首次公开发行证券发行与承销特别规定》	2021 年修订	《创业板发行承销规定》
《科创板首次公开发行股票注册管理办法（试行）》	2020 年修正	《科创板首发办法》
《科创板上市公司持续监管办法（试行）》	2019 年颁布	《科创板持续监管办法》
《公司债券发行与交易管理办法》	2021 年修订	《债券发行与交易办法》
《证券期货投资者适当性管理办法》	2020 年修正	《投资者适当性办法》
《关于调整证券交易佣金收取标准的通知》	2002 年颁布	《佣金标准通知》
《上市公司收购管理办法》	2020 年修正	《收购办法》
《上市公司重大资产重组管理办法》	2020 年修正	《重大资产重组办法》
《上市公司信息披露管理办法》	2021 年修订	《信息披露办法》
《证券交易所管理办法》	2021 年修订	《证券交易所管理办法》
《证券公司监督管理条例》	2014 年修订	《证券公司监督管理条例》
《证券公司股权管理规定》	2021 年修正	《证券公司股权管理规定》
《证券基金经营机构信息技术管理办法》	2021 年修订	《证券基金经营机构信息技术管理办法》
《证券经纪业务管理办法（征求意见稿）》	2019 年发布	《经纪业务管理办法》
《证券基金投资咨询业务管理办法（征求意见稿）》	2020 年发布	《投资咨询业务管理办法》
《证券公司融资融券业务管理办法》	2015 年颁布	《融资融券业务管理办法》
《关于证券公司证券自营业务投资范围及有关事项的规定》	2020 年修订	《证券公司自营业务规定》
《证券期货经营机构私募资产管理业务管理办法》	2018 年颁布	《证券期货资管业务管理办法》
《关于开展创新企业境内发行股票或存托凭证试点的若干意见》	2018 年颁布	《创新企业上市意见》

续表

法律法规	版本	简称
《证券投资者保护基金管理办法》	2016 年修订	《证券投资者保护基金管理办法》
《证券公司风险控制指标管理办法》	2020 年修正	《证券公司风险控制指标管理办法》
《证券公司风险处置条例》	2016 年修订	《证券公司风险处置条例》
《证券公司分类监管规定》	2020 年修订	《证券公司分类监管规定》
《上市公司股东、董监高减持股份的若干规定》	2017 年颁布	《减持新规》
《上市公司董事、监事和高级管理人员所持本公司股份及其变动管理规则》	2022 年修订	《股份变动规则》
《上市公司监管指引第 5 号——上市公司内幕信息知情人登记管理制度》	2022 年颁布	《内幕信息知情人登记制度》
《上市公司监管指引第 3 号——上市公司现金分红（2022 修订）》	2022 年修订	《现金分红指引》
《非上市公众公司监管指引第 4 号——股东人数超过 200 人的未上市股份有限公司申请行政许可有关问题的审核指引》	2020 年修订	《200 人指引》
《证券市场操纵行为认定指引（试行）》	2007 年颁布	《操纵市场认定指引》
《证券市场内幕交易行为认定指引（试行）》	2007 年颁布	《内幕交易认定指引》
《信息披露违法行为行政责任认定规则》	2011 年颁布	《信息披露认定规则》
《公开发行证券的公司信息披露内容与格式准则第 42 号—首次公开发行股票并在科创板上市申请文件》	2019 年颁布	《科创板上市申请文件准则》
《公开发行证券的公司信息披露内容与格式准则第 29 号——首次公开发行股票并在创业板上市申请文件》	2020 年修订	《创业板上市申请文件准则》
《公开发行证券的公司信息披露内容与格式准则第 17 号——要约收购报告书》	2022 年修订	《要约收购报告书准则》
《公开发行证券的公司信息披露内容与格式准则第 1 号——招股说明书》	2015 修订	《招股说明书准则》

续表

法律法规	版本	简称
《国务院办公厅关于贯彻实施修订后的证券法有关工作的通知》	2020年发布	《贯彻实施证券法的通知》
《关于在上海证券交易所设立科创板并试点注册制的实施意见》	2019年颁布	《设立科创板的意见》
《最高人民法院、最高人民检察院、公安部、中国证券监督管理委员会关于查询、冻结、扣划证券和证券交易结算资金有关问题的通知》	2008年发布	《查冻扣通知》
《关于规范金融机构资产管理业务的指导意见》	2018年颁布	《资管新规》
《深圳证券交易所创业板股票发行上市审核规则》	2020年颁布	《创业板上市核准规则》
《上海证券交易所科创板股票上市规则》	2020年颁布	《科创板上市规则》
《全国中小企业股份转让系统股票交易规则》	2021年修订	《股转系统交易规则》
《上海证券交易所交易规则》	2020年修订	《上交所交易规则》
《深圳证券交易所交易规则》	2020年修订	《深交所交易规则》
《北京证券交易所交易规则（试行）》	2021年颁布	《北交所交易规则》
《证券交易所风险基金管理暂行办法》	2016年修订	《证券交易所风险基金管理暂行办法》
《全国中小企业股份转让系统分层管理办法》	2021年修订	《新三板分层办法》
《中国证券登记结算有限责任公司结算规则（征求意见稿）》	2019年发布	《结算规则》
《中国证券业协会章程》	2021年修订	《中国证券业协会章程》
《证券期货市场监督管理措施实施办法（征求意见稿）》	2020年发布	《监管措施办法》
《证券期货市场诚信监督管理办法》	2020年修正	《诚信监督管理办法》
《证券市场禁入规定》	2021年修订	《证券市场禁入规定》

续表

法律法规	版本	简称
《证券期货行政和解实施办法（征求意见稿）》	2020年发布	《行政和解办法》
《证券期货违法行为行政处罚办法》	2021年发布	《行政处罚办法》
《证券期货违法违规行为举报工作暂行规定》	2020修订	《举报工作规定》

图书在版编目（CIP）数据

证券法通识 / 何海锋著. —北京：中国法制出版社，2022.4（2023.4 重印）
ISBN 978-7-5216-2629-2

Ⅰ. ①证… Ⅱ. ①何… Ⅲ. ①证券法-基本知识-中国 Ⅳ. ①D922.287.4

中国版本图书馆 CIP 数据核字（2022）第 060097 号

责任编辑　赵　燕　　　　封面设计　周黎明

证券法通识
ZHENGQUANFA TONGSHI

著者/何海锋
经销/新华书店
印刷/北京虎彩文化传播有限公司
开本/787 毫米×1092 毫米　16 开　　　印张/ 33.625　　字数/ 585 千
版次/2022 年 5 月第 1 版　　　2023 年 4 月第 2 次印刷

中国法制出版社出版
书号 ISBN 978-7-5216-2629-2　　　定价：98.00 元

北京市西城区西便门西里甲 16 号西便门办公区
邮政编码 100053　　　传真：010-63141600
网址：http：//www.zgfzs.com　　　**编辑部电话：010-63146119**
市场营销部电话：010-63141612　　　**印务部电话：010-63141606**

（如有印装质量问题，请与本社印务部联系。）